현대
법학개론

한양대학교 법학전문대학원,
정책학과 법학전공 교수진

Introduction to Contemporary Law

박영사

머리말

법의 역사는 인류의 역사만큼 오래되었고, 학문으로서 법학의 역사는 대학의 역사만큼 오래되었습니다. 중세 유럽 최초의 대학으로 알려진 이탈리아 볼로냐(Bologna)대학의 핵심적인 강의 과목은 단연 법학이었습니다. 유럽 각지에서 볼로냐대학으로 유학을 온 학생들은 공부를 마치고 귀국하여 그들이 배운 법학 지식을 모국으로 전파하게 되고, 이를 통해 유럽 각국의 법학은 로마법을 기반으로 상당한 공통성을 가지게 됩니다. 유럽의 보편적인 법문화는 수 세기를 거쳐 세계 각지로 전파되면서, 마침내 우리나라도 일제강점기에 일본의 법학을 통해 서구의 법문화를 계수하게 됩니다. 해방 후 대한민국 정부가 수립되고 헌법을 비롯하여 새로 출범한 국가에 적용되는 각종 법률이 차례차례 제정되면서 학계와 실무계는 일본 법학을 벗어나기 위해 피나는 노력을 하였습니다. 그 결과 우리나라의 법학 수준은 빠르게 높아지게 되었고, 대한민국 사회의 급속한 성장에 발맞추어 법학은 크게 발전하였습니다.

그런데 2009년 로스쿨 제도의 도입으로 우리나라의 법학교육은 큰 변화를 겪게 되었습니다. 로스쿨 제도를 도입한 주된 목적은 종래 사법시험 중심의 수험법학에서 벗어나 다양한 전공 지식을 가진 학생들을 대상으로 '시험을 잘 본 사람'이 아니라 '제대로 법학교육을 받은 사람'을 법조인으로 길러내겠다는 것이었습니다. 그렇지만 이러한 목적이 제대로 실현되고 있는지에 대해서는 다소 의문입니다. 현재의 로스쿨 시스템에서는 법학을 처음 접하는 학생이 변호사시험을 보기까지 섭렵해야 할 다양한 법학과목을 공부할 시간이 절대적으로 부족한 것이 사실입니다. 이 때문에 로스쿨 진학을 준비하거나 로스쿨 과정에 입학 예정인 학생들로서는 법학 전반을 빠르게 개관할 수 있는 책을 미리 읽어 둘 필요가 있습니다.

다른 한편으로 로스쿨 제도의 도입으로 우리나라의 법학교육은 갈수록 쇠퇴하고 있다는 점도 부인하기 어렵습니다. 즉, 기존의 법학과에서 로스쿨로 전환된 대학은 학생들의 변호사시험 합격률을 높이는 것이 큰 과제로 되었고, 반면 로스쿨로 전환되지 않은 기존의 법학과에서는 점차 일반학생들의 법학에 대한 관심이 멀어지게 되었습니다. 또한 대학 차원에서는 경제적 여건 등을 이유로 법학 관련 교양과목의 강좌가 많이 줄어들었습니다. 이러한 법학교육의 변화가 우리 사회 전반에도 부정적으로 작용하고 있는 것으로 보입니다. 즉, 대학에서 전공이든 교양이든 법학을 공부할 수 있는 기회가 줄어든 만큼 대학이 올바른 규범의식을 갖춘 건전한 시민을 양성하는 데 충분한 기여를 하지 못하는 상황인 것입니다. 법이 법률가들만의 전유물이 아니듯이, 법학 또한 결코 법학자들만을 위한 학문일 수 없습니다. 법, 그리고 이를 다루는 법학은 민주사회를 구성하는 모든 시민이라면 기본적으로 갖추어야 할 소양입니다. 이러한 문제의식에 대해 대학에서 법학을 가르치는 교수님들은 많은 부채의식을 가지고 있습니다. 본서의 집필진도 마찬가지입니다. 이처럼 법학이 직면한 문제에 대해 본서의 집필진은 새로운 법학입문서를 세상에 출간하는 것으로 약간이나마 문제해결에 기여하고자 합니다.

시중에는 이미 다양한 이름의 법학입문서들이 많이 출간되어 있지만, 여기에 필자들이 내놓은 또 한 권의 법학개론은 다음과 같은 특징을 가지고 있습니다.

첫째, 기존 법학개론서의 전통적 문체나 체계를 탈피하여 백지상태에서 완전히 새로 집필하였습니다. 집필진은 기존에 발표하였던 자료나 다른 유사한 서적을 참고해서 글을 쓰는 것이 아니라, 각자가 집필을 맡은 부분을 전적으로 자신의 언어로 처음부터 새로 쓴 것입니다. 기존의 형식과 문장에서 벗어나서 온전한 '신상품'을 내놓자는 뜻에서 그리하였습니다.

둘째, 틀에 박힌 법학입문서를 탈피하여 현대사회의 새로운 법적 이슈까지 담아내고자 하였습니다. 특히 기존의 법학입문서에서는 거의 언급되지 않는 지적재산권법, ICT법, 인공지능(AI)법 등 현대사회에서 갈수록 중요성을 더해가는 새로운 이슈에 대해서도 헌법, 민법, 형법 등 전통적인 법학분야와 같은 비중으로 다루었습니다. 이러한 의미에서 본서의 제목도 『현대 법학개론』으로 지어졌습니다.

셋째, 특정한 독자층을 대상으로 하지 않았습니다. 본서는 법학 전반을 빠르게 개관하려는 로스쿨 준비생들에게도, 법학을 교양과목(liberal arts)으로 수강하고자 하는 학부생들에게도, 나아가 대학교육과 상관없이 우리나라 법률 전반을 알고자 하는 일반 시민들에게도 유용하게 활용될 수 있도록 서술되었습니다. 특히 제5편은 기술 발전에 따른 법적 쟁점을 다룬 '기술법학서'로서의 기능을 담고 있어서 관련 업종 종사자들에게도 활용될 수 있도록 구성되어 있습니다.

이 책이 나오기까지 많은 분들의 도움에 감사드리고자 합니다. 우선 어려운 출판 환경에도 불구하고 본서가 출간될 수 있도록 배려해 주신 안종만 회장님과 안상준 대표님께 감사드립니다. 조성호 이사님은 책의 구상을 위한 집필진의 첫 모임에도 직접 참여하여 본서의 출간을 지원해주셨습니다. 본서의 출간에는 최동인 대리님의 역할을 빼놓을 수 없습니다. 그는 3년 전 한양대를 담당하게 되면서 줄곧 공학과 융합된 한양대의 색채를 가진 새로운 법학개론서를 출간해야 한다면서 교수님들의 연구실을 수시로 찾아다니며 설득에 설득을 더하였습니다. 그의 노력에 힘입어 현재의 집필진이 구성되어 법학개론 집필에 참여하게 되었습니다. 더욱 의미있는 것은 본서의 집필이 단지 법학전문대학원 교수님들로만 구성된 것이 아니라 학부과정의 정책학과 교수님들도 참여하여 한양대에 소속한 법학전공 교수님들이 그야말로 원팀이 되어 '한양법학'의 결과물을 완성하였다는 점입니다. 그의 노고에 감사드립니다. 또한 편집부 이지원 님은 촉박한 일정에도 불구하고 능수능란한 솜씨로 훌륭하게 편집작업을 마쳐주었습니다.

조선소에서 배의 건조를 마치고 진수(進水)하기 전에는 누구나 긴장하기 마련입니다. 마찬가지로 책의 출간을 앞두고 홀가분한 마음보다 긴장감이 앞섭니다. 긴장감 속에서도 약간의 바람이 있다면, 본서가 법학을 처음 공부하는 사람들에게는 법학을 이해하는 데 그리 딱딱하거나 지루하지 않았던 책으로, 조금 더 욕심을 낸다면, 초학자들에게도 법학이라는 낯선 지형의 등고선을 무리없이 읽어낼 수 있는 능력을 키워준 책으로 기억되기를 기대합니다.

2026. 3.

집필진을 대표하여

송 호 영 씀

차례

제1편 서론

제2편 공법

제3편 민사법

제4편 형사법

제5편 지재법 · ICT법 · 인공지능(AI)법

PART 1

서론

CHAPTER

1

법이란 무엇인가?

Ⅰ. 법이란 무엇인가? — 법의 개념

1 처음에 — 우리나라를 비롯한 동아시아 한자문화권에서 서양 법규범 체계의 수용(受容)

현재 우리나라에 존재하는 법규범 체계의 대부분은 19세기 후반과 20세기 초에 걸쳐서 서양 국가들이 발전시킨 법과 제도를 받아들인 것이다. 서양의 법과 제도가 우리나라를 비롯한 동아시아 한자문화권에 수용된 이유는 서구 제국주의 국가들의 압박으로 강제적으로 이식된 측면도 있으나, 서양의 법규범 체계가 당시 선망의 대상이던 '서구적 근대'를 의미한다는 측면도 있었다. 서양에서 발전한 법과 제도를 수용하는 것이 한 나라가 근대화하는 데에 필수적 요소라고 보았기 때문이다.

역사적으로 우리나라의 전통 법제는 중국법의 영향을 받아 형성되어 왔다. 중국으로 대표되는 동아시아에서 규범은 크게 예(禮) 규범과 법 규범으로 구분할 수 있다. 도덕 가치의 규범 체계인 예를 이념으로 하고, 형벌을 수단으로 하는 실정법 체계에 의해 그 실효성을 보장받는 것이 한자문화권의 규범 질서였다.[1] 다시 말해 동아시아 전통사회에서 법은 도덕규범이나 예 규범의 위반을 처벌하는 기능을 가진 것으로 도덕이나 예의 실천을 보장하는 강제장치에 불과하였다.[2]

이처럼 우리나라를 비롯한 동아시아 한자문화권 전통사회에서 법은 도덕이나 예 규범의 실천을 위한 보조물로 생각되었다는 점에서, 법과 도덕의 구별을 전제로 형성되어온 서양의 법규범 체계와 다르다.

서양의 법규범 체계는 '서구적 근대'의 상징이라는 점에서, 로마법에서 시작된 대륙법과 영미법은 법 문명사의 주인공처럼 보인다. 하지만 메소포타미아, 인도, 중국, 이슬람 세계에서도 고유한 법규범 체계를 만들고 그들 각자는 고대와 중세에 걸쳐 문명사회를 발전시켜 왔다.[3] 문제는 과거 그들이 발전시켜온 법규범 체계가, 오늘날 '서구적 근대'의 상징으로 여겨지는 근·현대 서양 국가들이 발전시켜온 법규범 체계와는 다르다는 점이다.

우리나라의 전통 법제를 공부하는 것은 물론 중요한 일이다.[4] 다만, 이 책에서는 그에 관한 설명을 가족법의 경우를 제외하고는 생략하였다. 현재 우리나라 법규범 체계의 대부분은 서양으로부터 받아들인 법과 제도이기 때문이다. 이 책에서는 서양의 법규범 체계를 중심으로 앞으로 우리가 공부하여야 할 법과 제도, 그리고 법학에 관하여 설명한다.

2 법의 개념

법의 개념을 정의하는 문제는 법학의 가장 기본적인 문제로서 출발점인 동시에 종착점이다. 우리가 법의 '개념'을 물을 때에 그것은 법이란 무엇'이어야' 할까(soll)가 아니라 법이란 무엇'인가'(ist)를 묻는 것이다.[5] 이처럼 근원적으로 법은 '존재질서'이지만, 법이 '당위'(Sollen)와는 상관없는 순수한 '존재'(Sein)의 규범체계라고 보기는 어렵다. 진정한 법이란 그것이 존재적으로 적합한 것이기 때문에 당위적으로 그렇게 되기를 요청할 수 있는 것이다. 그러한 점에서 진정한 법이란 실증성(實證性)과 이념성(理念性)의 결합으로 보아야 한다. 요컨대, 법이란 '존재와 당위의 일치'(Entsprechung von Sein und Sollen)라고 말할 수 있다.[6]

예전부터 수많은 법학자들이 법이 무엇인가를 밝히기 위하여 노력하여 왔으나, 아직까지 그 견해의 일치를 보지 못하고 있다. 그만큼 법이란 무엇인가에 대하여 본질적인 이야기를 하려면 심오한 법철학적 고찰을 거쳐야 하는 어려운 문제이기 때문이다.

하지만 법학을 처음 공부하는 단계에서는 법철학적 차원의 깊이 있는 논의가 필요한 것은 아니다. 여기서는 법이란 아래에서 설명하는 것처럼 사람이 사회 공동체 생활을 할 때에 지켜야 하는 사회규범이자 행위규범으로서, 국가권력에 의하여 강행되는 강제규범이라고 이해하면 그것으로 충분하다고 할 것이다.

3 사회규범으로서의 법

"인간은 사회적 동물"이라는 아리스토텔레스의 말처럼, 인간은 다른 사람들과 관계를 맺고 상호작용을 하면서 사회생활을 한다. 법이란 사회 공동체를 구성하는 인간에게 질서 유지와 공동체 생활을 영위하기 위한 필수 규범이며, 갈등을 조정하고 인간다운 생활을 가능하게 하는 수단이다.

그래서 일찍부터 "사회 있는 곳에 법이 있다"(Ubi societas ibi ius)는 법언(法諺), 즉 법의 원리나 특징을 압축적으로 나타내는 유명한 구절이 존재하여 왔다. 이 유명한 법언은 법의 보편성과 사회규범의 필요성을 강조하고 있다. 다시 말해 이 법언은 사회가 있으면 법이 있기 마련이라는 의미도 되고 법은 사회에만 존재한다는 의미도 된다.[7] 따라서 거꾸로 "법이 있는 곳에 사회 있다"(Ubi ius ibi societas)라는 말도 성립한다.

그러한 점에서 법(law)은 자연법칙(law of nature)과 다르다. 양쪽 모두 영어의 law라는 용어를 사용하지만, 자연법칙은 인간의 인위적 노력과 무관하게 자연계에서 물리적 · 화학적 · 생물적으로 관철되는 원리나 원칙을 말한다. 이에 반하여 사회규범으로서의 법은 인간 공동체 속에서 인위적으로 형성되어 존재하는 사회생활에 관한 필수 규범을 말한다.

4 행위규범으로서의 법

법은 인간이 사회생활을 할 때 반드시 지켜야 할 행위규범이다. 여기서 행위라는 것은 인간이 자신의 의사에 기하여 외부적으로 나타내는 신체 동작을 말한다. 신체 동작으로서의 행위에는 동적(動的)이고 적극적인 행위 또는 정적(靜的)이고 소극적인 행위가 모두 포함된다. 행위규범으로서의 법은 사회생활상 인간에게 요구되는 행위준칙이므로, 행위자의 의사가 신체 동작으로 외부적으로 표현되었을 때 비로소 법은 이를 규율한다. 그러므로 법은 원칙적으로 인간의 내심의 의사 내지 관념에 대해서는 간섭하지 않는다.

인간의 행위 중에서 동적 · 적극적 행위를 작위(作爲)라고 하고, 정적 · 소극적 행위를 부작위(不作爲)라고 한다. 따라서 행위규범으로서의 법이라는 것은 어떤 행위를 하는 것(작위) 또는 어떤 행위를 하지 않는 것(부작위)을 사람들에게 직접적으로 의무화하는 규범이다. 유의할 것은 부작위는 단순히 아무런 행위도 하지 않는 것을 말하는 것이 아니라 규범적으로 기대되는 일정한 행위를 하지 않는 것을 말한다. 요컨대, 행위규범은 무엇을 하여야 한다(명령)든가 무엇을 하면 안 된다(금지)는 것을 규율한다.[8)]

5 강제규범으로서의 법

법은 국가권력에 의해 강행되어 그 위반이 있으면 어떤 제재가 가해지는 강제규범이다. 강제규범으로서의 성격은 법의 본질적 속성이다. 그래서 독일의 법학자 예링(Jhering, 1818~1892)은 "법적 강제성이 없는 법규는 그 자체로 모순이며, 타지 않는 불과 같다"고 하였다. 이러한 예링의 표현에서 강제라는 것은 법에서의 본질적 속성이라는 것과 도덕과의 구별 기준이라는 것을 확인할 수 있다. 법학자 켈젠(Kelsen, 1881~1973)도 "법과 도덕의 본질적 구별은 우리가 법을 강제질서로서 파악할 때에만 가능하다"고 말하였다.[9)]

이처럼 법은 본질상 강제를 필요로 한다는 점에서 도덕과 같은 다른 사회적 규범과 구별된다. 법은 그 위반에 강제가 따르는 데 대하여 도덕은 오로지 사람의 자발적 의사에 의하여 준수된다. 법은 국가권력으로 일정한 강제절차를 만들어 놓고 만일 위반하면 강제하거나 제재하겠다고 위협함으로써 그 법적 효력이 보장된다. 이러한 경우 보통 법의 강제력은 법원의 판결을 거쳐서 실현되므로 강제규범은 재판규범이라고도 한다. 그러나 이와 달리 도덕에는 그러한 수단이 존재하지 않으며 그 준수는 오로지 사람의 양심에만 관련된다.

법에서의 강제라는 것은 민법이나 형법과 같이 주로 실체법, 즉 행위규범과 관련된 것이지 헌법이나 지방자치법과 같은 조직규범과 관련된 것이 아니다.[10)] 행위규범은 처음부터 강제력을 발휘하는 것은 아니고 명령이나 금지에 위반하는 사실이 발생한 때에 비로소 강제력을 발휘하게 된다. 이렇듯 행위규범에는 강제규범이 복합적으로 포함되어 있어 이것을 보통 '법규범의 중층구조'라고 한다. 조직규범은 국가나 지방자치단체 등의 조직 · 기능을 규정하는 것으로 인간의 사회생활을 규율하는 행위규범과 구별된다. 또한 조직규범은 그 위반행위에 대해 직접 법적 효과를 귀속시키지 않는다는 점에서 강제규범과도 구별된다. 조직규범의 직접적인 규율대상은 국가기관의 구성원이다.[11)]

Ⅱ. 법의 이념

1 법이념의 3요소 — 정의, 합목적성, 법적 안정성

법이념은 법개념의 출발점이고, 법질서의 목표이다. 독일의 법학자 라드브루흐(Radbruch, 1878~1949)는 법개념의 법이념과의 관련성을 인정하고 법이념의 3요소(Trias)로 정의(일반적, 특수적 정의), 합목적성(국가 목적과 그 실현을 위한 효율과 경제), 법적 안정성(법적 평화, 질서 유지)을 제시하였다. 그 가운데 정의는 법 전체를 지배하는 이념으로서 법이념의 3요소 중 가장 중요한 최상의 원리이다. 그래서 라드브루흐는 합목적성과 법적 안정성은 궁극적으로 정의 밑으로 포섭되어야 한다고 말하였다.[12)]

2 정의

법은 정의(正義, Gerechtigkeit)라는 법이념을 지향한다. 그러한 점에서 법의 영역처럼 정의에 대한 호소가 강하고 잦은 곳도 드물 것이다. 법을 해석하고 적용 ·

집행하는 때는 물론 법을 제정하는 경우, 나아가 법 자체를 찬양하거나 비난하는 데에 정의는 항상 필요 불가결하고 결정적인 평가 가치이다. 법이 정의에 이바지하면 할수록 법의 정당성은 높아진다. 그래서 법의 영역에서 정의는 가장 높게 평가되는 가치이다.[13)]

그러면 정의란 무엇인가? 정의에 관하여는 시대와 학자에 따라 견해를 달리한다. 일찍이 로마의 법학자 울피아누스(Ulpianus, 170~228)는 "각자에게 그의 몫을 주는 것"(suum cuique tribuere)을 정의라고 하였다. 무엇이 각자의 정당한 몫인가에 대해서는 아리스토텔레스가 제시한 정의 개념을 원용할 수 있다. 아리스토텔레스는 일반적 의미에서의 정의와 특수한 의미에서의 정의를 구별하였다. 전자는 합법성 그 자체를 의미하였으나 후자는 법 그 자체에 따라 측정된 것이 아니라 이성적인 인간의 목적 지향성에 따라 측정되었다. 그는 후자의 특수한 정의를 다시 배분적 정의와 평균적 정의로 구분하였다(니코마코스 윤리학 제5장).[14)]

배분적 정의는 사회에서 이루어지는 재화의 정당한 분배에 관한 것으로 '전체'와 관련이 있고, 평균적 정의는 개인 간에 이루어지는 계약적 의무의 충족에 관한 것으로 '부분'과 관련이 있다. 전자는 다수인을 취급하는 실질적 · 비례적 평등을 말한다. 예컨대 사람들의 조세부담능력에 따른 과세, 근무시간과 능력의 정도에 따른 승진 등의 원리이다. 이는 인간 공동체의 종적인 상하 질서관계에 타당하다. 후자는 급부와 반대급부(예컨대 상품과 대금), 손해와 배상, 책임과 형벌 등과 같은 교환적 정의로서 형식적 · 기계적 평등을 말한다. 이는 개인 간의 횡적 질서관계에 타당하다.[15)] 배분적 정의는 "같은 것을 같게, 같지 않은 것을 같지 않게"(like for like, unlike for unlike)의 원리라면, 평균적 정의는 "모두에게 같게"(like for all)의 원리라고 할 수 있다.[16)]

결론적으로는 정의의 본질은 "각자에게 그의 몫을 주는 것"이라는 원리, 즉 평등에 있는 것이라고 말할 수 있다. 그러나 "각자에게 그의 몫을 주는 것"이라는 원리, 즉 평등의 원리도 구체적이고 개별적인 법문제를 해결할 수 있는 규범적 공식은 아니며, 그 구체적 내용은 항상 판단하려는 사회관계 속에서 얻어지는 것이다.[17)]

3 소결 — '비판적 정의론'의 모색

결국 정의는 상대적이고 관계적인 개념에 불과하기 때문에, 모든 법문제에 대해 보편타당하게 적용되고 불변하는 해결책이 되어줄 정의는 존재하지 않는다고 보아야 한다. 그렇다면 법이념 중 가장 중요한 최상의 원리인 정의의 개념을 어떻게 인식하는 것이 좋을 것인가? 역사적으로 그 시대의 정의관에 따라 다양한 정의 기준이 있었다는 것, 정의는 상대적이고 관계적인 개념에 불과하다는 한계를 인식하면서, 다음과 같은 '비판적 정의론' 내지 '소극적 정의론'을 제시할 수 있을 것이다.

즉 거대 담론으로서의 고차원적이고 형이상학적인 정의론은 존재할 수 없고 무엇이 정의인지는 합의하기 어렵지만, 적어도 "심각하게 부정의한 것"에 대해서는 사람들 사이에 합의가 이루어질 가능성이 더 크다는 점에 주목하여야 한다. 예컨대, 나치나 유고의 인종청소와 같이 명백하고 큰 부정의를 가려내는 것은 정의가 무엇인지 합의하는 것보다 의견일치의 가능성이 높을 것이다. 참을 수 없을 정도로 명백히 부정의한 것에 대한 부정과 비판이 바로 정의론의 중요한 기능이기 때문이다.[18]

물론 "심각하게 부정의한 것"에 대해서도 부정의뿐만 아니라 심각성이라는 기준 역시 판단자의 주관적인 정의 감각에 달려 있고, 개인마다 차이가 있을 것이지만, 결국 그 시대정신과 상식의 대표자들로 구성된 최종심(ex. 헌법재판소 또는 대법원)에서 합의가 이루어지지 않을 경우에는 다수결로 정할 수밖에 없을 것이다.[19]

Ⅲ. 법의 효력

1 법효력의 의미

법의 효력(Rechtsgeltung)은 법의 존재양식이고 기능형태이며, 국가적 강제 그 이상을 의미한다. 이는 법이 국가의 강제를 넘어서서 독자적 실존을 가지는가의 문제이다. 법은 법절차에 따른 공포만으로 규범적 효력을 주장하지만, 개개의 시민들이 그것을 승인하거나 단순히 수인(受忍)하는 데에는 다양한 이유가 있다.[20]

오늘날 법의 효력 문제는 법이냐 법이 아니냐를 결정하는 문제와 같은 것이라고 말한다. 이는 법효력의 문제가 법개념과 밀접하게 관련되어 있다는 것을 말할 뿐만 아니라, 나아가 그것은 바로 법개념 자체의 문제라는 것을 말한다. 결국 법의 효력이란 법의 개념적 하나의 징표이며, 법효력의 논의는 법개념에 관한 논의로 이어질 수밖에 없을 것이다.[21]

결국 어떤 법이 규범으로서 효력이 있다는 것은 그것이 법규범으로서 고유하게 존재한다는 것을 의미한다. 다시 말해 법효력은 법의 존재방식인 것이다. 법의 이러한 존재의 고유성을 특징짓는 것은 무엇보다 그 규범적 작용에 있다. 그러한 점에서 법효력이란 '법의 규범적 구속성', 줄여서 '법의 구속성'을 의미하는 것이다.[22]

2 법효력의 근거

법의 효력은 근본적이고 포괄적인 의미에서 '법의 구속성'을 의미한다고 말하였는데, 그러면 법효력, 즉 법의 구속성의 근거는 무엇일까? 이러한 질문에 관해서는 오래 전부터 '법률적 효력이론', '실력(힘의 명령)설', '법이념설', '승인설' 등이 주장 · 논의되어 왔다.

'법률적 효력이론'은 어떤 법규범이 효력이 있다는 것은 그것이 국회에서 일정한 절차에 따라 제정되었기 때문이라고 설명한다. 입법에 관한 헌법의 규정들이 준수되었기 때문에 법률적 의미에서 효력이 있다는 것이다. 어떤 법규범은 그 규범보다 한 단계 높은 곳에서 권한을 부여해주는 또 다른 규범, 즉 상위의 수권규범(授權規範)에 의하여 창설되기 때문에 효력이 있다는 것이다. 다시 말해 하나의 규범의 효력은 바로 상위의 수권규범에 그 근거를 두고, 이는 다시 더 상위의 수권규범에 근거를 둔다고 한다. 헌법은 최상위의 수권규범으로서 모든 법규범의 효력조건이고 헌법은 법질서 전체의 효력근거라는 것이다. 문제는 헌법 자체의 효력이 문제될 때에 법률적 효력이론은 속수무책이 되고 만다. 법률적 효력이론의 한계이다.[23)]

'실력설'은 법이란 하나의 일정한 힘의 질서이고, 법은 그것을 실현시킬 수 있는 힘에 의하여 명령되었기 때문에 효력이 있다고 설명한다. 그러나 라드브루흐는 실력설을 다음과 같이 비판하였다. "명령과 힘은 의욕과 능력을 의미할 뿐이다. 따라서 명령을 받은 자를 … 복종하도록 만들 수는 있지만, 결코 그에게 복종할 의무를 부여할 수는 없다"는 것이다. 실력설이 근거로 삼는 'factum brutum'으로서의 힘, 즉 '적나라한 사실'로서의 힘은 강압과 복종의 작용, 다시 말해서 단순한 실효성(實效性)은 생기게 할지는 모르지만, 진정한 규범적 구속성과 의무를 부여하는 당위를 생기게 할 수는 없다고 보아야 한다.[24)]

'법이념설'은 '법이념과의 일치'만이 법효력을 정당화시킬 수 있다고 설명한다. 법의 효력은 실정법규라는 순수한 법률적 당위(법률적 효력이론)라든가 단순한 사실(실력설이나 승인설)에 의거할 수 없고, 오로지 더 높은 당위, 즉 하나의 초실정적(超實定的) 가치(價値)에만 의거할 수 있다고 한다. 법이념이란 법이 법으로서 효력을 갖기 위하여 지향하여야만 하는 법의 목적이라는 것이다.[25)] 그러나 법이념설에도 한계가 있다. 아무리 이상적인 질서도 '현실 형성적인 힘'을 갖지 못하면 법의 본질적인 징표를 충족시키지 못한다는 문제가 생긴다. 결론적으로 말해서 법이념'만'이 실정법의 효력과 구속성을 근거 지운다고 할 수는 없을 것이다.[26)]

그렇다면 '현실 형성적인 힘'이란 어디에서 찾아야 할 것인가? 그래서 등장한 것이 실력설과 이웃하고 있다고 비난도 받는 '승인설'이다. '승인설'은 법의 효력은 자발적이건 비자발적이건 승인에 근거한다고 설명한다. 이는 법효력의 자율적 기초를 중시한다.[27)]

3 소결

법효력의 근거에 관하여 법실증주의 이론은 실정법을, 자연법 이론은 법이념을 내세운다. 법실증주의 이론은 자연법 이론과 더불어 역사적으로 중요한 법철학 이론 중 하나이다. 인간중심주의의 자연법, 즉 이성주의적 자연법 이론은 실정법을 초월하는 인간의 이성에 바탕을 두고 형성된 자연법의 존재를 인정한다. 하지만 법실증주의 이론은 자연법의 존재를 인정하지 않고 오직 법 자체만을 형식 논리적으로 파악하려는 입장이다.

우리의 관점에서 설득력 있는 법효력의 근거를 어디에서 찾는 것이 바람직할 것인가? 앞에서 설명한 여러 논의들을 토대로 할 때 승인설을 바탕으로 하면서 법이념을 고려하는 것이 가장 바람직하다고 하겠다.[28] 즉 법의 효력이란 사실로서의 승인을 전제로 하여 법이념의 가치적 효력을 결합하는 것이라고 설명할 수 있을 것이다.[29]

IV. 법의 체계

법은 일정한 법원리에 의하여 통일되어 하나의 조직된 체계를 이루어 상호질서와 조화를 유지한다. 따라서 보통 전체로서의 법을 법체계 또는 법질서라고 부른다. 법체계는 국내법과 국제법으로 크게 나누고, 국내법은 다시 사법과 공법 그리고 사회법으로 나뉘어 개별적인 법분야로 분류된다. 실체법이란 권리 · 의무의 내용을 규정한 것이고, 절차법이란 권리 · 의무의 내용을 구체적으로 실현하기 위한 절차를 규정한 것이다.

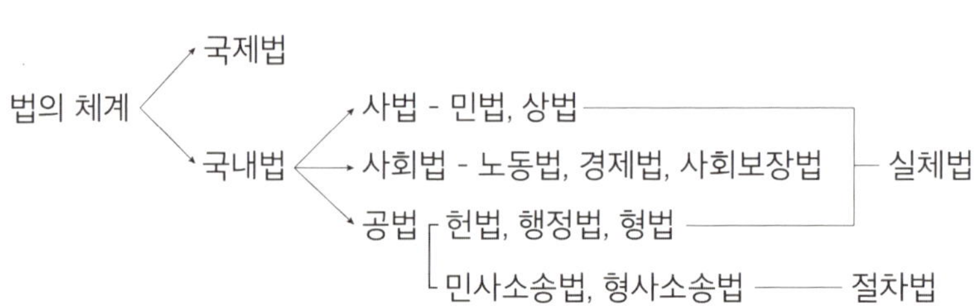

전통적인 관점에서는 국내법을 위와 같이 사법, 공법, 사회법의 세 가지의 체계로 구분하여 설명하는 것이 일반적이지만, 이러한 세 가지의 체계 속에 개별적인 법분야를 어디에 위치시킬 것인가 하는 문제는 간단하지가 않다. 예컨대, 지적재산법이나 조세법, 환경법 등을 법체계 속에 어떻게 분류하여 위치시킬 것인가의 문제이다. 이는 앞으로 충분히 논의하여 새로운 법체계를 구성할 때 반영하여야 할 과제 중의 하나라고 생각된다.

이 책에서는 현행 변호사 시험과목의 구분 방식에 따라 '공법'을 헌법과 행정법으로 한정하고, 공법에 속하는 형법과 형사소송법을 별도의 '형사법'으로 분류하였다. 또한 공법에 속하는 민사소송법을 민법 및 상법과 한데 묶어 '민사법'으로 분류하였다. 변호사 시험과목 중 선택과목에 속하는 지적재산권법과 최근 주목받는 ICT법과 인공지능(AI)법을 함께 묶어 '지재법 · ICT법 · 인공지능(AI)법'으로 분류하였다.

이 책에서 설명하는 법의 체계
→ 공법 - 헌법, 행정법
→ 민사법 - 민법, 상법, 민사소송법
→ 형사법 - 형법, 형사소송법
→ 지재법 · ICT법 · 인공지능(AI)법

미주

1) 이재룡, 「조선, 예의 사상에서 법의 통치까지」, 예문서원, 1995, 278~279면 참조.

2) 전봉덕, 「한국근대법사상사」, 박영사, 1980, 50~52면 참조.

3) Fernanda Pirie, *The Rule of Laws: A 4000-Year Quest to Order the World*, 2021, 이영호 옮김, 「법, 문명의 지도—세계의 질서를 만든 4000년 법의 역사」, arte, 2022 참조.

4) 한국법제사 공부를 위한 대표적 문헌으로는, 박병호, 「한국법제사고(韓國法制史攷)」 개정판, 민속원, 2021 참조.

5) 심헌섭, 「법철학 I」, 법문사, 1982, 22면.

6) 위의 책, 58면 참조.

7) 최종고, 「현대 법학의 이해」 증보 4판, 서울대학교 출판부, 1990, 6~7면.

8) 이근식, 「법학개론 I」, 한국사법행정학회, 1979, 35면, 41면.

9) 심헌섭, 앞의 책, 112~113면.

10) 심헌섭, 앞의 책, 143면.

11) 이근식, 앞의 책, 41~42면.

12) 심헌섭, 「법철학」, 한국방송통신대학 출판부, 1985, 189면, 196면.

13) 위의 책, 187면.

14) 위의 책, 188면, 191면.

15) 위의 책, 191~192면; 이근식, 앞의 책, 60~61면.

16) 최종고, 앞의 책, 19~20면, 26면.

17) 심헌섭, 「법철학」, 한국방송통신대학 출판부, 1985, 211면.

18) 김대휘, 「법철학과 법이론 입문」 제2판, 성안당, 2023, 155면; 김대휘, "비판적 법실증주의의 법이론", 「기초법학연구」 제3호, 서울대학교 법학연구소 법이론연구센터, 2024, 28~29면.

19) 위의 책, 156면; 위의 논문, 29면 각 참조.

20) 위의 책, 163면.

21) 심헌섭, 「법철학 I」, 법문사, 1982, 62~63면.

22) 위의 책, 71~73면.

23) 위의 책, 67면, 74~75면.

24) 위의 책, 80~82면.

25) 위의 책, 83~84면.

26) 위의 책, 87~88면.

27) 위의 책, 88~93면; 김대휘, 앞의 책, 166면.

28) 위의 책, 93면.

29) 위의 책, 95면.

CHAPTER

2

법학이란 무엇인가?

Ⅰ. 법학의 역사와 발전

1 동아시아 한자문화권에도 법학이 존재하였는가?

앞에서 이미 설명하였듯이 동아시아 한자문화권에도 법은 존재하였다(제1장 I. 1. 참조). 중국은 예로부터 법이 있었고, 법에 의한 통치를 중시하는 법가(法家)라는 학파도 존재하였다. 그러나 서양의 Jurisprudence에 해당하는 법학이라는 개념은 없었다.[1] 다시 말해 법이 있고 그것을 적용하기 위한 율학(律學)이라는 것이 존재하였어도 동아시아 한자문화권에서 율학은 기술학 내지 잡학으로 행정관의 보조인 역할만을 하는 율관(律官)을 만들어 낼 뿐이었다. 그래서 독일의 정치경제학자 · 사회학자이자 법학자인 막스 베버(Max Weber, 1864~1920)는 동아시아는 문사(文士, Literati)가 지배하는 곳으로 법률가 계급과 법을 학문적으로 연구하는 법학이 생성되지 못하였다고 비판하였다.[2]

또한 동아시아 한자문화권에는 오늘날 법학적 개념으로서의 '권리'라는 관념도 존재하지 않았다. 토지 등 재산에 대한 사적 소유라는 것은 통합된 법전 속에 존재하는 민사적 성질의 규범이나 관습법에 의해서 그 독점적 이익의 향유가 보장될 뿐이었다.[3] 게다가 법에 구속력이 있어야 할 이유, 법과 도덕은 어떻게 다른지, 법규범이 규범 하나하나의 집합인지 아니면 내재적인 구조가 있는지, 어떠한 재판절차가 정당한지 등등을 묻는 학문적 논의는 존재하지 않았다. 법은 있어도 서양적인 의미에서의 법학은 존재하지 않았다.[4]

2 학문으로서의 법학은 서양 문화 고유의 것

법을 학문적으로 연구하는 법학은 서양 문화 고유의 것이며 그리스 · 로마 문명에 깊이 그 뿌리를 내리고 있다. 특히 고대 로마에서 법학은 고도의 발달을 보였다.[5] 유럽 법학의 역사를 놓고 어느 때를 기점으로 삼을지는 어려운 문제이지만, 고대 로마 최초의 성문법이라 하는 12표법(Twelve Tables)이 제정된 것이 기원전 451년이다. 흔히 이때부터 로마법 혹은 로마 시민법(ius civile)이 시작되었다고 말한다. 가령 그 즈음으로 계산하더라도 법학은 족히 2,500년의 역사가 있다. 유럽 각국의 법학은 로마법의 유산에 기초하고 있다.[6]

> 고대 로마 시대에 12표법이 제정된 계기는 로마 관습법이 특정 사건에서 어떻게 적용되어야 하는지 분명하지 않을 경우 귀족들로 구성된 사제단의 해석에 따랐다. 로마 시민은 소수의 귀속 계급과 이런저런 불이익과 차별을 받는 다수의 평민 계급으로 나뉘어 있었다. 사제들은 전부 귀속 계급 출신이었으므로 평민들은 개별 사건에서 문제가 된 행위나 서식의 효력에 대한 사제단의 판결이 언제나 공정하지는 않을 것이라고 우려하였다. 그래서 평민들은 관습법이 사건 발생 전에 미리 적혀 있으면 유리할 것으로 보았다. 사제단의 해석 권능도 적혀 있는 법의 문언으로 제약될 것이기 때문이다. 그래서 기원전 451년에 10인 위원회가 구성되어 관습법을 성문화하는 임무를 부여받았는데, 이것은 아테네의 유명한 솔론법을 모델로 삼았다. 10인 위원회는 12표법이라고 알려진 법령집을 완성해서 로마 시민들의 회의체인 민회에 제출하여 승인을 받았다. 12표법을 승인한 민회는 옛날 법을 변경하고 새로운 법을 도입한다고 여긴 것이 아니라, 과거부터 계속 존재하였던 법을 더욱 명확하게 확정한다고 생각하였다.[7] 법의 내용은 상아로 만든 12개의 판(板)에 새겨서 로마의 중앙 광장에 게시해 두었다.[8]

중세 유럽에서 재발견된 로마 시민법은 종교 중심의 사고가 지배한 중세사회의 시대적 특수성을 반영하여 재해석되었다. 이러한 시민법(ius civile)은 교회법과 통합되어 공통법(ius commune)으로 발전하였다.[9] 또한 17세기 무렵부터 등장하는 근대의 법학은 유럽 계몽주의의 흐름과 분리하여 이해할 수 없다. 19세기의 법학은 이러한 역사적 흐름 속에서 만들어진 것이다. 게다가 같은 유럽에서도, 예를 들어 영국, 프랑스, 독일에는 고유의 역사적 전통을 가진 법학이 성립하였다. 따라서 법학이라는 학문은 유럽 사회의 역사적 모습과 밀접한 관계가 있다.[10]

이러한 흐름을 반영하여 유럽을 중심으로 법학의 역사를 해설하는 문헌에서는 로마 법학사, 중세 로마 법학사, 독일 법학사, 프랑스 법학사, 영국 법학사, 미국 법학사 순으로 설명하고 있다.[11)]

Ⅱ. 우리나라 법학의 성립과 발전

1 법관양성소의 설립

서양에서 발전한 법과 제도를 수용하는 것이 한 나라가 근대화하는 데에 필수적 요소라고 한다면 우리나라에서는 언제부터 근대적 의미의 법학 교육이 시작되었을까?

우리나라에서 근대적 의미의 법학 교육은 1895년 4월 설립된 법관양성소에서 시작되었다. 법관양성소는 우리나라 최초의 법학전문 교육기관이다. 고종 칙령 제49호로 공포된 '법관양성소규정(規程)'에 따르면, 법관양성소는 동시에 제정된 '재판소구성법'에 의한 사법제도의 근대화에 부응하여 사법업무를 담당할 사법관(司法官)을 신속하게 양성하기 위한 목적으로 설립되었다.[12)] 이어서 1905년 1월의 한성법학교, 같은 해 2월 양정의숙의 법률학과, 같은 해 4월 보성전문학교의 법률학 전문과에서 각각 법학교육이 이루어지면서 확산된다.[13)] 법관양성소와 보성전문학교는 오늘날에도 서울대학교와 고려대학교가 그 후신으로서 존재한다.

일제 강점기에는 보성전문학교를 비롯하여 법관양성소 후신으로 1922년 설립된 경성법학전문학교 등에서, 그리고 조선총독부가 설립한 경성제국대학에서 법학 교육이 이루어졌다. 경성제대는 1924년 대학에 입학할 학생을 위해 2년제 예과를 먼저 만들고, 1926년에는 3년제 법문학부와 4년제 의학부를 설치하였다. 경성제대의 법학 교육은 1926년 설치된 법문학부 법률학과에서 시작되었다. 1927년부터는 법률학과와 정치학과가 통합되어 법학과가 되었다.[14)]

2 법학 교육의 발전

우리나라 근대 법학 교육의 역사는 해방 이전과 그 이후로 크게 나눌 수 있다. 해방 이전에는 앞서 본 것처럼 경성제국대학, 경성법학전문학교, 보성전문학교 등에서 법학교육이 이루어졌다. 해방과 함께 법학교육을 받을 수 있는 환경은 확대되었다. 해방 이후 법학과를 창설한 대학이 크게 늘어났기 때문이다. 먼저 해방 이전의 법학교육 전통을 계승한 경우이다. 경성제대와 경성법학전문의 법학 전통을 계승한 서울대(1946년)와 보성전문의 법학 전통을 계승한 고려대(1946년)가 각 법학과를 설립하였다.

해방 이후 1950년대까지 법학과를 신설한 대학을 살펴보면 다음과 같다. 건국대(1946년), 경남대(1946년), 국민대(1946년), 동아대(1946년), 조선대(1946년), 홍익대(1946년), 단국대(1947년), 국제대(야간)(1947년), 영남대(구 대구대 · 구 청구대)(1947년), 성균관대(1948년), 부산대(1948년), 경희대(1949년), 동국대(1949년), 중앙대(1949년), 연세대(1950년), 이화여대(1950년), 청주대(1950년), 경북대(1951년), 전북대(1951년), 제주대(1952년), 충남대(1952년), 전남대(1953년), 숭실대(1954년), 원광대(1954년), 상지대(1955년) 등의 순으로 법학과를 창설하였다.

한양대는 1959년 정경대학 내에 상학과, 경제학과, 무역학과, 정치학과, 행정학과와 함께 오늘날의 법학과에 해당하는 '법률학과'[15]를 창설함으로써 전국 주요대학들보다 10여 년 늦게 법학교육을 시작하였다.

1960년대 이후 법학과를 신설한 전국 주요대학들로는 경기대(1963년), 전주대(1964년), 한국외대(1967년), 명지대(1969년), 강원대(1970년), 인하대(1977년), 충북대(1977년), 경성대(1979년), 한남대(1979년), 경상국립대(1980년), 경찰대(1980년), 계명대(1980년), 대구가톨릭대(1980년), 서울시립대(1980년), 창원대(1980년), 한국해양대(1980년), 대구대(1981년), 동의대(1981년), 인천대(1981년), 수원대(1982년), 숙명여대(1982년), 가천대(1983년), 대전대(1983년), 목포대(1983년), 성신여대(1983년), 국립경국대(구 안동대)(1984년), 배재대(1984년), 순천대(1984년), 군산대(1985년), 아주대(1985년), 인제대(1987년), 서강대(1988년), 순천향대(1988년), 한림대(1988년), 울산대(1989년), 세명대(1991년), 대진대(1994년), 공주대(1996년), 부경대(1996년), 한경국립대(1996년), 영산대(1997년), 광운대(1998년), 한동대(1998년), 덕성여대(2005년), 세종대(2017년) 등이 있다.[16)]

이상의 전국 주요대학들 중 법학전문대학원 인가를 받은 대학들은 2009년부터 학부(법학과) 신입생을 선발할 수 없게 되었고 2017년 2월 법학과를 폐지하게 되었다.

3 법학 교육의 미래 - "법학의 길을 새로 묻다"

2009년 법학전문대학원 출범 이후 법학교육은 법학전문대학원 및 학부(법학과)로 이원화되었다. '전문 법학 교육'과 전문법률가(legal professional) 양성은 그나마 기능을 하고 있으나 '교양 법학 교육'과 준법률가(paralegal) 양성은 갈수록 축소되고 있다. 이는 법학 교육의 목적에 대한 합의 없이 그때그때의 현실에 순응적으로 대응하여 왔기 때문일 것이다. 오늘날 법학 교육이 처한 어려움, '법학의 위기'를 극복하기 위해서는 법학 교육의 목표와 법률가의 역할에 대한 사회적 합의가 필요하다고 생각한다.[17)] 무엇보다 학문후속세대의 체계적인 양성을 위하여 "법학의 길을 새로 묻는 성찰하는 자세"가 요망되는 시점이다.[18)]

미주

1) 우치다 타카시 지음, 정종휴 옮김, 「법학의 탄생」, 박영사, 2022, 29면.

2) 최종고, “막스 베버가 본 동양법—비교법사의 기초를 위하여”, 「법사학연구」 제6집, 한국법사학회, 1981, 247면 이하; 최종고, 「법은 그러나 어두운 곳에 빛난다」, 철학과현실사, 1991, 84면.

3) 이에 관해서는, 박병호, 「한국법제사」, 민속원, 2012; 장진번 · 이철 · 포견 · 장희파 공저, 한기종 · 김선주 · 임대희 · 한상돈 · 윤진기 등 공역, 「중국법제사」, 소나무, 2006; 甲斐道太郞 · 稻本洋之助 · 戒能通厚 · 田山輝明, 「所有権思想の歴史」, 有斐閣, 1979; 甲斐道太郞 외 3인 지음, 강금실 옮김, 「소유권사상의 역사」, 돌베개, 1984 등 참조.

4) 우치다 타카시 지음, 정종휴 옮김, 앞의 책, 31면.

5) 위의 책, 31면.

6) 위의 책, 32면.

7) Peter Stein, *Roman Law in European History*, Cambridge University Press, 1999, 김기창 옮김, 「유럽 역사에서 본 로마법」, 읻다, 2021, 17~18면.

8) 위의 책, 18면 각주1). 김기창 교수는 흔히 ‘12표법’이라 번역해온 Twelve Tables (leges duodecim tabularum)를 ‘12판법’으로 번역할 것을 제안한다. 라틴어 ‘tabula’는 글이 적혀 있거나 새겨진 판(板)을 뜻하므로 그렇게 번역하는 것이 불필요한 오해를 주지 않는다는 것이다. 설득력 있는 견해라고 생각하지만, 이 책에서는 종래 번역어를 그대로 사용하고자 한다.

9) 한동일, 「법으로 읽는 유럽사」, 글항아리, 2018, 325~326면.

10) 우치다 타카시 지음, 정종휴 옮김, 앞의 책, 32면.

11) 가령, 碧海純一 · 伊藤正己 · 村上淳一 編, 「法学史」, 東京大学出版会, 1976, 목차; 최종고, 「법학사」, 경세원, 1986, 목차 각 참조.

12) 최종고, 「법사와 법사상」, 박영사, 1980, 438면.

13) 김효전, 「법관양성소와 근대한국」, 소명출판, 2014, 355면.

14) 한국법학교수회 편, 「법학의 길을 새로 묻다」, 박영사, 2025, 148~158면(정긍식 집필부분).

15) 오늘날의 법학과에 해당하는 ‘법률학과’라는 명칭은 당시 다른 대학에서도 사용되었다. 잠시 동안 ‘법률학과’ 명칭을 사용한 예(例)로는 서울대 법과대학 법률학과(1948

년~1953년), 고려대 정법대학 법률학과(1946년~1955년)를 들 수 있다. 비교적 오랜 기간 '법률학과' 명칭을 사용한 예로는 성균관대 정경학부 법률학과(1948년~1953년), 동 대학 법정대학 법률학과(1953년~1982년)의 경우를 들 수 있다.

16) 이상 법학과 설립연도는 전국 주요대학 법학과 홈페이지를 방문하여 확인한 내용에 따른 것이다. 홈페이지에 법학과 연혁이 소개되어 있지 않은 경우는 어쩔 수 없이 생략하였다.

17) 한국법학교수회 편, 앞의 책, 165면(정긍식 집필부분).

18) 위의 책, 29면 이하(김현철 집필부분), 314면 이하(박혜진·김정연 집필부분) 각 참조.

PART 2

공법

CHAPTER

1

헌법

제1절

헌법총론*

I. 헌법학의 대상과 범위

1 국가조직법으로서 헌법의 출발

헌법(憲法, constitutional law, Rechtsttat, droit constitutional)이란 무엇인가? 헌법은 영미의 constitution, constitutional law의 번역어로서, 국가를 조직 · 구성하는(constitute) 근본규범을 말한다. 헌법(憲法)의 한자를 풀어보면 「憲(법 헌)+法(법 법)」이므로 곧 '법 중의 법'을 뜻한다. 즉 헌법은 국가를 조직하고 구성하는 최고법, 근본법을 의미한다.

이처럼 헌법은 우선 국가(國家, state, nation)를 떼어놓고는 생각할 수 없다. 즉 국가가 있는 한 헌법은 존재한다(소위 고유한 의미의 헌법). 그런데 국가는 국민, 영토, 주권(및 통치권)을 그 주된 구성요소로 한다는 기본적 동질성에도 불구하고, 시대와 역사에 따라 영토와 국민의 규모가 서로 달랐다. 예컨대 서구에서 민주국가의 영원한 이상향으로 상정하고 오늘날에도 이를 끊임없이 회고하고 재현하고자 하는 아테네의 경우 이미 아테네 헌법(Athenian constitution)이 존재하였다. 그런데 고대 아테네의 인구는 전체가 25만에서 30만 명으로, 그중에서 시민권을 갖는 성인 남성의 인구는 3만에서 5만 명으로 추산되는 수준이었고, 지리적으로도 지중해

* 제2편 제1장 헌법 파트는 <윤성현, 『헌법강의: 기초이론과 쟁점』, 박영사, 2025>의 서술에 기초하되, 법학 입문자를 대상으로 한 본서의 취지에 따라 재구성하고 수정 · 보완한 것입니다.

지역 발칸반도의 일부에 불과한 작은 도시국가(city-state)였으므로 오늘날의 근대적 국민국가(nation-state)의 기준에서 볼 때는 작은 지방자치단체 규모와 유사하다. 즉 서구, 특히 그중에서도 선진국이었던 영국, 프랑스, 미국 등을 기준으로 17-18세기 이후 태동한 근대국가는, 정치적으로 시민혁명과 사회경제적으로 산업혁명을 그 배경으로 하는데, 특히 산업혁명과 상공업의 발전을 통해 탄생한 신흥 중산계급(부르주아)들은 경제적 지위의 향상을 바탕으로 생명, 신체, 재산권의 보장과 의회 선거권 등 정치적 권리의 신장을 요구하게 된다. 그리고 신흥 중산계급과 지식인들이 중심이 되어 구체제 지배계층인 왕과 귀족들과 자신들의 생명, 신체, 자유 보장에 대해 타협하거나 혹은 혁명으로 얻어낸 새로운 사회계약이 이후 프랑스 인권선언이나 미국 연방헌법과 같은 근대 국민국가 헌법의 기초를 이루게 된다.

대한민국 헌법의 경우는 이러한 서구 헌법의 내용과 형식을 상해 임시정부에서부터 대한민국 정부 수립 이후 오늘에 이르기까지 차용하고 발전시켜온 것이므로, 대한민국 헌법은 자생적인 혹은 창조적 의미의 헌법으로 볼 수는 없고, 서구에서 발전된 근대 국민국가 헌법을 이식 또는 계수한 헌법이다.

2 국민의 자유와 권리 보장으로의 확대

위에서 논한 것처럼 국가가 있는 한 이를 규범적으로 규율하는 최고법으로서의 헌법은 항상 존재하였으나, 그 출발은 국가를 규율하는 데 있었다(국가법으로서의 헌법). 즉 초기 헌법의 관심사는 공동체로서의 좋은 국가, 즉 좋은 정부(good government)를 어떻게 만들 것인가에 있었다. 서구 그리스 철학을 대표하는 플라톤의 정치철학이 집대성된 「법률」, 그리고 플라톤의 제자 아리스토텔레스의 「정치학」 등은 좋은 정부를 만들기 위해 국가형태 중에서 1인 지배(왕정)/소수지배(과두정)/다수지배(민주정)를 어떻게 잘 조직해야 하는가를 다룬 것이었고(소위 혼합정부론), 이를 이어받은 로마나 중세, 르네상스 시기의 헌법 논의도 크게는 이 틀에서 벗어나지 않았다.

그러다가 산업혁명과 시민혁명으로 대표되는 근대가 출발하면서부터는 이와 같은 국가 중심, 공동체 중심의 논의에서 탈피하여 개인에 대한 관심이 커지기 시작한다. 이것은 인류 역사상 국가, 촌락, 마을 등 공동체가 아니라 개인들의 법적 지위에 대한 관심이 두드러지게 나타난 첫 시기로 주목할 만하다. 이것은 세습적 신분은 높지 않으나 상공업을 통해 부를 축적하기 시작한 부르주아들이 자신들의 생명, 신체, 재산을 지키고 이를 공식화하기 위해 정치적 권리를 획득하려는 움직임으로 이어지는데 이것이 개인성에 대한 자각을 중심으로 하는 자유주의(liberalism) 근대 사상이다.

Ⅱ. 자유민주주의와 자유민주적 기본질서

1 서양 근대 자유주의와 민주주의의 결합원리로서 자유민주주의

고대 아테네에서 다수자(demos)의 지배라는 의미로서 민주주의(democracy)라는 국가운영원리가 일정한 기간에 한해 작동했지만, 아테네 몰락 이후 유럽 또한 아시아 등과 같이 오랜 기간 왕이나 귀족 등 소수자가 지배하는 시대를 지나게 된다. 하지만 르네상스 이후 근세, 나아가 산업혁명과 시민혁명을 배경으로 한 근대는 새로운 시대의 진보적 이념으로 자유주의(liberalism)를 낳게 되고, 자유주의는 고대의 민주주의와는 구분되는 근대적 대의민주주의(representative democracy)와 결합하여 자유민주주의라는 정치질서를 탄생시키게 된다.

서구에서 근대 이전의 사회는 대부분 안정적인 수직적 신분질서를 배경으로 하였다면, 근대를 태동시킨 쌍두마차인 산업혁명과 시민혁명은 부르주아(Bourgeois)라는 새로운 중산계급을 등장시키면서 구체제의 신분질서를 요동치게 만든다. 이들은 과거의 신분질서에 의할 때 성직자나 귀족 등에 비해 지위가 낮았으나, 지리상의 발견, 상공업의 발달 및 산업혁명이라는 사회경제적 배경을 등에 업고 상대적으로 많은 재산을 축적하게 된다. 그리고 신분 대신 재산이라는 신무기를 축적한 중산계급은 차츰 구체제의 특권계급에게 자신들의 생명 · 신체 · 재산에 대한 권리, 그리고 이들을 보장할 수 있는 정치적 권리(특히 선거권과 피선거권)를 요구하게 된다.

물론 처음부터 이들의 주장이 관철될 수 있었던 것은 당연히 아니었다. 하지만 재산을 형성한 부르주아들의 협력과 이들로부터의 과세 등은 국가 운영을 위해 매우 필요한 사항이었으므로, 절대왕정 국가들은 이들에게 일부 권리를 인정하면서 반대급부로 협력을 얻어내든지, 아니면 서로 대치하다가 혁명의 길로 가든지 둘 중 하나의 길을 택하게 된다. 명예혁명 이후 점진적 개혁의 길을 택한 영국이 전자이고, 혁명으로 루이 16세를 단두대에서 처형한 프랑스가 후자이다. 중산계급이 중심이 된 시민혁명의 과정에서 종전의 절대왕권을 지탱했던 왕권신수설은 쇠퇴하고 로크나 루소와 같은 근대적인 사회계약설이 등장하며, 이 사회계약설에 따라 자유주의에 기반한 성문헌법들이 18세기 후반에 처음으로 선을 보이게 된다(1787년 미국 연방헌법 제정－1791년 권리장전 추가, 1789년 프랑스 인권 선언 등).

이처럼 근대는 자유주의의 시대였다. 그러나 이 당시 자유주의는 오늘날 우리의 정치현실에서 보이듯이 보수의 언어가 아니라 진보의 언어이고 이념이었다. 자유주의는 구체제를 깨고 중산계급에게도 개인성을 자각시키고 권리를 부여하여 정치에 관여하는 계급의 범주를 확대하게 된다. 이것은 점차 중하위 계급에게도 자유를 보장하고, 또 그러한 자유가 실질적으로 보장되도록 하기 위해서는 지배권력의 선출과 통제에 관여할 수 있는 중하위 계급의 정치적 권리를 확대시키는 것이 필수적이었다. 따라서 고대 아테네의 민중이 지배했던 국가운영원리인 민주주의를 근대에 다시 불러내게 된 것이다.

하지만 도시국가에 불과했던 고대 아테네의 민주주의를 근대 국민국가에 그대로 적용시키는 것은 현실적으로 매우 어려웠다. 근대국가에서 영토와 인구가 기하급수적으로 확대된 것을 고려하면, 아테네에서 많아야 수천에서 수만을 넘지 않았던 시민들이 아고라(Agora)에 모여 국가의사를 논의하고 결정하는 것을 근대국가의 수준에서 바로 적용하는 것은 불가능에 가까웠다. 또한 현실적 문제만이 아니라 이념적으로도 민주주의가 중우정치 혹은 다수의 폭정으로 흐를 위험성에 대한 방벽이 필요했다. 따라서 근대 '자유주의' 국가에서 활용 가능한 '민주주의' 모델,

즉 '자유민주주의'(liberal democracy) 정부모델을 새롭게 창안할 필요가 있었는데, 이것이 대의민주주의 혹은 대표민주주의라고 불리며 근대 이후의 헌법에 통용되고 있는 정부 구성의 원리이다.

2 자유민주주의와 자유민주적 기본질서의 관계

현행 대한민국 헌법 전문에서는 "자율과 조화를 바탕으로 자유민주적 기본질서를 더욱 확고히 하여 정치 · 경제 · 사회 · 문화의 모든 영역에 있어서 각인의 기회를 균등히 하고 …"라고 하고, 제4조는 "대한민국은 통일을 지향하며, 자유민주적 기본질서에 입각한 평화적 통일 정책을 수립하고 이를 추진한다."라고 규정하는데, 여기서 '자유민주적 기본질서'는 우리 헌법상 정치질서의 근간을 규정한 개념이므로 그 해석이 문제된다.

이를 서구 근대 헌법사의 자유민주주의(liberal democracy)와 동일하거나 유사한 의미로 해석할 것인가가 동 조항 해석에 있어서 중요하다. 왜냐하면 소극적 자유, 특히 시장 자유를 적극 옹호하는 의미의 협의로 이해된 자유민주주의는, 곧 시장주의 및 반공주의로 이해될 가능성이 커지기 때문이다. 즉 고전적 자유민주주의는, 민주주의를 민주적 정당성의 체계로 이해하면서 그 실현 형태로 대의민주주의를 과도하게 강조함으로써 직접 · 참여민주주의를 제약하는 측면이 있고, 또한 시장 자유를 과도하게 신봉하면서 이를 반대하는 공산주의에 다시 반대하는 반공주의 노선을 취함으로써, 반공주의를 통해 정치적 자유와 민주주의를 제한하고 시장주의의 극대화를 통해 사회경제적 민주주의를 축소하는 결과로 귀결될 우려가 있는 원리라고 볼 수 있다. 특히 세계적으로 동 · 서 진영경쟁이 치열하게 벌어지고 이것이 한반도에서 남북 간 체제경쟁으로 환원되면서 남한도 시장주의와 반공주의에 집착하였고, 이것은 개발독재의 정당화와 연결되면서 더 강고하게 뿌리박게 되었다. 그러나 이미 1990년대를 전후하여 전 세계적으로 사회주의가 대거 몰락하고, 오늘날 북한과의 체제경쟁에서 남한이 압도적인 우위를 점하고 있는 상황에서 이러한 협의의 자유민주주의만을 우리 헌법상 민주주의의 모습으로 인정해야 할 필요는 없을 것으로 보인다.

우리 헌법재판소에서 자유민주적 기본질서의 구성요소에 관해 처음으로 상세하게 언급한 1990년 국가보안법 제7조 사건에서는 그 내용으로 '시장 경제'를 명시함으로써, 이를 명시하지 않은 독일연방헌법재판소의 태도와는 다소 다르게 해석될 수 있는 여지를 제공했다. 그러나 이후 2004년 대통령(노무현) 탄핵사건과 2014년 통합진보당해산사건에서는 탄핵심판과 정당해산심판을 통해 수호하고자 하는 '자유민주적 기본질서' 혹은 '민주적 기본질서'의 내용으로 시장경제를 언급하지 않았다. 이것이 '자유민주적 기본질서'에 관한 헌재의 직접적인 판례변경이라고까지 이해하기는 어려울 수 있으나, 적어도 과거에 비해서는 좀 더 제한하여 신중하게 접근하겠다는 하나의 신호로는 이해할 수 있지 않을까 한다.

근대 서구의 정치원리로서 생명, 신체, 재산의 자유를 중심으로 한 자유주의가 처음 도입되고 이것이 성문헌법의 원리로 들어갈 당시만 하더라도, 이는 과거 신분귀족들의 구체제를 깨뜨리고 신흥 부르주아 계급을 옹호하는 일종의 진보 이념이었기 때문에 정당화되고 긍정적 함의를 가질 수 있었지만, 이것이 다시 무제한적 시장경제의 한계로서 빈곤과 불평등의 문제를 노정하면서 이를 수정 · 대체하는 방향의 사회주의와 인민민주주의 체제가 나타나고 이들 체제는 서로 동서냉전이라는 형식으로 치열한 체제경쟁을 벌이게 되었다. 좌파의 출현에 대응하여 서구에서는 반공주의 내지 자유지상주의의 우파적 원리가 심화되는 방향으로 대응하기도 하나, 한편으로는 사회주의가 가진 장점을 흡수, 절충하여 자유주의의 노선을 수정하면서 사회민주주의와 혼합경제, 복지국가 등을 지향하는 중도적 노선을 견지하는 국가들도 적지 않게 나타난 바 있다. 협의의 자유주의와 자유민주주의 체제만을 계속해서 고수한 국가는 거의 찾아보기 어렵고, 가령 유럽의 경우는 최근에는 우경화의 모습도 보인다고 평가되고 있긴 하나 전체적으로 보면 역사적 · 사회적 조건에 따라서 자유민주주의와 사회민주주의 간에 원리적 · 현실적 경쟁을 계속해나가고 있다고 볼 수 있다.

그렇다면 우리도 굳이 자유민주적 기본질서를 협의의 자유민주주의로만 좁혀서 해석할 이유는 없을 것으로 생각된다. 우리는 대한민국 정부 수립 이후로 봉건질서와는 규범적으로 작별을 고했고, 분단 이후 현재까지 북한의 인민민주주의 체제와 전쟁을 치른 후 정전체제로 대치 국면을 이어가고 있는 것은 사실이지만, 현재로서는 사실상 체제 경쟁관계라고 보기 어려울 정도로 현저한 국력의 차이가 나고 있다. 이처럼 달라진 배경 하에서 우리 헌법의 정체성을 과거 서구 역사의 좁은 스펙트럼 안에 한정시킬 이유가 없다. 더군다나 지금 그 이데올로기의 수출국들에서는 지금의 우리와 달리 민주주의의 스펙트럼을 폭넓게 확대하고 있는 모습들을 본다면, 자유민주주의 체제의 후발 계수국이자 주변국이었던 대한민국이 오히려 자유민주주의의 오래된 서구적 원형에 갇혀 엄격성을 고집할 이유는 없을 것으로 생각된다. 즉 이제는 과거와 같은 반공지상주의나 시장지상주의를 넘어서서, 사회민주주의도 용인하는 헌법상 민주주의의 규범적 범위를 확보할 필요가 있다. 헌법규범원리상 좌우의 진폭을 넓혀두되, 당시의 사회현실과 국민들의 요구에 맞추어 융통성 있는 체제를 구성하는 것이다. 즉 헌법원리상 반드시 어느 한 쪽을 채택해야 한다는 것은 아니고, 헌법정책적인 정당화와 필요에 따라서는 좀 더 우파 내지 자유 우선일 수도, 아니면 좀 더 좌파 내지 평등 우선일 수도 있는 정치시장에서의 경쟁원리가 도입될 수 있다.

자유민주적 기본질서는 규범적으로 대한민국 헌법의 정체성을 상징하기에, 되도록 통합과 관용을 아우를 수 있도록 해석하는 것이 타당하다. 다시 말해 자유민주적 기본질서라는 포괄조항의 해석에 있어 자칫 그 폭을 좁혀서 정치적 관용의 폭을 좁히게 되면 국민 개개인의 자유가 위축되는 것인데 이는 기본권의 최대한 보장의 원리와 국가의 중립성에 반하는 것이므로 이러한 해석은 바람직하지 않다. 다른 한편으로 민주주의와 자유의 본질적이고 직접적인 적에 대해 관용을 베풀게 되면 이는 곧 개인과 공동체를 파괴할 우려가 크므로 이러한 부분에 대해서까지 관용의 폭을 넓혀서도 곤란하다. 즉 지나친 개인주의나 지나친 공동체주의의 양극단은 피하되 단순히 중도에서 어느 정도 벗어났다는 이유로 다양한 생각들을 배척하거나 탄압하는 것은 우리 헌법의 기획이 아니다. 자유민주적 기본질서의 의미는 지나친 극우나 극좌의 양극단은 배제한다는 소극적 의미에서 이해하는 것이 우리 헌법이 추구하는 다양성, 관용과 국가의 중립성의 요청에 부합하는 것이라고 본다.

제 2 절

기본권

Ⅰ. 기본권 총론

1 기본권의 개념

가. 기본권의 개념

'강학상' 기본권(Grundrecht, constitutional right)이란 '실정헌법에 보장된 권리'를 말한다. 법학은 통상 개념법학으로 불릴 정도로 기본개념에 대한 정의를 중요시하는데, 헌법은 가장 상위법이고 포괄규범이며 역사와 사회, 정치의 변화와 연관되는 법이므로, 다른 법령들에 비해서 일의적이고 구체적으로 명확하게 규율하는 것은 매우 어렵다. 그래서인지 기본권은 어떤 개념요소들로 구성되어 있는가에 대해서는 그동안 상대적으로 관심이 적었고, 역사적으로 발전되어 온 기본권을 주어진 것으로 보고 법적으로 어떻게 보호수준을 높일 것인가에 중점이 있었던 것으로 보인다.

하지만 헌법도 오늘날 국민의 행위규범인 동시에 헌법재판소 및 법원의 재판규범으로서 사법심사의 기준이 되기 때문에, 헌법상 개념, 용어들에 대해서도 법체계 전체에 비추어 최대한 명확하게 개념적으로 정의내리는 노력을 경주해야 한다. 특히 가치에 대한 선호가 다원화되는 사회에서 각자의 이익과 요구를 권리나 기본권으로 주장하는 사례가 빈번해지는 현대에는 무엇이 기본권인가에 대한 좀 더 명확한 접근의 중요성이 더욱 강하게 요청된다. 헌법학상 기본권을 '실정헌법에 보장된 권리'라고 할 때, 개념 요소를 나누어 보면 크게 ① 권리성(가장 핵심적 징표) ② 실정성 ③ 헌법성으로 볼 수 있다.

(1) 권리적 요소

이 부분은 법철학자 호펠드의 권리 논의를 차용한 것으로, 기본권의 가장 핵심적인 징표이다(개체귀속성, 청구성, 처분성, 면책성). 특히 앞서 살폈던, 근대 자유주의에서 출발한 개인의 자유, 권리 개념의 발전과 궤를 같이하며(individuality), '공동체'가 아니라 '개인'에게 귀속되는 헌법적 가치가 무엇인가를 말한다(개인 vs 공동체)

(2) 실정적 요소

존 로크 등 자유주의 사상가들의 논변에서 기왕의 왕권신수설이나 군주주권을 깨기 위한 논리로 등장했던 자연권(natural right), 천부인권 등의 주장과 논리가 이후 입헌주의의 발전과 헌법의 성문화를 통해서 이를 실정헌법으로 보장하게 되면서 실정권(positive right)의 문제로 변화하게 되었다(실정권 vs 자연권, 천부인권, 인권)

이는 좀 더 구체적으로 말하면, ① 실정헌법에 의한 권리성의 부여를 통해, 기본권은 국가권력을 통해 보장됨과 동시에 제한도 가능하고, 또 그 제한에는 한계가 있다는 점을 뜻하고, 또한 ② 기본권은 실정헌법이라는 '객관적' 규범을 통해 보장되는 것으로서, 기본권은 주관적 공권임은 물론이지만 또한 실정권이기 때문에 헌법의 규범성에 따라 객관적 규범성도 동시에 갖게 됨을 의미한다.

(3) 헌법적 요소

국가법 체계는 헌법을 정점으로 하여 법률 이하의 법령으로 이뤄지는데, 기본권은 이 중에서 법령의 형식수준상 '헌법에서' 보장하는 권리를 말한다(헌법 vs 법률 이하). 따라서 실질로 볼 때 하위 법률에서 정해도 충분한 것이더라도 형식상 헌법에서 정하고 있으면 헌법상 권리가 되고, 반대로 실질상 헌법적 중요성을 갖더라도 헌법 해석상 헌법에서 보장하고 있다고 인정되지 않는 경우는 기본권이 아니다. 가령 헌재는 주민투표권은 법률이 보장하는 권리일 뿐이지 헌법이 보장하는 기본권으로 볼 수 없다고 한다(헌재 2005. 12. 22. 2004헌마530). 그러나 이에 대해서도 해석상 기본권성을 긍정하거나 혹은 헌법개정상 기본권으로 편입하려는 논의가 있다. 또한 헌법에서 보장하는 권리인가 아닌가가 문언상 명백하지만은 않다. 가령 헌법 제27조에서 '재판청구권'을 규정하고 있다고 해서, 그렇다면 동 조항이 최고심급인 '대법원의 재판을 받을 권리'도 함께 보장한 것인가, 상고심 제한은 안 되는 것인가는 해석상 다툼이 있다. 무엇을 헌법에서 보장한 것이냐, 또 어디까지 보장하는 것이냐는 해석상 견해대립이 있다.

나. 헌법재판소 주요 사례

헌법재판소에 의해서 기본권인지 여부가 가장 첨예한 쟁점으로 다투어진 사건은 소위 '평화적 생존권'의 기본권성이 다투어진 사안인데(헌재 2009. 5. 28, 2007헌마369, 2007년 전시증원연습 등 위헌확인), 동 결정에서 헌재는 "헌법에 열거되지 아니한 기본권을 새롭게 인정하려면, 그 필요성이 특별히 인정되고, 그 권리내용(보호영역)이 비교적 명확하여 구체적 기본권으로서의 실체 즉, 권리내용을 규범 상대방에게 요구할 힘이 있고 그 실현이 방해되는 경우 재판에 의하여 그 실현을 보장받을 수 있는 구체적 권리로서의 실질에 부합하여야 할 것이다."라는 기준을 제시하면서 이에 비추어 볼 때 평화적 생존권은 헌법상 보장된 기본권이 아니라고 하여 과거 2003. 2. 23. 2005헌마268 결정에서 기본권성을 인정했던 입장을 변경하였다(6인 법정의견, 3인 별개의견은 종전 결정과 같이 기본권성을 인정했으나 동 사건 연습결정은 평화적 생존권을 침해할 가능성이 없다는 이유로 '각하').

헌재가 기본권 인정 여부를 밝히지 않다가 기본권으로 새롭게 승인한 경우는 훨씬 많다. 가령 흡연권을 인정한 결정, 또한 대마에 대한 흡연권의 경우도 헌법 제10조 혹은 제17조에 포섭하고 있으며, 다만 기본권의 제한을 통해 규제가 가능하다는 논리 형식을 취하고 있다. 나아가 그동안 총론 분야에서 국가구성의 3요소 중 하나로만 논해졌던 영토 문제에 대하여, '영토권'을 헌법소원의 대상인 기본권의 하나로 간주할 수 있다는 사례(헌재 2001. 3. 21. 99헌마139등, 대한민국과일본국간의어업에관한협정비준등 위헌확인)도 있음을 주목해 볼 수 있다. 이러한 판례들의 흐름을 보면, 같은 사안이라도 시대와 해석자의 관점에 따라서 기본권의 인정 여부가 달라질 수도 있다는 점을 예증하고, 기본권은 언제나 보편적이라고 볼 수만은 없고 사회적으로 발견되고 구성되는 측면이 있음을 시사한다.

2 기본권의 주체

가. 자연인: 국민 혹은 외국인

우리 헌법 문언상 기본권의 주체는 '국민'으로 적시되어 있다(헌법 제2장 국민의 권리와 의무, 제10조에서부터 제37조에 이르기까지 기본권 조항의 거의 모든 주어는 '국민'). 국민이란, 헌법과 국적법에 따라 대한민국 국적을 취득, 보유한 자연인인데, 그렇다면 국민을 주체로 설정하고 있는 우리 헌법상 자연인 중에서 외국인(과 무국적자)은 기본권의 주체에서 배제되는 것인가가 문제된다.

통설과 헌재 결정은 기본권을 '인간의 권리'와 '국민의 권리'로 나누어 '인간의 권리'는 국민뿐만 아니라 외국인도 기본권의 주체가 될 수 있다고 해석한다(헌재 2011. 9. 29. 2007헌마1083등, 외국인 근로자의 고용 등에 관한 법률 제25조 제4항 등 위헌확인). 하지만 과거 기본권의 주체에 대한 1인 반대의견에서는, 우리 헌법 문언상 외국인은 기본권의 주체가 될 수 없고, 외국인의 지위는 상호주의를 기본으로 해서 보장해야 한다는 것이 우리 헌법의 기본원칙이라는 등의 이유를 들고 있다.

반대의견도 논리적으로는 일리가 없지 않지만, 기본권 중에서 인간 보편의 권리에 해당하는 것이 있음은 분명하고 또한 과거와 달리 오늘날 세계적인 인적 교류가 활발하고 다문화주의가 발달한 상황을 고려할 때 통설과 판례가 원칙적으로 타당하다고 할 것이다. 다만 기본권을 권리의 성질에 따라 '인간의 권리'와 '국민의 권리'로 나누는 것이 명확하지 않은 부분들이 있고 또 해석상 논란의 여지가 있을 수 있으므로, 이 중 명확한 부분은 헌법개정을 통해 주체를 성문화하고(오늘날 2018 대통령 발의 헌법개정안 등 많은 헌법개정안은 이를 반영), 불명확한 부분은 헌재가 판례를 통해 해석의 기준을 좀 더 정교하게 정립할 필요가 있다.

특히 헌재법 제68조 제1항에 의해 '기본권을 침해받은 자'가 헌법소원을 제기할 수 있는데, 기본권 주체성이 부인되면 적법요건 결여로 헌법소원청구가 부적법 각하되므로, 주체성 인정 여부는 중요한 헌법문제로 살펴볼 필요가 있다. 즉 외국인의 기본권 주체성이 일반적으로 부정되든 혹은 개별 기본권의 성질에 따라 부정되든, 그 주체성이 부정되는 한도에서는 헌법소원심판의 청구인 능력이 없다.

나. 자연인 기본권 주체성의 분류

	국민	외국인
국내거주	헌법상 모든 기본권의 주체성 인정	[소위 인간의 권리] 1. 인간의 존엄과 가치, 행복추구권 ○ 2. 평등권? △ (반대 견해 있음) [소위 국민의 권리] - 외국인은 주체성 x 1. 국정선거권 x 2. 지방선거권 원칙적으로 x (단, 영주권을 취득한 후 3년이 경과한 외국인에게는 지방자치단체의 의회의원 및 장의 선거권 인정(공직선거법 제15조 제2항 제3호) 3. 사회권 원칙적으로 x 근로의 권리, 직장선택의 자유, 근로3권 등? △ (* 권리 성격에 따라 달리 취급될 수 있음)
해외거주	- 재외국민보호의무 (헌법 제2조 제2항) - 주민등록을 요건으로 한 재외국민의 국정선거권과 국민투표권 제한에 대한 기본권 침해 인정사례(헌재 2007. 6. 28. 2004헌마644등)	1. 입국의 자유 x (국민은 출 · 입국자유 ○) 2. 해외거주 외국국적동포의 기본권 주체성 인정 사례 (1) 중국에 거주하는 중국국적 재외동포들의 평등권 침해 인정(헌재 2001. 11. 29. 99헌마494) (2) 미국에 거주하는 미국국적 동포의 사증발급 거부처분 취소소송 승소 사례(2019두61090 판결; 2023두49509 판결)

3 기본권의 제한

헌법 제37조 ② 국민의 모든 자유와 권리는 국가안전보장 · 질서유지 또는 공공복리를 위하여 필요한 경우에 한하여 법률로써 제한할 수 있으며, 제한하는 경우에도 자유와 권리의 본질적인 내용을 침해할 수 없다.

가. 기본권의 제한의 기초개념

(1) 기본권의 내용(보호영역)

기본권의 주체가 보유하고 행사할 수 있는 헌법상 권리의 유효한 실질적 범위, 특정한 기본권의 개념이자 한계를 말한다. 예를 들어 직업의 자유의 개념 요소로 흔히 생활수단성, 계속성의 요소와 함께 '공공무해성'이 포함되는지가 문제 되는데, 이는 헌법소원으로 다툴 수 있는가 아니면 부적법 각하되는가의 차이를 가져올 수 있다. 기본권 자체가 아니라고 하면 본안에서 제한 여부를 다투고 형량할 실익 자체가 없기 때문이다(가령 성매매 사안에서의 판매자가 직업의 자유의 향유 주체가 되지 않는다고 하면 헌법소원 청구를 할 수 없다. 우리 판례는 공공무해성을 요구하지 않으므로 일단 부적법 각하되지는 않았으나 본안에서 기각되었다. 헌재 2016. 3. 31. 2013헌가2, 성매매알선 등 행위의 처벌에 관한 법률 제21조 제1항 위헌제청 참조).

(2) 기본권의 제한

기본권의 내용이나 효력의 범위를 헌법이 인정하는 바에 따라 합법적으로 축소하는 것(내용과 효력이 정해진 후의 2nd step), 주로 기본권의 내용의 확정을 전제로 하기 때문에 소위 '소극적 자유'(negative liberty)로 분류되는 '자유권'의 영역에서 주로 제한 여부가 논해진다. '적극적 자유'로서의 사회권 등의 경우는 통상 법률로써 구체적으로 '형성'하는 것이 필요하다고 보는데, 실제에 있어서는 '제한'과 '형성'을 구별하는 것이 쉽지는 않다. 가령 재산권은 제한이냐 형성이냐에 대해 대립이 있을 수 있고, 사회권의 경우에도 최소핵심 내지 본질적인 부분이 있지 않느냐 하는 논의가 가능하기 때문이다. 헌재도 청구권이나 사회권 등에 대해서도 입법형성권 혹은 재량으로 접근하기도 하지만 과잉금지원칙으로 접근하는 경우가 많은 것도 이들의 구분이 쉽지 않음을 예증한다.

(3) 기본권의 침해

기본권의 제한이 그 한계를 넘는 경우, 기본권의 침해가 이루어지고, 이는 헌법재판 중에서 헌법소원이라는 기본권 침해에 대한 구제수단과 연결된다.

나. 기본권의 제한의 한계

헌법 제37조 제2항에 의한 기본권의 제한은 크게 4가지의 한계를 가진다. 첫째, 형식상 한계로서 일반적 법률유보와 명확성의 원칙을 들 수 있다. 기본권 제한은 헌법유보와 법률유보가 있고, 일반적으로 제한하는 경우와 개별적으로 제한하는 경우가 있다. 이 중에서 헌법 제37조 제2항에서 "법률로써"라고 한 부분은 일반적 법률유보를 정한 것이고 우리나라 기본권 제한에서 가장 많이 이용되는 방식이다.

한편 법률유보와 같이 헌법상 명시적으로 표현되어 있지는 않지만, 역시 법치국가 원리에 의해 당연히 인정되는 '명확성원칙'은, 법률유보와 같이 형식적 원리이며 특별한 가치지향성을 갖지 않는다. 헌재는 "법치국가 원리의 한 표현인 명확성원칙은 기본적으로 모든 기본권제한 입법에 대하여 요구된다. 법규범의 의미내용이 불확실하면 법적 안정성과 예측가능성을 확보할 수 없고, 법집행 당국의 자의적인 법해석과 집행을 가능하게 할 것이기 때문이다. 그러나 명확성원칙은 모든 법률에 있어서 동일한 정도로 요구되는 것은 아니고 개개의 법률이나 법조항의 성격에 따라 요구되는 정도에 차이가 있을 수 있으며 각각의 구성요건의 특수성과 그러한 법률이 제정되게 된 배경이나 상황에 따라 달라질 수 있다. 이러한 명확성원칙을 산술적으로 엄격히 관철하도록 요구하는 것은 입법기술상 불가능하거나 현저히 곤란하므로 어느 정도의 보편적 내지 일반적 개념의 용어사용은 불가피하다. 따라서 당해 법률이 제정된 목적과 타 규범과의 연관성을 고려하여 합리적인 해석이 가능한지의 여부에 따라 명확성의 구비 여부가 가려져야 하고, 설혹 법문언에 어느 정도의 모호함이 내포되어 있다 하더라도 법관의 보충적인 가치판단을 통해서 법문언의 의미내용을 확인할 수 있고 그러한 보충적 해석이 해석자의 개인적인 취향에 따라 좌우될 가능성이 없다면 명확성원칙에 반한다고 할 수 없다."(헌재 2013. 12. 26. 2012헌바375 참조)라고 설시한다.

둘째, 내용상 한계로서 본질내용침해금지 원칙을 든다. 헌법 제37조 제2항 단서에서는 "제한하는 경우에도 자유와 권리의 본질적인 내용을 침해할 수 없다."라고 규정하는데, 이를 기본권 제한의 내용상 한계로서 '본질내용침해금지' 원칙이라고 한다. 헌법소원의 실제에 있어서는 오늘날 거의 대부분의 사건은 과잉금지원칙에 대한 판단을 중심으로 이루어지고 있고, 본질내용침해금지원칙이 다투어지거나 판단되는 경우는 드물다. 무엇이 본질적이고 비본질적인가를 가르는 기준을 세우기가 어렵기 때문으로 보인다.

셋째, 목적상 한계와, 넷째 방법상 한계(과잉금지원칙)는 아래 별도의 항목으로 본다.

다. 기본권의 제한의 목적상 한계: '목적의 정당성' 심사

기본권을 제한할 수 있는 목적으로서의 '공익'은 헌법 제37조 제2항에서 소위 일반적 법률유보의 목적을 규정한 '국가안전보장 · 질서유지 또는 공공복리'가 대표적이다. 이러한 목적에 해당할 때에 기본권 제한이 가능하다는 의미이지만, 이는 추상적이고 폭넓은 의미를 담고 있어서 이를 적극적으로 개념정의하여 어떤 목적에 해당하는가 마는가를 따지는 적극적 기능보다는, 이에 해당하지 않는 예외적인 경우가 무엇인가를 따지는 소극적인 기능으로 이해된다. 이는 한편으로는 공익을 추구하기 위한 입법이 민주주의를 대표하는 국회가 제정하는 것이기에 입법형성권의 존중의 의미도 가지게 되어서인지 목적의 정당성이 부정된 사례는 극히 드물다. 동성동본(同姓同本) 혈족 사이의 혼인을 금하는 민법 조항에 대한 헌법불합치 결정(헌재 1997. 7. 16. 95헌가6등, 민법 제809조 제1항 위헌제청), 혼인빙자간음죄 위헌 결정(헌재 2009. 11. 26. 2008헌바58등, 형법 제304조 위헌소원), 피의자 조사과정

촬영허용행위 사건(헌재 2014. 3. 27. 2012헌마652, 피의사실 언론공표 등 위헌확인 (피의자 조사과정 촬영허용행위 사건))에서 목적의 정당성이 부인되었다.

기본권을 제한하는 공익으로서의 '목적의 정당성' 여부와 그러한 목적을 달성하기 위한 수단이 ① 적합하고, ② 필요하며, ③ 상당한가를 심사하는 과잉금지원칙은 이론적으로는 구분된다. 전자는 공익을 추구하는 입법의 측면이 강하고(액셀), 후자는 기본권을 보호하는 사법의 측면이 강하다(브레이크)는 점에서 그러하다.

그러나 현실적으로는 양자는 긴밀히 연결될 수밖에 없다. 과잉금지원칙을 심사하기 위해서는 반드시 목적의 정당성 여부가 전제가 되고, 이처럼 우선 확정된 목적과 수단과의 관계가 기본권의 제한의 한계 내인가 아니면 그러한 제한의 한계를 넘는가를 따질 수밖에 없기 때문이다. 따라서 실제적으로는 양자를 함께 묶어서 심사하는 것도 가능하고, 헌재는 목적의 정당성 심사를 과잉금지원칙 심사에 포함해서 세부 항목으로 심사하는 것이 일반적이다.

한편 헌법 제21조 제4항을 개별적 헌법유보조항으로 이해하는 견해들이 있고 헌재 결정의 소수의견도 그러한 입장을 취하지만, 최근 헌재의 다수의견은 '언론·출판의 자유에 대한 제한의 요건을 명시한 규정'으로 보아서, 음란 표현이든 혹은 '공연한 사실의 적시를 통한 명예훼손적 표현'이든 표현의 자유의 보호영역에는 일단 해당한다고 보고 있다(헌재 2009. 5. 28. 2006헌바109등; 헌재 2021. 2. 25. 2017헌마1113등). 따라서 헌재 입장에 따를 때는 헌법 제21조 제4항이 헌법 제37조 제2항과 구별되는 독자적 기능은 찾기 어려워졌다. 이에 대해서 표현의 자유에 대한 민주주의론의 입장에서, 음란은 국민의 자기지배와 무관한 표현이므로 표현의 자유의 보호영역에서 제외할 수 있다는 유력한 견해가 있다.

라. 기본권의 제한의 방법상 한계: '수단의 적합성' 이하의 심사

기본권의 제한의 방법상 한계를 이루는 과잉금지원칙은 과잉제한금지원칙 혹은 (광의의) 비례원칙이라고도 한다. 헌법이론적으로는 법치주의 원리에 근거한 것이고, 우리 헌법 제37조 제2항 '필요한 경우에 한하여'라는 문구가 실정법적 근거를 이룬다.

헌재는, “과잉금지의 원칙이라는 것은 국가가 국민의 기본권을 제한하는 내용의 입법활동을 함에 있어서, 준수하여야 할 기본원칙 내지 입법활동의 한계를 의미하는 것으로서 국민의 기본권을 제한하려는 입법의 목적이 헌법 및 법률의 체제상 그 정당성이 인정되어야 하고(목적의 정당성), 그 목적의 달성을 위하여 그 방법(조세의 소급우선)이 효과적이고 적절하여야 하며(방법의 적절성), 입법권자가 선택한 기본권 제한(담보물권의 기능상실과 그것에서 비롯되는 사유재산권 침해)의 조치가 입법목적달성을 위하여 설사 적절하다 할지라도 보다 완화된 형태나 방법을 모색함으로써 기본권의 제한은 필요한 최소한도에 그치도록 하여야 하며(피해의 최소성), 그 입법에 의하여 보호하려는 공익과 침해되는 사익을 비교형량할 때 보호되는 공익이 더 커야 한다(법익의 균형성)는 헌법상의 원칙이다. 위와 같은 요건이 충족될 때 국가의 입법작용에 비로소 정당성이 인정되고 그에 따라 국민의 수인(受忍)의무가 생겨나는 것으로서, 이러한 요구는 오늘날 법치국가의 원리에서 당연히 추출되는 확고한 원칙으로서 부동의 위치를 점하고 있으며, 헌법 제37조 제2항에서도 이러한 취지의 규정을 두고 있는 것이다.”(헌재 1990. 9. 3. 89헌가95, 국세기본법 제35조 제1항 제3호의 위헌심판; 헌재 1995. 4. 20. 92헌바29)라고 선언한 이래, 헌법재판에서 가장 많이 의존하는 심사기준이며 한 헌법연구관은 과잉금지원칙이 헌재 업무의 절반에 달한다고까지 표현할 정도로 매우 빈번히 사용되는 중요한 심사기준이다.

헌재는 위 판시내용처럼 과잉금지원칙의 세부원칙으로 4가지를 제시하는데, 그 중에서 소위 ‘목적의 정당성’은 포함 여부에 대해 논란의 여지가 있고 사실 그 외의 다른 3가지 세부원칙과 성격이 다른 점은 앞에서도 논한 바가 있으나, 헌재는 일관되게 4가지를 세부원칙으로 제시하고 있고 실질적으로는 이를 합쳐서 보는 것과 나누어서 보는 것이 차이를 가져오는 부분은 거의 없다고 보아도 무방하다(다만 지금은 목적의 정당성 심사가 거의 형식 심사 정도로 굉장히 완화되어 있는 부분은 다소 개선의 여지는 있다).

목적의 정당성 이하 3개의 세부원칙인 ① 수단의 적합성(혹은 방법의 적절성), ② 침해의 최소성(혹은 피해의 최소성), ③ 법익의 균형성(혹은 협의의 비례원칙)은 행정법상 비례원칙의 3요소인 적합성, 필요성, 상당성에 상응하는 헌법상 원칙이다.

① 수단의 적합성은 기본권 제한의 목적에 비추어 제한의 수단이 적합해야 한다는 것을 말하며, 최적의 수단일 필요는 없고 일부라도 기여하면 족하다고 본다. 사실적 평가의 영역이라는 견해가 있는데(정종섭, 한수웅 교수), 규범적 적합성도 갖추어야 한다고 하면서 제대군인가산점 사건을 예로 들기도 한다(김하열 교수). ② 침해의 최소성은 복수의 수단이 있는 경우 입법목적 달성을 위해 기본권을 최소한으로 제한하는 수단을 채택해야 한다는 원칙이고, 동 심사도 주로 사실적 · 경험적 판단이라고 분류된다. 헌재의 과잉금지원칙 심사의 핵심을 이루고 통상 논증의 양이 가장 많으며, 이 부분에서 위헌 여부가 결정되는 경우가 대부분이다. ③ 법익의 균형성은 입법목적(공익)과 제한되는 기본권(사익)을 공사익 형량하는 규범적 판단을 말한다. 이론적으로는 중요하게 취급되지만, 실무에서는 침해의 최소성에 비해 간단히 취급되며, 또한 침해의 최소성에서 내린 결론과 다른 결론을 내리는 경우도 찾아볼 수 없다(최근 이에 대한 비판적인 견해를 개진한, 헌재 2017. 8. 31. 2016헌바447 민사소송 등 인지법 제8조 제1항 위헌소원에서의 1인 재판관 보충의견 참조).

과잉금지원칙은 위에서 언급한 4가지 부분원칙을 순서대로 심사하게 되고, 앞선 심사에서 위헌성이 나타날수록 더욱 강한 효과를 갖는다고 볼 수 있는데, 따라서 목적의 정당성이 없는 경우는 가장 강력한 수준의 위헌성을 갖는다고 볼 수 있고 그러한 입법을 추구해서는 안 되는 예외적인 경우로 취급되며, 다음으로 수단의 적합성에 위배되는 경우도 상당히 강한 위헌성을 띠고 많은 사례를 찾아보기 어렵다. 침해의 최소성과 법익의 균형성은 현재 실무 기준으로 볼 때는 따로 심사하기는 하지만 거의 동급으로 취급되며, 심사의 결론이 달라지는 경우를 찾아볼 수 없다. 이들 심사기준도 어느 하나만 위배되어도 위헌성을 징표하지만, 이 경우에는 반드시 전면 위헌이 아니라 일부 위헌 혹은 적용 위헌에 해당하는 경우들도 있을 수 있으며, 합헌과 위헌 영역이 공존하는 경우가 있을 수 있어 대부분의 위헌 사례는 이 심사기준에 위배되는 것을 주된 이유로 한다.

Ⅱ. 기본권 각론

1 기본권의 체계 분류

기본권은 동시대적으로 볼 때는 규범적으로 보편성을 표방하지만, 역사적인 고찰을 통해 볼 때는 시대의 상황과 요구에 대응하여 발전해 왔고, 오늘날에도 생성되는 권리의 측면이 있으므로 개별 기본권 전체를 일의적으로 그 성격을 단일하게 규정하기는 어려우며, 따라서 대략적으로 비슷한 성격과 유형에 따른 구분이 필요하다. 우선 다음과 같이 3가지로 크게 분류해볼 수 있다.

① 인간의 존엄과 가치, 행복추구권(헌법 제10조): 원리, 가치적 성격이 중심

② 평등권/평등원칙(헌법 제11조): 특유의 보호영역 없음. 수단적 성격의 기본권

③ 개별 기본권(헌법 제11조~헌법 제36조)

이 중 ③은 관점에 따라 다시 재분류할 수 있는데, (1) 우선 근대 자유주의의 출발 이후 지속적으로 보장되어 온 1세대 인권을 대표하는 자유권은, 이사야 벌린의 전통적인 '소극적 자유(negative liberty)/적극적 자유(positive liberty)' 구분에 따를 때 방해 또는 간섭의 부재(~로부터의 자유)로서의 소극적 자유에 해당하는 자유와 권리로 이해하면 될 것이다. (2) 참정권은 역사적으로는 벤자민 콩스땅이 구분한 '근대적 자유/고대적 자유' 중에서 고대적 자유에 상응하는 권리, 즉 집합적 의사결정에 참여하는 자유로서의 의미를 갖는다(선거권 등). 또한 벌린의 분류에 따를 때는 적극적 자유의 일환으로 볼 수도 있다. (3) 사회권은 자유권보다 후대에 등장하기 시작한 권리로서, 벌린에 따르면 자기지배를 위한 적극적 자유(~행위를 할 자유)이고 동시에 오늘날 벌린의 자유의 두 개념에 대비되어 제3의 자유 개념으로서 공화주의에서 제기하는 비지배자유의 의미도 갖는다. 이는 불간섭으로의 자유를 넘어 그러한 자유가 보장되는 정치적, 사회적, 경제적 조건들을 중요시하기 때문이다. (4) 청구권은 앞의 자유권, 참정권, 사회권들을 실현하기 위한 절차적 권리로서의 성격을 갖는다. 이들을 도식화하면 아래와 같다.

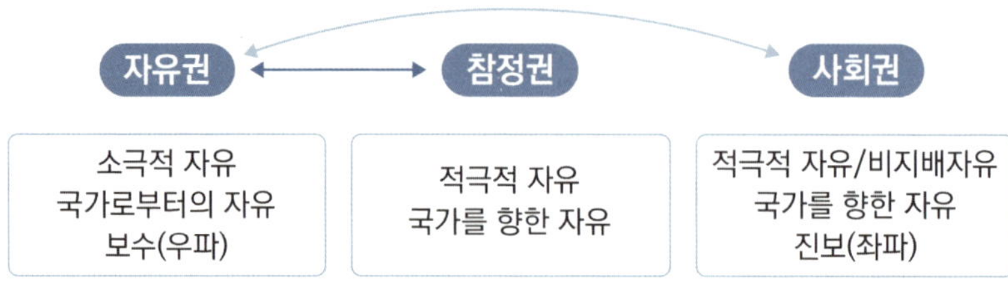

2 인간의 존엄과 가치, 행복추구권

헌법 제2장 국민의 권리와 의무
헌법 제10조 모든 국민은 인간으로서의 존엄과 가치를 가지며, 행복을 추구할 권리를 가진다.

인간의 존엄과 가치(human dignity), 그리고 행복추구권(pursuit of happiness)은 기본권 장의 가장 처음인 헌법 제10조에서 규율하는데, 기본권 보장의 핵심 가치와 지도 원리를 드러낼 뿐만 아니라 우리 헌법 전체에서도 국회 등 정치제도가 결국 인간의 자유, 평등 실현을 위해 조직되고 운용된다는 통합적 관점에서 헌법의 가장 중요한 가치를 천명한 조항이다. 이 중에서 인간의 존엄과 가치는 철학적으로 인간을 수단이 아닌 목적으로 대우해야 하고, 자율과 이성을 중시한 독일의 칸트 사상에 가장 크게 의지하고 나아가 이를 명시한 독일기본법의 영향을 받은 것이고, 행복추구권은 자유주의와 공리주의 사상의 토대 아래 미국 독립선언서에서 등장한 것이다.

앞서 보았듯 과거 신분제와 계급제 질서에 묶여 공동체의 일원으로서의 지위에만 머무르던 인간이 헌법상 자유와 권리의 주체로서 본격적으로 등장하기 시작한 것은 서구 근대 입헌주의의 발전 이후이고, 우리 헌재는 "우리 헌법질서가 예정하는 인간상은 "자신이 스스로 선택한 인생관 · 사회관을 바탕으로 사회공동체 안에서 각자의 생활을 자신의 책임 아래 스스로 결정하고 형성하는 성숙한 민주시민" 인바, 이는 사회와 고립된 주관적 개인이나 공동체의 단순한 구성분자가 아니라,

공동체에 관련되고 공동체에 구속되어 있기는 하지만 그로 인하여 자신의 고유가치를 훼손당하지 아니하고 개인과 공동체의 상호연관 속에서 균형을 잡고 있는 인격체라 할 것"(헌재 2003. 10. 30. 2002헌마518)이라고 한다.

인간의 존엄과 가치, 행복추구권의 법적 성격은 앞서 총론에서 얘기한 객관적 '원리, 원칙' 규정에 그치는가 아니면 주관적 '권리' 규정에도 해당하는가가 문제된다. 객관적 원리, 원칙, 제도의 성격만 가진다면 이를 위배하였다고 하더라도 원칙적으로 직접 헌법소원으로 다툴 수는 없고, 주관적 '권리'의 성격도 가진다면 이를 침해하였음을 이유로 헌법소원을 청구할 수 있는 실익이 있다.

헌재는 주로 '모든 기본권의 종국적 목적이자 기본이념' 또는 헌법의 기본원리를 선언한 것이라고 보면서(헌재 2000. 6. 1. 98헌마216; 헌재 2010. 2. 25. 2008헌가23 등), 원리, 원칙 규정이자 헌법해석의 지침 및 한계 규정으로 본 결정례가 다수로 보인다. 그리고 권리 침해의 문제는 행복추구권을 포함해서 헌법 제10조에서 파생된 권리 규정인 일반적 행동자유권이나 자기결정권, 인격권 등의 침해 문제로 접근하는 경우가 많다. 혹은 헌법 제10조를 주된 논거로 원용하면서도 더불어 헌법 제17조를 함께 근거 조문으로 제시하는 경우들도 적지 않다(흡연권, 간통죄 사례 등).

다만 헌재의 대표적인 랜드마크 판결로 인식되는 일본군위안부의 행정부작위 위헌소원 사건(헌재 2011. 8. 30. 2006헌마788)에서는 "일본군위안부 피해자들의 배상청구권의 실현을 가로막는 것은 헌법상 재산권 문제에 국한되지 않고 근원적인 인간으로서의 존엄과 가치의 침해와 직접 관련이 있다."라고 판시하였고, 구치소 내 과밀수용 판례(헌재 2016. 12. 29. 2013헌마142, 구치소 내 과밀수용행위 위헌확인)의 경우는 인간의 존엄과 가치 침해를 직접 인정하는 설시를 하는데("청구인이 인간으로서의 최소한의 품위를 유지할 수 없을 정도로 과밀한 공간에서 이루어진 이 사건 수용행위는 청구인의 인간으로서의 존엄과 가치를 침해하여 헌법에 위반된다."), 전자는 사안의 중대성과 급박성을 십분 고려한 취지로 선해할 수 있으나, 후자의 경우에는 다른 선례들과 달리 굳이 권리성을 직접 인정하는 것이 타당했는지 의문이다. 또한 최근 대법원은 '현재 혼인 중에 있지 아니한 성전환자에게 미성년 자녀가 있는 경우, 성별정정을 허가할 수 있는 근거로 '인간으로서의 존엄과 가치의 존중 및 성정체성을 이유로 차별받지 않을 권리의 보장'(대법원 2022. 11. 24.자 2020스616 전원합의체 결정)을 제시하였다.

인간의 존엄과 가치나 행복추구권은 헌법상 가장 중요한 가치와 원리를 내포한 문구이지만, 추상적인 일반조항의 성격을 갖고 있으므로 자칫 구체적이고 개별적인 기본권 도그마틱의 발전을 뒤로 하고 수사적인 일반조항으로의 도피를 초래할 우려가 있기에 단순히 이를 근거로만 해서 헌법소원을 청구하는 것은 지양하고, 헌재는 최대한 개별 기본권 등을 신중하게 검토해서 보충적으로만 받아들일 필요가 있다.

3 평등의 헌법적 의미

헌법 제11조 ① 모든 국민은 법 앞에 평등하다. 누구든지 성별 · 종교 또는 사회적 신분에 의하여 정치적 · 경제적 · 사회적 · 문화적 생활의 모든 영역에 있어서 차별을 받지 아니한다.
② 사회적 특수계급의 제도는 인정되지 아니하며, 어떠한 형태로도 이를 창설할 수 없다.
③ 훈장 등의 영전은 이를 받은 자에게만 효력이 있고, 어떠한 특권도 이에 따르지 아니한다.

평등은 시대에 따른 정의와 형평을 대변한다. 시민혁명 시대 혹은 소위 1세대 인권의 시대에 소유와 자유, 특히 시민적, 정치적 권리의 확보에 주안점이 있었다면, 세계인권선언 등 2차 인권혁명의 시대에는 평등을 강조한다. 즉 2세대 인권에는 경제적, 사회적, 문화적 권리의 확보가 중요하게 부상하였다(오늘날의 사회권에 해당할 수 있다). 그리고 3세대 인권으로서 개인주의적 권리 개념과 대비되는 '집단의 권리'로서의 연대할 권리가 나타났고, 이는 민족자결권, 발전권, 전 인류 공통의 유산(자원) 향유권, 특히 오늘날에는 평화권, 환경권, 인도적 구호권도 이러한 입장을 대변한다고 할 수 있다. 그러나 인권과 평등의 이론과 조건은 반드시 일방향적으로만 진행하는 것은 아니어서, 자유주의의 시대가 가고 사회주의의 시대가 왔을 때는 사회권과 평등이 더 강조되지만, 사회주의가 퇴조하고 신자유주의가 올 때는 사회권이 다시 퇴조하는 등 시소게임이 벌어질 수 있다. 가령 '집단의 권리'의 하나로서의 '적극적 평등실현조치'의 경우에도 미국에서 민권법의 제정과 연방대법원의 판례를 통해 오랫동안 인정되던 것이 최근 '하버드 대 아시안' 판례(Students for Fair Admissions, Inc. v. President and Fellows of Harvard College, 600 U.S. 181 (2023))를 통해 대학교육에서의 적극적 평등실현조치가 위헌무효로 선고되기도 했다.

우리나라의 법적 평등의 기본은 헌법 제11조이고, 이는 헌재와 법원이 대국가적 관계에서 주로 그 인정범위를 넓혀 왔는데, 오늘날은 점점 대사인적 관계에도 그 영향력이 확대되고 있으며, 특히 차별을 금지하는 개별입법들이 여러 분야에서 늘어나면서(대표적으로 「남녀고용평등과 일·가정 양립 지원에 관한 법률」, 「장애인차별금지 및 권리구제 등에 관한 법률」 등) 평등 혹은 차별금지가 더욱 빈번히 논의되고 있는 상황이고, 사적 차별을 포괄할 수 있는 포괄적인 차별금지법을 제정하자는 논의도 상당히 활발하다. 한편 헌재와 법원처럼 주로 국가기관의 차별을 규제하는 사법기관과 달리, 비록 재판 등 권한은 없으나 사적 차별에 대해서도 조사하거나 권고할 수 있는 국가인권위원회의 등장과 활동은 평등을 더욱 실질화하는 데 기여하고 있다.

평등은 절대적 평등이 아니라 상대적 평등이고, 합리적인 근거가 있는 차별은 가능하다는 것은 일반적인 견해이다. 그러나 합리적 근거가 있느냐, 아니면 근거가 없이 자의적으로 차별한 것이냐 하는 문제는 앞선 인간의 존엄과 가치 이상으로 해명하기 어려운 주제이다. 따라서 이를 선험적인 이론이나 원칙의 적용으로 일관되게 해결한다는 것은 불가능에 가깝고, 다만 구체적인 사안별로 유형화를 시도하고 정당화를 논증할 필요가 있다. 헌법재판의 실제에 있어서는, 가산점 제도나 할당제 등이 주된 쟁점이 된 경우에는 평등권을 주된 심사기준으로 접근하지만(그러나 이 경우에도 개별기본권에 대한 심사도 병행적으로 이루어진다), 그렇지 않은 경우에는 통상 자유권 등 개별 기본권에 대한 심사와 과잉금지원칙의 적용이 주된 것이고, 이에 부수하여 평등권 심사가 이루어지는 경우가 통상적이다. 최근 헌재

결정례들에서는 평등권의 제한 여부 문제를 앞서 '쟁점의 정리' 부분에서 간단히 만 다루고 실제 본안심사에서는 평등권 심사에 대한 서술은 생략하는 경우들도 종종 볼 수 있다.

제 3 절

국가조직법

Ⅰ. 국가조직법 총론

1 권력분립론

가. 역사적 발전

프랑스 인간과 시민의 권리 선언 제16조 권리의 보장이 확보되어 있지 않고 권력의 분립이 확정되어 있지 아니한 사회는 헌법을 갖고 있지 아니하다.

권력분립의 초기 형태는 왕으로 대표되는 행정권으로부터 입법권과 국정통제권을 가진 의회를 별도로 분리시키는 것이었다. 물론 초기의 의회는 국민의 대표라기보다는 귀족이나 유력자들의 모임이었고, 이들이 자신들의 권익을 보호하는 기구의 역할을 하였다. 존 로크와 영국으로 대표되는, 입법권과 행정권의 분리를 주장한 2권분립론이 이러한 대표적인 모습이다. 처음엔 소수 권력계층의 대표였던 의회는 차츰 중산층 이하 국민들의 대표로 확장되면서 민주적 정당성을 확보하고 민주주의의 대표기관으로 자리매김하게 된다.

오늘날의 사법권은 입법권에 비해 시기적으로 더 늦게 행정권으로부터 분화된다. 몽테스키외의 3권분립론과 이에 영향을 받은 미국헌법의 권력구조가 대표적이다. 종전에는 동서양을 막론하고 행정권이 동시에 사법권을 행사하였다. 그래서 서양에서는 마녀재판, 우리나라에서는 원님재판으로 통칭되는 형태의 사법권의 남용이 비일비재하였던 것이다. 소추기관과 심판기관이 분리되어 서로 견제하는 역할을 하지 못함으로 인해, '니 죄를 니가 알렸다'라는 말로 집약할 수 있는, 자백과 고문에 의한 사법권 행사가 이루어지고 이것은 곧 권력의 집중과 횡포를 낳게 된다. 이를 형사소송법에서는 규문주의라고도 한다.

그러나 근대 이후로 민주주의의 발전과 더불어 개인의 자유 보장을 중시하는 자유주의가 동시에 발전하는데, 이는 곧 그러한 개인의 자유를 법을 통해 보장하려는 법치주의 원리로 연결되게 되고, 이러한 법치주의 원리를 담보하는 기관으로서 종래 정부권력의 중심이었던 행정권과는 별도로 제3의 권력인 사법부가 독자적인 권력으로 점점 힘을 키워 가게 된다.

이처럼 인류역사에서 독립적인 사법권을 가진 사법부의 발전은 가장 뒤늦게 이루어졌고 그 힘도 가장 미약해서, 미국헌법의 기초자 중의 하나인 알렉산더 해밀턴은 「연방주의자 논설」 78번(The Federalist Papers: No. 78)에서 사법부는 칼도 지갑도 없는, 3부(府) 중에서 '가장 덜 위험한 부'(the least dangerous branch)라고 갈파하였다. 그러나 동시에 해밀턴은 같은 논고에서 사법부는 헌법을 다루며 헌법은 입법부가 제정한 법률보다 상위법이기에 헌법해석을 통해 입법을 무효화시킬 수 있다는 생각, 즉 위헌법률심사의 아이디어를 피력한다. 막상 미국 연방헌법에는 명문으로 위헌심사권이 규정되지 않았으나, 미 연방대법원은 1803년 Marbury v. Madison 판결을 통해 위헌심사권이 미 연방대법원의 권한임을 해석을 통해 선언하고, 이후로 가장 약한 권력이었던 사법권은 위헌심사권을 중심으로 점점 권한이 강화되어, 오늘날은 입법권이나 행정권에 못지않은 권력기관으로 부상하였다.

따라서 이제 권력분립을 논함에 있어서는 의회와 행정부의 관계를 설명하는 소위 정부형태론의 수준에 그칠 것이 아니라, 사법부까지 포함하는 거시적인 차원에서 국가권력의 전체 좌표를 잘 그려야 한다. 정치권에서는 자신들과 직접 관련된 의회, 그리고 대통령을 어떻게 조직하고 구성할 것인가에 대해서만 주로 관심을 가지고 개헌논의에서도 정부형태에만 관심을 가지고 다루는 경우가 대부분인데(우리 헌정사를 살펴봐도 늘 그러했고, 사법부의 구성은 오랜 기간 부차적인 문제에 지나지 않았다), 이제 오늘날의 사법부는 정당을 해산하고 대통령과 고위 공직자를 탄핵할 수 있으며 선출직 공직자 당선의 유무효를 판단하는 등, 사법지배(juristocracy)로 지칭될 만큼 중심 권력으로 성장했기 때문에, 이들에 대해서도 어떻게 세밀하게 견제와 균형을 이룰 것인가를 심도 있게 고민해야 한다.

나. 현대적 이해

근대 자유주의와 법치주의가 발전시킨 전통적인 권력분립은, 국가권력을 입법, 행정, 사법으로 구분하여 이를 각각 입법부, 행정부, 사법부라는 별개의 국가기관에 나누어 맡게 하고, 이들 권력이 서로 견제와 균형(checks and balances)을 이루도록 하는 원리이다. 또한 이를 통해 국민의 자유와 권리를 보호하려는 원리이기도 하다. 3권분립론을 아래와 같이 도식화해 볼 수 있다.

국가기능의 분리와 구성원리

국가기능	입법	행정	사법
담당기관	국회(상원/하원)	대통령/총리 + 관료	일반법원 + 헌법재판소
구성원리	민주주의	민주주의(democracy) + 관료제원리(bureaucracy)/능력주의(meritocracy)	법치주의(rule of law) + 입헌주의(constitutionalism)
목표	정치영역(공동체, 공익 추구 우선)		비정치/사법영역(개인, 자유 보장 우선)
	→ (정치의 사법화) →		
주요 사상가	2권분립(존 로크, 영국헌법)		3권분립(몽테스키외, 미국헌법)

하지만 현대의 권력분립론은 근대에 바라보았던 국가권력의 수평적 분립론과는 달리 그 대상과 분야가 확장되고 있다. 근대 초기의 자유주의 사상가들이 바라보았던 것과 같은, 국가권력으로부터 절연된 시장과 시민사회는 오늘날 존재하지 않는다. 따라서 여전히 헌법과 권력분립론의 주된 관심사는 국가권력이지만, 이제는 이를 시장과 시민사회로도 확장하여 볼 필요가 있다. 나아가 오늘날의 정치와 권력의 문제는 국가 내에서만 자족적으로 해결되는 것이 아니라, 그 국가가 속한 소지역 단위(예: 동북아시아), 대륙 단위(예: 아시아), 글로벌 단위로도 확장시켜 이해할 필요가 있다. 특히 세계화 흐름으로 인해 자본과 노동이 자유롭게 국경을 넘나들고 있고 환경이나 자원 등 공통의 문제들이 많아지고 있기 때문에, 국가 단위의 법체계만으로는 인간의 존엄에 부응하는 균질적이고 동등한 법적용이 어렵게 될 수 있다.

유럽연합(EU)은 이처럼 국가 단위의 헌법의 국제화를 상징하는 초국가적 정치공동체이고, 대한민국이 속한 아시아도 아직 유럽연합 수준과는 한참 거리가 있기는 하지만, 점차 지역적, 국제적 수준에서 바라보아야 할 문제들은 늘어나고 있다. 따라서 헌법학은 국가를 그 중심적 고찰의 대상으로 하면서도, 이제는 국가 內에서 시장/시민사회 영역에 대해서는 물론, 국가 外로는 세계적 수준의 고찰도 함께 요구하고 있다(government에서 governance로 권력분립론의 재구성). 이처럼 확대된 연결고리의 입장에서 이해할 때, 헌법학의 전통적인 관심사인 국가권력의 문제도 비로소 좀 더 정확하게 이해할 수 있다.

2 대의민주주의와 하이브리드 민주주의

가. 대의민주주의에 관한 종래 헌법이론 · 판례 검토

1987년 6월 10일 민주항쟁을 통해 개정된 1987년 헌법의 핵심적 성취는 대통령 직선제와 단임제의 도입이었다. 이는 그 이전과 비교할 때 적어도 대의민주주의의 절차적 · 제도적 측면에서는 분명한 진전이었다. 이처럼 1987년 헌법개정 이후 1990년대 초반에 이르기까지 국내적으로 새로운 헌법체제와 정치현실의 변화에 따라 대의민주주의 공고화의 조건이 진행되고 있었고, 대외적으로도 자유민주주의 체제의 승리로 귀결된 것으로 볼 수 있는 시기였으므로, 이때 국내의 대의민주주의 헌법이론 관련 연구들이 많이 나온 것은 자연스러운 현상으로 이해될 수 있다.

위 시기의 교과서적 설명은 오늘날까지도 비교적 큰 변화 없이 통용되고 있다. 헌법의 기본원리로서 민주주의를 중요하게 다루기는 하지만, 구체적 개념요소가 무엇인가에 대해서는 자세하게 논하지 않고 거의 곧바로 대의민주주의/직접민주주의를 구분한 뒤, 우리 헌법상으로는 대의민주주의가 원칙이라고 하면서 이에 대해 상술한다. 이어서 직접민주주의는 예외적으로만 허용될 수 있다고 하면서, 국민투표·국민발안·국민소환의 3가지 제도를 간략히 소개하고, 추가적으로 고전적 대의제에 대한 현대적 수정으로써 정당민주주의 현상을 논한 뒤, 이로 인해 고전적 대의제가 현대적으로 어떻게 변용되는지를 설명하는 방식의 논리구조가 대부분이다.

1987년 헌법과 이에 대한 헌법학자들의 해석론이 위와 같았기에, 헌법재판소의 결정례들도 기본적으로 위와 같은 논리의 연장선상에 있어왔다. 즉 헌법재판소는 우리 헌법상 자유민주적 기본질서의 내용으로 '의회제도, 복수정당제도, 선거제도' 등 대의민주주의의 핵심요소들을 제시하였고(헌재 1990. 4. 2. 89헌가113), 대의민주주의에 관해서는 헌법의 기본원리이며, 그 구성요소의 핵심은 선거와 자유위임이라는 점을 반복하여 설시하여 왔다. 직접민주주의는 헌법에 규정된 국민투표의 경우에만 예외적으로 허용된다는 점도 같다.

1987년 헌법은 권위주의 체제에서 벗어나 민주주의 체제로 이행하는 시대의 산물이었다. 따라서 1987년 헌법상 민주주의가 주로 대의민주주의 형태와 제도를 중심으로 논의될 수밖에 없었던 것은, 시대적 제약조건으로 이해할 수 있다. 하지만 1987년 헌법 규범을 전제로 놓고 보더라도, 오늘날 민주주의에 대한 헌법이론 및 정책론이 과거 20세기 해석론의 한계 내에 머물러야 하는지는 의문스럽다. 기존의 헌법상 '대의제/민주주의' 구분은, 근대국가에서 대의민주주의를 발전시키던 시기의 역사적 산물로, 고대나 중세와는 달리 광역화된 근대국가의 규모(size)

의 문제를 해결하고, 나아가 다수를 점하는 민중의 지배(demos+kratia)의 위험을 피해서 엘리트 지배와의 조화를 꾀한 측면이 컸다. 하지만 상황적, 시대적 전제들이 급격하게 변화하는 21세기 현대 국가·사회의 현실에서 종래의 이론적 틀만을 고수할 필요도 없고, 고수하기도 어려운 상황이 되었다고 생각된다.

2016년 말 소위 국정농단 사태로 인해 시민들의 촛불항쟁이 일어났고 그 결과로 2017년 3월 10일 현직 대통령 탄핵이라는 헌정사상 초유의 사태를 겪은 것은, 소위 87년 체제의 대의민주주의가 한계 상황에 봉착한 것이라는 강한 경고의 메시지였다. 그런데 이러한 중대한 역사의 교훈에도 불구하고, 2024년 12월 3일 대통령의 비상계엄 선포라는, 민주화 이후 초유의 헌정위기 사태가 다시 발생하였고 이로 인해 대통령이 탄핵되고 대통령과 영부인, 국무위원들과 군 지휘관들이 전방위적 수사와 기소를 받고있는 불행한 상황이다. 이제는 정말 만시지탄이지만 정부형태를 중심으로 한 권력구조 전반, 또한 선거·정당 구조의 개편이 필요하고, 나아가 대의기관을 견제할 수 있는 시민참여의 제도화 등을 포함한 총체적 헌정 개혁이 절실하게 요구되는 시기이다.

나. 하이브리드 민주주의 거버넌스 구상

민주주의를 기왕의 대의민주주의에 한정하지 않고, 시민정치를 포괄하는 의미로 재정의된 참여·숙의를 헌법상 민주주의의 개념·원리적 토대로 하여, 이러한 참여·숙의를 극대화시킬 수 있도록 각종 민주적 제도들을 상호 연계·결합하거나 혹은 대체하는 거버넌스 방식을 통칭하는 헌법이론·정책의 용어로, 「하이브리드 민주주의」(hybrid democracy)를 제안한다.

이는 민주주의의 기초 개념으로 참여·숙의를 상정하고, 참여·숙의를 충족하는 대의·직접·숙의민주주의 원리를 폭넓게 구상하는 가운데 이들을 최적화시킬 수 있는 선거, 국민투표, 공론조사 등 민주적 제도·형태를 다양하고 융통성 있게 조합·구현함으로써, '헌법상 민주주의≒대의민주주의'라는 종래의 도식을 깨고 대의민주주의 독과점의 폐해를 발전적으로 극복해 보자는 구상이다. 이는 대의민주주의의 위기를 맞아 근본적인 개헌과 정치개혁이 요구되고 있는 대한민국의 현시대에 맞는 확장된 민주적 거버넌스의 헌법적 기준과 한계를 제시해 보려는 시도이다.

특히 오늘날 각종 온라인 매체의 발전과 네트워크 민주주의의 발전은 정보의 유통을 광범위하게 확산시키고 다양한 의견들이 쉽게 교환될 수 있도록 해줌으로써, 이제 헌법상 민주주의 거버넌스도 과거처럼 딱딱하고 고비용의 단선적 · 정태적 대의제 구조에 머무를 것이 아니라, 낮은 비용으로 유연하고 쌍방향적인 복합 구조를 창출해 내는 것이 충분히 가능해졌다고 생각한다.

참여 · 숙의를 가장 폭넓게 충족시키는 방식이라면, 대의민주주의이건, 혹은 전통적인 직접민주주의 제도이건(국민투표, 국민발안, 국민소환), 아니면 오늘날 제기되는 제3의 새로운 방식이건(예컨대 공론조사, 추첨시민의회 등), 나아가 이들의 연계 · 결합방식이건 특별히 배제되지 않는다. 즉 민주주의의 '방식'이 민주주의 '원리'를 좌우하는 것이 아니라, 민주주의 '원리'를 충족하는 '제도'는 일단 거버넌스 목록에 폭넓게 올려놓을 수 있다는 구상이다. 이를 도식화하면 다음과 같이 표현할 수 있다.

하이브리드 민주주의 거버넌스

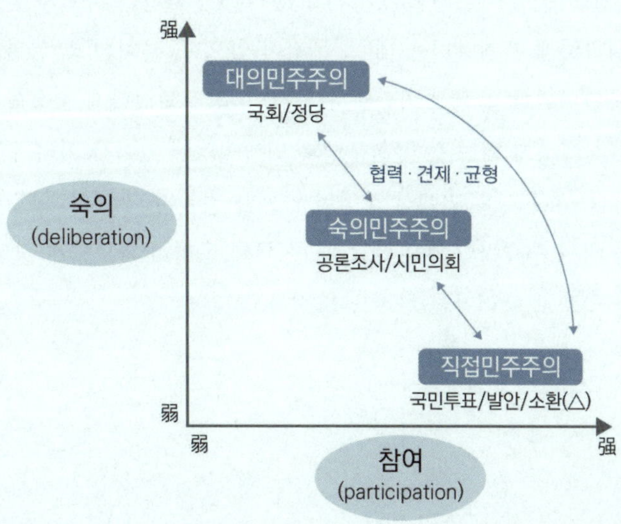

Ⅱ. 국가조직법 각론

1 국회

가. 조직

국회는 헌법상 국회의장 1인과 국회부의장 2인을 두도록 되어 있다. 국회의장은 대내외적으로 국회를 대표하고, 원활한 회의운영을 위한 의사정리권과 회의장 질서유지를 위한 질서유지권, 국회의 조직과 운영에 대한 전반적 사무감독권을 갖는다.

300인(지역구 254인, 비례대표 46인)의 국회의원들은 4년 임기로 선출되어 활동하고, 국회운영위원회와 법제사법위원회 등 모두 17개의 상임위원회에 배속되어 각 소관에 속하는 의안과 청원 등의 심사, 기타 법률에서 정하는 직무를 수행한다. 국회에 20인 이상의 소속의원을 가진 정당은 하나의 교섭단체가 되고, 다른 교섭단체에 속하지 아니하는 20인 이상의 의원으로 따로 교섭단체를 구성할 수 있다. 교섭단체는 정당을 중심으로 해서 정파간 교섭의 창구역할을 하도록 함으로써 국회의 의사를 원활하게 운영하려는 데 그 목적이 있으며, 본회의 및 위원회에 있어서 발언자수, 상임위원회 및 특별위원회 위원선임 등은 교섭단체 소속의원수의 비율을 기준으로 시행하게 되는 등 국회운영과 의사일정에 있어서 여러 우선권한을 가지게 된다. 이는 효율성 측면에선 장점이 있으나 지금과 같은 양대 정당 중심 구조에서는 국회 내 소수세력이 소외되고, 또한 국회 운영이 과도하게 정당 지도부 중심 의사결정 구조로 흘러가는 한계도 노정하고 있다.

나. 권한

(1) 입법

(가) 입법의 성격

국회는 어떤 '일'을 하는 기관인가? 국회는 선거를 통해 민주적 정당성을 부여받은 국회의원들이 다수의 의사를 모아 입법, 재정, 국정통제기능 등을 수행하는 기관이다. 그중에서도 국회의 가장 중요하고 강력한 권한은 입법기능이다(헌법 제40조 입법권은 국회에 속한다). 입법은 대의기관인 의회가 행하는 제1의 고유기능이기에 '정치'의 요소가 두드러지지만, 오늘날 입헌국가의 현실에서 '법치'의 요소 또한 경시되어서는 안 된다. 따라서 국회가 입법의 권한을 행사하는 데 있어서는 정치적 다수파의 의사가 법률로 반영되지만, 입법과정에서 헌법과 국회법 등에 따른 절차적 정당성을 지켜야 하고 입법내용과 관련해서도 헌법적 한계를 벗어나서는 안 된다.

근대 대의민주주의론을 대표하는 존 스튜어트 밀(John Stuart Mill)은 (광의의) 정부의 업무를 실제로 하는 것(doing)과 이를 통제하는 것(controlling) 사이에 구분을 지으면서, 의회는 실제로 업무를 하는 것보다는 통제를 하는 것에 더 적합한 기관이라고 보았다. 개인보다 단체(body)가 잘할 수 있는 것은 숙의(deliberation)이며, 집행은 한 사람의 책임하에 더 잘 수행될 수 있다고 본 것이다.

국가기능에서 정치는 액셀(원심력)의 기능을, 법치는 브레이크(구심력)의 기능을 수행하며 이들이 상호 견제 · 균형을 유지함으로써 국가가 일정한 궤도를 이탈하지 않고 유지될 수 있다. 이는 의회와 사법부 등 헌법기관 間의 관계에서도 그러하지만, 의회 內 입법기능에서도 그 비중이 다를 뿐 정치/법치의 기능적 권력분립 관계가 교호적으로 작동하는 것이 필요하다.

국회의 효율성을 높이고 생산성을 높이자는 방안들의 액셀로서의 긍정적 측면을 부정하지 않는다. 하지만 일하는 국회가 자칫 단순히 많은 양의 입법을 빠른 속도로 통과시키는 것에만 매몰되어서는 안 된다. 국회의 일은 양과 속도가 결정적으로 중요한 덕목이 아니다. 많은 양의 입법을 신속하게 통과시킨다고 하여, 그것이 일하는 국회이고, 특히 일 '잘'하는 국회라고 보기는 어렵다. 국회는 입법을 통해 국가정책을 적극적으로 실현시키는 기능을 하지만, 그에 못지않게 중요한 것은 그러한 입법에 대한 정치권과 시민사회의 다양한 견해들이 표출되고 이것이 균형 잡힌 숙의과정을 통해 수렴되도록 하는 것이고, 또한 의회에서 여야의 충분한 논의와 토론과정을 통해 행정부를 적절히 견제하는 것이다. 반대의견, 소수의견을 제시하는 것 자체가 바로 비생산적이고 발목잡기가 되는 것은 아니다. 국가의 근간을 세우는 중요한 입법을 특정한 목적과 필요만을 강조하여 신속 처리를 앞세우는 것은 타당하지 않다.

오히려 통상적인 대다수의 입법은 신중한 숙의과정을 거쳐 제정되어야 하고, '일단 입법을 하고, 문제가 있으면 그때 가서 수정하자'는 식의 구태의연한 발상은 지양되어야 한다. 하지만 실상은 다수의 중요한 법률들에 대해서도 쟁점이 아니라 이데올로기적인 거대 담론만 가지고 싸우다가, 각론과 디테일은 거의 검토하지도 않은 채로 회기 막판에 수십, 수백 건을 검토 없이 한 번에 몰아서 통과시키는 경우가 관행화되어 있고, 문제가 생기면 나중에 개선하겠다는 조건부로 입법되기 일쑤이다. 하지만 입법은 의원들의 '사악한 이익'(sinister interest, 벤담과 밀의 용어)이나 계급이익이 관철되는 수단이 되어서는 안 되고, 또한 국민들은 숙련되지 않은 불성실한 의원 · 정당의 입법연습이나 실험 대상이 되어서는 안 된다. 제대로 일하는 국회라면, 다방면에 걸쳐 나타날 수 있는 문제들을 촘촘하게, 가능한 한 빠짐없이 심사하는 것이 기본이 되어야 한다.

국회의 입법은 인민의 의사(will of the people)를 법률의 형식으로 제도화하는 것인데, 이때 입법은 인민의 의사를 그대로 전달하는 단순 형식과 껍데기에 불과한 것이 아니라, 헌법을 정점으로 한 입헌주의 · 법치주의의 형식과 절차를 따름과 동시에 그 기본정신에 부합하는 것이어야 한다. 입법이 아무리 인민의 의사를 담고 있다고 하더라도 그것은 특정 시대의 상황에 기반한 내용을 무엇이든 담을 수 있다고 볼 수는 없고, 상대적으로 더 특수하고 일시적 성격을 띠는 '입법'은 좀 더 보편적이고 장기적인 '헌법'의 내용과 체계 · 형식을 통해 통합적으로 스크린되어 그에 위배되지 않을 때 정당성을 획득하고 안정적인 법적 지위를 확보하게 된다.

(나) 입법절차 개관

대통령제와 단원제 의회를 근간으로 한 우리 입법과정은, 국회의원이나 정부가 법률안을 입안하여 국회에 제안(제출)하고, 이 법률안을 국회가 여러 단계의 여러 단계의 입법절차를 통해 심의 · 의결한 후, 의결된 법률안이 정부에 이송되어 대통령에 의하여 공포됨으로써 법률로서 확정되는 일련의 과정이다. 즉 이를 단계별로 구분하면, ① 법률안의 입안 및 제안, ② 법률안 심의, ③ 이송 및 공포의 3단계이다.

국회 입법절차의 흐름

제안(제출) - 국회의원 10인 이상 - 정부	• 제안권자(국회의원), 제출(정부) • 국회의원 10인 이상의 찬성 • 국회의 위원회도 그 소관에 속하는 사항에 관하여 법률안 제안 • 정부: 국무회의 심의를 거쳐 대통령이 서명하고, 국무총리 · 관계 국무위원이 부서하여 제출
회부 - 국회의장	• 국회의장은 법률안이 발의 또는 제출되면 이를 인쇄하여 의원에게 배부하고 본회의에 보고한 후 (폐회, 휴회 등으로 보고할 수 없을 때에는 생략), 소관 위원회에 회부하여 심사하게 함.
위원회 심사 - 상임위원회	• 위원회는 회부된 법률안에 대하여 위원회 상정 → 제안자 취지설명 → 전문위원 검토보고 → 대체토론 → 소위원회심사보고 → 축소심사 → 찬반토론 → 의결(표결)의 순서로 심사
법제사법위원회 체계자구심사 - 법제사법위원회	• 위원회의 심사를 마친 법률안은 법제사법위원회에 회부되어 체계 · 자구심사를 거치게 됨
전원위원회 심사	• 위원회의 심사를 거치거나 위원회가 제안하는 의안 중 정보조직에 관한 법률안 · 조세 또는 국민에게 부담을 주는 법률안 등 주요 의안에 대해서는 당해 안건의 본회의 상정 전이나 상정 후 재적의원 4분의 1이상의 요구가 있으면 의원 전원으로 구성되는 전원위원회의 심사를 거침.
본회의 심의 · 의결	• 체계 · 자구심사를 거친 법률안은 본회의에 상정되어 심사보고, 질의 · 토론을 거쳐 재적의원 과반수의 출석과 출석의원 과반수의 찬성으로 의결됨.
정부이송	• 국회에서 의결된 법률안은 정부에 이송되어 15일 이내에 대통령이 공포함
대통령의 거부권 행사	• 법률안에 이의가 있을 때에는 대통령은 정부이송 후 15일 이내에 이의서를 붙여 국회로 환부하고, 그 재의를 요구할 수 있음. • 재의 요구된 법률안에 대하여 국회가 재적의원 과반수의 출석과 출석의원 3분의 2이상의 찬성으로 전과 같은 의결을 하면 그 법률안은 법률로서 확정됨. • 정부이송 후 15일 이내에 대통령이 공포하지 않거나 재의요구를 하지 않는 경우 그 법률안은 법률로서 확정됨
공포	• 대통령은 법률안이 정부에 이송된 지 15일 이내에 공포하여야 함. • 법률로 확정되거나, 확정법률의 정부이송 후 5일 이내에 대통령이 이를 공포하지 않을 경우 국회의장이 공포함. • 법률은 특별한 규정이 없으면 공포한 날로부터 20일을 경과함으로써 효력을 발생함.

출처: 대한민국 국회

헌재는 "국회의 입법절차는 국민의 대표로 구성된 다원적 인적 구성의 합의체에서 공개적 토론을 통하여 국민의 다양한 견해와 이익을 인식하고 교량하여 공동체의 중요한 의사결정을 하는 과정이며, 일반 국민과 야당의 비판을 허용하고 그들의 참여 가능성을 개방하고 있다는 점에서 전문관료들만에 의하여 이루어지는 행정입법절차와는 달리 공익의 발견과 상충하는 이익간의 정당한 조정에 보다 적합한 민주적 과정이다."(헌재 2009. 10. 29. 2007헌바63)라고 입법절차의 의미를 설명하나 현실은 이와는 다른 경우가 많으므로 입법절차의 하자와 관련해서 권한쟁의심판이 많이 제기되고 있다.

(2) 국정통제

국회는 국민의 대표기관으로서 입법 · 재정에 관한 권한을 갖고, 나아가 선출되지 않은 행정부 · 사법부가 스스로 지나치게 권력화되어 국민의 기본권을 침해하는 일이 발생하지 않도록 이들 기관들을 감시하고 민주적으로 통제하는 권력통제 기능 또한 주요한 권한 중의 하나이다.

국회의 국정통제권 중에서 헌법이 규정하고 있는 것은, ① 국정감사 및 조사권(헌법 제61조), ② 주요 헌법기관에 대한 선출 내지 동의권: 예 – 대통령의 국무총리 임명에 대한 국회의 동의권(헌법 제86조 제1항), 헌법재판소 재판관 3인에 대한 선출권(헌법 제111조 제3항) 등, ③ 탄핵소추 의결권(헌법 제65조)이 대표적이다. 이들은 국회가 헌법상 국민대표기관인 데서부터 비롯되는 정치적 통제의 권한이다.

헌법상 국회는 국무총리, 국무위원, 정부위원에 대한 국회 출석요구권(헌법 제62조), 국무총리, 국무위원에 대한 해임건의권(헌법 제63조)도 가지고 있고 실제로도 쓰이기는 하나 실효성 측면에서는 오늘날 의미가 많이 반감된 것으로 보인다. 또한 인사청문회는 대법원장 · 헌법재판소장 · 국무총리 · 감사원장 · 대법관 임명동의권, 헌법재판소 재판관(3인) · 중앙선거관리위원회 위원(3인) 선출권 등 국회의 동의 내지 선출과 연계된 인사청문회의 경우에는 이를 통과하지 못할 경우 사전절차로서의 동의와 선출 자체가 허용되지 않으므로 실효성이 있다(국회법 제46조의3이 정하는 인사청문특별위원회 소관사항). 다만 주로 대통령에게 임명권이 부여되었으나 중요한 역할을 하는 공직자에 대한 임명권을 통제하기 위해 상임위원회에서 개별법률의 근거를 갖고 실시하는 인사청문회(국회법 제65조의2 제2항)의 경우(대표적으로 국무위원의 경우) 이전에는 야당이 크게 반대하고 여론이 안 좋으면 자진사퇴 형식으로 낙마시키는 상황도 종종 있었으나, 오늘날은 야당이 인사청문회를 지나치게 신상털기 목적으로 활용함과 동시에 반대로 대통령도 인사청문보고서가 채택되지 않거나 부적격 보고서가 채택되어도 거의 대부분 강행임명하는 것을 일상시하고 있어서, 인사청문제도의 실효성이 떨어지고 제도개선이 요청되는 상황이다.

한편 오늘날은 정치적 문제들을 사법부의 재판으로 해결하려고 하는 소위 '정치의 사법화' 현상이 전 세계적인 추세이고, 이는 포괄적 법치주의의 일반화로 인한 자연스러운 귀결의 측면도 있으나, 한편 정치세력간 대화와 타협이 축소되고 실종되기까지 하는 가운데 너무 쉽게 사법절차에 의존함으로써 정쟁이 더 극단화되는 악순환의 원인이 되고 있다고 보인다. 이제 선거 등의 정치적 이슈와 관련하여 대화와 타협, 양보, 토론, 검증 등 정치(政治)의 기술이 아니라, 각종 선거법 위반에 대한 고소·고발 및 형사재판, 상대 세력을 겨냥한 특검법 제정을 통한 형사재판, 선거무효소송·당선무효 소송 등의 행정재판, 그리고 권한쟁의심판·탄핵심판 등 헌법재판과 같은 법치(法治)의 기술이 정치(政治)를 대신하여 정쟁의 도구로 폭넓게 활용되고 있다. 지금과 같은 과잉사법화 내지 소위 '정쟁의 사법화'가 계속되어도 좋은지에 대해서는 심각하게 재검토할 필요가 있다.

2 대통령과 행정부

가. 조직

헌법 제4장 정부 제1절 대통령

제66조 ① 대통령은 국가의 원수이며, 외국에 대하여 국가를 대표한다.

② 대통령은 국가의 독립·영토의 보전·국가의 계속성과 헌법을 수호할 책무를 진다.

③ 대통령은 조국의 평화적 통일을 위한 성실한 의무를 진다.

④ 행정권은 대통령을 수반으로 하는 정부에 속한다.

제2절 행정부
제1관 국무총리와 국무위원
제86조 ① 국무총리는 국회의 동의를 얻어 대통령이 임명한다.
② 국무총리는 대통령을 보좌하며, 행정에 관하여 대통령의 명을 받아 행정각부를 통할한다.
③ 군인은 현역을 면한 후가 아니면 국무총리로 임명될 수 없다.
제87조 ① 국무위원은 국무총리의 제청으로 대통령이 임명한다.
제3관 행정각부
제94조 행정각부의 장은 국무위원 중에서 국무총리의 제청으로 대통령이 임명한다.
제96조 행정각부의 설치 · 조직과 직무범위는 법률로 정한다.

대통령은 헌법상 국가원수이고 행정권의 수반이다. 미국과 같은 대통령제 국가에서는 대통령 다음 2인자로 대통령과 함께 선출된 부통령을 두어 대통령 유고시에 대통령직을 승계토록 하는데(가령 케네디 암살 시 당시 부통령이었던 린든 존슨이 대통령직 승계), 우리나라의 경우에는 행정부의 2인자로 국무총리를 두고 있고, 국무총리는 선출하는 것이 아니라 국회의 동의를 얻어 대통령이 임명하도록 한다. 대통령 유고시에 국무총리는 행정부의 제2인자로서 대통령 권한을 대행하되, 승계하지는 않는다(이번 윤석열 전 대통령 탄핵소추 및 파면 되었을 때 한덕수 국무총리가 권한대행). 국무총리는 대통령을 보좌하며, 행정에 관하여 대통령의 명을 받아 행정각부를 통할하는데, 행정각부는 대통령 및 국무총리의 통할 하에 고유의 국가행정사무를 수행하기 위해 기능별 또는 대상별로 설치한 기관으로, 행정각부의 장(장관)은 국무위원 중에서 국무총리의 제청으로 대통령이 임명하며, 각부장관은 소관사무 통할권, 소속공무원에 대한 지휘 · 감독권, 부령제정권, 법률안 또는 대통령령안 국무회의제출권 등의 권한을 가진다.

국가행정기관(정부조직법상 정부조직)은 중앙행정기관, 특별지방행정기관, 부속기관, 합의제행정기관(위원회) 등으로 구성되는데, 헌법에서는 주로 부/처/청에 해당하는 중앙행정기관에 관심을 가져왔다. 그러나 오늘날 이러한 전통적인 중앙행정기관에 속하지 않는 독립행정기관 혹은 독립행정위원회가 방송미디어통신위원회나 국민권익위원회 등 다양한 형태로 생겨남으로써, 이들 기관의 성격과 함께 요건과 한계를 규명하는 작업이 새로운 헌법학의 과제로 부상하고 있다.

나. 대통령의 권한

헌법 제77조 ① 대통령은 전시 · 사변 또는 이에 준하는 국가비상사태에 있어서 병력으로써 군사상의 필요에 응하거나 공공의 안녕질서를 유지할 필요가 있을 때에는 법률이 정하는 바에 의하여 계엄을 선포할 수 있다.
② 계엄은 비상계엄과 경비계엄으로 한다.
③ 비상계엄이 선포된 때에는 법률이 정하는 바에 의하여 영장제도, 언론 · 출판 · 집회 · 결사의 자유, 정부나 법원의 권한에 관하여 특별한 조치를 할 수 있다.
④ 계엄을 선포한 때에는 대통령은 지체없이 국회에 통고하여야 한다.
⑤ 국회가 재적의원 과반수의 찬성으로 계엄의 해제를 요구한 때에는 대통령은 이를 해제하여야 한다.

대통령은 행정부의 수반으로서 행정권에 대한 최종 책임자이고, 인사, 조직, 재정 등에 대한 다양한 행정권을 갖는다. 또한 국가원수로서 외교, 국방, 통일 및 비상계엄 등 국가긴급권을 가지는데, 전직 대통령은 전시나 그에 준하는 상황에 예외적으로 발동할 수 있는 비상계엄을 2024년 12월 3일 갑자기 선포하면서 특수부대를 통해 국회와 중앙선관위 등을 확보하려고 하였다. 형식적으로는 이러한 대통령의 비상적 헌법적 권한에 근거하여 발동되었다고 주장했으나 비상계엄 해제요구권을 가진 국회에 의해 거의 바로 해제되었다. 이후 국회의 탄핵소추로 직무가 정지된 후 헌법재판소의 탄핵심판을 거쳐 전원일치 파면되기에 이르렀고, 현재는 내란죄 등으로 기소되어 재판을 받고 있다. 이러한 최근의 상황은 1987년 민주화 이후 매우 드문 중대한 위기였지만, 이를 준비된 헌정제도를 통해 극복함으로써 우리 입헌민주주의가 높은 회복력을 가진 것으로 평가받았고, 또한 우리 국민들이 헌법과 헌법재판에 대한 높은 관심을 갖게 된 계기가 되었다. 이 사건 탄핵결정문의 결론은 아래와 같이 중요한 쟁점들을 많이 포함하고 있다.

헌재 2025. 4. 4. 2024헌나8, 대통령(윤석열) 탄핵

11. 결론

가. 대한민국은 민주공화국이다(헌법 제1조 제1항).

민주주의는, 개인의 자율적 이성을 신뢰하고 모든 정치적 견해들이 각각 상대적 진리성과 합리성을 지닌다고 전제하는 다원적 세계관에 입각한 것으로서, 대등한 동료시민들 간의 존중과 박애에 기초한 자율적이고 협력적인 공적 의사결정을 본질로 한다(헌재 2014. 12. 19. 2013헌다1 참조).

피청구인이 취임한 이래, 국회의 다수의석을 차지한 야당이 일방적으로 국회의 권한을 행사하는 일이 거듭되었고, 이는 피청구인을 수반으로 하는 정부와 국회 사이에 상당한 마찰을 가져왔다. 피청구인이 대통령에 취임하여 이 사건 계엄을 선포하기까지 2년 7개월도 안 되는 기간 동안 22건의 탄핵소추안이 발의되었다. 야당이 주도한 이례적으로 많은 탄핵소추로 인하여 여러 고위공직자의 권한행사가 탄핵심판 중 정지되었다. 국회의 예산안 심사도 과거에는 감액이 있으면 그 범위에서 증액에 대해서도 심사하여 반영되어 왔으나, 헌정 사상 최초로 국회 예산결산특별위원회에서 야당 단독으로 증액 없이 감액에 대해서만 의결을 하였다. 특히 국회 예산결산특별위원회는 대통령비서실, 국가안보실, 경찰청의 특수활동비, 검찰과 감사원의 특수활동비 및 특정업무경비 예산의 전액을 각 감액하는 의결을 하였는데, 이 가운데는 검찰의 국민생활침해범죄 수사, 사회적 약자 대상 범죄 수사, 마약 수사, 사회공정성 저해사범 수사, 공공 수사 등 수사 지원 관련 예산이 포함되어 있었다. 피청구인이 수립한 주요 정책들은 야당의 반대로 시행될 수 없었고, 야당은 정부가 반대하는 법률안들을 일방적으로 통과시켜 피청구인의 재의 요구와 재의에서 부결된 법률안의 재발의 및 의결이 반복되는 상황이 발생하였다. 그 과정에서 피청구인은 행정부의 수반이자 국가원수로서 야당의 전횡으로 국정이 마비되고 국익이 현저히 저해되어 가고 있다고 인식하여 이를 어떻게든 타개하여야만 한다는 막중한 책임감을 느끼게 되었을 것으로 보인다. 이 사건 계엄 선포 및 그에 수반한 조치들은 국정 최고책임자로서 피청구인이 가지게 된 이러한 인식과 책임감에 바탕을 둔 것으로 이해할 수 있다.

피청구인이 야당이 중심이 된 국회의 권한행사에 관하여 권력의 남용이라거나 국정마비를 초래하는 행위라고 판단한 것은 그것이 객관적 현실에 부합하는지 여부나 국민 다수의 지지를 받고 있는지 여부를 떠나 정치적으로 존중되어야 한다.

다만, 피청구인 내지 정부와 국회 사이의 이와 같은 대립은 일방의 책임에 속한다고 보기는 어려우며, 이는 민주주의 원리에 따라 조율되고 해소되어야 할 정치의 문제이다. 이에 관한 정치적 견해의 표명이나 공적인 의사결정은 어디까지나 헌법상 보장되는 민주주의의 본질과 조화될 수 있는 범위에서 이루어져야 한다.

나. 피청구인은 야당이 다수의석을 차지한 제22대 국회와의 대립 상황을 병력을 동원하여 타개하기 위하여 이 사건 계엄을 선포하였다.

민주국가의 국민 각자는 서로를 공동체의 대등한 동료로 존중하고 자신의 의견이 옳다고 믿는 만큼 타인의 의견에도 동등한 가치가 부여될 수 있음을 인정해야 한다(헌재 2014. 12. 19. 2013헌다1 참조). 국회는 당파의 이익이 아닌 국민 전체의 이익을 위하여야 한다는 점에서 소수의견을 존중하고, 정부와의 관계에서도 관용과 자제를 전제로 한 대화와 타협을 통하여 결론을 도출하도록 노력하였어야 한다. 피청구인 역시 국민의 대표인 국회를 헌법이 정한 권한배분질서에 따른 협치의 대상으로 존중하였어야 한다. 그럼에도 불구하고 피청구인은 국회를 배제의 대상으로 삼았는데, 이는 민주정치의 전제를 허무는 것으로 민주주의와 조화된다고 보기 어렵다.

다. 우리 헌법은 기본적 인권의 보장, 국가권력의 헌법 및 법률 기속, 권력분립원칙, 복수정당 제도 등 국가권력이나 다수의 정치적 횡포를 바로잡아 민주주의를 보호할 자정 장치를 마련하고 있으므로, 피청구인으로서는 야당이 중심이 된 국회의 권한행사가 다수의 횡포라고 판단했더라도 헌법이 예정한 자구책을 통해 견제와 균형이 실현될 수 있도록 하였어야 한다.

우리 헌법은 대통령제에서 대통령의 권력 남용을 우려하여 대통령의 국회해산권을 규정하고 있지 않다. 그러나 대통령과 국회의원의 임기의 차이 등으로 인하여 대통령선거와 국회의원선거가 일정한 간격을 두고 치러짐에 따라 대통령으로서는 임기 중에 국회를 새롭게 구성하는, 즉, 국회해산과 마찬가지의 효과를 거둘 기회를 갖는 경우가 있다. 피청구인의 경우도 자신의 취임으로부터 약 2년 후에 치러진 제22대 국회의원선거에서 그와 같은 기회를 가졌다. 피청구인에게는, 야당의 전횡을 바로 잡고 피청구인이 국정을 주도하여 책임정치를 실현할 수 있도록 국민을 설득할 2년에 가까운 시간이 있었다. 그 결과가 피청구인의 의도에 부합하지 않았고 피청구인이 느끼는 위기의식이나 책임감 내지 압박감이 막중하였다고 하여, 헌법이 예정한 경로를 벗어나 야당이나 야당을 지지한 국민의 의사를 배제하려는 시도를 하여서는 안 되었다. 피청구인은 선거를 통해 나타난 국민의 의사를 겸허히 수용하고 보다 적극적인 대화와 타협에 나섬으로써 헌법이 예정한 권력분립원칙에 따를 수 있었다. 현행의 권력구조가 견제와 균형, 협치를 실현하기에 충분하지 않고, 국회의 반대로 인하여 국가안위에 관한 중요정책을 실현할 수 없으며, 선거제도나 관리에 허점이 있다고 판단하였다면, 헌법개정안을 발의하거나(헌법 제128조), 국가안위에 관한 중요정책을 국민투표에 붙이거나(헌법 제72조), 정부를 통해 법률안을 제출하는 등(헌법 제52조), 권력구조나 제도 개선을 설득할 수 있었다. 설령 야당의 목적이나 활동이 우리 사회의 민주적 기본질서에 대하여 실질적인 해악을 끼칠 수 있는 구체적 위험성을 초래하는 데 이르렀다고 판단하였더라도, 정부의 비판자로서 야당의 존립과 활동을 특별히 보장하고자 하는 헌법제정자의 규범적 의지를 준수하는 범위에서(헌재 2014. 12. 19. 2013헌다1 참조) 헌법재판소에 정당의 해산을 제소할 것인지를 검토할 수 있었다(헌법 제8조 제4항).

그러나 피청구인은 헌법과 법률이 정한 계엄 선포의 실체적 요건이 충족되지 않았음에도 절차를 준수하지 않은 채 계엄을 선포함으로써 부당하게 군경을 동원하여 국회 등 헌법기관의 권한을 훼손하고, 정당활동의 자유와 국민의 기본적 인권을 광범위하게 침해하였다. 이는 국가권력의 헌법과 법률에의 기속을 위반한 것일 뿐 아니라, 기본적 인권의 보장, 권력분립원칙과 복수정당 제도 등 우리 헌법이 설계한 민주주의의 자정 장치 전반을 위협하는 결과를 초래하였다. 피청구인이 이 사건 계엄의 목적이라 주장하는 '야당의 전횡에 관한 대국민 호소'나 '국가 정상화'의 의도가 진실이라고 하더라도, 결과적으로 민주주의에 헤아릴 수 없는 해악을 가한 것이라 볼 수밖에 없다.

라. 민주주의는 자정 장치가 정상적으로 기능하고 그에 관한 제도적 신뢰가 존재하는 한, 갈등과 긴장을 극복하고 최선의 대응책을 발견하는 데 뛰어난 적응력을 갖춘 정치체제이다. 피청구인은 현재의 정치상황이 심각한 국익 훼손을 발생시키고 있다고 판단하였더라도, 헌법과 법률이 예정한 민주적 절차와 방법에 따라 그에 맞섰어야 한다. 그러나 피청구인은 국가긴급권 남용의 역사를 재현하여 국민을 충격에 빠트리고, 사회 · 경제 · 정치 · 외교 전 분야에 혼란을 야기하였다. 국민 모두의 대통령으로서 자신을 지지하는 국민의 범위를 초월하여 국민 전체에 대하여 봉사함으로써 사회공동체를 통합시켜야 할 책무를 위반하였다.

헌법과 법률을 위배하여, 헌법수호의 책무를 저버리고 민주공화국의 주권자인 대한국민의 신임을 중대하게 배반하였다.

그러므로 피청구인을 대통령직에서 파면한다.

3 법원

가. 사법권의 독립

헌법 제103조는 "법관은 헌법과 법률에 의하여 그 양심에 따라 독립하여 심판한다."라고 하여 사법권의 독립을 천명하는데, 이는 선거에 의해 선출되는 국회나 대통령과 달리, 사법의 독립성을 중하게 보장함으로써 법치주의의 수호기관으로서 사법부가 정치/행정기관을 통제하고 국민의 권리를 보호하는 역할을 충실하게 해달라는 의미이다.

사법권의 독립의 핵심인 재판의 독립을 보장하기 위해서 법관의 신분을 두텁게 보장한다. 법관은 탄핵 또는 금고 이상의 형의 선고에 의하지 않고서는 파면되지 않고, 징계처분에 의하지 않고서는 정직·감봉 기타 불리한 처분을 받지 않는다(헌법 제106조 제1항). 다만 법관이 중대한 신체상 또는 정신상의 장해로 직무를 수행할 수 없을 때에는, 대법관의 경우 대법원장의 제청으로 대통령이, 판사의 경우 인사위원회의 심의를 거쳐 대법원장이 각각 퇴직을 명할 수 있다(헌법 제106조 제2항 등).

근대 사법권의 정립 이전 사법권은 행정권과 분리되지 않은 채 함께 행사되다가(원님 재판, 규문주의 등), 이를 행정권으로부터 떼어 내는 삼권분립의 정립 과정에서 사법권의 독립 원리가 강조되었고, 이때 '독립'의 의미는 무엇보다 '행정권으로부터의 독립'의 의미를 가졌다.

그런데 오늘날 사법권의 독립 문제는 행정권으로부터의 독립 못지않게 국회 등 정치권으로부터의 독립 및 여론으로부터의 독립도 매우 크고 중요한 의미를 갖게 되었다. 특히 선거소송과 형사재판에 있어서는 정치권과 여론이 영향을 미치려는 시도가 매우 크다는 점에서 이에 대한 제도 및 현실의 개선이 요구된다. 한편 사법부 외부로부터의 독립도 중요하지만, 사법부 내부로부터의 독립 문제도 중요하게 대두되고 있으며 여기에는 대법원장에 많은 권한이 몰려있고 또한 그 명을 받는 사법행정조직인 법원행정처에 많은 권한이 집중되어서 문제가 있다는 비판이 있고 이에 대한 개선 논의가 진행 중이다.

나. 조직

사법권은 법관으로 구성된 법원에 속한다(헌법 제101조 제1항). 단, 헌법재판에 대해서는 헌법재판소가 관장하므로 우리나라는 최고법원이 이원적으로 구성되어 있다. 법원은 최고법원인 대법원과 각급법원으로 조직되는데(헌법 제101조 제2항), 따라서 헌법재판을 제외한 일반재판의 최종심은 대법원임은 헌법상 분명하고, 하급심의 구조에 대해서는 명시하고 있지 않지만 우리 헌법과 법원조직법 등에서는 기본적으로 3심제 구조를 취하고 있다(지방법원→고등법원→대법원. 단 민사의 경우 소가에 따라서, 형사의 경우 형량에 따라서 지방법원 단독판사→지방법원 항소부→대법원의 3심제를 취한 경우도 있고, 선거소송과 같이 2심제 혹은 단심제를 취하는 예외적인 경우도 있다).

헌법에서는 대법원에 대법관을 두도록 하는데(헌법 제102조 제2항), 대법관의 정원에 대해서는 헌법에서 정한 바가 없고 이는 하위법률인 법원조직법에서 "대법관의 수는 대법원장을 포함하여 14명으로 한다"(동법 제4조 제2항)라고 하여 법률사항으로 두고 있다. 법원조직법에서는 대법관 1명이 법원 내 사법행정을 전담하는 법원행정처장이 되고 동 대법관은 재판업무를 하지 않도록 하며, 대법원장은 법원행정처장을 제외한 13명의 전원합의체 판결에만 재판장으로서 관여하는 것으로 한다. 한편 헌법은 "대법원에 부를 둘 수 있다"(동법 제102조 제1항)라고 하는데, 실제로 대법원에는 각 4인의 대법관으로 구성된 3개의 부가 구성되어 있으며, 거의 대부분의 대법원 사건은 전원합의체가 아닌 부에서 처리하고 있다.

이처럼 대법원에서 전원합의체가 형해화되고 부가 대법원 판결의 중심이 되고 있는데다, 이마저도 상고심 사건이 적체되고 지연되는 문제가 지속되는 것은 어제 오늘의 문제가 아니다. 원래 3심제는 피라미드형으로 되어 최고 심급에서는 사건 수가 줄어들고 중요 사건에 집중해야 하는 것이 일반적이지만, 우리의 경우에는 대법원 상고 사건 수가 별반 줄어들지 않는 데 비해 재판권한을 가진 대법관은 12명에 불과하기 때문이다. 정확하게는 대법원장도 전원합의체 판결에는 재판장으로 관여하므로 13명이지만, 전합 판결은 1년에 15~20건 내외에 불과한 극소수의 사건이고 나머지 연간 5만 건에 달하는 사건들을 12명의 대법관들이 나누어 처리하게 된다. 대법관 1인당 사건 처리수가 3~4천 건에 달하는 것이다. 아무리 100명에 달하는 우수한 재판연구관들의 조력을 받는다 해도 지나치게 많은 사건을 처리해야 하는 구조이고, 따라서 최고법원의 재판이 전원합의체가 극소수의 예외가 되고 99%의 사건이 4명으로 구성된 3개의 소부에서 매우 짧은 시간 내에 처리되는 구조가 되고 있다. 과도한 사건부담을 고려하면 아무리 숙련된 대법관이라도 개별사건에 얼마나 많은 시간과 노력을 쏟을 수 있을지 의문이 들지 않을 수 없다.

1994년 상고심절차에 관한 특례법이 제정되고 그 핵심으로 심리불속행제도가 도입되었는데, 이는 1990년 상고허가제도의 폐지 이후 넘치는 사건적체와 지연을 해결하기 위해 사건기록은 검토하되 판결 이유를 기재하지 않는 일종의 변형된 상고제한 형식의 심리불속행 기각 판결이 민사본안 사건의 70%에 달하는 상황이 되었다. 이를 위해 대법관 증원, 상고제한, 하급심 강화 등 다양한 형태의 개선방안이 사법개혁으로 논의되고 있다.

다. 권한

법원은 헌법에 특별한 규정이 있는 경우를 제외한 모든 법률상의 쟁송(爭訟)을 심판하는데(민사, 형사, 행정, 가사 · 소년 · 가정 · 아동보호재판, 특허, 회생 · 파산, 비송, 헌법재판의 일부), 다만 헌법재판소가 헌법이 정한 5가지의 헌법재판을, 국회가 국회의원에 대한 자격심사와 징계처분을 담당한다.

한편 법원은 법률상의 쟁송을 심판하는 사법기능이 주된 것이지만, 그와 더불어 대법원장과 법원행정처를 중심으로 사법행정기능도 수행하고, 또한 부동산 및 동산 · 채권 담보등기, 가족관계등록, 공탁, 집행관 및 법무사에 관한 사무를 관장 또는 감독할 행정권한도 갖고 있다.

4 헌법재판소

가. 조직

헌법재판소는 법관의 자격을 가진 9인의 재판관으로 구성하며, 재판관은 대통령이 임명한다. 재판관 중 3인은 대통령이 직접, 3인은 국회에서 선출하는 자를, 3인은 대법원장이 지명하는 자를 임명한다. 이와 같이 입법, 행정, 사법부에서 각 3인 재판관을 선출, 지명, 임명할 수 있도록 한 것은 재판소의 다양성과 중립성을 보장하기 위한 것이다. 헌법재판소의 장은 국회의 동의를 얻어 재판관 중에서 대통령이 임명한다(헌법 제111조 제2항~제4항).

재판관의 재판업무를 보좌하기 위해서 헌법연구관(보)을 두는데, 헌법연구관(보)은 헌법재판소장의 명을 받아 사건의 심리(審理) 및 심판에 관한 조사 · 연구에 종사한다(헌법재판소법 제19조). 구체적 사건을 직접 보좌하는 것은 아니지만 중장기적으로 필요한 헌법 및 헌법재판 연구와 헌법교육의 수요에 부응하기 위해 헌법재판연구원을 두도록 하였다(헌법재판소법 제19조의4). 사무처에서는 헌재의 재판업무를 행정적으로 지원하는 역할을 한다(헌법재판소법 제17조).

나. 심판 권한

헌법재판소는 헌법 제111조 제1항이 규정하는 바와 같이 1. 법원의 제청에 의한 법률의 위헌여부 심판, 2. 탄핵의 심판, 3. 정당의 해산 심판, 4. 국가기관 상호간, 국가기관과 지방자치단체 간 및 지방자치단체 상호 간의 권한쟁의에 관한 심판, 5. 법률이 정하는 헌법소원에 관한 심판의 5가지의 관장사항을 다룬다(판례의 사건번호는 위 순서에 따라 헌가, 헌나, 헌다, 헌라, 헌마(헌법재판소법 제68조 제1항 헌법소원 사건), 헌바(헌법재판소법 제68조 제2항 헌법소원 사건) 사건으로 붙인다).

이 중에서 가장 많은 비중을 차지하는 헌법소원은, 공권력에 의하여 헌법상 보장된 국민의 기본권이 침해된 경우에 헌법재판소에 제소하여 그 침해된 기본권의 구제를 청구하는 제도이다. 헌법재판소의 다른 심판사항은 국회 · 정부 · 법원 또는 지방자치단체 등이 그 청구 주체가 됨에 비하여 헌법소원은 국민이 직접 심판청구의 주체가 되고 기본권 침해에 대한 직접적인 구제를 목적으로 하는 점에서 다르다. 그런데 헌법소원의 심판대상 중에서 오늘날 '법률에 대한 헌법소원'이 매우 빈번하게 청구되고 있는데, 이는 입법자가 아닌 개인이나 단체가 법률의 폐지나 개정, 심지어 오늘날에는 일부기는 하지만 특정한 법률의 제정을 이끌어 내기도 함으로써 국회입법과는 또다른 차원에서의 입법창구의 기능을 하기도 한다. 다만 헌법재판소법 제68조 제1항에서는 헌법소원의 대상인 공권력의 행사 또는 불행사 중에서 '법원의 재판을 제외'하도록 함으로써, 국가권력 중에서 사법권에 대해서는 '직접적으로' 헌법소원심판을 통한 통제는 이루어지지 않고 있다. 그러나 헌법재판소법 제68조 제2항의 헌법소원에서 "법률이 헌법에 위반되는지 여부가 소송사건에서 재판의 전제가 되어 당사자가 법원에 그 법률의 위헌심판제청을 신청하였으나 그 신청이 기각된 때에는 헌법재판소에 헌법소원심판을 청구할 수 있다." 라고 하여, 비록 당해 재판을 직접 다투지는 못하지만 해당 재판에 적용되는 법률의 위헌성을 다툴 수 있는 '간접적' 구제절차는 가지고 있다. 한편 오늘날 법원이 법률의 해석시 위헌여부 심사를 과거보다 적극적으로 행함으로써 헌재를 통한 구제의 공백 일부를 메우고 있기도 하다.

위헌법률심판은 법원이 재판에 계속 중인 사건에 적용되는 법률(원칙적으로는 형식적 의미의 법률, 그러나 헌법재판소는 형식적 의미의 법률은 아니지만 실질적으로는 법률과 같은 효력을 갖는 관습법도 헌재법 제68조 제2항 위헌소원의 심판대상이 된다고 한 바 있다. 헌재 2016. 4. 28. 2013헌바396등)의 위헌여부를 헌법재판소에 제청한 경우에 헌재가 위헌으로 선고한 경우 그 효력을 상실케 하는 심판유형이다. 좁은 의미로는 헌법재판소법 제41조 제1항의 위헌법률심판을 의미하지만, 넓게는 헌법재판소법 제68조 제2항의 헌법소원(이를 실질이 위헌법률심판에 가깝다고 하여 '위헌소원'으로 부른다), 그리고 위에서 언급한 '입법에 대한 헌법소원'의 경우도 위헌법률심판의 성격을 갖는다고 할 수 있다.

헌법재판소의 법률에 대한 위헌결정은 법원과 그 밖의 국가기관 및 지방자치단체를 기속한다. 위헌으로 결정된 법률 또는 법률조항은 그 결정이 있는 날부터 효력을 상실한다. 다만, 형벌에 관한 법률 또는 법률조항은 소급하여 그 효력을 상실하되 해당 법률 또는 법률의 조항에 대하여 종전에 합헌으로 결정한 사건이 있는 경우에는 그 결정이 있는 날의 다음날로 소급하여 효력을 상실한다. 위헌으로 결정된 법률 또는 법률의 조항에 의하여 유죄의 확정판결을 받은 자는 재심을 청구할 수 있다.

CHAPTER

2

행정법

제1절

행정법의 기초

Ⅰ. 행정법이란 무엇인가?

1 행정과 행정법

가. 행정

우리는 매일매일을 행정법과 관계를 맺고 살아간다. 대한민국 국민으로 태어나면 주민센터에 출생신고를 하고, 결혼하면 혼인신고를, 사망하면 사망신고를 한다(「가족관계의 등록 등에 관한 법률」). 국가나 지방자치단체가 설립한 국공립학교나 교육감의 인가를 받아 설립한 사립학교에서 국가가 정한 교육과정에 따라 공부하고 졸업하며(「초·중등교육법」), 국가가 실시하는 수학능력시험을 보고 대학에 입학한다(「고등교육법」). 건축허가를 받아 지은 주택에서 잠을 자고(「건축법」), 지방자치단체가 관리하는 신호등에 따라(「도로교통법」), 면허를 받은 사업자가 운영하는 버스를 타고(「여객자동차 운수사업법」) 통학한다. 배달앱에서 사업자의 개인정보 수집·이용에 동의하거나 거부하는 절차를 거쳐 회원가입을 하고(「개인정보 보호법」), 식품의약품안전처장이 정한 기준에 따라 가공·조리된 식품을 배달시켜 먹는다(식품위생법」). 직장에 다니거나 사업을 하면 세금을 내고(「소득세법」, 「법인세법」), 의료보험료를 내는 대신 자기부담금만 내고 진료를 받는다(「국민건강보험법」). 위와 같은 국가의 서비스 제공과 규제를 '행정'이라고 하고, 이러한 '행정'에 관한 법을 '행정법'이라고 한다.

행정법이 무엇인지를 알기 위해서는 행정이 무엇인지를 이해하여야 하지만, 행정작용은 매우 다양하므로 행정에 대하여 하나의 정의를 내리는 것은 불가능에 가깝다. 그러나 '행정'과 '행정이 아닌 것' 사이에 일반적으로 동의할 수 있는 최소한의 경계를 제시할 수는 있다. 첫째, 행정이란 국가를 대표로 하는 행정주체의 활동 중에서 입법부가 법률을 제정 · 개정 · 폐지하는 작용(입법작용)과 사법부의 재판작용을 제외한 것이다. 국회가 국회의원을 징계하는 행위, 사법부가 가족관계등록부나 부동산등기부, 법인등기부를 관리하는 행위는 입법작용이나 재판작용이 아니라 행정작용에 해당한다. 둘째, 행정은 공익실현을 목적으로 하는 작용이다. 국가가 국민에게 일방적으로 의무를 부과하고 의무이행을 강제할 수 있는 이유는 공공의 이익을 위한다는 목적의 정당성이 인정되기 때문이다. 반면에 국가의 행위라도 공익실현을 직접적인 목적으로 하지 않는다면 행정작용이 아니다. 예를 들어, 정부세종청사에서 공무원들이 간식으로 먹을 과자를 구매하는 것은 행정작용이 아니다. 셋째, 행정은 '행정주체'의 작용이다. 보건복지부장관이 생활이 어려운 국민에게 일상생활에 기본적으로 필요한 금품을 지원하는 행위는 행정작용이지만, 개인이 뜻맞는 사람들과 함께 에너지 취약계층을 위해 연탄을 나르는 연탄봉사활동은 공익을 목적으로 하더라도 행정작용이 아니다.

나. 행정법

행정법은 행정에 관한 '법'이다. 행정주체의 입장에서 행정법은 행정주체에게 공익실현을 위해 행위할 권한을 부여한 동시에 기준을 설정하고 한계를 정한 법이다. 국민의 입장에서 행정법은 국민이 공익을 위해 사회생활에서 지켜야 할 한계를 설정하고 강제하는 법이자 설정된 한계 안에서 자유롭게 행위하고 경우에 따라서는 국가에 요구할 권리를 부여한 법이다.

헌법, 민법, 상법, 형법과 달리 국회가 제정한 법률 중에 '행정법'이라 이름 붙인 법률은 없다. 대신 「행정기본법」, 「행정절차법」 등 행정에 일반적으로 적용되는 몇 가지 법률과 국방, 문화, 산업, 의료, 복지, 환경, 국토계획 등 분야별로 수많은 법률이 존재한다. 행정법은 행정에 관하여 정한 위와 같은 다양한 법률을 통틀어 가리키는 말이라 할 수 있다.

2 행정주체와 행정청

가. 행정주체

앞에서 행정은 '행정주체'의 작용이라고 설명하였다. 그렇다면 행정주체는 무엇인가? 행정주체란 행정활동을 수행하는 법인격체를 말한다. 대표적인 행정주체로 국가와 지방자치단체가 있다. 성동구에 주소를 두고 생활하는 김한양이라는 사람이 있다고 하자. 김한양은 대한민국 국민으로서 대한민국이라는 국가의 구성원이고, 서울특별시의 주민으로서 광역자치단체인 서울특별시의 구성원이자, 기초지방자치단체인 서울특별시 성동구의 구성원이다. 그러나 김한양은 대한민국, 서울특별시, 성동구와는 별개의 법인격체이다. 김한양의 행위는 대한민국 등 행정주체의 행위가 아니다. 김한양이 한 행동에 대한 책임은 오로지 김한양 스스로가 진다. 그렇다면 행정주체는 누구를 통해 행위하는가?

나. 공무원, 행정기관, 행정청

국가와 지방자치단체는 육체와 정신이 있는 자연인(사람)이 아니므로 자연인의 행위를 통해 행정작용을 수행한다. 국가와 지방자치단체의 행정사무를 담당하는 자연인을 공무원이라고 한다. 공무원들이 행정주체 내부에서 구성하는 조직을 권한배분의 관점에서 나눈 단위를 '행정기관'이라고 한다. 예를 들어, 국토교통부장관은 국토의 보전 · 이용 및 개발, 도시 · 도로 및 주택의 건설, 교통에 관한 사무를 관장하는 행정기관이다. 국토교통부장관을 보조하는 하급의 행정기관으로 차관, 차장, 실장, 국장 등이 있다. 행정기관 중에서 행정주체의 의사를 결정하여 외부에 표시하는 권한을 가진 행정기관을 '행정청'이라고 한다(「행정기본법」 제2조 제2호).

주식회사를 대표하여 회사의 의사를 외부에 표시할 권한이 대표이사에게만 인정되는 반면, 국가를 대표하여 국가의 의사를 외부에 표시할 권한이 대통령에게만 인정되는 것은 아니다. 예를 들어, 외국인의 귀화를 허가할 권한은 법무부장관에게 있고(「국적법」 제4조), 제약회사의 영업을 허가할 권한은 식품의약품안전처장에게 있으므로(「약사법」 제31조), 법무부장관과 식품의약품안전처장도 행정청에 해당한다.

다. 공공단체와 공무수탁사인

국가와 지방자치단체 이외에도 행정작용을 수행하는 행정주체로 공공단체와 공무수탁사인이 있다. 특정한 행정목적을 위해 설립된 법인을 '공공단체'라고 한다. 예를 들어, 한국은행은 국가의 통화신용정책을 수립하고 집행하기 위해 「한국은행법」이라는 특별법에 따라 설립된 행정주체다. 국민건강보험공단은 건강보험 가입자 및 피부양자의 자격을 관리하고 보험료를 부과하는 등의 건강보험사업을 수행하기 위해 「국민건강보험법」에 따라 설립된 행정주체다. 행정주체로부터 행정사무를 위탁받아 자신의 이름으로 수행하는 사인(私人, 개인이나 사법상의 단체)을 '공무수탁사인'이라고 한다. 법무부장관으로부터 교도소의 관리업무를 위탁받아 민영교도소를 운영하는 교정법인을 공무수탁사인의 예로 들 수 있는데, 민영교도소 운영에 따른 권리와 의무는 국가가 아니라 교정법인에게 귀속된다. 법률에서 법무부장관 등 행정기관에게 권한을 부여하는 반면, 공공단체나 공무수탁사인의 경우 기관이 아닌 단체 자체에 권한을 부여하는 것이 일반적이다. 이에 따라 공공단체나 공무수탁사인은 행정주체이면서 동시에 행정청으로 취급된다.

「국적법」 제4조 제1항 대한민국 국적을 취득한 사실이 없는 외국인은 법무부장관의 귀화허가를 받아 대한민국 국적을 취득할 수 있다.
← 행정청은 법무부장관이고, 행정주체인 국가(대한민국)가 귀화허가에 따른 책임을 진다.
「한국은행법」 제6조 제2항 한국은행은 매년 통화신용정책 운영방향을 수립하여 공표하여야 한다.
← 한국은행은 공공단체(행정주체)인 동시에 행정청이다.

Ⅱ. 행정법과 법치주의

1 법치행정의 원리

법치주의(法治主義)란 모든 국가작용이 법에 따라 이루어져야 한다는 원리를 말한다. 법치주의를 행정 영역에 구체화한 원칙을 '법치행정의 원칙'이라고 한다. 법치행정의 원칙은 법률우위와 법률유보라는 두 가지 원칙으로 구성된다.

가. 법률우위의 원칙과 법률유보의 원칙

행정작용은 법률을 위반하여서는 안 된다. 이것을 '법률우위의 원칙'이라고 한다. 예를 들어, 「도로교통법」에 따르면 18세 미만인 사람에게는 운전면허를 내어줄 수 없다. 서울특별시경찰청장이 18세 미만인 사람에게 운전면허를 발급해 주었다면 그 면허발급은 도로교통법을 위반한 것이어서 위법하다.

행정작용은 법률에 근거를 두어야 한다. 이것을 '법률유보의 원칙'이라고 한다. 모든 행정작용에 법률의 근거가 필요한 것은 아니다. 그러나 국민의 권리를 제한하거나 의무를 부과하는 경우에는 법률에 근거를 두어야 한다. 예를 들어, 서울특별시경찰청장이 술마시고 운전한 사람의 면허를 취소할 수 있는 것은 「도로교통법」에서 음주운전자의 면허를 취소할 권한을 시 · 도경찰청장에게 부여했기 때문이다. 헌법 제37조 제2항은 "국민의 모든 자유와 권리는 국가안전보장 · 질서유지 또는 공공복리를 위하여 필요한 경우에 한하여 법률로써 제한할 수 있으며, 제한하는 경우에도 자유와 권리의 본질적인 내용을 침해할 수 없다."라고 하였는데,

이것은 법률유보원칙을 헌법적 가치를 지닌 원칙으로 선언하고 있는 것이다. 법률유보원칙이 국민의 권리를 제한하거나 의무를 부과하는 경우에만 적용되는 것은 아니다. 그 정도에 이르지 않더라도 국민생활에 중요한 영향을 미치는 행정작용은 법률에 근거하여야 한다. 그러나 어떠한 행정작용이 국민생활에 중요한 영향을 미치는지는 구체적 사안마다 여러 사정을 고려하여 개별적으로 정할 수밖에 없다.

나. 법치행정의 실질적 보장

"오늘날의 법치주의는 국민의 권리 · 의무에 관한 사항을 법률로써 정해야 한다는 형식적 법치주의에 그치는 것이 아니라 그 법률의 목적과 내용 또한 기본권 보장의 헌법이념에 부합되어야 한다는 실질적 적법절차를 요구하는 법치주의를 의미한다."[1] 법치행정은 법률에 근거가 있으면 무엇이든 할 수 있음을 의미하지 않는다. 행정의 근거가 되는 법률이 헌법의 이념과 가치에 부합하여야 한다.

법치행정이 행정의 원칙으로 선언되더라도 행정실무에서 이 원칙이 존중되지 않으면 아무런 의미가 없다. 법치행정의 원칙이 실질적으로 보장되도록 감시하고 강제하는 제도적 장치가 필요하다. 우리나라에서는 헌법재판소와 법원의 재판이 그 역할을 수행한다. 법치행정에 반하는 행정작용으로 피해를 입은 국민은 위헌법률심판, 헌법소원, 행정소송 등을 통해 피해를 구제받을 수 있고, 그 과정에서 행정주체가 법치행정의 원칙을 준수하도록 강제할 수 있게 된다.

2 행정법의 법원

행정법의 법원(法源)이란 행정법의 존재형식 또는 행정법의 인식근거를 말한다. 좀 더 쉽게 말하자면 행정법의 법원은 우리가 행정에 대하여 적법하다 또는 위법하다고 판단할 수 있는 근거, 기준, 잣대를 말한다고 할 수 있다. 행정법의 법원은 성문법과 불문법으로 나뉜다.

가. 성문법원

성문법은 국회나 지방의회 등 권한 있는 기관이 법규범으로서의 효력을 부여할 의도로 만든 법을 말한다. 성문법에는 헌법, 법률, 조약과 국제법규, 법규명령, 자치법규가 있다. 헌법은 최고의 효력을 가지는 법원이다. 성문·불문의 다른 법원은 헌법에 부합하여야 하며, 헌법에 반하는 법원은 효력을 인정받지 못한다. 법률은 국회가 헌법에 정한 절차에 따라 만든 법규범을 말한다. 앞서 살펴보았듯이 모든 행정작용은 법률에 반하여서는 안 되고, 국민의 권리·의무에 관한 중요한 사항은 법률에 근거를 두어야 한다. 따라서 법률은 헌법의 하위규범이지만 어떤 행정작용의 법적 정당성을 평가할 때 가장 먼저 확인해야 할 평가의 기준이 된다.

오늘날 행정에 관한 모든 사항을 일일이 법률로 정하는 것은 불가능하다. 현대사회의 복잡한 기술적·전문적 문제에 대응하기 위해서 입법부는 기본적이고 중요한 사항만을 직접 법률로 정하고 세부적인 사항을 행정부가 정하도록 맡기는 방식을 택하였다. 대통령은 법률에서 구체적으로 범위를 정하여 위임받은 사항과 법률을 집행하기 위하여 필요한 사항에 관하여 대통령령을 발할 수 있다(헌법 제75조). 국무총리 또는 행정각부의 장은 소관사무에 관하여 법률이나 대통령령의 위임 또는 직권으로 총리령 또는 부령을 발할 수 있다(헌법 제95조). 대통령령, 총리령, 부령 등 행정기관이 법률을 구체화하여 정한 법규범을 '법규명령'이라고 하며, 법률과 법규명령을 통틀어 '법령'이라고 한다. 지방자치단체는 국가로부터 독립하여 주민의 복리에 관한 사무를 처리하며, 법령의 범위 안에서 자치에 관한 규정을 제정할 수 있는데(헌법 제117조 제1항), 이를 '자치법규'라고 한다. 자치법규 중에서 지방의회의 의결에 따라 제정하는 것을 '조례', 지방자치단체의 장이 법령 또는 조례의 범위에서 정하는 것을 '규칙'이라고 한다. 법규명령에 관해서는 제2절에서 자세히 살펴볼 것이다.

나. 행정법의 일반원칙

불문법은 성문법과 같이 공식적인 문서로 만들어진 법은 아니지만 사회에서 법적 효력을 인정받는 규범을 말한다. 행정법에서는 '행정법의 일반원칙'이라 불리는 원리들이 불문의 법규범으로 형성되었다. 평등원칙, 비례원칙, 신뢰보호원칙, 부당결부원칙을 대표적인 예로 들 수 있다.[2)]

(1) 평등원칙

행정작용은 합리적 이유 없이 국민을 차별하여서는 아니 된다(「행정기본법」 제9조). 이를 '평등원칙'이라고 한다. 차별취급이 법적으로 정당하기 위해서는 합리적인 근거가 있어야 한다. 예를 들어 일정한 부류의 사람을 문화체육관광부의 예술인 지원 대상에서 제외하기로 하는 결정이 있었다고 하자. 문제된 사람이 지원금을 지급받아 예술활동과 관계없는 곳에 사용한 전력이 있음을 이유로 이러한 결정을 하였다면 평등원칙에 반하지 않는다. 그러나 문제된 사람이 정부의 정책을 비판하였다는 이유로 이러한 결정을 하였다면 그 결정은 합리적 이유 없이 정부정책에 비판적인 사람들을 그렇지 않은 사람들과 차별한 것이므로 평등원칙에 반한다.[3)] 평등원칙은 "모든 국민은 법 앞에 평등하다."라고 선언한 헌법 제11조 제1항에 근거를 둔 것이므로 헌법적 효력이 있다.

(2) 비례원칙

행정작용은 행정목적을 달성하는 데 유효적절하여야 하고, 행정목적을 달성하는 데 필요한 최소한도의 수단을 사용하여야 하고, 행정작용이 의도하는 공익과 행정작용으로 인한 국민의 이익 침해 사이에 합리적인 비례관계가 인정되어야 한다(「행정기본법」 제10조). 이를 '비례원칙'이라고 한다. 예를 들어 술에 취해 운전한 사람에 대한 운전면허 취소가 적법하기 위해서는 음주운전자의 운전을 막음으로써 얻을 수 있는 교통의 안전이라는 공익과 운전자가 운전을 하지 못함에 따라 입게 되는 피해 사이에 합리적인 비례관계가 인정되어야 한다. 비례원칙 또한 헌법에서 근거를 찾을 수 있다. 국민의 모든 자유와 권리는 국가안전보장 · 질서유지 또는 공공복리를 위하여 "필요한 경우에 한하여" 법률로써 제한할 수 있다고 규정한 헌법 제37조 제2항은 비례원칙에 헌법적 가치를 부여하는 규정이라 할 수 있다.

(3) 신뢰보호원칙

행정에 대한 국민의 정당한 신뢰는 보호되어야 한다. 이를 '신뢰보호원칙'이라고 한다. 예를 들어, 운전자가 음주운전을 이유로 면허정지처분을 받았다면, 자신의 잘못에 대해 충분히 제재를 받았으며 더 이상의 처벌이 이루어지지 않으리라고 신뢰할 만하다. 행정청이 면허정지로는 부족하다고 보아 다시 운전자의 면허를 취소한다면 위와 같은 면허취소는 운전자의 신뢰를 저버리는 것이므로 신뢰보호원칙에 반한다.[4] 평등원칙이나 비례원칙과 달리 신뢰보호원칙을 정면으로 인정한 헌법 규정은 없다. 그러나 신뢰보호원칙은 헌법상 법치국가원리에서 그 근거를 찾을 수 있으므로, 헌법상 효력이 인정된다.

행정의 원칙과 기본사항을 정한 법률인 「행정기본법」도 신뢰보호원칙을 행정의 법 원칙으로 선언하고 있다. 행정청은 공익 또는 제3자의 이익을 현저히 해칠 우려가 있는 경우를 제외하고는 행정에 대한 국민의 정당하고 합리적인 신뢰를 보호하여야 한다(제12조 제1항). 행정청은 권한 행사의 기회가 있음에도 불구하고 장기간 권한을 행사하지 아니하여 국민이 그 권한이 행사되지 아니할 것으로 믿을 만한 정당한 사유가 있는 경우에는 그 권한을 행사해서는 아니 된다. 다만, 공익 또는 제3자의 이익을 현저히 해칠 우려가 있는 경우는 예외로 한다(같은 조 제2항).

(4) 부당결부금지원칙

행정청은 행정작용을 할 때 상대방에게 해당 행정작용과 실질적인 관련이 없는 의무를 부과해서는 안 된다. 이를 '부당결부금지원칙'이라고 한다(「행정기본법」 제13조). 예를 들어, 행정청이 주택건설사업을 하려는 사업자의 사업계획을 승인하면서 아파트단지와 연결되는 도로를 건설하여 지방자치단체에 기부할 것을 조건으로 내세웠다면 부당결부금지원칙에 반하지 않는다. 아파트단지 건설로 교통량이 증가할 것으로 예상되므로 교통량 증가의 원인을 제공한 사업자에게 그에 대비할 의무를 부과할 수 있다고 보기 때문이다. 이와 달리 행정청이 주택건설사업계획 승인의 대가로 구청 청사 리모델링 비용을 기부할 것을 내세웠다면 부당결부금지원칙에 반한다. 아파트단지 건설과 청사의 리모델링 사이에는 아무런 관계가 없기 때문이다.

(5) 행정법의 일반원칙과 헌법 · 법률의 관계

평등원칙, 비례원칙, 신뢰보호원칙은 헌법 조문에서 직접적인 근거를 찾을 수 있거나 그렇지 않더라도 법치국가원리의 파생원칙으로서 헌법적 효력이 인정된다. 헌법적 효력이 인정된다는 말은 법률 또한 위 원칙에 따라야 한다는 말이다. 평등원칙, 비례원칙, 신뢰보호원칙은 법률의 위헌 여부를 심사하는 중요한 기준이 되며, 헌법재판소가 위 원칙에 반하여 위헌이라고 선언한 법률 조항은 효력을 상실하게 된다. 부당결부금지원칙 또한 법치국가원리의 파생원칙으로서 헌법적 효력이 인정된다는 견해가 있지만, 헌법재판소가 부당결부금지원칙을 위헌법률심사기준으로 이용한 사례는 아직 없다.

2021년 제정된 「행정기본법」 제8조 이하에는 법치행정의 원칙과 평등원칙, 비례원칙, 신뢰보호원칙 및 부당결부금지원칙이 행정의 법 원칙으로 열거되어 있다. 그러나 위 규정들은 불문법으로 확립된 행정법의 일반원칙을 확인하는 의미만 있을 뿐이다. 행정법의 일반원칙이 성문의 법률에 명시되었다고 해서 헌법적 효력을 상실하고 법률의 지위만 인정되는 것은 아니다. 예를 들어, 국회가 행정기본법을 개정하여 평등원칙을 규정한 제9조를 삭제하더라도 평등원칙은 여전히 헌법원칙으로서 법률과 행정작용의 위헌 · 위법성을 심사하는 기준이라는 지위를 유지한다는 말이다.

제 2 절

행정작용법

Ⅰ. 행정작용의 유형

국가와 지방자치단체 등 행정주체는 다양한 방식으로 행위한다. 운전을 하려는 사람에게 운전면허를 발급해 주거나 음주운전을 이유로 면허를 취소한다(행정행위). 늦은 밤 골목길을 순찰하고, 법에서 금지한 물건이 수입되는지 감시한다(사실행위). 인공지능기술 및 산업의 진흥과 국가경쟁력 강화를 위해 계획을 세운다(행정계획). 민간의 사업자와 계약을 맺어 도로건설이나 관리 업무, 교도소 운영 업무 등을 위탁한다(행정계약). 법률의 위임을 받아 대통령령이나 부령을 정한다(행정입법). 행정행위, 행정입법 등과 같은 표현들은 법령에서 사용하는 용어는 아니다. 이들은 행정실무에서 다양한 명칭으로 불리는 행정작용을 유형별로 분류하고 특징을 분석하며 각 행정작용이 적법성을 인정받기 위한 요건을 연구하는 과정에서 형성된 학문상의 개념들이다. 이하에서는 행정작용 중에서 가장 기본적이고 중요한 유형이라고 할 수 있는 행정행위와 행정입법에 관하여 살펴본다.

Ⅱ. 행정행위(처분)

[사례 1] 서울특별시경찰청장은 김한양의 운전면허를 취소하였다.
[사례 2] 서울특별시 성동구청장은 김한양으로부터 성동구에 건물을 건축하기 위한 건축허가신청을 받고 건축허가를 거부하였다.

1 행정행위와 처분

가. 행정행위의 개념 요소

'행정행위'란 일반적으로 행정청이 구체적 사실에 관한 법집행으로서 행하는 외부에 대하여 직접적인 법적 효과를 발생하는 권력적 단독행위를 말한다.

① 행정청의 행위만이 행정행위로 인정된다. 장관이 소속 공무원을 해임하는 행위는 행정행위이지만, 사기업이 근로자를 해고하는 행위는 행정행위가 아니다.

② 행정행위는 구체적 사실에 관한 법집행이어야 한다. 일반적 · 추상적 규범을 정하는 행위는 처분이 아니다. 사례 1과 같이 김한양의 운전면허를 취소하는 행위는 행정행위에 해당하지만, "앞으로 음주운전자의 혈중알코올농도가 0.08% 이상인 경우에는 운전면허를 취소하겠다."라고 선언하는 것은 행정행위에 해당하지 않는다.

③ 행정행위는 권력적 단독행위다. 권력적 단독행위란 행정청이 일방적으로 결정하고 상대방에게 강제할 수 있는 행위를 의미한다. 건축허가나 지원금 지급과 같이 상대방의 신청을 받아 이루어지는 행위라도 행정청에게 결정권이 있으므로 행정행위에 해당한다. 그러나 계약 조항을 근거로 계약을 해지하거나 손해배상을 요구하는 것은 행정행위가 아니다. 계약 당사자가 일정한 요건이 충족되면 그와 같은 권리가 발생하는 것으로 미리 합의하였고, 당사자 일방이 상대방에게 그 합의에 따른 의무의 이행을 요구하는 것이기 때문이다.

④ 행정행위는 외부에 대하여 직접적인 법적 효과를 불러일으키는 행위다. 국민에게 권리를 부여하거나 제한하거나 의무를 부과하거나 면제하는 결과를 가져오는 행위여야 행정행위로 인정된다는 말이다. 건축허가는 신청인이 적법하게 건물을 지을 수 있도록 허용하는 것이므로 행정행위다. 그러나 징병검사를 거쳐 어떤 사람을 신체등급 3급으로 판정하는 행위는 사실행위에 불과하다. 신체등급판정을 기초로 해당자를 현역병입영대상자로 결정하여야 비로소 현역병으로 복무할 의무가 발생하기 때문이다.

나. 행정행위와 처분의 관계

앞에서 설명하였듯이, 행정행위는 학문상의 용어이고 법령에서 사용되는 용어는 아니다. 「행정소송법」과 「행정기본법」, 「행정절차법」 등에서는 행정행위 대신 '처분'이라는 개념을 사용하고 있다. '처분'이란 "행정청이 구체적 사실에 관하여 행하는 법 집행으로서 공권력의 행사 또는 그 거부와 그 밖에 이에 준하는 행정작용"을 말한다(「행정기본법」 제2조 제4호, 「행정소송법」 제2조 제1항 제1호 등). 실정법의 '처분' 개념이 학문상의 '행정행위' 개념과 어떠한 관계에 있는가에 대하여는 양자가 동일한 개념이라는 견해와 처분이 행정행위를 포함하는 더욱 넓은 개념이라는 견해가 대립하고 있다. 후자의 입장에서 행정행위를 처분보다 좁은 개념으로 만드는 것은 네 번째 요소, 즉 "외부에 대하여 직접적 법적 효과를 발생하는 행위"라는 요소이다. 행정행위는 국민의 권리 · 의무를 직접적으로 변경하거나 그렇지 않더라도 구체적으로 확정하는 효과를 가져오는 것이어야 하지만, 처분은 권리 · 의무에 일정한 영향을 미치는 것으로 충분하다는 것이다. 그러나 행정행위와 처분이 어떻게 다른 개념이며 행정행위 또는 처분으로 인정되는 행정작용의 범위가 어디까지인지가 명확한 것은 아니며, 이를 규명하는 문제는 여전히 행정법학과 소송실무에서 중요한 쟁점으로 다루어지고 있다.

행정법학을 처음 공부하는 학생들이 이 문제에 지나치게 집중할 필요는 없다. 이러한 논의가 있다는 점을 아는 것으로 충분하다. 이하에서는 행정행위와 처분의 관계라는 어려운 문제에 집중하는 대신 행정행위이자 처분임이 명백한 행위들을 중심으로 행정행위의 기본적인 특징을 설명할 것이다. 「행정기본법」 등 실정법의 용어사용을 존중하여 '행정행위' 대신 '처분'이라는 표현을 사용하여 설명을 진행한다.

다. 처분의 종류

처분은 다양한 방식으로 분류할 수 있는데, 그중에서 가장 기본적으로 알아야 할 것들로 다음을 들 수 있다.

(1) 수익적 처분과 침익적 처분, 복효적 처분

수익적 처분은 처분의 상대방에게 이익이 되는 처분, 즉 상대방에게 권리 · 이익을 부여하는 처분을 말한다. 김한양에게 운전면허를 발급하는 처분은 김한양이 적법하게 운전할 수 있는 자격을 부여하는 것이므로 '수익적 처분'이다. '침익적(침해적) 처분'은 처분 상대방의 권리를 제한하거나 의무를 부과하는 등으로 상대방의 권익을 침해하는 처분을 말한다. 운전면허 취소처분은 권리를 제한하는 처분이므로 침익적 처분이고, 과징금부과처분은 처분의 상대방에게 과징금이라고 불리는 금전을 지급할 의무를 부과하는 처분이므로 침익적 처분이다. 하나의 처분이 직접상대방에게는 수익적이지만 제3자에게는 침익적이거나, 반대로 직접상대방에게는 침익적이지만 제3자에게는 수익적일 수도 있다. 예를 들어, 김한양에 대한 건축허가는 김한양에 대하여는 수익적이지만 건물이 들어설 대지의 북쪽에 거주하는 제3자에게는 볕이 드는 시간을 줄여 침익적일 수 있다. 반면에 위법건축물의 철거를 명하는 철거명령은 직접상대방에게 침익적이지만 건축물 인근에 거주하는 사람에게는 수익적일 수 있다. 이러한 이중의 효과를 갖는 처분을 '복효적 처분'이라고 한다.

(2) 신청에 대한 처분

사인이 행정청에 대하여 일정한 처분을 해 줄 것을 요구하는 공법상의 의사표시를 '신청'이라고 한다. 사인의 신청이 있다고 해서 행정청이 신청 내용대로 처분할 의무가 있는 것은 아니다. 행정청은 법령에서 부여된 범위 안에서 적법한 처분을 할 수 있을 뿐이다. 따라서 사인의 신청에 대해 행정청은 신청을 전부 또는 일부 받아들이거나 신청을 거부하는 처분을 하게 된다. 후자를 '거부처분'이라고 한다. 처분을 "행정청이 구체적 사실에 관하여 행하는 법 집행으로서 공권력의 행사 또는 그 거부"라고 정의할 때 "그 거부"에 해당하는 것이 바로 거부처분이다.

대법원 판례에 따르면 처분을 해 달라는 신청을 거부하는 행정청의 행위가 처분으로 인정받기 위해서는 ① 신청인이 신청한 행위가 공권력의 행사, 즉 처분이어야 하고, ② 행정청의 거부행위가 신청인의 법률관계에 어떤 변동을 일으키는 것이어야 하며, ③ 신청인에게 행위발동을 요구할 '신청권'이 있어야 한다.[5] 이때

'신청권'이란 행정청으로부터 신청을 받아들일지 말지에 대한 응답을 받을 권리일 뿐 신청의 인용이라는 만족적 결과를 얻을 권리를 말하는 것은 아니다. 앞서 설명한 것처럼 신청권이 있다고 하여 행정청이 신청대로 처분하여야 하는 것은 아니라는 말이다.

사례 2에서 신청인이 신청한 행위는 건축허가, 즉 처분에 해당한다(요건 ① 충족). 건축허가가 거부되면 신청인은 건축물을 건축하지 못하는 불이익을 입게 된다(요건 ② 충족). 마지막으로, 건축허가는 건축물을 건축하려는 자가 허가를 신청할 것을 전제로 한 것이며, 「건축법 시행규칙」에서 신청절차와 신청할 때 필요한 서류 등을 상세하게 정한 규정도 두고 있다. 신청인에게 법규상의 신청권이 인정된다고 할 수 있다(요건 ③ 충족). 따라서 사례 2에서 건축허가거부는 처분에 해당한다. 반면에 김한양이 성동구청장에게 이웃집에서 건축허가 없이 건물을 건축하였음을 이유로 위 무허가건물을 철거해 달라고 신청하였다가 거부당하였다면 성동구청장의 거부행위는 처분이 아니다. 「건축법」은 위법건축물의 철거를 명령할 수 있는 권한을 성동구청장에게 부여하고 있지만, 주민에게 행정청의 철거명령권한 행사를 신청하는 절차를 마련한 규정이 없고, 불문법상으로도 그러한 신청권이 인정되지 않기 때문이다.

(3) 일반처분

운전면허처분과 면허취소처분, 건축허가처분과 건축허가거부처분은 각각 김한양이라는 특정인이 정해진 종류의 운전을 할 자격을 부여하거나 그 자격을 취소하는 것, 김한양이라는 특정인이 특정한 장소에 정해진 내용의 건물을 지을 수 있도록 허용하거나 불허하는 것을 내용으로 하고 있다. 즉, 처분의 대상과 상대방이 구체적으로 특정되어 '구체적 사실에 관한 법집행'이라는 개념요소를 충족하게 된다. 그러나 상대방이 특정되지 않아도 처분으로 인정되는 경우가 있다.

일반처분은 불특정 다수의 사람을 상대로 하지만 다루는 내용은 구체적으로 특정되어 있다. 뒤에서 살펴볼 사례 3과 같이 시장이 감염병의 확산을 방지하기 위하여 일정 기간 관내 유흥시설에서의 집합을 금지하였다면, 위 처분은 유흥시설 운영자뿐만 아니라 불특정 다수의 시민 모두를 상대로 유흥시설에서 집합하지 않도록 의무를 부과하는 행위이므로 처분에 해당한다.[6] 특정 게임을 청소년유해매체물로 결정 · 고시하면 위 게임을 청소년에게 판매하거나 이용하도록 제공하여서는 안 되는 등의 의무가 게임물 제조사뿐만 아니라 불특정 다수에게 발생한다.[7] 따라서 청소년유해매체물 결정 · 고시는 상대방이 특정되지 않은 일반처분에 해당한다.

2 처분의 효력

가. 처분의 성립요건과 효력발생요건

(1) 처분의 성립요건

처분의 성립요건이란 처분을 처분으로 존재하게 해 주는 요건을 말한다. 처분은 행정청의 의사가 공식적인 방법으로 외부에 표시되었을 때 성립한다.[8] 행정조직 내부에서 결재권자의 결재가 있더라도 결재된 내용이 외부에 표시되기 전이라면 처분이 외부적으로 성립하였다고 할 수 없다. 즉, 처분은 아직 존재하지 않는다.

(2) 처분의 효력발생요건

처분의 효력발생요건이란 처분의 내용에 따른 법적 효과가 발생하기 위한 요건을 말한다. 행정청이 김한양의 운전면허를 취소한다는 의사를 외부에 표시하여 운전면허 취소처분이 성립하더라도 김한양이 적법하게 운전할 수 있는 자격을 박탈당하는 효과가 발생하려면 별도의 요건을 갖추어야 한다. 이 요건이 효력발생요건이다.

상대방이 있는 처분은 상대방에게 통지하여 처분서가 상대방에게 도달하여야 효력이 발생한다. 김한양에 대한 운전면허 취소처분은 처분서가 법에 정한 방식대로 김한양에게 도달한 때 그 효력이 발생한다. 처분서 등 문서를 상대방에게 통지하는 행위를 「행정절차법」에서 '송달'이라고 말하는데, 제14조부터 제16조까지에서 송달의 방식과 요건을 규정하고 있다. 이에 따르면 송달은 상대방의 주소지에 우편으로 배달하거나, 직접상대방에게 교부하는 등의 방식으로 이루어지며, 상대방이 동의하거나 또는 전자문서로 처분을 신청한 경우에는 이메일 등 정보통신망을 이용한 송달도 가능하다. 처분이 효력을 발생하기 위해서는 송달이 행정절차법 등에 정한 대로 적법하게 이루어져야 한다. 적법하게 송달이 이루어지지 않았다면 처분의 상대방이 처분의 내용을 알게 되었다 하더라도 처분의 효력은 발생하지 않는다. 그러나 처분서가 적법하게 송달되었다면 상대방이 처분서를 확인하여 그 내용을 알았는지와 관계없이 처분의 효력이 발생한다.

일반처분은 불특정 다수에게 처분의 내용을 널리 알리는 방식으로 통지하는데, 법령에서는 이러한 통지방식을 '고시' 또는 '공고'라고 부른다. 고시 또는 공고의 방식으로 통지하는 경우에는 다음의 세 가지 방식으로 효력발생일이 결정된다. ① 법령에서 고시 또는 공고의 효력발생일을 '고시한 날', '고시가 있은 후 5일이 경과한 날' 등으로 정하고 있으면 그에 따른다. ② 고시문 또는 공고문에서 효력발생일을 정하고 있으면 그에 따른다. ③ 법령이나 문서에서 효력발생일을 정하지 않았다면 고시 또는 공고가 있은 날부터 5일이 경과한 때 처분의 효력이 발생한다(행정업무의 운영 및 혁신에 관한 규정 제6조 제3항). 사례 3은 이해를 돕기 위해 서울특별시장이 코로나19 감염병 예방을 위해 고시한 집합금지처분을 각색하여 제시한 것이다.

[사례 3]

서울특별시 고시 제2021－○○○호

수도권 사회적 거리두기 연장에 따른
유흥시설 및 음식점 등 방역조치 고시

수도권 사회적 거리두기 연장과 관련, 「감염병의 예방 및 관리에 관한 법률」 제49조 제1항 제2호 및 제2호의2에 따라 감염병 예방을 위한 방역조치를 다음과 같이 고시합니다.

2021년 7월 23일
서 울 특 별 시 장

1. 집합금지 조치
   ○ 기　　간 : 2021년 7월 26일(월) 0시 ~ 2021년 8월 8일(일) 24시, 2주
   ○ 대　　상 : 서울시 소재 유흥시설(유흥주점, 단란주점, 클럽(나이트), 감성주점, 헌팅포차), 콜라텍, 홀덤펍
   ○ 조치내용 : 위 기간 동안 감염병 예방을 위해 시설 내 집합금지
   ○ 위반 시 조치사항
     – 조치를 위반한 자는 형사처벌 대상임(벌금 300만원 이하)
2. 처분의 효력발생일: 2021년 7월 26일(월) 0시부터

위 집합금지 처분은 2021. 7. 26. 0시부터 2021. 8. 8. 24시까지 서울특별시에 있는 유흥시설 등에 여러 사람이 모이는 것을 금지하는 것을 내용으로 한다. 위 처분의 효력이 발생하면 유흥시설 등 운영자뿐만 아니라 잠재적 손님이 될 수 있는 불특정 다수의 사람들은 서울특별시 내의 유흥시설을 운영해서도 안 되고 시설을 이용해서도 안 된다. 위 처분은 고시문이 서울특별시 홈페이지에 게시되어 외부에 공식적으로 표시된 2021. 7. 23. 성립하였지만, 이러한 금지는 아직 효력을 발생하지 않았다. 처분의 효력은 고시문에 정한 효력발생일인 2021. 7. 26. 0시에 발생한다.

나. 처분에 인정되는 특별한 효력

처분은 행정청이 공익을 실현하기 위해서 이용하는 대표적인 행정작용 형식으로, 사인 사이의 법률관계에서는 볼 수 없는 특징이 있다. 그중에서 대표적인 특징 세 가지를 살펴보면 다음과 같다.

(1) 공정력

처분은 권한이 있는 기관이 취소 또는 철회하거나[9] 기간의 경과 등으로 소멸되기 전까지는 유효한 것으로 통용된다. 다만, 무효인 처분은 처음부터 그 효력이 발생하지 아니한다(「행정기본법」 제15조). 처분이 당연무효가 아닌 한 유효한 것으로 통용되는 힘을 '공정력'이라고 한다. 처분이 성립요건과 효력발생요건을 갖추면

그 내용에 따른 효력이 발생한다. 처분의 직접상대방이나 이해관계가 있는 제3자가 처분의 효력을 부인하려면 권한 있는 기관이 처분을 취소해 주거나 처분이 무효로 인정되어야 한다.

처분을 취소하는 방법으로는 '직권취소'와 '쟁송취소'가 있다. '직권취소'란 행정청이 스스로 처분의 효력을 처분이 있은 때(처분시)로 소급하여 제거하는 것을 말한다. '쟁송취소'란 처분의 직접상대방이나 이해관계가 있는 제3자가 제기한 행정소송이나 행정심판에서 법원의 판결이나 행정심판기관의 결정으로 처분의 효력을 소급하여 제거하는 것을 말한다. 행정소송이나 행정심판에 대한 설명은 제3절로 미루고, 여기서는 한 가지만 알아두자. 그것은 법원이 모든 종류의 소송에서 처분을 취소할 권한을 부여받은 것은 아니라는 점이다. 오로지 '취소소송'이라고 하는 특별한 소송에서 재판을 맡은 법원만이 처분을 취소할 수 있는 '권한이 있는 기관'이 된다. 즉, 김한양이 운전면허 취소처분에 따른 운전자격 박탈의 효과를 없애기 위해서는 운전면허 취소처분의 취소를 구하는 소를 제기하여 승소하여야 한다. 김한양이 면허취소 이후에도 자동차를 운전하다가 무면허운전죄로 형사재판을 받게 되었다고 하더라도 형사재판을 담당하는 법원은 직접 처분을 취소할 수 없고, 면허취소처분이 효력이 없음을 이유로 김한양이 면허 없이 운전한 것이 아니라고 판단할 수도 없다.[10)]

처분이 무효라면 행정청이 직권으로 취소하거나 취소소송에서 취소되지 않더라도 누구나 언제든지 처분의 효력을 부인할 수 있다. 김한양이 면허취소 이후에도 자동차를 운전하다가 무면허운전죄로 형사재판을 받게 되었다고 가정해보자. 형사재판을 담당하는 법원이 운전면허 취소처분을 무효라고 판단한다면 김한양에게 운전면허가 여전히 존재한다고 보아 무죄를 선고할 수 있다.

공정력은 처분을 둘러싼 법률관계를 조속히 확정함으로써 법률관계를 안정시키고 처분의 실효성을 보장하기 위해서 인정된다. 공정력은 취소소송이라고 하는 특별한 재판제도가 있기 때문에 인정되는 것이기도 하다. 위법한 처분의 효력을 소송을 통해 제거하려면 처분이 있음을 안 날부터 90일 이내에 취소소송을 제기하여야 한다. 즉, 취소소송이라는 구제수단을 이용하는 데에는 시간적 제약이 있다. 예외적으로 처분이 무효로 평가될 때에만 누구나 언제든지 어떤 종류의 소송에서도 그 처분이 무효라고 주장할 수 있고 법원도 처분이 무효인지를 판단할 수 있다. 따라서 위법한 처분을 취소대상이 되는 처분과 당연무효인 처분으로 나누는 기준이 매우 중요하게 되는데, 이에 대하여는 아래에서 자세하게 살펴볼 것이다.

(2) 불가쟁력

'불가쟁력'이란 처분의 직접상대방이나 처분에 이해관계가 있는 제3자가 더 이상 처분의 효력을 다툴 수 없게 만드는 힘을 의미한다. 취소소송이나 행정심판은 처분이 있음을 안 날부터 90일 이내에만 제기할 수 있음이 원칙이다. 위 기간이 지나면 더 이상 처분의 효력을 다툴 수 없다. 처분의 상대방이나 제3자가 처분의 취소를 구하는 소송이나 행정심판을 제기하여 다투었으나 결과적으로 처분이 취소되지 못한 경우에도 더 이상 처분의 효력을 다툴 수 없다. 이때 처분에 불가쟁력이 발생하였다고 말한다. 그러나 불가쟁력이 발생한 처분이라도 행정청이 직권으로 취소하거나 철회하는 것은 가능하다.

(3) 강제력

처분은 상대방의 동의나 협력 없이 일방적으로 성립하고 효력을 발생한다. 처분의 상대방이나 제3자가 처분의 효력을 무시하거나 의무를 이행하지 않는다면 행정청은 이들이 처분을 준수하고 의무를 이행하도록 강제할 수 있다. 이러한 힘을 '강제력'이라고 한다. 사인 사이의 법률관계에서는 법원의 힘을 빌리지 않고는 상대방의 의무를 이행하도록 강제할 수 없으므로, 강제력은 처분에 인정되는 특별한 힘이다.

강제력이 모든 처분에 인정되는 것은 아니다. 강제력은 상대방의 권리를 제한하고 의무를 부과하는 것이므로 법률에서 행정청에게 그러한 힘을 부여한 경우에만 인정된다. 예를 들어, 위법한 건물에 대한 철거명령을 받은 사람이 스스로 건물을 철거하지 않을 때 행정청이 스스로 건물을 철거할 수 있는 것은 「행정대집행법」에서 그러한 권한을 행정청에게 부여하고 있기 때문이다. 세금을 납부하지 않는 사람이 있다면 과세당국은 「국세징수법」 등에서 정한 대로 그 사람의 재산을 매각하여 세금을 받아 갈 수 있다. 처분에서 부과한 의무를 위반한 사람을 형사처벌하는 규정을 둔 법률도 쉽게 찾을 수 있는데, 이러한 형벌규정은 처분의 이행을 간접적으로 강제하는 수단이라고 할 수있다. 집합금지 명령을 위반한 자를 벌금형으로 처벌할 수 있는 이유는 「감염병의 예방 및 관리에 관한 법률」에서 위반자를 형사처벌하는 규정을 두고 있기 때문이다.

3 기속행위와 재량행위

가. 기속행위와 재량행위의 의미

모든 종류의 행정작용은 행정청에게 재량이 인정되는지에 따라 재량행위와 기속행위로 나눌 수 있지만, 여기서는 처분에 한정하여 기속행위와 재량행위를 살펴본다. '재량' 또는 '재량권'이란 행정청이 일정한 범위 안에서 행위의 내용이나 결론을 선택할 수 있는 권한을 말한다. 재량권이 인정되는 처분을 재량행위라고 하고, 재량권이 전혀 인정되지 않는 처분을 기속행위라고 한다.

사례 1의 김한양에 대한 운전면허 취소처분을 두 가지 경우로 나누어서 설명하면 다음과 같다. 먼저 서울특별시경찰청장이 혈중알코올농도 0.08%의 술에 취한 상태에서 자동차를 운전하였음을 이유로 김한양의 운전면허를 취소하였다고 가정해 보자(사례 1-1). 처분의 근거가 되는 도로교통법 규정은 다음과 같다.

[사례 1-1] 서울특별시경찰청장은 김한양이 혈중알코올농도 0.08%의 술에 취한 상태에서 자동차를 운전하였음을 이유로 김한양의 운전면허를 취소하였다.
「도로교통법」 제93조 제1항 제1호, 제44조 제1항, 제4항: 시 · 도경찰청장은 ① 운전면허를 받은 사람이 혈중알코올농도 0.03% 이상의 술에 취한 상태에서 자동차를 운전한 경우 ② 운전면허를 취소하거나 1년 이내의 범위에서 운전면허의 효력을 정지시킬 수 있다.

서울특별시경찰청장이 운전면허를 취소하기 위해서는 ① "운전면허를 받은 사람이 혈중알코올농도 0.03% 이상의 술에 취한 상태에서 자동차를 운전한 경우"에 해당하여야 한다. 이를 운전면허를 취소하기 위한 요건, 즉 법률요건이라고 한다. 김한양이 술에 취한 상태에 있었는지는 김한양의 혈중알코올농도를 측정한 결과에 따르고, 김한양이 그러한 상태에서 자동차를 운전하였는지도 객관적인 사실의 인정과 자동차를 운전한다는 의미가 무엇인지에 대한 해석(법률 해석)을 통해 판단하게 된다. 김한양의 행위가 위 요건에 해당하는지에 대해 판단할 때에는 행정청의 재량이 개입할 여지가 없다.

위 ①의 요건이 충족되면 서울특별시경찰청장은 ② "운전면허를 취소하거나 1년 이내의 범위에서 운전면허의 효력을 정지시킬 수 있다." 이렇게 법률요건이 충족되었을 때 인정되는 법적 효과를 '법률효과'라고 한다. 서울특별시경찰청장에게는 ⓐ 운전면허 취소, 또는 ⓑ 1년 이하의 운전면허 효력 정지 중에서 처분을 선택할 권한이 인정된다. 서울특별시경찰청장은 김한양의 운전을 둘러싼 다양한 사유, 예를 들어 운전이 생계를 유지할 중요한 수단이 되는지, 이전에 교통법규 위반으로 제재를 받은 전력이 있는지, 어느 정도로 음주했는지, 음주운전 중 교통사고가 발생하는 등으로 피해는 없는지, 음주운전을 할 수밖에 없는 특별한 사정이 있는지 등을 고려하여 적절한 법률효과를 선택하게 된다. 이와 같이 행정청에게 여러 가지 법률효과 중에서 선택할 수 있는 재량이 부여되었을 때 그 재량을 '효과재량'이라고 한다.

다음으로 서울특별시경찰청장이 김한양이 교통단속 중인 경찰관을 폭행하였다는 이유로 운전면허를 취소한 경우를 가정해보자(사례 1-2). 운전면허 취소라는 법적 효과는 동일하지만 그 근거가 되는 법령과 요건은 다르다. 처분의 근거가 되는 도로교통법 규정은 다음과 같다.

[사례 1-2] 서울특별시경찰청장은 김한양이 교통단속 중인 경찰관을 폭행하였다는 이유로 김한양의 운전면허를 취소하였다.

「도로교통법」 제93조 제1항 단서, 제14호 : 시 · 도경찰청장은 ① 운전면허를 받은 사람이 교통단속 임무를 수행하는 경찰공무원을 폭행한 경우 ② 운전면허를 취소하여야 한다.

이 경우에도 김한양이 교통단속 중인 경찰관을 폭행하였다는 요건이 갖추어졌는지는 근거법령의 해석과 사실인정을 통해 판단하며, 여기에는 하나의 결론만이 가능하다. 따라서 이 경우에도 요건충족 여부를 판단하는 부분에는 행정청의 재량이 개입할 여지가 없다. ①의 요건이 갖추어졌을 때 서울특별시경찰청장은 ②에 정한 법률효과만을 부여할 수 있다. 서울특별시경찰청장은 김한양의 운전면허를 취소하여야 한다. 서울특별시경찰청장에게는 선택의 여지가 없다. 따라서 사례 1-2에서 운전면허 취소처분은 기속행위다.

나. 기속행위와 재량행위의 구별기준

구체적인 사안에서 처분이 기속행위인지 재량행위인지, 재량행위라면 어느 부분에 어느 정도로 행정청에게 재량이 인정되는지를 확정하는 일은 매우 중요하다. 행정청은 자신에게 부여된 권한의 범위 안에서만 적법하게 행위할 수 있고, 어떤 처분이 기속행위인지 재량행위인지에 따라 법원의 심사방식 또한 달라지게 되기 때문이다. 그러나 재량행위와 기속행위를 구별하는 수학공식과 같은 기준은 존재하지 않는다. 양자의 구분은 "해당 행위의 근거가 된 법규의 체재 · 형식과 그 문언, 해당 행위가 속하는 행정 분야의 주된 목적과 특성, 해당 행위 자체의 개별적 성질과 유형 등을 모두 고려하여 판단하여야 한다."[11]

가장 기본적으로 살펴보아야 할 것은 근거법령의 내용과 표현이다. 사례 1-2에서와 같이 "…하여야 한다"라고 규정한 경우에는 행정청에게 재량이 없다고 해석되는 것이 일반적이다. 반면에 사례 1-1에서와 같이 "…할 수 있다"라고 규정한 경우에는 행정청에게 재량이 인정된다고 해석되는 것이 일반적이다. 그러나 사례 1-1에서 행정청의 재량은 운전면허를 취소하거나 1년 이내의 범위에서 면허의 효력을 정지하는 데까지만 미친다. 운전면허의 효력을 2년간 정지하거나 10년간 운전면허를 취득할 자격을 박탈할 재량은 인정되지 않으므로 이러한 내용의 처분을 하였다면 그 처분은 법에 정한 재량의 한계를 정면으로 넘어선 것이어서 위법하다.

그러나 근거법령에서 "…하여야 한다"라고 규정했음에도 재량이 인정되는 경우가 있고, "…할 수 있다"라는 표현이 재량 여부와 관계없이 단순히 행정청에게 일정한 권한을 부여한 것으로 이해되는 경우도 있다. 아래에서 볼 사례 2에서와 같이 근거법령에서 사인이 일정한 행위를 하려면 먼저 "허가를 받아야 한다"라고 규정하고 있다면 법령의 문언만으로는 재량의 유무와 범위를 판단할 수 없다. 따라서 근거법령의 입법취지, 문제된 행정분야의 특성, 행위의 성격 등 다양한 요소들을 추가적으로 고려하여야 한다.

다. 기속행위와 재량행위의 예시

사례 2를 예로 들어 살펴보면 다음과 같다. 먼저 성동구청장이 김한양이 건물을 건축할 대지의 소유권 또는 대지를 사용할 수 있는 권원을 확보하지 못하였다는 이유로 건축허가를 거부하였다고 가정해보자(사례 2-1). 처분의 근거가 되는 법령을 단순화하여 소개하면 다음과 같다.

[사례 2] 서울특별시 성동구청장은 김한양으로부터 성동구에 건물을 신축하기 위한 건축허가신청을 받고 건축허가를 거부하였다.

「건축법」

제11조 제1항: 건축물을 건축하려는 자는 시장 · 군수 · 구청장의 허가를 받아야 한다.

제11조 제11항: 건축허가를 받으려는 자는 해당 대지의 소유권 또는 그 대지를 사용할 수 있는 권원을 확보하여야 한다.

「국토의 계획 및 이용에 관한 법률」 제58조 제1항 제4호: 건축하려는 건축물은 주변 지역의 토지이용실태 또는 토지이용계획, 건축물의 높이, 토지의 경사도, 수목의 상태, 물의 배수, 하천 · 호소 · 습지의 배수 등 주변환경이나 경관과 조화를 이루어야 한다.[12)]

건축물을 건축하려는 자는 행정청에게 건축허가를 신청하여 허가를 받아야 하고, 행정청은 법령에서 요구하는 요건들이 모두 갖추어진 경우에만 건축허가를 할 수 있다. '대지의 소유권 또는 사용권을 확보할 것'이라는 요건은 건축허가를 위한 적극적 요건 중의 하나이다. 김한양이 위 요건을 충족하였는지에 대한 판단은 건축법에서 말하는 "대지의 소유권" 또는 "대지를 사용할 수 있는 권원"의 의미에 대한 해석과 김한양이 건물을 지으려는 대지의 소유권 등에 대한 법적 평가를 통해 이루어지는데, 이 판단에 행정청의 재량이 인정될 여지는 없다. 김한양이 문제된 대지의 소유권 또는 대지를 사용할 권리를 가지고 있는가에 대해서는 하나의 결론만이 가능하다.

김한양이 건물을 지을 대지의 소유권이나 사용권을 확보하지 못하였다면 성동구청장은 건축허가를 거부하여야 한다. 행정청에게는 법령에 정한 허가요건을 갖추지 못했음에도 허가를 해 줄 재량이 인정되지 않는다. 김한양이 건축법령에 정한 모든 요건을 갖추었다면 성동구청장은 건축허가를 하여야 하는가? 아니면 요건을 모두 갖추었음에도 건축허가를 거부할 재량이 인정되는가? 「건축법」에서는 건축물을 건축하려는 자는 … "허가를 받아야 한다."라고만 규정하고 있기 때문에, 근거법률의 문언만으로는 행정청에게 허가를 거부할 수 있는 재량이 인정되는지 알 수 없다. 그러나 대법원은 건축허가신청이 건축법 등 관계 법령에서 정하는 제한에 배치되지 않는 이상 건축허가를 하여야 한다고 보고 있다. 예외적으로 중대한 공익상의 필요가 있는 경우에만 관계 법령에서 정하는 제한사유 이외의 사유를 들어 건축허가를 거부할 수 있다.[13]

다음으로 김한양이 건축하려는 건물이 주변환경이나 경관과 조화를 이루지 않는다는 이유로 성동구청장이 건축허가를 거부한 경우를 가정해보자(사례 2-2). 법률은 '주변환경이나 경관과 조화를 이룰 것'을 건축허가를 위한 요건 중의 하나로 요구하고 있다. 그런데 건축물이 주변환경이나 경관과 조화를 이루어야 한다는 요건은 '대지의 소유권을 확보할 것'이라는 요건과 달리 그 의미가 명확하게 확정되어 있지 않다. 건축허가거부로 얻을 수 있는 공익의 내용과 정도, 건축허가거부가 신청인에게 미치는 이익 침해의 정도, 인근주민 등 이해관계인에게 미치는 영향 등을 다각도로 고려하여 위 요건이 충족되었는지를 판단하여야 하는데, 이러한 판단에는 행정청의 재량이 인정된다.[14] 이처럼 요건이 불확정개념으로 규정되어 그 요건에 해당하는지 여부를 판단할 재량이 행정청에게 인정되는 경우를 '요건재량'이라고 한다.

4 처분의 위법과 무효

가. 처분의 위법사유

행정작용은 성문의 법령을 위반하여서는 안 되고 행정법의 일반원칙에 반하여서도 안 된다(법률우위). 국민생활에 중요한 영향을 미치는 행정작용은 법률에 근거하여야 한다(법률유보). 행정작용이 법치행정의 관점에서 허용될 수 없을 때 그 행정작용을 위법하다고 한다. 행정처분을 위법하게 만드는 사유를 유형별로 분류하면 다음과 같다.

(1) 주체의 위법

권한 없는 기관이 한 처분은 위법하다. 예를 들어 「도로교통법」에서 운전면허 취소권한을 시·도경찰청장에게 부여하였으므로, 서울특별시경찰청장이 아니라 성동경찰서장이 김한양의 운전면허를 취소하였다면 그 처분은 위법하다. 그러나 시·도경찰청장의 권한 중 운전면허 정지권한은 경찰서장에게 위임되어 있다(「도로교통법 시행령」 제86조 제3항). 따라서 성동경찰서장이 김한양의 운전면허를 일정기간 정지하였다면 적어도 그 처분은 권한 있는 행정청이 한 것이므로 주체의 위법은 인정되지 않는다.

(2) 형식과 절차의 위법

처분이 법령에서 요구하는 형식을 갖추지 못하였을 때 형식의 위법이 있다고 한다. 예를 들어, 처분은 원칙적으로 문서로 하여야 하며, 당사자의 동의가 있거나 당사자가 전자문서로 처분을 신청한 경우에만 전자문서로 할 수 있다(행정절차법 제24조). 따라서 서울특별시경찰청장이 김한양의 동의 없이 이메일이나 문자로 운전면허 취소 처분을 하였다면 그 처분은 형식에 하자가 있어 위법하다.

처분이 법령에서 요구하는 절차를 거치지 못하였을 때 절차의 위법이 있다고 한다. 「도로교통법」 제93조 제4항에 따르면 운전면허 취소 또는 정지처분을 하려면 그 처분을 하기 전에 미리 하고자 하는 처분의 내용을 알리고 일정한 기간을 정하여 의견을 제출할 기회를 부여하여야 한다. 서울특별시경찰청장이 이러한 절차를 거치지 않고 김한양의 운전면허를 취소하였다면, 그 처분에는 절차의 하자가 있어 위법하다.

(3) 내용의 위법

(가) 법령 위반

행정처분이 법령에 정한 요건을 갖추지 못하였거나, 그밖에 행정처분의 내용이 근거법령 및 관련법령을 위반하였다면 그 처분은 위법하다. 예를 들어, 교통단속 임무를 수행하는 경찰공무원을 폭행한 운전자에게 운전면허를 취소하는 대신 운전면허를 100일간 정지하는 처분을 하였다면, 위 처분은 운전면허를 받은 사람이 교통단속 공무원을 폭행한 경우 운전면허를 취소하여야 한다고 규정하여 행정청에게 선택권을 부여하지 않은 「도로교통법」 규정을 위반한 것이어서 위법하다.

행정처분은 객관적 사실에 근거한 것이어야 한다. 행정청이 처분의 이유로 내세운 사유(처분사유)가 사실에 부합하지 않는다면 그 처분은 위법하다. 사례 1-1과 같이 서울특별시경찰청장이 김한양의 음주운전을 이유로 운전면허처분을 취소하였으나, 음주측정기에 오류가 있어 실제로는 김한양의 혈중알코올농도가 0.03%에 미치지 못했다면 위 처분에는 "혈중알코올농도 0.03% 이상의 술에 취한 상태에서 운전하였다"라는 처분사유가 존재하지 않는다. 운전면허취소처분은 위법하다.

행정청이 처분의 근거법령을 잘못 해석하여 처분이 위법하게 될 수도 있다. 예를 들어, 교통단속 공무원을 폭행한 사람의 운전면허를 취소하도록 한 「도로교통법」 규정(제93조 제1항 단서, 제14호)은 자동차를 운전하는 운전자가 교통단속 공무원을 폭행하는 행위를 제재하는 규정이고, 운전자가 아닌 동승자나 보행자가 교통단속 공무원을 폭행하는 행위를 포함하지 않는다고 해석하여야 한다. 그럼에도 서울특별시경찰청장이 위 규정을 오해하여 직접 운전을 하지 아니한 동승자가 교통단속 공무원을 폭행하였다는 이유로 동승자의 운전면허를 취소하였다면 그 처분은 위법하다.

(나) 근거 법령의 위헌 · 위법

처분의 근거가 된 법령이 헌법이나 상위법령을 위반하면 그 법령은 무효가 된다. 그리고 위와 같이 위헌 · 위법하여 무효인 법령을 적용하여 처분을 하였다면, 그 처분은 법적 근거를 상실하였으므로 위법하다. 예를 들어, 헌법재판소는 운전면허를 받은 사람이 다른 사람의 자동차를 훔친 경우 반드시 운전면허를 취소하도록 한 「도로교통법」 규정이 비례원칙에 반하여 운전면허 소지자의 직업의 자유와 일반적 행동의 자유를 침해하는 것이어서 위헌이라고 결정하였다.[15] 그럼에도 행정청이 위헌인 위 규정을 적용하여 다른 사람의 자동차를 훔친 운전자의 운전면허를 취소하였다면, 그 처분은 헌법에 반하여 무효인 법률에 근거한 것이므로 위법하다.[16]

(다) 재량의 하자

행정청은 재량이 있는 처분을 할 때에는 관련 이익을 정당하게 형량하여야 하며, 그 재량권의 범위를 넘어서는 아니 된다(「행정기본법」 제21조). 즉, 행정청은 처분을 둘러싼 공익과 사익을 충분히 고려하고 저울질하여 재량권을 행사하여야 한다. 이 저울질을 '이익형량'이라고 하며, 행정청의 이익형량이 재량권의 범위 내에서 적절하게 이루어졌는지를 심사하는 기준으로 평등원칙, 비례원칙과 같은 행정법의 일반원칙이 적용된다.

1) 평등원칙 위반

행정청은 합리적 이유 없이 국민을 차별하여서는 아니 된다(「행정기본법」 제9조). "같은 것은 같게, 다른 것은 다르게" 취급하여야 한다는 평등원칙은 행정청이 재량권을 행사할 때에도 적용된다. 서울특별시경찰청장이 음주운전자의 혈중알코올농도가 0.08% 미만인 경우에는 특별한 사정이 없는 한 운전면허 정지처분을 한다는 기준을 세우고 음주운전자들을 제재해 왔으나 유독 김한양에게만은 혈중알코올농도가 0.03%임에도 운전면허를 취소하였다고 가정해보자. 김한양이 음주운전 중 교통사고를 일으켜 사람이 다쳤다거나 하는 특별한 사정이 없음에도 김한양의 운전면허를 취소하였다면, 위 면허취소처분은 합리적 이유 없이 김한양을 차별대우한 것이라고 평가할 수 있다. 위 면허취소처분은 「도로교통법」에서 부여한 제재권한의 범위 안에 있어도 평등원칙을 위반한 재량의 하자가 있어 위법하다.

2) 비례원칙 위반

행정청의 재량권 행사는 비례원칙에 부합하여야 한다. 운전면허 취소 · 정지처분과 같이 재량이 있는 제재처분을 할 때에는 위반행위의 동기, 목적 및 방법, 위반행위의 결과, 위반행위의 횟수, 위반행위자의 귀책사유 유무와 그 정도, 위반행위자의 법 위반상태 시정 · 해소를 위한 노력 유무 등을 종합적으로 고려하여야 하고(「행정기본법」 제22조 제2항), 제재처분이 의도하는 공익과 제재처분으로 처분의 상대방이 입게 되는 이익 침해 사이에 합리적인 비례관계가 인정되어야 하는 것이다. 위 사례에서 서울특별시경찰청장은 김한양이 얼마나 술을 마셨는지, 과거에 음주운전이나 그밖에 교통법규를 위반한 전력이나 교통사고를 일으킨 전력은 없는지, 김한양의 생계에 운전면허가 얼마나 필요한 것인지 등 다양한 사유를 종합적으로 고려하여 적절한 제재처분을 선택할 재량이 있다. 그러나 서울특별시경찰청장이 선택한 면허취소라는 결과가 김한양의 법위반 정도에 비하여 지나치게 균형을 잃었다면 그 처분은 비례원칙에 반하는 재량의 하자가 있어 위법하다.

나. 처분의 무효사유

처분이 법적으로 무효라고 평가되기 위해서는 위에서 본 위법사유가 존재하는 것만으로는 부족하다. 대법원의 판례에 따르면 위법한 처분이 당연무효가 되려면 "그 하자가 법규의 중요한 부분을 위반한 중대한 것으로서 객관적으로 명백한 것이어야 한다."[17] 예를 들어, 서울지방경찰청장이 김한양에게 운전면허를 2년간 정지하는 처분을 하였다면 그 처분은 무효다. 도로교통법은 1년 이내의 기간 안에서만 운전면허의 효력을 정지할 수 있도록 하였는데, 이 부분은 행정청이 어떠한 경우에도 넘을 수 없는 재량권의 한계를 설정한 것이므로 법규의 중요한 부분이고, 이를 정면으로 위반한 위 처분은 하자가 중대하다고 볼 수밖에 없다. 또한, 위 처분이 법률에서 정한 재량권의 한계를 넘었다는 점은 누가 보더라도 명백한 것이다. 반면에, 헌법에 반하거나 위법하여 무효인 법령을 근거로 한 처분은 일반적으로 위법하지만 무효로 평가되지는 않는다. 처분이 법적 근거를 상실하였으므로 그 하자가 중대하다고 볼 수 있지만, 일반적으로 법령이 헌법이나 법률에 위반된다는 사정은 헌법재판소나 대법원이 그와 같이 선언하기 전에는 객관적으로 명백하다고 할 수 없기 때문이다.[18)]

Ⅲ. 법규명령과 행정규칙

행정청이 일반적·추상적인 규범을 만드는 행정작용, 또는 그와 같이 만들어진 규범을 학문용어로 행정입법이라고 한다. 행정입법에는 법규명령과 행정규칙이 있다. 법규명령은 법률의 하위규범으로 대외적 구속력이 있는 것을 말하고, 행정규칙은 행정청이 내부적으로 업무수행의 기준을 정한 것으로서 대외적 구속력이 인정되지 않는 것을 말한다.

1 법규명령

가. 법규명령의 종류

법규명령은 제정권자가 누구인가에 따라 대통령령, 총리령, 부령, 국회규칙, 대법원규칙, 헌법재판소규칙 등으로 나뉜다. 법규명령은 상위법령의 위임을 받아 제정되는지에 따라 위임명령과 집행명령으로 나뉜다. 헌법 제75조는 "대통령은 법률에서 구체적으로 범위를 정하여 위임받은 사항과 법률을 집행하기 위하여 필요한 사항에 관하여 대통령령을 발할 수 있다"라고 규정하고 있으며, 헌법 제95조는 "국무총리 또는 행정각부의 장은 소관사무에 관하여 법률이나 대통령령의 위임 또는 직권으로 총리령 또는 부령을 발할 수 있다"라고 규정하고 있는데, 위와 같이 위임받은 사항을 정한 부분을 위임명령, 상위법령의 위임 없이 제정한 부분을 집행명령이라고 한다.

사례 2의 근거 법률인 「건축법」과 하위법령을 예로 들어보자. 「건축법 시행령」은 「건축법」에서 위임된 사항과 「건축법」의 시행에 필요한 사항을 정한 대통령령이고, 「건축법 시행규칙」은 국토교통부장관이 「건축법」과 「건축법 시행령」에서 위임된 사항과 그 시행에 필요한 사항을 정한 부령이다. 「건축법」 제11조 제1항 단서는 "21층 이상의 건축물 등 대통령령으로 정하는 용도 및 규모의 건축물"을 특별시나 광역시에 건축하려면 특별시장이나 광역시장의 허가를 받아야 한다고 규정한다. 위 조항은 특별시장이나 광역시장의 허가를 받아야 하는 건축물의 용도와 규모를 대통령령으로 정하도록 위임한 것이다. 「건축법 시행령」 제8조 제1항은 위 「건축법」 조항의 위임을 받아 특별시장 또는 광역시장의 허가를 받아야 하는 건축물을 "층수가 21층 이상이거나 연면적의 합계가 10만 제곱미터 이상인 건축물" 중에서 "공장, 창고, 지방건축위원회의 심의를 거친 건축물"을 제외한 것으로 정하고 있다. 이러한 법규명령을 위임명령이라고 한다.

한편, 「건축법 시행령」 제9조는 건축허가를 받으려는 자는 "국토교통부령으로 정하는 바에 따라 허가신청서에 관계서류를 첨부하여 허가권자에게 제출하여야 한다"라고 규정하고 있다. 위 규정은 「건축법」에서 구체적으로 위임을 받은 것은 아니지만, 「건축법」에 따라 행정청에게 부여된 건축허가 사무의 집행을 위해 필요한 사항을 정한 집행명령에 해당한다.

나. 법규명령의 성립과 효력발생

법규명령은 정부조직법 등 법령에서 정한 절차와 형식을 갖추어 공포하였을 때 성립한다. '공포'란 행정청이 법령을 대외적으로 표시하는 공식적인 행위를 말하며, 관보에 법령을 게재하는 방식으로 이루어진다(「법령 등 공포에 관한 법률」 제11조). 대통령령, 총리령 및 부령은 특별한 규정이 없으면 공포한 날부터 20일이 경과함으로써 효력을 발생한다(같은 법 제13조). 법령의 효력발생일을 '시행일'이라고 하는데, 법령의 부칙에서 "이 영은 공포한 날부터 시행한다." 또는 "이 영은 공포한 후 3개월이 경과한 날부터 시행한다." 등으로 효력발생일을 별도로 정하는 것이 일반적이다.

법규명령의 효력이 발생한다는 말은 법률과 마찬가지로 법규범으로서 국민과 재판기관을 구속하는 힘이 인정됨을 의미한다. 이러한 힘을 '대외적 구속력'이라고 한다. 법규명령이 법률과 함께 성문법원으로 인정되는 이유도 이처럼 대외적 구속력이 인정되기 때문이다. 예를 들어, 「건축법 시행령」과 「건축법 시행규칙」의 대외적 구속력이 인정되므로, 김한양이 건축하려는 건물의 연면적이 10만 제곱미터 이상이라면 김한양은 성동구청장이 아니라 서울특별시장에게 건축허가신청서를 제출해야 하고, 관계서류를 허가신청서에 첨부하여야 한다. 김한양이 연면적 10만 제곱미터 이상의 건축물을 지으려고 하는데도 성동구청장이 건축허가를 하였다면, 위 건축허가처분에 대한 취소소송을 담당하는 법원도 위 규정에 따라 재판하여야 한다. 즉, 위 건축허가처분은 「건축법 시행령」을 위반하여 위법하므로 위 처분을 취소하는 판결을 선고하여야 한다.

다. 법규명령의 한계

(1) 법규명령의 일반적인 한계

법규명령은 행정법의 법원 중 하나지만, 행정청이 수행하는 중요한 행정작용이기도 하다. 따라서 법규명령에도 법률우위의 원칙과 법률유보의 원칙이 적용된다. 대통령령은 법률의 위임을 받거나 법률의 집행을 위해 제정되는 것이므로 법률보다 아래에 있다. 부령과 총리령은 법률과 대통령령의 위임을 받거나 그 집행을 위해 제정되는 것이므로 대통령령보다 아래에 있다. 따라서 대통령령은 법률에 반해서는 안 되고, 부령과 총리령은 법률과 대통령령에 반하는 내용을 정하여서는 안 된다. 집행명령은 상위법령의 위임 없이 행정청이 직권으로 정하는 것이므로 상위법령의 집행에 필요한 사항만을 정할 수 있으며, 위임이 필요한 사항을 정할 수는 없다.

(2) 위임명령의 한계

(가) 상위법령의 구체적인 위임이 있을 것

위임명령은 상위법령의 위임이 있을 때에만 정할 수 있다. 상위법령이 하위법령에 위임을 할 때에는 "구체적으로 범위를 정하여" 위임하여야 한다. 이를 '포괄위임금지원칙'이라고 한다. 위임이 어느 정도로 구체적이어야 하는지에 대하여 일률적인 기준을 정할 수는 없다. 그러나 "적어도 위임명령에 규정될 내용과 범위의 기본사항이 구체적으로 규정되어 있어 누구라도 해당 법률이나 상위법령으로부터 위임명령에 규정될 내용의 대강을 예측할 수 있어야 한다."[19] 「건축법」 제11조 제1항 단서를 다시 예로 들어 보자. 위 규정은 특별시장이나 광역시장의 허가를 받아야 하는 건축물의 범위를 대통령령에 위임하면서 두 가지 범위를 설정하였다. 우선 건축물의 용도와 규모를 기준으로 범위를 한정할 것을 요구하였고, 이에 더하여 "21층 이상의 건축물"을 대상 건축물로 예시하여, 21층 이상의 건축물이 아니더라도 유사한 규모의 건축물이 대상이 될 것임을 충분히 예상할 수 있도록 하였다. 따라서, 위 건축법 규정은 구체적 위임을 요구하는 포괄위임금지원칙을 위반하지 않았다고 할 수 있다.

(나) 위임받은 범위 내에서 제정할 것

위임명령은 상위법령의 위임을 받은 범위 안에서 정해져야 한다. 상위법령의 위임 범위를 넘어서는 내용을 규정한 위임명령은 상위법령을 위반한 것이다. 「건축법」 제11조 제1항 단서는 건축물의 용도와 규모를 기준으로 특별시장이나 광역시장의 허가를 받아야 하는 건축물의 범위를 정하도록 대통령령에 위임하였다. 그런데 만약에 「건축법 시행령」 제8조 제1항에서 토지거래허가구역에 건축되는 건축물도 특별시장 또는 광역시장의 허가대상으로 포함하였다면 위 부분은 건축물의 용도나 규모와 관계없는 기준을 정한 것이어서 법률의 위임범위를 벗어난 것이므로 위법하다.

라. 법규명령에 대한 사법심사

(1) 법원에 의한 심사

처분의 경우와 달리 법규명령의 하자는 취소사유와 무효사유로 구분되지 않는다. 법규명령이 위헌 · 위법한 경우 그 법규명령은 무효가 된다. 이러한 차이는 법규명령에 대한 불복방법이 행정처분에 대한 불복방법과 다르기 때문에 발생한다고 할 수 있다. 처분이 위법하면 처분이 있음을 안 날부터 90일이 지나기 전에 취소소송을 제기하여 다툴 수 있고, 처분의 위법성이 중대 · 명백하여 당연무효라면 위 기간이 지났다 하더라도 무효확인소송을 제기하여 다툴 수 있다. 이에 대하여는 제3절에서 좀 더 상세히 살펴볼 것이다. 이와 달리 법규명령은 추상적 · 일반적인 법규범이고 '구체적 사실에 대한 법집행, 즉 처분'이라고 할 수 없으므로 취소소송이나 무효확인소송으로 다툴 수 없다. 법규명령을 대상으로 하는 특별한 소송수단이 있는 것도 아니다. 대신 법규명령이 헌법이나 법률에 위반되는지가 재판의 전제가 된 경우에는 그 재판을 담당하는 법원이 이 점을 심사할 수 있고, 법규명령이 위헌 · 위법한 경우 위 법규명령이 무효임을 전제로 재판할 수 있다. 법원이 재판에서 결론을 내리기 위해서 반드시 해결해야 하는 쟁점을 '선결문제'라고 하며, 법원이 직접 심판의 대상으로 삼은 것은 아니지만 다른 사건의 선결문제로 법규명령의 위헌 · 위법여부를 심사하는 방식을 '간접적 통제' 또는 '부수적 통제'라고 한다.

김한양이 토지거래허가구역 안에서 건물을 건축하기 위하여 성동구청장에게 건축허가 신청을 하였더니, 성동구청장이 「건축법 시행령」 제8조 제1항에 따르면 토지거래허가구역 안의 건축허가신청은 서울특별시장에게 허가권이 있다는 이유로 김한양의 신청을 거부하였다고 가정해보자. 김한양은 위 거부처분의 취소를 구하는 소송에서 위 시행령 규정이 위임의 범위를 벗어나는 내용을 정한 것이어서 위법 · 무효이고, 따라서 건축허가권이 여전히 성동구청장에게 있다고 주장한다. 이 경우 법원은 위 규정이 법률의 위임 범위를 벗어나는지를 심사할 수 있다. 그리고 법원이 위 시행령 규정이 법률에서 위임한 범위를 벗어나는 내용을 정하고 있어 위법하다고 판단한다면, 위법하여 무효인 위 규정을 근거로 한 건축허가처분도 위법하다고 보아 위 처분을 취소할 수 있다.

(2) 헌법재판소에 의한 심사

법규명령이 별도의 집행행위를 기다리지 않고 직접 기본권을 침해할 때에는 헌법재판소에 헌법소원심판을 청구할 수 있다. 행정안전부령인 「도로교통법 시행규칙」의 예를 들어 설명하면 다음과 같다. 「도로교통법 시행규칙」 제16조 제1항은 이륜자동차가 고속도로를 통행하지 못하도록 금지하고 있다. 이륜자동차를 운전하는 김한양이 위 시행규칙 조항이 평등원칙이나 비례원칙에 반하여 자신의 통행의 자유를 침해한다고 생각한다면 헌법재판소에 헌법소원심판을 청구하여 다툴 수 있다. 헌법재판소가 위 조항이 헌법을 위반하여 김한양의 기본권을 침해한다고 판단하면 위 조항이 헌법에 반한다고 선언할 수 있으며, 이 경우 위 조항은 효력을 상실하게 된다. 그러나 헌법재판소가 위 조항이 헌법에 부합한다고 판단한다면 김한양의 청구를 기각하게 된다.[20)]

2 행정규칙

가. 행정규칙이란

행정규칙은 행정청이 업무수행의 기준을 정한 것으로서 행정조직 내부에서만 효력을 가진다. 즉, 내부적으로 업무를 수행하는 공무원을 구속하는 힘이 있지만 대외적으로 국민이나 법원을 구속하는 힘은 인정되지 않는다. 행정규칙은 대외적 구속력이 없는 대신 법령의 위임 없이도 제정할 수 있다. 법규명령과 같이 일정한 절차와 형식을 갖출 것이 요구되지도 않는다. 행정실무에서 행정규칙은 훈령, 예규, 고시, 지침 등의 명칭을 사용하는 것이 일반적이다.

나. 재량준칙

법령이 행정청에게 재량을 부여했을 때 행정청이 법령에 위반되지 않는 범위 내에서 재량권 행사의 기준을 정하는 것 또한 행정청의 재량에 속한다. 행정규칙 중에서 재량권 행사의 기준을 정한 것을 '재량준칙'이라고 한다. 사례 4를 예로 들어 재량준칙을 설명하면 다음과 같다.

[사례 4] 양양군수는 양양군에 태양광발전시설을 설치하려는 김한양으로부터 개발행위허가 신청을 받았으나, 사업부지가 왕복 2차로인 도로로부터 100m 이내에 위치하여 「양양군 개발행위허가 운영지침」을 위반하였다는 이유로 개발행위허가를 거부하였다.

국토의 계획 및 이용에 관한 법률
제56조 제1항: 공작물의 설치행위를 하려는 자는 시장 또는 군수의 개발행위허가를 받아야 한다.
제58조 제1항: 시장 또는 군수는 개발행위허가 신청 내용이 주변환경이나 경관과 조화를 이루고, 환경오염 · 생태계파괴 · 위해발생 등의 우려가 없는 경우에만 개발행위허가를 하여야 한다.[21]
양양군 개발행위허가 운영지침(양양군 예규)
제6조 제1항 제1호: 태양광발전시설은 왕복 2차로 이상의 포장된 도로로부터 100m 이내에 설치할 수 없다.

「국토의 계획 및 이용에 관한 법률」은 국토의 이용 · 개발과 보전을 위하여 필요한 사항을 정한 법률로, 건축물의 건축이나 공작물의 설치와 같이 토지를 이용 · 개발하는 행위(개발행위)를 하려는 자에게 일정한 요건을 갖추었는지를 심사하여 개발행위를 허가하거나 허가를 거부할 권한을 시장 · 군수 등 행정청에게 부여하고 있다. 허가요건 중 하나인 개발행위가 '주변환경이나 경관과 조화를 이룰 것', '환경오염 · 생태계파괴 · 위해발생 등의 우려가 없을 것'이라는 요건에 해당하는지는 행정청의 재량판단 영역에 속한다. 「양양군 개발행위허가 운영지침」은 양양군수가 개발행위가 법령에서 정한 요건에 해당하는지를 판단하는 기준을 미리 정한 것이다. 위 기준은 대외적으로 국민이나 법원을 구속하는 힘은 없지만, 양양군수는 위 기준에 따라 재량권을 행사하게 된다. 즉, 위 행정규칙은 개발행위 중 태양광발전시설 설치행위에 대하여는 '왕복 2차로 이상의 포장된 도로로부터 100m 이내'에 설치되는 경우 위 요건을 충족하지 못한 것으로 재량권을 행사할 것임을 미리 밝힌 것이다. 사례 4에서 양양군수가 개발행위허가 거부처분을 한 것도 이 때문이다.

다. 행정규칙과 사법심사

행정규칙은 법규명령과 달리 국민이나 법원을 구속하는 힘이 없다. 따라서 사례 4에서 김한양이 개발행위허가 거부처분을 취소해 달라는 소를 법원에 제기하여 다투고 있다면, 「양양군 개발행위허가 운영지침」은 법원이 처분의 위법성을 판단하는 직접적인 근거가 되지 않는다. 태양광발전시설 설치장소가 위 재량준칙에 정한 100m 이내라고 해서 무조건적으로 허가거부가 적법하다고 판단해야 하는 것도 아니고, 설치장소가 위 재량준칙에 정한 100m를 벗어난다는 사정만으로 허가거부가 위법하다고 판단해야 하는 것도 아니다. 법원은 「국토의 계획 및 이용에 관한 법률」에서 정한 개발행위허가기준에 따라 위 처분의 위법 여부를 심사하면 된다. 즉, 김한양의 개발행위가 '주변환경이나 경관과 조화를 이룰 것', '환경오염·생태계파괴·위해발생 등의 우려가 없을 것'이라는 요건을 충족하였는지를 판단할 때 양양군수가 자신의 재량권을 적절히 행사하였는지만을 심사하면 된다.

그러나 「양양군 개발행위허가 운영지침」은 법원이 처분의 위법성을 판단하는 간접적인 기준이 될 수 있다. 위 재량준칙이 그 자체로 헌법이나 법률에 합치되지 않거나 객관적으로 합리적이지 않다고 볼만한 특별한 사정이 없는 한 재량준칙에 따른 행정청의 재량권 행사를 존중하는 것이 바람직하기 때문이다. 사례 4에서도 왕복 2차로 이상의 포장된 도로로부터 100m 이내에는 태양광발전시설을 설치할 수 없다는 처분기준은 태양광발전시설이 초래할 수 있는 환경훼손의 문제점과 양양군의 지리적·환경적 특성을 고려할 때 헌법이나 법률에 반하거나 객관적 합리성을 결여하였다고 볼 수 없다. 따라서, 법원은 김한양이 설치하고자 하는 태양광발전시설의 설치를 둘러싼 다양한 사정들을 고려하여 양양군수의 재량권 행사에 하자가 없는지를 판단하여야 하지만, 특별한 사정이 없는 한 섣불리 양양군수의 판단에 재량의 하자가 있다고 결론내려서는 안 된다.[22)]

그러나 행정규칙의 내용이 헌법이나 상위법령에 반하는 것이라면 위 행정규칙은 법치국가원리에 비추어 행정내부적으로도 구속력을 인정할 수 없다. 이 경우 법원은 행정규칙이 법질서상 부존재하는 것으로 취급하여야 하고, 재량권 행사의 위법 여부를 심사할 때 간접적으로라도 그 내용을 존중하여 판단하여서는 안 된다.[23)]

3 법령보충적 행정규칙

가. 법령보충적 행정규칙이란

국민의 권리 · 의무에 관한 중요한 사항은 법률에 근거를 두어야 하고, 법률에서 구체적으로 정하지 못한 부분은 대통령령이나 총리령, 부령 등 법규명령에 위임하여 정하는 것이 원칙이지만, 법령에서 법규명령이 아닌 행정규칙으로 법령 내용의 구체적 사항을 정할 수 있는 권한을 부여하는 경우를 종종 찾아볼 수 있다. 이 경우에 행정청이 법령의 위임을 받아 정한 행정규칙은 일반적인 행정규칙과 달리 법령의 위임을 받은 범위 내에서 상위법령과 결합하여 대외적 구속력이 인정된다. 이러한 행정규칙을 학문상의 용어로 '법령보충적 행정규칙' 또는 '행정규칙 형식의 법규명령'이라고 한다. 식품의약품안전처장이 정한 「식품등의 표시기준」(식품의약품안전처고시)을 법령보충적 행정규칙의 예로 들 수 있다. 「식품 등의 표시 · 광고에 관한 법률」 제4조는 식품제조업자 등에게 식품, 식품첨가물 등의 제품명, 원재료명, 소비자안전을 위한 주의사항 등을 표시할 의무를 부과하였고, 같은 법 시행규칙 제5조는 법률 제4조 제2항의 위임을 받아 식품제조업자 등이 표시하여야 하는 사항을 일부 정하면서, 식품 등의 표시사항 및 표시방법 중 부령으로 정하지 못한 사항을 식품의약품안전처장이 정하여 고시하도록 위임하였다. 이에 따라 식품의약품안전처장이 정한 위 표시기준은 법률과 시행규칙의 위임 범위 내에서 위 법령과 결합하여 대외적 구속력이 인정되는 법규명령으로서의 효력을 가지게 된다. 즉, 식품판매업자 등은 위 기준에 따라 식품의 원재료명 등을 표시할 의무를 부담하게 되고, 이 의무를 위반하면 위 법률에서 정하는 바에 따라 영업정지 등의 제재를 받게 된다.

나. 법령보충적 행정규칙의 특징

법령보충적 행정규칙은 고시, 예규, 지침 등 일반적인 행정규칙과 형식이 동일하고, 법규명령을 제정할 때 거치는 절차를 거치지 않으며, 법규명령과 같이 공포를 성립요건으로 하지도 않는다. 그러나 법규명령과 마찬가지로 법규범으로서 대외적 구속력이 인정된다. 이처럼 형식과 제정절차에서는 행정규칙의 성질을 가지지만 효력의 차원에서는 법규명령과 동일하게 취급되는 독특한 유형의 법규명령을 허용하는 데에는 몇 가지 이유가 있다. 우선 모든 사항을 법률과 법규명령의 형식으로 정하게 되면 현대의 급속한 사회변화에 신속하게 대응하기 어려우므로, 전문적 · 기술적 사항이나 경미한 사항은 간이한 방식으로 기준을 정하고 변경할 필요가 있다. 국세청장, 산림청장, 식품의약품안전처장 등과 같이 대통령령, 총리령, 부령을 제정할 권한이 없는 행정청도 대외적 구속력이 있는 법규범을 제정할 현실적인 필요성도 인정된다. 무엇보다도 이러한 형식의 법규명령은 법령의 위임에 따른 것이므로 입법자의 의사에 반하지 않는다는 점이 고려되어야 한다.[24)]

Ⅳ. 행정절차법

1 행정절차법의 의의

행정절차법은 행정기관이 행정작용을 할 때 거쳐야 하는 절차를 정한 법을 말한다. 헌법 제12조 제1항은 "누구든지 … 법률과 적법한 절차에 의하지 아니하고는 처벌 · 보안처분 또는 강제노역을 받지 아니한다."라고 규정하고 있지만, 위 헌법 조항에서 말하는 적법절차원칙은 형사절차에 한정되지 않고 행정작용 등 모든 공권력작용에 적용된다고 보는 것이 일반적이다. 이에 따라 국회는 「행정절차법」을 제정하여 행정처분, 행정계획, 법령의 입법예고, 행정청의 정책수립을 위한 행정예고 등의 절차에 관한 일반 기준을 세웠다. 그밖에 「건축법」이나 「국가공무원법」 등 개별 법률에서 행정작용을 위해 거쳐야 하는 절차에 관한 규정을 두고 있다. 이하에서는 「행정절차법」 중에서 처분절차의 주요 내용을 소개한다.

2 행정처분의 형식과 절차

가. 처분의 이유 제시

행정청은 처분을 할 때에는 당사자에게 그 근거와 이유를 제시하여야 한다. 다만 신청 내용을 모두 그대로 인정하는 처분인 경우, 단순·반복적인 처분 또는 경미한 처분으로서 당사자가 그 이유를 명백히 알 수 있는 경우에는 처분의 근거와 이유를 제시하지 않아도 된다(「행정절차법」 제23조 제1항). 행정청에게 처분의 근거와 이유를 제시하도록 한 것은 행정청이 자의적으로 처분하지 않도록 함과 동시에 당사자로 하여금 행정소송이나 행정심판 등 행정구제절차에서 적절히 대처할 수 있도록 하려는 데 그 취지가 있다.[25)]

사례 1-1에서와 같이 서울특별시경찰청장이 김한양의 운전면허를 취소하는 처분을 할 때에는 김한양이 특정 일시에 특정 장소에서 혈중알코올농도 몇 퍼센트의 술에 취한 상태로 운전하였다는 점과, 「도로교통법」 제93조 제1항 제1호가 처분의 법적 근거가 됨을 밝혀야 한다. 서울특별시경찰청장이 처분의 근거와 이유를 제시하지 않고 운전면허 취소처분을 하였다면 그 처분은 「행정절차법」 제23조 제1항을 위반하여 위법하다.

나. 사전통지절차

행정청은 당사자에게 의무를 부과하거나 권익을 제한하는 처분을 하는 경우에는 미리 처분의 제목, 당사자의 성명 또는 명칭과 주소, 처분하려는 원인이 되는 사실과 처분의 내용 및 법적 근거, 처분의 이유 및 근거 등에 대하여 의견을 제출할 수 있다는 뜻과 의견을 제출하지 않는 경우의 처리방법, 의견제출기관의 명칭과 주소, 의견제출기한 등을 당사자와 행정절차에 참여하게 된 이해관계인에게 통지하여야 한다(「행정절차법」 제21조 제1항). 사전통지절차는 처분 상대방이 처분에 앞서 의견제출의 기회를 부여하기 위한 사전절차로서 상대방의 방어권 행사를 실질적으로 보장하기 위하여 인정된다. 다만, 공공의 안전 또는 복리를 위하여 긴급히 처분을 할 필요가 있는 경우와 같이 처분의 성질상 의견청취가 현저히 곤란하거나, 법령 등에서 요구된 자격이 없거나 없어지게 되면 반드시 일정한 처분을 하여야 하는 경우에 그 자격이 없거나 없어지게 된 사실이 법원의 재판 등에 의하여 객관적으로 증명된 경우와 같이 의견청취가 명백히 불필요하다고 인정될 만한 상당한 이유가 있는 경우에는 사전통지절차를 생략할 수 있다(같은 조 제2항).

사례 1과 같이 운전면허를 취소하는 처분은 처분의 상대방인 당사자의 권익을 제한하는 것이기 때문에 처분에 앞서 사전통지 절차를 거쳐야 한다. 반면에, 사례 4와 같이 신청인의 신청을 거부하는 거부처분은 당사자에게 의무를 부과하는 처분이 아니고, 신청인이 원하는 바를 이루지 못하는 결과를 가져오는 것이지만 신청인의 권익이 거부처분 이전에 비하여 제한되는 것도 아니다. 거부처분은 사전통지의 대상이 아니라는 것이 판례의 입장이다.[26)]

다. 의견청취절차

행정청이 처분에 앞서 당사자의 의견을 청취하는 절차는 청문, 공청회, 그 밖의 의견청취절차로 나눌 수 있다. '청문'은 행정청이 청문 주재자라 불리는 독립의 제3자를 통해 당사자 등의 의견을 직접 듣고 증거를 조사하는 공식적인 절차를 말한다(「행정절차법」 제2조 제5호). 청문 주재자는 청문 절차에 당사자를 출석시켜 의견을 듣고 증거를 조사하며, 청문절차가 종결된 이후 처분에 관한 의견서를 작성하여 제출한다. 행정청은 청문 주재자로부터 받은 청문조서와 의견서 등의 서류를 검토하고 상당한 이유가 있다고 인정하는 경우에는 청문의 결과를 반영하여야 한다(같은 법 제28조부터 제37조까지). 청문은 다른 법령 등에서 청문을 하도록 규정하고 있는 경우, 행정청이 필요하다고 인정하는 경우, 인허가 등의 취소, 신분이나 자격의 박탈, 법인이나 조합 설립허가의 취소 처분을 하는 경우에 실시한다(같은 법 제22조 제1항). 「건축법」 제86조는 건축허가를 취소하려면 청문을 실시하여야 한다고 규정하고 있다. 그러나 위 규정이 없다고 가정하더라도 건축허가취소는 '인허가 등의 취소'에 해당하므로 행정청은 일반법인 「행정절차법」 제22조 제1항에 따라 청문을 실시할 의무가 있다.

‘공청회’는 행정청이 공개적인 토론을 통하여 행정작용에 대하여 당사자와 이해관계인, 전문가, 그 밖의 일반인으로부터 의견을 널리 수렴하는 절차를 말한다(같은 법 제2조 제6호). 공청회는 다른 법령 등에서 공청회를 개최하도록 규정하고 있는 경우, 처분의 영향이 광범위하여 널리 의견을 수렴할 필요가 있다고 행정청이 인정하는 경우, 국민 다수의 생명, 안전 및 건강에 큰 영향을 미치거나 소음 및 악취 등 국민의 일상생활과 관계되는 환경에 큰 영향을 미치는 처분에 대하여 30명 이상의 당사자 등이 요구하는 경우에 개최한다(같은 법 제22조 제2항, 같은 법 시행령 제13조의3).

당사자에게 의무를 부과하거나 권익을 제한하는 처분으로서 청문이나 공청회의 대상이 되지 않는 처분을 할 때에는 당사자 등에게 의견제출의 기회를 주어야 한다. 청문이나 공청회와 같은 공식적인 의견청취절차가 필요한 것은 아니다. 행정청이 사전통지 시에 안내하는 등의 방법으로 당사자에게 의견제출의 기회를 부여면 충분하며, 당사자 등도 서면이나 말로, 또는 온라인 등 다양한 방식으로 의견을 제출할 수 있다(같은 법 제22조 제3항, 제27조). 한편, 사전통지절차를 거치지 않아도 되는 경우와 당사자가 의견진술의 기회를 포기한다는 뜻을 명백히 표시한 경우에는 청문, 공청회, 기타의 의견청취절차를 거치지 않을 수 있다(같은 법 제22조 제4항).

제 3 절

행정구제법

I. 행정구제 제도의 기본 내용

행정구제법이란 행정작용으로 피해를 입은 자가 피해를 구제받을 수 있도록 마련된 법제도를 말한다. 대표적인 행정구제제도로 행정소송, 행정심판, 국가배상, 손실보상이 있다. 행정소송은 행정법관계에서 발생하는 분쟁을 심판하는 전문법원인 행정법원이 관할하는 소송을 말하는데, 처분에 대한 불복수단인 항고소송(취소소송 등)이 가장 큰 비중을 차지한다. 행정심판은 처분에 불복하여 항고소송을 제기하기 전에 거치는 분쟁해결수단인데, 행정심판위원회라고 하는 행정청이 제3의 심판자가 되어 처분의 취소나 무효확인 등을 결정한다.

국가배상은 위법한 행정작용으로 피해를 입은 자에게 금전으로 배상하는 제도이다. 「국가배상법」에는 두 가지 유형의 국가배상 제도가 마련되어 있다. 하나는 공무원의 직무집행이 잘못되었음을 이유로 책임을 묻는 것이다. 국가나 지방자치단체는 공무원이 직무를 집행하면서 고의 또는 과실로 법령을 위반하여 타인에게 손해를 입힌 때에는 그 손해를 배상하여야 한다(제2조 제1항). 예를 들어, 선박의 안전을 검사하는 공무원이 검사업무를 소홀히 하였고, 그것이 선박 화재의 발생이나 피해 확대에 영향을 주었다면 국가는 그 피해에 대하여 배상할 책임이 있다.[27) 다른 하나는 영조물의 하자에 대하여 책임을 묻는 것이다. 국가나 지방자치단체가 공적 목적으로 설치하거나 관리하는 도로, 하천 등의 물건을 '영조물'이라고 하는데, 영조물의 설치나 관리에 하자가 있기 때문에 타인에게 손해를 발생하게 하였을 때에는 국가나 지방자치단체가 그 손해를 배상하여야 한다(제5조 제1항). 예를 들어, 도로 표면이 움푹 파이는 포트홀이 생겨 도로를 지나가던 자동차의 타이어가 파손되는 손해가 발생했다면, 도로관리청이 포트홀을 발견하여 보수할 시간적 여유가 없었다는 등의 특별한 사정이 없는 한 도로를 관리하는 국가 또는 지방자치단체는 그 손해를 배상할 책임이 있다.

손실보상은 적법한 행정작용으로 특별한 희생을 치른 자에게 금전으로 보답하는 제도이다. 도로나 군사시설, 발전시설 등과 같은 공익사업을 시행하기 위해 토지를 수용하면서 수용보상금을 지급하는 경우를 대표적인 예로 들 수 있다(「공익사업을 위한 토지 등의 취득 및 보상에 관한 법률」). 경찰관의 적법한 경찰활동, 소방기관의 적법한 소방활동으로 손실을 입은 자에게 보상금을 지급하거나(「경찰관 직무집행법」 제11조의2, 「소방기본법」 제49조의2), 행정청의 명령에 따라 감염병환자를 진료한 의료기관이 입은 손실을 보상하는 것(「감염병의 예방 및 관리에 관한 법률」 제70조)도 손실보상에 해당한다. 아래에서는 이상의 행정구제제도 중에서 항고소송의 기본적인 내용을 소개한다.

Ⅱ. 항고소송

1 행정소송의 유형과 관할법원

항고소송은 행정청의 처분이나 부작위에 대하여 제기하는 소송인데, 처분의 취소를 구하는 취소소송과 처분이 무효임의 확인을 구하는 무효확인소송이 주로 이용되고 있다. 항고소송은 원칙적으로 처분을 한 행정청의 소재지를 관할하는 행정법원이 담당한다(「행정소송법」 제9조 제1항). 행정법원은 행정사건을 담당하는 제1심의 전문법원인데, 현재는 전국에 서울행정법원 한 곳만 설치되어 있다. 처분을 한 행정청의 소재지가 서울특별시 이외의 지역에 있는 그 소재지를 관할하는 지방법원 본원(속초, 강릉 등 일부지역에서는 춘천지방법원 강릉지원)이 행정사건을 담당하고 있다.

2 항고소송의 소송요건

취소소송과 무효확인소송은 취소 또는 무효확인을 구하는 대상이 처분이어야 하고(대상적격), 취소 또는 무효확인을 구할 자격이 있는 자가 원고가 되어(원고적격) 처분을 한 행정청을 피고로 삼아(피고적격) 제기하여야 한다. 처분이 취소되거나 무효임을 확인받음으로써 회복되는 이익이 있어야 한다(소의 이익). 취소소송은 일정한 기간 안에 제기되어야 하고(제소기간), 처분의 근거가 되는 법률에서 행정심판을 거쳐야 취소소송을 제기할 수 있다고 정하였다면 행정심판을 거쳐야 한다(행정심판전치). 법원은 위 요건이 모두 충족된 경우에만 항고소송의 본안으로 나아가 처분의 위법 여부 또는 유무효에 대해 판단할 수 있다. 위와 같이 법원이 원고의 청구(원고가 바라는 소송의 결론)에 대한 판단으로 나아갈 수 있는 전제조건을 '소송요건'이라고 한다. 소송요건 중 하나라도 갖추지 못하면 그 소는 부적법하게 되며, 법원은 본안 판단에 나아가지 않고 소각하판결을 선고한다.

가. 대상적격

취소소송과 무효확인소송은 처분을 대상으로 한다. 행정심판위원회가 행정심판청구에 대하여 한 결정인 행정심판재결도 "행정청이 행하는 구체적 사실에 관한 법집행으로서의 공권력의 행사"로서 처분의 개념 요소를 모두 갖추고 있지만, 항고소송에서는 특별한 취급을 받는다. 항고소송을 제기하기 전에 행정심판을 거쳤다면 분쟁에 관하여 원래의 처분과 행정심판재결이라는 두 개의 처분이 존재하는데, 이 경우 행정심판재결이 아니라 원래의 처분을 대상으로 항고소송을 제기하여야 한다. 항고소송의 이러한 불복구조를 '원처분주의'라고 한다. 사례 1부터 4까지의 행정청의 결정은 모두 항고소송의 대상이 되는 처분에 해당한다. 위 처분에 대해서는 항고소송을 제기하여 다툴 수 있고, 행정심판을 청구하여 다툴 수도 있다. 행정심판위원회가 처분의 취소 또는 무효확인을 구하는 청구를 받아들이지 않았다면, 처분에 불복하여 다투는 자는 행정심판재결이 아니라 운전면허 취소처분 등 원래의 처분에 대하여 다시 항고소송을 제기하여 다툴 수 있다.

나. 원고적격

원고가 되어 법원에 재판을 청구할 수 있는 자격을 '원고적격'이라고 한다. 취소소송과 무효확인소송의 원고적격은 처분의 취소 또는 무효확인을 구할 법률상 이익이 있는 자에게 인정된다(「행정소송법」 제12조 전문, 제35조). '처분의 취소 또는 무효확인을 구할 법률상 이익이 있는 자'란 처분으로 인하여 법률상 이익이 침해된 자를 의미한다. 그리고 여기서 말하는 법률상 이익이란 처분의 근거법규 및 관련법규에 의하여 보호되는 개별적 · 직접적 · 구체적 이익을 말한다.[28)]

항고소송의 특징은 법률관계의 당사자가 아닌 제3자도 원고가 되어 처분의 취소 또는 무효확인을 구할 수 있다는 것이다. 성동구청장이 김한양에게 건축허가를 하였고, 건물부지의 인근에 거주하는 최나리가 건축허가 취소소송을 제기하여 다투고자 한다고 가정해보자(사례 2-3). 건축허가처분의 근거법규인 「건축법」에는 전용주거지역과 일반주거지역 안에서 건축하는 건축물의 높이는 일조 등의 확보를 위하여 정북방향의 인접 대지경계선으로부터의 거리를 고려하여 일정한 높이 이하로 하여야 한다는 규정이 있다(제61조 제1항). 위와 같이 근거법령에서 건축물의 높이를 제한하는 이유는 건축물을 둘러싼 환경을 보호하여 공공복리를 증진시키는 목적뿐만 아니라 인근주민의 일조권을 보호하고자 하는 취지도 있으므로, 인근주민의 일조권은 처분의 근거법규에서 보호하는 법률상 이익에 해당한다. 따라서 최나리는 위 건축허가에 따라 건물이 신축되면 건축부지의 바로 북쪽에 거주하는 자신의 일조권이 침해될 우려가 있음을 이유로 건축허가의 취소를 구할 원고적격이 인정된다. 그러나 만약에 최나리가 건축부지 남쪽에 거주하고 있어 건물 신축으로 일조권이 침해될 우려가 전혀 없다면 일조권 침해를 이유로 해서는 최나리에게 건축허가처분의 취소를 구할 원고적격이 인정될 수 없다.

[사례 2-3]

김한양은 일반주거지역 안에서 건물을 짓기 위해 건축허가를 신청하였고, 성동구청장은 위 신청을 받아들여 김한양에게 건축허가를 하였다.

최나리는 김한양이 위 건축허가를 받아 짓게 될 건물의 부지 인근에 거주하고 있다.

최나리는 위 건물 신축으로 자신의 일조권이 침해될 우려가 있다고 주장하며 건축허가처분에 대하여 취소소송을 제기하여 다투고자 한다.

건축법 제61조 ① 전용주거지역과 일반주거지역 안에서 건축하는 건축물의 높이는 일조 등의 확보를 위하여 정북방향(正北方向)의 인접 대지경계선으로부터의 거리에 따라 대통령령으로 정하는 높이 이하로 하여야 한다.

다. 소의 이익

취소소송이나 무효확인소송의 소 제기가 적법하려면 처분이 취소되거나 무효임이 확인되었을 때 원고가 얻을 수 있는 실질적인 이익이 있어야 한다. 이것을 '소의 이익'이라고 한다. 처분의 취소를 구할 법률상 이익이 인정되면, 즉 원고적격이 인정되면, 소의 이익도 인정되는 것이 일반적이다. 그러나 처분의 효과가 기간의 경과, 처분의 집행 그 밖의 사유로 인하여 소멸된 경우에는 어떠한가? 예를 들어, 위법건축물을 철거하라는 시정명령에 대하여 처분의 상대방이 취소소송으로 다투던 중 어떠한 이유에서든지 건축물이 철거되었다면 더 이상 처분의 취소를 구할 소의 이익이 인정되지 않는다. 철거명령이 취소되더라도 이미 철거된 건축물이 원상으로 회복될 수 없기 때문이다. 그러나 공무원을 파면하는 처분에 대하여 취소소송으로 다투던 중 원고가 정년에 도달하여 더 이상 공무원의 지위를 가질 수 없게 되었다 하더라도 여전히 파면처분의 취소를 구할 소의 이익이 있다. 파면처분이 취소되면 파면된 때부터 정년을 맞아 퇴직한 때까지 보수를 지급받을 권리가 인정되기 때문이다.[29)]

라. 피고적격

취소소송이나 무효확인소송은 다른 법률에 특별한 규정이 없는 한 그 처분을 행한 행정청을 피고로 한다(「행정소송법」 제13조 제1항, 제38조 제1항). 소송에서 당사자적격은 자연인이나 법인 등 권리를 향유하고 의무를 부담할 수 있는 주체에게 인정되고 법인의 기관에게는 당사자적격이 인정되지 않는 것이 일반적이다. 그러나 항고소송에서는 국가나 지방자치단체 등 행정주체가 아닌 행정청이 피고가 된다.

라. 제소기간

취소소송은 처분이 있음을 안 날부터 90일 이내에 제기하여야 한다. 다만 행정심판청구를 거친 경우에는 행정심판재결서 정본을 송달받은 날부터 90일 이내에 제기하여야 한다. 취소소송은 처분이 있은 날부터 1년을 경과하면 제기하지 못한다. 다만, 정당한 사유가 있는 때에는 그러하지 아니하다(「행정소송법」 제20조). 처분이 있은 날은 처분의 효력이 발생한 날을, 처분이 있음을 안 날은 통지, 공고 기타의 방법에 의하여 처분이 있었다는 사실을 현실적으로 안 날을 말한다.[30] 제소기간은 취소소송에만 요구되는 소송요건이다. 무효확인소송에는 제소기간을 제한하는 규정이 없다.

3 항고소송의 판결

가. 항고소송의 심리와 판결

취소소송과 무효확인소송이 소송요건을 갖춘 것으로 인정되면 법원은 사건의 본안으로 들어가 원고 청구가 이유 있는지를 심리한다. 취소소송에서는 당사자나 소송대리인의 변론과 증거조사를 거쳐 처분이 위법한지를 살피고, 처분이 위법하면 그 처분을 취소하는 판결을 선고한다. 처분이 위법하다는 원고의 주장이 이유 없으면 원고의 청구를 기각한다. 무효확인소송에서는 처분이 위법하고, 그 위법사유가 중대·명백한지를 판단하여 처분이 무효임을 확인하거나 원고의 청구를 기각한다.

나. 판결의 효력

처분을 취소하는 판결이 확정되면 처분은 처분이 있던 때로 소급하여 효력을 상실한다. 이러한 효력을 취소판결의 '소급효'라고 한다. 취소판결은 제3자에 대하여도 효력이 있다. 이를 취소판결의 '대세효'라고 한다(「행정소송법」 제29조 제1항). 사례 2－3에서 김한양에 대한 건축허가를 취소하는 판결이 확정되었다고, 즉 당사자가 더 이상 위 판결에 대하여 불복할 수 없는 상태에 이르렀다고 가정해보자. 그 확정판결의 소급효는 소송당사자인 최나리와 성동구청장 사이에서뿐만 아니라 건축허가신청인인 김한양, 나아가 모든 사람에게 미친다. 무효확인판결이 확정되면 처분은 원래부터 당연 무효인 것으로 인정되며, 이러한 효력은 제3자에 대하여도 미친다(「행정소송법」 제38조 제1항).

처분을 취소하거나 처분이 무효임을 확인하는 확정판결은 그 사건에 관하여 당사자인 행정청과 그 밖의 관계행정청을 기속한다(「행정소송법」 제30조, 제38조 제1항). 취소판결, 무효확인판결의 이러한 효력을 '기속력'이라고 한다. 취소판결을 중심으로 기속력을 설명하면 다음과 같다.

① 취소판결이 확정되면 행정청은 판결의 취지에 반하는 처분을 하여서는 안 된다. 사례 1-1에서 김한양이 음주운전을 하였다고 볼 증거가 없어 운전면허처분이 취소되었다면 서울특별시경찰청장은 김한양이 음주운전을 하였다는 이유로 다시 운전면허를 취소할 수 없다. 성동경찰서장이 면허정지처분을 할 수도 없다. 이와 달리 김한양이 음주운전을 한 사실은 인정되지만 재량권 행사가 위법함을 이유로 운전면허처분이 취소되었다면 성동경찰서장은 김한양의 음주운전을 이유로 운전면허정지처분을 할 수 있다. 다만, 서울특별시경찰청장이 다시 운전면허 취소처분을 할 수는 없다.

② 취소판결이 확정되면 행정청은 위법한 결과를 제거하는 조치를 하여야 한다. 공무원에 대한 파면처분이 취소되면, 행정청은 파면으로 공직을 수행하지 못한 기간 동안 지급되지 못했던 봉급을 지급하여야 한다.

③ 거부처분을 취소하는 판결이 확정되면 처분을 행한 행정청은 판결의 취지에 따라 다시 이전의 신청에 대한 처분을 하여야 한다. 신청에 따른 처분이 절차의 위법을 이유로 취소되는 경우도 마찬가지다(「행정소송법」 제30조 제2항,

제3항). 사례 2-1에서 김한양에 대한 건축허가 거부처분이 취소되면 김한양이 건축허가신청을 하였지만 성동구청장의 처분은 아직 없는 상태로 돌아가게 된다. 따라서 성동구청장은 김한양의 신청에 대해 응답을 하여야 한다. 그러나 성동구청장이 반드시 건축허가처분을 하여야 하는 것은 아니다. 성동구청장이 대지 소유권을 확보하지 못하였음을 이유로 건축허가를 거부하였으나 법원이 김한양에게 대지소유권이 있다고 판단하여 거부처분을 취소하였다고 가정해보자. 성동구청장이 같은 사유로 다시 건축허가를 거부할 수는 없지만 김한양이 일조권 확보를 위한 높이제한 규정을 위반하였다는 이유로 건축허가를 거부할 수는 있다. 새로운 사유로 건축허가를 거부하여도 취소판결의 기속력에 반하지 않는다. 또한 건축허가 거부처분 이후 사정변경이 생겨 김한양이 대지의 소유권을 잃게 되었다면 그러한 사정변경을 이유로 건축허가를 다시 거부하여도 취소판결의 기속력에 반하지 않는다.

4 집행정지

취소소송이나 무효확인소송이 제기되더라도 처분의 효력은 그대로 유지된다(「행정소송법」 제23조 제1항). 운전면허 취소처분에 대하여 취소소송을 제기하더라도 김한양은 취소판결이 확정될 때까지 운전을 할 수 없다. 태양광발전시설 설치를 위한 개발행위허가처분에 대하여 항고소송이 제기되어도 사업시행자는 발전시설 설치공사를 계속할 수 있으므로, 나중에 취소판결이나 무효확인판결이 확정되더라도 이미 훼손된 환경을 원상회복시키지 못할 수도 있다. 이러한 문제를 해결하기 위하여 임시로 처분의 집행이나 효력을 정지시킬 수 있는 수단을 '집행정지'라고 한다.

취소소송이나 무효확인소송이 제기된 경우에 처분의 집행 또는 절차의 속행으로 인하여 생길 회복하기 어려운 손해를 예방하기 위하여 긴급한 필요가 있다고 인정할 때에는 그 취소소송이 계속되고 있는 법원은 당사자의 신청 또는 직권에 의하여 처분의 효력이나 집행을 정지하는 결정을 할 수 있다. 다만, 집행정지로 공공복리에 중대한 영향을 미칠 우려가 있을 때에는 집행정지가 허용되지 않는다(같은 조 제2항, 제3항). 집행정지는 당사자가 소송에서 승소하고도 권리를 구제받지 못하는 문제를 막기 위해 인정되는 것이므로, 취소소송이나 무효확인소송의 원고가 소송에서 패소할 것이 명백한 경우에는 집행정지가 허용되지 않는다. 집행정지 제도는 사례 3과 같은 경우에 특히 의미가 있다. 2주의 집합금지기간이 지나기 전에 취소소송에서 판결이 선고되는 것은 불가능하므로, 처분의 집행을 정지할 수 없다면 소송이 계속되는 중에 집합금지명령의 집행이 완료되어 더 이상 처분의 취소를 구할 소의 이익이 없게 된다. 집행정지제도 덕분에 원고는 집합금지명령의 위법 여부에 대해 법원의 판단을 받을 기회를 가질 수 있게 된다.

참고문헌

김동희 · 최계영, 『행정법 I 』(제27판), 박영사, 2023.

김종보, 『행정법입문』, 피데스, 2016.

박균성, 『행정법강의』(제22판), 박영사, 2025.

박정훈, 『행정법의 체계와 방법론』, 박영사, 2005.

홍준형, 『시민을 위한 행정법 입문』, 박영사, 2018.

미주

1) 헌법재판소 1994. 6. 30. 선고 93헌바9 결정 등.
2) 행정의 일반원칙에 대한 상세한 설명은 박정훈, 행정법의 체계와 방법론, 박영사, 2005, 135면 이하 참조.
3) 헌법재판소 2020. 12. 23. 선고 2017헌마416 결정 참조.
4) 대법원 2000. 2. 25. 선고 99두10520 판결 참조.
5) 대법원 2009. 9. 10. 선고 2007두20638 판결 등 참조.
6) 대법원 2024. 7. 18. 선고 2022두43528 전원합의체 판결 참조.
7) 대법원 2007. 6. 14. 선고 2004두619 판결 참조.
8) 대법원 2017. 7. 11. 선고 2016두35120 판결.
9) 직권취소는 처분이 위법함을 이유로 행정청이 그 효력을 소급하여 제거하는 것을 말하고, 철회는 처분을 둘러싼 사정이 변경되어 더 이상 처분을 유지하는 것이 부적절함을 이유로 그 효력을 장래에 향하여 없애는 것을 말한다(「행정기본법」 제18조, 제19조 참조).
10) 이러한 문제를 행정법 교과서에서는 공정력과 선결문제라는 제목으로 설명하고 있다.
11) 대법원 2001. 2. 9. 선고 98두17593 판결, 대법원 2014. 4. 10. 선고 2012두16787 판결, 대법원 2020. 10. 15. 선고 2019두45739 판결 등.
12) 건축허가가 있으면 「국토의 계획 및 이용에 관한 법률」에서 정하는 개발행위허가도 함께 받은 것으로 의제되는 대신, 행정청이 건축허가 요건을 심사할 때 개발행위허가의 요건을 갖추었는지도 함께 심사하게 된다. 이것을 '인허가의제'라고 한다. 본문에서는 초심자들의 이해를 돕기 위해 관련 규정을 단순화하여 소개하였다.
13) 대법원 2006. 11. 9. 선고 2006두1227 판결 등 참조.
14) 대법원 2005. 7. 14. 선고 2004두6181 판결, 대법원 2012. 12. 13. 선고 2011두29205 판결 등 참조.
15) 헌법재판소 2017. 5. 25. 선고 2016헌가6 결정.
16) 「도로교통법」 제93조 제1항은 시 · 도경찰청장이 운전면허를 취소하거나 면허의 효력을 정지할 수 있는 23개의 행위를 나열하고, 단서에서 그 23개의 행위 중 '운전면허를 받은 사람이 다른 사람의 자동차를 훔친 경우' 등 몇 가지에 대하여는 운전면허를 취소하여야 한다고 규정하고 있었다. 헌법재판소는 위 단서가 위 경우에 행정

청이 면허취소와 정지 중에서 적절한 제재수단을 선택할 재량을 부여하지 않은 것이 위헌이라고 선언한 것이므로, 위 단서 중 '운전면허를 받은 사람이 다른 사람의 자동차를 훔친 경우' 부분만 무효가 된다. 따라서 시 · 도경찰청장은 운전면허를 받은 사람이 다른 사람의 자동차를 훔친 경우 제반 사정을 고려하여 면허취소 또는 정지 중에 적절한 제재수단을 선택하여야 한다. 위와 같은 재량판단 없이 이미 무효가 된 위 단서 조항을 근거로 면허취소처분을 하였다면 그 처분은 무효인 법률에 근거한 것이어서 위법하다.

17) 대법원 1985. 7. 23. 선고 84누419 판결; 대법원 1995. 7. 11. 선고 94누4615 전원합의체 판결 등.

18) 대법원 1995. 7. 11. 선고 94누4615 전원합의체 판결 등 참조.

19) 대법원 2020. 2. 27. 선고 2017두37215 판결.

20) 헌법재판소 2025. 4. 10. 선고 2020헌마1437 등 결정 참조(헌법재판소는 위 「도로교통법 시행규칙」 규정이 헌법에 반하지 않는다고 결정하였다).

21) 「국토의 계획 및 이용에 관한 법률」 제58조 및 「국토의 계획 및 이용에 관한 법률 시행령」 제56조의 개발행위허가기준을 단순화하여 소개한 것이다.

22) 대법원 2020. 8. 27. 선고 2019두60776 판결 참조.

23) 대법원 2019. 10. 31. 선고 2013두20011 판결 등 참조.

24) 헌법재판소 2006. 12. 28. 선고 2005헌바59 결정 참조.

25) 대법원 2016. 11. 9. 선고 2016두45578 판결 등 참조.

26) 대법원 2003. 11. 28. 선고 2003두674 판결 참조.

27) 대법원 1993. 2. 12. 선고 91다43466 판결 참조.

28) 대법원 2006. 3. 16. 선고 2006두330 전원합의체 판결.

29) 대법원 2012. 2. 23. 선고 2011두5001 판결 등 참조.

30) 대법원 2014. 9. 25. 선고 2014두8254 판결 등 참조.

PART

3

민사법

CHAPTER

1

민법

제1절

민법총칙

Ⅰ. 민법 조감하기

1 민법이란 무엇인가?

누가 '민법'이란 무엇인가? 라고 질문을 하게 되면 이에 대해 2가지의 답이 있을 수 있다. 하나는 사법(private law)의 일반법, 즉 사법적 생활관계를 규율하는 일반법이라고 답할 수 있다. 이를 강학상 실질적 의미의 민법이라고 한다. 또 다른 대답은 1960년 1월 1일부터 시행되고 있는 현행 민법전이라고 할 수 있다. 이를 형식적 의미의 민법이라고 한다. 우선 형식적 의미의 민법이라고 할 수 있는 민법전은 1118개 조문으로 구성된 단일 법전이다. 현행 법률 중에서 가장 많은 조문을 가지고 있는 법률이 민법전이다. 민법은 사람이 태어나서부터 사망에 이르기까지 겪게 되는 사법적 법률관계를 담고 있다. 민법전의 구성에 대해서는 나중에 살펴보겠지만, 사람의 일생에서 겪게 되는 사법적 법률관계를 1118개 조문으로만 모두 규율하는 것은 불가능하다. 그래서 민법전을 기본으로 하면서도 세부적인 사법적 법률관계를 규율하기 위해 여러 민사특별법들이 필요하다. 예컨대 일반 시민이 자전거를 사고팔 때에는 민법의 적용을 받지만, 상인이 영업으로 자전거를 사고팔 때에는 상법의 적용을 받는다. 상법은 사법적 법률관계 중에서 상거래에 관한 법인데, 대표적인 민법의 특별법이다. 상법은 또다시 워낙 범위가 넓다보니 독자적인 법영역을 형성하고 있다. 강학상으로도 그러하고 변호사시험 등에서도 상법은 민법과는 별도의 과목으로 다루어지고 있다. 그렇지만 그 뿌리는 민법에 기반을 두고 있다. 한편 민사에 관한 특별법이면서도 민법전을 구체화하는 특별법들이 많이 있다. 예컨대 대가를 지불하고 물건을 빌려 쓰는 법률관계를 임대차라고 하는데 민법전에도 임대차에 관한 규정이 있지만, 물건 중에서 특히 주택의 임대차의 경우는 다른 물건과는 달리 사람의 주거생활의 안정이라는 보다 높은 보호 가치가 있기 때문에 「주택임대차보호법」이라는 특별법을 통해 임차인을 보호하고 있다. 말하자면 주택임대차보호법은 민법의 특별법이지만, 상법처럼 독자적인 영역을 구축하는 특별법이 아니라 민법전의 외피를 싸고 있는 특별법이라고 할 수 있다. 또 다른 예로 부동산을 매매하는 경우 매수인은 부동산에 관한 등기를 하여야 소유권을 취득하게 되는데, 민법은 부동산의 취득을 위해서는 등기가 필요하다고만 규정하고 있고(민법 제186조 참조) 등기를 어떻게 해야 하는지는 「부동산등기법」에서 정하고 있다. 즉, 부동산등기법도 민법전의 외피를 싸고 있는 특별법이라고 할 수 있다. 요컨대 민법전을 중심으로 하면서 민법전의 외피를 둘러싸면서 민사관계를 규율하는 각종 특별법도 실질적 의미의 민법이라고 할 수 있다. 대학에서 혹은 로스쿨에서 '민법'이라는 과목으로 개설되는 강의 혹은 변호사시험에서 치게 되는 '민법'은 형식적 의미의 민법(즉, 민법전)을 넘어서 실질적 의미의 민법을 의미한다. 그렇기 때문에 '민법'이라는 과목은 대단히 넓은 범위를 차지하고 있다.

2 민법의 역사

우리나라는 언제부터 '민법'을 가지게 되었을까? 결론부터 말하자면 우리나라는 일제 강점기에 들어서 민법을 접하게 되었다. 그렇다면 그 이전에는 민사관계에 관하여 관습법 등의 불문법(不文法)의 상태로 존재하였던 것이다. 우리에게 익숙한 조선시대의 대표적 법률인 경국대전(經國大典)은 오늘날 행정법과 형법에 해당하는 공법 중심의 법전이다. 1910년 8월 29일 일제는 대한제국을 강제로 병합하면서 「조선에 시행할 법령에 관한 건」을 발포한다. 원래 법률은 의회가 제정해야 하는 것이지만 당시 대한제국에는 의회가 없었기 때문에 일제의 강제병합에 의해 한반도에 시행할 법률은 조선총독부 총독의 명령[1])으로 대체될 수 있도록 한 것이다. 그로부터 2년 후인 1912년 3월 조선총독부는 제령 제7호로 「조선민사령」을 제정하여 시행하였다. 조선민사령은 내용상 당시 일본 민법전을 그대로 답습한 것이다. 이 때문에 조선민사령을 강학상 '의용(依用)민법'이라 부른다. 1960년 1월 1일부터 시행된 현행 민법전을 편의상 '신민법'이라 하여 이를 구별하기 위해 조선민사령은 '구민법'이라고 부른다. 우리 민법의 역사는 관습법을 제외한다면 좋든 싫든 일제에 의해 시행된 조선민사령을 통해 시작된 셈이다.

그렇다면 당시 일본은 어떻게 민법전을 만들게 되었는가? 그 역사는 추급하면 로마법시대에 이르게 된다. 로마법의 역사는 기원전으로 소급하지만, 우리가 흔히 '로마법'이라고 부르는 것은 AD 527년부터 565년까지 동로마제국의 유스티니아누스(Justiniaus)황제가 제정한 로마법대전(Corpus Iuris Civilis)을 의미한다. 로마법대전은 유스티니아누스 황제 이전의 칙법을 모든 Codex(칙법휘찬), 당시의 법학교과서라고 할 수 있는 Institutiones(법학제요), 유스티니아누스 황제 이전의 법학자들의 학설을 모은 Digesta(학설휘찬) 그리고 유스티니아누스 황제 자신의 칙법을 집성한 Novellae(신칙법)으로 구성되어 있다. 그렇지만 로마법대전은 오랜 기간 잊혀 있다가 11세기말 이탈리아 북부 볼로냐(Boldgna) 대학에서 법학을 가르치면서 부활하게 된다. 이때 전 유럽에서 법학공부를 위해 볼로냐로 유학을 온 학생들은 유스티니아누스 황제가 편찬한 로마법을 배우게 되고 이후 자신의 나라로 되돌아가 로마법의 원리에 따라 재판을 하게 됨으로써, 유럽 전역에는 자연스럽게 로마법의 토양이 형성된다. 그런데 그러한 로마법의 원리를 한데 묶어 이를 조문화(Code)하여 근대 민법전으로 체계화 한 사람은 나폴레옹(Napoleon)이다. 1789년 자유, 평등, 박애를 기치로 하여 프랑스에서 혁명이 일어나고 1799년 나폴레옹이 집권하면서 1807년 세계 최초의 근대 민법전이라고 할 수 있는 나폴레옹 민법전(Code Napoleon)이 탄생하게 된다. 나폴레옹 민법이 로마법의 영향을 많이 받은 것은 물론이다. 그것은 프랑스민법전의 편제가 로마법대전의 법학제요의 체계에 따라 「사람에 관한 법」, 「물건에 관한 법」, 「재산권 취득에 관한 법」으로 구성되어 있는 것에서도 알 수 있다. 프랑스민법과 같은 편제를 인스티투치오넨시스템(Institutionensystem)이라 한다. 프랑스 민법이 제정될 상시 독일은 영방(領邦)국가

상태로 분열되어 있어서 민법전의 제정은 1871년 비스마르크에 의해 독일이 통일되고 나서 착수하게 되어, 1874년부터 몇 차례의 준비과정을 거쳐 1896년에 공포되고 1900년 1월 1일 독일민법전(BGB)이 시행된다. 독일민법전의 특색은 로마법의 요소와 게르만법의 요소가 서로 혼합되어 있다는 점이다. 특히 독일민법전의 구성은 「총칙」, 「채권법」, 「물권법」, 「친족법」, 「상속법」으로 구성되어 있다. 이를 판덱텐시스템(Pandektensystem)이라고 한다. 우리 민법뿐만 아니라 일본민법도 이러한 독일식의 편제를 따르고 있다. 한편 일본은 1868년 메이지유신을 계기로 근대화의 길을 추구하면서 민법전 제정작업에 착수하게 된다. 처음에는 당시 최초의 근대민법전이었던 프랑스민법전(나폴레옹민법전)을 그대로 번역하여 사용하려할 정도로 프랑스민법의 채택에 적극적이었다. 그러나 프랑스민법전이 당사의 일본 사회와 어울리지 않는다는 이유로 새로운 법전을 제정하려는 시도를 계속하다가 결국 프랑스민법전과 당시 가장 최신 모델이었던 독일민법전 제1초안을 참작하여 1898년 일본민법전을 제정하였다. 이때 제정된 일본민법전이 1912년 제령제7호를 통해 우리나라에는 「조선민사령」이란 이름으로 들어오게 된 것이다. 현행 민법전은 구민법인 「조선민사령」과 상이한 점도 많지만 유사한 부분도 상당히 많다. 그 이유는 우리 민법이든 일본민법이든 혹은 독일민법이든 프랑스민법이든 직간접적으로 로마법의 영향을 많이 받았기 때문이다. 특히 민법 중 재산법은 인간의 합리적이고 이성적인 판단을 전제로 하기 때문에 전세계 어디서나 비슷한 원리가 적용된다. 예컨대 우리가 유럽여행을 가서 그 나라의 법을 모르더라도 물건을 구매하는 데 별 어려움이 없는 것은 '매매'라는 계약에 대해서는 전세계 어디서나 합리성에 기초하여 보편적으로 규율하고 있기 때문인데, 그 바탕에는 로마법의 원리가 깔려있다.

그렇다면 우리 현행 민법전은 언제 만들어진 것일까? 한일합방 후 1912년에 한반도 전역에 시행된 조선민사령은 적어도 1945년 해방되기까지는 시행되었을 것임은 충분히 추측할 수 있다. 그렇다면 해방이후는 어떻게 되었을까? 유감스럽게도 나라는 해방되었지만 조선민사령은 해방이후에도 계속 사용된다. 이를 대체할 다른 법률이 없었기 때문이다. 특히 1948년 8월 15일 대한민국이 건국되고서도 민법은 여전히 이른바 의용민법을 사용하였던 것이다. 이후 일본의 영향을 벗어난 우리 고유의 민법전을 만들고자 하였으나, 민법제정작업 중 한국동란이 발발하여 민법제정작업은 종전 후에야 가능하게 되었다. 이러한 우여곡절 끝에 현행 민법전은 1958년 2월 22일 법률 제 471호로 제정되어 1960년 1월 1일부터 시행되고 있다.

3 민법의 기본원리

1807년 프랑스의 나폴레옹민법전(Code Napoleon), 1896년 독일 민법전(BGB), 1898년 일본민법전 등 우리 민법의 계보를 이해하기 위해 다른 나라 민법의 제정 역사를 살펴보았다. 그런데 이것은 단순히 과거의 이야기가 아니다. 1807년 제정된 나폴레옹민법전(Code Napoleon)은 현행 프랑스민법전이다. 200년을 훨씬 거슬러 파리 앵발리드에 묻혀있는 나폴레옹이 오늘날 프랑스 시민의 일상적인 삶을 규율하는 방대한 민법전을 제정하였다는 것은 놀라운 일이다. 물론 시대의 변화에 따라 그동안 여러 차례 민법이 개정되기는 하였지만, 큰 골격은 그대로 유지되고 있는 것이다. 1896년 독일 민법전(BGB)과 1898년 일본민법전도 역시 현행 독일 민법이고 현행 일본민법이다. 그렇기 때문에 이를 단순히 과거의 역사로 보아서는 안된다.

그렇다면 19세기 당시 제정된 이른바 근대 민법전은 어떠한 원리를 담고 있는 것일까? 여기에는 세 가지 원리가 작동하고 있다. 첫째는 사적자치의 원칙이다. 민법전 속에 등장하는 인간은 모두 합리적이고 이성적이기 때문에 자신의 유·불리를 정확하게 판단할 수 있는 능력을 가지고 있어서 법률관계를 형성하는 데에 국가나 기타 공권력은 이에 개입하지 말고 당사자의 자율적인 의사에 맡겨야 한다는 원칙이다. 법률관계는 특히 계약에 의해 많이 형성되므로 이를 「계약자유의 원칙」이라고도 한다. 둘째는 「사유재산존중의 원칙」이다. 봉건사회와 달리 민법에서는 개인이 타인의 권리나 이익을 침해하지 않는 범위 내에서 자신의 노력으로 얻은 재산은 그 소유를 인정해주고 국가나 다른 사람이 함부로 간섭하거나 제한하려 해서는 안 된다는 원칙이다. 셋째는 「과실책임의 원칙」이다. 이는 비록 타인에게 손해가 발생하였다 하더라도, 그것이 자기의 고의 또는 과실로 인하여 발생한 것이 아닌 한, 그 손해를 배상할 책임을 지지 않는다는 원칙이다. 근대 민법전은 이 세 가지 원칙을 토대로 하여 사인간의 법률관계에 적용되는 규범을 체계화한 것이다. 19세기부터 20세기 초에 이르기까지 각국은 위 세 가지 원칙을 담은 민법전을 제정하였는데, 자신의 책임 하에 노력한 만큼 재산을 늘릴 수 있도록 법률이 이를 보장함으로써 자본주의는 비약적으로 발전하게 된다. 그렇지만 자본주의가 심화될수록 그에 따른 부작용도 커졌다. 예컨대 사적자치의 원칙 또는 계약자유의 원칙이라는 미명 아래 대기업이나 독점기업이 일방적으로 정한 계약조건에 노동자나 소비자는 어쩔 수 없이 수용해야 하는 일들이 비일비재하게 되었다. 이에 따라 20세기 중반에 접어들면서 민법의 기본원리에도 수정이 가해졌다. 즉 '계약의 자유'에서 '계약의 정의'로 관점이 옮겨졌으며, 사유재산권도 무한정 인정되는 것이 아니라 그 행사에 공공복리에 적합하도록 요구받게 되었다. 또한 과실책임주의에 대해서도 사회가 산업화 · 과학화됨에 따라 피해자의 증명책임의 부담을 완화해주어 과실이 없더라도 피해자에게 손해배상을 인정하는 특별법들이 등장하게 되었다. 그렇지만 유의할 것은 이러한 민법의 기본원리가 문제된 부분에 한해서만 '수정' 되었을 뿐 근본적으로 변경되거나 폐기된 것은 전혀 아니며 오늘날에도 여전히 민법을 지탱하는 가장 핵심적인 원리이다.

4 민법의 구성

가. 판덱텐시스템

민법이 위에서 본 3대 원리에 의해 작동되는 것은 각국의 민법이 공통적이라 하더라도 민법의 구성체계를 어떻게 할 것인가는 나라마다 다르다. 영국과 미국은 아예 성문법으로 된 민법이 없다. 그들에게는 사법적 법률관계를 다룬 판례가 민법에 해당한다. 그래서 이들 국가를 판례법국가라고 한다. 물론 민법만 그러할 뿐, 다른 법률에서는 그들도 성문법을 가지고 있다. 한편 영국이나 미국과 달리 많은 나라들은 성문의 조문으로 구성된 민법전을 채택하고 있다. 프랑스는 인스티투치

오넨시스템을 그리고 독일은 판덱텐시스템을 취하고 있음을 앞서 설명하였다. 우리나라는 독일의 판덱텐시스템을 취하고 있다. 이에 따라 우리 민법전은 제1편 총칙, 제2편 물권, 제3편 채권, 제4편 친족, 제5편 상속으로 구성되어 있다.[2] 강학상 물권법과 채권법을 재산법이라고 하고 친족법과 상속법을 합하여 가족법이라고 부른다.

판덱텐시스템의 가장 큰 특징은 공통적인 원리를 추출하여 이를 총칙(allgemeiner Teil)이라고 하여 앞에서 미리 규정한다는 점이다. 즉, 민법전 제1편 총칙은 이후에 전개되는 물권편, 채권편, 친족편, 상속편에서 공통적으로 적용되는 원리를 모아 둔 규정들로 되어 있다. 이러한 방식은 제1편 총칙에 그치지 않는다. 예컨대 제2편 물권에서도 8개의 물권에 적용되는 공통된 원리를 제1장 총칙(강학상 '물권총칙')에서 규정하고 있다. 또한 제3편 채권에서도 계약(제2장), 사무관리(제3장), 부당이득(제4장), 불법행위(제5장)와 같은 채권의 발생원인에 공통적으로 적용되는 원리를 한데 묶어 제1장 총칙(강학상 '채권총칙')으로 두고 있으며, 제2장 계약은 다시 다양한 계약유형에 적용될 공통된 원리를 추출하여 제1절 총칙(강학상 '계약총칙')을 두고 있다. 판덱텐시스템에서 '총칙'이란 단순히 기본개념을 의미하는 것이 아니라 법규전체에 적용되는 공통의 원칙을 뽑아둔 것이기 때문에 가장 중요하면서도 이해하기 어렵다. 초학자들이 민법총칙을 민법을 공부하기 위한 기초단계쯤으로 오해하는 경우가 있는데, 민법총칙이야말로 민법 전반을 통틀어서 가장 중요하면서도 어려운 부분임을 강조한다.

나. 민법총칙의 구성

민법총칙은 총 7개 장(章), 즉 제1장 통칙, 제2장 인, 제3장 법인, 제4장 물건, 제5장 법률행위, 제6장 기간, 제7장 소멸시효로 구성되어 있다.

이 중에서 제1장 통칙은 민법총칙 중에서 다시 기본적인 사항을 추출하여 앞부분에 둔 것이다. 여기에는 제1조 법원(法源)과 제2조 신의성실에 관한 규정하고 있다. 제1조에서 법원(法源)이란 민사와 관련한 법률분쟁이 발생하였을 때 어떠한 규범을 적용해서 해결해야 하는지를 제시하고 있다. 이에 대해 우리 민법 제1조는

"민사에 관하여 법률에 규정이 없으면 관습법에 의하고 관습법이 없으면 조리에 의한다"고 하여 법률[3], 즉 성문의 규정이 가장 먼저 적용되고 만약 그것이 없으면 관습법을 찾아 이를 문제해결에 적용해보고 만약 그것조차 없으면 조리(條里)에 의해서라도 문제를 해결하라고 제시하고 있다. 관습법이나 조리는 성문의 규정이 아닌 쓰여 있지 않은 법 이른바 불문법(不文法)에 해당한다. '법률 없으면 범죄없고 법률 없으면 형벌없다'고 하는 죄형법정주의가 적용되는 형법과는 달리, 민법에서는 민사관계에 해당하는 사안이라면 성문의 법규뿐만 아니라 불문법에 해당하는 관습법이나 사물의 이치를 의미하는 조리를 동원해서라도 끝까지 해결을 해야 한다는 것이 민법이 가지고 있는 큰 특징이다.

민법 제2조는 제1항에서 "권리의 행사와 의무의 이행은 신의에 좇아 성실히 하여야 한다."고 하여 신의성실의 원칙(줄여서 '신의칙')을 규정하고 있다. 이 원칙 또한 로마법에서 기원하고 있으며 이를 처음으로 민법전에서 규정한 것은 프랑스민법전(나폴레옹 민법전)이다. 비록 법에서 인정되는 권리라고 하더라도 그 권리의 행사가 신의칙에 어긋나게 되면 그 권리의 효력을 인정하지 않게 된다. 이때의 권리나 의무는 당연히 민사관계에서 발생하는 권리와 의무를 의미하지만, 신의칙은 이제 민법뿐만 아니라 노동법, 민사소송법, 행정법 등 공법분야에서도 적용되는 기본원칙으로 자리 잡았다.

제1장 통칙을 제외한 나머지 장을 설명한다. 민법총칙은 주어, 목적어, 동사로 구성된 하나의 문장으로 생각하면 이해하기 쉽다. 예컨대 '그는 자전거를 판다' 혹은 '법인이 토지를 산다'라는 문장을 생각해보자. 여기서 제2장 인(人)과 제3장 법인은 '주어'에 해당하는 것을 다루고 있다. 강학상 이를 권리주체론이라고 한다. 제4장은 목적어에 해당하는 자전거 혹은 토지 등과 같은 해당하는 물건을 다루고 있다. 강학상 이를 권리객체론이라 한다. 제5장은 무엇을 '판다' '산다'와 같은 권리의 발생 · 변경 · 소멸을 내용으로 하는 법률행위를 다루고 있다. 이를 강학상 권리변동론이라 한다. 제6장 기간이나 제7장 소멸시효도 권리의 발생 · 변경 · 소멸과 관련된 것이기에 권리변동론의 범위에 포함된다. 아래에서는 권리주체, 권리객체, 권리변동의 순으로 좀 더 자세히 살펴본다.

Ⅱ. 권리주체론

1 권리주체의 의의

권리주체란 권리를 향유할 수 있는 주체를 의미한다. 다른 말로는 권리가 귀속될 수 있는 자가 권리주체이다. 법에서는 권리와 의무는 동전의 앞뒷면과 같기 때문에 권리의 주체는 곧 의무의 주체이기도 하다. 정확히는 권리 · 의무주체라고 해야겠지만, 권리주체라고 하더라도 의무주체의 의미도 당연히 포함한다.

민법에서는 「능력」이라는 용어가 자주 등장하는데(제2장 제1절 제목 참조), 민법 제3조에는 권리능력이라는 표현이 나온다. 권리능력이란 권리의 주체가 될 수 있는 지위 또는 자격을 말한다. 이를 '인격' 또는 '법인격'이라고도 한다. 권리능력은 당연히 의무능력을 포함하는 의미이다. 권리능력을 가지는 자를 '권리능력자'라고 하고 이는 곧 권리주체와 같은 의미로 쓰인다. 그렇다면 민법에서 권리주체 또는 권리능력자는 누구를 의미하는가? 제2장은 인(人)에 대하여 그리고 제3장은 법인에 대하여 규율하고 있는데, 제2장의 인(人)은 맥락상 자연인, 즉 사람을 의미한다. 그리 보면 우리 민법은 자연인과 법인을 권리주체 또는 권리능력자로 인정하고 있다.

2 자연인

가. 사람과 태아

민법 제3조는 "사람은 생존한 동안 권리와 의무의 주체가 된다"고 하여 사람, 즉 자연인이 권리능력을 가지게 되는 기간에 대해 정하고 있다. 민법 제3조의 제목은 [권리능력의 존속기간]으로 되어 있지만, 이는 단순히 권리능력을 향유하게 되는 '기간'의 문제만을 규정한 것으로 봐서는 안 되고, 사람이라면 성별 · 연령 · 종교 · 기타 사회적 신분의 구별없이 누구나 평등하게 권리능력을 가지게 됨을 의미한다. 오늘날의 시각에서는 너무나 당연한 이치인 듯하지만, 모든 사람이 평등한 권리능력을 가지게 된 것은 그리 오래된 일은 아니다. 근대 민법전이 제정되면서 모든 사람에게 권리능력이 인정되었지만, 제2차 세계대전 당시 독일에서는 국가사회주의에 기여할 수 있는 자만이 완전한 권리능력을 가지고 그렇지 않은 자들은 제한적인 권리능력만을 가진다는 이론이 횡행하기도 하였다.

어떻든 우리 민법은 모든 사람은 "생존한 동안" 완전한 권리능력을 가지게 되는데, 여기서 사람은 언제부터 사람이라고 할 수 있고 반대로 언제부터 사람이 아닌 존재가 되는지가 문제된다. 강학상 이를 권리능력의 시기(始期)와 종기(終期)라고 표현한다. 우리 민법은 사람의 시기에 대해 언급하지 않았다. 참고로 독일 민법은 제1조에서 "사람의 권리능력은 출생이 종료(Vollendung der Geburt) 된 때부터 시작된다."고 하여 사람의 시기를 규정하고 있다. 이때 출생의 종료란 태아가 모체로부터 밖으로 전부 드러난 때로 보는 것이 통설이다(전부노출설). 사람이 살아서 출생하기만 하면 성별, 기형 또는 정형, 조산 또는 지산, 쌍생 또는 3생 등을 묻지 않고 모두 동등한 권리능력을 가진다. 갓 출생한 아기라 하더라도 성인과 동등한 권리능력을 가진다. 그 아기도 성인과 마찬가지로 증여받은 부동산을 소유할 수 있는 능력을 가질 수 있다. 그렇지만 그 아기가 성인처럼 스스로 부동산을 매도할 수 있는 능력은 없다. 이것은 의사능력 및 행위능력의 문제이다. 이것은 뒤에서 설명한다.

그렇다면 사람으로 태어나기 이전단계, 즉 태아에 대해서는 아직 사람이 아니라는 이유로 아무런 권리능력을 인정하지 않을 것인지가 문제된다. 여기에는 두 가지 입법례가 존재한다. 우선 태아의 보호를 위하여 모든 법률관계에 있어서 일반적으로 태아가 출생한 것으로 보는 입법태도이다. 과거 로마법과 스위스민법이 채택한 것으로 「일반적 보호주의」라고 한다. 이에 의하면 태아는 출생한 사람과 동등한 권리능력이 인정된다. 이와 달리 예외적으로 중요한 법률관계에 관하여서만 개별적으로 태아가 출생한 것으로 보는 입법태도를 「개별적 보호주의」라고 한다. 독일, 프랑스, 일본 및 우리나라 민법이 채택하고 있다. 우리 민법에서는 불법행위로 인한 손해배상청구권(제762조), 재산상속(제1000조 제3항), 대습상속(제1001조), 유증(제1064)에 있어서는 태아에게도 개별적인 권리능력을 인정하고 있다. 만약 태아에게 이와 같은 권리능력을 인정하지 않는다면 어떤 일이 발생할까? 예를 들어 산모의 출산진통이 시작되었다는 소식을 듣고 태아의 아버지가 병원으로 가던 중 병원 앞 횡단보도를 건널 때 마침 신호를 위반하여 돌진한 차에 치여 현장에서 사망하고, 불과 몇 분 후 태아가 출생하였다고 가정해보자. 민법 제1000조 제3항은 "태아는 상속순위에 관하여는 이미 출생한 것으로 본다"라고 되어 있는데, 만약 이 조문이 없다면, 태아의 아버지가 사망한 당시에는 태아는 아직 사람이 아니기 때문에 아무런 상속을 받게 되지 못하게 될 것이고, 혹시 아버지가 사망한 직후에 태어났다면 이때는 사람이므로 상속을 받을 수 있게 된다. 불과 몇 분 차이에 사람으로서의 지위와 사람 아닌 태아로서의 지위로 나뉘어서 상속을 받을 수도 있고 못 받을 수도 있다면 이는 불합리하다. 그래서 우리 민법은 태아에게도 사람과 똑같은 권리능력을 인정하지는 않지만 중요한 법률관계에 대해서는 이미 출생한 것으로 봄으로써 태아를 보호하고 있다.

나. 권리능력의 종기

(1) 사망

사람의 권리능력이 끝나는 때(종기)는 언제인지에 대해서도 민법은 규정하지 않았다. 사람은 '생존하는 동안' 권리능력을 가지므로 사람이 생존하지 않게 된 때, 즉 사망에 의해 사람의 권리능력은 소멸한다. 사람이 사망하게 되면 죽은 당사자는 권리능력을 상실하므로 그에게 아무런 권리 · 의무의 귀속이 일어나지 않게 되지만, 사망한 자와 일정한 신분관계나 법률관계를 가진 자에게는 그의 사망에 의해 여러 법률효과가 주어지게 된다. 예컨대 사람이 사망하게 되면 상속이나 유언의 효력이 발생하고 잔존배우자는 재혼을 할 수 있게 되고 생명보험청구권이나 연금청구권이 발생한다. 따라서 사람이 언제 사망하였는지를 정하는 것은 이해관계자들에게는 매우 중요한 문제이다. 일반적으로 사람의 맥박이 멈추어 더 이상 작동하지 않을 때 사망한 것으로 판단하게 된다(맥박종지설). 그런데 현대의학에서는 뇌사상태에 빠지게 되면 더 이상 생명유지가 불가능한 것으로 판단하여 뇌사를 사망시점으로 보아야 한다는 주장이 설득력을 얻고 있다. 이는 뇌사상태를 사망으로 판정하여 뇌사자의 장기 적출을 가능하도록 함으로써 장기이식을 도모하기 위한 의도가 깔려있다. 우리나라에서는 「장기등 이식에 관한 법률」에서 엄격한 요건 하에서 예외적으로 뇌사를 사망으로 인정하고 있다.

(2) 실종선고와 인정사망

사람이 사망하였다는 것은 그 시신의 존재가 확인되었다는 것을 의미한다. 그런데 치명적인 인명사고가 발생하여 사망의 가능성이 크지만 생사여부를 확인할 수 없어 사망판정을 할 수 없다면 이해관계자에게는 큰 고통일 수 있다. 이에 따라 법은 일정한 요건 하에 사람의 사망에 갈음하는 제도를 두고 있다. 실종선고와 인정사망 제도가 그것이다. 사람이 집을 나서 오랫동안 아무런 소식도 없이 귀가하지 않아 생사가 불분명한 경우도 있고, 추락한 비행기에 탑승한 것은 분명하지만 시신이 발견되지 않아 생사가 불분명한 경우도 있다. 생사가 불명한 자를 법에서는 부재자라고 한다. 실종선고는 부재자의 생사불명의 상태가 일정기간 계속된 경우에 이해관계인이나 검사의 청구에 의해 가정법원의 선고에 의하여 사망으로 의제(간주)하는 제도이다. 민법은 가출한 사람이 돌아오지 않는 경우와 같은 일반실종의 경우는 5년간 생사가 분명하지 아니한 때 그리고 전지에 임한 자, 침몰한 선박중에 있던 자, 추락한 항공기 중에 있던 자 기타 사망의 원인이 될 위난을 당한 자의 생사가 전쟁종지 후 또는 선박의 침몰, 항공기의 추락 기타 위난이 종료한 후 1년간 분명하지 아니한 때에 이해관계인이나 검사가 가정법원에 실종선고를 청구하게 되면 가정법원이 이에 대해 6개월 이상 실종선고심판을 알리는 공시최고를 하여 그 기간동안 소식이 없으면 사망한 것으로 간주하게 된다. 그러면 부재자는 사망한 것으로 간주되면서 이해관계인은 상속, 유증, 재혼, 보험금청구 등을 할 수 있게 된다.

부재자를 사망으로 처리하기 위해서는 원칙적으로 실종선고 제도를 이용하여야 한다. 실종선고는 법원의 심판에 의해 결정되는 만큼 상당한 시간이 소요된다. 그런데 수해, 화재나 그 밖의 재난으로 인하여 부재자가 발생하였는데, 사망의 확정(시신의 발견 · 확인 등)은 없지만 사망한 것이 확실하다고 생각되는 경우에는, 그 재해를 조사한 관공서의 사망보고에 의하여 가족관계등록부의 기재에 의해 사망한 것으로 인정하는 제도를 인정사망이라 한다(가족관계등록법 제87조 참조). 관공서의 인정사망에 의해 부재자는 사망한 것으로 '추정'되지만, 인정사망이 사실과 다르다는 증거가 있으면 인정사망은 당연히 효력을 상실하게 된다. 인정사망은 일종의 실종선고에 관한 약식절차 내지 "간이한 실종선고"와 같은 기능을 하고 있다.

《'간주'와 '추정'》

'간주'와 '추정'은 문제가 된 사실을 실제 확인할 수는 없지만, 법에 의해 일응 그러한 사실이 있는 것으로 효과를 부여하는 법률용어라는 점에서는 공통점이 있다. 그렇지만 양자는 어느 정도의 효과를 부여하느냐에 대해 차이가 있다. 추정의 경우에는 명확하지 않은 사실에 대해 일단 그 사실이 존재하는 것으로 가정해서 효력을 부여하지만, 만약 그러한 사실과 반대되는 증거가 나오면 별도의 절차없이 효력이 상실된다. 그에 반해 간주는 명확하지 않은 사실에 대해 일단 그 사실이 존재하는 것으로 가정해서 효력이 부여되는 점에서는 추정과 같지만, 이후 그 사실과 반대되는 증거가 나오더라도 곧바로 효력이 상실되는 것이 아니라 소송을 통해 그 효력을 번복할 수 있다. 따라서 간주가 추정보다 더 강한 효력을 가진다.

다. 의사능력과 행위능력

(1) 의사능력

모든 사람이 평등한 권리능력을 가진다고 하더라도, 모든 사람이 스스로 권리를 취득하고 의무를 행사할 수 있는 능력을 가지고 있는 것은 아니다. 예컨대 어린 아이가 조부의 유언으로 부동산을 취득할 수 있는 능력이 있더라도, 그가 취득한 부동산을 스스로 처분할 수 있는 능력이 있느냐는 다른 문제이다. 민법은 사적자치의 원칙을 기본원칙으로 한다고 위에서 설명하였다. 사적자치가 실현되기 위해서는 권리주체가 자신이 맺은 법률관계의 의미를 판단할 수 있는 능력이 전제되어야 한다. 이를테면 자신이 계약서에 서명한 것이 어떤 의미를 갖는지를 판단할 능력이 없는 자에게 그 계약에 따른 효과를 부여해서는 안 된다. 이러한 판단능력을 의사능력이라고 한다. 어린아이에게는 이러한 판단능력, 즉 의사능력이 없기 때문에 그가 계약서에 서명하였더라도 그 계약은 효력이 발생하지 않는다. 성인이더라도 지능이나 질병으로 판단능력이 떨어지는 사람이 있는데, 그들에게도 의사능력이 없다. 그런데 의사능력이 있는지의 여부는 나이 등의 객관적 기준에 의해 정해지는 것이 아니라, 사안마다 법률관계에 관여된 사람에 따라 개별적으로 정해진다. 의사능력이 없는 자의 행위는 무효이다.

(2) 행위능력과 제한행위능력

의사능력과 구별해야 하는 것으로 '행위능력'이라는 개념이 있다. 행위능력이란 단독으로 완전하고 유효하게 법률행위를 할 수 있는 능력을 의미한다. 의사능력에 관해서는 객관적인 판단기준이 없기 때문에 어떤 사람이 의사능력이 있는지·없는지를 알기는 대단히 어렵다. 만약 거래 일방이 의사능력이 없음을 이유로 법률행위가 무효라면 그와 거래한 상대방은 예상치 못한 손해를 입을 수 있다. 그래서 민법은 연령이나 법원의 심판과 같은 객관적 기준에 의해 판단능력이 떨어지는 자를 외부에서 인지할 수 있도록 함으로써 상대방을 보호하고 있다. 다른 한편 그러한 객관적 기준에 의해 판단능력이 떨어지는 자가 한 법률행위는 취소할 수 있도록 함으로써 그러한 자를 보호하고 있다. 이와 같이 객관적 기준에 의해 판단능력이 떨어지는 자를 과거에는 '행위무능력자'라고 하였는데, 이 표현이 마치 아무를 행위를 할 수 없는 자인 것처럼 오인할 수 있어서 오늘날에는 '제한능력자'라고 부른다.

제한능력자에는 미성년자와 성년후견 등의 심판을 받은 자가 있다. 과거에는 만20세 미만인 자를 미성년자라고 하였으나, 2011년 민법 개정으로 현재는 만19세 미만인 자가 미성년자이다. 미성년자의 법률행위는 원칙적으로 취소할 수 있지만, 민법은 예외적으로 미성년자 단독으로 유효하게 할 수 있는 행위를 인정하고 있다. 예컨대 미성년자가 타인으로부터 부담이 없는 증여를 받는 행위와 같이 단순히 권리만을 얻거나 의무만을 면하는 행위는 단독으로 유효하게 할 수 있다(제5조 제1항 단서 참조). 미성년자의 행위는 취소할 수 있는 법률행위이기 때문에 이를 보완하기 위해 법정대리인의 도움이 필요하다. 법정대리인이 되는 자는 우선 친권자, 즉 미성년자의 부모가 법정대리인이 되고, 만약 친권자가 없을 때에는 미성년후견인이 법정대리인이 된다. 법정대리인은 미성년자의 행위에 대하여 동의를 해주거나(제5조 제1항 참조) 미성년자를 대신해서 대리행위를 하거나(제920조, 제940조 참조) 또는 미성년자가 한 행위에 대해 취소권을 행사함으로써(제5조 제2항 참조) 미성년자의 불완전한 행위를 보완하여 준다.

성년이더라도 판단능력이 결여되어 있는지의 객관적 판단은 법원의 심판에 의해 결정된다. 질병 · 장애 · 노령 · 그 밖의 사유로 인한 정신적 제약으로 사무를 처리할 능력이 지속적으로 결여된 사람으로서 일정한 자의 청구에 의하여 가정법원으로부터 성년후견개시의 심판을 받은 자를 '피성년후견인'이라 한다(제9조 제1항). 피성년후견인의 행위도 원칙적으로 취소할 수 있지만(제10조 제1항), 가정법원이 취소할 수 없는 피성년후견인의 법률행위의 범위를 정한 경우(제10조 제2항) 또는 일용품의 구입 등 일상생활에 필요하고 그 대가가 과도하지 아니한 법률행위인 경우(제10조 제4항)에는 취소할 수 없다. 피성년후견인의 법률행위는 취소할 수 있는 불완전한 행위이기 때문에 성년후견인이 대리권과 취소권을 행사함으로써 이를 보완한다. 과거에는 성년후견인이 될 수 있는 자는 가족 구성원을 중심으로 규정되었으나, 2011년 개정된 민법에서는 그러한 제한을 없애고 피성년후견인의 이익을 고려하여 가정법원이 직권으로 선임한다(제936조 제1항). 한편 질병 · 장애 · 노령 · 그 밖의 사유로 인한 정신적 제약으로 사무를 처리할 능력이 부족한 사람으로서 일정한 자의 청구에 의하여 가정법원으로부터 한정후견개시의 심판을 받은 자를 피한정후견인이라 한다(제12조 제1항). 피한정후견인은 원칙적으로 종국적 · 확정적으로 유효하게 법률행위를 할 수 있다. 즉 피한정후견인은 원칙적으로 행위능력을 가지지만, 가정법원은 피한정후견인이 한정후견인의 동의를 받아야 하는 행위의 범위를 정할 수 있기 때문에(제13조 제1항) 그러한 경우 피한정후견인이 한정후견인의 동의없이 하였을 때에는 예외적으로 취소할 수 있다(제13조 제4항 본문).

《'무효'와 '취소'》

'무효'와 '취소'는 법률행위의 효력이 없는 상태라는 점에서는 같지만, 그 효력이 부인되는 과정은 차이가 있다. 무효는 처음부터 아무런 효력이 발생하지 않은 무(無)의 상태이기 때문에 누구나 그 효력을 부인할 수 있다. 그에 반해 취소는 처음에는 효력이 있었으나, 일정한 사유에 기해 취소권을 행사함으로써 이미 발생하였던 효력을 거두어들이는 것이다. 즉, 취소는 취소권의 행사를 통해 효력이 없어지기 때문에 취소권을 행사하지 않으면 일응 효력이 있게 된다. 또한 취소권은 마냥 언제든지 행사할 수 있는 것이 아니라 소멸시효에 걸리기 전에 행사하여야 한다. 만약 취소권이 소멸시효에 걸리게 되면 더 이상 취소권을 행사할 수 있게 되어 권리는 유효한 것으로 확정된다.

제한능력자 제도는 기본적으로 일반인에 비해 판단능력이 부족한 제한능력자를 보호하기 위한 제도이다. 일반인이 자유로운 판단에 따라 스스로 한 법률행위는 확정적으로 유효로 되기 때문에 취소할 수 없지만, 제한능력자가 한 법률행위는 취소할 수 있도록 함으로써 자신의 유·불리를 다시 한번 재고할 수 있도록 하여 제한능력자를 보호해준다. 그렇지만 법률행위의 유효를 믿고 제한능력자와 거래한 상대방은 나중에 제한능력자가 법률행위를 취소하게 되면 불측의 손해를 입을 수 있다. 민법은 취소할 수 있는 법률행위 일반에 관하여 취소권의 행사를 제한하는 수단으로 취소권의 단기소멸기간제도(제146조)와 법정추인제도(제145조)를 두고 있어 취소의 상대방을 보호하고 있지만, 전자의 경우 취소권이 소멸하게 되는 3년 또는 10년은 상대방의 입장에서 볼 때 상당히 긴 기간이고, 후자는 법정추인사유의 존재라는 예외적인 경우에만 상대방이 보호되므로 제한능력자의 상대방을 보호하기에는 여전히 불충분하다. 이에 민법은 제한능력자와 거래한 상대방을 특별히 보호하기 위해 제15조에 확답촉구권, 제16조에 철회권과 거절권 그리고 제17조에 제한능력자측의 취소권의 배제를 규정하고 있다. 제한능력자의 상대방은 제한능력자가 능력자가 된 후에 그에게 1개월 이상의 기간을 정하여 그 취소할 수 있는 행위를 추인할 것인지 여부의 확답을 촉구할 수 있는데, 능력자로 된 사람이 그 기간 내에 확답을 발송하지 아니하면 그 행위를 추인한 것으로 보게 된다(제15조 제1항 및 제2항). 또한 제한능력자가 맺은 계약(예, 매매)은 추인이 있을 때까지 상대방은 그 의사표시를 철회할 수 있고(제16조 제1항)[4], 제한능력자의 단독행위(예, 채무면제)는 추인이 있을 때까지 거절할 수 있다(제16조 제2항). 가령 미성년자가 주민등록증을 위조해서 마치 성년자인 것처럼 행세하면서 거래를 한 경우에도 제한능력자임을 이유로 취소권을 인정해줄 필요까지는 없을 것이다. 이때에는 상대방이 처음에 의도한 대로 거래를 완전 유효하게 확정시키는 것이 가장 바람직한 해결책일 수 있다. 이에 민법은 사술을 쓴 제한능력자의 취소권을 배제하여 법률행위가 상대방이 처음에 예기한 대로 효과를 발생케 하여 거래안전을 도모하고 있다. 즉, 제한능력자가 속임수로써 자기를 능력자로 믿게 한 경우나 미성년자나 피한정후견인이 속임수로써 법정대리인의 동의가 있는 것으로 믿게 한 경우에 제한능력자는 그 행위를 취소할 수 없다(제17조 제1항 및 제2항).

3 법인

가. 법인의 의의와 종류

법인이란 말 그대로 법에서 인정한 인(人: Person)이다. 민법은 모든 자연인을 권리능력자로 인정하고 있다. 그럼에도 불구하고 법은 왜 자연인이 아닌 존재에 대해 법인을 인정한 것일까? 개인주의가 팽배하였던 로마법에서는 법인이라는 제도를 찾아보기 어렵다. 로마법의 영향을 많이 받은 프랑스법에서도 법인을 명문으로 인정하지는 않았다. 법인은 독일 민법의 제정과정에서 오늘날과 같은 상세한 규정들이 자리잡게 된다. 법인(juristische Person)이라는 개념을 정립한 학자는 독일 법학자 사비니(Friedrich Carl Savigny)이다. 그는 칸트의 영향을 받아 인간의 자유의지를 중요시한다. 그래서 권리를 법에 의하여 주어진 의사의 지배라고 생각한다. 그러한 의사의 지배를 실현할 수 있는 주체가 권리주체인데, 권리주체란 원래 자연인에 한해서만 인정되는 개념이다. 그렇지만 사비니는 인간은 개개인의 자유의사를 실현할 수도 있지만, 개개인을 초월한 집단적인 자유의사를 실현할 수도 있도록 할 필요가 있다고 생각하여 법인이라는 제도를 고안하게 된다. 그가 제안한 법인개념과 관련하여 그 본질은 무엇인지에 대해 독일에서는 법인을 꾸며진 존재로 보는 견해(의제설)와 실제로 활동하는 존재로 보는 견해(실재설) 사이에 오랫

동안 다투어졌다. 그렇지만 그 결론은 내리지 못한 채 1896년 제정된 독일민법전(BGB)은 자연인 이외의 권리주체로 법인을 인정하면서 그에 관한 상세한 규정을 두게 되었다. 우리 민법에서의 법인에 관한 규정은 독일민법의 영향을 크게 받았다.

법을 공법과 사법으로 나눌 수 있듯이 법인도 공법인과 사법인으로 구별된다. 공법인과 사법인의 구별하는 실익은 여러 가지가 있는데, 예컨대 법인에서 작성한 서류를 위조하게 되면 사법인의 경우는 사문서위조죄가 성립되지만 공법인의 경우 이보다 형량이 높은 공문서위조죄가 성립한다. 그렇지만 어떤 법인이 공법인인지 아니면 사법인인지를 구별하는 것은 쉽지 않다. 법인설립의 계기가 사적자치에 따른 것이냐의 여부는 법인의 성격을 특징짓는 중요한 요소이다. 즉 법인의 설립이 설립자의 자율적인 단체결성의 의사에 의하여 이루어지는 경우는 사법인으로 볼 수 있고 그에 반해 법인설립이 특별법에 의하거나 국가의 행정행위 등에 의해서 비자발적으로 이루어지게 되는 경우에는 공법인으로 볼 수 있다.

법인을 구성하는 요소가 무엇이냐에 사단법인과 재단법인으로 구별된다(제32조, 제40조, 제43조 등 참조). 사단법인이란 일정한 목적을 위하여 결합된 인적 결합체(즉 사단)를 그 실체로 하는 법인이고, 재단법인은 일정한 목적을 위하여 바쳐진 재산의 집합(즉 재단)이 그 실체를 이루는 법인이다.

법인의 존립목적이 영리추구를 위한 것이냐, 그렇지 않느냐에 따라 영리법인과 비영리법인으로 나뉜다. 현행민법은 독일민법(제21조, 제22조)과 스위스민법(제60조)을 본받아 법인을 비영리법인(제32조)과 영리법인(제39조)으로 나누고 있다. 법인을 영리법인과 비영리법인으로 나누는 이유는, 세법상의 이유는 별론으로 하고, 영리법인과 비영리법인의 법인격취득과정이 다르다는 것에 있다. 비영리법인의 경우에는 법인성립을 위해서 주무관청의 허가를 얻어야 하는데 반하여(민법 제32조), 영리법인의 경우에는 상법상 회사설립의 조건에 좇아 본점소재지에 설립등기를 함으로써 법인이 성립한다(민법 제39조, 상법 제172조). 흔히 영리법인은 회사법이 적용되므로 민법에서의 법인은 비영리법인만을 다룬다는 오해가 많은데, 민법에서의 법인에 관한 규정은 영리법인이든 비영리법인이든 혹은 공법인이든 사법인이든 모든 종류의 법인에 적용되는 법인의 일반법(또는 기본법) 역할을 하고 있다. 따라서 특별법에서 법인에 관한 구체적인 규율이 없다면 민법의 법인 규정의 적용을 받게 된다.

나. 법인의 일생

사람은 출생에 의해 권리능력을 취득하고 사망에 의해 권리능력을 상실하게 된다. 그렇다면 법인의 일생은 어떻게 되는가? 이것은 법인의 설립과 법인의 소멸로 설명된다. 우선 법인의 설립과정을 보자. 법인은 구조상 사단법인과 재단법인으로 구별되는데, 양자는 설립에서도 차이를 보인다. 사단법인의 한 예로 '사단법인 ○○대학총동창회'를 설립한다고 가정해보자. 이를 위해 동창회를 설립하기 위해 몇 명이 모여 이를 기획하는 모임을 가지게 된다. 이를 발기인조합이라고 한다. 이 모임에서 각 기수마다 연락책을 조직해서 ○○년 ○월 ○일에 창립총회를 가지기로 한다. 창립총회에서 반드시 해야 할 일이 있는데 그것은 정관(즉 동창회칙)을 총회에서 통과시키는 것이다. 이를 강학상 정관작성이라고 하는데, 정관이 작성되면 이제 단체는 자연인의 경우 출산이 임박한 태아와 비슷한 지위에 있게 된다. 이를 설립중인 법인이라하고 그 법적 성격은 권리능력없는 사단이다. 이후 설립중인 법인은 주무관청의 허가를 얻어(제32조) 그 주된 사무소의 소재지에서 설립등기를 함으로써 법인으로 성립한다(제33조).

재단법인의 설립을 위해서는 반드시 설립자의 재산출연이 필요하다. 설립자가 재단을 설립하는 방법은 살아있을 때 생전처분으로 할 수도 있고 죽은 후 효력이 발생하는 유언으로 할 수도 있다. 생전처분으로 재단법인을 설립하는 때에는 증여에 관한 규정을 준용하고(제47조 제1항), 유언으로 재단법인을 설립하는 때에는 유증에 관한 규정을 준용한다(제47조 제2항). 이렇게 출연된 재산에 대해 설립자의 뜻에 좇아 사업목적이 기재된 정관이 작성되고 이에 대해 사단법인의 설립과 마찬가지로 주무관청의 허가를 얻어(제32조) 재단의 주된 사무소 소재지에서 설립등기를 함으로써 재단법인이 성립한다(제33조). 눈치를 챘겠지만, 사단법인이든 재단법인이든 법인으로 성립되는(법인설립이 완성됨을 의미) 시점은 법인설립등기를 마친 때이다. 자연인은 출생에 의해 권리능력을 취득하고 출생신고는 단지 출생사실을 알리는 보고적 의미밖에 없지만, 법인은 그 실체가 눈에 보이지 않기 때문에 국가기관인 등기소에서 설립등기를 하게 함으로써 새로운 권리주체의 등장을 외부에 공시하도록 한 것이다.

사람의 생명은 유한하지만, 법인의 생명은 이론적으로는 무한하다. 그렇지만 법인이 처음부터 일정한 목적을 위해서 설립된 경우에 그 목적이 달성되었거나 그 목적실현이 불가능하게 된 경우에는 법인이 계속 존재할 필요가 없다. 이러한 경우 법인은 해산하게 된다. 그 외에도 법인이 파산하게 되거나 주무관청으로부터 설립허가를 취소당하거나 사단법인의 사원이 없게 되는 등의 사유로도 법인은 해산하게 된다. 법인이 해산되면 법인이 가지고 있는 채권과 채무를 정리하는 청산절차를 밟게 된다. 청산절차가 종결되면 법인은 청산을 마쳤다는 청산종결등기를 하게 되는데 이로써 법인은 소멸한다.[5] 법인의 소멸도 등기에 의해 이루어지게 된다. 요컨대 법인의 일생은 등기에 의해 시작되고 등기에 의해 마쳐지게 된다.

다. 법인의 권리능력, 행위능력, 불법행위능력

자연인의 권리능력, 의사능력 및 행위능력에 대해서는 앞서 살펴보았다. 그렇다면 법인도 그와 같은 능력을 가지는지 알아보자. 민법 제34조는 제목에서 '법인의 권리능력'이라 하여 "법인은 법률의 규정에 좇아 정관으로 정한 목적의 범위 내에서 권리와 의무의 주체가 된다."고 규정하고 있다. 민법 제3조에서 사람의 권리능력을 규정한 것과는 확연히 다른 내용이다. 법은 자연인 외에 법인도 권리주체로 인정하지만, 법인의 권리능력은 자연인의 그것과는 차이가 있다. 예컨대 법인도 자연과 마찬가지의 성명권이나 인격권을 가질 수 있지만, 자연인은 혼인능력이나 상속능력을 가지지만, 법인은 그러하지 못하다. 즉 천연의 성질상 법인의 권리능력에는 한계가 있다. 또한 민법 제34조에서 보듯이 법인은 '법률의 규정에 좇아' 권리 · 의무의 주체가 되므로 법률에서 법인의 권리능력이 제한되는 경우도 있다. 나아가 법인의 '정관으로 정한 목적의 범위 내에서' 권리능력을 가지게 된다. 즉, 정관에서 정한 목적범위를 벗어나는 사항에 대해서는 권리 의무의 주체가 되지 못한다. 그렇지만 이를 엄격하게 해석하게 되면 법인뿐만 아니라 법인과 거래한 상대방은 불측의 손해를 입을 수 있으므로 오늘날 판례는 정관에서 정한 목적의 범위를 넓게 해석하고 있다.

자연인에게는 사람마다 각자 판단능력에 차이가 있기 때문에 의사능력 및 행위능력의 유무가 문제되는데, 법인에게는 판단능력의 결여라는 것이 문제되지 않는다. 따라서 법인에는 의사능력 또는 행위능력의 문제가 제기되지 않는다. 법인에게 인정되는 권리능력만큼 법인은 행위능력을 가진다. 법인에게 행위능력의 문제는 행위능력이 있느냐 없느냐의 문제보다 어떻게 법인은 권리를 행사할 수 있는지가 문제된다. 이에 대해 법인을 대신해서 대리제도에 의해 법인이 행위하는 것으로 본다는 학설과 법인의 구성원인 기관에 의해 법인이 실제로 행위한다는 학설이 대립하고 있으나 실제 차이는 별로 없다.

민법 제35조는 '법인의 불법행위능력'을 규정하고 있다. 제목 때문인지 법인도 불법행위를 할 수 있는 능력이 있는지에 대해 학설상 다툼이 있지만, 논쟁의 실익은 별로 없다. 차라리 민법 제35조의 제목은 '법인의 손해배상책임'으로 짓는 것이 나을 것이다. 조문을 보면, 법인의 이사 기타 대표자의 직무에 관한 행위로 피해를 입은 자는 그 불법행위를 한 이사 기타 대표자에게 손해배상책임을 물을 수도 있지만(제35조 제1항 단서), 법인에게 손해배상책임을 물을 수 있다(제35조 제1항 본문). 제35조 제1항은 단서보다 본문에 의미가 있다. 피해자로서는 불법행위를 한 이사 기타 대표자에게 손해배상을 청구하는 것보다 배상능력이 큰 법인에게 손해배상을 청구하는 것이 더 유리할 것이다. 이때 법인에게 손해배상책임을 묻을 수 있기 위해서는 이사 기타 대표자가 '그 직무에 관하여' 손해를 입힐 것이 요구된다. 이때 직무관련성을 어떻게 볼 것이냐가 법인의 손해배상책임 성립의 관건이다. 판례는 피해자의 배상을 원활하게 하기 위해 직무관련성을 엄격하게 새기지 않고 겉으로 보이는 직무의 모습에 따라 직무관련성을 인정하고 있다(이른바 '외형이론'). 직무관련성이 인정되지 않는다면 법인에게는 손해배상을 청구할 수 없고 실제 불법행위를 한 이사 기타 대표자에게만 손해배상을 청구할 수 있다.

라. 법인의 기관

삼권분립이론에 의하면 국가의 권력은 입법권, 행정권, 사법권으로 나뉜다. 입법권은 입법부인 국회에, 행정권은 행정부인 정부기관에, 사법권은 사법부인 법원에 귀속된다. 민법상 법인의 경우도 마찬가지 원리로 구성되어 있다. 참고로 국가도 일종의 공법인이다. 민법상 법인도 입법부에 상응하는 의사결정기관인 사원총회, 행정부에 상응하는 업무집행기관인 이사, 사법부에 상응하는 감독기관인 감사로 구성되어 있다. 조금 더 상론하면, 사원총회는 사단법인의 최고의사결정기관으로써 반드시 있어야 하는 필수기관이다. 사단법인의 중요한 의사결정은 사단총회에서 결정되지만 정관에서 다른 기관에 결정권한을 위임할 수 있다. 그러나 정관의 변경(제42조) 및 임의해산(제77조 제2항)은 총회의 전권사항으로 정관에 의해서도 총회의 이 권한을 빼앗지 못한다. 재단법인에는 사원총회가 없기 때문에 법인 업무에 대한 의사결정은 통상 이사회에서 이루어진다. 이사는 대외적으로 법인을 대표하고(대표기관) 대내적으로는 법인의 업무를 집행하는 기관으로써(업무집행기관), 반드시 있어야 하는 필수기관이다. 민법에는 이사회에 관한 규정이 없지만 일반적으로 법인은 다수의 이사로 구성되는 이사회를 두어 운영하고 있다. 이사는 필수기관이지만 이사회는 필수기관이 아니다. 민법 제66조에 의하면 법인은 정관 또는 총회의 결의로 감사를 둘 수 있다. 감사는 법인의 감독기관으로써, 필수기관이 아닌 임의기관이다. 그렇지만 법인의 재산상황을 감사하고 법인 이사의 사무집행을 감독하기 위해 법인에 감사를 두는 것이 일반적이다.

Ⅲ. 권리객체론

1 권리의 객체

권리는 일정한 대상을 필요로 하는데, 권리의 대상 또는 목적을 권리의 객체라고 한다. '나는 자전거를 산다' 혹은 '종중이 토지를 판다'고 할 때 자전거와 토지는 권리의 객체에 해당한다. 권리의 객체는 권리의 종류에 따라 다르다. 물권에서는 물건이, 채권에서는 채무자의 행위가, 친족권에서는 친족법상 지위가, 상속권에서는 상속재산이 권리의 객체이다. 또한 형성권에서는 일정한 법률관계, 지식재산권에서는 저작 · 발명 등의 정신적 산물, 인격권에서는 생명 · 신체 · 자유 · 명예 등의 인격적 이익이 권리의 객체에 해당한다. 이처럼 권리의 객체는 각종의 권리에 따라 그 내용을 달리하기에 권리객체의 공통적인 속성을 추출하여 총칙에 권리 객체에 관한 일반적 규정을 두는 것은 어려움이 있다. 그래서 민법총칙은 각종 권리의 객체에 대해서는 해당 권리에 관한 규정에 맡기고 제4장에서 '물건'에 관해서만 통칙적인 규정을 두고 있다. 물건은 물권의 객체이지만, 매매에서의 채권이나 재산상속에서의 상속권과 같이 다른 권리에서도 간접적으로 관계되기 때문에 물건과 관련한 일반적 규정을 두었다.

2 물건의 정의

우선 '물건'이 무엇인지에 대해 민법 제98조는 '유체물 및 전기 기타 관리할 수 있는 자연력'이라고 정의하고 있다. 유체물에는 동산과 부동산을 비롯하여 동물도 포함된다. 인간의 오감으로 감지하지 못하는 물질인 무체물도 물건으로 될 수 있는데, 눈으로 보지 못하는 전기를 포함하여 맑은 공기, 압력, 열 등 자연력도 관리 가능한 경우에는 물건으로 다루어진다. 해, 달, 별 등은 유체물이지만 사람이 관리할 수 있는 것이 아니므로 물건에 해당하지 않는다. 동물은 유체물로 다루어지지만, 독일, 스위스, 오스트리아 등에서는 '동물은 물건이 아니다'라는 규정을 신설하였다. 그렇다고 동물이 권리주체가 되는 것은 아니다. 누가 고의나 과실로 자동차를 손상시켰다면 물적 손해로써 자동차의 가치감소분이 손해로 인정되겠지만, 누가 고의나 과실로 반려견을 죽게 하였다면 단순한 물적 손해로 볼 것이 아니라 정신적 피해에 따른 위자료도 청구할 수 있을 것이다. 그러한 점에서 '동물은 물건이 아니다'라는 규정이 의미가 있다.

3 물건의 분류

물건은 동산과 부동산으로 나뉜다. 민법은 토지 및 그 정착물은 부동산이라 하고(제99조 제1항) 부동산 이외의 물건은 동산이라 한다(제99조 제2항). 우리나라 법에서는 토지와 건물을 별개의 부동산으로 취급하고 있다.

동산과 부동산을 단순히 움직이는 물건이냐 움직이지 않는 물건이냐로 나누는 것은 아니다. 동산과 부동산은 그 권리관계에 대한 공시방법이 다르다. 동산은 점유에 의해 공시하지만 부동산은 등기에 의해 공시한다. 이런 점에서 자동차, 항공기, 선박 등은 물리적으로는 분명히 움직이는 동산이지만, 등기 · 등록에 의해 공시하기 때문에 법적으로는 부동산에 가깝다. 전기 기타 관리할 수 있는 자연력은 무체물이지만 이러한 물건들은 등기나 등록에 의해 공시되는 것이 아니기 때문에 동산에 준하여 보면 될 것이다.

예를 들어 카약을 팔기로 하였는데 매도인이 카약은 인도하였지만 카약에 딸린 노를 인도하지 않은 경우에 매수인은 노의 인도를 청구할 수 있는가? 이에 대해 우리 민법은 주물 · 종물 개념을 설정하여 "물건의 소유자가 그 물건의 상용에 공하기 위하여 자기소유인 다른 물건을 이에 부속하게 한 때에는 그 부속물은 종물"로 보고 있다(제100조 제1항). 문제의 노가 매도인이 평소 그 카약을 이용할 때 사용하던 것이라면 종물로 보아야 한다. 이때 민법은 "종물은 주물의 처분에 따른다"(제100조 제2항)고 하였기에 매매에 의해 주물인 카약의 소유권이 이전하게 되면 종물인 노의 소유권도 이전되어야 한다.

물건으로부터 경제적 수익이 발생할 수 있는데, 그러한 수익을 과실이라 하고 과실을 생기게 하는 물건을 원물이라고 한다. 과실에는 물건의 용법에 의하여 수취하는 산출물인 천연과실(제101조 제1항)과 물건의 사용대가로 받는 금전 기타의 물건은 법정과실(제101조 제2항)이 있다.

Ⅳ. 권리변동론

1 법률관계의 변동

지금까지 권리주체와 권리객체에 대해 살펴보았다. '나'(권리주체)는 '집'(권리객체)을 '어떻게 할 것인지'를 내용으로 하여 법리적으로 체계화한 것이 권리변동론이다. 권리의 변동이란 권리의 '발생', '변경' '소멸'을 모두 포함하고 있다. 집을 '판다'또는 집을 '산다'라는 현상을 생각해보면 집을 파는 사람과 집을 사는 사람 사이에는 민사적인 법률관계를 형성하고 있다. 즉, 매도인은 집에 대한 소유권을 넘겨주어야 할 의무를 부담하는 대신에 매수인에 대해 매매대금을 지급할 것을 청구할 권리를 가지게 되고 이에 대해 매수인은 집에 대한 소유권을 넘겨달라고 청구할 수 있는 권리를 가지게 되는 대신에 매도인에 대해 매매대금을 지급할 의무를 부담하게 된다. 양자 사이에 서로 간에 권리 또는 의무의 취득 및 소멸이 맞물려 있음을 알 수 있다. 민사적 법률관계의 변동이란 민사적인 권리와 의무의 변동을 의미하지만, 통상 권리관계는 의무관계를 포함하므로 권리변동론으로 표현하더라도 민사적인 법률관계에서 발생하는 권리 · 의무의 발생 · 변경 · 소멸에 관한 법리로 이해된다.

권리의 발생 · 변경 · 소멸은 워낙 다양한 원인과 모습으로 나타난다. 예를 들어 내가 특정 아파트의 소유권을 취득한다고 할 때, 그 원인은 내가 돈을 주고 아파트를 매수했을 수도 있고, 지인으로부터 증여를 받았을 수도 있고 또는 부모님으로부터 상속을 받았을 수도 있다. 이처럼 아파트의 소유권이라는 권리의 변동(여기서는 취득)을 가져오는 원인을 강학상 '법률요건'이라 한다. 권리(의무)의 변동은 법률요건에 따른 효과에 해당한다.

2 의사표시와 법률행위

가. 양자의 관계

권리의 발생 · 변경 · 소멸을 가져오는 법률요건은 상당히 다양하다. 예컨대 타인 소유의 부동산에 관하여 소유권을 취득하는 경우는 상속에 의해서도 가능하고 타인의 부동산을 내 것으로 알고 오랫동안 점유함으로써 취득할 수도 있다. 이와 같은 경우(즉, 상속/취득시효)는 소유권을 취득하려는 자의 의사에 따라 권리가 변동되는 것이 아니라 법률의 규정에 의해 권리의 변동이 인정되는 것이다. 이에 반해 매매나 증여에 의해 소유권을 취득하는 경우는 당사자의 의사에 기해 권리가 변동되는 법률요건이다. 이러한 법률요건을 '법률행위'라고 한다. 권리의 발생 · 변경 · 소멸을 가져오는 다양한 법률요건 중에서 법률행위가 가장 중요하다. 그 이유는 법률요건 중에서 법률행위가 법률효과를 가져오는 원인 중에서 가장 큰 비중을 차지하고 있을 뿐만 아니라 무엇보다 당사자의 의사에 법이 권리변동의 효과를 부여해주고 있기 때문이다.

민법은 제1편 총칙 제5장에 「법률행위」라는 제목으로 별도의 장을 두고 있지만, 정작 법률행위가 무엇인지에 대해서는 아무런 언급을 하지 않고 학설에 맡겨 두고 있다. 법률행위(Rechtsgeschägft)라는 용어는 독일민법이 제정되기 전, 사비니(Savigny)라는 학자가 민법의 중요개념을 체계화하면서 사용한 것을 독일민법전에서 이를 수용하고 일본민법을 거쳐 우리민법에서도 받아들인 중요한 개념이다. 강학상 법률행위는 '하나 또는 수개의 의사표시를 불가결의 요소로 하는 법률요건'이라고 정의한다. 이러한 개념정의에 의하면 법률행위에는 의사표시(Willenserklärung)가 반드시 필요한데, 법률행위가 하나의 의사표사만으로 성립되는 것을 '단독행위'라고 하고, 서로 대립되는 2개의 의사표시가 결합되어 하나의 법률행위가 성립되는 것을 '계약'이라 하고, 2개 이상의 의사표시가 하나의 공통된 목표를 향해 구심적 방향으로 합치됨으로써 성립하는 법률행위를 '합동행위'라고 한다. 예컨대 유언은 유언자의 일방적인 의사표시로 법률행위가 성립하는 단독행위이다. 매매는 청약의 의사표시와 승낙의 의사표시가 결합하여 하나의 법률행위를 형성하는 계약이다. 사단법인의 설립행위는 2명 이상의 구성원이 법인설립이라는 공통의 목표를 향해 의사표시를 결집시킴으로써(통상 '결의'라고 한다) 법률행위가 성립하는데 이를 합동행위라고 하여 계약과 구별한다. 그렇지만 합동행위라는 개념을 계약과 구별해야 할 만큼 필요한 것인지에 대해 오늘날 논란이 있다.

법률행위라는 법률요건은 권리의 발생 · 변경 · 소멸이라는 법률효과를 가져오는데, 법률행위는 의사표시를 반드시 필요로 하는 바, 이때 의사표시란 권리의 발생 · 변경 · 소멸을 의욕하는 내심의 의사를 외부에 표시하는 것을 의미한다. 예컨대 "이 그림이 매우 마음에 든다"는 나의 뜻을 외부에 알리더라도 법적으로는 의사표시가 아니다. 이는 단순한 의견의 표명일 뿐이지 권리의 발생 · 변경 · 소멸의 의욕이 나타나 있지 않기 때문이다. 그렇지만 "이 그림을 사고 싶다"는 뜻을 알렸다면 이는 권리의 발생 · 변경 · 소멸의 의욕이 포함되어 있기 때문에 의사표시로 볼 수있다. 따라서 상대방도 "이 그림을 팔겠다"는 의사표시를 하여 양 의사표시의 내용이 목적물, 가격 및 인도조건 등에서 부합하면 매매계약이 성립하고 이에 따라 양 당사자에게 권리의 발생 · 변경 · 소멸의 효과가 주어진다. 우리 민법을 비롯한 각국의 민법전은 권리의 발생 · 변경 · 소멸을 의욕하는 개인의 의사를 존중한다. 앞서 살펴본 근대민법의 기본원리 중에서 「사적자치의 원칙」은 이를 구현한 것이다. 이 때문에 사적자치의 원칙을 「개인의사 자유의 원칙」 또는 「법률행위 자유의 원칙」이라고 한다.

나. 법률행위의 내용

법률행위의 내용이란 행위자가 법률행위에서 의욕하는 법률효과를 의미한다. 이를 법률행위의 목적이라고도 한다. 예컨대 건물을 새로 짓는 공사계약이 체결되었다면 도급인으로서는 건물이 신축되는 것을 의욕할 것이고 수급인으로는 건설공사에 따른 대금을 지급받는 것을 의욕할 것이다. 양당사자 사이에 공사계약이라는 법률행위를 통해 의욕한 내용이 바로 법률행위의 내용이다. 법률행위의 내용은 사적자치의 원칙 내지 법률행위 자유의 원칙이 적용되는 한 당사자는 얼마든지 자유롭게 그 내용을 형성할 수 있다. 그렇지만 여기에도 한계가 있다. 당사자가 아무리 자유롭게 법률행위의 내용을 형성한다고 하더라도 다음과 같은 네 가지의 요건을 갖추어야만 법률행위로써 그 성립이 인정되고 또한 그 효력이 인정된다.

첫째는 법률행위의 내용이 확정될 수 있어야 한다. 막연히 '나는 무엇인가 사겠다'라고 하더라도 그 내용이 확정되지 않으면 법이 효력을 인정해줄 수가 없다. 상대방이 무엇을 인도해주어야 하는 것인지, 그리고 법원으로서는 무엇을 집행해야 할지를 정할 수가 없기 때문이다.

둘째는 법률행위의 내용이 실현가능하여야 한다. 어떤 기업이 마라톤선수를 후원하면서 마라톤 풀코스를 1시간 내로 주파한다면 10억 원을 포상금으로 지급하겠다고 약정하였다고 가정하자. 이는 인간의 신체상황으로는 실현 불가능한 것이어서 외형상으로는 법률행위의 모습을 갖추었더라도 효력이 인정되지 않는다.

셋째는 법률행위의 내용이 적법하여야 한다. 사적자치의 원칙이 적용되더라도 법률행위가 법에 위반되는 것을 내용으로 한다면 이는 효력이 없다. 이는 너무나 당연한 이야기 같지만 주의를 요한다. 여기서 법에 위반하지 않아야 한다고 할 때의 법이란 그 성격이 강행법규(또는 강행규정)에 위반하지 않아야 한다는 의미이다. 민법 제105조는 이를 간접적으로 규정하고 있다. 제105조는 임의규정이라는 표제에서 "법률행위의 당사자가 법령 중의 선량한 풍속 기타 사회질서에 관계없는 규정과 다른 의사를 표시한 때에는 그 의사에 의한다"고 정하고 있는데, '법령 중의 선량한 풍속 기타 사회질서에 관계없는 규정'을 임의규정이라고 하고 이와 반대로 '법령 중의 선량한 풍속 기타 사회질서에 관계있는 규정'을 강행규정이라고 한다. 법률행위의 내용이 임의규정과 충돌하더라도 민법 제105조는 당사자의 의사에 따라 효력을 인정하지만, 강행규정에 위반하게 되면 그 효력을 인정하지 않겠다는 의미도 내포하고 있다. 예컨대 당사자 사이에 금전을 대여하면서 이자의 지급에 관한 약정을 한 경우, 그 약정이율이 이자제한법에서 정한 최고한도 이율을 넘어서는 경우 최고이자율을 초과하는 부분에 대해서는 효력이 없다(이자제한법 제2조 제3항 참조).

넷째는 법률행위의 내용이 사회적 타당성을 갖추어야 한다. 민법 제103조는 "선량한 풍속 기타 사회질서에 위반한 사항을 내용으로 하는 법률행위는 무효로 한다"고 하여 이를 밝히고 있다. 당사자 사이의 법률행위가 효력을 갖기 위해 거쳐야 하는 가장 까다로운 마지막 관문이다. 무엇이 선량한 풍속 기타 사회질서에 위반한 사항인지는 학설과 판례에 맡겨져 있다. 예를 들어 매도인이 자신의 부동산을 甲에게 팔기로 하는 계약을 체결하였는데도 이후 乙이 매도인에게 이중 매도를 적극 권유하여 새로운 매매계약을 체결하도록 하였다면 이는 매도인의 배임행위에 적극 가담하여 이루어진 계약으로써 사회질서에 반하여 효력이 인정되지 않는다. 또한 자기가 취득하게 될 모든 재산을 종교단체에 기부하기로 약정하였더라도 이는 생존의 기초를 잃게 하는 행위로써 사회질서에 반하여 무효이다. 따라서 그 종교단체는 신도의 출연약정을 이유로 기부약정의 이행을 청구하는 소를 법원에 제기하더라도 법원은 그 약정이 사회질서에 반하여 무효임을 이유로 청구를 기각하게 된다. 어떤 법률행위가 사회질서에 반하는 행위인지 아닌지를 가리는 것은 매우 까다로우며 이른바 case by case로 판단할 수밖에 없다. 우리 민법은 제104조에서 '불공정한 법률행위'라고 하여 "당사자의 궁박, 경솔 또는 무경험으로 인하여 현저하게 공정을 잃은 법률행위는 무효로 한다"고 정하고 있다. 이 또한 민법 제103조에서 규정한 반사회질서적 법률행위에 해당하는 하나의 모습을 예시적으로 규정한 것이다.

다. 흠 있는 의사표시

법률행위는 의사표시를 불가결의 요소로 하기 때문에 법률행위에 따른 권리의 발생 · 변경 · 소멸이라는 법률효과는 따지고 보면 법률행위의 핵이라고 할 수 있는 의사표시에서 유래하는 것이다. 우리 민법은 제1편 총칙 제5장 법률행위 제2절에서 「의사표시」에 관하여 규율하고 있다. 의사표시(Willenserklärung)는 권리의 발생 · 변경 · 소멸을 의욕하는 내심의 의욕(의사: Wille)을 외부에 드러내는 행위(표시: Erklärung)를 말하는데, 내면적 요소인 의사와 외부적 요소인 표시가 결합되어 있다. 정상적인 의사표시라면 내면적 요소인 의사와 외부적 요소인 표시가 일치하여야 한다. 예컨대 100만원에 TV를 팔겠다고 마음먹으면(의사), 중고거래사이트에 '100만원에 매도'라고 게시되어야 한다(표시). 그런데 의사와 표시가 일치하지 않는 경우가 문제이다. 이에 대해 우리 민법은 제107조부터 제110조까지 4가지 경우를 상정하여 이른바 흠 있는 의사표시를 규율하고 있다. 이를 '의사와 표시의 불일치'라고도 한다.

첫째는 진의아닌 의사표시(제107조)이다. 표의자가 진의가 아님을 알면서도 스스로 진의와 다른 표시를 상대방에게 하는 경우이다. 예컨대 사직을 할 의사가 없음에도 회사의 분위기 쇄신차원에서 다른 임직원들이 모두 사직서를 제출하기에 사직서를 제출한 경우가 이에 해당한다. 이에 대해 우리 민법은 비록 진의가 아니라하더라도 그 표시대로 효력을 인정함이 원칙이다. 그러나 상대방이 표의자의 진의아님을 알았거나 이를 알 수 있었을 경우에는 무효로 한다. 예에서 사직의 의사없이 제출한 사직서라 하더라도 사직서대로 효력이 발생함이 원칙이다. 그렇지만 사직서를 받은 회사 사장이 부하가 제출한 사직서가 진의에 따른 것이 아님을 알았거나 알 수 있었다면 사직의 의사표시는 효력을 발생하지 않는다.

둘째는 통정한 허위의 의사표시(제108조)이다. 예컨대 채무자가 채권자의 강제집행을 피하기 위해 친구와 짜고(즉, 통정) 허위의 매매계약을 체결하여 자신이 소유하는 부동산을 친구 명의로 이전해두는 경우가 이에 해당한다. 우리 민법은 "상대방과 통정한 허위의 의사표시는 무효로 한다"고 하여, 예와 같이 허위로 체결된 매매계약의 효력을 인정하지 않는다.

셋째는 착오로 인한 의사표시(제109조)이다. 앞의 예에서 100만원에 TV를 팔겠다고 마음먹었으면서도 중고거래사이트에 '10만원에 매도'라고 잘못 게시한 경우가 여기에 해당한다. 이때 100만원의 의사와 10만원의 표시가 어긋나게 된 것이다. 또한 US달러와 홍콩달러가 같은 것인 줄 잘못 알고 홍콩달러로 적을 것을 US달러로 적은 경우도 착오에 의한 의사표시에 해당한다. 이에 대해 우리 민법은 법률행위의 내용의 중요부분에 착오가 있고 또한(and) 그 착오가 표의자의 중대한 과실로 인한 것이 아닌 때에 한해 착오를 이유로 한 의사표시의 취소를 허용하고 있다.

넷째는 사기·강박에 의한 의사표시(제110조)이다. 사기에 의한 의사표시란 표의자가 타인의 기망행위로 인해 착오에 빠지고 그 착오상태에서 의사표시를 한 경우이다. 예컨대 매도인이 가짜 고려청자를 진품이라 속여 이를 믿고 매수인이 매매의 의사표시를 한 경우이다. 강박에 의한 의사표시라는 표의자가 타인의 강박행위에 공포심을 느끼고 그러한 상태에서 해약을 피하기 위해 의사표시를 한 경우이다. 사기나 강박에 의한 의사표시는 취소할 수 있다.

민법은 흠 있는 의사표시, 즉 의사와 표시가 일치하지 않는 경우에 유효, 무효, 취소로 예리하게 구별하여 효력을 부여하고 있다. 그런데 민법은 제107조에서 제110조까지 흠 있는 의사표시가 무효 또는 취소인 경우 그 무효 또는 취소로 선의의 제3자에게 대항하지 못하는 것으로 규정하고 있다(제107조 제2항; 제108조 제2항; 제109조 제2항; 제110조 제3항). 예컨대 강제집행을 피할 목적으로 친구와 짜고 허위의 매매계약을 통해 자신의 부동산을 친구 명의로 이전해 두었는데, 이를 기화로 그 친구가 그간의 사정을 모르는 제3자에게 이를 매도한 경우, 그 부동산의 원소유자는 친구와의 매매계약이 통정허위표시에 의한 무효임을 들어 제3자에게 대항할 수 없다. 즉, 선의의 제3자는 앞선 매매계약의 통정허위표시에 의한 무효인 계약이더라도 유효하게 소유권을 취득할 수 있다.

3 대리

가. 대리의 의미와 구조

(1) 대리의 의미

지금까지 법률행위에 관한 설명은 행위책임의 원칙에 따라 법률행위를 한 자에게 그 법률행위에 따른 효과가 귀속되는 것을 전제로 한 것이다. 그렇지만 자신에게 법률행위의 효과가 귀속되는 것을 원하지만 정작 스스로 법률행위를 할 수 없거나 할 수 있는 상황이 되지 않을 경우에는 어떤 방법을 취할 수 있을까? 이때 활용되는 제도가 대리이다. 대리란 타인(대리인)이 본인의 이름으로 법률행위를 하거나 타인이 본인에게 한 의사표시를 수령함으로써 그 법률효과가 직접 본인에게 귀속하는 제도이다. 예컨대 미성년자가 할아버지로부터 유증으로 취득한 부동산을 처분하려고 할 때, 미성년자는 제한능력자이므로 단독으로 그 부동산을 처분하는 계약을 체결할 수 없지만 그의 친권자는 미성년자를 위해 계약을 체결할 수 있다.

이때 그 계약의 효력은 미성년자에게 귀속된다. 이때 친권자가 행사하는 대리를 '법정대리'라고 한다. 법에서 누가 대리인이 될 수 있는지가 정해져 있는 대리라는 의미이다. 다른 예로 서울에서 활동하는 甲이 부산에서 체결할 부동산 매매계약에 관해서 자신이 스스로 할 수도 있지만 서울에서의 다른 일정상 乙을 대리인으로 보내 계약체결을 하도록 한 경우, 그 계약의 효력은 甲에게 귀속한다. 이때의 대리를 '임의대리'라고 한다. 이처럼 대리는 사적자치를 보충하거나(법정대리의 경우) 사적자치를 확장하는(임의대리의 경우) 역할을 한다.

(2) 대리의 구조

대리에 있어서는 본인–대리인–상대방 사이에 아래와 같이 3면 관계가 형성되어 있다.

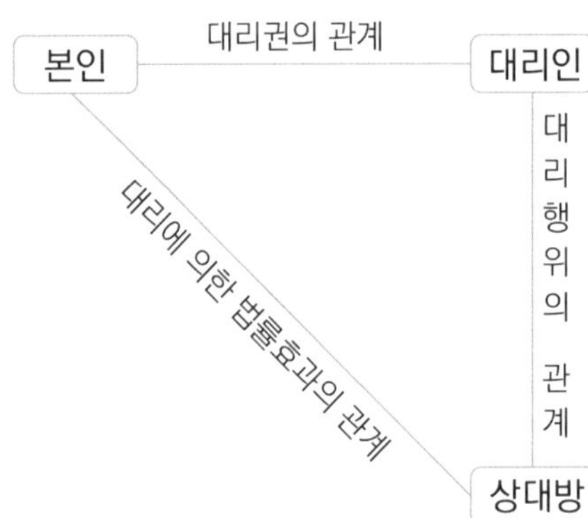

우선 본인과 대리인 사이의 관계를 살펴보자. 대리인이 한 법률행위의 효과가 본인에게 귀속되는 이유는 본인이 대리인에게 대리권을 부여했기 때문이다. 법정대리에서는 그 대리권이 법률의 규정에 의해 부여되는 것이지만, 임의대리에서는 본인이 대리인에게 본인의 이름으로 법률행위를 할 수 있도록 하는 이른바 수권행위를 통하여 권한이 부여된다. 법정대리에서는 법률의 규정에 의해 대리권의 범위가 정해지기 때문에 다툼의 여지가 거의 없지만, 임의대리의 경우에는 본인이 대리인에게 부여한 대리권의 범위와 대리인이 본인으로부터 수여받았다고 여기는 대리권의 범위가 서로 맞지 않아 다툼이 자주 발생한다. 이런 다툼을 피하기 위해 본인은 미리 문서로서 대리권의 범위를 정한 위임장을 작성하여 대리인에게 수권을 하는 것이 일반적이다. 만약 본인이 대리권을 부여하였지만 그 권한의 범위를 정하지 않은 경우에는, 대리인은 보존행위나 대리의 목적인 물건이나 권리의 성질을 변하지 아니하는 범위에서 그 이용 또는 개량하는 행위만을 할 수 있다(제118조).

다음으로 대리인과 상대방 사이의 관계를 살펴본다. 대리인은 본인으로부터 수권을 받아 대리행위를 한다고 하더라도 상대방의 입장에서는 본인이 직접 법률행위에 참여하는 것보다는 미덥지 않을 것이다. 이 때문에 대리인이 법률행위를 할 때에는 누가 본인인지 누가 대리인인지를 명확히 할 필요가 있다. 이를 현명(顯名)주의라고 한다. 대리인이 그 권한 내에서 본인을 위한 것임을 표시한 의사표시는 직접 본인에게 대하여 효력이 생기지만(제114조 제1항), 대리인이 본인을 위한 것임을 표시하지 아니한 때에는 그 의사표시는 자기(즉 대리인)를 위한 것으로 본다(제115조 본문). 그러나 상대방이 대리인으로서 한 것임을 알았거나 알 수 있었을 때에는 대리인이 한 법률행위의 효력은 본인에게 귀속한다(제115조 단서).

마지막으로 본인과 상대방 사이의 관계인데, 대리인이 한 법률행위의 효과는 본인과 상대방에게 귀속된다. 대리인이 한 법률행위의 효과는 일단 대리인에게 귀속되었다가 다시 본인에게 이전되는 것이 아니라, 마치 본인이 스스로 한 것과 마찬가지로 '직접' 본인에게 귀속한다.

나. 무권대리와 표현대리

(1) 무권대리

대리인은 본인으로부터 부여받은 대리권의 내용과 범위대로 대리권을 행사하여야 한다. 그런데 본인으로부터 아무런 대리권한을 부여받지 않은 자가 마치 정당한 대리인처럼 행세하면서 본인 명의로 상대방과 계약을 체결하는 경우가 있다. 이를 무권대리라고 하는데, 정당한 대리권을 가진 유권대리에 반대되는 개념이다. 대리권이 없는 무권대리인의 행위는 무효이기 때문에 본인이나 상대방에게 아무런 효과가 발생하지 않는다. 그렇지만 본인은 무권대리인의 행위를 추인할 수 있는데(제130조), 추인을 하게 되면 계약시에 소급하여 효력이 생긴다(제133조). 무권대리인의 상대방은 본인에게 추인여부의 확답을 최고할 수 있다(제131조 전단). 본인이 추인을 거절하면 무권대리인이 한 행위는 당연히 아무런 효력이 발생하지 않는다. 만약 무권대리인이 자신의 대리권을 증명하지도 못하고 본인으로부터 추인을 받지도 못한 경우에는 상대방은 그 무권대리인에게 계약의 이행을 청구하거나 손해배상을 청구할 수 있다(제135조 제1항). 다만 이러한 무권대리인에 대한 책임은 상당히 무거운 것이어서 상대방이 무권대리인에게 대리권이 없다는 사실을 알았거나 알 수 있었을 때 또는 무권대리인이 제한능력자일 때에는 상대방은 무권대리인에게 계약의 이행이나 손해의 배상을 청구할 수 없다(제135조 제2항).

(2) 표현대리

정당한 대리권을 가진 유권대리와 아무런 대리권을 가지지 못한 무권대리 사이에는 회색지대가 존재한다. 어찌 보면 유권대리인듯하고 달리 보면 무권대리인듯한 대리인데, 이를 표현(表見)대리라고 한다. 표현대리는 겉으로(表) 나타나기에는(見) 유권대리로 보이지만, 실상은 무권대리인 것이다. 우리 민법은 표현대리의 모습으로 세 가지를 상정하고 있다.

첫째는 본인이 상대방에 대해 마치 대리인에게 대리권을 수여한 것과 같은 모습을 보였으나, 정작 실제로는 대리인에게 대리권을 부여한 적이 없는 경우이다. 이를 대리권수여의 표시에 의한 표현대리라고 한다(제125조). 예컨대 사업을 하는 본인이 평소 자신의 사위를 대리인으로 선임하여 상대방과 오랫동안 거래관계를 맺어왔는데, 이를 기화로 대리인이 본인의 수권없이 임의로 상대방과 다른 계약을 체결한 경우를 생각해보자. 상대방의 입장에서는 그 대리인이 평소와 같이 본인의 수권이 있었던 것으로 믿고 계약을 체결하였다면 본인이 마치 대리권을 수여한 것과 같은 외관을 조성한 것에 대한 책임을 져야 한다.

둘째는 본인이 대리인에게 대리권을 준 것은 맞지만, 정작 대리인이 수권의 범위를 넘어서서 대리행위를 한 경우이다. 이를 권한을 넘은 표현대리라고 한다(제126조). 예컨대 본인이 대리인에게 주택을 담보로 대출을 받아오라는 대리권을 수여하였는데, 대리인이 본인으로부터 받은 인감도장과 등기필증 등을 이용하여 그 주택을 타인에게 매도한 경우가 여기에 해당한다.

셋째는 원래 대리인에게 정당한 대리권이 있었지만 이후 그 대리권이 소멸하였으나, 대리인이 상대방에게 여전히 대리권이 존재하는 것처럼 소멸된 대리권을 행사한 경우이다. 이를 대리권소멸후의 표현대리라고 한다(제129조). 예컨대 금융기관(본인)에 근무하는 직원이 평소에는 관할지역의 거래처로부터 납입할 적금 등을 수금(收金) 할 수 있는 대리권이 있었지만, 회사로부터 해고를 당한 이후에도 평소처럼 거래처로부터 수금을 한 후 잠적하였다면 대리권이 소멸되었음을 알지 못한 거래처(상대방)로서는 불측의 피해를 입을 수 있다.

이러한 표현대리는 실제로는 행사한 대리권이 존재하지 않는 무권대리이지만, 외관상으로는 마치 정당한 대리권이 있는 것처럼 보이게 되는데, 본인이 그러한 외관의 조성에 기여된 바가 있고 상대방은 그러한 사실을 알지 못한데 대해 과실이 없다면 그 대리인이 한 법률행위의 효과가 본인에게 귀속되도록 하고 있다.

4 소멸시효

가. 시효제도

권리의 변동, 즉 권리의 발생 · 변경 · 소멸이라는 법률효과를 가져오는 법률요건 중에서 법률행위가 가장 중요한데, 그 이유는 권리의 발생 · 변경 · 소멸을 의욕하는 당사자의 자유로운 의사표시에 기인한 것이기 때문임은 앞서 설명하였다. 그런데 법은 당사자의 의사표시와는 무관하게 일정한 사실상태가 계속된 경우에 그러한 시간의 경과로 기해 권리의 발생 · 변경 · 소멸을 인정하고 있다. 이를 '시효'라고 한다. 시간의 경과에 의해 권리가 발생하는 제도가 취득시효이고, 반대로 시간의 경과로 권리가 소멸하는 제도가 소멸시효이다.[6] 시효는 일정한 사실상태가 실제의 권리관계에 부합하는지를 묻지 않고 일정한 시간의 경과에 따라 법이 그 사실상태를 그대로 존중하여 그 사실상태에 부합하는 권리관계를 인정하는 제도이다.

과연 시효제도를 인정해야 하는가에 대해서는 논란이 있지만, 우리 민법뿐만 아니라 다른 나라 민법에서도 이를 인정하고 있다. 그 이유는 일정한 사실상태가 지속되면 사회는 이를 진실한 권리관계에 부합하는 것으로 믿고 이를 기초로 새로운 법률관계가 맺어지게 되는데, 그 사실상태가 권리관계에 부합하지 않는다고 하여 나중에 이를 뒤집게 되면 그 사실상태를 기초로 형성된 새로운 법률관계도 모두 뒤집히게 되어 사회의 법적 안정성이 훼손될 수 있기 때문이다. 또한 사실상태가 오래 계속되면 정당한 권리관계에 증거가 없어지기 쉽다거나, '권리위에 잠자는 자는 보호받지 못한다'는 로마법상 법언(法諺)을 원용하여 시효제도의 존재해야 하는 이유로 들기도 한다.

시효제도를 인정하더라도 취득시효와 소멸시효를 어디에서 규율할 것인지에 대해서는 입법례마다 차이가 있는데, 우리 민법은 독일민법의 영향을 받아 소멸시효는 민법총칙편에서 그리고 취득시효는 물권편에서 규율하고 있다. 따라서 여기서는 소멸시효에 대해 알아보고, 취득시효는 물권법에 관한 절에서 살펴보기로 한다.

나. 소멸시효

모든 권리가 소멸시효의 대상인 것은 아니다. 즉 권리가 소멸시효의 목적이 될 수 있어야 한다. 소멸시효의 목적이 되는 권리는 '재산권'에 한하고 가족권이나 인격권과 같은 비재산적 권리는 소멸시효의 대상이 아니다 또한 재산권에 속하더라도 소유권은 소멸시효에 걸리는 권리가 아니다(제162조 제2항). 소멸시효에 걸리는 전형적인 권리는 채권이다. 그 외 소유권이외의 재산권은 원칙적으로 소멸시효의 대상이 되지만 구체적으로 소멸시효에 걸리는 권리인지는 따져보아야 한다. 예컨대 물권적청구권이 소멸시효의 대상인지에 대해서는 학설의 다툼이 있다.

어떤 권리가 소멸시효에 걸리는 권리라고 하면 언제부터 그리고 얼마의 기간 동안 권리를 행사하지 않았어야 하는지가 문제된다. 소멸시효의 기산점에 대해 우리 민법은 "소멸시효는 권리를 행사할 수 있는 때로부터 진행한다"고 규정하고 있다(제166조 제1항). 이는 달리 표현하면, 권리를 행사하는 데 일정한 장애가 있다면 소멸시효가 진행되지 않음을 의미한다.[7] 다음으로 소멸시효의 기간에 대해 민법은 다음과 같이 정하고 있다. 채권은 10년간 행사하지 아니하면 소멸시효가 완성하고(제162조 제1항), 채권 및 소유권 이외의 재산권(예, 지상권)은 20년간 행사하지 아니하면 소멸시효가 완성한다. 그 외 민법은 3년의 단기소멸시효가 적용되는 경우(제163조)와 1년의 단기소멸시효가 적용되는 경우(제164조)도 규정하고 있다. 예컨대 변호사가 의뢰인으로부터 가지는 수임료채권은 3년의 소멸시효에 걸리고(제163조 제5호) 연예인의 출연료채권은 1년의 소멸시효에 걸린다(제164조 제3호). 따라서 어떤 권리가 소멸시효의 대상이 되는 권리라고 하더라도 몇 년의 소멸시효에 걸리는 권리인지를 파악하는 것은 대단히 중요하다. 참고로 상행위로 인한 채권은 5년의 소멸시효에 걸린다(상법 제64조). 그런데 5년, 3년, 1년의 단기소멸시효에 걸리는 권리라도 판결에 의해서 권리가 확정되면 그 권리는 이제 10년의 소멸시효에 걸리게 됨을 유의하여야 한다(제165조 제1항).

소멸시효는 채무자에게 유리한 제도이다. 따라서 채권자로서는 마냥 소멸시효가 진행되는 것을 보고만 있을 수 없는 노릇이다. 이에 민법은 소멸시효의 진행을 막고 소멸시효가 기산되기 이전의 상태로 만드는 제도를 두고 있다. 이를 소멸시효의 중단이라고 한다. 민법은 소멸시효의 중단사유로 ① 청구, ② 압류 또는 가압류, 가처분. ③ 채무의 승인을 두고 있다(제168조). 예컨대 소멸시효가 진행되는 중에 채권자가 채무자를 상대로 채무의 이행을 구하는 소를 법원에 제기하면 소멸시효는 중단된다.

소멸시효요건이 완성되면 권리자는 더 이상 권리를 행사할 수 없고, 소멸시효는 그 기산일에 소급하여 권리가 소멸한다(제167조).

제 2 절

채권법

Ⅰ. 재산법 개관

[생각해보기]
A는 B소유의 X토지를 매수하고 대금은 모두 지급했지만, 아직 등기는 하지 않았다.
C는 D로부터 Y건물을 매수하면서 대금을 지급함과 동시에 소유권이전등기까지 마쳤다.

민법상 재산법으로서 「채권법」 및 「물권법」의 체계를 이해하기 위하여서는 먼저 위 [생각해보기]와 같은 문제를 살펴볼 필요가 있다. A는 건물을 매수하면서 대금을 다 지급했지만 '등기'를 마치지 않았으므로 아직 소유권을 직접 취득한 것은 아니고, B에게 "소유권을 내게 넘겨달라"고 요구할 수 있는 청구권(채권)만을 가진다. 이에 비하여 C는 대금 지급과 함께 '등기'까지 마쳤으므로 소유권(물권)을 완전히 취득했다. 따라서 본인 외에 누구에게나 "이 건물은 내 것"이라고 주장할 수 있다. 이때 A와 B 사이에서 일정한 행위를 요구할 수 있는 권리 · 의무 관계를 다루는 법이 「채권법」이고, C와 D에서와 같이 물건에 대한 권리관계의 변동을 다루는 법이 「물권법」이다. A의 권리와 C의 권리 모두 사법(私法)상의 권리인 이른바 사권(私權)으로서 특히 재산 · 경제적 가치를 내용으로 한다는 점에서는 공통적이나, 이처럼 '등기' 여부에 따라 권리의 효력(작용)이 달라짐을 알 수 있다.

Ⅱ. 채권법 일반론

1 의의 및 기능

우리 사람은 사회적 동물로서 혼자 살아가기 어렵다. 일상생활 속에서 타인과 다양한 약속을 통하여 수많은 물건을 사고팔고, 돈을 빌리고 갚으며 또, 집을 빌리고 빌려주며 살아간다. 이때 서로의 '약속'을 법적으로 보장하는 법적 장치가 바로 채권법으로서 그 사회적 필요성이 매우 크다. 이러한 채권법은 다양한 기능을 수행하는데, ① 타인의 협력을 보장하고(예: 매매계약을 통해 물건과 대금을 약속한 날에 넘겨주도록 협력하여야 함), ② 법익을 보호하며(예: 타인의 실수로 인하여 다친 사람이 치료비를 배상받을 수 있는 법적 방법을 제공함), ③ 부당한 가치 이동의 조절에 기여(예: 실수로 잘못 송금된 돈을 부당이득으로서 돌려받을 수 있음)하고 있다는 점에서 특히 그러하다.

2 채권법과 채권의 내용

앞서 살펴본 바와 같이 채권법은 판덱텐체계에 따라 민법(전) 제3편[8]에 구성되어 있고 크게 총론과 각론으로 나뉜다. 총론은 채권 전반에 공통되는 원리 및 개념을 다루고, 각론에서는 채권이 발생하는 개별 원인으로서 특히 계약을 중심으로 기타 사무관리, 부당이득, 불법행위에 관한 법률관계를 규정하고 있다.

이러한 채권법에서는 먼저 채권의 의의를 살펴볼 필요가 있다. 채권이란 '특정인이 다른 특정인에게 일정한 행위를 요구할 수 있는 권리'라고 일반적으로 정의내릴 수 있는데, 예를 들어 돈을 빌려준 사람(채권자)이 빌린 사람(채무자)에게 돈을 갚을 것(급부의 이행)을 요구하는 경우에 있어서 채권자가 가지는 권리를 의미한다. 채권은 청구권, 상대권, 평등성이라는 특질을 지니고 있는 권리이다. 즉, 채권의 본질은 일정한 행위(급부)를 요구할 수 있는 힘이고, 이때의 상대방은 채무자에 한하며, 여러 채권자가 있을 경우 이들은 채무자의 재산에서 평등하게 채권을 만족받을 수 있다.

3 채권의 효력

채권은 권리로서 일반적으로 다음과 같은 세 가지 효력을 가지고 있다. 먼저 대내적 효력은 채권자와 채무자 상호간의 본질적 효력으로서 이에는 청구력(예: 빌려준 돈을 갚으라는 요구 가능), 급부보유력(예: 받은 돈을 정당하게 보유 가능), 실현강제력(예: 돈을 갚지 않은 경우 법원의 판결을 통해 강제집행 가능)이 있다. 다음으로 대외적 효력은 채권이 제3자로부터 침해된 경우 책임을 물을 수 있는 효력을 말한다. 그리고 책임재산 보전 효력은 만약 채무자가 재산을 빼돌리면서 채권자의 권리행사를 어렵게 하는 경우 이를 구제할 수 있는 효력을 뜻한다(예: 채권자대위권, 채권자취소권).

4 채권의 변동(발생 · 변경 · 소멸)

채권 역시 권리로서 발생하고 변경하며 소멸한다(권리의 득실변경). 채권은 보통 계약을 통하여 발생(약정 채권)한다. 예컨대 A가 자신의 물건을 B에게 파는 계약을 한 경우 A는 B에게 대금을 받을 수 있는 채권이 있고, B는 A에게 물건을 넘겨달라고 요구할 수 있는 채권이 발생한다(매매계약). 그러나 발생 사유는 반드시 이에 국한되지는 않고 사무관리, 부당이득, 불법행위와 같이 법으로 정해진 사유가 있는 경우에도 가능하다(법정 채권). 예를 들어 A의 폭행으로 B가 다쳤을 때 B에게는 A를 상대로 법률의 규정에 따라 손해배상을 청구할 수 있는 채권이 발생된다(불법행위).

이러한 채권은 재산성에 비추어 타인에게 양도 가능하다. 즉, 채권의 동일성을 유지하면서 타인에게 이전할 수 있는데 이를 채권양도라고 한다. 예를 들어 A(채무자)가 B(채권자)에게 1000만원을 빌린 경우 B는 A에 대한 금전채권을 C(채권양수인)에게 이전하여 줄 수 있는데 이 경우 A의 채권자는 이제 C가 된다. 또한 채무를 그 동일성을 유지하면서 역시 타인에게 이전시킬 수도 있는데 이것이 채무인수이다. 예컨대 A(채무자)가 B(채권자)에게 1000만원을 빌린 경우 C(인수인)가 A의 채무를 인수할 수 있고 이제부터 C가 채무자가 된다.

또한 채권은 채무자가 채권자에게 채무를 이행하는 것과 같이 일정한 경우 소멸한다. 민법은 채권의 소멸 사유로서 변제, 대물변제, 공탁, 상계, 경개, 면제, 혼동을 규정하고 있다.[9] ① 변제란 채무자가 채무의 내용에 따라 급부를 이행하는 것을 말한다. 예컨대 금전을 빌린 사람이 이를 갚는 것이 그러하다. ② 대물변제란 원래의 급부 대신에 다른 급부를 이행함으로써 기존의 채권관계가 소멸되는 것을 뜻한다. 예컨대 A가 B에게 1000만원을 빌린 경우 금전을 갚는 것에 갈음하여 중고자동차의 소유권을 넘겨주기로 약정하고 실제로 넘겨주게 되면 B의 채권이 소멸되는 것이 이에 해당한다. ③ 공탁은 변제의 목적물을 공탁소에 맡기는 것을 말한다. 즉, 채권자가 변제를 받지 아니하거나 받을 수 없는 때에 변제자는 채권자를 위하여 변제의 목적물을 공탁소에 공탁하여 그 채무를 면할 수 있다. ④ 상계란 당사자 쌍방이 서로 같은 종류를 목적으로 한 채무를 부담한 경우에 그 쌍방의 채무의 이행기가 도래한 때에 각 채무자는 대등액에 관하여 채권을 소멸하게 하는 것을 말한다. 예컨대 A가 B에게 1000만원을 빌렸고, B도 과거에 A에게 500만원을 빌렸다면, 상계에 적합한 때에 A 또는 B는 각각 상대방에게 500만원의 범위 내에서 상계의 의사표시를 할 수 있고 이때 각자의 채권을 소멸시킬 수 있는 것이다. ⑤ 경개란 당사자가 기존 채무의 중요한 부분을 변경하는 계약을 하게 되면 새로운 채무를 성립시키는 동시에 기존 채무가 소멸되는 것을 말한다. 예컨대 A가 B에게 1000만원을 빌렸을 때 B에게 금전 대신 토지의 소유권을 넘겨주기로 약정하면 기존의 1000만원이라는 금전채권은 소멸하고 토지 소유권이전과 같은 특정물채권이 발생하게 된다. ⑥ 면제는 채권자가 채무자에게 채권소멸의 의사를 표시하는 것을 말한다. 즉, A가 B에게 1000만원을 빌렸는데 B가 A에게 채무면제의 의사표시(단독행위)를 하게되면 채권은 소멸된다. ⑦ 혼동이란 채권과 채무가 동일인에게 귀속함으로써 채권이 소멸되는 사유이다. 예를 들어 채권자가 채무자를 단독상속한 경우 채권은 혼동으로 소멸한다.

Ⅲ. 채무불이행

1 개관

채권은 상대방의 협력을 전제로 한다. 예를 들어 계약을 통하여 돈을 빌려준 경우 상대방이 약속을 지키지 않음에도 속수무책이라면 채권의 실효성에 의문을 품을 수밖에 없을 것이다. 따라서 채무자가 자신에게 책임 있는 사유(귀책사유 또는 유책사유)로 의무(채무)를 다하지 않은 상태에 있어서 채권을 법적으로 보장할 필요성이 크다는 것을 알 수 있다. 채권법은 이와 같이 채무가 제대로 이행되지 않는 상태를 채무불이행이라고 하고 이때 채권자가 채무자에게 자신의 권리를 행사할 수 있는 여러 법적 효력을 다루고 있다(제390조 이하). 채무불이행은 크게 3가지 유형으로 구분 가능하다(3유형론). 즉, 이행지체, 이행불능, 불완전이행이 이에 해당한다. 여기에 관하여서는 아래에서 보다 자세히 살펴보기로 한다.

2 이행지체

이행지체란 채무를 이행할 때가 되었음에도 채무자가 이행하지 않은 경우를 말한다. 예를 들어 돈을 빌려준 경우 상대방이 갚을 때가 되었고 갚을 능력이 있지만 아직까지 갚지 않는다거나, 약속한 물건의 납품일이 지났고 납품도 가능함에도 불구하고 아직 물건을 넘겨주지 않는 경우 등이 이에 해당한다. 이 경우 이행지체를 이유로 채권자가 채무자에게 책임을 물으려면 일정한 요건을 충족하여야 한다. 즉, 채무자에게 이행지체에 대한 귀책사유(고의 또는 과실)가 있어야 하고, 이러한 상태가 우리 법질서에 반한 것으로 평가되어야 하며(위법성), 채무를 이행할 때가 되었어야 하고(이행기 도래), 채무자가 채무를 이행할 수 있는 상태여야 한다. 그렇다면 이상의 요건을 모두 갖추었다면 채권자는 채무자에게 어떤 권리를 행사할 수 있을까? 이것이 바로 이행지체의 효과이다. 채권자는 먼저 약속을 지킬 것을 청구할 수 있다. 또한 채무자가 이행하지 않음에 따라 발생한 손해(예: 늦어진 만큼의 이자)를 청구할 수도 있다. 아울러 채권의 발생 사유가 계약에 기인한 경우라면 이를 해제하여 처음부터 계약하지 않은 상태로 원상회복을 청구할 수도 있다.

3 이행불능

이행불능이란 계약 당시에는 약속을 지키는 것이 가능했지만, 계약이 성립된 이후 사후적으로 이행이 불가능하게 된 경우를 뜻한다. 예를 들어 특정 중고차를 사고파는 계약을 체결한 후 그 중고차가 채무자의 실수로 불타 없어져 약속한 날에 더 이상 넘겨 줄 수 없는 경우가 이에 해당한다. 이행불능 역시 일정한 요건을 갖추어야 그 효력을 주장할 수 있는데, 앞서 이행지체와 마찬가지로 채무자의 귀책사유와 위법성이 요구된다. 그리고 채무자가 사후적으로 이행하지 못할 것을 요건으로 하는데 이때의 상태를 후발적 불능[10]이라고 한다. 이러한 요건이 충족되었다면 채권자는 채무자에게 손해배상을 청구하거나 계약의 경우 이를 해제함으로써 원상회복할 수 있다.

4 불완전이행

다음은 채무불이행의 세 번째 유형으로서 일반적으로 인정되고 있는 불완전이행에 대하여 살펴보자. 채무자의 채무 이행은 있었지만 그 내용에 있어서 일정한 하자가 있는 경우가 여기에 해당한다. 예컨대 새 아파트를 분양 받아 이사갔는데 누수와 균열이 심하여 살기 어려운 경우라든지, 주문한 물건이 약속한 규격과 품질이 전혀 다른 채 도착하였다는 등의 경우이다. 불완전이행을 이유로 채권자의 권리 행사가 가능하기 위한 요건으로는 공통적으로 채무자의 귀책사유와 위법성이 요구되고, 이에 더하여 이행은 있었지만 이행에 있어서 하자(흠)가 있을 것을 필요로 한다. 불완전이행의 경우 사후적으로 이행이 가능하다면 이행지체, 사후적으로 불가능(불능)하다면 이행불능과 유사한 법적 효력이 주어진다. 따라서 채권자는 채무자에 대하여 전자의 경우 이행청구, 손해배상청구, 계약의 해제가 가능하고, 후자의 경우에는 손해배상청구, 계약의 해제가 가능하다.

5 손해배상

앞서 채무불이행에 따른 효과로서 여러 차례 언급된 손해배상의 개념에 대하여 살펴볼 필요가 있다. 손해배상이란 채무불이행(또는 불법행위)의 경우 채권자(피해자)가 채무자(가해자)를 상대로 발생한 손해를 배상하게 하는 것을 말한다. 손해란 어떤 사건(채무불이행 · 불법행위 등) 때문에 발생한 재산상 또는 비재산상의 불이익을 말하고, 배상이란 불법한 원인으로 발생한 손해를 전부 메꾸어주는 것(전보)을 의미한다. 이러한 손해배상은 우리 민법상 크게 채무불이행 또는 불법행위를 그 발생원인으로 한다. 즉, 민법은 채무불이행에 있어 그 효과로서 손해배상의 범위, 방법 등에 대하여 기본적인 사항을 규정하고(제393조 이하) 이를 불법행위에 준용하고 있다(제763조). 예컨대, A가 B에게 6월 1일까지 영업용 가구를 납품하기로 했는데 지연되었고 그 결과 B는 개업일에 맞추어 매장을 열지 못해 영업 손해를 보았다면 B는 채무불이행을 이유로 하여 A에게 손해배상청구가 가능하다. 그리고 C가 D의 차량을 고의로 파손시켰다면 D는 C에게 불법행위에 기인한 손해배상청구가 가능하게 된다.

위의 사례 등에 있어서 B 또는 D가 자신이 입은 손해를 각각 A, C에게 배상해 줄 것을 청구하기 위하여서는 일정한 요건을 갖추어야 한다. 즉, 채무불이행(또는 불법행위)이 있을 것, 채무자의 귀책사유(고의 · 과실), 위법성, 손해 발생, 상당인과관계(예: 불이행(가해행위)과 손해 사이에 상당인과관계 존재)가 요구된다.

다음으로 볼 내용은 채권자가 채무자에게 손해배상을 청구할 수 있다면 구체적으로 어느 정도를 손해라고 주장할 수 있는가의 문제인데 바꾸어 말하면 손해배상범위의 문제이다. 이에 대하여서는 우리 민법 제393조가 일반적으로 규정하고 있고, 크게 통상손해와 특별손해로 구별가능하다. ① 통상손해는 일반적으로 발생하는 손해를 말하고 이때 발생한 손해 전부를 배상해야 한다(제393조 제1항). 예컨대 인테리어 공사를 맡겼는데 약속한 날짜에 공사가 완공되지 않아 개업이 늦어져 발생한 손해가 이에 해당한다. ② 특별손해는 특별한 사정으로 발생한 손해를 뜻하고 이 경우 당사자가 그러한 사정을 알았거나 알 수 있었을 때만 비로소 배상하여야 할 책임이 있다(제393조 제2항). 예컨대 A가 B에게 물건을 팔았고 B는 이를 다시 C에게 더 비싼 가격으로 파는 계약을 했는데, A가 판 물건에 큰 하자가 있어서 B가 C에게 판매할 수 없게 되어 발생한 손해를 말한다. 이렇게 발생한 손해배상액은 무엇으로 배상하여야 할 것인가? 우리 민법은 금전 배상을 원칙으로 하고 있다(제394조).

Ⅳ. 다수당사자의 채권관계

앞에서 살펴본 채권관계에서는 한 명의 채권자와 채무자가 있는 것을 전제로 설명되었다. 그런데 이때 반드시 한 명의 채권자와 채무자일 필요는 없다. 따라서 하나의 채권관계에 여러 명의 채권자나 채무자가 관련되는 경우도 가능한데 이를 다수당사자의 채권관계라고 한다. 예를 들어 보증채무, 연대채무, 공동상속 등과 같이 우리의 생활 속에서도 흔히 접할 수 있다.

유형을 보자면, ① 우선 원칙적인 모습으로 분할채권 · 채무관계가 있다(민법 제408조). 즉, 채권자나 채무자가 여러 명일 경우, 원칙적으로 그 권리 · 의무는 균등하게 분할된다는 것이다. 예를 들어 A, B가 C에게서 100만원을 빌렸다면 특별한 사정이 없다면 A와 B는 각자 50만원씩 갚으면 될텐데 이때의 모습이 분할채무이다. 만약 A, B가 C에게 100만원을 빌려주었다면 이때 A, B는 분할채권을 가지고 있는 것이다. ② 다음으로 불가분채권 · 채무가 있는데(민법 제409조), 이는 주로 채권의 성질상 분할할 수 없는 경우에 해당한다. 예컨대 A, B가 C의 그림을 공동으로 매수했을 경우, C에게 가지는 소유권 이전청구권은 분할할 수 없으므로 이러한 채권이 불가분채권이다. 반대로 C는 A, B에게 하나의 그림을 넘겨 주어야 할 채무, 즉 불가분채무를 부담하게 되는 것이다. ③ 채무자가 여러 명이 있는데 각자가 채무 전부에 대해 채권자에게 의무를 가진 경우를 연대채무(민법 제413조)라고 한다. 예를 들어 A, B, C가 D에게 300만원을 공동으로 빌렸다면, D는 A · B · C 중 누구에게든 300만원 전액 또는 그중 일부를 청구할 수 있고 연대채무자 모두는 채무를 부담할 의무가 있다.

V. 채권과 계약

1 계약일반론

가. 계약의 의의와 사회적 기능

인간의 삶을 영위함에 있어서 재화와 용역은 필수불가결의 요소이다. 예컨대 생필품의 구매, 주택의 임대차, 직장에의 취업 등이 그렇다. 이때 계약은 현대 사회에서 재화와 용역의 유통 수단으로 기능한다. 이는 곧 사적자치의 구현을 의미한다. 이와 같은 계약은 넓은 의미로서, 둘 이상의 당사자가 서로의 의사표시를 합치시킴으로써 성립하는 법률행위라고 정의할 수 있다. 이에는 매매 등과 같은 채권적 계약뿐만 아니라 저당권 설정과 같은 물권적 계약과 혼인 · 입양과 같은 가족법적 계약이 포함된다. 특히 채권적 계약은 채권의 발생을 목적으로 하는 법률행위로서 좁은 의미의 계약이라고 하며, 우리가 흔히 말하는 계약이 바로 이것이다. 이러한 계약은 원칙적으로 자유롭게 체결할 수 있다. 이를 계약의 자유라고 한다. 즉, 당사자는 계약 체결 여부, 상대방을 누구로 할지 여부, 그 내용을 어떻게 정할지 등을 자유롭게 정할 수 있다. 다만, 이러한 자유는 무한대로 허용될 수는 없기에 일정한 경우 헌법상, 민법상, 기타 특별법상 제한이 가능하다.

나. 계약의 성립

계약 역시 법률행위의 하나로서 의사표시를 필수불가결의 요소로 하고 있는데, 특히 당사자간의 '의사표시의 합치'로 성립하게 된다. 즉, 원칙적으로 청약과 승낙이라는 의사표시가 정확히 상대방을 향하여야 하며 그 내용이 서로 일치하여야 한다.[11]

청약이라 함은 계약을 성립시킬 것을 목적으로 하는 확정적 의사표시를 말한다.[12] 예컨대 A가 자신의 토지를 B에게 팔고자 마음먹고 평소 해당 토지에 관심을 보인 B에게 1000만원에 사라고 연락하는 것이 이에 해당한다. 이에 대하여 승낙은 청약에 응하여 계약을 성립시키려는 의사표시를 뜻한다. 승낙은 반드시 청약과 내용 면에서 일치해야 하고(객관적 합치), 해당 의사표시를 청약한 자에게 행하여야 한다(주관적 합치). 앞선 예에서 B가 A의 연락을 받은 후 A에게 1000만원에 그 토지를 사겠노라고 다시 연락하는 것이 이에 해당한다.

만약 청약과 승낙이 불일치하면 이 경우 우리 민법은 새로운 청약으로 본다. 예컨대 A가 "이 태블릿pc를 B 당신에게 100만원에 팔겠습니다."라고 청약을 했을 때 B가 "좋습니다. 100만원에 사겠습니다."라고 승낙하면 계약이 성립되나, 만약 B가 "100만원은 비싸니 95만원이라면 사겠습니다."라고 한다면 이는 B의 A에 대한 새로운 청약으로 평가된다. 그렇다면 이 경우에는 A의 승낙 여부에 따라 계약이 성립가능하다. 이와 같이 계약이 성립되면 당사자간에는 법률효과로서 채권 · 채무가 발생하게 된다.

다. 계약의 해제와 해지

계약은 합의된 내용에 따라 채무자의 이행(변제)을 통하여 효력이 소멸되는 것이 일반적이다. 그런데 이와 달리 일정한 후발적 사유로 인하여 계약의 효과가 해소되는 특수한 사유가 있는데 그것이 바로 계약의 해제 · 해지이다.

먼저 해제는 유효하게 계약이 성립한 후 채무불이행 등 사유가 발생하면 계약을 '소급적'으로 소멸시켜 처음부터 없었던 것으로 돌리는 일방적 의사표시를 의미한다. 이때 계약의 당사자는 서로에게 원상회복의무를 부담한다. 예컨대 A가 B에게 중고 자동차를 매도하기로 했으나, B가 매매 대금을 지급하지 않자 A가 이행지체를 이유로 계약을 해제하겠다는 의사표시를 한다면 계약은 처음부터 성립되지 않은 것으로 취급된다. 만약 A가 자동차를 이미 넘겨 주었거나 B가 대금 일부를 지급한 경우라면 A는 자동차를 돌려받을 수 있고, B 역시 이미 지급한 돈을 반환받을 수 있다.

이에 비하여 해지는 계속적 계약(예컨대 임대차, 고용 등)관계에서 '장래를 향하여' 계약의 효력을 소멸시키는 의사표시이다. 이때 계속적 계약관계에서 이미 이행된 부분에는 소멸의 영향이 미치지 않는다. 즉, 소급효가 없다. 예를 들자면 임차인 A가 주택임대차 계약 중 차임(월세)을 지급하지 않는 경우 임대인 B는 임대차 계약을 해지할 수 있고, 이때 임대차 계약의 효력은 장래를 향하여 소멸되므로 A는 주택을 비워주어야 하고 차임의 지급 의무는 소멸된다. 단, 이미 발생하였고 지급되지 않은 차임은 소멸되지 않고 유효하므로 B는 A에게 이행을 청구할 수 있다.

2 계약의 종류: 전형계약(유명계약)

가. 개관

계약자유의 원칙에 따라 원칙적으로 계약은 그 내용, 상대방 결정, 방식 등에 있어서 자유롭게 성립가능하다. 따라서 실제 사회에서는 수많은 계약 유형이 존재한다. 그러나 이들 모두에 관하여 법률로 상세히 규율하기는 현실적으로 어려우므로 민법은 우리 사회에서 가장 빈번하게 사용되는 대표적 계약 유형을 따로 규정해 두었는데 이를 전형계약 또는 유명계약이라고 한다. 즉, 민법 제3편 제2장(제554조~제733조)에 총 15가지 계약이 유형별로 규정되어 있다. 전형계약을 통하여 우리 계약법은 법적 안정성과 예측 가능성을 도모하고 있다. 아래에서는 전형계약의 유형별 의의와 기능을 주로 살펴보고자 한다.

나. 소유권 이전형

먼저 전형계약 중 그 성격상 소유권이 이전되는 유형으로는 크게 증여, 매매, 교환이 있다. ① 증여란 증여자가 대가 없이 재산을 증여하겠다는 청약의 의사표시를 하고 수증자가 이를 승낙하면 성립하는 대표적인 무상계약이다(제554조). 증여계약은 일상생활에서 어렵지 않게 접할 수 있다. 예컨대 친구에게 생일 선물을 하는 경우, 부모가 자녀에게 결혼자금을 주는 경우 등이 그러하다. ② 매매는 매도인이 일정한 재산권을 이전하고, 상대방인 매수인은 그에 상응한 대가(금전)를 지급하기로 약정하는 유상계약이다(제563조). 통상적으로 가장 빈번한 계약 유형으로서 예컨대 토지를 사고 파는 경우, 마트에서 생필품을 사고파는 경우 등이 이에 해당한다. 매매는 가장 대표적인 유상계약으로서 우리 민법은 이에 대하여 여러 가지 자세한 규정을 두고 있고 성질이 허락하는 범위 내에서 다른 유상계약에 준용하고 있다. 매매가 성립하면 당사자인 매도인과 매수인은 각각 재산권이전의무와 대금지급의무를 부담하고 동시에 대금지급청구권과 재산권이전청구권을 가진다. 그밖에 매매의 유상성에 기초하여 만약 매매 목적물에 일정한 하자가 있는 경우 이에 대한 담보책임을 매도인에게 부담시키고 있다. ③ 교환은 당사자 쌍방이 금전 이외의 재산권을 서로 이전하기로 약정하는 계약이다(제596조). 앞서 매매계약과 유사하여 매매에 관한 규정이 준용되는데, 대금 대신 재산권 자체가 대가로 제공된다는 점에서 근본적인 차이가 있다. 물물교환이 주된 거래 방식이었던 과거 사회에서 많이 활용되었으나 현재는 매매계약이 주된 거래 방식임에 비추어 그 의미가 많이 쇠퇴되었다. 예를 들어 A가 자신의 토지를 B의 토지와 맞바꾸는 경우가 이에 해당된다.

다. 대차형

물건을 빌려주고 빌리는(대차) 목적으로 하는 계약 유형으로는 소비대차, 사용대차, 임대차가 있다. ① 먼저 소비대차는 빌려주는 사람(대주)이 금전 또는 대체물(예: 곡물 등)을 빌리는 사람(차주)에게 빌려주면, 차주가 이를 소비하고 동일한 종류 · 수량 · 품질의 물건을 다시 대주에게 반환하기로 합의하는 계약을 말한다(제598조). 예컨대 이웃에게 쌀을 빌린 후 갚기로 하는 경우 또는 은행에서 소정의 금전을 대출하는 경우(이를 특히 금전소비대차라고 함)가 이에 해당한다. 소비대차가 다른 대차 유형의 계약과 다른 점은 반환 대상이 차주가 빌린 '해당 금전 또는 대체물' 자체가 아니라 '동종 · 동량의 물건'이라는 점에 있다. ② 사용대차란 빌려주는 사람(대주)이 상대방(차주)에게 무상으로 사용 · 수익하게 하기 위하여 목적물을 인도할 것을 약정하고 상대방은 이를 사용 · 수익한 후 그 물건을 반환할 것을 약정하는 계약이다(제609조). 예를 들어 친구에게 자전거를 무상으로 빌려주기로 하는 경우가 이에 해당하는데 대표적인 무상계약이다. ③ 다음으로 임대차는 당사자 일방(임대인)이 상대방(임차인)에게 목적물을 사용 · 수익하게 할 것을 약정하고 상대방이 이에 대하여 차임을 지급할 것을 약정하는 유상계약이다(제618조). 우리가 일상생활에서 자주 접할 수 있는 주택임대차, 상가건물임대차 등이 대표적이다. 임대차에 있어서 임대인은 임차인이 목적물을 사용 · 수익하게 할 수 있게 목적물을 인도하고 수선할 의무와, 임차인이 지급한 필요비나 유익비와 같은 비용의 상환의무, 유상계약임에 비추어 담보책임을 부담하나, 임차인에게 그에 상응하는 차임을 지급받을 수 있는 권리가 있다.

라. 노무제공형

노무제공형 계약 유형으로는 고용, 도급, 여행계약, 현상광고, 위임, 임치가 있다. ① 먼저 고용은 당사자 일방(노무자)이 상대방(사용자)에 대하여 노무를 제공할 것을 약정하고 상대방이 이에 대하여 보수를 지급할 것을 약정하는 계약이다(제655조). 예컨대 아르바이트 계약, 회사와 사원 간의 근로계약이 이에 해당한다. 고용계약에 있어서의 본질은 노무의 결과보다 노무의 제공 그 자체에 있다. 다만, 현대 사회에서는 근로계약을 규율하는 특별법으로서 노동법(예: 「근로기준법」 등)이 주로 기능하고 있기에 민법상 고용계약은 그 의미가 크지 않다. ② 도급은 당사자 일방(수급인)이 어느 일을 완성할 것을 약정하고 상대방(도급인)이 그 일의 결과에 대하여 보수를 지급할 것을 약정함으로써 성립하는 계약 유형이다(제664조). 의뢰인이 건축업자에게 건물을 완공해 줄 것을 의뢰하면서 건물 완공시 대가를 지급하기로 하는 경우가 그 예이다. 고용계약과 달리 단순 노무의 제공이 아니라 '일의 완성'에 본질이 있다는 점에 특징이 있다. ③ 여행계약은 당사자 한쪽(여행주최자)이 상대방(여행자)에게 운송, 숙박, 관광 또는 그 밖의 여행 관련 용역을 결합하여 제공하기로 약정하고 상대방이 그 대금을 지급하기로 약정함으로써 성립한다(제674조의2). 대표적으로 이른바 패키지여행 또는 수학여행이 이에 해당한다. 여행계약은 기존에 약관을 통하여 규율되었으나 2015년 민법 개정을 통하여 신설되었다. ④ 현상광고란 광고자가 어느 행위를 한 자에게 일정한 보수를 지급할 의사를 표시하고 이에 응한 자가 그 광고에 정한 행위를 완료함으로써 그 효력이 생기는 계약 유형이다(제657조).[13] 예컨대 "분실한 반려견을 찾아서 연락주시면 일정 금액을 사례하겠습니다."와 같은 광고가 이에 해당한다. 현상광고가 다른 계약 유형과 구별되는 특징은 불특정 다수인에 대한 일방적 의사표시가 있은 후에 일정한 자에 의하여 지정행위가 완료되어야 비로소 계약이 성립되고 그에 따라 보수를 청구할 수 있다는 점에 있다. 즉, 위의 사례에서 누군가가 분실한 반려견을 찾아오면 비로소 계약이 성립된다. ⑤ 위임은 당사자 일방(위임인)이 상대방(수임인)에 대하여 사무 처리를 위탁하고 상대방이 이를 승낙함으로써 성립하는 계약이다(제680조). 변호사에게 소송 사무를 위탁하거나 또는 법무사에게 부동산 등기신청 사무를 위탁하는 경우를 예로 들 수 있다. 위임인이 신뢰를 바탕으로 사무를 위탁한 수임인이 해당 사무를 자주적으로 처리한다는 점에 특징이 있다. 한편 수임인은 위임사무를 처리함에 있어서 선량한 관리자의 주의로써 위임 사무를 처리할 의무가 있다. ⑥ 임치는 당사자 일방(임치인)이 상대방(수치인)에 대하여 금전이나 유가증권 기타 물건의 보관을 위탁하고 상대방이 이를 승낙함으로써 성립한다(제694조). 예컨대 A가 친구인 B에게 자신의 가방을 일정 기간 보관해 줄 것을 위탁한 경우 임치계약이 성립한다. 노무를 제공함에 있어서 타인의 물건 보관이라는 특정의 노무로 제한된다는 점에 특색이 있다.

마. 기타 유형

이상의 유형과 더불어 전형계약으로 규정되어 있는 계약으로는 조합, 종신정기금, 화해가 있다. ① 조합이란 일반적으로 2인 이상의 특정인이 공동의 목적을 위하여 서로 출자하여 결합한 단체를 말하고, 조합계약이란 2인 이상이 상호 출자하여 공동사업을 경영할 것을 약정함으로써 성립하는 계약을 뜻한다(제703조). 예컨대 친구끼리 의기투합하여 자본금을 모아 벤처사업을 공동으로 시작하기로 약정한 경우이다. ② 종신정기금계약이란 당사자 일방(정기금채무자)이 자신, 상대방 또는 제3자의 종신(즉, 사망시)까지 정기적으로 금전 기타의 물건을 상대방 또는 제3자에게 지급하기로 합의함으로써 성립하는 계약 유형이다(제725조). 예를 들어 A가 자신의 은인인 B의 사망시까지 정기적으로 50만원씩 매달 지급하기로 하는 약정이 그러하다. 다만 현재 연금이나 보험과 같이 유사한 제도가 더욱 보편적으로 활용되므로 민법상 종신정기금계약의 실효성은 크지 않다. ③ 화해는 당사자가 상호양보하여 당사자간의 분쟁을 멈출 것을 약정함으로써 성립하는 계약이다(제731조). A가 B에게 1000만원의 채권이 있다고 주장하나, B는 600만원의 채무밖에 존재하지 않는다는 법적 다툼이 있을 경우 서로 양보하여 800만원의 채권 · 채무가 있는 것으로 약정하는 경우 또는 교통사고에 따른 손해의 배상에 있어서 소정의 합의금을 지급하는 것으로 분쟁을 종결하고자 하는 경우 등이 그 예이다. 재판과 달리 법적 분쟁을 법정 외에서 원만하게 해결하는 장점을 가지고 있다.

VI. 법정채권

1 개관

채권은 앞서 살펴본 바와 같이 많은 경우 계약이라는 법률행위를 통하여 발생한다. 예컨대 매매계약을 체결하면 매도인의 소유권이전의무와 매수인의 대금지급

의무라는 채권관계가 생긴다. 그러나 모든 채권이 계약을 통해서만 발생하는 것은 아니다. 즉 사적자치에 따른 법률행위 이외에 '법률의 규정'에 따라 채권이 발생하는 경우가 있는데 일반적으로 이를 법정채권(관계)이라고 한다. 법정채권관계로는 크게 사무관리, 부당이득, 불법행위라는 세 가지 유형이 민법에 규정되어 있다.

2 사무관리

사무관리란 사무관리자가 타인(본인)의 위임이나 법적 의무 없이 그 타인의 사무를 스스로 맡아 처리한 경우를 말한다(제734조 이하). 이 경우 일정한 요건을 충족하면 사무관리자는 본인에게 필요비 · 유익비 상환을 청구할 수 있다. 즉, 채권이 발생하게 된다. A가 여행을 떠난 이웃 B의 집의 지붕이 폭풍에 날아갈 위기에 처하자 자신의 금전 또는 자재로 급히 보수한 경우, A와 B 간에 계약이 없음에도 불구하고 A에게는 B에게 자신이 지급한 비용의 상환을 청구할 수 있는 채권이 발생할 수 있는데 이 경우가 대표적 예이다. 다만, B가 만약 "절대 내가 없는 동안 내 집에 손대지 마라"라고 명백히 주의를 했음에도 A가 보수를 진행했다면 이 경우 사무관리가 성립하지 않는다고 하여야 할 것이다. 사무관리가 성립하기 위한 요건으로는 ① 타인의 사무에 관련된 관리일 것, ② 타인을 위하여 하는 의사(이른바 관리의사)가 있을 것, ③ 법률상 의무를 부담하는 경우가 아닐 것, ④ 본인에게 불이익한 것 또는 본인의 의사에 반한다는 것이 명백하지 않을 것이 있다.

3 부당이득

부당이득이란 법률상 원인 없이 타인의 재산이나 노무로 인하여 얻은 이익을 말한다(제741조 이하). 이 경우 상대방에게는 이익을 얻은 자에게 그 이익을 반환하여 줄 것을 청구할 수 있는 반환청구권이라는 채권이 발생한다. 예컨대 A가 실수로 B

에게 1000만 원을 이체하였다면 B는 법률상 원인 없이 이득을 얻은 것이므로, A에게는 B에게 이를 반환하여 줄 것을 청구할 수 있는 채권이 발생하게 되는 것이다. 즉, 부당이득은 하나의 법률사실이면서 동시에 법률요건에도 해당된다. 부당이득의 성립요건으로는 ① 이익의 취득(수익)이 있을 것, ② 수익에 따라 타인에게 손해가 발생할 것(손실), ③ 수익과 손해 간에 인과관계가 있을 것, ④ 법률상 원인이 없을 것이 있다. 부당이득에 있어서 특수한 경우는 이른바 불법원인급여인데, 이는 일정한 경우 부당이득이 있음에도 이의 반환청구를 제한하는 것을 말한다. 예컨대 A가 법률상 배우자가 있음에도 다른 이성인 B와 불륜관계를 유지하고자 그 대가로 1000만원을 주기로 약정하고 실제 송금하였다면, 이러한 약정은 우리 민법 제103조에 따라 '선량한 풍속 기타 사회질서(이를 공서양속이라고 함)'에 위반하여 무효가 되므로 일단 부당이득으로 된다. 다만, 이러한 경우 만약 A에게 부당이득을 원인으로 한 반환청구를 인정한다면 우리 법질서가 사회적 타당성이 없는 행위를 한 A의 이익의 회복을 결과적으로 도와주는 것에 해당하므로 이는 부적절하다는 이유로 반환청구를 금지하고 있는 것이다.

4 불법행위

불법행위는 고의 또는 과실로 위법하게 타인에게 손해를 가하는 행위를 말한다(제750조 이하). 예컨대 A가 지나가는 행인 B를 단지 기분이 나쁘다는 이유로 폭행하는 경우이다. 이때 가해자인 A는 치료비 등의 손해배상채무를 부담하므로 결국 당사자 간에 별도의 계약관계가 없음에도 피해자 B에게 가해자 A에 대한 채권이 발생하는 것으로 이 역시 대표적인 법정채권발생 사유에 해당된다.[14] 불법행위는 계약과 함께 대표적인 채권의 발생 사유로 기능하고 있고, 특히 사회질서를 유지하는 기능을 수행하고 있다. 이러한 불법행위는 크게 두 가지로 구별할 수 있다. 하나는 민법 제750조에 따른 일반 불법행위이고, 다른 하나는 민법 제755조 내지 제760조에 규정된 특수 불법행위이다.

일반 불법행위의 성립요건은 ① 가해자의 고의 또는 과실이라는 귀책사유(유책

사유)에 따른 행위가 있을 것, ② 가해자에게 책임능력이 있을 것, ③ 위법할 것, ④ 재산적 또는 비재산적 손해가 발생할 것이다. 이에 비하여 특수 불법행위는 각 유형별로 요건이 달라진다. 민법이 규정하고 있는 특수 불법행위에는 책임무능력자의 감독자책임(제755조), 사용자책임(제756조), 도급인의 책임(제757조), 공작물 등의 점유자 · 소유자의 책임(제758조), 동물점유자의 책임(제759조), 공동불법행위자의 책임(제760조)이 있다.

제 3 절

물권법

Ⅰ. 물권법 일반론

1 물권과 물권법의 의의

먼저 물권(物權)이라 함은 특정한 물건 또는 기타의 객체를 직접·배타적으로 지배하여 이익을 얻는 권리라고 정의할 수 있다. 앞서 살펴본 채권이 특정인에 대하여 상대적으로만 주장할 수 있는 권리(상대권)라면, 물권은 누구에게나 주장할 수 있는 절대권이다. 물권법은 이러한 물권에 관한 법체계를 다루는 민법의 한 부분으로 우리 민법 제2편에 규정되어 있다. 물권법은 크게 총론과 각론으로 나눌 수 있다. 물권총론은 물권 일반에 적용되는 원칙과 법리를 규율하고 있고, 물권각론은 물권법정주의에 기초하여 8가지의 민법상 물권(점유권, 소유권, 지상권, 지역권, 전세권, 유치권, 질권, 저당권)의 구체적인 내용을 담고 있다.

물권법은 강행규정성과 고유성의 특성을 지니고 있다. 물권법의 특성은 같은 재산법인 채권법과 비교할 때 더욱 분명히 드러난다. 채권법은 사적자치가 넓게 인정되는 분야이므로 대체로 임의규정으로 규정되어 있다. 예컨대 타인과 계약을 맺을 때 서로 자유롭게 흥정하는 것을 떠올릴 수 있다. 그러나 물권법은 배타성을 가지는 물권에 관하여 적용되기에 물권의 종류나 내용을 임의로 정할 경우 타인에게 예측하지 못한 손해를 줄 수 있다. 따라서 사적자치를 제한적으로 인정할 필요가 크므로 대부분 강행규정의 특성을 가진다. 즉, 임의의 물권을 새롭게 창설하거나 자의적으로 물권의 내용을 변경하는 것은 허용되지 않음을 알 수 있다. 다음으로 채권법은 보편성을 지니고 있어 각국의 법체계가 대체로 유사함에 반하여, 물권법은 각국의 전통과 관습이 반영되어 있는 고유성이라는 특성을 지닌다. 예컨대 우리의 물권법에서의 전세권이 그러하다.

2 물권의 본질

물권은 물건 기타의 객체를 직접 지배하여 이익을 얻는 배타적 권리이다. 따라서 권리의 내용적 측면에서는 재산권이고 효력적 측면에서는 지배권이며, 권리의 대상 측면에서 절대권이다. 이러한 물권의 객체는 원칙적으로 물건이다. 다만 일정한 경우 예외적으로 권리를 객체로 한 물권이 성립할 수 있다(예: 권리질권). 물건은 물권의 객체로서 배타적 지배에 복종하여야 할 대상이기에 원칙적으로 특정(특정성)되고 독립(독립성)하여야 한다.[15)]

3 물권의 종류

앞서 살펴본 물권법의 특성에 비추어, 물권의 종류와 내용은 법률이 정하는 바에 한하여 인정되며 당사자가 다른 물권을 임의적으로 창설하지 못한다는 원칙을 물권법정주의(物權法定主義)라고 한다. 모든 근대 물권법에서 인정되는 법원칙이고 물론 우리 민법 역시 제185조에서 규정하고 있다. 다만, 우리 민법상 물권법정주의는 법률 이외에 '관습법'에 의하여서도 창설할 수 있도록 규정되어 있다는 점에서 약간의 차이점이 있다. 만약 당사자가 물권법정주의에 반하여 임의로 새로운 물권을 창설하거나 기존 물권이 가진 내용과 다른 사항을 약정하더라도 물권적 효력은 인정되지 않는다. 즉, 이러한 경우 강행규정 위반으로서 물권적 효력은 무효이다.

제185조에 따라 물권은 법률 또는 관습법에 의하여 창설할 수 있다. 따라서 법률인 '민법'과 그 밖의 법률인 '특별법', 그리고 '관습법'에 의하여 물권은 창설될 수 있다. 민법상 물권은 아래와 같이 점유권, 소유권, 지상권, 지역권, 전세권, 유치권, 질권, 저당권과 같이 8가지가 규정되어 있다.

민법상 물권은 먼저 점유권과 본권으로 나눌 수 있다. 점유권은 물건을 사실상 지배하면 바로 인정되는 물권임에 비하여, 본권은 물건에 대한 사실상 지배를 묻지 않고 물건을 지배할 수 있는 권리를 말한다. 본권은 다시 소유권과 제한물권으로 분류된다. 소유권은 물건을 전면적 · 배타적으로 지배가능한 권리로서 사용 · 수익 · 처분 권능을 모두 지녔고 물권을 대표한다(완전물권). 이에 비하여 제한물권은 소유권에 대한 제한 위에서 성립하고 그 권능도 제한되어 있다. 즉, 물건의 사용 · 수익 · 처분 권능 중 일부 권능만을 지니고 있는 권리이다. 제한물권은 다시 용익물권과 담보물권으로 대별된다. 용익물권은 물권의 사용가치(사용 · 수익 권능)의 지배를, 담보물권은 물권의 교환가치(처분 권능)의 지배를 목적으로 하고 있다는 점에서 차이가 있다. 용익물권에는 지상권, 지역권, 전세권이 해당되고 담보물권에는 유치권, 질권, 저당권이 있다.

다음으로 민법 이외에 특별법상 물권은 공장저당권 · 공장재단저당권(「공장 및 광업재단 저당법」), 입목저당권(「입목에 관한 법률」), 농지저당권(「농지법」), 소형 선박저당권 · 자동차저당권 · 항공기저당권(「자동차 등 특정동산 저당법」), 동산담보권 · 채권담보권 · 지식재산권담보권(「동산 · 채권 등의 담보에 관한 법률」), 가등기담보권 · 양도담보권 · 매도담보권(「가등기담보 등에 관한 법률」) 등과 같이 다양하게 인정되고 있다. 관습법상 물권으로는 판례에 의하여 확인되어 있는 것으로서 분묘기지권과 관습법상 법정지상권이 있다.[16)]

4 물권의 효력

물권의 효력이란 물권의 내용이 실현될 수 있도록 우리 법질서가 인정한 힘을 말한다. 물권은 물건을 직접 배타적으로 지배하는 절대적 권리이기 때문에 실효성을 거둘 수 있도록 강력한 효과가 인정될 필요가 있다. 물권의 효력이 물론 모든 물권에 있어서 동일하지는 않다. 따라서 개별적인 물권에서 각기 다룰 문제이다. 그럼에도 일부 효력은 교집합으로서 공통적으로 살펴볼 수 있다. 우선적 효력과 물권적 청구권이 그러하다. 여기서는 이를 중심으로 보고자 한다.

우선적 효력은 일정한 권리가 다른 권리에 우선한다는 효력이다. 물권 상호간에는 시간적으로 먼저 성립한 물권이 우선한다(선순위 물권 우선). 예를 들어 하나의 토지에 1번 저당권과 2번 저당권이 성립하였다면 1번 저당권의 효력이 우선한다. 다음으로 어떤 물건에 있어서 물권과 채권이 병존하는 경우에는 원칙적으로 물권이 우선한다(채권에 우선). 예컨대 A가 토지를 소유하고 있다가 B에게 토지를 매매한 후에 다시 C에게 그 토지를 팔고 소유권이전등기까지 해주었다면 B는 소유권이전청구권이라는 채권을 가지고 C는 소유권이라는 물권을 가지게 되는데 이때 C의 권리가 B에 우선하게 된다. 따라서 이 경우 B는 C에게 자신의 채권을 주장하지 못하고 다만 A에게 대하여서만 채무불이행책임을 물을 수밖에 없다.

다음으로 물권적 청구권은 물권자가 자신의 지배를 보장받기 위하여 가지는 권리이다. 즉 물권의 실현이 방해당하고 있거나 방해받을 우려가 있는 경우 물권자가 상대에 대하여 방해의 제거 또는 예방에 필요한 행위를 청구할 수 있는 권리를 말한다. 이에는 일반적으로 물권적 반환청구권, 방해배제청구권, 방해예방청구권과 같이 3가지 종류가 있다. 물권적 반환청구권은 타인이 권원 없이 목적물 전부를 점유하고 있을 때 반환을 청구할 수 있는 권리이다. 예컨대 A의 물건을 B가 허락도 없이 가져간 경우 A는 B에게 돌려달라고 청구할 수 있다. 물권적 방해배제청구권은 타인이 물권의 실현을 전부 침해가 아닌 방법으로 방해하고 있는 경우 이의 제거를 청구할 수 있는 권리를 말한다. 예컨대 A가 건축물을 축조하던 중 인접한 B의 토지의 경계를 넘은 경우 B는 A에게 그 침해를 제거해 줄 것을 청구할 수 있다. 물권적 방해예방청구권은 현재 물권의 실현이 방해받지는 않으나 장래에 방해받을 개연성이 큰 경우 방해의 예방에 필요한 행위를 청구할 수 있는 권리를 말한다. 예를 들어 A가 자신의 토지 위에 공사를 하던 중 토지 붕괴 위험이 있으면 인접한 토지 소유자인 B가 적절한 예방 조치를 A에게 청구할 수 있다.

Ⅱ. 물권의 변동

1 물권변동과 공시방법

물권변동은 물권의 발생 · 변경 · 소멸과 같이 권리관계가 달라지는 것을 말한다. 예컨대 주택을 팔아 소유권이 이전되거나, 주택에 금전소비대차를 원인으로 저당권을 설정하는 경우 등이 이에 해당한다. 물권은 대세적 효력을 가지므로 물권 거래의 안전을 위하여 어떤 물권이 누구에게 귀속하는가와 같이 물권관계의 변동을 외부에 명확히 보여주는 법적 장치가 필수적이다. 그리하여 물권변동 사실을 외부에서 알 수 있도록 일정한 방법으로 표지하는 방법을 공시(公示)방법이라고 한다. 공시방법은 물권변동의 객체가 부동산인지 동산인지에 따라 다르다. 부동산 물권변동에서는 제186조에 따라 원칙적으로 '등기'에 의하여 공시된다. 이에 비하여 동산 물권변동에서는 제188조에 따라 원칙적으로 '점유 또는 인도(점유의 이전)'에 의하여 공시된다.

이러한 공시방법이 실효성을 거두기 위하여서는 공시의 원칙과 공신의 원칙이 인정되어야 한다. 공시(公示)의 원칙은 물권변동은 반드시 공시방법에 의하여 외부에 표시되어야 한다는 원칙을 말한다. 거래 상대방과 제3자에게 권리관계를 명확히 하여 법적 안정성을 보장하기 위함이다. 예를 들어 A가 자신의 토지를 B에게 매도하면서 소유권을 넘겨주기 위하여서는 등기를 하여야 하고(부동산 물권변동), C가 자신의 노트북을 D에게 증여하면서 소유권을 이전하려면 인도하여야 하는 것이다(동산 물권변동). 이에 비하여 공신(公信)의 원칙은 공시방법에 의해 공시된 내용이 만약 사실과 달라도, 공시방법을 믿고 거래한 제3자가 있다면 그러한 신뢰를 보호하여야 한다는 원칙으로 거래 안전의 보호를 목적으로 한다. 예컨대 공신의 원칙이 인정되는 경우, 등기기록상 토지 소유자로 기재된 B와 거래하고 소유권 이전등기까지 마친 A가 있는데, 실제로는 B가 아니라 C가 소유권자인 경우라고 하더라도 등기기록을 믿은 A를 보호하여 A에게 소유권을 인정하게 된다.

우리 민법에 있어서 공시의 원칙은 부동산 물권변동 및 동산 물권변동에 있어 모두 인정되고 있다. 그런데 유의할 점은 우리 민법은 공신의 원칙을 동산 물권변동에서는 인정하나(동산의 선의취득) 부동산 물권변동에 있어서는 인정하고 있지 않는다는 것이다. 그렇다면 위의 예에서 우리 민법 하에서는 등기기록을 믿은 A일지라도 소유권을 취득하지 못하고 토지는 여전히 C의 소유에 속하게 되는 것이다.

2 물권행위

물권변동의 원인인 법률요건은 다양하다. 그러나 사적자치를 기본으로 하는 우리 민법에 있어서 당사자가 원하는 대로 법률효과인 물권변동이 일어날 수 있는 법률요건은 법률행위뿐이므로 그중 법률행위가 가장 중요하다 할 것이다. 물권행위란 물권변동을 목적으로 하여 성립한 법률행위를 말한다. 물권행위와 구별하여야 하는 개념으로 채권행위가 있다. 채권행위는 채권의 발생을 목적으로 성립한 법률행위이다. 예컨대 매매, 증여 계약 등이 있다. 물권행위와 채권행위는 서로 대립하는 개념이지만 동시에 매우 밀접한 관계에 있다. 일반적으로 물권을 취득하는 경로를 살펴보면, 매매와 같은 채권행위를 원인으로 하여 발생한 채권관계의 이행행위로서 물권행위가 행하여지게 된다. 예컨대 A가 자신의 토지를 B에게 팔기로 하는 매매계약을 체결하였다면 이때의 매매계약이 바로 채권행위이다. 채권행위만으로는 당사자인 A와 B가 원하는 법률효과가 발생하지는 않는다. 즉 이행의 문제가 남게 된다. 그리하여 매매계약에 따라 A와 B는 서로에게 자신의 채무(A는 소유권이전채무, B는 대금이전채무)를 이행하여야 할 텐데 구체적으로 어떻게 이를 이행할지를 합의할 필요가 있음을 알 수 있다. 이때 토지의 소유권이전 및 대금이전에 관한 합의가 바로 물권행위인 것이다.

위의 예에서 볼 수 있듯이 채권행위와 물권행위는 별개의 행위로서 구별된다. 그런데 문제는 채권행위와 물권행위가 따로따로 행하여지는가에 있는데 이를 물권행위의 독자성의 문제라고 한다. 물권행위의 독자성 인정여부에 대하여 우리의 다수설은 이를 인정하고 있으나, 판례는 부정하고 있다(대판 1977.5.24., 75다1394). 다음으로 생각해 볼 수 있는 것은 독자성이 인정된다면 원인행위로서 채권행위가 무효가 되었을 때 이행행위로서 물권행위 역시 무효가 되는지 여부의 문제이다. 이것이 바로 물권행위의 무인성의 문제인데, 이에 대하여 우리의 학설은 무인론과 유인론으로 견해가 나뉘어지고 있으나, 판례는 유인론의 입장에 있다.

3 부동산등기

부동산에 있어서 성립요건주의를 취하는 우리 민법상 물권행위와 등기가 있어야 비로소 물권변동이 발생한다. 부동산등기란 부동산등기부라고 하는 공적 기록에 해당 부동산에 관한 권리관계(갑구 · 을구)와 표시에 관한 사항(표제부)을 기록하는 것 또는 기록 자체를 말한다. 부동산등기부의 종류로는 크게 토지등기부와 건물등기부가 있다. 부동산등기부에는 원칙적으로 1필의 토지 또는 1동의 건물에 대하여 1개의 등기기록을 사용하는데, 이를 1부동산 1등기기록의 원칙(물적 편성주의)이라고 한다. 부동산등기부에는 고유번호가 부여되고, 크게 표제부, 갑구, 을구로 구성되어 있다. 표제부는 토지나 건물의 소재지, 지번, 지목, 면적, 용도 등의 표시와 그 변경에 관한 사항이 기록되는 곳이다. 갑구에는 부동산의 소유권에 관한 사항(예: 매매를 원인으로 한 건물의 소유권 취득)이 기록되며, 을구에는 소유권 이외의 권리에 관한 사항(예: 토지에의 저당권 설정)이 기록된다.[17]

4 부동산 물권변동

토지나 건물과 같은 부동산 물권변동은 법률행위에 의한 것(제186조)과 법률행위에 의하지 않은 것(제187조)으로 구별된다. 제186조에 의하면 "부동산에 관한 법률행위로 인한 물권의 득실변경은 등기하여야 그 효력이 생긴다". 여기서 법률행위는 물권행위를 의미하므로 결국 부동산 물권변동은 물권행위와 등기가 있어야 발생한다는 것을 알 수 있다. 예를 들어 A의 토지를 B가 매매를 원인으로 소유권을 취득하려면 물권행위와 등기가 있어야 한다.

이에 비하여 제187조에서는 "상속, 공용징수, 판결, 경매 기타 법률의 규정에 의한 부동산에 관한 물권의 취득은 등기를 요하지 않는다. 그러나 등기를 하지 아니하면 이를 처분하지 못한다"고 규정하고 있다. 따라서 법률행위에 의하지 않는 부동산 물권변동에 있어서는 별도로 등기가 필요하지 않다. 예컨대 피상속인 A의 사망으로 그의 토지가 상속인 B에게 상속되는 경우, B가 이 토지에 별도로 소유권 이전등기를 하지 않아도 소유권은 상속이 개시된 시점에 B에게 이전된다. 다만, B가 이 토지를 제3자에게 처분하고자 할 때는 자신 명의로 등기를 하여야 한다.

5 동산 물권변동

동산 물권변동 역시 법률행위에 의한 것과 법률행위에 의하지 않은 것으로 나눌 수 있다. 먼저 제188조 제1항에 규정되어 있는 바와 같이 "동산에 관한 물권의 양도는 그 동산을 인도하여야 효력이 생긴다". 즉, 법률행위에 의한 동산 물권변동은 물권행위와 인도의 요건을 갖추어야 발생한다. 여기서의 물권행위는 앞에서 살펴본 내용이 동일하게 적용된다. 인도는 점유(사실상 지배)의 이전을 말하는데 이는 현실의 인도(예: 중고 컴퓨터 거래에 있어서 컴퓨터를 넘겨 주는 것)를 원칙적인 모습으로 한다. 그러나 우리 민법은 그밖에 간이인도, 점유개정, 목적물반환청구권의 양도 역시 인도로 보고 있다. 법률행위에 의하지 않은 동산 물권변동의 경우는 상당 부분 소유권 취득 사유로서 규정되어 있기에 가급적 중복 설명을 피하기 위하여 뒤에서 살펴보기로 한다.

Ⅲ. 민법상 물권

1 점유권과 소유권

가. 점유권

민법은 "물건을 사실상 지배하는 자는 점유권이 있다"라고 하여(제192조 제1항) 물건을 사실상 지배할 수 있는 정당한 권원이 있는지 여부와 관계없이 사실상 지배하고 있다면 점유권이라는 하나의 물권으로서 여러 가지 법률효과를 인정하고 있다. 민법상 점유는 원칙적으로 물건에 대한 사실상의 지배만 있으면 성립하고 그 밖에 적극적인 점유의사까지는 필요하지 않다. 사실상의 지배가 있는지의 판단은 물건에 대한 공간적 · 시간적 관계뿐만 아니라 본권과의 관계, 타인 지배 배제 가능성 등을 종합적으로 고려하여 사회통념에 따른다. 그런데 민법은 예외적으로 사실상의 지배가 있음에도 점유권을 인정하지 않거나, 반대로 사실상의 지배가 없음에도 점유권을 인정해 주는 경우가 있다. 전자에는 '점유보조자'가, 후자에는 '간접점유', '상속인의 점유'가 해당한다.

점유의 모습은 일반적으로 자주점유 · 타주점유, 선의점유 · 악의점유, 과실있는 점유 · 과실없는 점유로 나눌 수 있다. 먼저 자주점유는 소유의 의사로서 사실상 지배를 하는 점유를 말하고 타주점유는 자주점유가 아닌 경우이다. 예컨대 물건

소유자의 점유가 자주점유이고, 타인의 물건을 잠시 빌려 쓰는 경우의 점유는 타주점유이다. 다음으로 선의점유는 본권이 없는 점유의 경우에 있어서 본권이 없음에도 불구하고 본권이 있다고 오신하는 경우를 말하고, 악의점유는 본권이 없음을 알고 있거나 본권의 유무에 관하여 의심을 품으면서 하는 점유이다. 과실있는 점유와 과실없는 점유는 선의점유에 있어서 본권이 있다고 오신함에 있어서 과실이 있느냐의 여부로 구분할 수 있다.

점유권에 주어지는 대표적 효과는 점유보호청구권이다. 점유자는 본권을 가지고 있지 않더라도 점유가 침해당하거나 침해당할 염려가 있는 경우에 점유 그 자체를 보호하기 위하여 물권적 청구권인 점유보호청구권을 행사할 수 있다. 점유보호청구권으로는 점유물 반환청구권, 점유물 방해제거청구권, 점유물 방해예방청구권 3가지가 있다. 점유보호청구권과 별개로 민법은 예외적으로 자력구제를 허용하고 있다(제209조). 즉, 점유자는 점유에 대한 침해가 완료되기 전에 자력으로 점유를 방위하거나 침탈당한 점유물을 탈환할 수 있다. 다만 만약 침해가 이미 완료되었다면 자력구제는 허용되지 않고 점유보호청구권을 통하여 해결할 수 있다.

나. 소유권

(1) 의의와 법적 성질

민법 제211조에 의하면 “소유자는 법률의 범위 내에서 그 소유물을 사용 · 수익 · 처분할 권리가 있다”. 즉, 소유권은 물건을 전면적으로 지배할 수 있는 권리인 것이다. 예컨대 토지 소유권자 A는 그 토지 위에 주택을 짓거나(사용), 토지를 임대하고 임대료를 받거나(수익) 또는 매매를 통해 제3자에게 소유권을 넘길 수 있다(처분). 소유권의 법적 성질을 보자면, ① 물건을 현실적으로 지배하는 권리가 아니고 지배할 수 있는 법적 권능을 가진 권리이다(관념성). ② 소유권자는 물건의 모든 가치를 지배할 수 있다(전면성). ③ 소유권은 단순히 사용 · 수익 · 처분권능을 각각 가지는 것이 아니라, 그 권능들의 원천이 되는 포괄적 권리이다(혼일성). ④ 제한물권(예: 저당권, 전세권 등)에 의해 소유권이 일부 제한될 수 있으나, 제한이 소멸하면 본래의 전면적 권능이 회복된다(탄력성). ⑤ 소유권은 존속기간이 없다(항

구성). ⑥ 소유권은 오직 물건에만 성립한다(대물적 지배성). 민법상 기본원리인 소유권 절대의 원칙에 따라 소유권의 행사는 자유로운 것이 원칙이나, 예외적으로 일정한 경우 헌법, 민법 자체, 그 밖의 특별법 등을 통하여 다양한 제한이 가해질 수 있다.

소유권의 침해에 있어서 소유권자가 행사할 수 있는 권리를 소유권에 기한 물권적 청구권이라 한다. 이에는 소유물 반환청구권(예: 자신 소유의 물건을 점유하는 자에 대하여 반환을 청구할 수 있음), 소유물 방해제거청구권(예: 점유침탈 이외의 방법으로 소유권 행사를 방해하는 자에 대하여 방해 원인을 제거할 것을 청구할 수 있음), 소유물 방해예방청구권(예: 소유권을 방해받을 염려가 있는 경우 방해예방조치나 손해배상의 담보를 청구할 수 있음)이 있다.

(2) 소유권의 취득

소유권은 다양한 경로로 취득 가능하다. 예컨대 물건을 사거나(매매), 선물 받는(증여) 경우이다. 그런데 우리 민법은 제245조 이하에서 특수한 취득원인으로서 취득시효, 선의취득, 무주물 선점, 유실물 습득, 매장물 발견, 첨부 등에 대하여 규정하고 있다. ① 취득시효란 어떤 사람이 물건에 대하여 권리를 행사하고 있는 듯한 외관이 일정 기간 계속된 경우 그 상태가 진실한 권리관계와 일치하는지 묻지 않고 처음부터 그가 권리자이었던 것으로 권리 취득의 효과를 부여하는 제도이다. ② 선의취득이란 평온 · 공연하게 동산을 양수한 자가 양도인에게 처분권한이 없음을 알지 못하고 과실 없이(선의 · 무과실) 점유를 취득한 경우 즉시 소유권을 취득하는 제도이다. ③ 무주물 선점은 주인 없는 동산을 소유의 의사로 점유함으로써 소유권을 취득하는 것을 말한다. ④ 유실물 습득은 타인이 잃어버린 물건을 점유할 경우 유실물법에 정한 일정한 요건을 갖추어 소유권을 취득하게 되는 것이다. ⑤ 매장물 발견은 토지나 기타 물건 속에 묻혀있어 외부에서 보이지 않는 물건을 발견하면 소유권을 취득하게 하는 것을 말한다. ⑥ 첨부란 두 개 이상의 물건이 합쳐지거나(부합 · 혼화), 타인의 물건에 노력을 가해 새로운 물건을 만드는 것(가공)을 통틀어 말하고 첨부를 통하여 새롭게 소유자가 정해지게 됨으로써 소유권 취득 사유에 해당한다.

(3) 공동소유

보통의 경우 하나의 물건에 소유권자는 1인이나, 항상 그럴 필요는 없다. 즉 하나의 물건을 2인 이상의 다수가 공동으로 소유하는 것도 가능한데 이를 공동소유라고 한다. 민법은 공동소유자 사이의 인적 결합관계의 정도에 따라 그 유형으로 공유 · 합유 · 총유의 3가지를 규정하고 있다. ① 공유란 공동소유중 가장 일반적인 형태로서 공동소유자 사이에 인적 결합관계가 없고 각기 독립한 지분을 가진다. ② 합유란 특정한 공동 사업을 목적으로 한 조합(합수적 조합)의 소유형태이다. 공유보다는 결합력이 강하지만 총유보다는 단체성이 약하다. 따라서 공유와 총유의 중간에 위치한 형태라 할 수 있다. ③ 총유란 종중이나 교회와 같이 법인이 아닌 사단(권리능력 없는 사단)이 물건을 소유하는 형태이다. 단체성은 가장 강하지만 지분이라는 개념이 없다.

2 용익물권

가. 지상권

지상권이란 타인의 토지 위에 자신의 건물 · 공작물 · 수목 등을 소유하기 위해 해당 토지를 사용할 수 있는 권리를 말한다(제279조). 예컨대 묘목업을 위하여 토지가 필요한 사람은 지상권을 설정함으로써 타인의 토지위에 자신 소유의 묘목을 심고 재배할 수 있다. 지상권은 토지의 사용이 필요한 사람(지상권자)과 토지를 사용하게 하는 사람(지상권설정자) 사이의 합의(물권 행위)와 등기에 의하여 취득되는 보통이나, 상속 · 공용징수 · 판결 · 경매 기타 법률의 규정에 의하여서도 등기 없이 취득될 수도 있다. 지상권의 존속기간은 설정행위로 당사자가 자유롭게 정할 수 있으나, 다만 최단기간에 있어 제한이 있다. 즉, 석조(돌) · 석회조(시멘트) · 연와조(벽돌) 또는 이와 유사한 견고한 건물이나 수목의 소유를 목적으로 하는 때에는 30년, 그 밖의 건물(예컨대 목조건물)의 소유를 목적으로 하는 때에는 15년, 건물 이외의 공작물의 소유를 목적으로 하는 때에는 5년이라는 기간보다 단축하지 못한다.

당사자가 이 연한보다 짧게 정한 경우에는 그 기간까지 존속기간이 연장된다(제280조).

보통의 지상권의 경우 토지소유자의 토지 이용이 전면적으로 배제되고 이용권자 역시 토지의 일부분만을 이용하면 충분함에도 전체 이용 대가를 지급하여야 하게 되는 것이 비효율적일 수 있기에 토지의 지상 또는 지하의 일정한 범위(층)만을 이용할 수 있는 특수한 지상권이 인정되는데 이를 구분지상권이라고 한다(제289조의2). 예컨대 지하철 노선을 통과시켜야 할 때 토지 전체가 아닌 지하 30~50m 범위(층) 구간에 대하여서만 구분지상권을 설정한다면 다른 공간은 소유권자가 계속 소유권을 전면적으로 행사할 수 있다.

나. 지역권

지역권이란 지역권자가 일정한 목적을 위하여 타인의 토지(승역지)를 자기토지(요역지)의 편익을 위하여 이용할 수 있는 권리를 말한다(제291조). 편익을 받는 토지가 요역지, 편익을 주는 토지가 승역지다. 예컨대 A의 토지(요역지)가 도로에 접하지 않아 부득이 B의 토지를 지나가야만 한다면, 이때 A는 통행의 편익을 얻기 위하여 B의 토지(승역지)를 통로로 사용하는 통행지역권을 설정할 수 있다. 지역권에는 작위지역권 · 부작위지역권, 계속지역권 · 불계속지속권, 표현지역권 · 불표현지역권과 같은 종류가 있다. 통행지역권과 같이 지역권자가 일정한 작위를 할 수 있는 지역권이 작위지역권이고, 전망지역권과 같이 승역지 이용자가 일정한 이용을 하지 않는 부작위 의무를 부담하는 것이 부작위 지역권이다. 다음으로 통로를 개설한 통행지역권과 같이 별도의 인위적인 행위 없이도 내용 실현이 끊임없이 계속되는 상태에 있는 지역권이 계속지역권이고 통로를 개설하지 않은 통행지역권과 같이 권리를 행사할 때마다 권리자의 구체적인 행위가 필요한 지역권이 불계속지역권이다. 또한 지역권은 지역권의 내용 실현이 외부에 표현되는가 여부에 따라 표현지역권(통행지역권)과 불표현지역권(전망지역권)으로 나눌 수 있다.

다. 전세권

전세권은 전세금을 지급하고 타인의 부동산을 점유하면서 용도에 따라 사용·수익하며, 전세권이 소멸되면 후순위권리자 기타 채권자보다 전세금의 우선변제를 받을 수 있는 물권을 말한다(제303조 제1항). 예컨대 A가 B의 아파트에 2억 원 전세금을 지급하고 3년간 거주할 수 있는 전세권을 설정하고 등기를 하는 경우가 그렇다. 전세권은 타인의 부동산을 사용하고 수익할 수 있으므로 본래의 모습은 용익물권이다. 그런데 목적 부동산에 대하여 지급한 전세금을 전세권 소멸시에 우선변제 받을 수 있으므로 결국 전세금반환채권을 피담보채권으로 하는 담보물권적 특성을 함께 지니고 있다. 최근 고액을 보증금으로서 일시에 지급하고 추가로 월세는 지급하지 않으며 타인의 주택이나 건물을 빌려 사용하는 경우가 많은데, 이때 등기를 하게 되면 물권으로서 보호받는 전세권이 되나, 등기가 없다면 이른바 채권적 전세로서 주택임대차보호법상 보호의 대상이 된다는 점에서 차이가 있다.

전세권은 통상적으로 타인의 부동산을 용익하려는 사람(전세권자)과 전세금을 지급받고 자신의 부동산을 용익하게 해주는 사람(전세권설정자) 사이의 설정계약과 등기를 통하여 취득되나, 전세권의 양도 또는 상속에 의하여서 취득되는 경우도 있다. 전세권의 존속기간은 당사자 간의 합의에 의하여 정할 수 있는 것이 원칙이나, 민법은 최장기간과 최단기간에 대하여 제한을 두고 있다(제312조). 건물과 토지에 대한 전세권은 모두 최장 10년을 넘지 못한다. 약정한 기간이 10년을 넘는 경우 10년으로 단축된다. 그런데 건물에 대한 전세권은 존속기간을 1년 미만으로 정했을지라도 그 기간은 1년으로 된다. 전세권 존속기간이 만료되면 물론 당사자는 합의에 의하여 갱신할 수 있다. 다만, 이 경우에도 그 기간은 10년을 넘지 못한다.

전세권자는 전세권설정자에게 고액의 전세금을 지급하였기에 급하게 투하자본을 회수할 필요가 있을 수 있다. 따라서 이러한 경우를 위하여 민법은 전세권자가 전세권을 타인에게 양도하거나 담보로 제공할 수 있고 그 존속기간 내에 목적물을 타인에게 전전세 또는 임대할 수 있도록 하고 있다(제306조).

전세권이 소멸하면 전세권자는 현재 점유하고 사용·수익하던 목적 부동산을 다시 전세권설정자에게 인도하고 전세권등기의 말소등기에 필요한 서류를 교부하여야 하며 동시에 전세권설정자는 전세금을 반환하여야 한다. 즉, 이와 같은 당사자간의 이행 의무는 동시이행의 관계에 있다(제317조). 그런데 만약 전세권설정자가 전세금의 반환을 미룬다면 전세권자는 민사집행법에 정해진 바에 따라 해당 부동산의 경매를 청구할 수 있고, 경락대금으로부터 후순위 물권자 또는 기타 채권자보다 전세금을 우선변제 받을 수 있다.

3 담보물권

가. 담보제도개관과 담보물권의 특수성

예컨대 A가 B에게 금전을 빌려주었으나 B가 약속한 날이 되었음에도 반환하지 않는 경우를 생각해보자. 이때 A는 채권자로서 금전을 갚을 것을 독촉할 수 있는데 그럼에도 채무자 B가 여전히 반환하지 않는다면 A는 B를 상대로 소를 청구하여 법원으로부터 금전 지급을 명하는 이행판결을 받은 뒤 이를 통하여 B의 재산에 압류와 같은 강제집행을 할 수 있다. 그런데 그사이 여러 상황으로 인하여 실제 A가 자신의 금전을 다 돌려받기 어려울 수 있다는 문제가 있다. 예컨대 B에게 A 이외의 다른 채권자들이 더 많아진 경우라든지 B가 자신의 재산을 낭비하여 다 소비한 경우에는 A가 자신의 채권을 만족받기 어려운 위험이 크다. 따라서 A는 확실하게 자신의 채권을 만족받을 수 있는 방안을 모색할 필요성이 큰데 그것이 바로 담보제도인 것이다. 이러한 담보제도에는 인적담보(人的擔保)와 물적담보(物的擔保)가 있다. 인적담보는 말 그대로 사람이 담보를 제공하는 것으로 채무자의 책임재산에 제3자의 책임재산을 추가하는 담보형태이다. 대표적으로 연대채무, 보증채무 등이 있고 채권법에서 다루고 있다. 물적담보는 채무자의 물건이 담보하는 형태이다. 이에는 아래에서 살펴볼 물권법상 담보물권이 전형적으로 포함된다. 인적담보와 물적담보 모두 각각의 장단점이 있기에 오늘날 두 담보 형태 모두 이용되고 있다.

담보물권은 해당 목적물의 사용·수익이 아니라 교환가치의 제한에 본질이 있다. 이러한 담보물권은 공통적으로 가지는 특성이 있는데 이를 일반적으로 '통유성'이라고 한다.[18] 이에는 부종성, 수반성, 물상대위성, 불가분성이 있다. 부종성은 담보물권이 담보하는 채권(피담보채권)을 전제로 하여서만 성립하고 피담보채권이 소멸하면 담보물권 역시 마찬가지로 소멸한다는 특성이다. 수반성은 피담보채권이 양도되면 담보물권 역시 따라서 이전된다는 성질을 말한다. 물상대위성은 담보물권의 목적물의 멸실 · 훼손 · 공용징수로 인하여 담보권설정자가 받을 금전 기타 물건에 대하여도 담보물권이 존속하는 특성을 의미한다(제342조). 불가분성은 담보물권자가 피담보채권을 모두 만족받기 전까지는 담보물권 전부를 여전히 행사할 수 있다는 특성이다.

나. 유치권

유치권이란 타인의 물건 또는 유가증권을 점유하는 자가 그 물건 또는 유가증권에 관하여 생긴 채권이 변제기에 있을 때 그 채권을 변제받을 때까지 그 물건 또는 유가증권을 유치할 수 있는 권리이다(제320조). 여기서 유치란 점유하면서 인도를 거절할 수 있는 것을 말한다. 예컨대, A가 자신이 소유한 양복의 세탁을 위하여 B 세탁소에 이를 맡겼다. 며칠 후 세탁이 끝났는데 A가 대금을 지급하지 않으면서 소유자로서 양복을 돌려달라고 주장한다면 B 세탁소는 유치권을 주장하며 대금을 받기 전까지 인도를 거절할 수 있다. 이러한 유치권은 공평의 원칙을 실현하기 위하여 인정된다.

유치권은 법정담보물권으로 요건을 갖추면 당연히 성립한다. 유치권이 성립하기 위한 요건으로는 먼저 성질상 유치권의 목적물이 될 수 있는 물건 또는 유가증권이 있어야 하고, 이러한 목적물이 유치권자 이외의 타인 소유여야 한다. 다음으로 유치권자가 해당 목적물을 점유하여야 하고 이때의 점유는 적법하여야 한다. 또한 점유자가 가지는 채권이 변제기가 되었어야 하고, 이러한 채권이 유치권의 '목적물에 관하여' 생긴 것이어야 한다(견련관계). 아울러 유치권을 배제하는 특약이 없어야 한다. 유치권이 성립하면 유치권자는 해당 목적물을 자신의 채권을 만족받을 때까지 유치할 수 있다. 또한 유치권자는 채권의 변제를 받기 위하여 유치물을 경매할 수 있는데 원칙적인 우선변제권은 없다. 유치권자는 유치함에 있어서 선량한 관리자의 주의를 기울여 점유하여야 하고 채무자의 승낙없이 유치물을 사용할 수 없다. 만약 이를 위반한다면 채무자의 소멸청구권 행사에 의하여 유치권은 소멸될 수 있다.

다. 질권

질권이란 채무자 또는 제3자가 채무 담보를 위하여 채권자에게 동산이나 재산권을 제공(입질)하면 채권자가 그 변제를 받을 때까지 이를 유치할 수 있고 채무의 변제가 없는 때에는 그 목적물로부터 우선변제를 받을 수 있는 권리이다(제329조, 제345조). 예컨대 A가 자신이 아끼는 카메라를 B에게 맡기고 금전을 빌린다면, B는 A가 빌려간 금전을 전부 변제할 때까지 카메라를 유치할 수 있고, 만약 A가 갚지 않으면 카메라를 경매하여 우선변제 받을 수 있다. 우리 민법은 질권의 목적물에 따라 동산질권과 권리질권을 각각 규정하고 있다. 질권의 기본적인 모습은 동산질권이고 권리질권은 특약이 없는 한 동산질권 규정이 준용된다.

위의 예에 해당하는 동산질권은 통상적으로 질권자와 질권설정자의 합의에 의하여 성립되나, 예외적으로 법률의 규정에 의한 경우도 있다(법정질권). 동산질권이 설정되기 위하여서는 양도 가능한 동산(질물)의 인도가 있어야 한다. 이때의 인도는 현실의 인도가 원칙적이고 그 밖에 간이인도, 목적물 반환청구권의 양도도 가능하나, 점유개정은 허용되지 않는다. 동산질권이 성립되면 질권자는 원본, 이자, 위약금, 질권실행비용, 질물보존비용, 채무불이행으로 인한 손해배상, 질물의 하자로 인한 손해배상의 채권을 담보받을 수 있다. 아울러 질권자는 피담보채권 전부의 변제를 받을 때까지 질물을 유치할 수 있고, 질권설정자가 변제를 하지 않는 경우 자신의 채권을 다른 채권자보다 우선변제 받을 수 있다.

권리질권은 재산권을 목적으로 한다. 여기서의 재산권은 양도성이 있어야 하는데, 구체적으로는 채권, 주식, 지식재산권이 해당한다. 예를 들어 A가 B에게 가지고 있는 채권을 C에게 입질하면서 C로부터 금전을 빌릴 수 있다. 권리질권의 설정은 법률에 다른 규정이 없으면 그 권리의 양도에 관한 방법에 따라야 한다(제346

조). 권리질권으로서 채권질권에 있어서도 채권질권자는 피담보채권 전부의 변제를 받을 때까지 교부받은 채권증서 또는 증권을 유치할 수 있다. 다만, 이러한 효력은 동산질권에서와 달리 채권질권설정자에게 큰 심리적 압박을 주지는 못 한다. 채권질권 역시 우선변제적 효력이 있다. 채권질권자가 입질된 채권으로부터 우선변제 받는 방법으로는 채권을 직접청구하거나 민사집행법이 정한 채권의 추심·전부·환가가 가능하다. 기타 주식이나 지식재산권을 목적으로 하는 권리질권은 각각 상법, 특별법에서 정하고 있다.

라. 저당권

저당권은 채무자 또는 제3자(물상보증인)가 점유를 이전하지 아니하고 채무의 담보로 제공한 부동산에 대하여 저당권자가 다른 채권자보다 자기 채권의 우선변제를 받을 수 있는 권리이다(제356조). 저당권의 목적물의 점유는 설정자에게 계속되어 설정자가 계속 사용·수익할 수 있다는 점에서 앞서 살펴본 유치권, 질권과 달리 유치적 효력이 없다. 예컨대 A가 B은행에서 대출을 받으며 자신의 아파트에 저당권을 설정하였는데 만약 변제기에 이를 갚지 못하면 B은행은 아파트를 경매하여 그 대금으로부터 대출해준 금액을 우선변제 받을 수 있다.

저당권 역시 원칙적으로 당사자 사이의 저당권설정계약과 등기에 의하여 성립하나, 예외적으로 법률의 규정에 의하여 성립하는 경우도 있다. 저당권설정계약에 의하여 저당권이 성립하는 경우 당사자는 저당권을 취득하는 자(저당권자)와 자신의 부동산 위에 저당권을 설정해주는 자(저당권설정자)이다. 위 예에서 보면 채권자인 B가 저당권자이고 채무자인 A가 저당권설정자이다. 저당권설정자는 보통의 경우 채무자가 되겠으나, 채무자가 아닌 제3자일지라도 무방하다(물상보증인). 민법상 저당권의 목적물은 원칙적으로 건물이나 토지와 같은 부동산이다. 다만 예외적으로 지상권과 전세권에 저당권이 성립가능하다(제371조).

저당권이 성립된 경우 원칙적으로 그 효력은 저당부동산뿐만 아니라 이에 부합된 물건과 종물에도 미친다. 또한 저당권은 원본, 이자, 위약금, 채무불이행으로 인한 손해배상(1년 분에 한함), 저당권의 실행비용을 담보한다. 저당권설정자가 채무를 이행하지 않으면 저당권자는 저당부동산을 경매하여 그 대금으로부터 이와 같은 금액을 후순위 물권자 또는 다른 채권자에 우선하여 변제 받을 수 있다.

보통의 저당권은 이미 피담보채권이 특정되어 있으나, 이와 달리 계속적 거래관계에서 발생하는 불특정 다수의 채권을 담보하기 위한 특수한 유형의 저당권도 가능한데 이를 근저당권이라고 한다. 근저당권은 피담보채권에 포함되는 채권을 채권최고액의 범위 안에서 담보한다. 예를 들어 편의점 본사(채권자) A와 편의점 점주(채무자) B가 물품 공급 계약을 맺으며 B가 A에게 지급해야 할 금액을 장래의 결산기에 5천만원의 한도(채권최고액)에서 담보하기로 하는 근저당권을 설정할 수 있다. 만약 결산기에 채권이 6천만원으로 확정되었을지라도 5천만원까지 우선변제가 가능하다. 근저당권은 수시로 변경되는 채권을 담보하기 위하여 그때마다 저당권설정계약과 등기하는 절차적 번거로움이 없다는 장점이 있다.

제 4 절

가족법

Ⅰ. 가족법의 구성과 특성

가족법은 민법전 제4편에서 친족에 관하여 그리고 제5편 상속에 관하여 규율하고 있다. '가족법'은 강학상 제4편 '친족법'과 제5편 '상속법'을 합쳐서 부르는 용어이다. 이를 '친족상속법'이라고도 한다. 제4편 친족법은 친족관계 내지 가족관계를 규율한다. 여기에는 가족의 범위(제2장), 혼인(제3장), 부모와 자(제4장), 후견(제5장), 부양(제7장)등에 관한 내용을 다루고 있다. 제5편 상속법은 상속(제1장), 유언(제2장) 및 유류분(제3장)으로 구성되어 있다.

가족법은 민법의 구성부분이지만 재산법과는 다른 특성을 가지고 있다. 재산법이 합리적 · 타산적이고 다른 나라로부터 계수된 특성이 강한 반면에 가족법은 습속적 · 보수적이면서 다른 나라로부터 계수된 특성이 약하고 우리 고유의 전통적 특성이 강하다. 예컨대 친족의 범위를 어디까지로 할 것인지, 혼인에 관하여는 어느 범위의 근친과 혼인할 수 없는 것인지 또는 상속의 순위는 어떻게 정할 것인지는 그 나라의 전통과 습속에 따라 규율되는 특성이 있다.

Ⅱ. 친족법

1 혼인과 이혼

가. 혼인

혼인을 하기 전에 약혼을 하는 경우가 있다. 약혼은 1남 1녀가 장차 혼인하기로 하는 합의이다. 성년에 달한 자는 의사능력이 있으면 자유로이 약혼할 수 있다(제800조). 미성년자가 약혼하기 위해서는 만 18세가 되어야 하고 부모나 미성년후견인의 동의를 받아야 한다(제801조). 약혼은 강제이행을 청구하지 못하고(제803조), 당사자 한쪽에 일정한 사유가 있는 경우(예, 약혼 후 다른 사람과 간음하였거나 자격정지 이상의 형을 선고받은 경우 등)에는 상대방은 약혼을 해제할 수 있다(제804조).

혼인은 1남 1녀가 부부로서의 생활공동체를 형성하기로 하는 친족법상 합의이다. 18세가 된 사람은 혼인할 수 있다(제807조). 혼인이 유효하게 성립하기 위해서는 장애사유가 없어야 한다. 우선 미성년자나 피성년후견이 혼인하기 위해서는 일정한 자의 동의가 필요하다. 미성년자가 혼인을 하는 경우에는 부모의 동의를 받아야 하며, 부모 중 한쪽이 동의권을 행사할 수 없을 때에는 다른 한쪽의 동의를 받아야 하고, 부모가 모두 동의권을 행사할 수 없을 때에는 미성년후견인의 동의를 받아야 한다(제808조 제1항). 피성년후견인은 부모나 성년후견인의 동의를 받아 혼인할 수 있다(제808조 제2항). 또한 혼인이 유효하기 위해서는 일정한 범위의 근친자 사이의 혼인이 아니어야 하며(제809조), 배우자 있는 자의 혼인(중혼)이 아니어야 한다(제809조). 혼인은 「가족관계의 등록 등에 관한 법률」에 정한 바에 의하여 신고함으로써 그 효력이 생기는데(제812조), 만약 위의 혼인장애사유에도 불구하고 혼인신고가 수리되었다면 혼인은 성립하지만 무효로 되거나(제815조) 취소할 수 있는 것으로 된다(제816조).

혼인을 하면 법적으로 다음과 같은 효과가 발생한다. 우선 일반적 효과로써, 혼인에 의해 부부사이에 친족관계가 발생하고, 부부는 동거하며 서로 부양하고 협조하여야 할 의무를 진다(제826조 제1항). 또한 미성년자가 혼인을 한 때에는 성년의제의 효과가 발생한다(제826조의2). 다음으로 재산상 효과로써, 부부가 혼인이 성립하기 전에 그 재산에 관하여 따로 약정을 한 때에는 그 계약(이를 '부부재산계약'이라고 한다)에 따르게 된다. 부부는 일상의 가사에 관하여 서로 대리권이 있어(제827조 제1항) 부부의 일방이 일상의 가사에 관하여 제3자와 법률행위를 한 때에는 다른 일방은 이로 인한 채무에 대하여 연대책임을 지게 되며(제832조), 부부의 일방이 혼인전부터 가진 고유재산과 혼인 중 자기의 명의로 취득한 재산은 그 특유재산으로 하게 된다(부부별산제).

나. 이혼

부부사이에 완전히 유효하게 성립한 혼인관계가 소멸하는 경우가 있는데, 이를 혼인의 해소라고 하고 해소사유에는 배우자의 사망과 이혼이 있다. 이혼은 부부의 일방 또는 쌍방의 의사에 의하여 혼인관계를 해소하는 제도이다. 이혼에는 협의이혼(제834조 이하)과 재판상 이혼(제840조 이하)이 있다. 협의이혼은 당사자 사이에 이혼에 관해 합의를 하고 가정법원의 확인을 받아 「가족관계의 등록 등에 관한 법률」의 정한 바에 의하여 신고함으로써 그 효력이 생긴다(제836조 제1항). 재판상 이혼은 민법에서 정한 이혼사유가 있을 때 당사자 일방의 청구로 가정법원의 판결에 의하여 혼인을 해소시키는 것을 말한다. 민법은 다음과 같은 사유를 재판상 이혼원인으로 정하고 있다.

- 배우자에 부정한 행위가 있었을 때
- 배우자가 악의로 다른 일방을 유기한 때
- 배우자 또는 그 직계존속으로부터 심히 부당한 대우를 받았을 때
- 자기의 직계존속이 배우자로부터 심히 부당한 대우를 받았을 때
- 배우자의 생사가 3년 이상 분명하지 아니한 때
- 기타 혼인을 계속하기 어려운 중대한 사유가 있을 때

이혼이 성립하면 혼인이 해소되어 혼인에 의해 생긴 효과는 모두 소멸한다. 부부사이에 자녀가 있을 경우 이혼에 의한 자녀의 효과가 문제될 수 있는데, 부부 사이에 출생한 자녀는 그 부부가 이혼하더라도 혼인중의 출생자로서의 지위를 잃지 않는다. 누가 자녀를 양육할 것인지, 양육방법이나 양육비의 부담 등 자녀의 양육에 관한 사항은 당사자의 협의에 의해 정한다(제837조). 자녀를 직접 양육하지 아니하는 부모의 일방과 자녀는 면접교섭 할 수 있는 권리를 가진다(제837조의2 제1항). 또한 이혼에 의해 재산상의 효과도 발생하는데, 이혼한 당사자 일방은 다른 일방에 대하여 재산분할을 청구할 수 있으며(제839조의2 제1항; 제843조), 재판상 이혼의 경우 당사자 일방은 과실있는 상대방에 대하여 손해배상(재산상 손해에 대한 배상 및 정신적 고통에 대한 배상)을 청구할 수 있다(제843조, 제806조 제1항 · 제2항).

2 부모와 자

가. 친자관계

친자관계는 부모와 자(민법전 제4편, 제4장 참조) 사이의 법적 신분관계를 말한다. 친자관계에는 친생(親生) 친자관계와 법정(法定) 친자관계가 있다. 전자는 혈연에 의해 친자관계가 형성된 것이고 후자는 법률에 의해 친자관계가 형성된 것인데 양부모와 양자 사이의 양친자관계가 여기에 해당한다. 친생 친자관계에서 혈연에 의한 친생자는 '혼인중의 출생자'와 '혼인 외의 출생자'로 나뉘고, 혼인 외의 출생자에는 부(父)에게 인지된 자녀와 인지되지 않은 자녀가 있다.

나. 양자

양자제도는 자연적 · 혈연적 친자관계가 없는 사람들 사이에 법률에 의해 인위적으로 친자관계로 의제하는 제도이다. 입양은 당사자(양친과 양자) 사이에 입양에 관한 합의를 하고 「가족관계의 등록 등에 관한 법률」에서 정한 바에 따라 입양 신고를 함으로써 그 효력이 생긴다(제878조). 그런데 입양을 위해서는 일정한 제한이 있다. 즉, 양부모는 성년자이어야 하고(제866조), 미성년자를 입양하려는 사람은 가정법원의 허가를 받아야 하며(제867조), 법정대리인의 동의나 승낙이 필요하다(제869조). 양자가 될 사람이 성년인 경우에도 부모의 동의를 받아야 함이 원칙이다(제871조). 양자는 입양된 때부터 양부모의 친생자와 같은 지위를 가지지만, 입양 후에도 양자의 입양 전의 친족관계는 존속한다(제882조의2).

한편 2005년 민법이 개정되면서 이른바 친양자(親養子) 제도가 도입되었다. 친양자도 일종의 양자제도 속하지만, 친양자관계가 성립하면 친양자는 친생부모 및 그 혈족과의 친족관계가 소멸되고 양친의 친생자와 똑같이 취급된다는 점에 특색이 있다. 즉, 친양자는 부부의 혼인 중 출생자로 보게 되며(제908조의3 제1항), 친양자의 입양 전의 친족관계는 친양자 입양이 확정된 때에 종료한다(제908조의3 제2항).

입양에 의해 법적으로 친자관계가 맺어졌지만 양친자관계를 지속하기 어려운 경우에는 이를 해소할 필요가 있다. 이에 따라 민법은 파양제도를 두고 있다. 이혼과 마찬가지로 파양에는 협의상 파양(제898조 이하)과 재판상 파양(제905조 이하)이 있다. 다만 친양자는 협의상 파양은 할 수 없고 재판상 파양만 가능하다(제908조의5). 파양이 있으면 입양으로 인한 친족관계는 장래를 향하여 소멸한다. 재판상 파양을 한 경우, 당사자 일방은 과실있는 상대방에 대하여 손해배상을 청구할 수 있다(제908조, 제806조).

3 친권

친권이란 친권자, 즉 부모가 미성년의 자녀를 보호하고 교양할 권리이자 의무이다(제913조). 양자의 경우에는 양부모가 친권자가 된다(제909조 제1항 후단). 친권은 부모가 혼인중인 때에는 부모가 공동으로 행사한다. 그러나 부모의 의견이 일치하지 아니하는 경우에는 당사자의 청구에 의하여 가정법원이 이를 정한다(제909조 제2항). 부모의 일방이 친권을 행사할 수 없을 때에는 다른 일방이 이를 행사한다(제909조 제3항). 혼인외의 자가 인지(認知)된 경우와 부모가 이혼한 경우에는 부모의 협의로 친권자를 정하여야 하고, 협의할 수 없거나 협의가 이루어지지 아니하는 경우에는 가정법원이 직권으로 또는 당사자의 청구에 따라 친권자를 지정하여야 한다(제909조 제4항).

친권의 내용은 자녀의 신분에 관한 권리 · 의무와 자녀의 재산에 관한 권리 · 의무로 구성된다. 자녀의 신분에 관한 권리 · 의무에 속하는 것으로는 친권자는 자녀를 보호하고 교양할 권리 · 의무가 있고(제913조), 자녀의 거소를 지정하여 그 장소에 거주시킬 수 있고(제914조), 자녀에게 특정한 영업을 허락하거나 허락을 취소 또는 제한할 수 있고(제8조), 인지청구의 소제기(제863조)와 같은 일정한 신분상 행위에 대해 대리권 및 동의권을 가진다. 자녀의 재산에 관한 권리 · 의무에는 자녀가 취득한 재산에 대해 친권자가 이를 관리할 수 있는 권한(제916조), 자녀의 재산에 관한 법률행위에 대한 대리권(제920조 본문) 및 자녀의 재산상 법률행위에 대한 동의권(제5조 제1항 본문) 등이 이에 속한다.

친권은 미성년 자녀를 보호하기 위해 부모로써 행사하는 권리이자 의무이지만, 부모와 자녀의 이해관계가 항상 일치할 수는 없고 경우에 따라서는 부모의 친권행사가 오히려 자녀의 복리를 해칠 수도 있다. 이러한 경우에 가정법원은 일정한 요건하에 부모의 친권을 상실시키거나 일시 정지를 선고할 수 있고(제924조), 친권의 일부를 제한하는 선고를 할 수도 있고(제924조의2), 친권의 내용 중 대리권과 재산관리권의 상실을 선고할 수도 있다(제915조).

4 후견

후견은 제한능력자나 그 밖에 보호가 필요한 사람을 위하여 후견인을 두어 그들의 재산을 관리하거나 대리하도록 하는 제도이다. 후견에는 미성년후견과 성년후견이 있다.

미성년후견은 미성년자에게 친권자가 없거나 친권자가 친권의 전부 또는 일부를 행사할 수 없는 경우에 실시된다(제928조). 성년후견에 대해서는 민법총칙에서 성년후견에 관한 설명을 참고하기 바란다.

5 부양

부양이란 일정한 범위의 친족이 다른 친족의 생활을 유지하도록 지원하고나 부조하는 것이다. 부양의무는 부모와 미성년인 자녀사이 및 부부사이에도 있는 것인데, 이는 친자관계 및 부부관계에서 당연히 발생하는 것이므로 별도로 규율할 필요가 없다('제1차적 부양의무'라고 한다).[19] 친족편 제7장의 부양은 이들 관계를 제외한 다른 친족간의 부양의무('제2차 부양의무'라고 한다)를 규정하고 있다. 즉, 민법 제974조는 친족 중에서 ① 직계혈족 및 그 배우자간 ② 그 외 친족간에는 생계를 같이 하는 경우에 한해서 부양의무를 지운다. 예컨대 조부모와 손자녀는 직계혈족으로서 부양의무가 있다. 며느리와 시부모 또는 사위와 장인 · 장모 사이에는 직계혈족의 배우자 사이로서 부양의무가 있다. 형제자매를 비롯한 그 외 친족(민법 제777조 참조) 사이의 부양의무가 발생할 수 있지만, 그러기 위해서는 생계를 같이 하여야 한다.

부양의무가 인정되는 경우에 어느 정도로 그리고 어떤 방법으로 부양할 것인지가 문제되는데, 이에 대해 우리 민법은 당사자간의 협의로 정하고, 당사자간에 협정이 없는 때에는 법원은 당사자의 청구에 의하여 부양을 받을 자의 생활정도와 부양의무자의 자력 기타 제반사정을 참작하여 이를 정하도록 하고 있다(제977조).

Ⅲ. 상속법

1 상속

상속이란 사람(피상속인)의 사망에 의해 그가 가졌던 권리 · 의무가 법률의 규정에 의해 온전히 타인(상속인)에게 포괄적으로 승계되는 현상을 말한다. 과거에는 민법이 인정하는 상속의 종류로 호주상속과 재산상속이 있었으나, 호주제도가 폐지됨으로써 민법에서 말하는 상속이란 재산상속만을 의미한다.

상속개시의 원인은 사망이지만, 사망에 갈음하는 제도, 즉 실종선고, 인정사망에 의해서도 상속이 개시된다. 동시 사망하는 것으로 추정되는 경우에는 사망으로 추정되는 당사자 사이에는 상속이 일어나지 않지만, 대습상속[20]은 개시될 수 있다(제1001조 참조). 누가 상속인이 될 수 있는지에 대해서는 피상속인의 뜻에 따라 정해지는 것이 아니라 민법의 규정에 따라 정해진다. 민법은 1순위로 피상속인의 직계비속(자녀나 손자녀 등), 2순위로 피상속인의 직계존속(부모나 조부모 등), 3순위로 피상속인의 형제자매, 4순위로 피상속인의 4촌 이내의 방계혈족(삼촌, 외숙모 등) 순으로 상속인이 된다(제1000조 제1항). 만약 1순위 상속인이 있으면 그들이 전부 상속을 하게 되고, 1순위 상속인에 해당하는 자가 없으면 2순위자가 상속인이 되고 1순위와 2순위가 없으면 비로소 3순위자가 상속인이 되는 방식이다. 동순위의 상속인이 여럿인 때에는 최근친을 선순위로 하고 같은 순위의 상속인이 여럿인 때에는 공동상속인이 된다(제1000조 제2항). 예컨대 1순위 상속인으로 자녀와 손자녀가 있으면 최근친인 자녀가 상속인이 되고 손자녀는 상속인이 될 수 없다. 또한 피상속인에게 1순위 상속인인 자녀가 여럿일 때에는 그 인원수만큼 1/n의 비율로 상속재산을 공유하게 된다(제1009조 제1항 참조). 그런데 피상속의 배우자에 대해서는 주의를 요한다. 피상속인의 배우자는 피상속인의 직계비속이나 직계존속이 있는 때에는 그 상속인과 공동상속인이 되고 그 상속인이 없는 때에는 단독상속인이 된다(제1000조 제1항). 피상속인의 배우자의 상속분은 직계비속과 공동으로 상속하는 때에는 직계비속의 상속분에 5할을 가산하고, 직계존속과 공동으로 상속하는 때에는 직계존속의 상속분에 5할을 가산한다(제1009조 제2항). 이상의 지식을 가지고 다음과 같은 사례의 상속분을 알아보자.

甲에게는 처 乙, 아들 丙, 딸 丁의 가족이 있었는데, 甲은 丁과 여행 중 교통사고를 당하여, 丁이 먼저 사망하고 이후 甲이 사망하였다. 丁의 유족으로는 남편 A와 딸 B가 있다. 甲은 생전에 3억 5천만 원의 재산이 있었다. 이때 乙, 丙, A, B의 각 상속분은 얼마인가?

일단 甲의 사망으로 인한 乙, 丙, 丁의 상속분은 1.5 : 1 : 1로 정해지고, 각각 3

억 5천만 원의 3/7 : 2/7 : 2/7인 1억 5천만 원 : 1억 원 : 1억 원이 상속분이다. 그런데 丁은 피상속인 甲보다 먼저 사망하였으므로 丁의 상속분(1억 원)은 그의 유족인 A와 B가 대습상속에 의해서 공동으로 상속하게 되는데, 이들의 상속분은 다시 1.5 : 1로 나누어져 각각 6천만 원 : 4천만 원으로 정해진다. 따라서 乙은 1억 5천만 원, 丙은 1억 원, A는 6천만 원, B는 4천만 원을 상속하게 된다.

2 유언

유언이란 사람이 사망하기 전에 자신의 사망과 동시에 일정한 법률효과의 발생을 목적으로 하는 일방적 의사표시이다. 예컨대 "내가 죽거든 내가 가진 재산 중 X 건물은 甲이 가지도록 하라"는 의사를 표시하는 것이 유언이다. 유언으로는 특정인에게 재산을 남기는 행위뿐만 아니라 친생부인(제850조), 후견인의 지정(제931조 제1항)등의 신분상의 행위도 할 수 있지만, 어디까지나 법률이 유언으로 허용하는 사항에 관해서만 할 수 있다. 그런데 유언은 유언자가 사망한 때에 효력이 발생하므로, 유언자가 사망한 후에 유언을 둘러싼 다툼이 생기면 본인의 의사를 파악할 수가 없기 때문에 유언자의 진의를 명확히 하기 위해 법에서 정한 일정한 방식에 따라야만 유언의 효력을 인정하고 있다.

유언의 방법으로는 자필증서에 의한 유언(제1066조), 녹음에 의한 유언(제1067조), 공정증서에 의한 유언(제1068조), 비밀증서에 의한 유언(제1069조), 구수증서에 의한 유언(제1070조) 5종으로 한정하고 있다. 5가지 유언방식에서 요구되는 사항이 빠지게 되면 유언의 효력이 인정되지 않는다. 예컨대 자필증서에 의한 유언을 하려면 유언자가 그 전문과 연월일, 주소, 성명을 자서하고 날인하여야 하는데, 유언증서를 작성하면서 유언자가 다른 것은 다 자서하고서 주소를 빠뜨린 경우에 비록 유언자를 특정하는 데 지장이 없다고 하더라도 그 유언은 무효이다(대법원 2014. 9. 26. 선고 2012다71688 판결).

유언에 의해 재산상의 이익을 타인에게 무상으로 주는 단독행위를 유증이라고 한다. 유증에는 상속재산의 전부 또는 그 일정비율을 주기로 하는 포괄적 유증(예,

내가 죽거든 나의 전재산 또는 1/3을 홍길동에게 주노라)과 상속재산 중에서 특정재산을 주기로 하는 특정유증(예, 내가 죽거든 X건물은 갑동이에게, Y토지는 을동이에게 주노라)이 있다. 甲이 자신이 소유하는 X부동산을 乙에게 유증한다고 가정해보자. 포괄적 유증의 경우에는 유언자가 사망하는 순간 수유자(유증을 받는 사람)가 상속인과 마찬가지로 수증분에 해당하는 유증자의 권리·의무를 포괄적으로 승계한다. 따라서 乙은 甲이 사망하는 순간 별도의 소유권이전등기 없이도 X부동산의 소유권을 취득한다. 이에 반해 특정유증의 경우에는 유증의 대상이 된 재산은 일단 상속인에게 귀속하고, 수유자는 유증의무자를 상대로 유증의 이행청구권을 행사할 수 있을 뿐이다. 따라서 甲이 사망하면 X부동산은 일단 상속인에게 귀속되었다가 乙은 그 상속인에게 X부동산의 소유권이전등기청구권을 행사할 수 있을 뿐이고, 그 청구권의 행사에 따라 상속인이 乙에게 소유권이전등기를 해줌으로써 乙은 X부동산의 소유권을 취득하게 된다.

3 유류분

유언자는 자기가 소유한 재산을 생전처분이나 유언을 통해 마음대로 처분할 수 있는 것이 원칙이다. 만약 그런 처분행위가 없었다면 유언자의 법정상속인은 법정상속분만큼 재산을 취득할 수 있었을 것이다. 그런데 유언자가 자기 재산을 법정상속인이 아닌 제3자에게 모두 유증하기로 하였다면, 법정상속인은 상속을 전혀 받지 못하게 되는 불합리가 발생하게 된다. 이에 우리 민법은 유언자의 재산처분의 자유를 인정하면서도 법정상속인의 재산상속에 대한 기대를 보호하기 위한 타협의 산물로 유류분제도를 두고 있다. 유류분이란 법정상속인에게 인정되는 상속분의 일정비율을 의미하는데, 민법은 ① 피상속인의 직계비속은 그 법정상속분의 2분의 1, ② 피상속인의 배우자는 그 법정상속분의 2분의 1, ③ 피상속인의 직계존속은 그 법정상속분의 3분의 1을 유류분으로 인정하고 있다(제1112조). 예를 들어, 2억 5천만 원을 가진 甲에게는 배우자 乙과 자녀 丙이 있는데, 甲이 유언없이 사망하였다면 乙과 丙은 법정상속인으로써 각각 1억 5천만 원과 1억 원을 상속하였을 것이다. 그런데 甲이 유언으로 전재산을 丁에게 유증하였다면 乙과 丙은 한 푼도 상속하지 못하게 될 것인데, 이때 유류분 규정이 적용되어 배우자 乙은 법정상속분의 2분의 1에 해당하는 7천5백만 원을 그리고 직계비속 丙은 법정상속분의 2분의 1에 해당하는 5천만 원에 대하여 유류분권을 가진다. 만약 유증으로 인해 乙과 丙의 유류분에 부족이 발생한 경우, 乙과 丙은 丁을 상대로 그 부족한 한도에서 유류분반환청구권을 행사할 수 있다(제1115조).

미주

1) 이를 제령(制令)이라 한다.

2) 아래 설명을 이해하기 위해 우선 민법전을 펴놓고 차근차근 찾아보기 바란다.

3) 민법 제1조에서의 '법률'은 국회에서 제정한 법뿐만 아니라 헌법, 명령, 조례, 규칙 등 성문의 법규를 총칭하는 의미이다.

4) 다만, 상대방이 계약 당시에 제한능력자임을 알았을 경우에는 철회할 수 없다(제16조 제1항 단서).

5) 다만 판례는 청상종결등기가 되었더라도 법인이 청산해야 할 사무가 남아있다면 예외적으로 법인은 청산의 목적범위 내에서 존속하는 것으로 보고 있다(대법원 2003. 2. 11. 선고 99다66427,73371 판결 참조).

6) 취득시효에 의해 권리를 취득하는 자가 있으면 그에 상응하여 권리를 상실하게 되는 자가 있기 마련인데, 이들 사이에는 취득시효에 의해 권리에 관한 '주체의 변경'이 있게 된다.

7) 이때 소멸시효가 진행되지 않는 장래란 사실상의 장애(예, 권리자의 질병이나 법률지식의 부족)가 아니라 법률상의 장애(예, 기한의 미도래나 조건의 미성취)를 의미한다.

8) 편제 순서에 따라 제2편인 물권법이 먼저 기술될 수 있으나, 여기서는 재산법의 이해도를 보다 높이는 관점에서 먼저 채권법을 학습한 후 물권법을 살펴보고자 한다.

9) 다만, 이들이 채권소멸의 모든 사유는 아니고 그밖에 채권 존속기간 만료, 소멸시효의 완성 등 다른 사유를 통해 소멸될 수도 있음에 유의하여야 한다.

10) 불능(불가능)은 원시적 불능과 후발적 불능으로 나눌 수 있다. 이행지체에서는 후발적 불능만이 문제되며, 원시적 불능의 경우는 법률행위의 무효 또는 계약체결상의 과실책임만이 문제된다.

11) 우리 민법은 이에 대한 예외로 의사실현과 교차청약을 인정하고 있다.

12) 구별 개념으로서 청약의 유인이 있는데 이는 청약을 하도록 유인하는 것을 말한다. 예컨대 불특정 다수에 대한 광고를 통하여 물건에 대한 구매를 청약하도록 유인하는 경우이다.

13) 현상광고는 그 법적 성질이 계약이라는 견해와 단독행위라는 견해로 나뉜다.

14) 물론 이 경우 폭행에 따른 형사책임이 발생하고 그에 따라 형사상 형벌에 의한 제재

가 가능하다. 형사책임은 민사책임과 그 발생요건 및 책임에 있어서 완전히 별개이므로 불법행위에 있어서 피해자는 가해자에게 요건이 갖추어진 경우 민사책임 및 (또는) 형사책임을 물을 수 있다.

15) 하나의 물건 위에는 (내용상 병존할 수 없는) 물권은 하나만 성립할 수 있다는 원칙을 일물일권주의라고 한다.

16) 분묘기지권이란 분묘를 설치한 자가 타인의 토지 위에 그 분묘를 유지 · 관리하기 위해 토지를 사용할 수 있는 지상권 유사의 관습법상 물권을 말하고, 관습법상 법정지상권은 토지와 건물의 소유권이 동일인에게 귀속하다가 매매 기타의 원인으로 토지나 건물의 소유자가 달라지게 된 경우 건물 철거 특약이 없다면, 건물 소유자가 토지를 계속 사용할 수 있도록 인정된 관습법상 물권을 말한다.

17) 부동산등기와 관련된 보다 자세한 규정은 부동산등기법 및 부동산등기규칙을 참고할 수 있다.

18) 다만, 통유성이 모든 담보물권에 있어서 전적으로 동일하지는 않다.

19) 부부사이의 부양의무는 민법 제826조 제1항에서, 미성년자에 대한 부양의무는 제913조에서 근거를 찾을 수 있다.

20) 대습상속이란 상속이 개시되기 전에 상속인이 될 피상속인의 직계비속 또는 형제자매가 사망하거나 상속결격자가 된 경우에, 그의 직계비속이나 배우자가 있는 때에는 그 직계비속이나 배우자가 사망하거나 상속결격자가 된 자의 순위에 갈음하여 상속하는 것을 말한다. 구체적인 예는 아래에 제시된 사례를 보라.

CHAPTER

2

상법

제1절

상법에 대한 개관

상법은 기본적으로 '기업(企業)'에 관한 '사법(私法)'이라 할 수 있다.[1] 여기서 기업은 우리가 흔히 얘기하는 회사에 국한되지 않고 "상인적 설비와 방법으로 영리를 목적으로 하여 반복적 거래행위를 하는 경제적 조직체"를 의미한다.[2] 상법은 기업에 관한 법이기에 그 안에 기업조직과 기업활동에 관한 다양한 내용이 포함될 수 있을 것인데, 형식적 의미의 우리나라 상법전은 상법총칙에 관한 제1편, 상행위에 관한 제2편, 회사에 관한 제3편, 보험에 관한 제4편, 해상에 관한 제5편, 항공운송에 관한 제6편으로 구성되어 있다. 이 외에 어음법과 수표법도 교육과정 교과목 또는 국가시험과목으로서의 상법에 포함되어 있어 흔히 상법의 일부로 간주된다.

구체적으로, 제1편은 총칙편으로서 상법의 적용범위와 상인의 인적·물적 시설에 관한 사항 등을 다루고 있다. 제2편은 상행위편으로서 민법에 대한 특칙과 각종 주요 상행위 등을 포함하고 있다. 제3편은 회사편으로서 가장 중요한 기업주체인 회사의 조직과 운영 등에 관한 사항을 규율하는데, 여러 형태의 회사 중 주식회사가 가장 비중 있게 다루어지고 있다. 회사를 다루는 상법의 제3편을 흔히 '회사법'이라 부르는데, 상법에서 회사법의 비중이 가장 크기에 회사법을 상법전에서 분리하여 독립된 단행법으로 제정해야 한다는 주장도 제기된다. 제4편은 보험편으로서 보험계약의 성립과 효력 및 보험계약 당사자들의 권리와 의무에 관한 사항 등을 규율한다. 상법 보험편은 보험회사에 대한 금융규제 등을 주로 다루는 보험업법과 구별된다. 제5편은 해상편으로서 해상기업조직과 해상운송에 관한 사항을, 제6편은 항공운송에 관한 사항을 다루고 있다.

개론서로서의 이 책의 특성상 광범위한 상법 전반의 내용을 제한된 지면에 모두

기술하기는 어려우므로, 이하에서는 민법과의 비교 내지 연계 측면에서 중요한 의미를 가지는 상행위편 그중에서도 민법에 대한 특칙 부분, 그리고 실무적으로나 이론적으로 상법에서 가장 중요하다고 할 수 있는 회사편, 그중에서도 주식회사에 관한 부분을 주로 기술한다.

제 2 절

상행위편 중 민법에 대한 특칙

Ⅰ. 민법의 총칙편에 대한 특칙

1 대리

민법 제115조는 “대리인이 본인을 위한 것임을 표시하지 아니한 때에는 그 의사표시는 자기를 위한 것으로 본다”고 규정하며, 현명주의를 원칙으로 하고 있다. 그러나 상법 제48조는 “상행위의 대리인이 본인을 위한 것임을 표시하지 아니하여도 그 행위는 본인에 대하여 효력이 있다”고 규정하며 비현명주의를 채택하고 있다. 그러나 대리인이 본인을 위한 것임을 표시하지 않고 대리행위를 하였을 때 그 상대방이 본인이 아닌 대리인과 거래하고 있다고 인지하고 있을 경우 그 거래 상대방을 보호할 필요도 있다. 이러한 점을 감안하여 상법 제48조 단서는 “상대방이 본인을 위한 것임을 알지 못한 때에는 대리인에 대하여도 이행의 청구를 할 수 있다”고 규정하며 대리인에게도 책임을 지울 수 있는 근거를 마련하고 있다. 그러나 상법 제48조 단서가 적용되는 경우에도 적법한 대리권에 기초하여 거래가 이루어진 것이므로 거래 자체는 본인과 상대방 사이에 성립한 것으로 본다.[3] 따라서 본인도 거래에 따른 책임을 지는데, 이 때 본인과 대리인의 책임관계는 부진정연대책임으로 본다.

한편 민법 제127조 제1호는 본인의 사망을 대리권의 소멸사유로 규정하고 있다. 반면 상법 제50조는 "상인이 그 영업에 관하여 수여한 대리권은 본인의 사망으로 인하여 소멸하지 아니한다"고 규정하며 본인의 사망에도 불구하고 대리권이 계속 유지되도록 하였다.

2 상사소멸시효

민법의 경우 제162조 이하에서 다양한 소멸시효기간을 규정하고 있고 특히 (일반)채권에 대하여는 10년의 소멸시효기간을 규정하고 있다(민법 제162조 제1항).

그러나 상법 제64조는 "상행위로 인한 채권은 본법에 다른 규정이 없는 때에는 5년간 행사하지 아니하면 소멸시효가 완성한다"고 규정하며, 상사채권에 대하여 5년의 소멸시효기간을 정하고 있다. 여기서 '상행위로 인한 채권'이라 할 때 그 상행위에는 쌍방적 상행위나 영업적 상행위는 물론 일방적 상행위나 보조적 상행위도 포함된다.

상사소멸시효의 적용 여부가 문제된 주요 사례에 대한 판결을 살펴본다. ① 채무인수로 인하여 인수인은 종래의 채무자와 지위를 교체하여 새로이 당사자로서 채무관계에 들어서서 종래의 채무자와 동일한 채무를 부담하고 동시에 종래의 채무자는 채무관계에서 탈퇴하여 면책되는 것일 뿐이므로, 인수채무가 원래 5년의 상사시효의 적용을 받던 채무라면 그 후 면책적 채무인수에 따라 그 채무자의 지위가 인수인으로 교체되었다고 하더라도 그 소멸시효의 기간은 여전히 5년의 상사시효의 적용을 받는다.[4] ② 단체협약에 기한 근로자의 유족들의 회사에 대한 위로금채권에는 5년의 상사소멸시효기간이 적용된다.[5] ③ 사업자등록을 하고 수예품의 소매업을 영위하고 있는 상인인 원고가 그 사업자금을 조달하기 위하여 피고가 조직, 운영하는 계에 가입하여 계불입금채무를 지게 되었다면 피고가 원고에 대하여 가지는 계불입금채권은 다른 반증이 없는 한 원고에 대한 관계에서 상행위에 해당하는 행위로 인한 채권으로서 상사채권에 해당하여 5년의 소멸시효기간이 적용되는 것으로 봄이 상당하다.[6]

한편, 상행위로 인한 채권의 변형으로서 손해배상청구권이나 부당이득반환청구권 또는 원상회복청구권 등을 행사하는 경우 그 경우에도 상사소멸시효기간이 적용되는지가 문제된다. 그에 관한 주요 판결을 살펴본다. ① 상사시효가 적용되는 채권은 직접 상행위로 인하여 생긴 채권뿐만 아니라 상행위로 인하여 생긴 채무의 불이행에 기하여 성립한 손해배상채권도 포함한다.[7] ② 상행위인 계약의 해제로 인한 원상회복청구권도 상법 제64조의 상사시효의 대상이 된다.[8] ③ 주식회사인 부동산 매수인이 의료법인인 매도인과의 부동산매매계약의 이행으로서 그 매매대금을 매도인에게 지급하였으나, 매도인 법인을 대표하여 위 매매계약을 체결한 대표자의 선임에 관한 이사회결의가 부존재하는 것으로 확정됨에 따라 위 매매계약이 무효로 되었음을 이유로 민법의 규정에 따라 매도인에게 이미 지급하였던 매매대금 상당액의 반환을 구하는 부당이득반환청구의 경우, 거기에 상거래 관계와 같은 정도로 신속하게 해결할 필요성이 있다고 볼 만한 합리적인 근거도 없으므로 위 부당이득반환청구권에는 상법 제64조가 적용되지 아니하고, 그 소멸시효기간은 민법 제162조 제1항에 따라 10년이다.[9] ④ 이익의 배당이나 중간배당은 회사가 획득한 이익을 내부적으로 주주에게 분배하는 행위로서 회사가 영업으로 또는 영업을 위하여 하는 상행위가 아니므로 배당금지급청구권은 상법 제64조가 적용되는 상행위로 인한 채권이라고 볼 수 없다. 이에 따라 위법배당에 따른 부당이득반환청구권 역시 근본적으로 상행위에 기초하여 발생한 것이라고 볼 수 없다. 특히 배당가능이익이 없는데도 이익의 배당이나 중간배당이 실시된 경우 회사나 채권자가 주주로부터 배당금을 회수하는 것은 회사의 자본충실을 도모하고 회사 채권자를 보호하는 데 필수적이므로, 회수를 위한 부당이득반환청구권 행사를 신속하게 확정할 필요성이 크다고 볼 수 없다. 따라서 위법배당에 따른 부당이득반환청구권은 민법 제162조 제1항이 적용되어 10년의 민사소멸시효에 걸린다고 보아야 한다.[10] ⑤ 상행위인 계약의 무효로 인한 부당이득반환청구권은 민법 제741조의 부당이득 규정에 따라 발생한 것으로서 특별한 사정이 없는 한 민법 제162조 제1항이 정하는 10년의 민사 소멸시효기간이 적용되나, 부당이득반환청구권이 상행위인 계약에 기초하여 이루어진 급부 자체의 반환을 구하는 것으로서 채권의 발생 경위나 원인, 당사자의 지위와 관계 등에 비추어 법률관계를 상거래 관계와 같은 정도로 신속하게 해결할 필요성이 있는 경우 등에는 상법 제64조가 유추적용되어 같은 조항이 정한 5년의 상사 소멸시효기간에 걸린다. 이러한 법리는 실제로 발생하지 않은 보험사고의 발생을 가장하여 청구·수령된 보험금 상당 부당이득반환청구권의 경우에도 마찬가지로 적용할 수 있다.[11)]

Ⅱ. 물권편에 대한 특칙

1 상사유치권

민법 제320조 제1항은 유치권에 관해 "타인의 물건 또는 유가증권을 점유한 자는 그 물건이나 유가증권에 관하여 생긴 채권이 변제기에 있는 경우에는 변제를 받을 때까지 그 물건 또는 유가증권을 유치할 권리가 있다"고 규정하고 있다. 이와 비교하여, 상법 제58조는 상사유치권에 관해 "상인간의 상행위로 인한 채권이 변제기에 있는 때에는 채권자는 변제를 받을 때까지 그 채무자에 대한 상행위로 인하여 자기가 점유하고 있는 채무자 소유의 물건 또는 유가증권을 유치할 수 있다"고 규정하고 있다. 그 성립요건을 보면, 상사유치권은 채권자와 채무자 모두가 상인이어야 하고 피담보채권이 채권자와 채무자 모두에게 상행위가 되는 행위로 인하여 발생한 채권이어야 성립할 수 있음을 알 수 있다. 한편 민사유치권의 경우 목적물이 반드시 채무자 소유일 필요가 없지만, 상사유치권의 경우에는 목적물이 반드시 채무자 소유여야 한다. 그리고 민사유치권의 경우 피담보채권과 유치권 사이의 개별적 견련성(피담보채권이 채권자 점유한 목적물에 관하여 생긴 채권이어야 함)이 요구되지만, 상사유치권의 경우에는 그러하지 아니하다.

2 유질계약

민법 제339조는 "질권설정자는 채무변제기전의 계약으로 질권자에게 변제에 갈음하여 질물의 소유권을 취득하게 하거나 법률에 정한 방법에 의하지 아니하고 질물을 처분할 것을 약정하지 못한다"고 규정하며, 유질계약을 금지하고 있다. 반면, 상법 제59조는 "민법 제339조의 규정은 상행위로 인하여 생긴 채권을 담보하기 위하여 설정한 질권에는 적용하지 아니한다"고 규정하며 유질계약을 허용하고 있다. 이 때 상법 제59조에 의해 유질계약이 허용되기 위해서는 피담보채권이 상행위로 인하여 생긴 채권이어야 한다. 그러나 피담보채권이 상행위로 인한 채권인 이상 질권설정자가 반드시 상인일 필요는 없다.[12)]

Ⅲ. 민법 채권편에 대한 특칙

1 상인의 보수청구권

민법 제686조 제1항은 "수임인은 특별한 약정이 없으면 위임인에 대하여 보수를 청구하지 못한다"고 규정하며, 무상위임을 원칙으로 하고 있다. 민법 제701조에 의하면, 임치 역시 무상임치가 원칙이다.

그러나 상인은 영리를 목적으로 하므로, 상법 제61조는 "상인이 그 영업범위 내에서 타인을 위하여 행위를 한 때에는 이에 대하여 상당한 보수를 청구할 수 있다"고 규정하며, 상행위의 유상성을 원칙으로 하고 있다. 상법 제61조가 말하는 '타인을 위한 행위'는 위임과 임치에 한정되지 않고, 법률행위와 사실행위를 불문한다.

2 법정이자청구권

민법 제598조, 제600조, 제601조에 의하면, 민법상 소비대차는 별도의 이자 약정이 없는 한 무이자가 원칙이다. 그러나 상법 제55조 제1항은 "상인이 그 영업에 관하여 금전을 대여한 경우에는 법정이자를 청구할 수 있다"고 규정하며, 이자부 소비대차를 원칙으로 하고 있다. 상법 제55조 제1항의 조문상 해당 조문이 적용되려면, 대주가 상인이어야 하지만, 차주가 상인일 필요는 없고, 대여가 영업과 관련된 것이어야 한다.

위와 같은 소비대차 이외에도 상법 제55조 제2항은 "상인이 그 영업범위 내에서 타인을 위하여 금전을 체당(替當)하였을 때에는 체당한 날 이후의 법정이자를 청구할 수 있다"고 규정하며, 체당금에 대한 법정이자청구권도 규정하고 있다.

3 상사법정이율

민법 제379조는 "이자있는 채권의 이율은 다른 법률의 규정이나 당사자의 약정이 없으면 연 5푼으로 한다"고 규정하며, 민사법정이율을 5%로 정하고 있다. 이와 비교하여, 상법 제54조는 "상행위로 인한 채무의 법정이율은 연 6분으로 한다"고 규정하며, 상사법정이율을 6%로 정하고 있다. 상법 제54조에 의하면, 상사법정이율의 적용대상은 상행위로 인한 채무이기 때문에 일방적 상행위로 인한 채무에도 상사법정이율이 적용된다.

상법 제54조의 상사법정이율은 상행위로 인한 채무나 이와 동일성을 가진 채무에 관하여 적용되는 것이고, 상행위가 아닌 불법행위로 인한 손해배상채무에는 적용되지 아니한다.[13)]

4 연대채무

민법 제408조는 "채권자나 채무자가 수인인 경우에 특별한 의사표시가 없으면 각 채권자 또는 각 채무자는 균등한 비율로 권리가 있고 의무를 부담한다"고 규정하며, 다수당사자의 채무를 원칙적으로 분할채무로 보고 있다. 이에 반해 상법 제57조 제1항은 "수인이 그 1인 또는 전원에게 상행위가 되는 행위로 인하여 채무를 부담한 때에는 연대하여 변제할 책임이 있다"고 규정하며, 상행위로 인한 채무에 있어서는 다수당사자의 채무를 원칙적으로 연대채무로 보고 있다. 이 때 채무자 수인 중 1인만이 상인인 경우에도 상법 제57조 제1항이 적용되어 채무자 전원은 채권자에 대하여 연대채무를 부담한다.

5 연대보증

민법 제437조 본문에 의하면, "채권자가 보증인에게 채무의 이행을 청구한 때에는 보증인은 주채무자의 변제자력이 있는 사실 및 그 집행이 용이할 것을 증명하여 먼저 주채무자에게 청구할 것과 그 재산에 대하여 집행할 것을 항변할 수 있다"고 규정하며, 주채무에 대한 보증채무의 보충성이 인정되고 보증인이 최고·검색의 항변권을 행사할 수 있는 (단순)보증을 원칙으로 하고 있다. 그에 반해, 상법 제57조 제2항은 "보증인이 있는 경우에 그 보증이 상행위이거나 주채무가 상행위로 인한 것인 때에는 주채무자와 보증인은 연대하여 변제할 책임이 있다"고 규정하며 연대보증을 보증의 원칙적인 방식으로 보고 있다. 따라서 보증이 상행위이거나 보증의 주채무가 상행위로 인한 것이 때에는 주채무에 대한 보증채무의 보충성이 인정되지 않고 보증인이 최고·검색의 항변권을 행사할 수 없다.

6 무상수치인의 주의의무

민법 제695조는 무상수치인의 주의의무에 관하여 "보수 없이 임치를 받은 자는 임치물을 자기재산과 동일한 주의로 보관하여야 한다"고 규정하고 있다. 이와 비교하여 상법 제62조는 "상인이 그 영업범위 내에서 물건의 임치를 받은 경우에는 보수를 받지 아니하는 때에도 선량한 관리자의 주의를 하여야 한다"고 규정하며, 무상으로 임치를 받은 상인의 주의의무를 가중하고 있다.

7 상사매매의 특칙

가. 확정기매매의 해제

민법 제545조는 "계약의 성질 또는 당사자의 의사표시에 의하여 일정한 시일 또는 일정한 기간내에 이행하지 아니하면 계약의 목적을 달성할 수 없을 경우에 당사자 일방이 그 시기에 이행하지 아니한 때에는 상대방은 전조의 최고를 하지 아니하고 계약을 해제할 수 있다"고 규정하며, 정기행위의 이행지체가 있는 경우 이행의 최고를 요하지 않고 이행기의 경과로 바로 해제권이 발생한다고 정하고 있다. 이와 비교하여, 상법 제68조는 "상인간의 매매에 있어서 매매의 성질 또는 당사자의 의사표시에 의하여 일정한 일시 또는 일정한 기간내에 이행하지 아니하면 계약의 목적을 달성할 수 없는 경우에 당사자의 일방이 이행시기를 경과한 때에는 상대방은 즉시 그 이행을 청구하지 아니하면 계약을 해제한 것으로 본다"고 규정하고 있다. 위 두 규정을 비교해 보면, 민법상 정기행위의 이행지체가 있는 경우 (이행의 최고 없이) 곧바로 해제권이 발생한다고 볼 뿐 해제의 의사표시는 필요한 반면, 상법상 확정기매매의 이행지체가 있는 경우에는 (상대방이 즉시 이행청구를 하지 않은 이상) 곧바로 해제의 효력이 발생한다(즉 해제의 의사표시조차 필요 없다).

확정기매매의 해제에 관한 상법 제68조가 적용되기 위해서는 당사자 쌍방이 모두 상인이어야 한다.

나. 매수인의 목적물 검사 · 통지의무

상법 제69조는 매매목적물의 수량부족 및 물건의 하자로 인한 민법상 매도인의 담보책임(민법 제574조, 제580조 내지 제582조)에 관한 특칙을 규정하고 있다. 즉, 상사매매의 경우 매수인이 목적물을 수령한 때에는 지체 없이 이를 검사하여야 하며 하자 또는 수량의 부족을 발견한 경우에는 즉시 매도인에게 그 통지를 발송하여야 한다. 만약 그러한 검사 · 통지의무를 이행하지 아니한 경우 매수인은 매매목적물의 수량부족 또는 물건의 하자로 인한 계약해제, 대금감액 또는 손해배상을 청구하지 못한다.

상법 제69조는 당사자 쌍방이 모두 상인이고 쌍방 모두에게 상행위가 되는 경우에 적용되고, 임의규정이므로 당사자 간에 반대 약정이 없어야 하며 매도인이 선의여야 한다.

상법 제69조에 의하면 매수인이 목적물을 수령한 즉시 이를 검사하고 하자가 있으면 즉시 매도인에게 통지하는 것이 원칙이지만, 목적물에 즉시 발견할 수 없는 하자가 있는 경우에는 목적물을 수령한 때로부터 6개월 이내에는 목적물을 검사하여 하자를 통지하여야 한다. 만약 6개월이 지난 이후에 하자를 발견하였다면, 매수인에게 아무런 과실이 없었다고 하더라도 상법 제69조에 의해 매도인은 담보책임을 면한다.[14)]

제 3 절

회사법 개관

상법은 회사를 "상행위나 그 밖의 영리를 목적으로 하여 설립한 법인"으로 정의하며(제169조), 그 종류로 합명회사, 합자회사, 유한책임회사, 주식회사, 유한회사를 열거하고 있다(제170조). 이러한 회사의 종류 중 실무적으로나 이론적으로 가장 큰 비중을 차지하는 것은 주식회사인 관계로 이하에서는 주식회사를 중심으로 회사법(상법 중 제3편)의 규정을 살펴본다.

주식회사에 관한 회사법의 규율사항은 크게 기업지배구조 부분, 기업재무 부분, 기업재편 부분으로 나누어 볼 수 있다. 그 중 특히 기업지배구조는 그에 관한 영문 표현(corporate governance)을 그대로 살려 '기업거버넌스'라는 용어로 표현하기도 한다.

기업지배구조라는 용어는 여러 가지 의미로 사용되는데, 좁은 의미의 기업지배구조는 기업의 소유와 경영의 분리에 따른 경영자와 주주 사이의 이해상충 문제 또는 경영자의 기회주의적 행동으로 인한 대리인 문제를 해결하기 위한 각종 정책이나 규범을 가리킨다.[15] 이에 관련된 회사법의 주요 내용으로는, 이사의 의무와 책임, 소수주주권, 대표소송 등을 들 수 있을 것이다.

회사법의 기업재무 부분에서는 신주발행, 사채발행, 이익배당 등을 다루게 되는데, 이 부분에서는 기존 주주와 신규 주주 사이의 이해상충 그리고 주주와 채권자 사이의 이해상충이 문제되므로 이를 해결하기 위한 법적 장치가 필요하다는 점을 유념해야 한다.

회사법의 기업재편 부분에서는 주로 합병과 분할을 다루게 되는데, 이 부분에서는 채권자와 소수주주의 이익을 보호하는 문제가 중요한 과제로 등장한다.

제 4 절

회사법 중 기업지배구조 부분

Ⅰ. 주주총회

1 주주총회의 소집

주주총회의 소집은 원칙적으로 이사회가 결정한다(제362조). 이는 주주총회와 이사회 사이의 적절한 권한배분의 한 단면이라 할 것이다. 위와 같은 주주총회 소집결정의 집행은 대표이사가 맡는다.

위와 같은 원칙의 예외로서 상법 제366조는 소수주주가 주도권을 가지고 주주총회를 소집할 수 있는 길을 열어두고 있다. 즉, 동조 제1항에 따라 발행주식총수의 100분의 3 이상에 해당하는 주식을 가진 주주가 회의의 목적사항과 소집의 이유를 적은 서면 또는 전자문서를 이사회에 제출하여 임시총회의 소집을 청구할 수 있고, 그러한 청구가 받아들여지지 않은 경우 해당 소수주주는 동조 제2항에 근거하여 법원의 허가를 받아 주주총회를 소집할 수 있는 것이다.

위와 같은 주주총회 소집결정이 있게 되면, 회사는 주주들에게 출석의 기회와 주주총회 안건에 대한 준비의 시간을 부여할 수 있도록 원칙적으로 모든 주주에게 법이 정한 절차와 방법에 따라 주주총회 소집의 통지를 발송하여야 한다. 이러한 소집통지의 기간과 방법에 대하여 상법은 주주총회일의 2주 전에 각 주주에게 서면으로 통지를 발송하거나 각 주주의 동의를 받아 전자문서로 통지를 발송하여야 하고 통지서에는 회의의 목적사항을 적어야 한다고 규정하고 있다(제363조 제1항, 제2항). 위 소집통지의 기간으로서 2주의 기간은 정관으로도 단축할 수 없다.

2 주주총회의 의제와 의안 및 소수주주의 주주제안권

예를 들어 주주총회에서 이사 선임의 건을 다룬다고 할 때, 그 제목에 해당하는 '이사의 선임'을 의제라 하고, 그 내용에 해당하는 '이사 후보자 ○○○'를 의안이라 흔히 부른다. 이러한 구분에 의할 때 흔히 의제는 주주총회를 구속하지만 의안은 그렇지 않다고 한다.[16] 따라서 주주총회 소집통지서에 의안까지 기재되어 있었더라도 당해 주주총회에서 바로 그 의안을 변경하거나 새로 의안을 제안하는 것도 가능하다.[17]

주주총회에서 결의를 하는 주체는 주주들이지만, 주주총회의 소집결정을 이사회가 하기 때문에, 주주총회의 심의 대상 내지 결의 대상으로서의 의제도 원칙적으로는 이사회가 정한다. 그러나 이렇게 되면 소수주주가 원하는 의제는 주주총회에서 다루어지기 어렵고 주주총회가 이사회가 원하는 안건만 통과시켜 주는 거수기로 전락하기 쉽다. 이를 보완하기 위하여 상법 제363조의2는 주주제안권을 인정하고 있다. 즉, 의결권 없는 주식을 제외한 발행주식총수의 100분의 3 이상에 해당하는 주식을 가진 주주가 이사에게 주주총회일의 6주 전에 서면 또는 전자문서로 일정한 사항을 주주총회의 목적사항으로 할 것을 제안할 경우 이사는 이를 이사회에 보고하여야 하고 이사회는 주주제안의 내용이 법령 또는 정관을 위반하는 경우와 상법 시행령 제12조가 정하는 경우를 제외하고는 이를 주주총회의 목적사항으로 하여야 한다(제363조의2 제1항, 제3항).

3 주주의 의결권 행사

가. 의결권의 수와 의결권의 제한

상법은 주주평등원칙에 입각하여 원칙적으로 1주당 1개의 의결권만을 인정한다(제369조 제1항). 그런데 상법은 일정한 경우 주주의 의결권을 제한하기도 한다.

상법 제344조의3은 의결권 배제 · 제한에 관한 종류주식을 인정한다. 이때 의결권 배제에 관한 종류주식을 흔히 무의결권 주식이라고 부른다.

상법 제369조 제2항은 해당 주식을 발행한 회사 본인이 취득한 자기주식에 대하여 의결권을 인정하지 않는다.

상법 제369조 제3항은 회사, 모회사 및 자회사 또는 자회사가 다른 회사의 발행주식의 총수의 10분의 1을 초과하는 주식을 가지고 있는 경우 그 다른 회사가 가지고 있는 회사 또는 모회사의 주식은 의결권이 없다고 규정하는데, 이러한 주식을 흔히 상호주라 부른다.

상법 제368조 제3항에 의해 총회의 결의에 관하여 특별한 이해관계가 있는 자는 의결권을 행사하지 못하는데, 이때 특별이해관계는 특정한 주주가 주주의 입장을 떠나서 개인적으로 가지는 이해관계를 의미한다. 예를 들어, 주주총회가 영업양도를 결의할 때 어떤 주주가 해당 영업양도의 상대방일 경우 그 주주는 해당 결의에 대하여 특별이해관계를 가진다고 하지만, 이사 선임 결의에서 그 당사자인 주주는 특별이해관계인이 아니라고 한다.

상법 제409조 제2항은 감사를 선임하는 주주총회 결의에서 의결권 없는 주식을 제외한 발행주식의 총수의 100분의 3을 초과하는 수의 주식을 가진 주주는 그 초과하는 주식에 관하여 의결권을 행사하지 못한다고 규정하고 있다.

나. 의결권의 대리행사

상법 제368조 제2항은 주주는 대리인으로 하여금 그 의결권을 행사하게 할 수 있다고 규정하며 의결권의 대리행사를 인정하고 있다. 이처럼 의결권의 대리행사는 상법에 의해 그 정당성을 인정받고 있지만, 대법원은 "주주의 자유로운 의결권 행사를 보장하기 위하여 주주가 의결권의 행사를 대리인에게 위임하는 것이 보장되어야 한다고 하더라도 주주의 의결권 행사를 위한 대리인 선임이 무제한적으로 허용되는 것은 아니고, 그 의결권의 대리행사로 말미암아 주주총회의 개최가 부당하게 저해되거나 혹은 회사의 이익이 부당하게 침해될 염려가 있는 등의 특별한 사정이 있는 경우에는 회사가 이를 거절할 수 있다"고 판시하며 의결권의 대리행사를 제한할 수 있는 예외적인 사유를 인정하고 있다.[18] 특히 실무에서 대리인의 자격을 해당 회사의 주주로만 한정하는 정관을 많이 볼 수 있는데, 대법원은 "대리인의 자격을 주주로 한정하는 취지의 주식회사의 정관 규정은 주주총회가 주주 이외의 제3자에 의하여 교란되는 것을 방지하여 회사 이익을 보호하는 취지에서 마련된 것으로서 합리적인 이유에 의한 상당한 정도의 제한이라고 볼 수 있으므로 이를 무효라고 볼 수는 없다"고 판시하며, 그러한 정관의 유효성을 인정한다.[19]

다. 서면투표와 전자투표

상법은 주주들의 주주총회 참여를 증대시키기 위해 서면투표와 전자투표를 인정하고 있다. 서면투표는 주주총회에 출석하지 아니한 주주가 대리인에 의하지 않고 직접 서면에 의하여 의결권을 행사하는 것인데 정관에 그에 관한 규정이 있을 경우 가능하다(제368조의3 제1항). 전자투표는 주주총회에 출석하지 않은 주주가 대리인에 의하지 않고 직접 전자적 방법에 의하여 의결권을 행사하는 것인데 정관에 그에 관한 규정이 없더라도 이사회의 결의만으로 가능하다(제368조의4 제1항).

4 주주총회의 결의

주주총회의 일반적인 결의는 출석한 주주의 의결권의 과반수와 발행주식총수의 4분의 1 이상의 수로써 한다(제368조 제1항). 이를 보통결의 요건이라 한다. 그 외에 회사의 기초에 근본적인 변화를 초래하거나 주주의 이해관계에 중대한 영향을 미치는 사항에 대하여는 결의요건을 가중하여 출석한 주주의 의결권의 3분의 2 이상과 발행주식총수의 3분의 1 이상으로써 하는 결의를 요구하기도 하는데, 이를 특별결의 요건이라 한다(제434조). 상법상 특별결의가 요구되는 사안으로는 정관변경(제434조), 합병(제522조), 분할(제530조의3), 영업양도(제374조), 회사의 해산(제518조), 이사의 해임(제385조 제1항), 주식매수선택권의 부여(제340조의2), 사후설립(제375조) 등을 들 수 있다. 특별결의 요건보다도 가중하여 총주주의 동의를 요하는 사항도 있는데, 그 대표적인 예로는 이사와 감사에 대한 책임면제를 들 수 있다(제400조 제1항, 제415조).

위와 같은 보통결의 요건 내지 특별결의 요건 충족 여부를 판단하기 위해서는, 출석주주의 의결권의 수와 발행주식총수를 계산하여야 하는데, 이에 관하여 상법 제371조 제1항은 무의결권 주식, 자기주식, 상호주는 발행주식총수에 산입하지 않는다고 규정하고 있다. 한편 동조 제2항은 특별이해관계인이 소유한 주식 및 감사 선임시 3% 초과 주식 등을 출석주주 의결권의 수에 산입하지 않는다고만 규정하고 있는데, 해당 주식은 동조 제1항과 마찬가지로 발행주식총수에도 산입하지 못한다고 보아야 할 것이다.

5 주주총회 결의의 하자와 그에 대한 불복수단

상법상 주주총회 결의의 하자를 다투는 소로서 결의 취소의 소(제376조), 결의 무효 확인의 소(제380조), 결의 부존재 확인의 소(제380조) 및 부당결의 취소 · 변경의 소(제381조)를 규정하고 있는데, 이하에서는 실무상 주로 활용되는 결의 취소의 소, 결의 무효 확인의 소 및 결의 부존재 확인의 소를 중심으로 살펴본다.

주주총회 결의 취소의 소는 총회 소집절차 또는 결의방법이 법령 또는 정관에 위반하거나 현저하게 불공정한 때 또는 그 결의의 내용이 정관에 위반한 때를 그 사유로 하는데, 주주 · 이사 또는 감사가 결의의 날로부터 2월 내에 제기할 수 있다(제376조 제1항). 위 사유 중 소집절차의 하자로는 주주총회를 소집하기로 하는 이사회 결의가 없거나 그 결의가 무효인 경우, 이사회의 소집결정은 있었으나 대표이사 또는 정관상의 소집권자가 아닌 자가 소집한 경우, 일부 주주에게 소집통지를 하지 않은 경우, 총회일 2주 전까지 이루어져야 한다는 소집통지의 기간을 준수하지 못한 경우, 소집통지에 회의의 목적사항을 기재하지 않은 경우 등을 들 수 있다. 그리고 결의방법의 하자로는 주주가 아닌 자 또는 적법한 대리권이 없는 자가 의결권을 행사한 경우, 의결권이 제한되는 특별이해관계인이 의결권을 행사한 경우 등을 들 수 있다.

주주총회 결의 무효 확인의 소는 결의의 내용이 법령에 위반한 때를 그 사유로 하는데(제380조), 구체적인 예로는 배당가능이익을 초과하는 이익배당 결의, 주주유한책임에 반하는 결의, 주주평등원칙에 반하는 결의 등을 들 수 있다.

주주총회 부존재 확인의 소는 총회의 소집절차 또는 결의방법에 총회결의가 존재한다고 볼 수 없을 정도의 중대한 하자가 있는 것을 그 사유로 하는데, 앞서 본 주주총회 결의 취소의 소와 비교할 때 소집절차 또는 결의방법상 하자의 정도가 매우 심한 경우를 말한다고 볼 수 있다. 대표적인 예로는 주주 대부분에게 소집통지를 하지 않은 경우 등을 들 수 있다.

한편 주주총회 결의 무효 확인의 소와 주주총회 결의 부존재 확인의 소는 주주총회 결의 취소의 소와 달리 제소권자를 제한하고 있지 않으므로 민사소송법에서 말하는 확인의 이익이 있는 한 누구든 해당 소를 제기할 수 있다. 그리고 주주총회 결의 취소의 소, 주주총회 결의 무효 확인의 소 및 주주총회 결의 부존재 확인의 소의 상대방, 즉 피고는 해당 총회를 개최한 회사라 할 것이다.

Ⅱ. 이사와 이사회

1 이사와 이사회의 의의

상법 제393조 제1항, 제2항에 의하면 이사회는 회사의 업무를 집행함과 아울러 이사의 직무 집행을 감독하는 역할을 맡는다. 그 두 가지 역할은 다소 모순된다고 볼 수도 있는데, 현대 주식회사의 이사회에서 위 두 가지 역할 중 더 강조되는 것은 사외이사를 중심으로 한 경영 감독 기능이라 할 것이다. 업무집행의 경우 실제 회사의 업무집행은 대표이사를 정점으로 하는 임원 조직에서 수행하고 이사회는 회사의 중요한 업무집행에 대한 의사결정을 담당한다고 봄이 타당하다.

이사는 이사회의 구성원으로서 이사회의 결의에 참여하게 되는데, 이사들 중에 선임되는 대표이사는 회사를 대표하고 회사의 현실적인 업무집행을 담당한다. 여기서 말하는 이사는 상법에 근거하여 주주총회에서 이사로 선임된 자를 말하며 일부 회사에서 미등기 임원 직급 중 하나로 불리기도 하는 이사와는 구분된다.

2 이사의 선임

이사는 주주총회의 보통결의에 의해 선임되는데(제382조 제1항), 이사 선임 결의는 이사 1명, 1명에 대하여 별개로 이루어진다. 따라서 어떤 주주총회에서 2인 이상의 이사를 선임하더라도 과반의 지분을 소유한 지배주주는 선임할 이사 모두를 자신이 지지하는 후보로 선임할 수 있다. 그런데 이렇게 되면 소수파 주주는 30－40%의 적지 않은 지분을 소유한 경우에도 자신을 대변할 이사를 선임할 수 없다. 이러한 점을 감안하여, 상법은 소수주주를 보호하기 위한 제도의 일환으로 2인 이상의 이사를 선임할 때 집중투표의 방법으로 이사를 선임할 길을 열어두고 있다(제382조의2 제1항). 여기서 집중투표의 방법이란 2인 이상의 이사의 선임을 목적으로 하는 주주총회의 결의에 관하여 각 주주에게 1주마다 선임할 이사의 수와 동일한 수의 의결권을 인정하며, 그 의결권을 이사 후보자 1인 또는 수인에게 집중하여 투표하는 방법으로 행사할 수 있도록 하는 것을 말한다(제382조의2 제3항). 그런데 상법 제382조의2가 규정한 집중투표제는 정관에 집중투표제를 배제하는 규정을 둔 경우에는 활용할 수 없다는 한계가 있다. 현실적으로 상장회사의 대부분은 집중투표제를 배제하는 정관 규정을 가지고 있어서 집중투표제가 실무상 별로 활용되지 못한다는 지적이 있었고, 이러한 관행을 바꾸고자 최근 상법이 개정되어 상법 제542조의7 제3항은 대통령령으로 정하는 일정 규모 이상의 상장회사는 정관으로 집중투표제를 배제할 수 없다고 규정하고 있다.

한편 주주총회에서 어떤 후보자를 이사로 선임한 결의가 있었더라도 대표이사가 그 피선임자와의 이사 임용계약 체결을 거부하거나 지연하는 경우, 별도 임용계약 체결 없이도 피선임자가 이사의 지위를 취득하는지가 문제될 수 있는데, 판례는 별도 임용계약 체결 없이도 주주총회의 이사 선임 결의가 있고 선임된 사람의 동의가 있으면 이사의 지위가 인정된다고 본다.[20]

3 이사의 해임

이사는 언제든지 주주총회 특별결의로 해임될 수 있다(제385조 제1항). 특별결의에 의한 이사 해임을 위해 정당한 이유가 필요한 것은 아니다. 다만, 이사의 임기를 정한 경우에 정당한 이유 없이 그 임기 만료 전에 이사를 해임한 때에는 그 이사는 회사에 대하여 해임으로 인한 손해배상을 청구할 수 있다(제385조 제1항 단서). 여기서 '정당한 이유'에 대하여 판례는 "주주와 이사 사이에 불화 등 단순히 주관적인 신뢰관계가 상실된 것만으로는 부족하고, 이사가 법령이나 정관에 위배된 행위를 하였거나 정신적 · 육체적으로 경영자로서의 직무를 감당하기 현저하게 곤란한 경우, 회사의 중요한 사업계획 수립이나 그 추진에 실패함으로써 경영능력에 대한 근본적인 신뢰관계가 상실된 경우 등과 같이 당해 이사가 경영자로서 업무를 집행하는 데 장해가 될 객관적 상황이 발생한 경우에 비로소 임기 전에 해임할 수 있는 정당한 이유가 있다"고 판시한 바 있다.[21] 그리고 임기를 정한 이사를 정당한 이유 없이 중도 해임하는 경우 회사가 배상해야 할 손해액은 해당 이사가 그 임기 동안 받을 수 있었던 보수 상당액으로 본다.

한편 상법 제385조 제2항은 소수주주권의 일환으로 소수주주의 이사 해임 청구권을 규정하여 이사가 그 직무에 관하여 부정행위 또는 법령이나 정관에 위반한 중대한 사실이 있음에도 불구하고 주주총회에서 그 해임을 부결한 때에는 발행주식의 총수의 100분의 3 이상에 해당하는 주식을 가진 주주가 총회의 결의가 있은 날부터 1월 내에 그 이사의 해임을 법원에 청구할 수 있다고 규정하고 있다.

4 이사의 보수

상법 제388조는 이사의 보수는 정관에 그 액을 정하지 아니한 때에는 주주총회의 결의로 이를 정한다고 규정하고 있다. 이 규정은 이사가 자신의 보수와 관련하여 개인적 이익을 도모하는 폐해를 방지하여 회사와 주주 및 회사채권자의 이익을 보호하기 위한 강행규정이다.[22]

위 조문을 문언 그대로 읽으면 각 이사마다 개별 보수의 구체적인 액수를 정관이나 주주총회의 결의로 정해야 할 것 같지만, 실무상으로는 매년 주주총회에서 이사 전원에 대한 보수 총액 또는 그 총액의 상한 금액 정도만을 정하고 각 이사의 구체적인 보수액을 정하는 것은 이사회에 위임하고 있고 법원 역시 그러한 관행을 위법하다고 보지 않는다.

상법 제388조에서 말하는 이사의 보수에는 연봉, 수당, 상여금 등 명칭을 불문하고 이사의 직무수행에 대한 보상으로 지급되는 모든 대가가 포함된다.[23]

5 이사회의 소집과 결의

이사회는 원칙적으로 각 이사가 소집할 수 있다(제390조 제1항). 이사 이외에 감사가 이사회 소집을 청구하였음에도 이사가 지체 없이 이사회를 소집하지 않을 경우 감사가 이사회를 소집할 수도 있다(제412조의4).

이사회를 소집함에 있어서는 회일을 정하고 그 1주일 전에 각 이사 및 감사에 대하여 통지를 발송하여야 한다(제390조 제3항). 이사회의 소집절차는 주주총회의 그것보다 완화되어 있는데, 소집통지는 구두 또는 문자메시지 등으로도 가능하고 소집통지에 이사회 회의의 목적사항을 기재할 필요도 없으며 소집통지기간 역시 정관으로 1주일보다 더 단축할 수도 있다. 더 나아가 이사 및 감사 전원의 동의가 있으면 소집절차를 생략하고 바로 이사회를 개최할 수도 있다(제390조 제4항).

이사회에서의 의결권은 각 이사가 1개씩 행사할 수 있다. 이사회의 일반적인 결의는 의사정족수로서 이사 과반수의 출석과 의결정족수로서 출석이사 과반수의 찬성으로 이루어진다(제391조 제1항). 그 이외 다른 규정에서 이사회의 결의를 위해 가중된 요건을 요구하기도 하는데, 회사기회유용, 자기거래 등에 대하여는 재적 이사 총수의 3분의 2 이상의 찬성을 요구한다(제397조의2 제1항, 제398조).

이사회의 결의에서 의결권의 대리행사는 허용되지 않지만, 통신수단을 이용한 원격회의로 이사회를 개최하는 것은 가능하다.

6 이사회 결의의 하자에 대한 불복수단

이사회의 소집절차나 결의방법 등에 하자가 있는 경우 그 이사회의 결의에 대하여는 일반 민사소송법상의 확인의 소로서 이사회 결의 무효 확인의 소를 제기할 수 있다. 따라서 확인의 이익을 가진 자만이 제기할 수 있고 대세적 효력은 인정되지 않는다.

Ⅲ. 대표이사

1 대표이사의 선임과 해임

대표이사는 일반적으로 이사회에서 선임되지만, 정관이 정할 경우 주주총회에서 선임될 수도 있다(제389조 제1항).

이사회의 결의로 대표이사를 선임하는 경우 해임 역시 이사회의 결의로 할 수 있고 해임을 위해 정당한 이유가 필요한 것은 아니다. 임기를 정한 이사의 경우에는 정당한 이유 없이 중도에 해임되는 이사가 손해배상을 청구할 수 있지만, 임기를 정한 대표이사를 정당한 이유 없이 중도에 해임하더라도 해당 대표이사는 손해배상을 구할 수 없다.[24)] 이러한 법리는 정관의 규정에 따라 주주총회에서 선임된 대표이사를 중도에 해임하는 경우에도 마찬가지로 적용된다.[25)]

2 대표이사의 권한과 그 제한

대표이사에게는 업무집행권과 대표권이 인정된다.

대표권에 기해 대표이사는 회사의 영업에 관한 재판상 또는 재판외의 모든 행위를 할 권한을 가지는데(제389조 제3항, 제209조), 이사와 회사 간의 소송에서는 대표이사의 대표권이 법률상 제한된다. 따라서 회사가 이사에 대하여 또는 이사가 회사에 대하여 소를 제기하는 경우에 대표이사가 아닌 감사가 그 소에 관하여 회사를 대표한다(제394조 제1항).

이 외에도 법률이나 정관상 대표이사가 대표권을 행사하기 위해 주주총회 또는 이사회의 결의를 거쳐야 함에도 그러한 제한에 위반하여 주주총회 또는 이사회의 결의를 거치지 않고 대표권을 행사한 경우 이를 전단적 대표행위라 부르는데, 전단적 대표행위는 그 사법상 효력이 문제된다.

법률상 주주총회의 결의를 거쳐야 함에도 그러한 결의를 거치지 않은 전단적 대표행위의 대표적인 예는 대표이사가 영업양도계약을 체결하면서 주주총회 특별결의를 거치지 않은 경우일 텐데, 그러한 경우 판례는 상대방의 선의 여부에 관계없이 해당 영업양도계약의 효력을 무효로 보고 있다.[26]

법률상 이사회의 결의를 거쳐야 함에도 그러한 결의를 거치지 않은 전단적 대표행위의 대표적인 예는 대표이사가 상법 제393조 제1항이 정하는 중요한 자산을 처분하면서 이사회의 결의를 거치지 않은 경우일 텐데, 이러한 처분행위의 효력에 관하여 판례는 처분행위의 상대방이 악의이거나 중과실이 있는 경우에는 상대방을 보호할 필요가 없다고 보아 그 처분행위의 효력을 부정한다.[27] 그리고 이러한 기준은 정관상 이사회의 결의를 거치도록 하였으나 이사회의 결의를 거치지 않은 경우에도 마찬가지로 적용된다고 한다.[28]

3 대표권의 남용

민법의 대리권 남용과 유사하게, 상법에서도 대표이사가 회사가 아닌 자기 또는 제3자의 이익을 위해 대표권을 행사한 경우 그 대표행위의 효력이 문제될 수 있다. 예를 들어, 대표이사가 자기 또는 친족의 채무에 대하여 회사 명의로 연대보증계약을 체결한 경우 그 계약의 효력이 문제될 수 있는 것이다. 이에 대하여 판례는 상대방이 대표이사의 진의를 알았거나 알 수 있었을 때에는 회사가 그것을 입증하여 대표이사가 한 행위의 효력을 부인할 수 있다고 한다.[29]

4 표현대표이사

민법의 표현대리와 유사하게, 상법은 표현대표이사 제도를 두고 있다. 상법 제395조는 사장, 부사장, 전무, 상무 기타 회사를 대표할 권한이 있는 것으로 인정될 만한 명칭을 사용한 이사의 행위에 대하여는 그 이사가 회사를 대표할 권한이 없는 경우에도 회사는 선의의 제3자에 대하여 그 책임을 진다고 규정하고 있는 것이다.

위 규정은 '이사'를 표현대표이사의 행위 주체로 명시하고 있어서 이사의 자격을 갖춘 자가 대표권 없이 행위한 경우에만 위 규정이 적용되는 것으로 볼 여지도 있지만, 통설과 판례는 표현대표이사 책임의 성립에 이사의 자격을 전제하지 않는다.

표현대표이사 책임은 일종의 외관책임으로서 책임이 성립하기 위해서는 외관창출에 대한 회사의 귀책사유가 인정되어야 한다. 따라서 표현대표이사의 표현적 명칭 사용에 대하여 회사가 명시적으로나 묵시적으로 허락한 경우에만 표현대표이사 책임이 성립하고 회사가 표현대표이사의 표현적 명칭 사용을 알지 못한 경우에는 표현대표이사 책임이 성립하지 않는다고 본다.

표현대표이사 책임이 성립하기 위해서는 상대방 당사자가 표현대표이사에게 대표권이 없음을 알지 못하고 알지 못한 데 대하여 중과실이 없어야 한다.

위와 같은 요건이 충족되면 대표권이 없는 표현대표이사의 행위에 대하여도 회사는 적법한 대표이사의 행위와 마찬가지의 책임을 져야 한다.

Ⅳ. 이사의 의무와 책임

1 이사의 의무

가. 이사의 선관주의의무

회사와 이사의 관계는 민법의 위임에 관한 규정을 준용한다는 상법 제382조 제2항을 근거로 이사는 회사에 대하여 위임계약에서의 수임인과 같은 선량한 관리자로서의 주의의무를 부담한다고 본다. 구체적으로 회사가 소유하는 자산을 매각하는 결정을 함에 있어 이사가 선관주의의무를 위반하였는지를 판단하는 기준과 관련하여 판례는 합당한 정보를 가지고 회사의 최대이익을 위하여 거래가액을 결정하였고, 그러한 거래가액이 당해 거래의 특수성을 고려하더라도 객관적으로 현저히 불합리하지 않을 정도로 상당성이 있다면 선관주의의무를 다한 것으로 볼 수 있다고 판시한 바 있다.[30)]

나. 이사의 충실의무 등

최근 상법이 개정되어 이사의 충실의무 규정에 큰 변화가 생겼다. 기존 상법 제382조의3은 "이사는 법령과 정관의 규정에 따라 회사를 위하여 그 직무를 충실하게 수행하여야 할 의무를 부담한다"라고만 규정하고 있었다. 그러나 개정 상법 제382조의3은 주주를 위한 충실의무 등도 포함시켜, 제1항에서는 "이사는 법령과 정관의 규정에 따라 회사 및 주주를 위하여 그 직무를 충실하게 수행하여야 할 의무를 부담한다"라고 규정하고, 제2항에서는 "이사는 그 직무를 수행함에 있어 총주주의 이익을 보호하여야 하고, 전체 주주의 이익을 공평하게 대우하여야 한다"라고 규정하고 있다. 이러한 상법 개정으로 앞으로 기업들은 어떤 경영상 결정을 내림에 있어 해당 결정이 주주의 이익에 중대한 영향을 미치거나 해당 결정과 관련하여 대주주와 소액주주 사이의 이해관계가 충돌할 경우 등에는 해당 결정이 전체 주주의 이익에 부합하는지 여부에 관하여 신중한 검토를 할 필요성이 더 커졌다고 볼 수 있다.

다. 이사의 감시의무

상법에 명문의 규정은 없지만, 선관주의의무의 일부로서 이사의 감시의무가 일반적으로 인정된다. 감시의무의 내용으로서 최근 판례는 적절한 내부통제시스템의 구축과 운영을 강조하고 있다.[31)]

상근으로 근무하지 않는 사외이사의 대하여도 내부통제시스템 구축 및 운영에 관한 감시의무를 인정하고 있는데, 이에 관하여 판례는 "회사의 업무집행을 담당하지 않는 사외이사 등은 내부통제시스템이 전혀 구축되어 있지 않는데도 내부통제시스템 구축을 촉구하는 등의 노력을 하지 않거나 내부통제시스템이 구축되어 있더라도 제대로 운영되고 있지 않다고 의심할 만한 사유가 있는데도 이를 외면하고 방치하는 등의 경우에 감시의무 위반으로 인정될 수 있다"고 판시한 바 있다.[32)]

라. 이사의 경업금지의무

이사는 이사회의 승인이 없으면 자기 또는 제3자의 계산으로 회사의 영업부류에 속한 거래를 하거나 동종영업을 목적으로 하는 다른 회사의 무한책임사원이나 이사가 되지 못하는데(제397조 제1항), 이를 이사의 경업금지의무 또는 경업피지의무라 한다.

위 규정에 따라 이사가 경업거래 또는 겸직을 하려면 이사회의 승인을 받아야 하는데, 이때 이사회의 승인은 보통결의요건, 즉 과반수 이사의 출석과 출석 이사 과반수의 찬성으로 이루어진다. 이러한 승인을 받음에 있어 명문의 규정은 없지만, 해당 이사는 경업거래 또는 겸직에 관한 중요한 사항을 이사회에 미리 알려야 하고, 그러한 정보개시 없이 이사회의 승인을 받았다면 그러한 승인을 유효한 승인으로 보기는 어렵다.[33)]

위 규정 중 겸직금지 부분과 관련하여, 이사가 경쟁회사가 동종영업을 개시하기 전에 동종영업을 준비하는 단계에서 경쟁회사의 이사로 취임하였으나 경쟁회사가 동종영업을 개시하기 전에 사임한 경우에도 위 의무를 위반하였는지가 문제될 수 있는데, 판례는 그 경우에도 상법 제397조 제1항의 경업금지의무를 위반하였다고 본다.[34)]

마. 이사의 자기거래금지의무

경영자 또는 지배주주와 회사 사이의 거래에서 비롯되는 이해상충의 부작용을 막기 위해 상법 제398조는 자기거래의 적용범위를 이사와 주요주주뿐만 아니라 그들과 일정한 친족관계에 있는 자 그리고 이사와 주요주주 및 그 친족이 지배하는 다른 회사로까지 확대하여 그들과 당해 회사 사이의 거래에 대하여는 이사회의 사전 승인을 얻도록 하고 그 거래의 내용과 절차도 공정할 것을 요구한다.

따라서 상법 제398조의 적용대상인 자기거래를 하려면 사전에 이사회의 승인을 받아야 하는데, 그 승인이 유효하기 위해서는 이사회에 해당 거래에 관한 중요사실을 사전에 개시하여야 하고 재적이사 3분의 2 이상의 찬성을 받아야 한다. 만약 상법 제398조 적용대상인 자기거래를 함에 있어 위와 같은 이사회의 승인절차를 거치지 않거나 승인절차를 거쳤더라도 그 승인절차에 하자가 있었던 경우 그 자기거래행위의 사법상 효력이 문제되는데, 직접거래인 자기거래의 경우 그 자기거래의 당사자 사이에서는 당해 거래행위의 효력을 무효로 보고 다만 제3자가 있는 경우 그 제3자에 대한 관계에서는 제3자가 이사회의 승인이 없었다는 사실에 대하여 알았거나 중과실로 알지 못한 경우에만 무효로 보는 것이 일반적이다. 이러한 입장을 흔히 상대적 무효설이라 부른다.

한편 상법 제398조는 자기거래에 대하여 이사회의 승인을 받도록 하는 것에 더하여 거래의 내용과 절차가 공정할 것을 요구하는데, 만약 자기거래에 대하여 이사회의 유효한 승인을 받았더라도 그 거래의 내용 또는 절차가 불공정한 경우 이를 어떻게 취급할 것인지도 문제된다. 이에 대하여는 내용이나 절차가 공정하지 않은 자기거래는 그 사법상 효력도 부인된다고 보는 견해도 있고 내용이나 절차가 공정하지 않다고 하여 자기거래의 사법상 효력이 부인되지는 않고 다만 불공정한 내용의 자기거래로 인하여 회사에 손해가 발생한 경우 이사의 손해배상책임이 문제된다고 보는 견해도 있다.

바. 이사의 회사기회유용금지의무

이사가 직무수행과정에서 많은 사업기회를 포착하게 되는데 그러한 사업기회가 본래 회사에 귀속되어야 할 회사의 재산이라 본다면, 이사가 직무수행과정에서 알게 된 사업기회를 자기 또는 제3자의 이익을 위해 이용하는 행위는 이사가 회사의 재산을 횡령하는 행위와 비슷한 측면이 있다. 이러한 차원에서 상법은 이사의 회사기회유용행위를 회사의 이익에 반하는 행위로 보고 그러한 행위를 규제하기 위해 조문을 신설하였다. 그 조문이 상법 제397조의2인데, 해당 조문은 현재 또는 장래에 회사에 이익이 될 수 있는 사업기회로서 이사가 직무를 수행하는 과정에서 알게 되거나 회사의 정보를 이용한 사업기회 또는 회사가 수행하고 있거나 수행할 사업과 밀접한 관계가 있는 사업기회를 자기 자신 또는 제3자의 이익을 위해 이용하기 위해서는 이사회의 승인을 받도록 규정하고 있다. 이때 이사회의 승인결의는 재적이사 3분의 2 이상의 찬성을 요건으로 하고 사업기회를 이용하려는 해당 이사는 특별이해관계인으로서 의결권을 행사할 수 없다. 또한 명문의 규정은 없지만 상법 제397조의2가 정한 이사회의 승인을 받기 전에 해당 이사는 사업기회에 관한 구체적인 내용을 이사회에 사전에 개시해야 할 것이다.

2 이사의 책임

가. 이사의 회사에 대한 손해배상책임

이사는 위와 같이 회사에 대하여 다양한 의무를 부담하는데, 이사가 그러한 의무를 위반하여 회사에 손해가 발생한 경우에 회사에 대하여 손해배상책임을 지는 것은 당연한 귀결일 것이다. 이러한 취지에서 상법 제399조 제1항은 이사가 고의 또는 과실로 법령 또는 정관에 위반한 행위를 하거나 그 임무를 게을리한 경우에는 회사에 대하여 연대하여 손해를 배상할 책임이 있다고 규정하고 있다. 판례에 따르면, 위 책임의 법적 성질을 채무불이행 책임으로 보기 때문에[35] 이사의 행위가 상법 제399조의 요건을 충족함과 동시에 민법 제750조의 요건도 충족한다면 해당 이사에 대하여는 상법 제399조에 따른 손해배상책임 외에 민법 제750조의 불법행위에 따른 손해배상책임을 추궁할 수도 있다.

상법 제399조 제2항은 이사의 법령 · 정관 위반행위나 임무해태행위가 이사회 결의에 의한 때에는 그 결의에 찬성한 이사가 연대하여 책임을 진다고 규정하고 있고 동조 제3항은 문제가 된 결의에 참가한 이사로서 이의를 한 기재가 의사록에 없는 자는 그 결의에 찬성한 것으로 추정한다고 규정하고 있다. 이와 관련하여 어떤 이사가 이사회에 참석하여 문제가 된 결의에 기권하였고 그러한 취지가 의사록에도 기재되어 있는 경우 그 이사도 문제가 된 결의에 찬성한 것으로 추정할 수 있는지가 문제되는데, 판례는 기권한 이사에 대하여는 상법 제399조 제3항의 추정이 이루어질 수 없다고 판시한 바 있다.[36)]

나. 이사의 제3자에 대한 손해배상책임

이사는 상법상 회사에 대하여 직접적인 의무를 부담하지만, 이사의 행위가 다양한 이해관계자에 미치는 영향도 클 수 있다는 점을 감안하여 상법 제401조는 이사가 고의 또는 중대한 과실로 그 임무를 게을리한 때에는 그 이사는 제3자에 대하여 연대하여 손해를 배상할 책임이 있다고 규정하고 있다.

상법 제401조와 관련해서는 그 책임의 법적 성질이 문제되는데, 통설과 판례는 상법 제401조의 책임에 대하여 제3자의 보호를 강화하기 위해 상법이 특별히 인정한 책임이라고 하며 법정책임설을 취한다. 이러한 법정책임설에 의할 때 동일한 이사의 행위가 민법 제750조의 불법행위의 요건도 충족하는 경우 불법행위에 따른 손해배상책임과의 경합을 인정한다.

상법 제401조와 관련해서는 제3자의 범위도 문제되는데, 채권자 이외에 주주도 포함된다고 본다. 다만, 주주의 경우 이사의 임무해태로 인한 주주의 간접손해, 즉 회사에 직접손해가 발생하고 그 결과 제3자가 간접적으로 경제적인 손해를 입은 효과가 발생한 경우에도 이사가 주주에 대하여 상법 제401조의 손해배상책임을 지는지에 관하여 판례는 그러한 경우 상법 제401조의 책임을 부정한다.[37)]

3 업무집행지시자 등의 책임

우리나라 기업지배구조의 특징 중 하나가 대부분의 대기업에서 지배주주 내지 그 특수관계인이 상법상 이사로 선임되지 않은 채 회사를 사실상 지배하는 경우가 많다는 점이다. 그러한 경우 지배주주나 그 특수관계인이 회사에 손해를 가하는 의사결정을 내렸음에도 상법상 이사가 아니라는 이유로 상법 제399조 또는 제401조의 책임을 회피할 수 있었다. 이러한 현실을 개선하기 위해 상법은 업무집행지시자 등의 책임에 관한 규정을 도입하여 이사가 아니더라도 사실상 회사의 업무를 직접 집행하거나 이사에게 업무집행을 지시한 자에게 이사에 준하는 책임을 부과하고 있다. 즉, 상법 제401조의2는 회사에 대한 자신의 영향력을 이용하여 이사에게 업무집행을 지시한 자, 이사의 이름으로 직접 업무를 집행한 자, 이사가 아니면서 명예회장 · 회장 · 사장 · 부사장 · 전무 · 상무 · 이사 기타 회사의 업무를 집행할 권한이 있는 것으로 인정될 만한 명칭을 사용하여 회사의 업무를 집행한 자에게 상법 제399조 및 제401조 등의 책임과 관련하여 이사와 마찬가지의 책임을 부과하고 있는 것이다.

V. 대표소송

1 의의

이사의 회사에 대한 손해배상책임은 회사가 원고로서 추궁하는 것이 원래의 모습이다. 그러나 회사 내에서 영향력이 강하고 중요한 의사결정에 참여하는 이사를 상대로 하여 회사 차원에서 손해배상청구를 하겠다는 의사결정이 내려지기는 어렵다. 이러한 구조적 문제를 인식하여 주주가 원고가 되어 회사의 이사에 대한 손해배상청구의 소를 회사를 대신하여 제기하도록 하는 제도를 두고 있는데, 이를 대표소송이라 한다.

2 원고의 자격

상법은 대표소송의 소 제기권을 소수주주권으로 구성하여 발행주식총수의 100분의 1 이상에 해당하는 주식을 가진 주주가 대표소송을 할 수 있다고 규정하고 있다(제403조). 이 경우 주주가 단독으로 1% 이상의 주식을 보유할 필요는 없고, 대표소송을 할 여러 명의 주주가 합하여 1% 이상의 주식을 보유하고 있으면 위 소수주주권 요건을 충족할 수 있다. 이와 같이 대표소송의 원고 자격을 1% 이상의 주식을 보유한 주주로 제한한 이유는 대표소송이 남발될 수 있다는 우려를 불식시키기 위함이다.

3 피고의 범위

대표소송의 피고는 현직 이사뿐만 아니라 이사였던 자도 포함한다. 따라서 이사에서 퇴임한 이후에도 재직 중 행위로 인한 회사의 손해에 대한 대표소송의 피고가 될 수 있다.

4 대표소송의 대상이 되는 이사 책임의 범위

이사의 회사에 대한 상법 제399조의 책임뿐만 아니라 이사가 회사에 대하여 부담하는 모든 채무로 인한 책임이 대표소송의 대상이 된다고 보는 입장이 통설이다.

5 대표소송 판결의 효과

대표소송은 민사소송법상 제3자의 소송담당에 해당한다. 따라서 주주가 대표소송을 하여 승소하더라도 그 판결의 효과가 원고인 주주에게 귀속되는 것이 아니라 회사에 귀속된다.

6 다중대표소송

원래 대표소송은 어떤 개별 회사의 주주가 그 회사의 이사를 상대로 한 것인데, 모자회사관계에서 모회사의 주주가 자회사의 이사를 상대로 대표소송을 할 수 있는지가 문제된 적이 있었다. 현재는 이 문제가 입법적으로 정리되어 상법 제406조의2에 의해 모회사 발행주식총수의 1% 이상을 보유한 주주가 자회사를 위하여 자회사의 이사를 상대로 대표소송을 할 수 있는 길이 열렸는데 이러한 대표소송을 다중대표소송이라 한다.

제 5 절

회사법 중 기업재무와 기업재편 부분

Ⅰ. 유상신주발행

1 의의

회사 설립 후 회사 성장을 위해 회사 주력 사업의 확장이나 신사업 개척 또는 연구개발 역량 증대 등을 도모하기 위해서는 막대한 자금이 필요한데, 그러한 자금은 타인자본, 즉 사채발행이나 금융기관 차입으로 조달할 수도 있고 자기자본, 즉 신주발행에 따른 주주의 주금납입으로 조달할 수도 있다. 회사가 신주발행을 통해 필요한 자금을 조달할 경우 그 자금이 회사의 자기자본이 되어 회사는 투자자에게 그 자금을 반환할 필요도 없고 이자를 지급해야 할 의무도 부담하지 않아 유리한 측면이 있다. 그러나 신주발행은 기존 주주의 이익을 훼손할 여지가 커서 기존 주주의 반발을 초래하기 쉽다. 특히 기존 주주가 아닌 제3자에게 배정하는 방식으로 신주를 발행할 경우 기존 주주는 기존의 지분비율이 희석되고 더 나아가 발행가액이 시가보다 저가인 경우 기존 주주는 기존의 지분가치가 희석되는 불이익까지 감수해야 한다. 주주배정 신주발행의 경우에도 통상적으로 신주발행시의 발행가액이 시가보다 낮다는 점을 감안할 때 추가납입할 자금이 없거나 자금이 있더라도 추가납입할 의사가 없는 기존 주주들은 위 제3자 배정 신주발행과 유사한 불이익을 감수해야 할 수 있다.

이렇듯 신주발행에서는 기존 주주의 이해관계와 새로운 주주의 이해관계가 서로 충돌하는 문제가 생길 수밖에 없으므로 법을 통한 이해관계의 조정이 필수적이다.

2 주주의 신주인수권과 제3자 배정 신주발행

신주발행 상황에서 기존 주주의 이익을 보호하기 위해 상법 제418조 제1항은 주주는 그가 가진 주식 수에 따라서 신주의 배정을 받을 권리가 있다고 규정하며 주주의 신주인수권을 인정하고 있다. 여기서 신주인수권이란 회사가 신주를 발행할 때 우선적으로 신주를 인수할 수 있는 권리를 말하는바, 주주에게 신주인수권을 인정한다 함은 신주발행시 기존 주주들이 각자의 지분비율에 따라 우선적으로 신주를 배정받을 수 있음을 의미한다.

그러나 이렇게 기존 주주들을 상대로만 신주발행을 할 수 있다고 하면 신주발행을 통한 자금조달 가능성이 지나치게 제약되는 부작용이 생길 수 있기 때문에, 상법은 자금조달의 편의 내지 기동성과 기존 주주의 이익을 조화롭게 추구할 수 있도록 일정한 조건 하에 주주의 신주인수권을 제한하여 제3자를 상대로 신주발행을 할 수 있는 길을 열어두고 있다. 이렇게 제3자를 상대로 한 신주발행을 제3자 배정 신주발행이라 하는데, 상법 제418조 제2항은 일정한 경영상 목적과 정관상 근거, 이 두 가지 요건을 충족하는 경우에 한하여 제3자 배정 신주발행을 허용한다.

제3자 배정 신주발행의 요건으로서의 경영상 목적과 관련하여 상법은 신기술의 도입, 재무구조의 개선 등을 예로 들고 있는데, 실무상 경영상 목적을 인정할 수 있는지 여부가 다투어지는 대표적인 사례는 경영권 방어 목적으로 우호적인 제3자에게 신주를 발생하는 경우이다. 이러한 경영권 방어 목적의 제3자 배정 신주발행의 적법성과 관련하여, 판례는 대체로 경영권 방어 목적이 상법 제418조 제2항이 말하는 경영상 목적에 해당하지 않는다고 본다.[38]

3 위법하거나 불공정한 신주발행에 대한 불복수단

가. 신주발행유지청구권

상법 제424조는 회사가 법령 또는 정관에 위반하거나 현저하게 불공정한 방법에 의하여 주식을 발행함으로써 주주가 불이익을 받을 염려가 있는 경우에는 그 주주는 회사에 대하여 그 발행을 유지할 것을 청구할 수 있다고 규정하고 있다. 이를 흔히 신주발행유지청구권이라 부르는데, 신주발행유지청구권은 신주발행 전 행사할 수 있는 사전적 구제수단이라 할 것이다.

나. 신주발행 무효의 소

상법 제429조는 주주 · 이사 또는 감사에 한하여 신주를 발행한 날로부터 6월 내에 신주발행 무효의 소를 제기할 수 있다고 규정한다. 그런데 판례는 신주발행을 사후에 무효로 하는 경우 거래의 안전과 법적 안정성을 해할 우려가 큰 점을 고려하여 신주발행의 무효원인을 엄격하게 해석하고 있다.[39] 그에 따를 때 신주발행에 법령이나 정관의 위반이 있고 그것이 주식회사의 본질 또는 회사법의 기본원칙에 반하거나 기존 주주들의 이익과 회사의 경영권 내지 지배권에 중대한 영향을 미치는 경우로서 주식에 관련된 거래의 안전, 주주 기타 이해관계인의 이익 등을 고려하더라도 도저히 묵과할 수 없는 정도라고 평가되는 경우에야 그 신주의 발행을 무효로 할 수 있을 것이다.[40]

위와 같은 엄격한 입장에서 판례는 신주발행에 관한 이사회 결의를 거치지 않았거나 이사회 결의에 하자가 있은 경우에도 신주발행의 효력에 영향이 없다고 본다.[41]

Ⅱ. 회사의 합병

1 합병의 의의와 유형

두 회사가 합쳐지면서 소멸하는 회사의 모든 권리의무가 존속회사 또는 신설회사에 포괄적으로 승계되는 것을 회사의 합병이라 부른다. 두 회사 중 하나의 회사가 존속하면서 소멸하는 다른 회사를 흡수하며 그 회사의 권리의무를 포괄승계하는 합병을 흡수합병이라 하고, 두 회사 모두 일단 소멸하고 새로 회사가 설립되어 그 신설회사가 기존 두 회사의 권리의무를 포괄승계하는 합병을 신설합병이라 한다. 실무에서는 흡수합병의 사례가 대부분이라 할 수 있다. 이하에서도 흡수합병을 전제로 설명한다.

2 합병비율의 산정

합병대가를 합병신주로 할 경우 흡수합병의 존속회사는 합병의 대가로서 소멸회사 주주에게 존속회사 발행의 합병신주를 교부하여야 한다. 이 때 소멸회사의 주주가 가지고 있던 소멸회사 주식 1주당 존속회사 주식 몇 주를 교부할 것인지를 정하는 것이 중요한데 그 비율을 합병비율이라 한다.

합병비율의 공정성은 합병절차의 정당성 내지 효력과 관련하여 중요한 의미를 가지는데, 특히 합병의 당사자에 비상장회사가 포함될 경우에는 합병비율이 공정하게 산정되었는지에 관하여 논란이 생길 소지가 크며 실제 법적 분쟁으로 이어진 사례도 많다.

3 합병의 기본적인 절차

합병을 하려면 우선 존속회사와 소멸회사가 합병의 조건과 내용에 관한 합병계약을 체결해야 한다. 그 후 주주총회의 승인을 받은 후 최종적으로 합병등기까지 하여야 합병의 효력이 발생하는데, 여기서의 주주총회 승인은 특별결의요건을 충족한 결의를 말한다.

4 채권자보호절차와 주식매수청구권

합병으로 인하여 존속회사는 그 재무상태에 변화가 생긴다. 소멸회사의 자산도 승계하지만 부채도 승계하므로 존속회사의 채권자 입장에서 합병 전후 존속회사의 책임재산 내지 변제능력에는 변화가 생길 수 있다. 소멸회사의 채권자 입장에서도 기존 소멸회사와 비교하여 존속회사의 책임재산 내지 변제능력이 더 나을 거라는 보장이 없다. 이러한 채권자의 이해관계를 고려하여 상법은 합병시 존속회사와 소멸회사 모두 채권자보호절차를 거치도록 한다(제527조의5). 채권자보호절차의 핵심은 채권자에 대하여 합병에 이의가 있으면 일정한 기간 내에 이의를 제출할 것을 공고하고 알고 있는 채권자에 대하여는 따로따로 이를 최고한 후 이의를 제출한 채권자가 있는 때에는 회사는 그 채권자에 대하여 변제 또는 상당한 담보를 제공하거나 이를 목적으로 하여 상당한 재산을 신탁회사에 신탁하여야 한다는 것이다(제527조의5, 제232조 제2항).

한편 합병은 그 당사자인 회사의 주주의 이해관계에도 큰 영향을 미치므로 존속회사든 소멸회사든 합병에 대하여 반대하는 주주에 대하여는 회사를 탈퇴할 권리로서 주식매수청구권을 인정한다(제522조의3). 합병에 관한 이사회의 결의가 있는 때에 그 결의에 반대하는 주주가 주주총회 전에 회사에 대하여 서면으로 그 결의에 반대하는 의사를 통지한 경우에는 그 총회의 결의일로부터 20일 이내에 주식의 종류와 수를 기재한 서면으로 회사에 대하여 자기가 소유하고 있는 주식의 매수를 청구할 수 있다.

5 합병에 대한 불복수단

상법 제529조 제1항은 합병무효는 각 회사의 주주 · 이사 · 감사 · 청산인 · 파산관재인 또는 합병을 승인하지 아니한 채권자에 한하여 소만으로 이를 주장할 수 있다고 하며 합병 무효의 소를 규정하고 있다.

합병의 무효사유로는 채권자보호절차의 누락, 합병비율의 현저한 불공정 등을 생각해 볼 수 있을 텐데, 실제 합병 무효의 소가 인용된 사례는 찾기 어렵다.

III. 회사의 분할

1 분할의 의의와 유형

어느 한 회사(분할회사)의 영업 또는 자산을 분리하여 별도로 신설한 회사(신설회사)에 승계시키거나 기존의 다른 회사(승계회사)와 합병하는 방식으로 그 다른 회사에 승계시키는 것을 회사의 분할이라 한다. 전자의 방식을 단순분할이라 하고, 후자의 방식을 분할합병이라 한다. 실무상 단순분할 방식이 대부분이라 할 수 있으므로 이하에서는 단순분할 방식을 중심으로 설명한다.

단순분할의 경우 신설회사는 분할신주를 발행하는데 그 분할신주를 누구에게 교부하는지에 따라 인적분할과 물적분할로 나누어 볼 수 있다. 인적분할은 분할신주를 분할회사의 주주에게 교부하게 되고 물적분할은 분할신주를 분할회사에게 교부하게 된다. 따라서 물적분할이 이루어지면 그 결과로서 분할회사와 신설회사는 서로 100% 모자회사관계를 형성하게 된다.

2 분할의 기본적인 절차

단순분할의 경우 분할의 법률관계를 정하는 분할계획서를 작성하여야 한다(제530조의5, 제530조의6). 분할계획서에는 분할회사에 이전되는 재산과 채무의 범위와 가액, 분할조건 등을 기재해야 한다.

분할회사는 분할계획서를 작성한 다음 그에 대하여 주주총회 특별결의를 받아야 한다(제530조의3 제1항, 제2항). 그 과정에서 상법상 분할합병의 경우에는 그에 반대하는 주주에게 주식매수청구권을 인정하지만, 단순분할의 경우에는 인적분할이든 물적분할이든 그에 반대하는 주주에게 주식매수청구권을 인정하는 규정이 없다. 다만, 자본시장법과 그 시행령은 단순분할에 있어서도 분할회사의 반대주주에게 주식매수청구권을 인정할 수 있는 규정을 두고 있다.

3 채권자의 보호

회사분할의 경우 분할회사의 채권자는 해당 채무가 분할회사에 남든 신설회사에 이전되든 책임재산의 변화로 인한 불이익을 받을 위험에 처하게 된다. 이를 고려하여 상법은 원칙적으로 분할 전 분할회사의 채무에 대하여 분할회사와 신설회사가 연대책임을 진다고 규정하고 있다(제530조의9 제1항). 다만 분할계획서에 의해 신설회사가 분할회사의 채무 중에서 분할계획서에 승계하기로 정한 채무에 대한 책임만을 부담하는 것으로 정하고 그에 대하여 특별결의에 의한 주주총회의 승인을 얻고 채권자보호절차를 거치면 연대책임이 배제될 수 있다(제530조의9 제2항, 제4항, 제527조의5). 이때 채권자보호절차를 누락하면 연대책임이 다시 부활하여 신설회사는 분할회사의 채무에 대하여 연대책임을 진다.[42]

4 분할에 대한 불복수단

상법 제530조의11 제1항은 합병 무효의 소에 관한 제529조 등을 준용하고 있다. 따라서 회사분할의 무효원인이 있는 경우 합병 무효의 소에 준하여 분할 무효의 소를 제기할 수 있을 것이다.

미주

1) 정찬형, 상법강의요론, 박영사, 2019, 4면.
2) 송옥렬, 상법강의, 홍문사, 2025, 4면.
3) 대법원 1996. 10. 25. 선고 94다41935 판결.
4) 대법원 1999. 7. 9. 선고 99다12376 판결.
5) 대법원 2006. 4. 27. 선고 2006다1381 판결.
6) 대법원 2008. 4. 10. 선고 2007다91251 판결.
7) 대법원 1997. 8. 26. 선고 97다9260 판결.
8) 대법원 1993. 9. 14. 선고 93다21569 판결.
9) 대법원 2003. 4. 8. 선고 2002다64957 판결.
10) 대법원 2021. 6. 24. 선고 2020다208621 판결.
11) 대법원 2021. 8. 19. 선고 2018다258074 판결.
12) 대법원 2017. 7. 18. 선고 2017다207499 판결.
13) 대법원 2004. 3. 26. 선고 2003다34045 판결.
14) 대법원 1999. 1. 29. 선고 98다1584 판결.
15) 김건식 · 노혁준 · 천경훈, 회사법, 박영사, 2025, 31면.
16) 송옥렬, 앞의 책, 934면.
17) 송옥렬, 앞의 책, 935면.
18) 대법원 2009. 4. 23. 선고 2005다22701 판결.
19) 대법원 2009. 4. 23. 선고 2005다22701 판결.
20) 대법원 2017. 3. 23. 선고 2016다251215 전원합의체 판결.
21) 대법원 2004. 10. 15. 선고 2004다25611 판결.
22) 대법원 2020. 6. 4. 선고 2016다241515 판결.
23) 대법원 2020. 6. 4. 선고 2016다241515 판결.
24) 대법원 2004. 12. 10. 선고 2004다25123 판결.
25) 대법원 2024. 9. 13. 선고 2020다245552 판결.
26) 대법원 2018. 4. 26. 선고 2017다288757 판결.

27) 대법원 2021. 2. 18. 선고 2015다45451 전원합의체 판결.

28) 대법원 2021. 2. 18. 선고 2015다45451 전원합의체 판결.

29) 대법원 1990. 3. 13. 선고 89다카24360 판결.

30) 대법원 2005. 10. 28. 선고 2003다69638 판결.

31) 대법원 2022. 7. 28. 선고 2019다202146: "회사 업무의 전반을 총괄하여 다른 이사의 업무집행을 감시 · 감독해야 할 지위에 있는 대표이사는 회계부정이나 오류를 사전적으로 예방하고 사후적으로 적발 · 시정할 수 있는 내부통제시스템을 구축하고 그것이 제대로 작동하도록 노력을 다해야 한다. 만일 대표이사가 이러한 노력을 전혀 하지 않거나 위와 같은 시스템을 통한 감시 · 감독의무의 이행을 의도적으로 외면한 결과 다른 이사 등의 회계업무에 관한 위법한 업무집행을 방지하지 못하였다면, 대표이사로서 감시의무를 게을리하였다고 볼 수 있다."

32) 대법원 2022. 5. 12. 선고 2021다279347 판결.

33) 대법원 2007. 5. 10. 선고 2005다4284 판결.

34) 대법원 1993. 4. 9. 선고 92다53583 판결; 대법원 1990. 11. 2.자 90마745 결정.

35) 대법원 1996. 4. 9. 선고 95다56316 판결.

36) 대법원 2019. 5. 16. 선고 2016다260455 판결.

37) 대법원 1993. 1. 26. 선고 91다36093 판결.

38) 대법원 2019. 4. 3. 선고 2018다289542 판결; 대법원 2009. 1. 30. 선고 2008다50776 판결.

39) 대법원 2009. 1. 30. 선고 2008다50776 판결.

40) 대법원 2009. 1. 30. 선고 2008다50776 판결.

41) 대법원 2007. 2. 22. 선고 2005다77060 판결.

42) 대법원 2011. 9. 29. 선고 2011다38516 판결.

CHAPTER

3

민사소송법

제1절

개관

1 이 글의 내용

이 글에서는 협의의 민사소송절차 즉, 판결절차 중 가장 기본이 되는 1심절차를 조금 자세하게 설명하고(제2절), 판결절차 중 판결에 대한 불복수단인 상소절차, 재심절차와 함께 집행 · 보전 · 도산절차에 대하여 매우 간략하게 설명한다(제3절). 그에 앞서서 일반적인 사항으로서 민사소송과 민사소송법의 의의와 민사소송을 법원이 담당하는 이유나 의미 등에 대하여 간략히 설명한다.

2 민사소송과 민사소송법

민사소송법은 '민사소송'에 관한 법을 의미한다. 민사소송은 간단히 정의하자면 '민사사건을 처리하는 소송절차'라고 할 수 있는데, 민사사건은 사법상의 법률관계에서 발생한 분쟁을 말하고, 소송절차는 법률상의 분쟁을 국가기관인 법원이 해결하는 절차를 말한다. 민사소송은 넓게는 판결절차, 집행절차, 보전절차 나아가 집행절차의 일종이라고 볼 수 있는 도산절차를 모두 포함하지만, 좁게는 판결절차만을 의미한다. 판결절차가 가장 중요하고, 통상 민사소송이라고 하면 판결절차를 의미한다.

민사소송법은 실질적으로는 민사소송에 관련된 법규 전체를 말하지만, 형식적으로는 민사소송에 관한 일반법으로서 '민사소송법'이라는 이름의 단행법률을 의미한다. 민사소송법은 절차법의 일반법이고, 민법은 실체법의 일반법이라고 할 수 있다.

민사소송법은 민법과 달리 망라적이지 않다. 따라서 소송에서 발생하는 여러 가지 문제점들을 민사소송법의 규정만으로는 해결하는 것이 어렵거나 부적절하게 여겨지는 경우가 종종 발생한다. 이러한 상황에 대응하여 입법자는 일정한 경우에는 민사소송법에 민법의 규정을 준용하는 규정을 두고 있다.

그런데 준용규정 역시 망라적이지 않아서, 준용규정을 포함한 민사소송법만으로 해결될 수 없는 절차법적 문제가 여전히 발생한다. 이를 해결하기 위한 방법의 하나로서 거론되는 것이 민법 규정의 유추적용, 즉 절차법적 문제점을 실체법인 민법 규정을 빌려서 처리하는 방법이다. 예컨대, 소송행위가 착오나 사기 · 강박에 의하여 행하여진 경우를 어떻게 처리할지에 관하여 민사소송법에는 아무런 규정이 없는데, 이 경우 민법의 의사표시의 하자 관련 규정을 유추적용 하자는 견해가 있다. 그러나, 일반적인 경우에는 민법 규정의 유추적용을 부정하는 것이 통설, 판례의 입장이다. 이 입장은 필요한 경우에는 같은 민사소송법 내의 재심규정을 유추적용 하는 것으로 해결하여야 하고, 또 그에 그쳐야 한다고 한다.

3 국가기관인 법원에 의한 절차

소송절차는 국가기관 중 법원이 맡아서 진행한다. 우선 소송절차를 국가기관이 맡아서 처리한다는 점은 당사자들이 스스로 사법상의 분쟁을 해결하는 것을 금지하는 자력구제금지의 원칙이 반영된 것이다. 이런 차원에서 소송절차가 제대로 작동하지 않으면 국민들이 자력구제를 매력적으로 보게 될 가능성이 높아진다.

국가기관 중에서 법원이 소송절차를 맡는다는 것은 삼권분립을 전제로 한 것이다. 삼권분립은 헌법상 민주주의와 함께 작동하여야 하는 법치주의의 출발점에 해당한다. 사회 내의 분쟁해결방법으로서 정치적 해결과 사법적 해결은 대비되는 장단점을 갖고 있다. 정치적 해결 즉, 궁극적으로 다수결 투표로 해결하는 방법은 민주주의에 부합한다는 궁극의 장점이 있지만 결론이 비합리적일 수도 있다는 고질적 단점이 있다. 투표자들은 애초부터 근거를 밝힐 필요가 없고, 어떤 근거를 취하여도 무방하다는 점에서 합리성을 요구받지 않으며, 동일한 문제에 대하여 시기에 따라 전혀 다른 결론을 내릴 수도 있다는 점에서 일관성을 요구받지도 않는다. 사법적 해결의 장점은 결론을 내린 근거가 제시되고, 결론과 함께 근거가 공개된다는 점이다. 사법기관인 법원은 일관성을 요구받기 때문에 한 사건을 처리하면서 판결문에 제시한 법률적 근거 즉 법리는 사회구성원들의 행동지침이 되어 한 건의 판결은 실제로는 수많은 사건을 동시에 처리하는 기능을 갖는다.

문제는 법원도 법리 즉, 법을 찾는 것이 항상 쉽지만은 않다는 점이다. 애초에 법률 자체가 절충과 타협에 의하여 모호하거나 구멍이 있을 수도 있고, 법률 자체가 완벽하더라도 시간이 흘러 예측하지 못한 사정이 발생할 수도 있기 때문이다. 대부분의 선진국이 대법원으로의 상고를 제한하는 상고허가제를 갖고 있는데, 이를 단순히 업무부담으로만 연결하는 것은 실상에 대한 무지에서 비롯된 단견이다. 우리나라는 상고허가제를 채택하지 않고 있다.

제 2 절

1심절차

Ⅰ. 1심절차의 위치

좁은 의미의 민사소송절차 즉, 판결절차에 대하여 설명할 때는 대개 1심절차, 상소절차, 재심절차, 복잡소송 및 특수절차로 나누어서 진행한다. 이 중 기본이 되는 것은 1심절차이다. 1심절차는 아주 간단히 말하면 '소의 제기 → 심리 → 판결'의 순서로 진행된다고 할 수 있다. 심리와 판결을 합쳐서 심판이라고 부르기도 한다. 소의 제기로 인하여 소송이 시작되고, 판결의 선고로 소송이 종료한다. 중간에 있는 심리는 판결을 위한 자료를 수집하는 과정이다. 제2절에서는 이러한 1심절차에 대하여 설명한다.

Ⅱ. 소의 제기(소송의 시작)

1 소의 의의

판결을 하여 달라는 신청을 소라고 하고, 이러한 신청을 하는 행위를 소의 제기라고 한다. 판결은 법원이 하는 것이므로 소는 법원에 대한 신청이며, 소송절차의 개시원인이라고 할 수 있다.

애초에 판결을 구하는 소의 제기를 한 것은 아니고, 다른 절차의 개시를 신청하였지만, 소송절차로 이행하는 경우에는 그 신청을 한 때 소의 제기를 한 것으로 간주되기도 한다. 이를 소제기의 간주라고 하는데, 독촉절차(지급명령신청절차), 제소전 화해절차, 조정절차에서 일정 사유가 충족되어 소송절차로 이행될 때 발생한다. 이 경우 소제기로 인한 시효중단의 효과 등은 다른 절차의 개시를 신청한 때로 소급하여 발생한다.

2 소제기의 방식

소의 제기는 소장을 제출함으로써 하여야 한다. 즉, 소의 제기는 소장이라는 서면을 제출하는 방식으로 하여야 한다. 소의 제기는 당연히 원고가 하는 것인데, 소장의 제출은 원고나 그 대리인이 법원의 접수창구에 소장을 들고 가서 제출하는 소위 지참제출이 원칙이다. 하지만, 우편을 이용할 수도 있고, 요즘은 전자소송시스템을 이용할 수도 있다. 소액사건은 서면주의의 예외가 인정되어 구술로 소를 제기할 수도 있다.

3 소장의 내용과 첨부서류

소장에는 당사자, 청구, 법원이 기재된다. 당사자 부분은 원고를 적는 부분과 피고를 적는 부분으로 나누어져 있고, 원고, 피고를 특정하기 위하여 성명과 주소 등을 기재한다. 청구 부분은 청구취지와 청구원인으로 나뉘어서 기재되는데, 청구취지는 원고가 구하는 판결의 결론 즉, 주문에 해당하는 부분이고, 청구원인은 청구취지를 뒷받침하는 사실상의 주장과 법률상의 주장이 담기는 부분이다. 법원의 경우 소장의 말미에 기재되는데, 당연히 소장을 제출할 법원이 기재된다. 또, 소장을 제출할 때는 법령에서 정해진 인지(재판수수료)와 송달료를 납부하였다는 증빙자료, 법정대리인의 자격을 증명하는 서면, 주요 서증의 사본, 소가 산정 근거자료 등을 소장에 첨부하여 제출한다.

소장에 기재되는 당사자, 청구, 법원을 민사소송의 3요소라고도 하는데, 이는 소를 제기하는 자가 반드시 검토하여야 하는 사항들이고, 꽤 많은 세부사항들을 포함하고 있으므로, 항을 바꾸어 살펴본다.

4 민사소송의 3요소

가. 당사자

(1) 원고와 피고

소장을 제출하려는 사람은 누가 누구를 상대로 하여 법원에 소를 제기할지를 정하여야 한다. 실체법적 법률관계의 주체는 권리자와 의무자로 불리는데, 절차법적인 법률관계의 주체는 원고와 피고로 불린다. 민법에서 권리자와 의무자를 모두 부를 때는 권리주체라고 부르는데, 민사소송법에서 원고와 피고 모두를 부를 때는 당사자라고 부른다.

소장을 제출하려는 사람은 먼저 원고와 피고를 정하여야 하고, 나아가 그 원고, 피고에게 민사소송법이 당사자가 갖추기를 요구하고 있는 아래와 같은 여러 능력이나 자격을 갖추고 있는지를 검토하여야 한다. 원고는 애초에 소를 제기할 사람이 되지만 항상 그렇지는 않다. 민사소송에서도 대리가 가능하다. 항을 바꾸어 차례로 설명한다.

(2) 당사자능력

당사자능력은 민법의 권리능력에 대응하는 것으로 소송절차에서 당사자가 될 수 있는 일반적인 능력을 의미하는 것이다. 자연인이나 법인은 권리능력을 가지는 한 당연히 당사자능력을 가진다. 법인의 실체를 갖추었으나 설립등기를 하지 않은 비법인사단의 경우, 민사소송법 제52조에 따라 대표자나 관리인이 있는 경우 비법인사단 자체가 당사자가 되어 소송을 수행할 수도 있고, 한편, 판례에 따르면 구성원 전원이 당사자가 되어 소송을 수행할 수도 있다. 조합의 경우 당사자능력이 인정되지 않는다.

당사자능력은 소송요건이므로 흠결된 경우 소가 각하되는 것이 원칙이다. 다만, 실체가 있지만 그 실체에 당사자능력이 인정되지 않는 경우와 아무런 실체가 없는 경우는 달리 취급된다. 후자를 당사자의 부존재라고 하는데, 여기에 해당하는 대표적인 예가 사망한 사람을 당사자로 기재한 경우이다. 사망한 사람이 당사자가 된 경우에는 사망한 시점이 언제인지, 소송물이 어떤 성격의 것인지 등에 따라 다양한 결과가 도출되므로 주의하여야 한다. 예컨대, 이미 사망한 사람을 상대로 소가 제기된 경우 원칙적으로 그 소는 각하된다. 판례는 이 경우 1심 단계까지는 원고가 피고를 사망한 사람에서 상속인으로 바꾸는 당사자표시정정을 할 수 있다고 한다. 소송계속 중 당사자가 사망한 경우에는 대개 상속인이 당연히 즉, 별다른 절차 없이 새로운 당사자가 되는데, 이는 민사소송의 소송물이 대부분 상속이 가능한 것이기 때문이다. 다만, 이 경우 상속인은 자신이 민사소송의 당사자가 된 사실조차 모를 수도 있으므로 그의 절차적 권리를 보장하기 위하여 소송절차가 원칙적으로 중단된다. 만약 이혼소송과 같이 소송물이 상속불가능한 것이라면 당사자가 대립하여야 한다는 소송절차 자체의 본질적 요소가 소멸하게 되어 소송이 종료된다.

(3) 당사자적격

당사자적격은 당해 소송과 관련하여 소송을 수행하여 판결을 받을 만한 자격 내지 지위를 의미하는 것으로서, 소송결과의 정당성을 뒷받침하기 위하여 부실하거나 무익한 소송수행을 사전에 막기 위한 것이다. 예컨대, A가 B의 C에 대한 대여금청구권을 행사하여 “C는 B에게 대여금을 지급하라”는 내용의 판결을 구하면서 소를 제기하면, 다른 사람의 권리를 주장하여 소를 제기하였으므로 당사자적격이 없다는 이유로 소가 각하된다.

당사자적격은 자기에게 실체법적 권리가 있다고 주장하는 자나 그 자에 의하여 의무가 있다고 주장되는 자에게 인정되는 것이 원칙이지만, 예외적으로 다른 사람에게 인정되는 경우도 있는데, 대위소송을 제기한 채권자, 파산선고로 선임된 파산관재인 등이 대표적인 예이고 이러한 경우를 소송담당이라고 한다.

(4) 소송능력

소송능력은 민법의 행위능력에 대응하는 것으로서 당사자능력이 있는 것을 전제로 소송절차에서 소송행위를 단독으로 유효하게 할 수 있는 능력이다. 과거에는 '민법의 행위무능력자는 민사소송법의 소송무능력자이다'라고 간단히 말할 수 있었으나, 2011년의 민법 개정으로 행위무능력자가 제한능력자로 바뀌면서, 현재는 민법상 제한능력자에게 행위능력이 없는 경우, 그 제한능력자는 민사소송에서 소송무능력자가 된다고 표현하여야 한다. 미성년자와 피성년후견인은 원칙적으로 소송무능력자이지만 예외적으로 소송능력이 인정되고, 피한정후견인은 원칙적으로 소송능력자이지만 가정법원이 한정후견인의 동의를 받도록 정한 행위에 관하여는 소송능력이 없다. 의사무능력자도 소송무능력자이다.

소송무능력자는 단독으로 소송행위를 할 수 없으므로 법정대리인이 그를 위하여 소송행위를 하여야 한다. 소송무능력자에게 실체법상의 법정대리인(친권자, 후견인 및 이해상반의 경우 선임되는 특별대리인)이 있는 경우 그는 소송법상으로도 법정대리인이 된다. 소송무능력자에게 실체법상의 법정대리인이 없는 경우 실체법상의 법정대리인을 선임하는 절차를 밟아야 하지만, 불가능하거나 시간적인 여유가 없는 등의 경우에는 소송절차를 위한 법정대리인을 선임할 수 있는데, 이를 소송법상의 특별대리인이라고 한다. 법인도 민사소송법 제64조에 의하여 소송무능력자로 취급된다. 법인의 대표자는 법인의 법정대리인이다.

소송능력은 원칙적으로 개별적인 소송행위의 유효요건이지만, 소제기와 관련된 경우에는 소송요건이 되어 흠결된 경우 소각하판결이 선고된다.

(5) 변론능력

민사소송의 심리는 법정에서 (구두)변론이라는 방식을 통하여 진행된다. 변론은 주장과 증명을 말하는 것이다. 변론은 변호사만이 할 수 있는 것일까(변호사강제주의)? 이를 긍정하면 당사자는 반드시 변호사를 선임하여야 한다. 하지만 우리나라에서 변론은 당사자도 할 수 있으므로 반드시 변호사를 선임할 필요는 없다(본인소송주의). 다만, 필요에 따라서 본인이 소송수행을 하지 않고 소송대리인을 선임하여 그에게 소송수행을 맡길 수도 있다. 그런데, 우리나라에서는 원칙적으로 변호사만이 소송대리인이 될 수 있다(변호사대리의 원칙).

위와 같은 원칙의 예외도 있어서, 헌법재판, 집단소송이나 단체소송에서는 변호사강제주의가 적용되고, 1심 단독사건 중 소가가 일정액 이하이거나 소액사건의 경우, 변호사가 아닌 일정 범위 내의 사람도 소송대리인이 될 수 있다.

변론능력은 기본적으로 당사자가 아니라 법원을 위한 장치이기 때문에, 흠결되어도 소가 각하되는 것은 아니다.

(6) 소송상대리

민법의 대리에 임의대리와 법정대리가 있는 것과 같이 민사소송법의 대리에도 임의대리와 법정대리가 있다. 다만, 민사소송법에서 임의대리는 법전의 표현에 따라 소송대리라고 부르는 것이 일반적이다.

법정대리인의 종류에 관하여는 앞서 소송무능력 부분에서 보았다. 법정대리인은 본인에 준하는 지위가 부여되어, 그를 신문하고자 하는 경우에는 증인신문이 아닌 당사자본인신문으로 하여야 하고, 그가 소송계속 중 사망한 경우에는 원칙적으로 소송절차가 중단된다.

소송대리인의 종류에는 소송위임에 의한 소송대리인과 법률상 소송대리인이 있다. 변호사는 전자에 속한다. 소송위임은 소송행위의 수행을 위임하는 것이다. 후자는 당사자가 어떤 사람에게 어떤 직책을 부여하면 당연히 그에게 소송대리권도 인정되는 경우를 의미하며, 상법의 지배인이 대표적인 예이다.

나. 청구

(1) 청구취지와 청구원인

소장에는 당사자를 적는 부분 다음에 청구를 적는 부분이 나온다. 즉, 소를 제기하고자 하는 자는 어떤 내용의 법률관계 내지 권리에 대하여(소송물인 권리관계), 어떤 판결(이행판결, 확인판결, 형성판결)을 구하는지를 청구 부분에 적어야 한다.

청구 부분은 민사소송법상으로 청구취지와 청구원인으로 나누어서 기재하게 되어 있는데, 전자는 소송의 결론으로서 판결의 주문에 대응하는 것이고, 청구원인은 그 결론을 뒷받침하는 근거인 사실상의 주장과 법률상의 주장으로 이루어진다. 청구취지와 청구원인을 기재하는 구체적인 방법은, 민사소송법이 규정하고 있지는 않고, 오랜 기간 동안 축적된 실무관행에 따른다. 변호사 등 실무종사자에게 이러한 실무관행을 익히는 것은 꼭 필요하지만, 전체적으로 보면 중요한 부분도 어려운 부분도 아니다.

(2) 소송물과 소송물의 식별기준

소송물은 민사소송의 심판의 객관적 대상으로서 소송절차 전반을 통하여 중요한 의미를 가진다.

민사소송법은 소송물을 판결의 주문에 담긴 것이라고 하고 있다. 주문은 청구취지에 대응하는 것이므로 소송물은 청구취지에 담긴 것이라고도 할 수 있다. 청구취지에는 소송물인 권리관계와 심판형식(판결형식)이 담긴다. 예컨대 A가 B에게 빌려준 1,000만 원을 돌려받고자 할 경우에는 청구취지에 "B는 A에게 1,000만 원을 지급하라"라고 통상 기재한다. 이 경우 소송물인 권리관계는 대여금(반환)청구권이고, 심판형식은 '이행'이다. 심판형식에는 '확인'과 '형성'도 있지만 이 경우 이행을 선택하여야 한다. 심판형식을 '확인'으로 잡으면 청구취지는 'A에게 B에 대한 1,000만 원의 대여금청구권이 존재한다'고 기재되지만, 확인의 소는 이행의 소 제기가 가능한 경우에는 제기하지 못하기 때문에, 청구취지를 이렇게 기재한 A의 소는 각하된다. 형성의 소는 법률상 근거가 있는 경우에만 제기할 수 있다.

위에서 우리는 A의 청구권이 대여금청구권이라는 것을 미리 알고 있었지만, 만약 우리가 이런 정보가 없었다면 청구취지의 기재만을 보고는 안에 담긴 청구권의 법적 성질을 알 수 없다는 점에 유의하여야 한다. 실무관행상 이행의 소의 청구취지는 위와 같이 청구권의 법적 성질을 표시하지 않는다는 의미에서 '무색투명하게' 작성하기 때문이다. 청구권의 법적 성질은 청구취지가 아니라 청구원인에 담기는 법률상의 주장 부분을 보아야 확인할 수 있다.

민사소송법에는 소송물논쟁이라는 큰 쟁점이 있는데, 이는 위와 같이 청구취지의 무색투명성에서부터 이야기가 시작된다. 우리나라 판례의 입장인 실체법설(구소송물이론)은 청구원인에 담기는 법률상 주장이 달라지면 소송물이 달라진다고 본다. 그러나 학설 중 통설은 소송법설(신소송물이론)을 취하여 청구원인에 담기는 법률상 주장이 달라져도 소송물은 같다고 본다. 예컨대, B가 운전하는 택시를 타고 가던 중 사고가 발생하여 승객인 A가 다쳐서 500만 원의 치료비가 발생한 경우, 이 500만 원과 관련하여 실체법적으로 A는 B에게 2개의 청구권 즉, 불법행위에 기한 손배해상청구권과 채무불이행(운송계약 위반)에 기한 손해배상청구권을 가진다. 당연하지만 A가 궁극적으로 B로부터 받을 수 있는 금액은 1,000만 원이 아니고 500만 원이다. 이러한 관계를 청구권경합이라고 한다. A가 B를 상대로 먼저 불법행위에 기한 손해배상청구로 500만 원의 지급을 구하는 소송을 제기하였다가 청구를 기각한 판결이 확정된 이후에 다시 채무불이행에 기한 손해배상청구로 500만 원의 지급을 구하는 소송을 제기할 수 있을까? 실체법설은 두 소송의 소송물이 다르므로 선행소송의 확정판결의 기판력이 후행소송에 작용하지 않는다는 이유로 이를 긍정하고, 소송법설은 반대의 입장을 취한다.

다음과 같은 점에 유의하여야 한다. 소송물이 청구취지에 담긴 것이라는 점에 대하여는 실체법설과 소송법설의 견해가 일치하고, 양자의 대립은 청구취지에 담긴 것을 판단하는 기준에 관한 것이다. 소송법설은 민사소송법의 민법에 대한 독자성을 강조하고, 소송물의 동일성 여부를 판단할 때 민법적인 '청구원인 중 법률상의 주장'을 배제하고 청구취지를 위주로 파악하려고 한다.

(3) 소익

소를 제기하는 자는 소익도 검토하여야 한다. 소가 제기되면 법원은 원고의 실체법적인 권리의 존부와 무관하게 원고의 청구가 민사소송을 통한 권리구제를 받을 만한 자격이 있는지 여부를 심사하여 그러한 자격이 없다고 판단되는 경우에는 소각하 판결을 선고한다. 위와 같은 자격을 소익이라고 하는데, 청구적격, 소익, 권리보호의 이익으로 불리기도 한다. 호칭은 별로 중요하지 않다. 소가 적법하다고 인정받기 위한 요건을 소송요건이라고 하므로, 소익은 소송요건 중 청구와 관련된 것이라고 할 수 있다.

소익이라는 개념을 이용하여 일정한 사건을 구제대상에서 제외하는 근거는 권력분립의 원칙, 소송경제, 법적 안정성 등에서 찾을 수 있다. 각 근거의 경계가 분명한 것은 아니다. 또한 소익은 이행의 소, 확인의 소, 형성의 소 모두에 공통되는 항목과 각 유형의 소에 특유한 항목으로 나뉘어서 논의된다. 전자를 권리보호의 자격, 후자를 권리보호의 이익이라고 하는데, 양자 간의 경계는 모호하다.

권리보호의 자격으로는 ① 소구할 수 있는 구체적 권리 · 법률관계일 것, ② 제소금지사유가 없을 것, ③ 특별구제절차만이 허용되는 경우가 아닐 것, ④ 원고승소판결이 없을 것, ⑤ 신의칙 위반이 아닐 것 등이 있다.

권리보호의 이익으로는 다양한 사항이 포함되나, 가장 자주 문제되는 확인의 소에 관하여만 소개한다. 확인의 소는 원칙적으로 현재의 법률관계만이 대상이 될 수 있다. 증서진부확인의 소의 예외를 제외하고는 사실관계는 대상이 될 수 없다. 과거의 법률관계도 대상이 될 수 있는 예외가 있으나 범위가 좁다. 소익 중에서 가장 흔히 문제되는 것은 확인의 소에서 요구되는 확인의 이익이다. 확인의 이익은 ① 원고가 주장하는 이익이 법률상 이익이고, ② 원고의 이익에 대한 불안이 현존하고, 나아가 ③ 확인의 소를 제기하여 그 판결을 받는 것이 불안의 제거에 적절한 수단인 경우에만 인정된다. 앞에서 확인의 소는 이행의 소의 제기가 가능한 경우에는 제기할 수 없다는 점을 언급한 적이 있는데 이를 확인의 소의 보충성이라고 하는데, 이는 위 ③에 속한다. 주의할 점은 이와 같은 대상으로서 자격과 확인의 이익은 서로 연관되어 있으며, 나아가 이들은 확인의 소의 당사자적격과도 연관되어 있어서 명확하게 영역을 구분하는 것이 어렵다는 점이다.

다. 법원

우리나라에는 법원이 하나만 있지 않고 여러 개가 있고, 법원별로 처리할 수 있는 사건의 종류나 범위가 다르기 때문에, 소를 제기하는 자는 소장을 제출할 법원을 잘 선택하여야 한다. 소를 제기하는 자는 해당 소송을 처리할 적법한 권한이 있는 법원들 중 자기에게 가장 편리하고 유리한 법원을 선택하게 된다.

어느 법원이 해당 소송을 처리할 적법한 권한이 있는가의 문제는 '법원'을 어느 차원의 것으로 보느냐에 따라 다르다. 법원을 우리나라 국가 전체의 차원에서의 법원, 즉 사법부로 보는 경우에는 재판권이 문제된다. 재판권이 없는 경우 법원은 소를 각하한다.

법원을 우리나라에 설치된 각종·각급의 법원 중 어느 하나의 법원으로 이해할 때에는 관할이 문제된다. 즉, 1심법원에 제소하여야 하는지 2심(항소심)법원에 제소하여야 하는지, 1심법원 중 서울중앙지방법원에 제소하여야 하는지, 부산지방법원에 제소하여야 하는지의 문제는 관할의 문제다. 소를 제기하고자 하는 자가 통상 대면하는 관할 문제는 여러 지역의 1심법원들 중 어느 법원에 제소하는가인데 이는 토지관할의 문제다. 1심법원에 소를 제기해야 한다는 것 정도는 대개 알고 있기 때문이다. 토지관할은 관할구역을 달리하는 개별 법원 사이에 전체 법원의 재판권의 분담관계를 정하여 놓은 것을 의미한다. 토지관할은 재판적이 인정되는 곳에 발생한다. 재판적은 특정인과 관련하여 모든 사건에 적용되는 보통재판적과 특정 사건에 한하여 인정되는 특별재판적이 있다. 관할은 재판권이 있는 것을 전제로 검토되는 문제이므로, 관할이 없다는 것은 다른 법원에 관할이 있다는 것을 의미한다. 관할이 없는 사건의 경우 법원은 사건을 관할이 있는 법원으로 이송한다.

재판권 및 관할이 있음을 전제로 특정 법원 내의 어떤 재판부가 사건을 처리할 권한이 있는지의 차원에서는 사무분담이 문제된다.

5 소제기의 효과

가. 소송계속의 발생

소가 제기되면 소송절차가 개시된다. 특정한 청구에 대하여 법원에 소송절차가 현실적으로 존재하는 상태를 소송계속이라고 한다. 따라서 소의 제기에 의하여 소송계속이 발생한다고 할 수 있다. 소송계속이 정확하게 언제 발생하는지에 관하여는 견해 대립이 있으나 소장부본 송달시라는 견해가 통설, 판례의 입장이다.

소송계속의 발생에 따른 가장 기본적인 효과는, 당연하게도, 법원이 소구된 청구에 대하여 심리 · 판단을 할 수 있다는 것이다. 그 이전 단계에서는 법원의 심판이 불가능하다. 간혹 소송계속이 소멸한 것을 간과하고 판결이 선고되는 경우도 있는데, 이러한 판결은 무효이다.

소송계속의 발생에 따른 효과 중 가장 중요하고 자주 문제되는 것은 중복제소금지의 원칙이다. 동일한 사건에 대하여 다시 소를 제기하는 것은 허용되지 않는다. 이를 중복제소금지의 원칙이라고 한다. 민사소송법 제259조가 이를 규정하고 있다. 동일한 사건에 대하여 2개 이상의 소송절차를 허용하게 되면 절차의 중복으로 인하여 당사자, 법원의 비용과 노력이 낭비될 뿐만 아니라 판결결과가 모순되는 상황이 발생할 수도 있기 때문이다. 중복제소금지의 원칙에 위반되는 경우 후소가 각하된다.

중복제소금지의 원칙은 ① 전소와 후소가 동일한 사건일 것, ② 전소의 소송계속 중 후소가 제기된 경우 적용된다. ①에 관하여는 기본적으로는 기판력의 확장과 동일한 기준이 적용되지만, 추가적인 복잡한 논의가 있다. ②의 경우 기준은 소제기시 즉, 소장 제출시가 아니라 소송계속 발생시 즉, 소장부본 송달시의 선후이다.

나. 시효중단과 법률상 기간준수

소가 제기되면 시효가 중단된다. 이 시효에는 소멸시효와 취득시효 모두가 포함된다. 소의 제기를 비롯한 재판상의 청구가 시효중단의 사유라는 것은 민법에 규정되어 있다. 민사소송법은 소제기로 인한 시효중단의 시기에 관하여 규정하고 있는데, 소송계속 발생시가 아닌 소제기시에 시효중단의 효과가 발생한다고 규정하고 있다. 한편 소제기로 인하여 중단된 시효는 판결이 확정된 때에 새로이 진행한다는 것은 민법이 규정하고 있다. 소가 취하 또는 각하되거나 청구가 기각된 경우에는 시효중단의 효력이 소급적으로 소멸된다. 나아가 이 경우 소 취하일 등으로부터 6월 내에 다시 소의 제기가 있는 경우 원래의 제소로 인한 시효중단의 효력이 소급적으로 부활한다는 점 역시 민법이 규정하고 있다.

시효중단사유가 될 수 있는 재판상 청구는 매우 넓게 인정되어, 이행의 소, 확인의 소, 형성의 소 모두가 포함되고, 응소행위도 포함된다. 시효중단의 효과가 발생하는 법률관계의 범위는 기본적으로는 소송물에 한정되지만, 판결의 기판력과 달리 소송물의 선결적 법률관계나 소송물에서 파생하는 법률관계에도 미친다.

소를 제기하면 법률상 기간 즉, 제척기간을 준수하는 효과가 발생한다. 제척기간에는 채권자취소권, 상속회복청구권 등 권리행사를 위하여 반드시 소를 제기하여야 하는 경우가 있는데, 이러한 제척기간을 출소기간이라고 한다. 출소기간이 도과된 경우 소가 각하되고, 그 외의 제척기간이 도과된 경우 원고의 청구가 기각된다.

Ⅲ. 심리

1 심리의 대상, 특징 및 흐름

가. 대상

소의 제기와 판결 사이에 법원은 판결을 하기 위한 자료, 즉 소송자료를 수집하는데, 이러한 소송자료의 수집과정을 심리라고 부른다. 판결의 내용에 연관시켜 생각하면 심리는 소송요건(소가 적법한지 여부)과 본안(소송물의 존부 즉, 원고의 청구가 정당한지 여부)을 판단하기 위한 자료를 수집하는 과정이다.

소송요건은 소가 적법하다고 인정되기 위한 요건을 말한다. 법원에 관한 소송요건으로는 재판권, 관할 등이 있다. 당사자에 관한 소송요건으로는 당사자의 실존 및 특정, 당사자능력, 당사자적격 등이 있다. 소송능력, 법정대리권, 소송대리권은 일반적으로는 소송요건이 아니지만, 소제기에 관련된 경우에는 소제기의 무효사유로 되어 소송요건이 된다. 소송물에 관련된 소송요건으로는 소송물의 특정, 소익 등이 있다.

소송요건은 항상 그런 것은 아니지만 대개 법원의 직권조사사항이다. 소송요건이 갖추어져 있지 않은 경우 법원은 소를 각하하는 것이 원칙이지만, 관할위반의 경우 이송결정을 하는 등의 예외가 있다. 소송요건이 갖추어지면 법원은 본안에 대하여 판결하게 되는데, 본안판결을 할 때 주문에 소가 적법하다는 판단은 하지 않는다.

소송물인 권리관계는 개별적이고 구체적인 사실관계에 일반적이고 추상적인 법규정이 적용된 결과 발생하는 법률효과이다. 따라서 소송물의 존부를 판단하기 위하여는 사실관계에 관한 자료와 법규정에 관한 자료가 필요하다. 민사소송에서 이러한 자료는 법원이 알아서 스스로 즉, 직권으로 수집하는 것이 아니라, 당사자들이 법원에 제출하여야 하는 것이 원칙이다. 따라서 본안의 심리는 소송물인 권리관계의 존부를 둘러싸고 당사자들이 각자에게 유리한 자료를 제출하면서 공방을 벌이는 과정이라고 할 수 있다. 사실관계에 관한 자료와 법 규정에 관한 자료의 취급에는 차이가 있다.

나. 특징

민사소송의 심리는 앞서 본 바와 같이 당사자가 책임을 지고 소송자료를 제출하여야 하는 점 외에도, 서면심리가 아니라 법정에서 열리는 기일에서 원고와 피고가 모두 출석하여 구술로 즉 '(구술)변론'이라는 방식으로 자료수집이 이루어지는 점, 절차가 원칙적으로 공개되는 점 등의 특징이 있다. 상세는 심리의 제원칙에서 본다.

다. 흐름

심리는 소의 제기와 판결의 사이에 위치하는데, 소장심사 → 소장부본의 송달과 답변서 제출 → 준비절차 → 변론절차의 순서로 진행된다. 변론절차는 심리의 중핵으로서 반드시 거쳐야 하지만, 준비절차는 그렇지 않다.

(1) 소장심사

소가 제기되면 우선 사건배당을 통하여 담당재판부가 정해진다. 담당재판부의 재판장은 소장심사를 한다. 심사대상은 소장의 필요적 기재사항이 기재되어 있는지 여부, 인지가 첨부되어 있는지 여부이다. 하자가 있는 경우 재판장은 상당한 기간을 정하여 보정을 명하여야 한다. 원고가 보정명령에 응하지 않는 경우 재판장은 소장각하명령을 한다.

(2) 소장부본의 송달과 답변서 제출

소장이 소장심사를 통과한 경우, 법원은 소장부본을 피고에게 송달한다. 소장부본이 적법하게 송달된 경우, 다투고자 하는 피고는 소장부본 송달일로부터 30일 이내에 답변서를 제출하여야 한다. 피고가 위 기한 내에 원고의 청구를 다투는 답변서를 제출하지 않으면 피고가 청구원인으로 주장한 사실을 자백한 것으로 간주되는데, 이 경우 법원은 변론을 거치지 않고 원고의 청구를 인용하는 판결(무변론판결)을 할 수 있다. 반면, 피고가 원고의 청구를 다투는 답변서를 제출한 경우 법원은 변론절차에 들어간다.

피고에게 소장부본이 송달되지 않을 수도 있다. 그 대표적인 사유는 원고가 소장에 기재한 피고의 주소가 잘못된 경우이다. 이 경우 재판장은 원고에게 주소보정명령을 내린다. 주소보정명령에 불응하는 경우 재판장은 소장각하명령을 하고, 이로써 사건은 종료된다. 피고가 소재불명인 경우 원고는 공시송달신청을 할 수 있다.

(3) 준비절차

재판장은 변론절차에 앞서 사건을 준비절차에 부칠 수 있다. 준비절차에 부칠지 여부는 재판장의 재량에 달려 있다. 준비절차는 변론절차가 집중적 · 효율적으로 진행될 수 있도록 하기 위하여 당사자의 주장과 증거를 정리하는 절차이다. 준비절차는 기일을 열어서 할 수도 있고(준비기일), 서면에 의하여 할 수도 있다(서면공방).

(4) 변론절차

변론은 기일을 여는 방식으로 진행된다. 기일은 법원, 당사자, 그 밖의 소송관계인이 모여서 소송행위를 하기 위하여 정해진 시간이다. 기일에는 변론기일 외에도 그 목적에 따라 준비기일, 증거조사기일, 화해기일, 조정기일, 선고기일 등이 있다. 기일은 미리 재판장이 직권으로 지정하고, 기일이 지정되면 법원은 그 기일을 당사자에게 통지하여야 한다. 기일에 출석한 사람에게는 기일을 고지하는 방식으로 통지할 수 있다.

기일(변론)은 지정된 일시, 장소에서 재판장이 사건(사건번호와 사건명)과 당사자의 이름을 부름으로써 개시된다. 기일이 개시되면 법원은 처분권주의와 변론주의에 따라 당사자에게 공방을 하게 한다. 즉, 법원은 당사자들에게 본안의 신청을 하고, 공격방어방법을 제출할 기회를 부여하고, 증거결정, 석명, 쟁점정리 등으로 절차를 제어하면서 소송자료를 수집한다.

본안의 신청은 원고가 소장의 청구취지 기재와 같은 판결을 구하는 것을 말하는 것으로서, 이에 대하여 통상 피고는 청구기각판결 또는 소각하판결을 구하는 신청을 한다.

당사자들의 공격방어방법 제출행위는 다시 주장과 증명으로 나뉘고, 주장은 사실관계에 관한 주장(사실상의 주장)과 법규정에 관한 주장(법률상의 주장)으로 나뉜다. 증명은 사실상의 주장을 뒷받침하기 위하여 증거를 제출하는 것을 의미한다.

소송에서 당사자들의 주장과 증명은 상호간의 공격방어의 형태를 취하는데, 개별적인 공격방어를 하지 않았거나 하였더라도 실패했을 때의 책임, 즉 불리한 내용의 판결을 받을 위험이 원고와 피고에게 분배된다. 이러한 책임의 분배기준에 관하여 통설 · 판례는 법률요건분류설을 취하고 있다. 법률요건분류설의 기본적 입장은 각 당사자가 자기에게 유리한 법규에 대한 요건사실의 주장 · 증명책임을 진다는 것이다. 법률요건분류설은 법규정들을 어떤 권리를 발생하게 하는 권리근거규정과 반대규정으로 크게 나누고, 후자를 다시 권리근거규정에 기한 권리의 발생을 애초부터 방해하는 권리장애규정, 권리근거규정에 의하여 발생한 권리를 사후적으로 소멸하게 하는 권리소멸규정(권리멸각규정), 권리근거규정에 의하여 발생한 권리의 행사를 일시적 · 잠정적으로 저지시키는 권리저지규정으로 나눈 다음,

권리근거규정은 원고가, 반대규정, 즉 권리장애규정, 권리소멸규정, 권리저지규정은 피고가 주장 · 증명책임을 부담한다고 한다. 원고가 권리근거규정에 근거한 주장 · 증명을 하는 단계를 청구원인 단계, 피고가 반대규정에 근거한 주장 · 증명을 하는 단계를 항변 단계라고 한다. 원고가 피고의 항변에 대하여 다시 재항변을 할 수도 있다. 즉, 심리에서 당사자의 공방은 청구원인 → 항변 → 재항변 → 재재항변과 같은 순서로 나아가면서 진행된다.

항변과 구별되는 것으로는 부인이 있다. 청구원인 단계에서 예를 들어보면, 피고가 부인을 한다는 것은 청구원인으로 원고가 주장한 사실을 부정하여 청구원인으로 원고가 주장하는 법률효과를 부정하는 것이고, 피고가 항변을 한다는 것은 원고가 청구원인으로 주장하는 법률효과를 인정하면서, 한편으로 반대규정으로 인한 법률효과를 주장하는 것을 말한다. 항변은 부인을 하면서, 만약 법원이 달리 판단하는 경우에 대비하여 예비적으로도 할 수 있다.

지정된 기일에서 변론을 개시하고 실시하였으나 그 기일에 변론을 종결할 수 없어, 즉 소송자료가 충분히 수집되지 않아 변론을 계속하기 위하여 새로운 기일을 지정하는 것을 변론의 속행이라고 한다. 지정된 기일에서 변론을 개시하였으나 실제로 실시하지는 않고 새로운 기일을 지정하는 것을 변론의 연기라고 한다. 지정된 기일을 개시하기도 전에 취소하고 새로운 기일을 지정하는 것은 기일의 변경이라고 한다.

법원은 심리가 충분하게 이루어졌다고 판단하면 변론을 종결하고, 판결을 선고할 선고기일을 지정한다. 변론종결 이후 법원은 필요하다고 판단하면 변론을 재개할 수 있다.

2 심리의 진행

가. 심리의 제원칙

심리는 직권진행주의, 구술심리주의, 직접심리주의, 처분권주의, 변론주의, 적시제출주의, 집중심리주의, 공개심리주의, 쌍방심리주의 등 여러 원칙에 따라 진행되어야 한다. 위 원칙들은 대부분 심리뿐만 아니라 판결에도 적용된다. 위 원칙들 중에서 처분권주의와 변론주의가 이론적으로나 실무상으로나 가장 중요하다.

(1) 처분권주의

소송절차의 개시, 심판의 대상, 종료를 당사자의 처분에 맡기는 입장을 처분권주의라고 한다. 변론주의와 함께 사적자치의 원칙이 민사소송절차에 반영되어 나타난 것이다. 처분권주의는 주로 소송물에, 변론주의는 주로 공격방어방법에 관련된다.

소송절차의 개시와 관련하여 처분권주의는 소제기 없이는 법원은 판결 등 재판을 하지 않는다는 원칙이 된다. 위 원칙의 예외로는 소송비용부담의 재판, 가집행선고, 판결의 경정, 배상명령, 소송구조 등이 있다.

심판의 대상과 관련하여 처분권주의로 인하여 법원은 질적으로나 양적으로나 당사자가 청구한 사항에 대하여만 심판할 수 있다. 법원은 원고가 소장에 적시한 소송물인 권리관계, 구제형식 및 심판청구의 순서에 구속된다. 예컨대 원고가 청구한 금액이나 분량을 초과하여 청구인용판결을 하는 것은 처분권주의에 위반된다.

소송절차는 법원의 판결에 의하여 종료하는 것이 예정되어 있는 것이지만, 당사자는 소의 취하, 청구의 포기 · 인낙, 화해, 상소권의 포기, 상소취하 등에 의하여 소송절차를 종료시킬 수도 있다. 행정소송, 가사소송, 회사관계소송, 증권관련집단소송 등에서는 위와 같은 당사자의 권능이 제한된다.

(2) 변론주의

(가) 내용

소송자료의 제출책임을 당사자에게 맡기고, 당사자가 변론에서 제출한 소송자료만을 재판의 기초로 삼아야 한다는 원칙을 변론주의라고 한다. 소송자료는 사실자료와 증거자료로 나뉘고, 사실자료의 제출은 사실의 주장을, 증거자료의 제출은 증명을 말한다. 결국 변론주의는 주장과 증명을 당사자가 하여야 한다는 원칙이다. 변론주의는 ① 사실의 주장책임, ② 자백의 구속력, ③ 증거의 제출책임을 내용으로 하고 이를 변론주의의 3원칙이라고 한다.

① 주요사실은 당사자가 변론에서 주장하여야 하고, 당사자에 의하여 주장되지 아니한 사실은 판결의 기초로 삼을 수 없다. 이 원칙은 주요사실에만 적용되고, 간접사실이나 보조사실에는 그 적용이 없다. 또한 사실자료와 증거자료는 별개의 것이므로 증거자료의 제출이 사실자료의 제출로 인정되지 않는 것이 원칙이다.

② 자백은 당사자는 물론 법원도 구속한다. 따라서 자백이 성립한 이후 당사자가 자백을 임의로 철회할 수 없을 뿐만 아니라 법우너도 자백이 성립된 사실에 반하는 사실인정을 하거나, 그에 기하여 판결할 수 없다. 이 원칙 역시 주요사실에만 적용된다.

③ 당사자는 자신이 주장한 사실을 뒷받침하는 증거를 스스로 제출하여야 한다. 민사소송법은 보충적인 직권증거조사가 가능하다는 명문의 규정을 두고 있다. 따라서, 이 원칙은 위 두 원칙에 비하여 강도가 약하다.

(나) 예외

변론주의의 예외로는 직권탐지주의와 직권조사사항이 있다. 직권탐지주의가 적용되는 영역으로 거론되는 것으로는 민사소송절차가 아닌 일정 소송절차, 예컨대 가사소송, 행정소송, 선거소송, 헌법재판 등의 절차와 민사소송절차 내의 일정 사항, 예컨대 재판권, 재심사유의 존재 등이 있다. 직권조사사항으로는 소송요건, 상소요건이 대표적으로 거론된다. 직권탐지주의는 변론주의의 대척에 있는 것으로 변론주의의 3원칙 모두가 배제된다. 직권조사사항의 경우 자백의 구속력은 적용되지 않으나 나머지 내용은 약간 후퇴하여 적용된다.

(다) 석명권

소송관계를 분명하게 하기 위하여 당사자에게 질문하거나 증명을 촉구하고, 당사자가 간과한 법률적 사항을 지적하여 의견진술의 기회를 주는 법원의 권능을 석명권이라고 한다. 석명권은 변론주의와 처분권주의를 보완하기 위한 제도이다. 석명에는 소극적 석명과 적극적 석명이 있다. 여기서 소극적 · 적극적이란 용어는 일반적인 경우와 의미가 다르다. 당사자가 이미 주장하고 있는 특정한 법률효과에 관한 것을 소극적 석명, 그와 별개의 법률효과에 관한 것을 적극적 석명이라고 한다. 소극적 석명은 당연히 허용된다. 적극적 석명이 허용되는지 여부에 관하여 견해의 대립이 있지만, 대법원은 원칙적으로 부정한다. 한편, 본인소송과 같은 경우에 소극적 석명을 일반적 의미에서 적극적으로 하는 것은 허용된다.

석명은 원칙적으로 법원의 권한사항이지 의무사항은 아니다. 하지만, 대법원은 토지임대차 종료를 원인으로 토지인도를 청구하는 사건에서 건물매수청구권의 항변이 이유 있는 경우 등 아주 예외적인 경우에 한하여 석명의무를 인정한다.

(3) 기타의 원칙들

공개심리주의, 쌍방심리주의, 구술심리주의, 직접심리주의는 재판의 공정성이나 정당성과 관련된 원칙이라고 할 수 있고, 적시제출주의, 집중심리주의, 직권진행주의는 재판의 효율성이나 신속성과 관련된 원칙이라고 할 수 있다.

공개심리주의 등으로 인하여 민사소송의 심리는 일반인에게도 공개된 법정에서 당사자 모두가 출석하여 주장과 증명 등을 구술로 하는 방식으로 진행된다. 원고가 되었든 피고가 되었든 본인이나 가족이 민사소송을 받고 있는데, 절차가 어떻게 진행되고 있는지, 자신의 주장이나 증명이 법관에게 전달되었는지, 상대방의 주장이나 증명의 내용이 어떤 것인지 등 제대로 알 수 없다면 매우 불안할 것이다.

재판의 효율성 · 신속성과 관련된 원칙들 중에서는 직권진행주의만을 본다. 소송의 진행은 법원이 주도한다. 이를 직권진행주의라고 한다. 직권진행주의에 따라 법원이 소송절차의 진행을 주재하는 권능을 소송지휘권이라고 한다. 소송지휘권은 법원에 속하고, 기일에서는 재판장이 행사한다. 소송진행이 위법한 경우에는 당사자는 소송절차에 관한 이의권(책문권)을 행사할 수 있다. 위 이의권은 법원에 정당한 소송진행을 요구한다는 측면보다는 즉시 이의를 하여둠으로써 향후 그 위법을 계속 주장할 수 있는 지위를 확보한다는 측면에 주안점이 있는 권능이다. 물론 이의신청을 받은 법원이 소송진행의 위법을 인정하고 잘못을 시정할 수 있다. 이의권을 즉시 행사하지 아니하면 당사자는 이의권을 포기하거나 상실한 것으로 되어 소송진행의 위법을 향후 주장할 수 없게 된다. 다만, 소송절차에 관한 규정 중 임의규정이 아니라 강행규정을 위반한 경우 이의권의 상실이나 포기는 인정되지 않는다.

나. 당사자의 출석

당사자는 변론기일에 출석하여야 한다. 구술로 심리를 진행하기 위하여는 변론기일에 당사자가 출석하는 것이 불가결하므로 민사소송법은 당사자의 변론기일 불출석, 즉 기일의 해태에 대하여 소취하간주, 진술간주, 자백간주 등의 효과를 인정한다. 구술로 심리를 진행하기 위하여는 출석뿐만 아니라 진술하는 것도 요구되므로 당사자 등이 출석하였으나 변론하지 않는 경우, 즉 무변론도 불출석과 마찬가지로 취급된다.

당사자에게 변호사 등 소송대리인이 있는 경우에는 소송대리인만 출석하여도 된다. 당사자가 소송무능력자인 경우에는 법정대리인이 출석하여야 하고, 당사자 본인만 출석하면 불출석이 된다.

쌍방불출석 즉, 양쪽 당사자가 모두 기일에 2회 불출석하거나 출석하고도 변론하지 아니한 때에는, 법원은 새로운 기일을 지정하지 않고 기일지정신청 유무를 기다렸다가 1월 이내에 기일지정신청이 없는 경우에는 소취하간주로 사건을 종결하고, 1월 이내에 기일지정신청이 있는 경우 새로운 기일을 지정하는데, 이후 1회라도 쌍방불출석이 있으면 역시 소취하간주로 사건을 종결한다. 상소심에서는 소취하가 아닌 항소취하가 간주된다.

일방만 출석하고 상대방이 변론기일에 불출석한 경우 법원은 변론을 연기할 수도 있고, 진행할 수도 있다. 변론을 진행하는 경우 법원은 불출석한 자가 제출한 서면 중 진술하지 않은 서면이 있으면 이를 진술한 것으로 보아야만 한다. 일방이 출석하고, 상대방이 출석하였으나 '본안에 관하여 변론하지 아니한 때'에도 상대방이 불출석한 경우와 마찬가지이다. 또, 원고나 피고 중 일방만이 불출석한 경우에는 자백간주의 효과가 발생한다. 불출석한 당사자에 대한 기일통지가 공시송달에 의한 경우는 예외이다.

법원은 당사자가 교통불편 등으로 직접 법원에 출석하기 어렵다고 인정하는 때에는 당사자의 신청을 받거나 동의를 얻어 변론기일을 영상재판으로 진행할 수 있다. 이 경우 당사자는 법원에 설치되어 있는 중계시설을 이용하거나, 집 등에서 줌 등을 이용하여 변론하게 된다. 변론준비기일, 심문기일의 경우, 법원은 상당하다고 인정하는 때에는 당사자의 신청을 받거나 동의를 얻어 영상재판으로 진행할 수 있다.

다. 준비서면

당사자는 원칙적으로 변론에 앞서 서면으로 그 준비를 하여야 한다. 즉, 준비서면은, 당사자가 변론에 앞서 자신이 하고자 하는 변론의 내용을 기재하여 법원에 제출하는 서면을 말한다. 당사자는 준비서면을 변론기일 전에 법원에 제출하여야 하고, 법원은 준비서면의 부본을 상대방에게 사전에 송달하여야 한다. 단독사건의 경우에는 예외가 인정될 수 있다.

준비서면에는 통상의 준비서면, 답변서, 요약준비서면 등이 있다. 소장부본을 송달받은 피고가 최초로 제출하는 서면을 답변서라고 하는데, 이 역시 준비서면의 일종이다. 재판장은 사건의 내용이 복잡한 경우 당사자에게 쟁점과 증거를 종합적으로 요약정리한 요약준비서면을 제출하게 할 수 있다.

준비서면은 변론기일로부터 상대방의 대응에 필요한 기간 이전에 송달되어야 하므로 당연히 제출은 그 이전에 되어야 한다. 민사소송규칙은 새로운 공격방어방법이 담긴 경우에는 7일 이전에 송달하라고 하고 있으나, 제대로 지켜지지 않는 경우가 많다.

민사소송규칙은 준비서면을 비롯한 소송서류의 양식, 분량 등에 관하여 정하고 있다.

라. 송달

법원은 소송절차를 진행하면서 중요한 사항에 관하여는 당사자 등에게 알려야 한다. 그 방법에는 원칙적으로 별다른 제한이 없으나(통지나 고지), 법이 송달로 그 방법을 한정한 경우가 있다. 송달은 법원이 당사자와 그 밖의 이해관계인에게 소송과 관련된 서류를 법정의 방식에 따라 보내는 것을 말한다. 따라서 어떤 서류를 송달하여야 한다고 법이 규정하는 경우 그 서류는 소송에서 중요한 의미를 갖는 것이라고 보면 된다. 송달은 또한 특정인을 상대로 한다는 점에서 불특정인을 상대로 한 공고와 다르다. 민사소송법이 정하는 송달이 필요한 서류로는 판결문을 비롯하여 소장, 준비서면, 상소장, 준비서면, 소취하서, 기일통지서 등이 있다.

미국과 같이 당사자가 송달을 하는 나라도 있지만, 우리나라는 송달을 법원이 정확하게는 법원사무관 등이 송달사무를 담당한다(직권송달주의). 송달을 실제 실시하는 송달실시기관은 송달의 방법에 따라 우편집배원, 집행관, 법원공무원(법원사무관 등), 법정경위 등이다.

민사소송법이 정하는 기본적인 송달의 방식은 교부송달, 발송송달, 공시송달 등이 있다. 교부송달이 가장 원칙적인 방식이다. 교부송달은 소송서류를 송달받을 자에게 직접 교부하는 방식에 의한 송달을 말하는 것으로서, 통상은 우편에 의하여 실시된다. 발송송달은 법원사무관 등이 송달서류를 등기우편으로 발송함으로써 실시하는 송달을 말하고, 발신주의가 적용된다는 점이 특징이다. 송달할 장소를 알 수 없는 경우 법원사무관 등이 송달서류를 보관하고 그 사유를 대법원 홈페이지에 게시하는 등으로 공시함으로써 실시하는 송달을 공시송달이라고 한다.

요건을 갖추지 못한 송달, 즉 위법한 송달은 원칙적으로 무효이다. 이 경우 추인이나 이의권의 포기·상실에 의하여 하자가 치유될 수 있다. 판결정본의 송달과 같이 불변기간의 기산점과 관련된 송달의 하자는 이의권의 포기나 상실의 대상에서 제외된다. 관련 규정을 강행규정으로 보는 것이다.

마. 기간

소송행위 등은 일정한 기간 내에 행해져야 한다. 법원의 소송행위 등에 필요한 기간을 직무기간이라고 하고, 당사자 등의 소송행위 등에 필요한 기간을 고유기간이라고 한다. 판결선고기간 등의 직무기간은 훈시규정에 불과하여 기간의 도과로 법원의 행위가 위법한 것으로 되지 않는다. 고유기간은 기간이 법률에 규정되어 있는 법정기간과 법원이 정하는 재정기간으로 나뉜다. 법정기간은 다시 법이 불변기간이라고 명시하고 있는 불변기간과 그렇지 않은 통상기간으로 나뉜다. 판결에 대한 상소기간, 재심청구기간 등이 대표적인 불변기간이다.

당사자가 책임질 수 없는 사유로 불변기간이 도과된 경우에는 소송행위의 추완이 가능하다. 기간을 지키지 못 할 때 타격이 심대하지만 불변기간이 아닌 상소이유서 등의 제출기간이 도과된 경우의 구제수단에 관하여 여러 견해가 있었고 대법원의 판례도 엇갈렸으나, 최근 대법원은 당사자가 책임질 수 없는 사유로 인하여

기간을 지키지 못하였다면, 기간이 도과된 이후에도 기간을 늘리는 기간의 신장이 가능하다고 하였다.

바. 소송절차의 정지

소송진행 중 당사자가 사망한 경우에는 소송절차가 당연히 즉, 아무런 조치가 없이 중단된다. 대개의 경우 소송물은 일신전속적이지 않으므로 상속인이 새로운 당사자가 되는데, 이들의 절차적 권리를 보호하기 위한 것이다. 사망한 당사자에게 소송대리인이 있는 경우에는 예외이다. 다만, 소송대리인이 있는 경우에도 소송절차가 중단되지 않는 것은 소송대리인이 상속인의 대리인이 되어 상속인을 위하여 소송수행을 한다는 점 때문이므로, 소송대리인의 권한이 소멸하면 그때 소송절차가 중단된다. 예컨대, 1심 소송대리인의 권한은 원칙적으로 1심판결문이 송달된 때 소멸하므로, 사망한 당사자가 소송대리인을 선임하였던 경우에도 1심판결문이 송달되면 그때 소송절차가 중단된다.

중단 중에 행해진 일체의 소송행위는 무효이다. 소송중단을 해소하기 위하여는 '(소송)수계'라는 절차를 밟아야 한다. 따라서 소송중단 중에 수계 없이 제기된 항소제기 등은 무효이다. 하지만, 항소심을 진행하면서 뒤늦게나마 수계절차를 밟고 항소제기를 추인하면 하자가 치유된다.

중단 중에 행한 것이라면 법원의 소송행위 예컨대 송달도 무효가 된다. 다만, 이에 대한 중요한 예외는 판결'만'의 선고이다. 따라서 심리가 모두 진행되어 변론이 종결된 이후에 당사자가 사망하였는데, 법원이 이를 간과하고 선고한 판결은, 소송중단을 간과한 점이 문제되지 않는다는 의미에서, 적법하다.

민사소송법은 당사자의 사망 이외에도 합병, 소송능력의 상실과 법정대리권의 소멸 등을 중단사유로 규정하고 있다. 위 사유들은 소송수행자의 변경이 수반된다는 점에서 공통된다.

민사소송법은 소송수행자의 변경과 무관한 사유로 절차가 중단되는, 소송절차의 중지를 규정하고 있다. 여기에는 일정한 사유(법원의 직무집행 불가능)가 있는 경우 소송절차가 당연히 중지되는 당연중지와 법원의 중지결정에 의하여 중지되는 재판중지가 있다.

소송절차가 정지(중단과 중지)된 경우 기간은 진행될 수 없거나 진행이 정지되고, 정지가 해소되면 전체 기간이 새로이 진행된다.

3 증거

가. 개요

심리 중 사실관계의 확정 즉, 사실인정에 관한 부분은 '증거'라는 제목 하에서 별도로 논의된다. 대부분의 민사소송에서 결론은 사실관계에 따라서 결정되고, 순수하게 법리만이 문제되는 경우는 적다. 따라서 사실인정은 매우 중요하다.

아래에서 증거일반론, 증명의 대상, 증거조사절차, 자유심증주의, 증명책임의 순서로 살펴본다. 당사자의 입장에서 본다면, ① 어떤 사항들에 대하여 증거가 필요한 것인가? ② 증거가 필요하다면 어떤 것들을 어떻게 증거로 제출할 수 있는가? ③ 증거를 제출한 경우 법원이 어떤 방법으로 사실인정을 하는가? 라는 일련의 질문이 제기되는데, 증명의 대상과 불요증사실은 ①을, 증거조사절차는 ②를, 자유심증주의와 증명책임은 ③을 다룬다.

나. 증거일반론

(1) 증거방법, 증거자료, 증거원인

단지 '증거'라고 하면, 엄밀하게는 증거방법, 증거자료, 증거원인 중 하나를 의미한다. 증거방법은 증거조사의 대상이 되는 유형물 자체를 의미하고, 인증과 물증으로 분류된다. 예컨대, 증인은 인증에, 문서는 물증에 해당한다. 증거자료는 증거조사에 의하여 얻은 내용을 말하는데, 예컨대, 증인의 경우 증언(내용), 문서의 경우는 기재(내용)이다. 증거원인은 법관의 심증형성의 원인이 된 자료나 상황을 말하는데, 증거자료 중 법관이 신뢰한 것 및 변론 전체의 취지가 여기에 해당한다.

(2) 증거능력과 증거력

증거능력은 증거조사의 대상이 될 자격을 의미한다. 통신비밀보호법을 위반한 경우 등을 제외하고는 민사소송법에서는 원칙적으로 증거능력의 제한은 없다. 명문이 규정이 없는 경우 위법수집증거의 증거능력을 어떻게 취급할지에 관하여 다양한 학설이 제기되고 있으나, 대법원 판례는 증거능력을 부정하지는 않는다.

증거자료가 요증사실에 기여하는 정도를 증거력(증명력, 증거가치)이라고 하는데, 쉽게 표현하면 증거력이 있고 없고의 문제는 증거를 믿느냐 믿지 않느냐의 문제, 즉 신빙성의 문제이다. 다만 문서의 경우는 증거력을 형식적 증거력과 실질적 증거력으로 나누어 고찰한다는 점에서 특색이 있다. 실질적 증거력의 문제는 위의 신빙성의 문제이다. 형식적 증거력에는 '진정성립'이라는 개념이 등장한다. 진정성립은 증거제출자에 의하여 문서의 작성자로 주장되어진 자가 그의 의사에 기하여 문서를 작성한 경우에 인정된다. 즉, 진정성립이 인정되지 않는 문서는 형식적 증거력이 없기 때문에 그 신빙성을 판단하기 이전 단계에서 사실인정의 근거로 삼을 수 없다.

(3) 직접증거와 간접증거

증거에는 직접증거와 간접증거가 있다. 직접증거는 주요사실의 존부를 직접 증명하는 증거를 말하고, 간접증거는 간접사실이나 보조사실을 증명하는 증거를 말한다. 주요사실은 법률요건에 직접 해당하는 사실을 말하고, 간접사실은 주요사실의 존재를 추인하게 하는 사실, 즉 정황을 말하고, 보조사실은 증거능력이나 증거력, 즉 증거에 관계되는 사실을 말한다.

다. 증명의 대상과 불요증사실

(1) 증명의 대상

민사소송은 간단히 말해 사실(관계)에 법을 적용하여 결론을 내리는 절차이다. 거칠게 얘기하면, 사실은 원칙적으로 증명의 대상이 되고, 법은 증명의 대상이 아니다. 하지만, 사실에도 법에도 여러 부류가 있으므로 좀 더 세부적으로 볼 필요가 있다. 주요사실은 물론 간접사실, 보조사실도 모두 증명의 대상이 된다. 즉 그 존재를 인정하는 데 증거가 필요하다. 그러나 자백의 대상이 되는 것은 주요사실뿐이다. 법은 원칙적으로 증명의 대상이 되지 않지만, 법관이 그 존재를 알기 어려운 외국법, 지방법령, 관습법, 실효된 법령 등은 증명의 대상이 된다. 다만, 자유로운 증명으로 족하다. 경험칙은 일반적인 경험칙과 전문적인 경험칙으로 구분되는데, 전자는 증거 없이 인정할 수 있으나 후자는 증거가 있어야 인정할 수 있다.

(2) 불요증사실

민사소송법은 사실 중에서 자백한 사실, 자백한 것으로 간주된 사실(자백간주)과 현저한 사실을 증명의 대상에서 제외하고 있다.

통상 자백이라고 하면 재판상 자백을 일컫는 것인바, 이는 당사자가 당해 사건 법정에서 자기에게 불리한 사실을 인정하는 진술을 의미한다. 판례는 불리한 사실은 증명책임의 소재를 불문하고 패소가능성이 있는 사실이라고 보고 자백이 성립하는 범위를 넓게 보고 있다. 현저한 사실에 반하거나 강행법규 중 효력규정에 위반한 자백은 무효라고 보는 것이 일반적이다. 자백이 성립된 사실은 상대방의 증명책임이 배제될 뿐만 아니라, 법원과 당사자를 구속한다. 즉, 법원은 자백된 사실이 진실에 반한다는 심증을 형성하여도 자백된 사실을 근거로 판단하여야 하고, 자백한 당사자는 임의로 자백을 취소할 수 없다. 자백의 취소는 상대방의 동의가 있는 경우 등을 제외하고는 자백이 진실에 반하고 착오에 기하였다는 것이 인정되어야 가능하다.

민사소송법상 재판상 자백이 성립한 경우와 동일하게 취급되는 경우는 제150조 제1항 (명확하게 다투지 않는 경우)과 제3항(변론기일에 불출석한 경우) 및 제257조 제1항, 제2항(다투는 취지의 답변서를 제출하지 않은 경우)의 세 가지 경우이다. 이 중 가장 대표적인 것은 피고가 답변서 제출의무를 위반한 경우 청구원인 사실을 자백한 것으로 본다는 제257조 제1항이다. 자백간주는 자백과 달리 당사자에게는 구속력이 인정되지 않는다.

현저한 사실은, 견해의 대립이 있지만 일반적으로 법관이 명확하게 인식하고 있고, 증거에 의하여 그 존부를 인정할 필요가 없을 정도로 객관성이 담보되어 있는 사실을 말한다. 현저한 사실에는 공지의 사실과 법관이 직무상 지득한 사실이 있다.

라. 증거조사절차

민사소송의 증거조사절차는 민사소송법 제3장에 규정되어 있다. 제1절은 증거조사절차의 총론적인 사항을, 제2절에서 제7절은 각 증거방법, 즉 증인신문, 감정, 서증, 검증, 당사자신문, 그 밖의 증거별로 개별적인 사항을, 제8절은 증거보전에 관한 사항을 각 규정하고 있다. 민사소송규칙은 증거조사절차에 관하여 보다 상세한 보충적 규정을 두고 있다. 민사소송법과 민사소송규칙의 규정들은 조금 복잡다기하나, 기술적인 측면의 규정들이 대부분을 차지한다. 이러한 규정들의 내용과 구조를 알고 있어야 하지만, 이를 소개하는 것은 이 글의 목적에 반하므로 증거조사절차의 기본적인 사항만 간단히 보기로 한다.

증거조사절차는 법원이 증거결정, 즉 어떤 증거방법에 대하여 증거조사절차를 개시하겠다는 결정에 의하여 시작된다. 증거채택결정이라고도 한다. 증거결정은 원칙적으로 어떤 증거방법에 대하여 증거조사를 하여 달라는 당사자의 신청, 즉 증거신청을 기다려서 한다. 사실의 주장은 물론 증명에 관하여도 변론주의가 적용되기 때문이다. 그러나 사실의 주장과 달리 사실의 증명에 관하여는 명문의 규정으로 변론주의의 적용이 완화되어 있다. 즉, 보충적이지만 직권증거조사가 가능하다. 이러한 직권증거조사는 어디까지나 법원의 재량에 맡겨져 있다. 하지만, 손해배상청구권은 인정되는데, 손해액에 관한 당사자의 증명이 부족한 경우 법원은 직권증거조사를 하여서라도 손해액을 산정하여야 한다는 것이 판례의 입장이다.

증거신청은 서면으로도 할 수 있고, 기일에서 구두로도 할 수 있다. 증거신청을 할 때는 증명할 사실(증명사항), 증거(증거방법), 증거와 증명할 사실의 관계(입증취지)를 밝혀야 한다. 증거신청은 기일, 즉 변론기일과 변론준비기일에서 할 수도 있고, 소정외에서도 할 수 있다.

증거신청이 있다고 법원이 이를 모두 받아들이는 것은 아니다. 법원은 기본적으로 증거신청이 불필요하다고 판단될 때 증거를 조사하지 않겠다는 결정, 즉 증거각하(불채택)결정을 할 수 있다. 증거결정과 증거각하결정을 합하여 증거채부결정이라고 한다. 증거신청이 필요한지 여부의 판단은 법원의 재량에 맡겨져 있다. 다만, 유일한 증거인 경우에는 예외가 인정된다. 유일한 증거는 본증이어야 하고, 주요사실에 대한 직접증거이어야만 한다.

증거결정이나 증거각하결정에 대하여 불만이 있는 경우 원칙적으로 판결에 대하여 상소를 제기하여 판결의 당부를 다투는 수밖에 없고, 독립된 불복은 불가능하다.

마. 자유심증주의와 증명책임

(1) 영역

필요한 증거조사가 다 마쳐진 이후의 단계에서 법원은 어떻게 사실인정을 하는가? 이 단계에 적용되는 것이 자유심증주의와 증명책임이다. 즉, 증거조사를 마치면 증거조사의 결과와 변론 전체의 취지를 참작하여 자유로운 심증으로 당사자가 주장한 사실이 인정되는지 여부를 판단한다.

법원이 어떤 사실이 존재한다고 판단한 경우 심증이 형성되었다고 한다. 어떤 정도가 되어야 심증이 형성되었다고 할 것인지, 즉 심증형성을 위한 증명의 정도에 관하여는 고도의 개연성설이 통설 · 판례의 입장이다. 여기까지가 자유심증주의의 영역이다.

어떤 사실에 대하여 심증형성이 되지 않는 경우에 법원은 증명책임에 의하여 판단한다. 즉, 법원은 어떤 사실에 대하여 심증형성이 되지 않는 경우 그 사실에 대하여 증명책임을 부담하는 자에게 불리한 판단을 내리게 된다. 증명책임은 주장책임과 원칙적으로 일치하므로, 이는 결국 주장책임을 지는 자의 사실상의 주장을 배척하는 결과가 된다. 아래에서 자유심증주의와 증명책임을 차례로 본다.

(2) 자유심증주의

자유심증주의는 법관이 사실인정을 함에 있어서 법규화된 증거법칙의 제약을 받지 않는다는 원칙으로, 법정증거주의와 대비된다. 자유심증주의가 사실인정에 관한 법관의 자의적 판단을 인정하는 것은 아니다. 다음과 같은 점에 유의하여야 한다. 첫째, 법이 명문으로 증거능력과 증거력에 관하여 제한을 가하는 경우에는 당연히 그에 따른다. 예로는 앞서 본 통신비밀보호법에 의한 증거능력의 제한, 변론조서의 절대적 증명력 등이 있다. 둘째, 판례는 진정성립이 인정된 처분문서와 확정판결문의 기재에 강력한 증거력을 인정하고 있다. 셋째, 판례는 증명방해행위가 있어도 이로 인하여 증명책임이 전환되지는 않다는 소위 자유심증설을 취하고 있지만, 증명책임이 전환된다는 입장을 취하는 견해들은 증명방해를 자유심증주의의 예외로 거론한다.

(3) 증명책임

증명책임이란 심증형성이 되지 않는 경우, 즉 어떤 사실이 존재하는지 여부가 불명인 경우 그 사실이 존재하지 않는 것으로 취급되는 불이익 내지 위험이라고 정의할 수 있다. 심증형성이 되지 않는 경우 법원은 판결문에 주장책임 및 증명책임을 지는 자의 주장사실을 인정할 증거가 없다는 식으로 설시하게 된다.

증명책임의 분배기준에 관한 통설 · 판례의 입장은 법률요건분류설인데, 이에 따르면 권리근거규정에 관하여는 원고가, 반대규정, 즉 권리장애규정, 권리소멸규정, 권리저지규정에 관하여는 피고가 증명책임을 부담한다. 법률요건분류설에 대하여는 증거편재현상이 심하게 나타나는 공해소송, 의료과오소송, 제조물책임소송 등에서 부당한 결과를 초래하기 때문에 분배기준 자체를 바꿔야 한다는 비판이 있다. 법률요건분류설은 증명책임의 전환, 증명책임의 완화(법률상 추정, 일응의 추정), 증명도의 완화 등으로 문제를 시정하고자 한다.

Ⅳ. 소송의 종료 · 판결

1 소송종료사유의 개관

소에 의하여 개시된 소송절차는 원칙적으로 판결에 의하여 종료된다. 엄밀하게는 판결의 확정이 소송종료원인이다. 하지만 판결만이 소송종료사유인 것은 아니다. 소송절차는 당사자의 행위에 의하여 종료되는 경우도 있다. 소의 취하, 청구의 포기 · 인낙, 화해가 성립되는 경우 소송절차는 종료된다. 또한 당사자대립구조가 소멸하는 경우 소송절차는 당연히 종료된다.

2 판결

가. 재판 일반론

판결은 재판의 일종이다. 재판은 널리 법원의 판단 또는 의사표시로서 소송법상 일정한 효과가 발생하는 법원의 소송행위를 말한다. 재판에는 판결 이외에 결정과 명령이 포함된다. 판결, 결정, 명령은 재판의 주체와 성립절차에 따른 구분인데, 심리방식, 고지방식, 불복방법, 기속력 유무, 집행력 발생시기 등에서 차이가 있다. 아래에서는 판결에 대하여만 설명한다.

나. 판결의 절차

1심법원은 충분히 심리되었다고 판단하면 변론을 종결하고, 판결을 선고할 기일 즉, 선고기일을 지정한다. 법원은 선고기일 이전에 기록을 정밀하게 검토하여 판결의 내용을 확정하고 이에 따라 판결문을 작성한다. 담당재판부가 합의재판부인 경우에는 3인의 합의를 거쳐서 판결의 내용을 확정하여야 하는데, 의견이 갈리는 경우에는 다수결에 의한다.

법원이 민사소송사건에서 내리게 되는 결론을 간략히 살펴보면 다음과 같다. 우선, 법원은 소송요건이 갖추어지지 않았다고 판단되는 경우에는 소송판결, 즉 원고의 소를 각하하는 소각하판결을 한다. 소송요건이 갖추어졌다고 판단되는 경우에는 본안판결을 하는데, 본안판결에는 원고의 청구를 인용하는 청구인용판결과 원고의 청구를 기각하는 청구기각판결이 있다. 한 사건에서 소각하판결, 청구인용

판결, 청구기각판결이 섞여서 선고될 수도 있다.

또한 법원은 판결할 때 위와 같이 소의 적법 여부나 청구의 당부뿐만 아니라 소송비용의 부담과 가집행선고에 관하여도 판단한다. 법원은 일반적으로 소송비용은 패소자의 부담으로 하고, 일반적인 이행의 소에서 청구가 인용되는 부분에 대하여는 가집행선고를 붙인다.

선고기일에서 재판장은 이미 작성된 판결원본의 주문을 낭독하는 방법으로 판결을 선고하고, 필요한 경우에는 이유를 간략히 설명할 수도 있다. 판결은 선고에 의하여 성립하고, 그 기속력 등이 발생한다. 기판력 등은 판결이 확정된 때에 발생한다.

판결이 선고된 이후 법원사무관 등은 재판부로부터 교부받은 판결원본을 이용하여 판결정본을 만들어 당사자에게 송달하여야 하는데, 당사자는 판결정본 송달일로부터 2주 이내에 항소를 제기할 수 있다. 판결이 선고되면 판결정본이 송달되기 전이라도 항소제기가 가능하다. 위 2주 이내에 항소가 제기되지 않으면 1심판결은 확정되고 이로써 소송절차는 완전히 종료되지만, 항소가 제기되면 항소심절차가 진행된다.

다. 판결의 효력

(1) 기판력 외의 효력

판결의 효력으로는 기속력, 형식적 확정력, 기판력, 집행력, 형성력 등이 있다. 법원은 일단 판결을 선고하고 나면 이후 판결이 잘못된 것으로 판명되더라도 스스로 판결을 철회하거나, 변경할 수 없다. 이와 같이 판결을 한 법원 스스로가 자신이 한 판결에 구속되는 효력을 기속력이라고 한다. 기속력은 선고와 동시에 발생한다.

법원의 종국판결이 당사자의 통상적인 불복 수단으로 다툴 수 없게 된 상태를 판결의 형식적 확정이라고 하고, 이러한 취소불가능성을 형식적 확정력이라고 한다. 판결이 형식적으로 확정되면, 기판력, 집행력, 형성력 등이 발생한다.

집행력은 좁은 의미로는 강제집행절차에 의하여 판결의 내용을 실현할 수 있는 효력을 의미한다. 이러한 의미의 집행력은 이행판결에만 인정된다. 하지만 판결의 내용은 강제집행절차 이외의 방법으로도 실현될 수도 있다. 즉, 이행판결이라도 등기절차의 이행을 명한 확정판결의 경우 강제집행기관의 개입이 없어도 원고가 확정판결을 첨부하여 단독으로 등기신청을 함으로써 그 내용을 실현할 수 있다. 이와 같이 강제집행 이외의 방법에 의하여 판결의 내용에 적합한 상태를 실현할 수 있는 효력까지 포함한 판결의 내용을 실현할 수 있는 효력을 광의의 집행력이라고 하고, 이러한 효력은 확인판결, 형성판결에도 인정된다.

형성판결이 확정되면 판결의 내용대로 법률관계가 변경되는바, 이를 판결의 형성력이라고 한다. 형성력에 의한 법률관계 변동의 효과는 당사자뿐만 아니라 일반 제3자에게도 미친다.

판결의 선고나 확정 등이 어떤 법규정이 정하는 요건이 되는 경우가 있다. 예컨대, 판결이 확정되면 소구채권에 대한 소멸시효가 다시 진행하고, 소멸시효기간은 일률적으로 10년이 된다. 또한 상소심에서 원심의 본안판결을 바꾸는 판결을 선고하면 원심이 한 가집행선고는 효력을 상실한다. 이러한 경우를 판결에 법률요건적 효과가 있는 경우라고 한다.

판결을 받은 당사자와 실체법상 특수한 의존관계에 있는 제3자에게 판결의 효력이 이익 또는 불이익하게 영향을 미칠 수 있다고 주장하는 견해가 있는바, 이 견해는 위와 같은 판결의 효력을 반사적 효력이라고 부른다. 반사적 효력을 부정하는 견해도 있고, 판례도 부정한다.

(2) 기판력

(가) 기판력의 의의와 작용국면 등

판결이 형식적으로 확정되면 판단의 대상이 된 청구, 즉 소송물에 대한 법원의 판단에 구속력이 발생하여, 이후 별개의 후속 소송절차에서 당사자는 기존의 판단에 반하는 주장을 할 수 없고, 법원은 기존의 판단에 반하는 판단을 할 수 없다. 이러한 판결의 효력을 기판력 혹은 실질적 확정력이라고 한다. 기판력을 배제하기 위하여는 재심의 소를 제기하여 승소하는 수밖에 없다. 일반적으로 기판력이 작용하는 국면을 동일관계, 선결관계, 모순관계로 나누어서 설명하는데, 이는 기판력이 작용하는 국면을 전소의 소송물과 후소의 판단대상 중 기판력이 작용하는 부분의 관계에 따라 구분한 것이다. 이들은 기본적인 형태일 뿐이고, 기판력은 이들 기본적인 형태가 복합되는 경우에도 작용한다. 또 모순관계의 경우는 일반적인 상식에 비추어 언뜻 생각할 때보다 그 범위가 좁게 인정되는데, 이는 전소의 소송물의 선결적 법률관계에 기판력이 작용하지 않는다는 점이 반영되기 때문이다.

기판력은 직권조사사항이라는 점에 이견이 없고, 후소에서 전소 확정판결의 기판력에 반하는 판결이 선고된 경우 그 판결은 당연무효는 아니지만, 상소나 재심의 대상이 된다. 전소 확정판결의 기판력이 후소에 미치는 경우의 효과에 대하여는 모순금지설과 반복금지설이 대립되고 있는데, 판례는 모순금지설을, 다수설은 반복금지설을 취하고 있다. 반복금지설은 특히 동일관계의 경우 후소의 소송물에 대한 기판력의 부존재를 소송요건으로 보지만, 모순금지설은 기판력이 일차적으로 본안에 작용하는 것으로서 소송요건과 무관하다고 본다.

(나) 기판력의 범위

기판력은 소송물에 대하여 법원이 행한 일정시점의 판단으로서, 일정한 사항에 대하여, 일정한 사람에게 국한하여 미친다.

1) 기판력의 시간적 범위

판결은 사실심 변론종결시까지 제출된 자료에 기초한 것이기 때문에 기판력의 기준시점, 즉 표준시는 사실심 변론종결시이다. 무변론판결의 경우 판결선고시가 표준시이다.

당사자는 전소 판결이 확정되어 기판력이 발생하면 후소에서 표준시 이전의 사유를 공격방어방법으로 제출할 수 없고, 후소 법원도 그러한 공격방법을 받아들여 전소의 소송물에 대하여 전소 법원과 다른 판단을 할 수 없다. 이를 기판력의 차단효 내지 실권효라고 한다. 주의할 점은 기판력 자체의 대상과 기판력의 차단효의 대상이 다르다는 점이다. 전자는 소송물이고 후자는 공격방어방법이다.

변론종결 이후의 사정변경이 있으면 차단효가 미치지 않는다. 이 사정변경은 사실, 즉 사실관계의 변경을 의미한다. 사실의 변경이 아닌 법의 변경은 기판력에 영향을 미치지 않는다. ① 전소 판결이 적용한 판례, ② 법률의 변경(법률에 대한 위헌

결정 포함), ③ 기초로 삼은 판결이나 행정처분의 변경은 기판력에 영향을 미치지 않는다. 다만, 재심사유가 되는 경우가 있다.

형성권에 관하여, 변론종결 이전에 형성권 행사의 요건이 모두 갖추어졌으나 형성권을 행사하지 않았다가 변론종결 이후에 비로소 형성권을 행사하면서 청구이의나 채무부존재확인소송을 제기할 수 있는지 여부에 관하여 견해가 대립하고 있다. 대법원 판례는 일반적으로는 이를 부정하고 있으나, 상계권 등에 관하여는 긍정하고 있다.

도로를 무단으로 개설하였다는 이유로 국가나 지방자치단체가 토지소유자에게 점유종료일 등까지 차임 상당 부당이득 월 100만 원을 반환하라는 판결이 확정되었는데, 이후 해당 지역 부동산 가격의 상승으로 월 차임 상당액이 현저하게 변하여 1,000만 원으로 오른 경우 토지소유자는 국가 등을 상대로 차액 상당액의 지급을 구하는 추가소송을 제기할 수 있다는 것이 판례의 입장이었다. 위와 같은 상황은 사실관계가 변경된 것인지 법적인 평가가 변경된 것인지 애매한 경우로서 위와 같은 추가소송이 가능하더라도 이론적인 근거에 관한 논란이 있었다. 2002년 법 개정으로 정기금판결변경의 소가 도입되어 입법적인 해결이 시도되었는데, 현재 위와 같은 상황에서 정기금판결변경의 소가 이용될 수 있다는 점에는 의문이 없지만, 대법원은 기존의 추가소송도 인정하고 있다.

2) 기판력의 객관적 범위

민사소송법 제216조 제1항이 기판력은 주문에 포함된 것에 한하여 발생한다고 하고 있으므로 반대해석을 하면 이유 중의 판단에는 기판력이 발생하지 않는다. 즉, 판결의 주문이 아닌 이유 중에서 판단된 사항, 즉 사실인정, 법률판단, 선결적 법률관계, 항변 등에는 기판력이 발생하지 아니한다.

제216조 제2항은 상계항변의 경우 기판력이 발생할 수 있다고 규정하여 제1항의 예외를 인정한다. 상계항변이 인용된 경우는 물론 상계항변이 배척된 경우에도 기판력이 발생할 수 있다. 상계항변이 배척된 때 기판력이 발생하는 것은 자동채권이 존재하지 않는다는 이유로 상계항변이 배척된 경우에 한하고, 상계항변이 각하되거나, 상계가 성질상 허용되지 아니하거나 혹은 상계부적상으로 상계항변이 배척된 경우에는 기판력이 발생하지 않는다. 또한 기판력이 발생하기 위하여는 수

동채권이 소구채권이거나 혹은 그와 동일시할 수 있는 경우여야 한다. 상계항변의 기판력은 상계로 실제 대항한 액수에 한하여 발생한다.

소송판결의 경우는 흠결되었다고 판단된 소송요건의 존부에 기판력이 발생한다.

3) 기판력의 주관적 범위

기판력은 '당사자+α'에게 미친다. 즉, 기판력은 원칙적으로 당사자에게 미치지만, 예외적으로 당사자가 아닌 자, 즉 위의 'α'에게 기판력이 미치는 경우도 있다. 'α'에는 당사자와 동일시할 수 있는 제3자와 일반 제3자가 있다. 당사자와 동일시할 수 있는 제3자에는, 민사소송법 제218조 제1항과 제3항에 규정된 변론종결 후의 승계인, 청구의 목적물 소지인 및 소송담당에서의 본인, 제80조 단서와 제82조 제3항의 소송탈퇴자가 들어간다. 아래에서 변론종결 후의 승계인, 목적물 소지인, 소송담당에 관하여 본다.

변론종결 후의 승계인의 유형으로는 크게 ① 소송물인 실체법상 권리의무를 승계한 경우와 ② 당사자적격을 승계받은 경우가 있다. 변론종결 후 승계인에게 기판력이 확장되는 근거는 승계로 인하여 확정판결이 무력화되는 것을 방지하는 정책적인 것이다. 이렇게 근거가 정책적이므로 그 인정범위가 다소 미묘하게 결정된다. 예컨대, ①의 경우 실체법상 권리의무의 승계는 원칙적으로, 피승계인이 원고이든 피고이든, 혹은 승소자이든 패소자이든 불문하고, 승계가 포괄승계이든 특정승계이든 불문하고, 그 방법 여하, 즉 계약인지 경매인지 등을 불문한다. 하지만, 채무가 승계된 경우 면책적 승계의 경우는 여기에 해당하나, 중첩적 승계의 경우는 해당하지 않는다. 후자의 경우에는 판결이 무력하게 될 소지가 없기 때문이다.

②의 당사자적격은 통상 계쟁물, 즉 분쟁의 대상이 된 목적물에 대하여 어떤 소송이 제기되면 당사자가 될 지위를 의미하는 것으로서 당사자의 능력 · 자격에서 말하는 당사자적격과 일치하지 않는다. 예컨대, 토지인도소송에서 토지의 점유가 피고가 될 지위가 되고, 토지의 소유가 원고가 될 지위가 되어, 변론종결 후 토지의 점유가 피고가 아닌 다른 사람에게 이전되거나, 토지의 소유권이 원고가 아닌 다른 사람에게 이전되는 경우 여기서 말하는 당사자적격의 승계가 발생하는 것이다. 판례는 피고측 당사자적격 승계의 경우 소송물이 물권적인 경우에 한하여 기판력이 확장된다고 한다. 예컨대, 토지인도소송에서 원고가 물권적인 소유권에 기

한 방해배제청구권을 행사한 경우에는 기판력이 확장되지만, 채권적인 임대차계약에 기한 임차목적물반환청구권을 행사한 경우에는 기판력이 확장되지 않는다는 것이 판례의 입장이다.

청구의 목적물 소지인에서 청구의 목적물은 특정물 인도청구권의 대상인 특정물을 의미하는바, 여기의 인도청구권은 물권적 청구권과 채권적 청구권을 불문한다. 창고업자, 수치인, 운송인 등이 여기에 해당한다. 임차인, 질권자, 전세권자 등은 자기 고유의 이익을 가지기 때문에 여기에 해당하지 않는다. 소지의 시기는 변론종결 전후를 묻지 않는다는 점에서도 변론종결 후의 승계인과 다르다.

민사소송법 제218조 제3항은 소송담당자가 소송을 수행하여 받은 판결의 기판력이 본인에게 미친다는 취지의 규정이다. 독일에는 없고, 일본과 우리나라에는 있는 조문이다. 우리나라에서 어떤 제도가 소송담당이라고 본다면 이 조문 때문에 기판력의 확장을 부인하기 어렵게 된다.

소송담당으로 인하여 기판력의 확장이 문제되는 상황은 ① 소송담당자가 수행한 소송이 선행소송(판결이 확정된 소송)이고 본인이 수행하는 소송이 후행소송(현재 계속 중인 소송)인 경우, ② 본인이 수행한 소송이 선행소송이고, 소송담당자가 수행하는 소송이 후행소송인 경우, ③ 선행소송과 후행소송 모두 소송담당자가 수행한 또는 수행하는 소송인 경우로 나눌 수 있다. 민사소송법 제218조 제3항이 규정하고 있는 것은 ①이다.

채권자대위와 관련한 대위소송과 본인소송, 대위소송 간의 기판력의 확장과 관련하여, 대법원은 대위소송의 성격을 소송담당이라고 보면서, ①에 관하여는 채무자 본인이 대위소송이 진행되고 있음을 알았던 경우에 한하여 기판력이 확장된다고 하고, ②에 관하여는 명문의 근거는 없지만 두 소송이 실질적으로 동일한 소송이라는 이유로 기판력이 확장된다고 하고, ③에 관하여는 ①의 법리와 ②의 법리를 결합하여 채무자 본인이 선행 대위소송이 진행되고 있음을 알았던 경우에 한하여 기판력이 확장된다고 하고 있다. 만약 ①에서 채무자 본인이 대위소송이 진행되고 있음을 몰랐던 경우에도 제한 없이 기판력이 확장된다고 보면, 이에 따라 자동적으로 ③에서도 기판력 확장의 범위가 넓어질 것이다.

한편 대법원은 추심소송의 성격을 대위소송과 마찬가지로 소송담당이라고 보고, 또 ①에서 채무자 본인이 추심소송에 관하여 몰랐던 경우에도 기판력의 확장을 인정하면서도, ②, ③에 관하여는 기판력의 확장을 인정하지 않아, 법리의 일관성에 의문이 있었으나, 최근 전원합의체 판결로 ②, ③에서도 기판력의 확장을 인정하는 것으로 입장을 변경하였다.

라. 판결의 하자

판결에 하자가 있는 경우 일반적으로는 그 판결은 (당연)무효는 아니고 위법할 뿐이다. 일반적인 경우 하자 있는 판결은 일응 유효하고, 다만, 상소나 재심에 의하여 취소될 수 있다. 개별소송행위가 요건을 갖추지 못한 경우 원칙적으로 무효인 것과 다르다.

판결이 무효인 경우도 있는바, 여기에는 판결이 아예 부존재하는 경우와 존재하지만 무효인 경우(협의의 판결의 무효)가 포함된다. 판결의 무효와 관련하여서는 통상 사위판결(판결의 편취)이 함께 다뤄져, 사위판결을 무효라고 볼 것인지, 어떤 구제수단을 인정할 것인지 등이 논의된다.

법관의 판결이라고 볼 수 없거나, 선고되었다고 볼 수 없는 경우를 판결의 부존재 또는 비판결이라고 한다. 법관이 아닌 자의 판결이나, 초고상태의 판결을 예로 들 수 있다. 비판결은 아무런 효력이 없고, 원칙적으로 상소의 대상이 되지 아니하고, 상소가 제기되어도 그 상소는 각하되어야 한다.

어떤 판결이 외관은 갖추었지만 그 내용에 있어서 묵과할 수 없는 중대한 하자가 있는 경우 그 판결은 무효이다. 치외법권자에 대한 판결, 소제기 이전에 이미 사망한 자를 당사자로 한 판결, 심판대상이 아닌 부분에 대한 판결(소취하나 인낙 등의 간과, 상소심의 불복범위가 아닌 부분에 대한 판결), 주문 자체가 국내법상 인정되지 않는 법률효과를 내용으로 하는 판결, 판결경정에 의하여 시정될 수 없는 정도로 내용이 불명확한 판결 등을 예로 들 수 있다.

무효인 판결은 그 존재가 인정되는 이상 해당 심급을 완결시키고 판결법원을 구속하는 기속력이 인정되고, 형식적 확정력도 인정되므로 다시 판결해달라는 신청은 받아들여지지 않는다. 따라서 무효인 판결에 아무런 효력이 없는 것은 아니다.

다만, 판결의 내용적 효력인 기판력, 집행력, 형성력은 발생하지 않는다.

상소 및 재심의 허용 여부에 대하여 재심은 허용되지 않지만 형식적으로 확정되기 전에는 외관제거를 위한 상소는 허용되어야 한다는 견해와 상소 및 재심이 모두 허용된다는 견해가 대립한다. 전자가 일반론으로서 타당하다. 즉, 무효인 판결도 상소의 대상적격이 있다고 하는 것이 타당하다.

판례는 무효인 판결에 대한 재심을 허용하지 않는다. 대법원이 무효인 판결에 대하여 상소제기를 허용하지 않는다고 소개하면서, 소제기 이전에 당사자가 사망한 것을 간과하고 선고된 판결에 대한 상소를 각하한 판례를 근거로 제시하는 경우가 종종 있으나, 이 사안에는 달리 취급할 다른 사정이 있으므로, 판례가 무효인 판결 일반에 대하여 상소를 허용하지 않는다고 할 수 있을지는 의문이다.

당사자가 상대방이나 법원을 기망하여 부당한 내용의 판결을 받은 경우를 판결의 편취라고 하고, 편취된 판결을 사위판결이라고 한다. 판결의 편취에는 ① 성명모용소송, ② 소취하합의 후 불출석 유도, ③ 공시송달에 의한 판결편취, ④ 자백간주에 의한 판결편취, ⑤ 참칭대표자소송 등의 유형이 있다. 판결의 편취 일반에 대한 구제수단으로는 재심설이 통설이다. 판례도 같은 입장이나 ④에 대하여는 상소설을 취하고 있다.

마. 가집행선고와 소송비용의 부담에 관한 재판

판결에 기하여 강제집행을 신청하기 위하여는 판결에 집행력이 발생하여야 한다. 집행력은 원칙적으로 판결이 확정되어야 발생한다. 하지만, 가집행선고가 있으면 미확정판결에도 집행력이 발생한다. 통상 소장의 청구취지에는 가집행선고를 구하는 내용이 포함되지만, 포함되지 않아도 가집행선고는 법원이 직권으로 판단하여 붙인다.

법원은 1심판결을 선고할 때 소송비용의 부담에 관한 재판도 같이 한다. 이 역시 법원이 직권으로 하는 것이다.

3 판결 외의 종료원인

소송절차는 법원의 행위인 판결 외에도 당사자의 행위 및 당사자 대립구조의 소멸에 의하여 종료된다. 위 당사자의 행위에는 소의 취하, 청구의 포기와 인낙 및 소송상 화해가 들어가는데, 아래에서 차례로 본다.

가. 소의 취하

원고가 제기한 소의 전부 또는 일부를 철회하는 법원에 대한 단독적 소송행위를 소의 취하라고 한다. 원고는 자신의 청구에 대한 판결을 받기 위하여 소를 제기한 것이다. 소를 제기한 이후 여러 가지 사정에 의하여, 예컨대 승소할 가능성이 없다거나, 승소하여도 피고에게 아무런 재산이 없어 실익이 없는 등의 경우, 원고가 소송절차를 진행하는 것을 그만둘 수 있을까? 원칙적으로 가능하고, 그 방법은 소의 취하이다. 하지만 원고가 소를 취하한다고 하여 언제나 소송이 종료되는 것은 아니다. 피고가 본안에 대하여 응소한 뒤에는 피고의 동의가 필요하다.

소의 취하는 서면으로, 즉 소취하서를 제출함으로써 하는 것이 원칙이나, 변론기일이나 준비기일에서 구두로도 할 수 있다. 소의 취하는 판결이 확정될 때까지 가능하므로 대법원에서 상고심이 진행중인 경우도 할 수 있다.

소의 취하로 소송계속이 소급적으로 소멸하고, 그 이전에 행해진 개별적인 신청 등 소송행위도, 취하하는 소와 독립된 소가 아닌 이상 모두 실효한다. 상급심에서 소의 취하가 있으면 하급심의 판결도 효력을 잃는다. 이 점에서 소의 취하는 하급심의 판결이 확정되는 상소의 취하와 큰 차이가 있다.

본안판결 즉, 청구인용 또는 청구기각 판결이 선고되고 난 다음에 원고가 소를 취하할 때는 이후 다시 같은 소를 제기하지 못하는 재소금지의 제재가 따른다. 재소금지의 효과에 의하여 금지되는 것은 '같은 소'를 제기하는 것인바, 같은 소에 해당하기 위하여는 당사자, 청구 및 권리보호이익이 동일하여야 한다. 재소금지의 경우 기판력과 달리 위와 같이 권리보호이익이라는 요건이 있으므로 보다 유연한 운영이 가능하다.

소의 취하가 간주되는 경우가 있는데, 당사자 쌍방이 2회 이상 불출석한 이후 1월 내에 기일지정신청이 없거나, 그 이후 기일에서 다시 불출석한 경우, 피고경정 신청이 허가된 경우 등이 그 예이다. 상소심에서는 상소의 취하가 간주된다.

나. 청구의 포기와 인낙

청구의 포기는 변론기일 또는 변론준비기일에서 원고가 자기의 소송상의 청구가 이유 없음을 자인하는 법원에 대한 의사표시를 말하고, 청구의 인낙은 피고가 변론기일 또는 변론준비기일에서 스스로 원고의 청구가 이유 있다고 승인하는 법원에 대한 의사표시를 말한다.

청구의 포기 · 인낙이 이루어지면 소송상 화해가 이루어진 때와 마찬가지로 조서가 작성되고 이로써 소송이 종료된다. 그리고 조서는 확정판결과 같은 효력을 갖는다. 이는 소의 취하에 의하여 이미 그 이전에 선고된 판결들까지도 모두 실효하여 버리고 아무 것도 남지 않게 되는 것과 대조를 이룬다.

다. 재판상 화해

널리 법정에서 이루어지는 화해를 재판상 화해 또는 단지 화해라고 한다. 화해에는 소송상 화해와 제소전 화해가 있는바, 전자는 소가 제기된 권리관계, 즉 소송물에 대하여 이루어지는 화해를 말하고, 후자는 소가 제기되지 않은 권리관계에 대하여 이루어지는 화해를 말한다. 제소전 화해는 소송절차가 아닌 화해조서의 작성만을 목적으로 하는 별도의 절차, 즉 제소전 화해절차에서 이루어지는 것이 원칙이지만, 소송절차에서 이루어진 화해의 내용에 소송물 이외의 권리관계에 대한 것이 포함되는 경우가 종종 있다.

실제 화해가 이루어진 것은 아니지만 법원의 화해권고결정은 확정되면 재판상 화해와 같은 효력을 가진다. 또한 민사조정법에 의한 임의조정이 성립되거나 조정에 갈음하는 결정이 확정된 때도 같다. 이러한 경우를 간주화해라고 한다. 소송진행 중 화해가 성립되면 화해조서가 작성되고 이로써 소송은 종료된다. 화해조서에는 확정판결과 같은 효력이 인정된다.

재판상 화해의 성질에 관하여 판례는 소송행위설을 취하고 있으나, 다수설은 양성설을 취하고 있다. 엄밀하게 판례의 입장을 살펴보면 판례는 병존설을 취하다고 있다고 보는 것이 타당하다.

라. 구제수단

소의 취하에 관하여는 민사소송규칙이 기일지정신청을 구제수단으로 인정하고 있다. 판례는 소송법적인 하자가 있는 경우에만 기일지정신청이 가능하다고 보고 있다.

청구의 포기와 인낙, 재판상 화해의 경우 민사소송법이 명문으로 재심을 구제수단으로 인정하고 있다. 판례는 당연무효 사유가 있는 경우에 예외적으로 기일지정신청이 가능하다고 본다. 사기, 강박 또는 착오에 의한 의사표시와 같은 실체법적 하자가 있는 경우에도 조서의 기판력이 인정되는지에 관하여 판례는 청구의 포기와 인낙은 물론 재판상 화해도 순수한 소송행위라는 점을 근거로 긍정한다. 학설의 경우 청구의 포기와 인낙과 달리 재판상 화해의 경우에는 이를 부정하는 입장이 다수설(양성설)이다.

제 3 절

기타

Ⅰ. 제3절의 내용

제3절에서는 판결절차 중 판결에 대한 불복절차인 상소와 재심에 대하여(Ⅱ.), 나아가 집행, 보전, 도산절차에 대하여(Ⅲ.) 간략히 설명하다. 판결절차의 경우 민사소송법 교과서에서는 복잡소송(복수의 청구와 다수당사자소송)과 특수절차(소액절차와 독촉절차)에 대한 부분도 있지만, 복잡하거나 특수하여 이 글에서는 생략한다.

Ⅱ. 상소와 재심

1 상소

가. 상소의 의의와 종류

1심판결에 불만이 있는 원고나 피고는 항소를 제기하여 다투어야 한다. 항소는 상소의 일종인바, 널리 미확정의 재판에 대하여 상급법원에 그 취소 · 변경을 구하는 불복신청을 상소라고 한다. 상소는 통상 판결에 대한 것과 결정 · 명령에 대한 것으로 나뉜다. 전자 중 1심판결에 대한 상소를 항소, 항소심판결에 대한 상소를 상고라고 하고, 후자를 항고라고 한다. 항고도 항소와 상고에 대응하여 최초의 항고, 재항고로 나뉜다. 간혹 2심 즉, 항소심이나 항고심에서 처음으로 판결이나 결정 등이 내려지는 경우도 있는데, 이러한 판결에 대한 상소는 상고이고, 결정 등에 대한 항고는 재항고이다.

나. 상소요건

상소의 적법요건을 상소요건이라고 한다. 소송요건과 상소요건은 별개의 것이다. 소송요건이 흠결되면 소가 각하되고, 상소요건이 흠결되면 상소가 각하된다. 상소요건으로는 ① 방식의 준수, ② 기간의 준수, ③ 대상적격, ④ 상소당사자적격, ⑤ 상소의 이익 등이 있다.

중요한 점만 보면, 우선 ①과 관련하여, 소와 마찬가지로 상소에도 서면주의가 적용되어 상소는 상소장의 제출로 하여야 되고, 상소장은 원심법원에 제출하여야 한다. 소장과 마찬가지로 상소장에도 필수적 기재요건이 있다. 즉, 상소장에는 당사자와 법정대리인, 상소대상인 재판(원심재판)의 표시 및 그에 대한 상소의 취지를 기재하여야 한다. 상소의 취지는 범위를 불문하고 원심판결의 취소를 구한다는 취지를 말하는 것으로 불복범위와 다른 것이다.

②와 관련하여 상소기간의 제한이 있는 경우에는 상소제기기간이 도과하기 전에 상소를 제기하여야 한다.

다. 상소이유서

판결에 대한 상소절차에서 상소이유서의 제출은 상고에서만 요구되고, 항소에서는 요구되지 않았지만, 2024. 1. 16. 민사소송법 개정(2025. 3. 1. 시행)으로 항소에서도 요구된다. 상고인은 상고기록접수통지를 받은 날로부터 20일 이내에 상고이유서를 대법원에 제출하여야 하고(427조), 이를 어기면 변론 없이 상고기각판결이 선고된다(429조). 항소인은 항소기록접수통지를 받은 날로부터 40일 이내에 항소이유서를 항소심법원에 제출하여야 하고(402조의2 1항), 이를 어기면 항소심법원은 결정으로 항소를 각하한다(402조의3 1항). 위 민사소송법 개정이 항소심의 속심적 구조와 상응하는지는 의문이 있다.

라. 상소의 효력

미확정재판에 대한 불복수단인 상소는 재판이 확정되는 것을 막는 효력이 있다. 이를 확정차단의 효력이라고 한다.

판결의 효력 중 확정되어야 발생하는 기판력, 집행력 등은 상소가 제기되면 발생하지 않는다. 다만, 원심판결에 가집행선고가 있는 경우, 원심판결 선고시에 집행력이 발생하고, 상소를 제기한 것만으로는 가집행선고부 원심판결에 기한 집행이 정지되지 않으므로, 수소법원에 강제집행정지신청을 하여 강제집행정지결정을 받은 다음, 그 결정문을 집행법원에 집행정지서류로 제출하여야 한다.

상소는 상급심에 구제를 요청하는 것이므로 상소가 제기되면 사건이 원심에서 상급심으로 옮겨진다. 이를 이심의 효력이라고 한다.

확정차단의 효력과 이심의 효력은 상소인의 불복의 범위에 관계없이 하나의 원심판결 전부에 대하여 불가분으로 발생한다는 원칙을 상소불가분의 원칙이라고 한다. 예컨대, 원고가 1억 원의 대여금청구를 하였는데, 1심법원이 전부 인용하였고, 피고가 항소하면서 자신은 3천만 원에 한하여 책임이 있다는 이유로 1심판결 중 7천만 원 부분의 취소를 구하여 현재 항소심절차가 진행 중인 경우 피고가 취소를 구하는 7천만 원 부분뿐만 아니라 피고가 다투지 않고 있는 3천만 원 부분에도 확정차단과 이심의 효력이 미친다.

마. 상소심의 심판범위(불이익변경금지)

항소심은 사실심이기 때문에 법령위반뿐만 아니라 사실오인도 당연히 불복의 사유로 삼을 수 있다. 항소심에서 새로운 소송자료를 제출할 수 있는 정도에 따라 항소심의 구조는 복심제, 사후심제, 속심제로 나뉘는데, 민사소송법은 속심제를 취하고 있다. 속심제에는 일정한 제약 하에서 새로운 소송자료를 제출할 수 있다.

상고심은 법률심으로서 법령위반만을 상고이유로 주장할 수 있다. 그러나 실제에 있어서는 사실인정에 경험칙 위반이 있다는 상고이유도 적법한 것으로 받아들여지고 있어, 우리나라의 상고심은 실질적으로는 사실심으로 운영되고 있다.

항소심절차는 필요적 변론절차이므로 항소심의 심리는 원칙적으로 변론에 의하여 행해져야 한다. 항소심은 원고의 청구에 대하여 전면적으로 재심판한다는 점도 상고심과 다른 점이다. 상고심은 상고이유에 따라 심판하게 되어 있다. 다만, 2024년 법 개정(2025. 3. 1. 시행)으로 항소심에서도 항소이유서의 제출이 강제되고, 항소이유서를 제출하지 않으면 항소가 결정으로 각하되게 되었는데, 이로 인하여 위와 같은 항소심의 심리구조가 변경된 것인지는 확실하지 않다.

상소심은 불복범위 내에서만 심판하는 것이 원칙이다. 즉, 상소인의 불복범위가 상소심의 심판범위이다. 다만, 우선 항소심에서 부대항소가 제기된 경우, 소변경이 있는 경우 등은 예외이다. 상고심의 경우 부대상고는 가능하나, 당사자의 소변경 등은 불가능하다.

상소심법원은 당사자의 불복범위 내에서만 1심판결을 변경할 수 있고, 1심판결 중 불복이 없는 부분은 이익으로도 불이익으로도 변경할 수 없다. 이를 불이익변경금지의 원칙이라고 한다. 불이익이나 이익의 판단은 판결의 결론을 기준으로 한다. 판결의 결론은 원칙적으로 주문을 기준으로 판단하지만, 상계항변에 기판력이 관련된 경우에는 상계항변의 기판력까지 고려하여 판단한다.

바. 항고

절차법은 실체법과 달리 기술적인 내용이 많아 이해하기가 쉽지 않은바, 민사소송법은 절차법의 일반법임에도 불구하고 이러한 특성에서 자유롭지 않다. 특히 항고는 이런 특성이 가장 심하게 드러나는 영역 중의 하나이다. 항고와 관련한 업무를 처리하는 경우에는 반드시 조문, 판례 및 문헌에서 근거를 확인하는 작업이 필수적이다.

항고에는 일반항고와 특별항고가 있고, 일반항고는 다시 통상항고와 즉시항고로 나뉜다. 항고는 원칙적으로 법률에 근거가 있어야 한다. 통상항고의 경우 일반적 근거규정인 민사소송법 제439조가 있고, 즉시항고의 경우 개별적인 근거규정들이 있다. 통상항고의 경우 항고제기의 기간 제한이 없으나 즉시항고는 그 제한이 있고(재판고지일로부터 1주 이내), 통상항고의 제기에는 집행정지효가 없으나 즉시항고에는 있다.

일반항고는 다시 최초의 항고와 재항고로 나뉜다. 최초의 항고는 항소에, 재항고는 상고에 대응한다. 재항고는 결국 대법원에 대한 항고라고 할 수 있다. 최초의 항고에는 항소에 관한 규정들이, 재항고에는 상고에 관한 규정들이 준용된다.

불복신청을 할 수 없는 결정 등에 대한 항고를 특별항고라고 하고, 대법원이 이를 처리한다. 특별항고와 일반항고는 상급심법원에 원심재판의 취소·변경을 구하는 불복수단이라는 점에서는 공통점이 있지만, 일반항고는 일반적인 불복수단에 해당하는 반면, 특별항고는 일반적인 불복수단이 없거나, 그러한 불복수단을 다 거친 경우에 인정되는 비상구제수단인 점에서 서로 차원을 달리 한다.

2 재심

재심은 이미 확정된 판결에 중대한 하자가 있는 경우 그 판결을 취소하고 사건에 대하여 다시 심판하는 절차를 말한다. 재심은 확정판결을 대상으로 한다는 점에서 미확정판결을 대상으로 하는 상소와 다르다.

재심은 비상구제수단이라고 불리는데, 그 이유는 판결이 확정되면 기판력이 발생하여 변론종결 이전에 존재하였던 사유에 기하여 판결에 불복하는 것은 불가능한 것이 원칙이고, 재심은 판결에 중대한 하자가 있는 경우에만 인정되기 때문이다.

재심은 민사소송법 제451조 제1항 각호의 사유가 있는 경우에만 제기할 수 있다. 주장하는 재심사유가 위 각호의 사유가 아닌 경우 재심의 소는 각하된다. 게다가 재심의 제기에는 기간제한이 있다. 따라서 재심을 제기하고자 하는 경우에는 재심사유가 있는지, 기간제한에 걸리지는 않는지 등에 관하여 면밀히 검토하여야 한다. 또한 재심의 경우 재심대상판결을 먼저 정하고, 재심대상판결을 한 법원에 재심의 소를 제기하여야 하는데, 이러한 단계에 관하여도 민사소송법에 특별한 정함이 있다는 점에 유의하여야 한다.

재심은 확정판결을 취소하여 그 기판력 등을 제거 할 수 있는 수단이다. 이러한 점에서 재심은 소송법적 법률관계의 변경을 구하는 소송상 형성의 소에 해당한다. 재심이 제기된 것만으로는 확정판결의 집행력이 정지되지 않으므로 재심의 소를 제기한 자는 별도로 민사소송법 제500조의 집행정지신청을 하여 법원의 집행정지 결정을 받아, 이를 집행법원에 제출하여야 한다.

Ⅲ. 집행 · 보전 · 도산절차

1 집행절차

가. 집행절차의 유형

집행절차는 강제집행과 임의경매로 크게 나뉜다. 둘 중에서 강제집행이 훨씬 중요하고, 설명도 강제집행을 먼저 하고 난 다음, 임의경매에 관하여는 강제집행과의 차이점을 제시하는 방식으로 행해진다. 강제집행을 강제경매라고도 하는데, 이는 집행절차에서 이용되는 환가의 대표적인 방법이 경매였기 때문이다. 지금은 경매가 아니라 입찰이 대표적인 환가방법이다.

강제집행은 집행권원에 기한 집행절차이고, 임의경매는 담보권에 기한 집행절차이다. 집행권원에는 확정판결, 가집행선고가 있는 미확정판결, 집행증서 등이 있는데, 이 중에서 확정판결이 가장 대표적인 것이라고 할 수 있다.

강제집행은 집행채권 즉, 집행권원에 담겨있는 채권자의 권리의 성격에 따라 금전집행과 비금전집행으로 크게 나뉘고, 전자는 집행대상인 채무자의 재산의 유형에 따라 부동산에 대한 집행과 동산에 대한 집행으로 나뉜다. 여기서 부동산은 부동산과 준부동산(자동차, 선박, 비행기 등)으로 나뉘고, 동산은 유체동산, 채권(금전채권, 비금전채권), 그 밖의 권리로 나뉜다. 부동산과 금전채권에 대한 금전집행이 특히 중요하다.

나. 집행절차의 특징(형식주의 · 서면주의)

채권자는 집행권원과 집행문이 있어야 강제집행 신청을 할 수 있다. 예컨대, 대여금의 지급을 명하는 판결이 확정되었음에도 채무자가 임의이행을 하지 않아 채무자의 부동산에 강제경매를 신청하려면, 채권자는 확정판결에 집행문을 받은 다음, 집행문이 있는 확정판결을 첨부하여 집행기관에 강제경매개시신청을 하여야 한다. 확정판결은 법관(판결기관)이 작성하고, 집행문은 법원사무관 등(집행문부여기관)이 작성한다. 확정판결을 작성할 때 법관이 확인하는 것은 소송물의 존부 즉, 집행채권의 존부이고, 집행문을 작성할 때 법원사무관 등이 확인하는 것은 집행적상의 존부이다. 집행적상에는 집행력의 현존(판결이 존재하고 취소되지 않았을 것, 확정되거나 가집행선고가 있을 것 등), 조건의 성취, 승계 등이 들어간다.

위와 같이 강제집행개시신청을 받은 집행기관은 집행문이 있는 확정판결이 첨부되어 있는지만 확인하고, 집행채권의 존부나 집행적상의 존부에 대하여는, 법관과 법원사무관 등의 판단을 그대로 받아들여, 실질적으로 심사하지 않는다. 이러한 점을 집행절차의 형식주의 · 서면주의라고 하는데, 이는 집행절차의 신속성과 효율성을 위한 것이다.

다. 집행절차와 구제수단

집행절차의 형식주의 · 서면주의는 집행절차와 관련된 구제수단의 구조에 영향을 미친다. 집행절차 고유의 구제수단으로는 집행이의와 즉시항고가 있는데, 이들은 집행기관이 책임을 지고 실질적으로 심사하는 사항에 관련된 하자에 대한 구제수단이다.

집행기관이 실질적으로 심사하지 않는 사항의 경우는 그와 관련된 구제수단도 집행절차 외에서 다른 기관이 담당한다. 예컨대, 집행채권의 존부에 관하여는 청구이의, 상소, 재심을 담당하는 법원이, 집행적상에 관하여는 집행문부여 관련 구제수단(집행문부여 관련 이의신청, 집행문부여의 소, 집행문부여에 대한 이의의 소) 등을 담당하는 집행문부여기관이나 법원이 담당한다. 집행대상 부동산이나 채권이 실제 채무자의 것인지 여부도 집행기관은 실질적으로 심사하지 않기 때문에, 이에 관한 다툼은 제3자이의의 소에 의하여 처리되고, 이 역시 집행절차와는 별개의 절차이다. 집행기관이 실질적으로 심사하지 않는 사항의 경우 집행기관은 위와 같은 구제수단을 담당하는 법원 등의 종국적인 판결, 결정 등이나 집행정지결정(잠정처분결정)이 제출되면, 그에 따라 집행절차를 정지 · 취소하게 된다.

2 보전절차

보전절차는 보전처분에 관한 절차를 말한다. 협의의 보전절차는 민사집행법의 보전처분인 가압류와 가처분(계쟁물에 대한 가처분과 임시지위를 정하는 가처분)에 관한 절차를 말한다. 가압류와 계쟁물에 대한 가처분은 장래 실시하게 될 강제집행을 위하여 현상을 동결하는 것을 목적으로 하고, 임시지위를 정하는 가처분은 현상동결이 아니라 임시적 법률관계를 형성하여 현재의 위험에 대비하는 것을 목적으로 한다.

가압류와 계쟁물에 대한 가처분이 압도적으로 많이 이용되므로 보통 보전처분이라고 하면 위 둘을 의미하는데, 위 둘은 거칠게 말하면 돈이냐 아니냐로 구분된다. 즉, 가압류의 피보전권리는 금전채권이고, 계쟁물에 대한 가처분의 피보전권리는 비금전채권이다. 물론 예외가 있다.

보전절차에 관하여 유의할 점은 보전절차가 보전명령 즉, 가압류명령과 가처분명령의 발령절차와 그 집행절차로 구성된다는 점이다. 보전절차에서는 가압류명령과 가처분명령이 집행권원이다. 보전명령 발령절차는 비록 민사집행법에 근거규정들이 있지만, 판결절차에 대비되는 것으로서 그에 관하여는 민사소송(판결절차)에 관한 규정이 준용된다는 점에 유의하여야 한다. 보전명령 집행절차에는 민사집행에 관한 규정이 준용된다.

보전명령신청이 배척된 경우 즉, 기각 또는 각하된 경우 채권자를 위한 구제수단은 즉시항고이고, 보전명령신청이 인용된 경우 채무자를 위한 구제수단은 보전명령이의신청 또는 보전명령취소신청이다. 보전명령에 대한 청구이의의 소는 인정되지 않는다.

3 도산절차

도산절차는 포괄적 집행절차로 분류되기도 한다. 앞에서 본 민사집행절차는 집행의 대상인 재산이나 채권자가 개별적이고 제한적이지만, 도산절차는 채무자의 모든 재산과 모든 채권자들이 대상이 된다.

우리나라에서 도산절차를 규정하는 법으로는 과거에는 도산 3법 즉, 파산법, 회사정리법, 화의법이 있었으나 IMF 금융위기 이후 위 도산 3법을 통합하여 채무자 회생 및 파산에 관한 법률이 만들어졌다. 위 법률에는 3종류의 도산절차 즉, 파산절차, 회생절차 및 개인회생절차가 있다. 도산 3법은 각각 다른 외국의 법을 계수하였기 때문에 일견 보면 서로 유사하지만 다른 면도 있었다. 현행 도산절차들도 하나의 법률 안에 있지만 이런 점에서 자유롭지 않다. 따라서 파산절차에서 익힌 법리가 회생절차나 개인회생절차에서 그대로 통용되지 않을 수도 있다는 점 등에 유의하여야 한다.

파산절차는 청산형 절차에, 회생절차와 개인회생절차는 갱생형 절차에 해당한다. 청산형 절차에서는 도산절차 신청 당시 채무자가 가지고 있는 모든 재산이 배당의 재원이 됨에 반하여 갱생형 절차에서는 도산절차 신청 이후에 채무자가 얻는 월급이나 영업소득이 배당의 재원이 된다. 채무자가 주택이나 영업설비 등을 보유할 수 있게 하여 주는 것이 갱생형 절차의 주요 요소인데, 회생절차와 달리 개인회생절차는 이러한 점에서 부족한 면이 있다.

도산절차 중 법인에 대한 파산절차를 제외한 나머지 즉, 회생절차, 개인에 대한 파산절차 및 개인회생절차에서는 권리변경이나 면책이 발생한다. 예컨대, 개인에 대한 파산절차에서 채무자가 신청 당시 가지고 있는 재산이 환가되고 채권자들에 대한 배당이 실시되어 파산절차가 종료되면, 이어서 면책절차가 진행되는데, 면책허가결정이 내려지면 채권자들의 채권 중 배당으로 소멸한 부분을 제외한 나머지 부분에 대한 채무자의 책임이 소멸하여, 채무자는 이를 갚지 않아도 된다. 개인에 대한 파산절차에서 채무자에게 환가할 만한 재산이 없어 아무런 환가와 배당 없이 파산절차가 종료되는 경우도 종종 있다.

특히 개인도산에서는 경제적 갱생의 기회를 부여한다는 점이 중요한 정책적 목표인데, 이 목표는 도덕적 해이라는 주제와 함께 논의된다. 이 점은 개별 채권자와 채무자 관계의 차원을 넘어서, 시장경제체제에서 호황과 불황이 교차하기 마련이고, 때로는 사회 전체에 극심한 고통을 주는 공황이 온다는 점, 과잉부채 상태를 신속하게 해결하는 것이 전체 경제체제를 유지·복구하는 데 도움이 되는 점, 도덕적 해이가 채권자 측에서도 발생한다는 점, 일반적으로 채권자의 영향력이 채무자의 영향력을 압도하는 점까지 포함하여 사회경제 전체적인 시점에서 고찰할 필요가 있다.

기업들이 주로 이용하는 회생절차(법정관리)는 권리변경으로 대부분의 우발채무를 소멸시킬 수 있고, 회생계획은 만장일치가 아닌 다수결 투표로 성립되기 때문에 경제적 위기에 빠진 기업을 위한 강력한 탈출구가 된다.

민사집행절차나 보전절차는 소송절차에 거의 영향을 미치지 않고, 영향을 받지도 않는 것에 반하여, 도산절차는 집행절차, 보전절차 및 소송절차에 큰 영향을 미친다. 예컨대, 도산절차는 포괄적 집행절차이기 때문에 도산절차가 개시되면 채권자들은 개별적으로 집행개시신청이나 보전명령신청을 할 수 없고, 기존에 진행되던 집행절차 등도 중단되며, 소송절차도 재산에 관한 것은 모두 중단되고, 채무자의 재산에 관하여 관리처분권을 취득하여 소송상의 적격을 취득한 파산관재인, 관리인 등이 소송을 이어 받게 된다. 과거에는 도산사건의 건수가 미미하여 이러한 점이 변호사나 법관 등 실무가들에게 크게 문제되지 않았으나, 지금은 도산사건의 건수가 현저하게 늘어나서 상황이 달라졌다.

PART

4

형사법

CHAPTER

1

형법

제1절

형법서설과 죄형법정주의

Ⅰ. 서설

이 글은 형법을 처음 접하는 독자를 대상으로 형법총칙의 기본구조를 이해함으로써 형법의 학습에 보다 친근하게 다가갈 수 있도록 돕는 것을 목적으로 한다. 형법은 국가가 일정한 법 위반행위를 범죄로 규정하고 그 위반행위자에게 국가가 부과하는 가장 강력한 제재수단으로서의 형벌을 부과하기 위한 법이기에, 그와 같은 강력한 처벌의 근거 · 요건 및 한계를 엄격하게 설정할 필요가 있다. 따라서 어떠한 행위가 범죄로 되는가, 그리고 범죄행위에 대하여 어떤 형벌을 과하여야 하는가에 대하여 원칙적으로 국민 대표가 정한 법률로 규정하여야 한다는 '죄형법정주의'는 형법의 가장 중요한 출발점이 된다.

한편 범죄와 형벌에 관하여 규정하는 법률인 형법은, 시민 개인이 행한 어떤 행위에 대해 그 범죄 여부를 평가하는 수단인 점에서 기본적으로 '평가규범'이다. 그러나 형법은 여기서 그치지 않고, 시민 개인이 향후 행할 행위에 대한 행동지침을 제공하는 행위규범이기도 하다. 즉 시민 일반이 형법의 규정 내용을 규범의식으로 내면화함으로써 형법이 금지하는 행위는 하면 안 된다거나, 반대로 형법으로 금지되지 않은 행위는 허용된다라는 의미의 행동지침으로도 작용한다. 형법의 평가규범성과 행위규범성은 동전의 양면이면서 서로 밀접한 연관을 갖는다. 형법이 행동지침으로서 시민 일반에게 규범준수에 관한 메시지를 제공하려면, 구체적 사건의 평가 및 형법의 적용에 있어서 일관성이 유지되어야 한다. 형법 적용의 주체(형법 위반여부 판단자)가 누구인가와 관계없이 같은 성격의 위반행위에 대해서 형법 적용의 일관성이 유지될 수 있도록 형법이론에서 고안해낸 이론이 '범죄체계론'이다. 형법이 규율하는 범죄의 의미는 이러한 범죄체계론을 통해서 규범적으로 의의와 요건이 정의된다. 이하에서는 '죄형법정주의'의 의의 및 내용을 검토하고, 이를 기반으로 하여 범죄체계론에 입각한 '범죄'의 개념 및 그 성립을 위한 요건에 관하여 개관한 후, 성립된 범죄에 대하여 부과되는 '형벌'에 대하여 그 기초개념을 간략히 살피고자 한다.

Ⅱ. 죄형법정주의의 의의와 내용

1 죄형법정주의의 의의 및 기능

죄형법정주의는 '법률이 없으면 범죄도 없고 형벌도 없다'(라틴어로 "Nullum crimen, nulla poena sine lege")라는 원칙으로 표현된다. 이는 권력분립원칙 및 일반인이 행하는 어떤 행위도 그것이 범죄가 아닌 한 자유롭게 행할 수 있다는 자유주의적 형법관을 전제로, 어떤 행위가 범죄로 처벌되는가를 국민대표가 만든 법률에 의하여 명정하여 그 행위만이 법집행기관에 의한 처벌부과의 대상이 될 수 있게 함으로써 자의적인 국가형벌권 행사로부터 시민의 자유와 권리를 보장하려는 원리이다. 우리 실정법에서도 헌법 제12조 제1항이 누구든지 법률과 적법한 절차에 의하지 않고는 처벌 받지 않는다고 규정함으로써 이러한 기본원칙을 명시하고 있다. 한편 오늘날 법원이 활발하게 기능함에 따라 실정법의 해석에 관한 많은 판결이 축적됨으로써 법원 판례가 갖는 의미가 과거에 비해 증대된 것도 사실이나, 판례는 어디까지나 실정법의 규율내용에 대한 법 적용자의 해석일 뿐 법규정 그 자체가 아니므로 죄형법정주의는 결코 죄형'판례'주의로 대체될 수 없음을 유념할 필요가 있다.

2 죄형법정주의의 내용

가. 성문법률주의

범죄와 형벌은 원칙적으로 국민의 대표기관인 국회가 제정한 형식적 의미의 법률에 의하여 규정되어야 하며 관습형법은 금지된다. 형벌법규가 법률의 구체적 위임에 근거하여 그러한 위임을 받은 조례 · 명령 · 고시 등 하위규범으로 하여금 구성요건을 보충하도록 규정하는 위임입법의 형태도 허용되지만, 위임입법의 한계를 지켜야 한다. 즉 형벌법규의 위임은 특히 긴급한 필요가 있거나 미리 법률로써 자세히 정할 수 없는 부득이한 사정이 있는 경우로 한정되고, 이러한 경우에도 법률에서 범죄의 구성요건은 처벌대상행위가 어떠한 것일 것이라고 예측할 수 있을 정도로 구체적으로 정하여야 하며, 법률에서 형벌의 종류 및 그 상한과 폭을 명백히 규정하여야 한다.[1)]

나. 소급입법금지원칙

형법 제1조 제1항은 범죄의 성립과 처벌이 '행위 시의 법률'에 의한다고 규정한다. 이는 재판규범인 동시에 행위규범이라는 형법의 성격에 따른 귀결이다. 형법이 행위규범으로서 일반인들의 행위 선택을 바른 길로 안내하여 시민들이 이 법에 기반하여 의사결정을 할 수 있었다는 것은 법 위반자에 대해 법적 비난을 가하는 근거이기도 하다. 그리고 시민의 그러한 의사결정의 전제로서 그 행위 전에 미리 그러한 법이 규정되어 있었을 것이 요구된다. 이에 형법에서 행위 시 이후에 새롭게 마련된 법률을 그 시행 전 행한 행위에 소급 적용하여 이를 처벌하는 것이 금지된다는 소급입법금지원칙은 죄형법정주의의 핵심적인 내용이 된다.

다. 명확성의 원칙

형벌법규는 일반인에게 행위규범으로 작용하는 것이기에 그 처벌 구성요건 및 형벌의 내용은 일반인이 그 의미를 알 수 있도록 명확하게 규정되어야 하며, 지나치게 모호하게 규정되어서는 안 된다. 처벌구성요건이나 형벌이 지나치게 모호하게 규정되면 일반인이 그 의미를 예측하여 행위지침으로 활용할 수 없을 뿐만 아니라 수사 · 재판 단계에서 해석자가 자의적으로 그 적용범위를 넓힐 위험이 있기 때문이다. 다만 변화하는 다양한 생활관계에 부응하여 다양한 사안을 규율하여 포섭할 수 있어야 하는 형법규범의 본질상 그 규율내용에 어느 정도의 일반추상성을 갖지 않을 수는 없기 때문에, 형법규범이 그 규정내용에 다소 광범위하여 법관의 보충적인 해석을 필요로 하는 개념을 사용하였다고 하더라도 건전한 상식과 통상적인 법감정을 가진 사람이 통상의 해석 방법에 의하여 그 형벌법규에 의하여 보호되는 법익과 금지되는 행위 및 부과되는 처벌의 종류와 정도를 알 수 있도록 규정하였다면 헌법이 요구하는 형벌법규의 명확성에 배치되는 것이 아니다.[2)]

라. 유추해석금지원칙

형벌법규는 그 규정의 통상적인 문언의 의미에 따라서만 해석하는 엄격해석이 원칙이고, 피고인에게 불리한 유추해석 내지 확장해석은 금지된다. 유추해석이란 아직 법적으로 규율되고 있지 않은 특정한 개별사건에 대하여 그와 유사한 개별사건에 적용되는 기존의 법규를 차용하여 적용하는 것을 말한다. 예를 들어 과거 축산물가공처리법이 '양'을 불법도축의 처벌대상으로 규정하고 있지만 '염소'에 대해서는 아무런 규정도 두고 있지 않은 시기가 있었는데, 대법원은 양의 불법도축에 대한 처벌규정을 근거로 염소의 불법도축행위를 처벌하는 것은 죄형법정주의에 반하는 해석이라고 판시하였다.[3)] 한편 확장해석의 경우 피고인에게 불리한 확장해석과 달리 문언의 가능한 의미 범위 안에서 합리적으로 의미를 확장하는 확장해석은 허용될 여지가 있으나, 그 경계는 늘 논쟁적이다. 대법원은 항공사 부사장이 그 소속 항공사의 항공기에 탑승한 상태에서 승무원에게 위력을 행사하여 이륙 전 활주로에 들어서고 있는 항공기의 이동경로를 변경하게 하여 항공보안법 제42조의 항공기 항로변경죄로 기소된 사건에 관하여, 지상에서 항공기의 이동경로를 변경하게 한 것을 '항로'변경으로 해석하는 것은 '항로'가 갖는 통상의 의미를 넘

는 확장해석으로서 허용될 수 없다고 판시하였다.[4)]

마. 적정성의 원칙

적정성의 원칙이란 형벌법규는 그 내용의 정당성을 갖추어야 한다는 요청을 의미한다. 죄형법정주의의 실정법적 근거인 헌법 제12조 제1항이 누구든지 법률과 적법한 절차에 의하지 않고 처벌받지 않는다고 규정한 것은 형벌법규의 내용이 실질적 적법절차 원칙에 합치하여야 함을 밝힌 것이다.

제 2 절

범죄론

Ⅰ. 범죄의 의의와 성립

1 이른바 '3단계' 범죄체계론에서 범죄의 의의: 구성요건해당성, 위법성 및 책임 있는 행위

형법이 행동지침으로서 시민 일반에게 규범준수에 관한 메시지를 제공하려면, 구체적 사건의 평가 및 형법의 적용에 있어서 일관성이 유지되어야 한다. 범죄체계론은 형법을 적용하여 법 위반 여부를 판단하는 주체가 누구인가와 관계없이 적용 결과의 일관성이 유지되도록 하고자, 일정한 '체계'를 통해서 범죄성립 여부를 판단하도록 형법이론을 통해서 안출해 낸 도구이다. 형법이 규율하는 범죄의 의미는 이러한 범죄체계론을 통해 규범적으로 그 의의와 요건이 정의된다.

오랜 시간 형법이론의 논의를 거쳐 발전, 확립되기에 이른 오늘날의 3단계 범죄체계론에 의하면, 형법에서 범죄의 성립은 (1) '구성요건해당성', (2) '위법성' 및 (3) '책임'이라고 하는 3단계의 체계를 거쳐서 검토된다. 요컨대 구성요건해당성이 인정되는 행위에 대하여 위법성과 책임을 검토하여 그 모두가 인정되는 행위이어야 비로소 범죄가 '성립'하는 것으로 평가된다. 첫 단계(구성요건해당성의 검토)에서는 먼저 '형법 및 형사특별법을 포함하는 수많은 형사실체법상 금지규정이 금지행위로 규정하는 행위유형에 해당되는가'를 판단한다. 이러한 검토를 충족하는 경우에 그 다음 단계(위법성의 검토)에서는 그 행위가 법질서 일반에 위반하는 것인가를 검토한다. 입법자들은 나쁜 행위 중에서도 특별히 범죄로 정하여 금지되어야 하는 행위들을 형벌구성요건으로 규정한 것이기 때문에, 구성요건해당성이 인정되는 행위는 일단 위법한 것으로 추정된다. 때문에 위법성에 대한 검토는 적극적으로 위법성이 있는가에 대한 검토가 아닌, 구성요건해당성이 인정되는 행위를 예외적으로 정당화할 수 있는 사유가 있는가, 즉 위법성조각사유가 있는가라고 하는 위법성에 대한 소극적 검토의 성격을 갖게 된다. 이러한 정당화 사유가 없어 위법성이 인정되는 경우에 비로소 그 다음 단계인 세 번째 단계의 검토가 수행된다. 세 번째 단계(책임의 검토)에서는, 구성요건에 해당되고 위법성까지 인정된 어떤 행위가 형법적으로 '비난가능성'이 있는가를 살핀다.

2 구성요건, 위법성 및 책임의 의의

구성요건은 형법적으로 금지되어야 하는 행위유형을 유형화하여 규정한 것이다. 요컨대 법이 금지하는 행위유형의 요건이 구성요건이다. 살인죄(형법 제250조)의 경우 '사람을 살해한 자'가, 절도죄(형법 제329조)의 경우 '타인의 재물을 절취한 자'가 구성요건이 된다. 범죄행위일반에 있어서, 즉 형법 또는 형사특별법을 비롯한 수많은 형사실체법상 금지규범의 구성요건에 포함된 일반적인 요소는 객관적 요소와 주관적 요소로 구분될 수 있다. 구성요건을 구성하는 객관적 요소, 즉 객관적 구성요건요소는 범죄의 주체, 행위, 객체, 결과, 인과관계 등이다. 한편 구성요건을 구성하는 주관적 요소, 즉 주관적 구성요건요소는 객관적 구성요건요소에 대한 인식 및 행위와 결과발생을 의욕하는 의사를 내용으로 하는 '고의(형법 제13조)', 법익침해라는 결과발생에 대한 예견의무 또는 결과회피의무에 반하여 이를 게을리하는 것을 내용으로 하는 '과실(형법 제14조)' 등을 들 수 있다. 그 외 객관적 구성요건요소와 무관하게 요구되는 주관적 구성요건요소를 '초과주관적 구성요건요소'라고 한다. 출판물 등에 의한 명예훼손죄(형법 제310조)에서 요구되는 '사람을 비방할 목적'과 같은 목적요건이나, 또는 절도죄(형법 제329조)에서 불문의 요건으로서 요구되는 불법영득의사와 같은 것이 초과주관적 구성요건요소의 대표적 예이다.

위법성은 그 구성요건에 해당되는 행위가 사회 전체의 법질서에 위반된다는 점에 대한 종국적인 판단이다. 위법성에 대한 검토가 구성요건해당성이 인정되는 행위를 예외적으로 정당화할 수 있는 사유가 있는가, 즉 위법성조각사유에 대한 소극적 검토라는 점에 대해서 앞서 보았는데, 우리 형법은 구성요건해당성이 인정되는 행위를 예외적으로 정당화할 수 있는 위법성조각사유로서 정당방위(형법 제21조), 긴급피난(형법 제22조), 자구행위(형법 제23조) 및 피해자의 승낙(형법 제24조)과 정당행위(형법 제20조)의 5개 유형을 명문으로 규정하고 있다. 각 구체적인 내용에 대해서는 후술할 위법성 부분에서 살피기로 한다.

3 형법의 적용범위

가. 시간적 적용범위(형법 제1조)

형법의 적용범위는 우리 형법이 언제 행한 행위에 대해서 적용되는지, 특히 그 시행 전에 행한 행위에 대해서도 적용될 수 있는지의 문제와, 우리 형법이 장소적으로 어디에서 행한 범죄에까지 적용될 수 있는지, 예컨대 외국에서 행한 범죄에 원칙적으로 적용될 수 있는가에 관한 문제이다. 우선 시간적 적용범위에 대해서 보면, 행위 당시에 시행된 규범만이 행위자의 행위규범으로 기능할 수 있으므로, 범죄의 성립과 처벌은 행위 당시에 시행된 처벌규정에 의하여야 한다는 행위시법주의가 원칙이다(형법 제1조 제1항). 다만 범죄 후 법률이 변경되어 그 행위가 범죄를 구성하지 않게 되거나 형이 구법보다 가벼워진 경우에는 신법에 따른다(형법 제1조 제2항). 즉 피고인의 범죄행위 이후에 이를 규율하는 형벌법규가 피고인에게 보다 유리한 내용으로 변경된 경우에는 예외적으로 재판시법주의에 따라서 피고인에게 유리한 신법을 적용한다는 것이다. 과거 판례는 피고인에게 유리한 내용으로 법률이 변경된 동기를 살펴서 그 동기가 피고인의 범죄행위에 대한 처벌이 부당하였다는 반성적 고려에 기인한 것인 때에만 형법 제1조 제2항이 적용될 수 있다는 이른바 동기설을 채택하였으나, 대법원은 전원합의체 판결을 통해서 판례를 변경하여 피고인에게 유리하게 법률이 변경된 경우에는 그 동기를 묻지 않고 언제나 형법 제1조 제2항에 따라 신법을 적용하는 것이 원칙임을 명확히 하였다.[5)]

나. 장소적 적용범위(형법 제2조~제6조)

형법은 원칙적으로 대한민국 영역 내에서 내국인 또는 외국인이 행한 모든 범죄에 적용된다(속지주의: 형법 제2조). 한편 대한민국 영역 내가 아닌 외국 등에서 행한 범죄이더라도 내국인이 이를 범한 것인 때에는 우리 형법이 적용된다(속인주의: 형법 제3조). 속지주의와 속인주의는 우리 형법의 적용범위에 관한 원칙으로 기능하지만, 그 외에 우리 국가와 국민 개인의 법익을 직접 침해하는 외국인의 범죄행위에 대해서는 일정한 경우에 우리 형법을 적용한다(보호주의: 형법 제5조 및 제6조), 유가증권이나 공문서위조와 같은 특정한 범죄에 대해서는 외국인이 외국에서 이를 범하였더라도 언제나 우리 형법을 적용하고(형법 제5조 각호), 여기에 속하지 않는 범죄이더라도 우리 국가와 국민 개인의 법익을 직접 침해하는 외국인의 범죄행위에 대해서는 그 범죄행위가 행해진 외국의 법령에 의할 때 처벌되는 행위인 것을 조건으로(이른바 '상호주의')우리 형법이 적용된다(형법 제6조 본문 및 단서).

Ⅱ. 객관적 구성요건 (1): 범죄의 주체 및 객체

1 범죄의 주체: 범죄능력의 의의

범죄의 주체는 형벌구성요건에 정한 범죄행위를 행하는 자이다. 예컨대 살인죄(형법 제250조)의 경우 다른 사람을 살해하는 행위를 한 사람(자연인)이 곧 범죄의 주체가 된다. 형법이 규정한 모든 범죄에서 자연인이 범죄의 주체가 될 수 있다는 점에는 의문이 없다.

2 자연인과 법인의 범죄능력

자연인이 원칙적으로 범죄의 주체가 될 수 있는 반면에, 법인은 범죄의 주체가 될 수 있는가에 의문이 있을 수 있다. 예컨대 살인죄의 경우에는 법인이 다른 사람을 살해할 수 없다는 점에 별다른 이견이 없다. 하지만 그 외 다른 범죄, 대표적으로 신고의무위반을 처벌하는 범죄 등의 경우에는 법인이 신고의무 위반의 주체가 될 수 있는가의 문제가 논의될 수 있다. 때문에 범죄의 주체와 관련하여서는 주로 법인이 형사실체법상 범죄의 주체가 될 수 있는가라는 법인의 범죄능력이 논의되고 있다. 우리 대법원의 판례는 법인에 대해 범죄 일반에서 범죄의 주체가 될 수 있는 범죄능력을 부정하는 입장이다.[6)]

이처럼 법인이 범죄를 범할 수 없다고 보는 경우에 논리적으로는 범죄를 전제로 하는 형벌부과 역시 법인에게는 불가능하다고 봄이 자연스러운 귀결이 될 것이다.

법인은 '행위를 하는 존재인가'라는 점에서 논쟁이 있지만, 우리 법은 다수 특별법에서 양벌규정을 두어 법인도 제재의 대상으로 삼는다. 이때 법인 처벌은 대표자·종업원의 행위와 결합해 성립하는 구조가 많고, 법인 자체의 고의·과실을 어떻게 볼지, 관리·감독 의무 위반을 어떻게 파악할지가 쟁점이 된다.

3 법인의 형벌능력과 양벌규정

그러나 형사실체법에 관한 우리 실정법규 중 여러 특별법규에서는 이른바 '양벌규정'을 두고 있다. 양벌규정은 형벌법규를 직접 위반한 행위자를 벌하는 외에 그 행위자와 일정한 관계를 맺고 있는 다른 사람도 함께 처벌하는 규정을 말한다. 양벌규정은 보통 "법인의 대표자 또는 법인이나 개인의 대리인, 사용인 기타 종업원이 그 법인 또는 개인의 업무에 관하여 …… 의 위반행위를 한 때에는 행위자를 벌하는 외에 그 법인 또는 개인에 대하여도 …… 의 형을 과한다."는 규정형식을 취하고 있다. 예컨대 주식회사인 A법인이 그 사업영위를 위해 공장에서 폐기물을 취급하는 경우에 공장에서 근무하는 근로자가 밤에 몰래 폐기물을 공장 옆에 흐르는 강에 방류한 경우에는 그 근로자가 폐기물관리법 위반으로 같은 법 벌칙규정에 의해 처벌될 뿐만 아니라, 그 근로자를 고용한 사용인인 A법인도 폐기물관리법 제67조의 양벌규정에서 '행위자를 벌하는 외에 그 법인에 대하여도 …… 의 형을 과한다'라고 정하는 바에 따라 벌금형을 부과받게 된다.

이처럼 법인에게 범죄능력이 없음에도 범죄를 전제로 하는 형벌을 법인에게 부과하는 것은 우리 실정법상의 양벌규정에 따라 널리 허용되고 있다. 하지만 범죄를 전제하지 않은 형벌의 부과는 이론적으로 자연스럽지 않은 측면이 있으므로, 실정법상 양벌규정의 이론적 근거에 대해서는 별도의 설명이 필요하게 된다. 여기에 대해서 종래에 많은 논란이 있었으나, 판례는 양벌규정에서 법인 처벌의 근거는 법 위반행위를 한 법인 소속 근로자 등에 대한 법인의 선임 · 감독상 과실책임에서 구하여야 한다는 입장을 취하고 있다.[7] 이에 모든 실정법상 양벌규정에 이러한 판례의 취지가 반영되어, 실정법상의 양벌규정은 통상 법 위반행위를 한 소속 근로자 등이 처벌되는 경우에도 그에 대하여 선임 · 감독상의 모든 주의의무를 이행한 법인에 대해서는 양벌규정상 처벌을 과하지 않도록 하는 면책규정을 양벌규정 자체에 두고 있다.[8]

4 범죄의 객체: 범죄의 보호법익과의 구별

범죄의 객체는 '행위가 향하는 대상'(예: 절도죄의 '타인의 재물')이다. 반면에, 범죄의 보호법익은 어떤 범죄행위에 의해서 침해되는 동시에 그 행위에 관한 처벌규정을 통해서 보호하려는 '형법이 지키려는 가치'를 의미한다. 예컨대 절도죄(형법 제329조)는 타인의 '재물'을 객체로 하는 것인데, 그 보호법익은 타인이 그 재물에 대해서 갖는 소유권 내지 점유권이 된다. 강간죄(형법 제297조)의 경우에는 '사람'을 객체로 하지만, 그 보호법익은 객체인 사람이 향유하는 성적 자기결정권이다. 형법은 범죄의 보호법익을 크게 개인적 법익, 사회적 법익, 국가적 법익의 세 개의 유형으로 구분하고, 형법의 모든 범죄를 이 세 가지 유형 중의 어느 하나로 규율하고 있다. 개인적 법익, 사회적 법익, 국가적 법익에 관한 죄는 각각 다시 그 법익의 세부내용에 따라 구분된다. 예컨대 개인적 법익에 관한 죄는 재산적 법익에 관한 죄와 그 외의 개인적 법익(생명, 신체, 명예 등)으로 구분될 수 있는바, 형법은 장별 표제를 각 장에 규정된 범죄에 의해 보호되는 법익을 기준으로 표시하고 있다.

Ⅲ. 객관적 구성요건 (2): 범죄의 행위, 결과 및 인과관계

1 범죄의 행위 및 결과: 행위불법과 결과불법

불법의 성질에 대하여 오늘날 확립된 이원적 불법론의 시각에서는 불법을 행위불법과 결과불법이라는 두 측면에서 파악한다. 결과불법은 법익침해의 결과라는 외적 기준을 중심으로 불법을 파악하며, 고의살인과 과실치사의 경우에 결과불법의 상위는 없게 된다. 반면 행위불법은 행위에 대한 의사와 같은 내적 기준을 중심으로 불법을 파악하며, 이에 의할 때 살인미수와 살인기수 간에 상위가 없게 된다. 결과불법이나 행위불법 중 어느 하나만을 중시하는 경우 앞서 본 부당한 결과가 발생할 수 있는 점에서, 결과불법과 행위불법이라는 두 측면 모두를 고려하는 이원적 불법론의 타당성이 인정된다.

2 행위와 결과 간의 인과관계(형법 제17조)

가. 객관적 구성요건으로서 인과관계의 요청

형법 발전의 역사는 결과책임에 대한 제한의 역사이다. 행위 이후에 발생된 모든 결과에 대해서 책임을 지는 것이 아니라, 범죄행위와 결과 간의 인과관계가 인정되는 한도에서만 책임을 지도록 하는 이론이 이른바 인과관계론이며, 구체적인 내용에 다소 상위가 있기는 하지만 세계의 주요 국가의 형법이론에서 범죄성립의 공통된 요건으로 확립되어 있다. 우리 형법 제17조도 "어떤 행위라도 죄의 요소되는 위험발생에 연결되지 아니한 때에는 그 결과로 인하여 벌하지 아니한다."라고 규정함으로써 이를 명시하고 있다. 인과관계는 자연과학적 측면과 규범적 측면의 두 가지 면으로 검토될 수 있다.

나. 인과관계의 사실적 측면: 합법칙적(자연법칙적) 인과관계

과거에 인과관계의 판단기준으로서 유력하게 주장된 '조건설'은 어떤 행위에 대하여 "그 행위가 없었더라면 결과발생은 없었을 것이다."라고 판단되는 모든 행위는 발생한 결과에 대하여 조건관계에 있고(이른바 소거공식 또는 sine qua non 공식), 조건관계가 있는 모든 행위는 발생된 결과에 대하여 형법적 인과관계가 긍정된다는 내용이었다. 하지만 이에 의할 때는 인과관계의 범위가 무한히 확장되는 문제가 발생한다. 예컨대 총기살해범이 피해자를 살해한 사건에 대해서 총을 판매한 사람과 총을 제작한 사람까지도 인과관계의 사슬에 포함될 우려가 있다. 이에 조건설을 바탕으로 하되 이를 수정하여, 자연과학적 인과법칙에 따라서 위와 같은 소거공식을 적용하는 조건설을 가리켜서 '합법칙적 조건설'이라고 한다. 자연과학적 인과법칙을 판단기준으로 사용함에 따라 이러한 인과관계의 검토는 사실적 측면을 대상으로 하게 된다. 그러나 합법칙적 조건설도 소거(sine qua non) 공식을 사용하는 점에서 종래의 조건설과 마찬가지로 인과관계의 지나친 확장을 가져올 수 있을 뿐 아니라, 제조물책임과 같은 현대형소송에서 자연과학적 인과관계의 판단이 극히 복잡한 사례의 경우, 예컨대 특정한 약품의 부작용으로 그 복용자들 다수에게 암이 발생하여 사망한 경우에 피고인인 약품제조회사 소속 임직원측이 피해자의 암 가족력 또는 암 발생확률을 크게 높이는 환경에의 노출 등을 주장하여 인과관계 부정을 시도하는 경우에는 사실적 인과관계의 입증이 극히 곤란할 수 있으므로, 규범적 측면의 인과관계에 의해 그 적용범위를 제한하거나 사실적 인과관계에 대한 입증을 대체하려는 경향도 나타난다.

다. 인과관계의 규범적 측면: 객관적 귀속

객관적 귀속은 '그 결과를 행위자에게 책임지울 만한가'라는 관점에서 어떤 행위에 대하여 발생된 결과의 귀속을 규범적으로 제한하는 개념이다. 객관적 귀속은 발생된 결과를 어떤 행위의 '탓'으로 돌릴 수 있음을 말하는데, 그 말 속에는 그렇게 보는 것이 옳다 또는 옳지 않다고 하는 규범적 판단이 들어 있다. 바로 이 점에서 객관적 귀속이론은 자연과학적 인과관계를 규명하려는 합법칙적 조건설과 대척되는 지점에 위치한다. 객관적 귀속이론은 아직 체계적으로 완비되지 못한 측면도 있으나, 앞서 본 자연과학적 인과관계 규명의 한계 등 문제로 인해 향후에 더욱 주목받게 될 가능성을 갖고 있다. 객관적 귀속이론에서 어떤 행위와 자연과학적 측면의 조건관계가 인정되는 결과에 대해서 그 결과를 객관적으로 앞선 행위의 책임으로 귀속시킬수 있는가 여부를 판단하는 기준으로는 (i) 지배가능성이론 (ii) 회피가능성이론 (iii) 허용되지 않는 위험의 창출 및 실현이론 iv) 규범의 보호범위 이론 등이 제시된다. 이들 중 (iii) 허용되지 않는 위험의 창출 및 실현이론의 경우 아래 사례를 통해서 이해할 수 있다. 예컨대 A라는 사람이 B를 살해하려 B의 심장에 회칼을 휘둘렀으나 B가 이를 팔로 막아 팔이 절단될 정도로 크게 다쳤는데, 목격자 C의 신고로 출동한 구급차에 B가 탑승하여 응급처치를 위해 병원으로 황급히 달려가던 중 갑자기 중앙선을 침범해 질주해 온 25톤 트럭을 피하지 못하고 정면충돌하는 사고가 발생하여 구급차 탑승자 전원이 사망한 사건을 가정하자. 이 경우 A가 칼을 휘두르지 않았더라면 이후 일련의 사건이 발생하지 않았을 것이므로 조건적 인과관계는 긍정된다. 이에 객관적 귀속에 관하여 위험의 창출 및 실현이론의 관점에서 보면, 우선 A는 살해의 고의를 갖고 B에게 회칼을 휘둘러 B의 사망결과 발생의 위험을 발생시켰다. 하지만 B의 사망이라는 결과가 발생한 것은 A가 회칼을 휘둘러 발생한 상처의 위험이 실현된 것이 아니라, B가 탑승한 구급차에 내재된 교통수단으로서의 위험이 교통사고를 통해 실현된 것이다. 그렇다면 결과로 실현된 위험은 행위자가 창출 · 발생시킨 그 위험이 아니기 때문에, 이 경우 A에게 B의 사망에 대한 결과를 객관적으로 귀속시킬 수 없고, 그 결과 B가 사망했음에도 불구하고 A에게는 살인죄의 기수범이 아닌 미수범이 성립된다. 이것이 '허용되지 않는 위험의 창출 및 실현이론'에 의한 귀결이다.

Ⅳ. 주관적 구성요건: 고의 및 과실

1 구성요건적 고의(형법 제13조)의 의의 및 내용

고의는 범죄실현에 대한 '인식'과 '의사'이다. 형법은 제13조에서 "죄의 성립요소인 사실을 인식하지 못한 행위는 벌하지 아니한다. 다만, 법률에 특별한 규정이 있는 경우에는 예외로 한다."라고 규정함으로써 형법의 모든 범죄는 원칙적으로 고의가 있어야만 처벌된다는 고의범처벌의 원칙을 분명히하고 있다. 이처럼 고의는 모든 범죄에서 구성요건해당성이 인정되기 위하여 요구되는 주관적 구성요건 요소로서, 구성요건적 사실인 객관적 구성요건을 '인식'하고 이를 실현하고자 하는 '의사'를 내용으로 한다. 고의는 객관적 구성요건을 대상으로 하는 개념이기에 개별 범죄마다 필요한 고의의 내용은 모두 다르지만, 지적 요소인 '인식'과 의지적 요소인 '의사'를 요한다는 점에서는 공통된다. 범죄실현에 대한 '인식'이 있었지만 '의사'가 없었던 경우에는 고의가 있었다고 할 수 없다. 예컨대 구성요건적 결과를 발생시킬 수 있다는 것을 알면서도 '그러한 결과가 발생하지 않겠지'라는 생각에서 행위한 경우에는 고의의 의지적 요소인 '의사'가 결여되었으므로 고의가 인정될 수 없다. 이런 경우는 그러한 결과가 발생하지 않을 것으로 막연히 믿고 주의를 기울이지 않은 과실이 인정될 수 있을 것인데, 이를 가리켜 '인식 있는 과실'이라고 표현한다. 다만 의지적 요소가 반드시 확정적인 의사에 이르지 않는 정도이더라도 이른바 미필적 고의에 의한 고의범 성립이 가능하다. 대법원 판례는 행위자가 법익침해의 결과발생을 인식했으면서도 그러한 결과가 발생하여도 좋다라고 용인한 경우에는 미필적 고의에 의한 고의범이 성립할 수 있는 것으로 판시한다.[9]

2 사실의 착오(형법 제15조)의 의미와 법적 취급

형법 제15조는 그 표제에 '사실의 착오'라는 용어를 사용하고 있다. 사실의 착오는 행위자가 인식한 사실'과 실제로 발생된 객관적 사실이 어긋나는 경우를 가리킨다. 그런데 이 경우 실제로 발생된 사실에 대해서는 행위자의 인식이 없었기 때문에, 실제로 발생된 사실에 대해서 행위자의 고의를 인정할 수 있는가가 논의의 대상이 된다. 사실의 착오에서는 주로 인식한 사실과 발생한 사실이 모두 범죄가 되는 경우를 논의대상으로 삼고, 그 중에서도 인식한 사실과 발생한 사실이 같은 범죄구성요건에 해당되는 경우를 구체적 사실의 착오라고 지칭한다. 구체적 사실의 착오는 다시 (i) 객체의 착오와 (ii) 방법의 착오로 구분된다. 객체의 착오는 인식한 객체에 범죄행위의 결과를 발생시켰으나 실제 결과가 발생된 객체가 처음의 계획과 다른 경우를 의미한다. 예컨대 극도로 어두운 밤길에 눈앞에 있는 사람을 필생의 숙적 A라고 생각하고 그를 살해하는데 성공했는데 확인해보니 실제로는 A가 아닌 B였던 경우이다. 반면에 방법의 착오는 인식한 객체에 범죄행위의 결과를 아예 발생시키지 못한 경우를 의미한다. 예컨대 갓난아이를 업고 있는 어머니를 살해하려고 어머니의 머리를 향해 둔기를 휘둘렀는데 순간 어머니가 이를 피하는 바람에 업고 있던 아이의 머리에 맞아 아이가 즉사한 경우가 그것이다. 객체의 착오의 경우에는 인식한 객체 자체에 결과를 발생시킨 점에는 의문이 없으므로 통상 발생사실에 대한 고의가 긍정된다. 한편 방법의 착오의 경우에는 적지 않은 논쟁이 있지만 판례는 발생된 사실에 대한 고의를 긍정하는 입장이다.

한편 (iii) 행위와 발생된 결과 간에 행위자가 인식한 인과관계와 실제 발생한 인과관계가 다른 경우의 사례도 이른바 인과관계의 착오로서 사실의 착오의 일유형으로 설명될 수 있다. 예컨대 같은 마을 선배가 자신의 처를 희롱하는 것에 격분하여 그 선배를 살해할 의사로 후두부를 돌멩이로 강타하였고 선배가 쓰러져 기절하여 축 늘어지자, 선배가 사망한 줄 알고 냇가 뒤 야산에 끌고 가 그를 파묻었는데 나중에 보니 파묻혀 질식해서 사망한 사실이 밝혀진 경우가 그러하다. 이 사례에 관하여 판례는 "전과정을 개괄적으로 보면 피고인의 살인 고의에 의한 결과는 결국 실현된 것으로 피해자에 대한 살인죄의 죄책에는 영향이 없다"는 입장이다. 하지만 이러한 설시가 형법의 대원칙인 책임주의에 합치하는가에는 의문이 없지 않다. 이와 다른 논리로서 인과관계의 착오가 본질적인 정도에 이르지 않고 비본질적인 것에 불과한 경우에는 결과발생에 대한 고의에 영향이 없다는 설명이 가능할 것으로 본다. 또는 차라리 행위를 둘로 나누어 돌멩이로 강타한 행위에 대하여 살인미수를, 개울로 끌고 가 파묻어 죽음에 이르게 한 행위에 대하여 과실치사를 인정하고 두 범죄 모두가 성립한다고 보면 책임주의에 보다 합치할 수 있다.

3 구성요건적 과실의 의의 및 내용

가. 개관

구성요건적 과실은 주의의무를 다했다면 법익침해의 결과발생을 예견 · 회피할 수 있었던 경우에 인정된다. 주의의무의 내용은 예견가능성을 전제로 하는 '예견의무', 그리고 이러한 예견 또는 예견가능성이 인정되는 경우에 그 다음 단계로 판단되는, 회피가능성을 전제로 하는 '회피의무'가 핵심이다. 이러한 예견가능성 및 회피가능성을 누구를 기준으로 판단할 것인가가 논의되는데, 통상의 일반인을 기준으로 하는 것이 타당하다고 본다. 과실범의 인정여부를 검토할 때는 우선 상술한 기준에 따라 법익침해의 결과발생에 대하여 행위자의 과실 존재여부를 판단한 여부에, 과실이 인정된다면 그러한 과실과 발생된 결과 사이에 인과관계가 인정되는가를 검토한다. 이러한 인과관계가 인정될 때 비로소 과실범이 성립한다.

나. 과실범에서 과실 여부 판단

우선 과실 여부를 판단하는 단계에서는 과실의 내용으로서 상술한 예견 및 회피라는 두 측면을 검토하는 한편, 과실을 제한하는 다른 원리를 검토하게 된다. 과실의 성립범위를 제한하는 가장 대표적인 이론이 이른바 '신뢰의 원칙'이다. 이는 원래 교통사고를 중심으로 발달한 원칙으로서, 스스로 교통규칙을 준수하여 차량을 운전하는 운전자는 상대방의 교통규칙 준수를 신뢰하고 운전하는 것으로 충분하고 상대방의 규칙위반까지 예상하여 운전할 주의의무가 없다는 원칙이다. 신뢰의 원칙은 과실의 성립을 부정하는 원리로서 과실범 성립범위를 제한하는 역할을 하는데, 오늘날에는 교통사고를 넘어 분업적 신뢰관계, 특히 수평적 분업관계뿐만 아니라 수직적 분업관계에서도 일정한 경우에는, 신뢰의 원칙이 적용되어 과실이 부정되는 사례가 적지 않다. 따라서 신경과전문의와 내과전문의가 협진을 행한 경우에 뇌혈관질환에 대하여 이상이 없다는 신경과 전문의의 진료결과를 신뢰하고 내과 전문의가 환자를 퇴원시켰다가 지주막하출혈로 환자가 사망하였다면 내과전문의에게는 환자의 사망에 대하여 과실이 없고,[10] 한편 수련병원의 전문의와 전공의 등의 관계처럼 의료기관 내의 직책상 주된 의사의 지위에서 지휘·감독 관계에 있는 다른 의사에게 특정 의료행위를 전적으로 위임한 경우에는 위임한 의사는 위임받은 의사의 과실로 환자에게 발생한 사망결과에 대한 책임이 있다고 할 수 없다.[11]

다. 과실행위와 법익침해 결과 사이의 인과관계 판단

다음으로 과실범의 인과관계를 검토하는 단계에서, 대법원의 판례는 행위자가 요구되는 주의의무를 다하였더라면, 즉 '적법한 대체행위'를 하였더라면 법익침해의 결과가 발생하지 않았을 것이 입증되어야 과실과 법익침해결과 사이에 인과관계를 인정할 수 있다는 입장이다. 예컨대 판례는 개복수술을 행하는 의사가 환자에 대하여 정확성이 높은 혈청에 의한 간기능검사를 수행함이 없이 정확성이 낮은 소변에 의한 간기능검사만을 수행하고 그 결과에 따라 간기능이 정상이라고 오신하여 개복수술 시 간독성이 높은 할로테인 마취제를 사용하였다가 그 부작용으로 환자가 사망한 경우에, 의사의 과실을 인정하면서도 이러한 과실과 환자 사망 사이에 인과관계가 인정되려면 소변이 아닌 혈청에 의한 간기능검사를 수행하였더라면 피해자가 사망하지 않았을 것임이 입증되어야 한다고 판시한다.[12]

V. 구성요건의 특수문제: 결과적 가중범 및 부작위범

1 결과적 가중범(형법 제15조): 고의의 기본범죄 + 과실의 중한 결과 발생

(1) 결과적 가중범의 의의 및 요건

결과적 가중범은 고의의 기본범죄(예: 폭행)와, 과실에 의한 중한 결과(예: 사망)의 발생이 결합된 범죄형태이다. 고의의 기본범죄를 범할 당시에 중한 결과의 발생을 의도하지는 않았으나, 행위 당시를 기준으로 보더라도 중한 결과에 대한 예견가능성 즉 과실이 인정되는 경우에는 발생된 결과에 대해서 책임을 묻는 구조이다. 따라서 결과적 가중범은 고의의 기본범죄, 중한 결과의 발생, 기본범죄와 중한 결과 사이의 인과관계 및 객관적 귀속, 그리고 중한 결과에 대한 예견가능성이 요건이다. 중한 결과를 기본범죄의 책임으로 귀속시켜 결과적 가중범의 성립이 긍정되려면 기본범죄에 내재된 전형적 위험이 중한 결과로 실현된 것이어야 한다(결과적 가중범의 객관적 귀속: 직접성의 원칙). 피해자를 2회에 걸쳐 두 손으로 힘껏 밀어 땅바닥에 넘어뜨리는 폭행을 가함으로써 그 충격으로 인한 쇼크성 심장마비로 사망케 하였다면 비록 위 피해자에게 그 당시 심관성동맥경화 및 심근섬유화 증세등의 심장질환의 지병이 있었고 음주로 만취된 상태였으며 그것이 피해자가 사망함에 있어 영향을 주었다고 해서 피고인의 폭행과 피해자의 사망간에 상당인과 관계가 없다고 할 수 없어 결과적 가중범인 폭행치사죄가 성립한다.[13)]

(2) 부진정결과적 가중범의 의의와 법적 취급

결과적 가중범의 특수한 형태로서 '부진정결과적 가중범'이 있다. 이는 고의의 기본범죄에 중한 결과부분에 대한 고의범이 결합된 것으로서 형의 불균형을 시정하기 위하여 인정되는 개념이다. 예컨대 결과적 가중범인 현주건조물방화치사(형법 제164조 제2항 제2문)의 법정형은 사형, 무기 또는 7년 이상 징역형으로 규정되어 있는데, 만약 사람을 살해할 '고의'로 그 사람이 거주하는 집에 불을 질러 살해했는데 살인죄만 성립한다고 보게 되면 형법 제250조에 따라 그 법정형이 사형, 무기 또는 5년 이상 징역형이 되어 현주건조물방화치사보다도 경하게 되므로, 현주건조물방화치사죄를 '부진정결과적 가중범'으로 파악하여 중한 결과인 사망에 대한 고의가 있는 경우에도 성립하게 함으로써 법정형의 하한을 확보하고자 하는 것이다. 부진정결과적 가중범의 경우 중한 결과에 대한 고의범과의 관계가 문제되는데, 판례는 중한 결과에 대한 고의범의 형이 부진정결과적 가중범의 형보다 중한 경우에는 부진정결과적 가중범과 결과적 가중범의 상상적 경합을 인정하고, 그렇지 않은 경우 부진정결과적 가중범만 성립한다는 입장이다.[14] 예컨대 패륜아 A가 아버지 B 및 형 C와의 재산다툼 끝에 B, C가 동거하는 집에 불을 질러 모두 살해한 경우에, B에 대해서는 존속살해죄(형법 제250조 제2항)와 현주건조물방화치사죄의 상상적 경합범이, C에 대해서는 보통살인죄만이 각 성립한다.[15]

2 부작위범(형법 제18조)

가. 부작위범의 의의 및 유형: 진정부작위범과 부진정부작위범

범죄행위의 대부분은 행위자의 적극적 신체동작에 의해 행해진다. 형법이론에서는 이러한 범죄를 '작위범'이라고 한다. 그런데 적극적인 신체동작이 없이 어떤 행위를 하지 않는 것만으로 성립하는 범죄도 있다. 형법에서는 이러한 범죄를 '부작위범'이라고 한다. 부작위범은 다시 진정부작위범과 부진정부작위범으로 구분된다. 전자, 즉 진정부작위범은 부작위 자체가 구성요건으로 규정된 범죄이다. 예컨대 거주자의 승낙을 받아 적법하게 타인의 주거에 들어간 이후 거주자로부터 퇴거요구를 받았음에도 응하지 않는 경우 퇴거불응죄(형법 제319조 제2항)가 성립하는데, 이는 퇴거하지 않는 부작위가 구성요건적 행위정형으로 명시된 대표적인 진정부작위범이다. 후자인 부진정부작위범은 작위범의 구성요건을 부작위에 의해 실현하는 범죄형태이다. 예컨대 물에 빠진 사람을 보고도 그 사람이 빠져죽게 하여야겠다는 생각, 즉 살해의 고의를 갖고 그를 구해주지 않는 것이다.

나. 부진정부작위범과 보증인지위

위의 사례에서 물에 빠진 사람을 구하지 않았다고 하여 모든 경우에 살인죄가 성립한다고 볼 수는 없다. 이 경우에 살인죄가 성립하려면 물에 빠진 사람을 구하여야 할 의무가 있어야 한다. 이러한 의무를 도출하는 근거가 되는 지위를 '보증인지위'라고 하는데, 부진정부작위범에서는 이 '보증인지위'가 핵심적인 요건이 된다. 대법원 판례는 부진정부작위범의 성립요건에 관하여 "형법이 금지하고 있는 법익침해의 결과발생을 방지할 법적인 작위의무를 지고 있는 자가 그 의무를 이행함으로써 결과발생을 쉽게 방지할 수 있었음에도 불구하고 그 결과의 발생을 용인하고 이를 방관한 채 그 의무를 이행하지 아니한 경우에, 그 불작위가 작위에 의한 법익침해와 동등한 형법적 가치가 있는 것이어서 그 범죄의 실행행위로 평가될 만한 것이라면, 작위에 의한 실행행위와 동일하게 부작위범으로 처벌할 수 있다"라고 판시하는데, 여기서 '법익침해의 결과발생을 방지할 법적인 작위의무' 있는 자가 바로 보증인지위에 있는 사람을 의미한다. 앞선 물에 빠진 사람을 구하지 않은 사례에서 물에 빠진 사람과 이를 구하지 않은 사람이 서로 법률상의 부부 또는 부모자식의 관계였다면 물에 빠진 사람을 구하여야 할 의무가 있는 지위, 즉 보증인지위가 인정되므로 살인고의로 이를 방치한 경우에 부작위에 의한 살인죄가 성립한다. 여기에서 중요한 것은 보증인지위의 발생근거이다. 대법원의 판례는 보증인지위가 법령, 계약, 선행행위는 물론 조리에 근거해서도 발생한다고 판시한다.[16] 그러나 조리에 근거한 보증인지위의 인정은 죄형법정주의 위반의 문제를 발생할 수 있으므로 그 인정에 극히 신중을 기할 필요가 있다.

VI. 위법성

1 위법성조각사유 서설

가. 위법성 '조각사유'의 검토

구성요건해당성이 인정되는 어떤 행위에 대해서 범죄성립 여부를 판단하기 위하여 거치는 다음 단계는 위법성에 대한 판단이다. 위법성은 그 구성요건에 해당되는 행위가 사회 전체의 법질서에 위반된다는 점에 대한 종국적인 판단이다. 입법자들은 나쁜 행위 중에서도 특별히 범죄로 정하여 금지되어야 하는 행위들을 형벌구성요건으로 규정한 것이기 때문에, 구성요건해당성이 인정되는 행위는 일단 위법한 것으로 추정된다. 이에 위법성에 대한 검토는 적극적으로 위법성이 있는가에 대한 검토가 아닌, 구성요건해당성이 인정되는 행위를 예외적으로 정당화할 수 있는 사유가 있는가, 즉 위법성조각사유가 있는가라고 하는 소극적 검토의 성격을 갖게 된다. 우리 형법은 구성요건해당성이 인정되는 행위를 예외적으로 정당화하는 사유, 즉 위법성조각사유로서 정당방위(형법 제21조), 긴급피난(형법 제22조), 자구행위(형법 제23조) 및 피해자의 승낙(형법 제24조)과 정당행위(형법 제20조)의 5개 유형을 명문으로 규정하고 있다.

나. 위법성조각사유의 공통요건: '객관적 정당화상황'과 '주관적 정당화의사'

구성요건해당성과 위법성을 합하여 칭하는 개념이 '불법'인데, 앞서 보았듯 우리 형법의 불법은 이원적 불법, 즉 결과불법과 행위불법의 두 측면에서 이해되고 있으므로, 위법성조각사유 즉 정당화사유를 논할 때에는 (i) 결과불법의 측면을 정당화하여 주는 객관적 정당화상황과 (ii) 행위불법의 측면을 정당화하여 주는 주관적 정당화의사를 함께 살펴보아야 한다. 아래 살피는 모든 위법성조각사유들은 그 성립을 위한 요건으로서 객관적 정당화상황과 주관적 정당화의사를 요구한다. 둘 중 하나가 결여된 행위에 대해서는 위법성조각의 효과가 온전히 부여될 수 없다. 전자 즉 객관적 정당화상황이 결여된 행위는 오상행위(예컨대 오상방위, 오상피난, 오상정당행위 등), 반대로 후자 즉 주관적 정당화의사가 결여된 행위는 우연행위(예컨대 우연방위, 우연피난, 우연정당행위)로서 각 형법적 취급에 대한 논의가 전개되고 있다.

2 정당방위(형법 제21조)의 의의와 요건

가. 의의 및 요건

정당방위는 자기 또는 타인의 법익에 대한 '현재의 부당한 침해'를 방위하기 위한 행위로서 상당한 이유 있는 행위에 적용되는 위법성조각사유이다. 침해행위는 인간의 행위로서 위법한 것이어야 하고, 침해행위의 현재성은 침해가 목전에 급박하였거나 방금 개시된 때, 또는 이미 종료되었더라도 침해상태가 계속되는 때에 인정될 수 있다. 또한 방위하기 위한 행위는 방위의사에 따른 것이어야 하는데, '싸움'의 경우에 가해행위는 공격행위의 성질을 갖는 것이므로 싸움의 당사자에게는 정당방위는 물론 정당방위가 정도를 초과한 과잉방위조차 인정하지 않는 것이 대법원 판례의 태도이다.[17)]

나. 정당방위의 상당한 이유

정당방위의 상당한 이유는 행위 시를 기준으로 하되 사후적으로 밝혀진 모든 사정을 기준으로 판단되는데, 후술할 긴급피난과는 달리 보호되는 이익이 침해되는 이익보다 본질적으로 우월할 것을 요하지 않는다. 판례는 방위행위가 상당한 것인가는 침해행위에 의해 침해되는 법익의 종류와 정도, 침해의 방법, 침해행위의 완급, 방위행위에 의해 침해될 법익의 종류와 정도 등 일체의 구체적 사정들을 참작하여 판단해야 한다는 입장이다.[18)]

3 긴급피난(형법 제22조)의 의의와 요건

가. 긴급피난의 의의와 요건

긴급피난은 자기 또는 타인의 법익에 대한 현재의 위난을 피하기 위한 행위로서 상당한 이유 있는 행위에 적용되는 위법성조각사유이다. 긴급피난의 요건은 정당방위와 비교하면 쉽게 이해할 수 있다. 우선 긴급피난에서 자기 또는 타인의 법익에 대한 침해행위는 위법한 것일 필요가 없고 인간의 행위일 필요도 없다. 한편 침해행위의 현재성은 정당방위보다 넓게 인정될 여지가 있다. 또한 위난을 피하기 위한 행위는 피난의사에 따른 것이어야 한다.[19)]

나. 긴급피난의 '상당한 이유'

긴급피난도 정당방위와 마찬가지로 '상당한 이유'를 요건으로 하지만, 긴급피난에서의 상당한 이유의 의미는 정당방위에서와 그 내용이 전혀 다름에 유념할 필요가 있다. 긴급피난에서 '상당한 이유 있는 행위'에 해당되려면, 첫째 피난행위는 위난에 처한 법익을 보호하기 위한 유일한 수단이어야 하고, 둘째 피해자에게 가장 경미한 손해를 주는 방법을 택하여야 하며, 셋째 피난행위에 의하여 보전되는 이익은 이로 인하여 침해되는 이익보다 우월해야 하고, 넷째 피난행위는 그 자체가 사회윤리나 법질서 전체의 정신에 비추어 적합한 수단일 것을 요하는 등의 요건을 갖추어야 한다.[20)] 예컨대 피해자가 기르는 맹견인 로트바일러가 피고인이 기르는 진돗개를 공격하자 진돗개 견주가 로트바일러를 쫓아내는 과정에서 자신이 들고 있던 엔진 전기톱을 이용하여 피해견인 로트바일러의 배와 등 부분을 절개한 경우에 손괴죄의 구성요건에 해당되는 이러한 행위가 긴급피난으로서 위법성이 조각된다고는 볼 수 없다.[21)]

4 자구행위(형법 제23조)의 의의와 요건

자구행위는 법률에서 정한 절차에 따라서 청구권을 보전(保全)할 수 없는 경우에 그 청구권의 실행이 불가능해지거나 현저히 곤란해지는 상황을 피하기 위하여 한 행위로서 상당한 이유가 있는 행위에 적용되는 위법성조각사유이다. 하지만 국가기관인 법원에 의하여 법적 분쟁이 해결되는 법치국가에서 자구행위는 극히 이례적인 상황에서만 허용될 수 있으므로, 실제 사례에서 자구행위가 허용되는 사례는 거의 찾아보기 어렵다.

5 피해자의 승낙(형법 제24조)의 의의와 요건

가. 의의 및 양해와의 구별

피해자의 승낙은 피해자가 처분할 수 있는 법익에 대하여 그 피해자의 승낙에 의하여 이를 훼손한 행위에 법률에 다른 특별한 규정이 없는 한 적용되는 위법성조각사유이다. 살인죄의 경우 승낙에 의한 살인죄를 처벌하는 법률의 규정(형법 제252조 제1항)이 있으므로 피해자의 승낙이 위법성조각사유가 될 수 없다.

여기서의 피해자의 승낙은 위법성 단계에서 논의되는 것으로서, 구성요건 단계에서 논의되는 승낙인 '양해'와 구별하는 것이 중요하다. 예컨대 절도죄(형법 제329조)는 타인의 재물을 절취한 경우 성립하는데, 절도죄의 행위인 '절취'의 개념 자체가 타인의 '의사에 반하여' 재물에 대한 점유를 배제하는 것이므로, 타인의 동의나 승낙을 받아 그 점유를 배제한 경우에는 절취라는 행위 자체를 충족할 수 없어 절도죄의 구성요건해당성이 없게 되는 것이다. 위법성을 조각하는 피해자의 승낙과 양해 사이에는 착오에 의한 승낙의 효력 여부에서 중대한 상위가 있다. 피해자의 승낙이 착오에 의한 경우에는 위법성조각의 효력이 발생되지 않지만, 양해의 경우 착오에 의한 것이더라도 구성요건해당성을 유효하게 조각한다.

나. 피해자의 승낙에서 상당한 이유 요부

피해자의 승낙에 관한 형법 제24조는 다른 위법성조각사유와 달리 상당한 이유가 있을 것을 요건으로 명시하고 있지 않다. 하지만 위법성은 법질서 전체의 관점에서 판단되는 것이기 때문에, 피해자의 승낙에 대해서도 상당한 이유 내지 사회상규의 요건을 통해 제한을 가할 필요가 있을 것으로 본다. 대법원의 판례도 피해자의 승낙은 그 승낙이 윤리적, 도덕적으로 사회상규에 반하는 것이 아니어야 한다는 입장에서, A와 B가 공모하여 교통사고를 가장하여 보험금을 편취할 목적으로 A가 B의 승낙을 받아 B에게 상해를 가한 경우에 A의 행위가 피해자의 승낙으로 위법성이 조각된다고 할 수는 없다고 판시하였다.[22)]

6 정당행위(형법 제20조)의 의의와 요건

가. 법령에 의한 행위 및 업무로 인한 행위

정당행위는 법령에 의한 행위 또는 업무로 인한 행위 기타 사회상규에 위배되지 않는 행위에 대하여 적용되는 위법성조각사유이다. 형법 제20조가 규정하는 위법성조각사유의 유형은 크게 법령에 의한 행위, 업무로 인한 행위, 사회상규에 위배되지 않는 행위로 구분된다.

법령에 의한 행위의 주된 예시로서 법령에 의한 공무원의 직무집행행위, 현행범체포(형사소송법 제212조)와 같이 법령에 의한 사인의 행위, 「노동조합 및 노동관계조정법」에 따른 노동쟁의행위를 들 수 있다. 학생에 대한 교사 등의 징계행위의 경우 학생의 신체에 고통을 가하는 체벌은 어떤 경우에도 법령에 의하여 위법성이 조각되는 행위로 볼 수 없다. 다음으로 업무로 인한 행위의 주된 예로서 변호사의 변호행위(예컨대 법정변론 과정에서 사실적시를 통한 명예훼손행위) 및 의사의 치료행위, 성직자의 종교적 행위 등을 들 수 있다. 판례는 성직자인 신부가 고해성사를 통해 범인을 알게 되었음에도 이를 고발하지 않는데 그치지 않고 그를 도피시켜 적극적으로 숨겨준 경우 성직자의 정당한 직무에 포함된다고 할 수 없어 위법성이 조각되지 않는다는 입장이다.[23)]

나. 기타 사회상규에 반하지 않는 행위

사회상규에 반하지 않는 행위에서 규정하는 요건인 "기타 사회상규에 반하지 않는 행위"는 모든 위법성조각사유의 요건 중에서도 가장 포괄적이어서 다른 모든 위법성조각사유를 포괄할 수 있다. 따라서 이는 다른 위법성조각사유를 검토한 연후에 가장 마지막에 검토되는 일반적 위법성조각사유라고 할 수 있다. 판례는 기타 사회상규에 반하지 않는 행위로서 위법성이 조각되려면 첫째 행위의 동기나 목적의 정당성, 둘째 행위의 수단이나 방법의 상당성, 셋째 보호이익과 침해이익과의 법익균형성, 넷째 긴급성, 다섯째로 그 행위 외에 다른 수단이나 방법이 없다는 보충성 등의 요건을 갖추어야 하는데, 위 '목적 · 동기', '수단', '법익균형', '긴급성', '보충성'은 불가분적으로 연관되어 하나의 행위를 이루는 요소들로 종합적으로 평가하되, 긴급성과 보충성은 수단의 상당성을 판단할 때 고려요소의 하나로 참작하여야 하고 이를 넘어 독립적인 요건으로 요구할 것은 아니라는 입장이다.[24)]

Ⅶ. 책임

1 책임론 서설

가. 책임 '조각사유'의 검토

책임은 구성요건에 해당되고 위법한 행위에 대하여 형법적 측면의 비난을 가하기 위한 법적 '비난 가능성'을 의미한다. 구성요건에 해당되고 위법한 행위에 대하여 행위자에게 그것은 '범죄야'라고 규정하여 그 책임을 지우기 위해서는 그러한 행위를 행한 것에 대한 비난가능성이 있어야 하는 것이다. 이러한 비난의 근본적인 근거는 행위자가 범죄 아닌 적법한 행위를 의사결정 할 수 있었음에도 범죄행위를 하는 방향으로 의사결정했다는 점에 있다. 따라서 이러한 법적 비난을 위해서는 그 전제로서 첫째, 행위자에게 올바른 방향으로 의사결정할 수 있는 의사결정능력(책임능력), 둘째, 어떤 행위가 위법한 것이라는 점에 대한 행위자의 인식(위법성의 인식), 셋째, 행위자에게 위법행위가 아닌 적법행위를 기대할 수 있었을 것(적법행위에 대한 기대가능성)이 요구된다. 책임능력, 위법성의 인식, 적법행위에 대한 기대가능성이 책임 단계에서 판단되는 주된 내용이 된다.

2 책임능력과 원인에 있어서 자유로운 행위

가. 책임능력(형법 제9조 및 제10조)

형법은 만 14세 이하인 사람에 대해서는 책임능력이 없는 것으로 간주한다(형법 제9조). 그리고 그 외 사람에 대해서 심신장애의 정도에 따라 심신장애로 인하여 사물을 변별할 능력이 없거나 의사를 결정할 능력이 없는 자의 행위는 벌하지 않도록(형법 제10조 제1항: 책임조각), 심신장애로 인하여 그러한 능력이 미약한 자의 행위는 형을 감경할 수 있도록(형법 제10조 제2항: 책임감경) 규정한다.

나. 원인에 있어서 자유로운 행위(형법 제10조 제3항)

위험의 발생을 예견하고 자의로 심신장애를 야기한 자의 행위에는 행위 당시에 심신장애로 인하여 사물변별능력이 없거나 의사결정능력이 없었더라도 책임조각이나 책임감경을 인정하지 않는다. 이는 형법의 '책임주의' 원칙의 내용인 '행위와 책임의 동시존재' 원칙에 중대한 예외를 인정한 것이다. 예컨대 맨정신으로는 살해행위를 하기에 두려운 마음이 들어 대마초를 흡연 후 환각상태에서 살인행위를 하기로 결심, 결행한 경우에는 살해행위 당시 환각상태에 빠져 의사결정능력이 미약하였더라도 심신미약 감경이 배제된다.[25] 대법원 판례는 형법 제10조 제3항에서 '예견'에는 '예견가능성'도 포함된다는 입장이다.[26]

3 위법성의 인식 및 위법성의 착오(형법 제16조)

가. 위법성의 인식 및 위법성 착오의 의미와 효과

행위자의 위법성의 인식은 행위자에게 법적 비난으로서의 책임을 묻기 위한 중요한 전제이다. 다만 위법성의 인식은 단순히 나쁜 행위일 수 있다는 것을 아는 정도로도 충분하며, 처벌법규를 전혀 몰랐다는 법률의 부지가 있다고 하여 곧바로 위법성의 인식의 결여를 단정할 수 없다. 한편 행위자가 자기 행위가 법령에 의해 죄가 되지 않는 것으로 오인한 행위는 오인에 정당한 이유가 있는 때에 한하여 벌하지 않는다(형법 제16조: 책임 조각). 여기서 단순히 법률규정을 모른 경우는 '자기 행위가 법령에 의해 죄가 되지 않는 것으로 오인한 행위'에 포함되지 않는다.[27] 한편 정당한 이유 여부는 행위자에게 자기 행위의 위법의 가능성에 대해 심사숙고하거나 조회할 수 있는 계기가 있어 자신의 지적능력을 다하여 이를 회피하기 위한 진지한 노력을 다하였더라면 스스로의 행위에 대하여 위법성을 인식할 수 있는 가능성이 있었음에도 이를 다하지 못한 결과 자기 행위의 위법성을 인식하지 못한 것인지 여부에 따라 판단된다.[28]

나. 위법성조각사유 전제사실 착오의 법적 취급

예컨대 정당방위 상황이 존재한다고 착각(오상방위)하거나 정당행위 상황이 존재한다고 착각(오상정당행위)[29]한 경우에는 실제로 객관적 정당화상황이 존재하지 않으므로 위법성은 조각되지 않지만, 그 착오를 책임 단계에서 어떻게 평가할지 논의된다. 다만 판례는 오인에 정당한 이유가 있는 경우에는 '위법성'이 조각될 수 있다는 입장으로 보인다.

4 적법행위에 대한 기대가능성

가. 강요된 행위(형법 제12조)의 요건 및 효과

저항할 수 없는 폭력이나 자기 또는 친족의 생명, 신체에 대한 위해를 방어할 방법이 없는 협박에 의하여 강요된 행위는 벌하지 아니한다.

나. 초법규적 책임조각사유로서 '적법행위에 대한 기대가능성'

형법에 명문으로 규정되어 있지는 않지만, 형법 제12조의 사유 외에 행위자의 적법행위를 기대할 수 없는 다른 사정이 있는 경우에는 책임이 조각될 수 있다. 여기에서 적법행위에 대한 기대가능성은 '초법규적 책임조각사유'라고 할 수 없다.

Ⅷ. 미수론

1 미수범의 의미와 유형

구성요건적 행위를 하는 것만으로 곧바로 범죄가 성립하는 범죄유형을 거동범이라고 한다. 예컨대 폭행죄(형법 제260조)는 사람에 대하여 유형력을 행사하는 것만으로 곧바로 성립하고 별도의 결과발생을 요하지 않는다. 이와 달리, 구성요건적 행위를 하고 그로 인하여 구성요건적 결과가 발생하여야 성립하는 범죄유형을 결과범이라고 한다. 살인죄(형법 제250조)는 사람의 사망이라는 결과발생을 요하는 전형적인 결과범이다. 미수범은 후자의 유형 즉 결과범에서 범죄실현의 고의로 범죄행위에 착수하였으나 결과가 발생하지 않은 경우에 성립한다. 단 미수범이 성립하려면 개별 처벌규정에서 미수처벌규정을 두어야만 한다(형법 제29조 참조).[30]

우리 형법은 범행에 착수하였으나 결과가 발생하지 않아 미수범으로 처벌되는 유형을 크게 장애미수, 불능미수, 중지미수의 3개 유형으로 구분하고 있다.

2 장애미수(형법 제25조)

장애미수는 범죄실행에 착수했지만 외부적 사정으로 결과가 발생하지 않은 경우이다. 범행에 착수하였는가 여부를 판단하는 기준에 관하여는 통상 구성요건적 행위와 필연적으로 결합되어 법익에 대한 직접적인 위험을 발생시키는 행위(구성요건적 행위의 직접 전단계 행위)가 있는 때 착수가 인정되는 것으로 설명되나(이른바 '실질적 객관설'), 이는 결국 개별 처벌규정의 구성요건에 행위로 규정된 개념, 예컨대 절도죄(형법 제329조)에서 '절취' 또는 주거침입죄(형법 제319조 제1항)에서 '침입'의 개념에 대한 해석의 문제로 귀결된다. 판례는 절도죄의 경우 재물에 대한 타인의 사실상의 지배를 침해하는 데에 밀접한 행위를 개시한 때 절취행위의 착수가 인정된다고 하면서, 자동차 안의 코트를 훔치려고 자동차손잡이를 당긴 경우에 절도죄의 착수를 인정한 반면,[31] 훔칠 물건을 찾기 위해 야간에 자동차 안에 손전등을 비추어 본 것 만으로는 절도죄의 착수가 인정되지 않는다고 판시[32]하였다.

3 중지미수(형법 제26조)

범인이 실행에 착수한 행위를 자의로 중지하거나 그 행위로 인한 결과의 발생을 자의로 방지한 경우에는 형을 감경하거나 면제한다(형법 제26조). 형의 필요적 감면이라는 파격적인 효과를 부여한 것은 범죄에 착수한 범인으로 하여금 다시 합법의 세계로 회귀하도록 정책적인 견지에서 유인책을 제공하려는 것이다. 중지미수가 성립하려면 아직 범죄행위의 착수를 완료하지 못한 경우(착수미수)에는 실행행위를 '자의로 중지'하여야 하며, 범죄행위의 착수를 완료한 경우(실행미수)에는 결과발생을 '자의로 방지'하여야 한다. '자의성'은 착수미수와 실행미수에서 공통되는 중지미수의 주관적 요건인데, 판례는 사회통념상 결과발생에 장애가 될 만한 사정이 없음에도 행위를 중지 또는 결과발생을 방지한 경우 중지미수의 자의성을 인정한다. 한편 중지미수의 객관적 요건인 중지행위는 착수미수의 경우 행위를 '중지'하는 것만으로 인정되는 반면에, 실행미수의 경우에는 결과발생을 '방지' 하여야 하고 그로 인하여 결과발생이 방지되어야 한다. 판례는 강간범이 피해자에 대한 폭행에 착수하였으나 다음번에 만나 친해지면 응해주겠다는 피해자의 간곡한 애원에 강간에 더 이상 나아가지 않은 경우에 강간죄의 중지미수를 인정하였다.[33]

4 불능미수(형법 제27조)

범행에 착수하였으나 범행수단 또는 대상의 착오로 인해 결과 발생이 처음부터 불가능한 경우에 위험성이 있으면 처벌되는 미수범의 유형이다(형법 제27조). 위험성의 판단 기준에 대하여 판례는 행위자가 인식한 사정을 기초로 일반인의 관점에서 판단하여야 한다는 입장이다.[34] 피해자가 술에 만취해 잠든 줄 알고 피해자를 간음한 사례에서 대법원의 판례는 준강간죄의 불능미수가 인정된다는 취지로 판시하였다.[35]

5 음모, 예비(형법 제28조)

음모는 범행착수에 이르지 않은 범죄 실행 전 단계에서 2인 이상이 범죄실행에 합의하는 것을 의미하고, 예비는 범죄실행에 대한 준비행위를 의미한다. 예비 · 음모는 처벌규정의 개별 구성요건에 이를 처벌하도록 별도의 규정을 둔 경우에 한하여 처벌된다(형법 제28조 참조).

Ⅸ. 공범론

1 공범의 의미와 유형

상술한 내용은 단독범을 전제한 것인데, 통상 범죄에 다수인이 가담한 경우가 비일비재하므로 형법의 적용에 있어서 공범론이 갖는 중요성은 다언을 요하지 않는다. 특히 오늘날에는 정보통신기술이 고도로 발전하여 지구반대편에 있는 사람과도 공범관계가 성립할 수 있다. 이에 공범론에서는 2인 이상이 범죄 실현에 관여한 경우에 그 죄책에 관하여 논의한다. 형법은 공범을 공동정범 · 교사범 · 방조범 등으로 나누는데, 공동정범은 범죄에 관여한 다수자가 모두 정범으로 처벌되는 경우이고, 교사범이나 방조범은 다른 정범이 존재하는 것을 전제로 그에 종속하여 성립한다. 정범과 공범은 이른바 행위지배가 있는가에 따라 구별된다. 교사범이나 방조범의 경우에는 정범과 달리 행위지배가 인정되지 않으므로 정범이 성립할 수 없으며, 정범에 종속하여서만 성립한다. 이 경우 정범에 '종속'한다는 것의 의미가 무엇인가가 논의되는데, 판례는 교사범 또는 방조범이 성립하려면 정범이 반드시 처벌될 필요는 없지만 정범의 구성요건해당성 및 위법성까지는 인정되어야 한다는 입장이다(이른바 '제한적 종속형식'). 때문에 범인이 자기를 위하여 동생에게 그가 범인이라고 수사기관에 허위자수하게 한 경우 판례는 동생이 친족간 특례(형법 제151조 제2항)에 의해 범인도피죄 정범의 책임이 조각되더라도, 동생에게 허위자수를 교사한 행위에 범인도피죄 교사범이 성립한다고 판시한다.[36)]

2 공동정범(형법 제30조)

공동정범(형법 제30조)은 수인의 범죄관여자 상호 간에 공동가공의 의사, 즉 공모관계 및 기능적 행위지배에 의한 범죄행위의 실현관계가 있을 때 성립한다. 공동정범의 경우 공동정범자 상호간에는 하나의 범죄를 달성하기 위하여 수인이 분업적으로 협력하는 관계에 있으며, 이러한 의미에서 각 역할분담자가 전체범행의 성패를 좌우할 수 있는 지위에 있음을 가리키는 '기능적 행위지배'가 공동정범에서 정범성을 인정하게 하는 행위지배의 내용인 동시에 공동정범의 객관적 요건이 된다. 한편 공동정범의 주관적 요건인 공모는 범죄행위 이전 또는 늦어도 범죄행위 당시 이뤄져야 하므로, 선행 행위자의 범죄행위 이후 후행자가 여기에 가담하여 공모가 이뤄지는 이른바 '승계적 공동정범' 사례에서는 가담 이후 범죄행위에 대해서만 가담자에게 공동정범이 성립하게 된다. 또한 공모는 고의로 어떤 범죄를 행하자는 의사연락이므로 과실범에 대해서는 이론적으로 공모가 성립할 수 없어 공동정범이 성립할 여지가 없지만, 판례는 과실범에 대해서도 공동정범이 성립할 수 있다는 입장이다. 예컨대 한강 교량이 붕괴하여 수많은 사상자가 발생한 경우에 대법원의 판례는 교량의 시공자, 감리자, 감독자들에게 업무상과실치사죄의 공동정범을 인정하였다.[37)]

3 교사범(형법 제31조)

교사는 타인을 교사하여 그에게 범의를 불러일으켜 죄를 범하게 한 경우에 정범인 타인에 종속하여 성립하는 공범의 유형이다(형법 제31조). 교사범은 죄를 실행한 자와 동일한 형으로 처벌한다. 교사범이 성립하려면 먼저 정범의 행위가 구성요건에 해당되고 위법하여야 하며, 여기에 대하여 정범의 범죄행위를 불러일으키는 교사행위 및 교사의 고의가 있어야 한다. 교사행위는 특정한 범죄에 대한 것이어야 하며(교사행위의 '특정성'),[38)] 교사의 고의는 정범의 고의 및 정범에게 범의를 불러일으킨다는 점에 대한 고의, 즉 이중의 고의가 요구된다. 또한 교사행위와 정범의 범행 사이에 인과관계가 인정되어야 한다.[39)] 피교사자가 이미 범죄의 결의를 가지고 있을 때에는 교사자에게 교사범이 성립할 여지가 없으며, 단 형법이 그 경우의 효과에 관하여 명문으로 규정하고 있다(형법 제31조 제2항 및 제3항). 한편 교사자가 교사한 범위를 넘어 피교사자가 범행한 경우, 예컨대 교사자가 상해 또는 중상해를 교사하였는데 피교사자가 살인을 실행한 경우에 교사자에게 피교사자의 범행결과에 대한 과실 내지 예견가능성이 있는 때에는 결과적 가중범인 상해치사 또는 중상해치사죄의 교사범이 성립한다.

4 방조범(형법 제32조)

방조는 정범의 범죄실행을 용이하게 하는 행위, 즉 돕는 행위로서 공동정범의 정도에 이르지 않는 공범형태를 의미한다. 교사범의 형은 정범의 형보다 필요적으로 감경한다(형법 제32조). 방조범이 성립하기 위한 방조행위는 정범에게 범죄실행을 용이하게 하는 일체의 유무형의 행위를 불문하며, 판례는 물리적 · 정신적 방법에 의한 방조가 모두 가능하다는 입장이다.[40] 한편 방조범도 교사범과 마찬가지로 정범에 종속된다. 방조행위는 정범의 착수 전에도 가능하지만 정범이 범행의 착수에 나아가야만 비로소 그에 종속하여 방조범이 성립될 수 있다. 한편 정범의 범죄실행이 종료된 후에도 정범에 의한 법익침해행위가 종료되기 전까지는 방조행위가 가능하며,[41] 방조행위는 정범의 행위와 인과관계가 있어야 한다.[42] 방조범이 성립하려면 방조자에게 방조의 고의가 있어야 하는데, 방조의 고의는 정범의 고의 및 정범에게 범행을 용이하게 한다는 점에 대한 고의, 즉 이중의 고의가 요구되지만, 정범에 대한 특정성이 크게 완화되어 있다. 판례는 정범이 누구인가를 알 필요도 없다는 입장이다.[43] 한편 방조범의 경우 공동정범이나 교사범과 달리 정범이 이를 모르는 상태에서도 성립할 수 있다(이른바 '편면적 방조'의 긍정)

5 공범과 신분(형법 제33조)과 간접정범

가. 공범과 신분

형법 제33조 본문은 "신분이 있어야 성립되는 범죄에 신분 없는 사람이 가담한 경우에는 그 신분 없는 사람에게도 제30조부터 제32조까지의 규정을 적용한다."고 규정한다. 한편 동 조항 단서는 "다만, 신분 때문에 형의 경중이 달라지는 경우에 신분이 없는 사람은 무거운 형으로 벌하지 아니한다."라고 규정한다. 신분범인 존속살해죄에 관하여 A가 자기 친구인 B에게 B의 아버지를 죽이도록 교사하여 B가 이를 결행한 경우에 A에게는 B의 직계비속이 아님에도 불구하고 형법 제33조 본문에 의해 존속살해죄의 교사범이 성립한다(B에게는 존속살해죄가 성립함). 반면에 패륜아 A가 자기 친구인 B에게 A의 아버지를 죽이도록 교사하여 B가 이를 결행한 경우에 피해자의 직계비속인 A에게는 형법 제33조 단서에 의해 존속살해죄의 교사범이 성립한다(B에게는 보통살인죄가 성립). 한편 이중적 신분범, 예컨대 '업무자'라는 신분과 '보관자(또는 사무처리자)'라는 신분을 동시에 요하는 업무상횡령(배임)죄(형법 제355조 제2항)에서, 은행 직원에게 일반인인 그 친구가 부정대출을 교사하여 실제로 부정대출을 행하였다면, 은행 직원인 행위자에게는 업무상배임죄의 정범이 성립하여 동 죄로 처벌됨이 물론이나, 일반인인 친구 역시 형법 제33조 본문에 의해서 업무상배임죄가 성립하고, 다만 형법 제33조 단서에 의해서 단순배임죄의 형으로 처벌된다는 것이 판례이다.[44)]

나. 간접정범

어느 행위로 인하여 처벌되지 아니하는 자 또는 과실범으로 처벌되는 자를 교사 또는 방조하여 범죄행위의 결과를 발생하게 한 자는 교사 또는 방조의 예에 의하여 처벌한다(형법 제34조). 이는 처벌되지 않거나 과실범으로 처벌되는 타인을 도구로 이용하여 자신의 범죄를 범하는 범죄유형이다. 여기에서 도구로 이용되는 타인에는 피해자도 포함된다. 판례는 음란 화상채팅을 통해 획득한 피해자의 나체사진을 이용하여 피해자를 협박하여 피해자로 하여금 음란행위를 하도록 한 경우에, 피해자를 도구로 삼아 피해자의 신체를 이용하여 추행행위를 한 것으로서 강제추행죄의 간접정범이 성립한다고 판시한다.[45)]

X. 죄수론

1 죄수론의 의미

죄수론에서는 범죄행위에 대하여 '몇 개의 범죄가 성립하는가'를 논의한다. 일정한 범죄행위에 대하여 하나의 범죄가 성립하는 경우를 일죄, 여러 개의 범죄가 성립하는 경우를 수죄라고 하는데, 이에 대하여는 아래와 같이 논의가 전개된다.

2 일죄의 유형: 단순일죄, 법조경합, 포괄일죄

단순일죄는 하나의 범죄에 대하여 하나의 범죄가 성립하는 경우이다. 법조경합은 하나의 행위가 여러 범죄에 해당될 수 있지만, 보충관계나 흡수관계 등으로 인하여 하나의 범죄만 성립하는 경우이다. 포괄일죄는 여러 개의 범죄행위가 사회통념에 비춰 규범적으로 하나의 범죄로 평가되는 유형(상습범, 영업범 등)을 말한다.

3 수죄의 유형: 상상적 경합(형법 제40조)과 실체적 경합(형법 제37조)

상상적 경합은 하나의 행위가 동시에 여러 죄에 해당되는 경우로, 형법은 이 경우 가장 중한 죄에 정한 형으로 처벌하도록 규정하고 있다(형법 제40조). 반면 실체적 경합은 수 개의 행위가 각각 별개의 범죄를 이루는 경우로, 형법은 그 처벌에 대하여 이른바 '가중주의'의 입장에서 규정하고 있다(형법 제37조 등 참조).

제 3 절

형벌론

Ⅰ. 형벌론

1 형벌의 기능: 범죄자의 교화 및 개선

형벌의 기능은 과거에는 범죄행위에 대한 응보 및 일반인에 대한 위하에 중점을 둔 것으로 설명되었으나, 오늘날에는 범죄자에 대한 교화 · 개선과 특별예방 및 일반인에 대한 일반예방을 포함하는 복합적 기능을 갖는 것으로 설명된다. 우리 형법은 형사제재에 있어서 형벌과 보안처분을 구별하는 이원주의를 채택하고 있다. 형벌은 과거행위에 대한 제재인 반면, 보안처분은 미래 위험성에 대한 사회방위적 성격을 갖는 것으로 설명된다.

2 형벌의 종류(형법 제41조)

형법 제41조는 형의 종류로서 사형, 징역, 금고, 자격상실, 자격정지, 벌금, 구류, 과료 등을 규정한다. 그 규정 순서는 형의 경중에 따른 것이다(형법 제50조).

3 부가형으로서 몰수(형법 제49조)

몰수는 다른 형벌에 부가하여 부과되는 부가형이다(형법 제49조). 형법은 범죄행위에 제공되거나 제공하려 한 물건, 범죄행위로 인하여 생겼거나 취득한 물건을 몰수대상으로 규정하고 있으나, 그 대상이 물건으로 한정되어 있는 점에 한계가 있다. 따라서 영리목적으로 사설도박사이트를 만들어 운영한 자가 만든 위 웹사이트는 범죄행위로 인하여 생긴 것이지만 물건이 아니므로, 그 웹사이트를 타인에 매각하여 대가로 현금을 취득하였더라도 그 현금을 추징하는 것은 허용될 수 없다.[46]

4 형벌의 집행 및 집행유예(형법 제51조 이하)

양형은 법정형을 기초로 형벌의 종류를 선택하고, 가중 · 감경을 거쳐 처단형을 정한 뒤 그 범위에서 선고형을 정하는 과정이다. 양형에는 범인의 연령, 성행, 지능, 환경, 피해자에 대한 관계, 범행의 동기, 수단, 범행 후 정황등이 양형조건으로 고려된다. 한편 양형의 순서에 대하여는 형법 제56조가 규정하고 있다.

한편 형의 집행에 관하여는 형법 제62조 이하에서 규정한다. 형의 집행유예(형법 제62조)는 일정 요건 아래에서 형의 집행을 유예하고 사회 내 처우를 통해 교정하려는 제도이다.

미주

1) 헌법재판소 1997. 5. 29. 94헌바22 결정, 헌집 9①, 529(536).
2) 헌법재판소 2010. 5. 27. 2007헌바100 결정, 헌공 2010, 979.
3) 대법원 1977. 9. 28. 선고 77도405 판결.
4) 대법원 2017. 12. 21. 선고 2015도8335 전원합의체 판결.
5) 대법원 2022. 12. 22. 선고 2020도16420 전원합의체 판결.
6) 대법원 1984. 10. 10. 선고 83도2595 전원합의체 판결.
7) 헌법재판소 2007. 11. 29. 2005헌가10 결정, 헌공 2007, 1289(1292).
8) 통상 양벌규정의 단서로서 "다만, 법인 또는 개인이 그 위반행위를 방지하기 위하여 해당 업무에 관하여 상당한 주의와 감독을 게을리하지 아니한 경우에는 그러하지 아니하다."의 형태로 입법되어 있다.
9) 대법원 1987. 2. 10. 선고 86도2338 판결 등.
10) 대법원 2003. 1. 10. 선고 2001도3292 판결.
11) 대법원 2022. 12. 1. 선고 2022도1499 판결.
12) 대법원 1990. 12. 11. 선고 90도694 판결.
13) 대법원 1986. 9. 9. 선고 85도2433 판결.
14) 대법원 2008. 11. 27. 선고 2008도7311 판결.
15) 대법원 1996. 4. 26. 선고 96도485 판결.
16) 대법원 2006. 4. 28. 선고 2003도4128 판결.
17) 대법원 1993. 8. 24. 선고 92도1329 판결.
18) 대법원 2023. 4. 27. 선고 2020도6874 판결.
19) 긴급피난의 피난의사를 부정한 사례로는 예컨대 대법원 1980. 5. 20. 선고 80도306 판결.
20) 수원지방법원 2014. 1. 22. 선고 2013노5055 판결(대법원 2016. 1. 28. 선고 2014도2477 판결에 의해 본문 인용 설시부분 확정됨).
21) 주 20)의 판결.
22) 대법원 2008. 12. 11. 2008도9606 판결.
23) 대법원 1983. 3. 8. 선고 82도3248 판결.

24) 대법원 2023. 5. 18. 선고 2017도2760 판결.

25) 대법원 1996. 6. 11. 선고 96도857 판결.

26) 대법원 1992. 7. 28. 선고 92도999 판결 등.

27) 대법원 1985. 4. 9. 선고 85도25 판결.

28) 대법원 2009. 12. 24. 선고 2007도1915 판결 등.

29) 예컨대 복싱관장이 강습료 환불 과정에서 항의하는 학생이 호주머니에 손을 집어넣자 주머니 속에서 흉기를 잡은 것으로 오인한 사례; 대법원 2023. 11. 2. 선고 2023도10768 판결.

30) 미수범처벌규정을 두지 않은 경우의 미수는 불가벌적 미수로서 범죄가 성립하지 않게 된다.

31) 대법원 1986. 12. 23. 선고 86도2256 판결.

32) 대법원 1985. 4. 23. 선고 85도464 판결.

33) 대법원 1993. 10. 12. 선고 93도1851 판결.

34) 대법원 2019. 3. 28. 선고 2018도16002 전원합의체 판결.

35) 대법원 2019. 3. 28. 선고 2018도16002 전원합의체 판결 다수의견.

36) 대법원 2006. 12. 7. 선고 2005도3707 판결.

37) 대법원 1997. 11. 28. 선고 97도1740 판결.

38) 장물아비가 상습절도범에게 드라이버를 사주며 '열심히 일을 하라'라고 한 경우에 절도교사의 특정성이 인정될 수 있다; 대법원 1991. 5. 14. 선고 91도542 판결.

39) 대법원 2013. 9. 12. 선고 2012도2744 판결.

40) 대법원 1995. 9. 29. 선고 95도456 판결.

41) 대법원 2021. 9. 9. 선고 2017도19025 전원합의체 판결.

42) 대법원 2023. 10. 18. 선고 2022도15537 판결.

43) 대법원 1977. 9. 28. 선고 76도4133 판결.

44) 대법원 2018. 8. 30. 선고 2018도10047 판결.

45) 대법원 2018. 2. 8. 선고 2016도17733 판결.

46) 대법원 2021. 10. 14. 선고 2021도7168 판결; 추징은 몰수가 가능함을 전제로 대상물을 몰수할 수 없을 때 인정되는 것이기 때문이다.

CHAPTER

2

형사소송법

제1절

서론

Ⅰ. 형사소송법의 의의와 적용범위

1 형사소송법의 개념과 성격

형사소송법이란 국가형벌권을 실현하기 위한 형사절차를 규정하고 있는 법이다. 즉 범죄를 수사하여 형벌을 가하고 선고된 형벌을 집행하기 위한 절차를 형사절차라고 하고, 이러한 형사절차를 규정하는 법률체계가 형사소송법이다. 형법은 범죄와 그에 대한 법률효과인 형벌과 보안처분을 규정하는 법률이고, 형사소송법은 구체적 사건에서 형법을 적용하여 실현하기 위한 절차를 규정하는 법률로서, 형법과 함께 형사법에 속하고, 국가기관과 국민간의 관계를 규율하는 공법이며, 절차법으로서 동적 · 발전적 성격을 가진다.

2 형사소송법의 적용범위

장소적으로는 대한민국 법원에서 심판되는 사건에 대하여만 적용되고, 인적으로는 우리나라에 재판권이 있는 사람이라면 형사소송법이 적용된다. 시간적으로는 법 시행시부터 폐지시까지 효력이 있는데 범행 이후 법률 변경이 있는 경우 소급효금지원칙이 적용되지 않으므로 개정시 부칙에 신법 시행당시 수사 중이거나 법원에 재판 계속 중인 사건에도 신법을 적용한다는 경과규정을 둘 수 있다.

Ⅱ. 형사소송의 이념과 구조

1 형사소송의 이념

가. 실체적 진실주의

실체진실주의는 법원이 당사자의 주장, 입증에 구속되지 않고 사안의 진상을 규명하여 객관적 진실을 발견하려는 소송법상의 원리로서, 형사절차는 국가형벌권의 범위와 한계를 확정하여 형벌권을 실현하는 절차이므로 법원은 사안의 진상을 명확히 파악할 의무가 있다. '범죄사실을 명백히 하여 죄 있는 자를 빠짐없이 벌해야 한다'는 적극적 실체진실주의와 '열 사람의 범인을 놓치는 한이 있더라도 한 사람의 죄 없는 사람을 벌하여서는 안 된다'는 소극적 실체진실주의가 있다.

나. 적법절차의 원칙

적법절차의 원칙은 헌법정신을 구현한 공정한 법정절차에 의하여 국가형벌권이 실현되어야 한다는 원칙이다. 헌법 제12조 제1항은 "누구든지 법률에 의하지 아니하고는 체포 · 구속 · 압수 · 수색 또는 심문을 받지 아니하며, 법률과 적법한 절차에 의하지 아니하고는 처벌 · 보안처분 또는 강제노역을 받지 아니한다"라고 규정하고 있다.

다. 신속한재판의 원칙

신속한 재판의 원칙은 피고인의 이익을 보호하고 공익을 보호한다는 점에서 중요한 지도이념이다. 헌법 제27조 제3항은 "모든 국민은 신속한 재판을 받을 권리를 가진다."라고 규정하고 있다.

2 형사소송의 구조

당사자주의란 검사와 피고인에게 소송의 주도적 지위를 인정하여 당사자 사이의 공격과 방어에 의하여 심리가 진행되고 법원은 제3자의 입장에서 당사자의 주장과 입증을 판단하는 소송구조를 말하고, 처분권주의와 변론주의를 본질적 요소로 한다. 직권주의란 소송의 주도적 지위를 법원에게 인정하는 소송구조를 말하고, 직권심리주의와 직권탐지주의를 특색으로 한다. 우리 형사소송법은 연혁적으로 대륙법의 직권주의를 바탕으로 영미법의 당사자주의를 도입함으로써 혼합구조를 취하고 있다.

Ⅲ. 소송주체

소송주체는 소송을 성립, 발전하게 하는 데 필요한 구성요소로서 소송법률관계를 형성하는 주체를 말한다. 법원은 형사재판권의 주체, 검사는 공소권의 주체, 피고인은 방어권의 주체이다.

1 법원

가. 법원의 의의와 구성

법원은 사법권을 행사하는 국가기관이고, 사법권은 법률상 쟁송에 관하여 심리, 재판하는 권한이다. 헌법 제101조 제1항은 "사법권은 법관으로 구성된 법원에 속한다"라고 규정하고 있다.

법원의 종류는 대법원, 고등법원, 지방법원 등이 있고(법원조직법 제3조), 대법원의 심판권은 대법관 전원의 3분의 2 이상의 합의체에서 행사하고, 고등법원의 심판권은 판사 3명으로 구성된 합의부에서 행사하며, 지방법원의 심판권은 단독판사(판사 1명)가 행사하는 것이 원칙이나, 합의심판을 하여야 하는 경우에는 판사 3명으로 구성된 합의부에서 심판권을 행사한다(동법 제7조).

나. 법원의 관할

관할은 각 법원에 대한 재판권의 분배로서 특정법원이 특정사건을 심판할 수 있는 권한을 말한다. 법률에 규정에 의하여 정하여는 법정관할과 법원의 재판에 의하여 정해지는 관할인 재정관할이 있다. 법정관할에는 사물관할, 토지관할, 심급관할이 있다.

(1) 사물관할

사건의 경중, 성질에 의하여 1심 관할을 분배하는 관할로서, 제1심 형사사건은 원칙적으로 단독판사가 관할하고, 사형, 무기 또는 단기 1년 이상의 징역 또는 금고에 해당하는 사건 등 예외적인 경우에는 합의부가 관할한다(법원조직법 제32조).

(2) 토지관할

토지관할은 동급법원 사이에서 사건의 지역적 관계에 의하여 분배하는 관할로서, 범죄지, 피고인의 주소, 거소 또는 현재지로 한다. 국외에 있는 대한민국 선박이나 항공기 내에서 범한 죄에 관하여는 선적지 또는 범죄후의 선착지도 토지관할이 된다(형사소송법 제4조).

(3) 심급관할

상소관계의 관할로서, 지방법원(또는 지원) 단독판사의 1심 판결에 대한 항소사건은 지방법원 본원 합의부에서 관할하고(법원조직법 제32조), 지방법원 합의부의 1심 판결에 대한 항소사건은 고등법원에서 관할하며(동법 제28조), 2심 판결에 대한 상고사건은 대법원에서 관할한다.

2 검사

가. 검사의 의의와 구성

검사는 검찰권을 행사하는 국가기관이다. 공익의 대표자로서 범죄 수사부터 공판, 재판 집행에 이르기까지 형사절차의 모든 단계에서 검찰권을 행사한다. 검사의 직무와 권한은 ① 범죄수사, 공소의 제기 및 그 유지에 필요한 사항, ② 범죄수사에 관한 특별사법경찰관리 지휘 · 감독, ③ 법원에 대한 법령의 정당한 적용 청구, ④ 재판 집행 지휘 · 감독, ⑤ 국가를 당사자 또는 참가인으로 하는 소송과 행정소송 수행 또는 그 수행에 관한 지휘 · 감독, ⑥ 다른 법령에 따라 그 권한에 속하는 사항이다(검찰청법 제4조). 대검찰청은 대법원에, 고등검찰청은 고등법원에, 지방검찰청은 지방법원에 대응하여 각각 설치된다(동법 제3조).

나. 검사의 지위

검사는 법무부에 속한 행정기관이면서도, 수사, 공소, 재판을 내용으로 하는 검찰권이 사법권과 밀접한 관계에 있으므로 사법기관의 성격을 갖는 준사법기관이다. 그리고 검사는 자신의 이름과 책임으로 사무를 단독으로 처리하는 단독관청이다. 다만 검찰사무에 관하여 소속 상급자의 지위와 감독에 따른다(검찰청법 제7조).

3 피고인과 변호인

가. 피고인

(1) 의의

피고인이란 형사사건으로 국가기관에 의하여 공소가 제기된 자를 말한다. 공소의 효력은 검사가 피고인으로 지정한 사람에게만 미친다(형사소송법 제248조). 피의자는 수사기관에 의하여 범죄혐의가 있다고 사료되어 수사가 개시된 대상자로서 수사가 종료되어 기소되면 피고인이 된다.

(2) 소송법상 지위

피고인은 방어권, 소송절차의 참여권을 갖는 당사자로서의 지위, 피고인의 진술이 인적 증거가 되는 증거방법으로서 지위, 재판장의 소송지휘권에 복종해야 하는 등의 절차대상으로서의 지위를 갖는다.

나. 변호인

(1) 의의

변호인은 피고인(피의자)의 방어력을 보충해주는 역할을 하는 보조자이다. 변호인에는 피고인(피의자)등이 선임하는 사선변호인과 법원이 직권으로 선정하는 국선변호인이 있다. 국선변호인은 피고인이 구속되거나, 미성년자, 70세 이상, 사형, 무기 또는 단기 3년 이상의 징역이나 금고에 해당하는 사건으로 기소된 때 등에 해당하는데 변호인이 없는 경우 선정되고(형사소송법 제33조), 피의자가 구속전 피의자심문을 받는데 변호인이 없는 경우(동법 제201조의2), 체포구속적부심을 청구한 피의자에게 변호인이 없는 경우(동법 제214조의2)에도 선정된다.

(2) 지위

변호인은 먼저, 피고인(피의자)의 보호자로서 지위를 갖는다. 따라서 변호인은 피고인에게 유리한 증거를 수집, 제출하고 정당한 이익을 보호해야 한다, 한편, 변호인은 법관, 검사와 함께 형사소송에 관여하는 독립된 법조기관으로서 공익적 지위를 갖는다. 따라서 변호인은 기본적 인권을 옹호하고 사회정의를 실현해야 하며(변호사법 제1조), 직무를 수행함에 있어서 진실을 은폐하거나 거짓진술을 하여서는 안 된다(동법 제24조).

〈형사절차〉

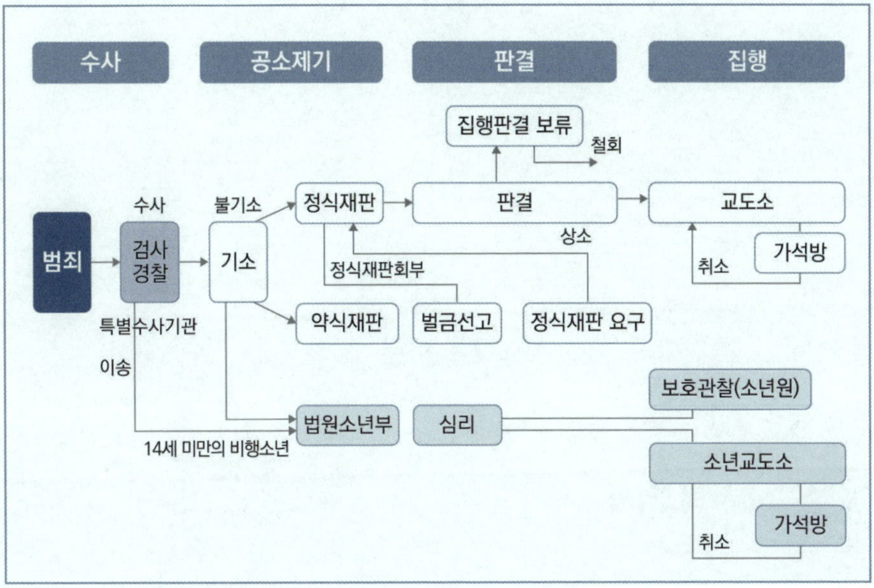

출처: 대검찰청 홈페이지

<(예시) 사건처리흐름도>

아파트에 도둑이 들어 112 신고 ⇨ 지구대 경찰관 출동 ⇨ 현장조사 ⇨ 피해자, 목격자 경찰서 출석 및 참고인 조사(진술서, 진술조서) ⇨ CCTV 조사 ⇨ 범인 특정 ⇨ 피의자 긴급체포 ⇨ 체포절차 ⇨ 피해자, 목격자 확인 ⇨ 피의자 조사(피의자신문) ⇨ 구속영장 신청 ⇨ 검사 구속영장 검토, 영장 청구 ⇨ 법원 접수 ⇨ 구속전피의자심문 ⇨ 구속영장 발부 및 집행 ⇨ 유치장(보완수사) ⇨ 검찰 송치 ⇨ 검사 피의자 조사(피의자신문) ⇨ 구치소 수용 ⇨ 보완 수사 ⇨ 구속기소 등 검사 처분 ⇨ 제1회 공판 ⇨ 부인시 증거조사(피해자, 목격자 증인신문 등), 피고인신문 등 ⇨ 변론종결 ⇨ 1심 판결 ⇨ 상소 등 불복 절차 ⇨ 판결 확정 ⇨ 형집행

제 2 절

수사

Ⅰ. 서론

1 수사의 의의

가. 내사와 수사

범죄에 관한 보도 · 풍설 · 진정 · 탄원 · 투서 · 익명의 신고 등이 있을 때 수사의 대상이 될 범죄의 존재 여부를 확인하기 위한 수사기관의 활동을 '내사'라 하고, 내사의 단계를 거쳐 수사에 착수할 만한 사실적 근거, 즉 범죄혐의가 있는 때 범죄혐의 유무를 명백히 하여 공소제기 여부를 결정하기 위하여 범인을 발견하고, 증거를 수집, 보전하는 수사기관의 활동을 '수사'라고 한다(98도3329). 수사기관이 형사사건을 최초로 수리하여 수사를 개시하는 것을 '입건'이라 하고, 입건 이후에는 혐의자가 피의자로 된다.

나. 수사기관

수사기관에는 검사, 사법경찰관리 등이 있고, 사법경찰관리에는 일반사법경찰관리와 특별사법경찰관리가 있다. 검사와 사법경찰관은 수사, 공소제기 및 공소유지에 관하여 서로 협력하여야 한다(형사소송법 제195조).

다. 수사사항

수사기관이 수사할 사항은 범인, 범죄사실과 증거이다(형사소송법 제196조, 제197조). 즉, ① 누가(주체) ② 언제(일시) ③ 어디서(장소) ④ 무엇 또는 누구에 대하여(객체 또는 피해자) ⑤ 어떻게(방법) ⑥ 무엇을(행위 및 결과) 하였는가를 기본적으로 규명하여야 하고, 나아가 ⑦ 공범의 유무 ⑧ 범행의 동기 · 원인까지 규명하여 각이에 따른 증거를 수집하여야 한다. 또한 범죄가 발생하면 수사기관은 위와 같은 수사사항을 염두에 두고 범죄에 관한 사실과 관련사실을 분석하여 어떤 점을 어떤 방향으로 수사할 것인지 충분히 검토한 후 수사에 임하여야 한다.

2 수사의 조건

가. 수사의 필요성

수사는 수사의 목적을 달성하기 위하여 필요한 경우에만 할 수 있다. 수사기관이 수사혐의가 있다고 판단하는 경우 수사가 개시되는데(형사소송법 제196조, 제197조), 이때 혐의는 주관적 혐의이지만 구체적 사실에 근거를 둔 혐의이어야 한다.

나. 수사의 상당성

수사는 신의에 따라 성실히 하여야 하고(수사의 신의칙), 수사처분은 그 목적을 달성하기 위한 최소한도에 그쳐야 한다(수사비례의 원칙).

3 수사의 단서

수사기관이 범죄혐의가 있다고 판단하게 되는 원인을 수사의 단서라고 한다. 수사의 단서는 수사개시의 시발점이 된다. 따라서 수사의 단서가 있을 경우 수사기관은 지체 없이 수사를 개시하여야 한다.

수사의 단서에는 고소, 현행범인체포, 변사자검시, 불심검문 등이 있다. 아래에서는 고소에 대하여 살펴본다.

가. 고소의 의의 및 방식

고소는 범죄피해자 등 고소권자가 수사기관에 대하여 범죄사실을 신고하여 범인의 처벌을 구하는 의사표시이다. 고소는 소송행위이므로 고소능력이 필요하고, 고소능력은 피해사실을 이해하고 고소에 따른 사회생활상의 이해관계를 알아차릴 수 있는 사실상의 의사능력으로 충분하다(2011도4451). 고소는 서면 또는 구술로써 수사기관에 하여야 하고 구술에 의한 고소를 받은 때에는 조서를 작성하여야 한다(형사소송법 제237조).

나. 고소권자와 고소기간

고소권자는 원칙적으로 범죄피해자이다(형사소송법 제223조). 피해자의 법정대리인도 독립하여 고소할 수 있고, 피해자가 사망한 때에는 그 배우자, 직계친족 등이 고소권자이고 피해자의 명시한 의사에 반하지 못한다(동법 제225조). 고소가 있어야 공소를 제기할 수 있는 사건인 친고죄에 대하여는 범인을 알게 된 날로부터 6월을 경과하면 고소하지 못한다. 단, 고소할 수 없는 불가항력의 사유가 있는 때에는 그 사유가 없어진 날로부터 기산한다(동법 제230조).

다. 고소의 취소

친고죄의 고소는 제1심 판결선고 전까지 취소할 수 있고, 고소를 취소한 자는 다시 고소할 수 없다. 위 제한은 반의사불벌죄에도 적용된다(형사소송법 제232조). 고소취소는 대리가 가능하고(동법 제236조), 고소취소의 방법은 고소와 같다(동법 제239조).

라. 고소불가분의 원칙

친고죄의 공범 중 그 1인 또는 수인에 대한 고소 또는 그 취소는 다른 공범자에 대하여도 효력이 있다(형사소송법 제233조). 공범에는 공동정범, 교사범, 방조범 뿐 아니라 필요적 공범도 포함되고(85도1940), 양벌규정의 경우 행위자와 사용자등에게도 적용된다(94도2423). 공범 간 범죄가 모두 친고죄여야 하므로 친족상도례와 같이 범인과 일정한 친족관계에 있는 피해자에 대한 재산범죄에 한하여 친고죄인 상대적 친고죄의 경우 비신분자에 대한 고소의 효력이 신분자(비동거친족)에게 미치지 않고, 신분자에 대한 고소취소가 비신분자에게 효력이 없다.

Ⅱ. 임의수사

1 임의수사 원칙과 강제처분 법정주의

수사에 관하여는 그 목적을 달성하기 위하여 필요한 조사를 할 수 있다. 다만, 강제처분은 이 법률에 특별한 규정이 있는 경우에 한하며, 필요한 최소한도의 범위 안에서만 하여야 한다(형사소송법 제199조). 이를 임의수사의 원칙과 강제처분 법정주의라고 한다. 또한 강제처분을 하기 위하여는 사전에 법원 또는 법관이 발부한 영장에 의하여야 한다. 이를 영장주의라고 한다. 헌법 제12조는 "누구든지 법률에 의하지 아니하고는 체포, 구속, 압수, 수색을 받지 않는다. 체포, 구속, 압수 또는 수색을 할 때에는 적법한 절차에 따라 검사의 신청에 의하여 법관이 발부한 영장을 제시하여야 한다"라고 규정하고 있다.

임의수사는 그 수단 · 방법에 특별한 제한이 없고 수사기관의 판단과 재량에 맡겨져 있는데, 피의자신문, 참고인조사, 감정 · 통역 · 번역의 위촉, 공무소등에 대한 조회에 대해서는 형사소송법에 특별한 규정이 있다.

2 피의자신문

가. 의의

피의자신문이란 검사 또는 사법경찰관은 수사에 필요한 때에 피의자를 출석시켜 신문하고 진술을 듣는 것을 말한다(형사소송법 제200조). 피의자에 대하여는 원칙적으로 피의자신문을 하여야 한다. 왜냐하면 피의자는 범죄실행 여부뿐 아니라 만약 범행을 하였다면 그 경위에 관하여 누구보다도 잘 알고 있으므로 수사기관이 피의자의 진술을 청취하여 증거를 수집함으로써 실체적 진실을 발견함과 아울러 피의자 입장에서 자기에게 유리한 사실을 주장할 수 있는 기회를 제공하기 위하여서도 필수 불가결한 것이기 때문이다.

피의자신문은 피의자가 출석요구에 응할 의무가 없고 진술의무도 없으므로 임의수사에 속한다. 다만 구속된 피의자의 경우 구속영장의 효력에 의하여 피의자를 조사실로 구인할 수 있다(2013모160).

나. 절차

수사기관은 피의자를 신문함에는 먼저 피의자의 성명 등을 물어 피의자임에 틀림없음을 확인한 다음(인정신문)(형사소송법 제241조) 피의자를 신문하기 전에 진술거부권을 고지해야 한다(동법 제244조의3). 피의자신문내용은 범죄사실과 정상에 관한 필요사항을 신문하여야 하고 그 이익되는 사실을 진술할 기회를 주어야 하며(동법 제242조), 피의자의 진술은 조서에 기재하여야 한다(동법 제244조). 피의자, 변호인 등의 신청이 있는 경우 정당한 사유가 없는 한 변호인을 참여하게 하여야 한다(동법 제243조의2). 피의자의 진술은 피의자의 동의없이 영상녹화 할 수 있다(동법 제244조의2).

3 참고인조사

수사기관은 수사에 필요한 때에 참고인을 출석시켜 진술을 들을 수 있다(형사소송법 제221조). 수사주체는 범죄사실을 직접 경험한 것이 아니므로 객관적 진실의 발견을 위해서는 범죄사실이나 관련된 사실을 직접 경험한 사람의 진술을 듣는 것이 필요하다. 이와 같은 진술을 할 수 있는 자 중 피의자를 제외한 나머지가 참고인이다. 피의자는 형사책임을 부담할 위험을 모면하기 위하여 허위의 진술을 할 가능성이 크므로 진실발견을 위하여 참고인의 진술이 기여하는 바가 매우 크다.

참고인에게는 진술거부권을 고지할 필요는 없으나 참고인은 당연히 진술을 거부할 수 있고, 동의를 받아야 영상녹화할 수 있다.

Ⅲ. 강제수사

형사절차의 진행과 형벌의 집행을 확보하기 위하여 강제력을 사용하는 것을 강제처분이라 하고, 수사기관의 강제처분에 의한 수사를 강제수사라고 한다. 강제수사는 형사소송법 또는 기타 법률에 특별한 규정이 있는 경우에 필요한 최소한도의 범위 안에서만 행할 수 있는 수사방법으로서, 현행 형사소송법상으로는 ① 피의자의 체포, ② 피의자의 구속, ③ 압수와 수색, ④ 검증, ⑤ 증거보전, ⑥ 증인신문의 청구, ⑦ 감정유치, ⑧ 감정에 필요한 처분이 있으며, 특별법상으로는 통신비밀보호법상의 전기통신의 감청 등이 있다. 형사소송법에 근거를 둔 강제수사라 할지라도 그 구체적 실행과 기간 및 방법은 임의수사로 형사절차의 목적을 달성할 수 없는 경우에 수사비례의 원칙에 따라 필요최소 한도 내에서만 허용되어야 한다.

아래에서는 체포, 구속, 압수·수색·검증에 대하여 살펴본다.

1 체포

가. 의의

체포는 죄를 범하였다고 의심할만한 상당한 이유가 있는 피의자를 단기간 동안 수사관서 등에 인치하는 제도이다. 이는 수사초기에 단기간 동안 피의자의 신병을 확보하는 것으로, 현행법상 영장에 의한 체포가 원칙이고, 예외적으로 영장없이 긴급체포와 현행범인체포가 허용된다.

나. 영장에 의한 체포

피의자가 죄를 범하였다고 의심할 만한 상당한 이유가 있고, 정당한 이유없이 출석요구에 응하지 아니하거나 응하지 아니할 우려가 있는 때에는 검사는 관할 지방법원판사에게 청구하여 체포영장을 발부받아 피의자를 체포할 수 있고, 사법경찰관은 검사에게 신청하여 검사의 청구로 관할지방법원판사의 체포영장을 발부받아 피의자를 체포할 수 있다. 다만, 다액 50만 원 이하의 벌금, 구류 또는 과료에 해당하는 사건에 관하여는 피의자가 일정한 주거가 없는 경우 또는 정당한 이유없이 출석요구에 응하지 아니한 경우에 한한다. 청구를 받은 지방법원판사는 상당하다고 인정할 때에는 체포영장을 발부한다. 다만, 명백히 체포의 필요가 인정되지 아니하는 경우에는 그러하지 아니하다(형사소송법 제200조의2).

다. 긴급체포

검사 또는 사법경찰관은 피의자가 사형 · 무기 또는 장기 3년 이상의 징역이나 금고에 해당하는 죄를 범하였다고 의심할 만한 상당한 이유가 있고, 피의자가 증거를 인멸할 염려가 있거나 도망하거나 도망할 우려가 있는 경우에 긴급을 요하여 지방법원판사의 체포영장을 받을 수 없는 때에는 그 사유를 알리고 영장없이 피의자를 체포할 수 있다. 이 경우 긴급을 요한다 함은 피의자를 우연히 발견한 경우 등과 같이 체포영장을 받을 시간적 여유가 없는 때를 말한다. 사법경찰관이 피의자를 긴급체포한 경우에는 즉시 검사의 승인을 얻어야 한다. 수사기관은 피의자를 긴급체포한 경우 즉시 긴급체포서를 작성하여야 한다(형사소송법 제200조의3).

라. 현행범인체포

현행범인은 누구든지 영장없이 체포할 수 있다(형사소송법 제212조). 범죄를 실행하고 있거나 실행하고 난 직후의 사람을 현행범인이라 하는데, 범죄를 실행하고 있는 것은 실행에 착수하여 종료하지 못한 상태를 의미하고, 실행하고 난 직후는 범죄의 실행행위를 종료한 직후의 범인이라는 것이 체포하는 자의 입장에서 볼 때 명백한 경우를 일컫는 것으로서 실행행위를 종료한 순간 또는 이와 시간적 · 장소적 접착성이 인정되는 단계를 말한다(2001도300). 또한 ① 범인으로 불리며 추적되고 있을 때 ② 장물이나 범죄에 사용되었다고 인정하기에 충분한 흉기나 그 밖의 물건을 소지하고 있을 때 ③ 신체나 의복류에 증거가 될 만한 뚜렷한 흔적이 있을 때 ④ 누구냐고 묻자 도망하려고 할 때에 해당하는 사람 또한 현행범인으로 본다(준현행범인)(동법 제211조). 다만 다액 50만 원이하의 벌금, 구류 또는 과료에 해당하는 죄의 현행범인에 대하여는 범인의 주거가 분명하지 아니한 때에 한하여 체포할 수 있다(동법 제214조).

2 구속

가. 의의

구속은 피의자의 신체를 장기간에 걸쳐 제한하는 대인적 강제처분으로서, 수사 및 재판의 진행과 형 집행 확보를 목적으로 하는 것으로, 구인과 구금을 포함한다(형사소송법 제69조).

나. 요건 및 절차

피의자가 죄를 범하였다고 의심할 만한 상당한 이유가 있고, ① 일정한 주거가 없는 때 또는 ② 증거를 인멸할 염려가 있는 때 ③ 도망하거나 도망할 염려가 있는 때에 해당하는 사유가 있을 경우, 검사는 관할 지방법원판사에게 청구하여 구속영장을 받아 피의자를 구속할 수 있고, 사법경찰관은 검사에게 신청하여 검사의 청구로 관할지방법원판사의 구속영장을 받아 피의자를 구속할 수 있다. 다만, 다액 50만 원이하의 벌금, 구류 또는 과료에 해당하는 범죄에 관하여는 피의자가 일정한 주거가 없는 경우에 한한다. 구속영장의 청구에는 구속의 필요를 인정할 수 있는 자료를 제출하여야 한다. 청구를 받은 지방법원판사는 상당하다고 인정할 때에는 구속영장을 발부하고, 발부하지 아니할 때에는 청구서에 그 취지 및 이유를 기재하고 서명날인하여 청구한 검사에게 교부한다(형사소송법 제201조).

영장주의가 제대로 기능하기 위하여 피의자에게 법적 청문권을 보장하고 있는데, 이를 '구속 전 피의자신문제도'라고 한다. 즉 체포된 피의자에 대하여 구속영장을 청구받은 판사는 특별한 사정이 없는 한 구속영장이 청구된 날의 다음날까지 피의자를 심문하여야 하고, 미체포된 피의자에 대하여 구속영장을 청구받은 판사는 피의자가 죄를 범하였다고 의심할 만한 이유가 있는 경우에 구인을 위한 구속영장을 발부하여 피의자를 구인한 후 심문하여야 한다. 다만, 피의자가 도망하는 등의 사유로 심문할 수 없는 경우에는 그러하지 아니하다(동법 제201조의2).

다. 체포 · 구속적부심

체포 · 구속적부심은 수사기관에 의하여 체포되거나 구속된 피의자에 대하여 법원이 체포나 구속의 적법 여부, 필요성을 심사하여 위법하거나 불요한 경우 피의자를 석방하는 제도이다.

체포되거나 구속된 피의자 또는 그 변호인, 법정대리인 등은 관할법원에 체포 또는 구속의 적부심사를 청구할 수 있고, 법원은 청구서가 접수된 때로부터 48시간 이내에 피의자를 심문하고, 수사관계서류와 증거물을 조사한 다음 심문이 종료된 때로부터 24시간 이내에 결정을 하여야 한다. 법원의 결정에는 석방결정, 기각

결정, 보증금납입 조건부 석방 결정이 있다(형사소송법 제214조의2).

청구사유는 체포·구속이 불법 또는 부당한 경우로서, 불법의 예로는 구속사유가 없음에도 구속영장이 발부된 경우, 부당의 예로는 애초 구속은 적법하나 그 이후의 사정변경(피해변상, 합의, 고소취소 등)으로 구속을 계속할 필요성이 없어진 경우 등이다.

3 압수·수색

수사상 압수는 수사기관이 증거물이나 몰수물의 점유를 취득하는 강제처분이고, 수색은 압수할 물건 또는 체포할 사람을 발견할 목적으로 주거지 등 장소, 물건 또는 사람의 신체에 대하여 행하는 강제처분이다.

가. 영장에 의한 압수수색

검사 또는 사법경찰관은 ① 범죄수사에 필요한 때에는(필요성) ② 피의자가 죄를 범하였다고 의심할 만한 정황이 있고(범죄혐의), ③ 해당 사건과 관계가 있다고 인정할 수 있는 것에 한정하여(관련성), 사법경찰관의 경우 검사에게 신청하고 검사가 지방법원판사에게 청구하여, 검사의 경우 직접 지방법원판사에게 청구하여 발부받은 영장에 의하여 압수, 수색 또는 검증을 할 수 있다(형사소송법 제215조). 위 ②의 요건은 압수수색이 수사 초기에 행하여지고, 체포·구속과 달리 '의심할 만한 정황'을 요건으로 하는 점에 비추어 '최초의 혐의 내지 단순한 혐의' 정도면 충분하다.

나. 전자정보의 압수·수색

전자정보는 무형적 존재로서 저장매체와 독립하여 정보의 자유로운 복제와 네트워크를 통한 전송이 가능하고 저장매체 안에 대량 정보가 저장될 수 있으며, 비가시적이고 수정, 삭제가 용이하다는 특성을 갖는다. 법원 또는 수사기관은 압수의 목적물이 컴퓨터용디스크, 그 밖에 이와 비슷한 정보저장매체인 경우에는 기억된 정보의 범위를 정하여 출력하거나 복제하여 제출받아야 하고, 다만, 범위를 정하여 출력 또는 복제하는 방법이 불가능하거나 압수의 목적을 달성하기에 현저히 곤란하다고 인정되는 때에는 정보저장매체 등을 압수할 수 있다(형사소송법 제219조, 제106조 제3항). 전자정보의 압수의 특성상 관련성의 요건은 더욱 엄격하게 적용되고, 압수할 정보를 탐색, 복제, 출력하는 과정에서 피압수자 및 변호인에게 참여의 기회를 주어야 하며, 압수한 전자정보의 목록을 교부하여야 한다.

다. 영장주의의 예외

(1) 체포 · 구속 목적 피의자수색

검사 또는 사법경찰관은 피의자를 체포 또는 구속하는 경우에 필요한 때에는 영장없이 타인의 주거나 타인이 간수하는 가옥, 건조물, 항공기, 선차 내에서의 피의자수색을 할 수 있다. 체포영장에 의한 체포 또는 구속영장에 의한 구속의 경우의 피의자 수색은 미리 수색영장을 발부받기 어려운 긴급한 사정이 있는 때에 한정한다(형사소송법 제216조 제1항 제1호).

(2) 체포 · 구속 현장 압수 · 수색

검사 또는 사법경찰관은 피의자를 체포 또는 구속하는 경우에 필요한 때에는 영장없이 체포 · 구속현장에서 압수 · 수색을 할 수 있다(동법 제216조 제1항 제2호). 압수한 물건을 계속 압수할 필요가 있는 경우에는 체포한 때부터 48시간 이내에 지체 없이 압수 · 수색영장을 청구하여야 한다.

(3) 범죄현장 압수 · 수색

검사 또는 사법경찰관은 범행 중 또는 범행직후의 범죄 장소에서 긴급을 요하여 법원판사의 영장을 받을 수 없는 때에는 영장없이 압수 · 수색을 할 수 있다. 이 경우에는 사후에 지체 없이 영장을 받아야 한다(동법 제216조 제3항).

(4) 긴급체포 후 압수 · 수색

검사 또는 사법경찰관은 긴급체포된 자가 소유 · 소지 또는 보관하는 물건에 대하여 긴급히 압수할 필요가 있는 경우에는 체포한 때부터 24시간 이내에 한하여 영장 없이 압수 · 수색을 할 수 있다. 압수한 물건을 계속 압수할 필요가 있는 경우에는 체포한 때부터 48시간 이내에 압수수색영장을 청구하여야 한다(동법 제217조).

(5) 임의제출물 · 유류물 압수

검사, 사법경찰관은 피의자 기타인의 유류한 물건이나 소유자, 소지자 또는 보관자가 임의로 제출한 물건을 영장없이 압수할 수 있다. 이 경우에는 사후영장을 요하지 아니한다(동법 제218조).

4 검증

검증은 수사기관이 사람, 물건, 장소의 상태, 성질을 오관의 작용으로 그대로 인식하는 강제처분이다. 수사상의 검증은 원칙적으로 사전영장이 필요하다. 검증을 함에 있어서는 신체검사, 사체 해부, 분묘 발굴 등 필요한 처분을 할 수 있다.

제 3 절

수사의 종결 및 공소

Ⅰ. 수사의 종결

1 의의

수사기관이 공소제기 여부를 판단할 수 있을 정도로 그 혐의가 명백하게 되었거나 수사를 계속할 필요가 없는 경우 수사를 종결한다.

2 사법경찰관의 결정

사법경찰관은 범죄 수사 후 범죄의 혐의가 있다고 인정되는 경우에는 지체 없이 검사에게 사건을 송치하고(송치결정), 혐의가 있다고 인정되지 않는 경우 불송치결정을 한다. 사법경찰관이 송치하는 경우 검사가 기소 여부를 결정하고, 검사는 송치사건의 공소제기 여부 결정 또는 공소 유지에 관하여 필요한 경우 사법경찰관에게 보완수사를 요구할 수 있다.

3 검사의 결정

검사는 객관적으로 범죄혐의가 충분하고 소송조건이 구비되어 유죄판결을 받을 수 있다고 인정할 때에는 공소를 제기한다. 검사가 피의자에 대하여 공소를 제기하지 않기로 하는 결정을 불기소결정이라고 하는데, 협의의 불기소결정(혐의없음, 죄가안됨, 공소권없음, 각하)과 혐의는 인정되나 검사의 재량으로 기소를 하지 않는 기소유예결정이 있다.

Ⅱ. 공소

1 공소제기의 기본원칙

공소는 검사가 제기하여 수행한다. 즉 공소제기의 권한은 국가가 가지고(국가소추주의), 검사만이 공소권을 가지는 것이 원칙이다(기소독점주의)(형사소송법 제246조). 검사는 기소와 불기소를 결정할 재량이 있고 이미 공소제기한 사건의 공소를 취소할 수 있다(기소편의주의)(동법 제247조).

2 공소제기의 방식과 공소장일본주의

검사가 공소를 제기함에 있어서는 공소장을 관할 법원에 제출하여야 하고, 공소장에는 ① 피고인의 성명 기타 피고인을 특정할 수 있는 사항, ② 죄명, ③ 공소사실, ④ 적용법조를 기재하여야 한다(형사소송법 제254조). 또한 공소장에는 사건에 관하여 법원에 예단이 생기게 할 수 있는 서류 기타 물건을 첨부하거나 그 내용을 인용하여서는 안 된다(형사소송규칙 제118조 제2항).

3 공소제기의 효과

가. 소송계속과 공소시효의 정지

검사의 공소제기에 의하여 사건은 법원에 계속된다. 그 결과 피의자는 피고인으로 지위가 전환되고, 피고인은 검사와 대등한 당사자로서 검사와 함께 소송주체가 되며, 법원은 당해 피고사건을 심판할 권리와 의무를 가진다. 검사는 동일사건에 대하여 다시 공소를 제기할 수 없다(이중기소금지). 또한 공소제기로 공소시효의 진행이 정지된다.

나. 심판범위의 한정

법원은 검사가 공소를 제기한 피고인과 범죄사실에 대해서만 심판할 수 있다(불고불리의 원칙). 공소의 효력은 검사가 피고인으로 지정한 자에게만 미치고 범죄사실 일부에 대한 공소의 효력은 범죄사실 전부에 미친다(형사소송법 제248조). 다만 공소장에 기재된 공소사실이 현실적 심판대상이 되고, 공소사실과 동일성이 인정되는 잠재적 심판대상은 공소장변경 절차를 거쳐야 현실적 심판대상이 된다.

4 공소시효

가. 의의

공소시효란 범죄행위가 종료된 후 공소제기 없이 일정기간이 경과된 경우 그 범죄행위에 대한 국가의 형사소추권을 소멸시키는 제도이다. 공소시효가 완성되면 검사는 공소권없음의 불기소처분을 하고 법원은 면소판결을 한다(형사소송법 제326조).

나. 공소시효의 계산의 3요소

(1) 공소시효의 기간

공소시효는 다음 기간의 경과로 완성한다(형사소송법 제249조).

① 사형에 해당하는 범죄에는 25년 ② 무기징역 또는 무기금고에 해당하는 범죄에는 15년 ③ 장기 10년 이상의 징역 또는 금고에 해당하는 범죄에는 10년 ④ 장기 10년 미만의 징역 또는 금고에 해당하는 범죄에는 7년 ⑤ 장기 5년 미만의 징역 또는 금고, 장기10년 이상의 자격정지 또는 벌금에 해당하는 범죄에는 5년 ⑥ 장기 5년 이상의 자격정지에 해당하는 범죄에는 3년 ⑦ 장기 5년 미만의 자격정지, 구류, 과료 또는 몰수에 해당하는 범죄에는 1년

(2) 공소시효의 기산점

공소시효는 범죄행위를 종료한 때부터 진행하고, 공범에는 최종행위의 종료한 때로부터 전공범에 대한 시효기간을 기산한다(동법 제252조).

(3) 공소제기일자

공소시효의 완성 여부는 공소제기일자를 기준으로 한다. 공소장변경의 경우에도 당초의 공소제기시점이 기준이 된다(2002도2939).

다. 공소시효의 정지(형사소송법 제253조)

공소시효 정지란 정지사유가 발생하면 그 사유의 해소시까지 공소시효기간의 진행이 정지되고, 정지사유가 해소되면 남은 시효기간이 진행되는 것을 말한다.

(1) 공소제기

공소시효는 공소의 제기로 진행이 정지되고 공소기각 또는 관할위반의 재판이 확정된 때로부터 진행한다. 이 공소제기는 적법, 유효함을 요건으로 하지 않는다. 공범의 1인에 대한 공소제기에 의한 시효정지는 다른 공범자에게 대하여 효력이 미치고 당해 사건의 재판이 확정된 때로부터 진행한다.

(2) 국외도피

범인이 형사처분을 면할 목적으로 국외에 있는 경우 그 기간 동안 공소시효는 정지된다. '형사처분을 면할 목적'은 국외체류의 유일한 목적에 한정되지 않고 범인이 가지는 여러 국외체류목적 중에 포함되어 있으면 족하다(2008도4101). 공범 중 1인의 국외도피는 다른 공범죄에게 시효정지의 효력이 미치지 않는다.

Ⅲ. 공소장변경

검사는 법원의 허가를 얻어 공소장에 기재한 공소사실 또는 적용법조의 추가, 철회 또는 변경을 할 수 있다. 이 경우에 법원은 공소사실의 동일성을 해하지 아니하는 한도에서 허가하여야 한다. 법원은 심리의 경과에 비추어 상당하다고 인정할 때에는 공소사실 또는 적용법조의 추가 또는 변경을 요구하여야 한다(형사소송법 제298조). 공소사실의 동일성 여부에 대한 판단은 사실의 기초가 되는 사회적 사실관계를 기본으로 하되, 규범적 요소도 고려한다(98도1438). 공소장이 변경되면, 새로운 공소사실은 당초의 공소사실과 동일성이 유지되므로 최초의 공소제기시점에 기소된 것으로 취급된다.

제 4 절

공판

〈형사공판절차〉

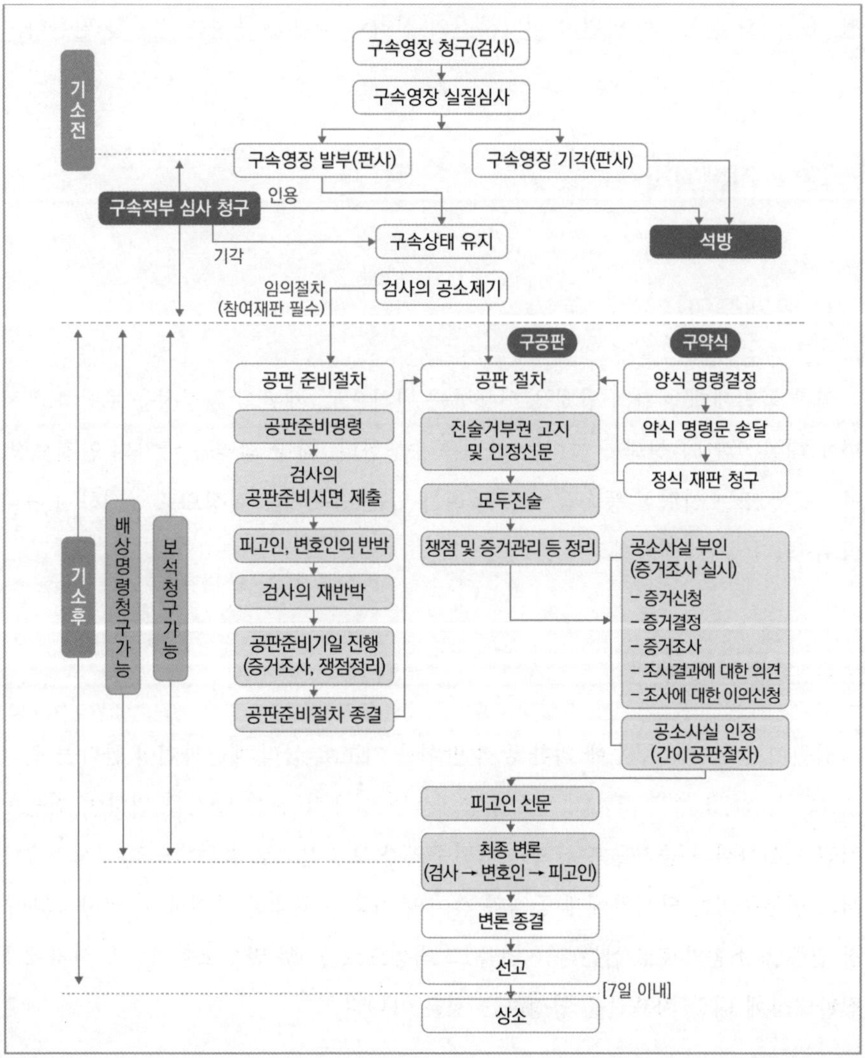

출처: 대한민국 법원 홈페이지

Ⅰ. 공판절차의 의의와 기본원칙

1 의의

공판절차는 공소가 제기되어 사건이 법원에 계속된 후부터 그 소송절차가 종료될 때까지의 절차, 즉 법원이 피고사건의 심리와 재판을 행하는 절차를 말한다.

2 기본원칙

가. 공개주의

일반 국민에게 재판의 방청을 허용하는 원칙으로, 재판의 공정성을 보장하고 사법에 대한 국민의 신뢰를 높이는 기능을 수행한다. 다만 심리는 국가의 안전보장, 안녕질서 또는 선량한 풍속을 해칠 우려가 있는 경우에는 결정으로 공개하지 아니할 수 있다(법원조직법 제57조).

나. 구두변론주의

법원이 당사자의 구두에 의한 공격 방어를 기초로 심리 재판하여야 한다는 원칙으로(형사소송법 제275조의3), 형사소송에서는 실체적 진실 발견을 위하여 법원이 직권으로 사실과 증거를 수집하는 직권주의가 보충적으로 발동되므로 형사소송에서의 변론주의는 당사자에게 공격과 방어의 기회를 최대한 부여하고, 당사자의 주장 입증을 소송자료로 삼는다는 것을 그 내용으로 할 뿐 민사소송처럼 당사자에게 심판대상에 대한 처분권을 인정하는 것은 아니다.

다. 직접(심리)주의

법원이 공판기일에 공판정에서 직접 조사한 증거만을 재판의 기초로 삼을 수 있고(형식적 직접주의), 증명 대상이 되는 사실과 가장 가까운 원본 증거를 재판의 기초로 삼아야 하며 원본 증거의 대체물 사용은 원칙적으로 허용되어서는 안 된다(실질적 직접주의)는 원칙을 말한다(2005도9730).

라. 집중심리주의

법원이 공판기일에 하나의 사건을 집중적으로 심리하고 공판기일이 연장되는 경우에도 시간적 간격을 두지 않고 연일 계속적으로 심리해야 한다는 원칙(계속심리주의)을 말한다(형사소송법 제267조의2, 제318조의4).

Ⅱ. 공판정의 심리

1 소송관계인의 출석

가. 피고인의 출석

피고인이 공판기일에 출석하지 아니한 때에는 특별한 규정이 없으면 개정하지 못하고(형사소송법 제276조), 피고인은 재판장의 허가 없이 퇴정하지 못하며, 재판장은 피고인의 퇴정을 제지하거나 법정의 질서를 유지하기 위하여 필요한 처분을 할 수 있다(동법 제281조). 공소제기된 피고인에 대한 구속은 재판을 담당하는 수소법원이 직권으로 행하고 검사의 청구가 필요없다(동법 제70조).

나. 검사의 출석

검사의 출석은 공판개정의 요건이다(형사소송법 제275조). 다만, 검사가 공판기일의 통지를 2회 이상 받고 출석하지 아니하거나 판결만을 선고하는 때에는 검사의 출석 없이 개정할 수 있다(동법 제278조).

다. 변호인의 출석

변호인은 소송주체가 아니므로 원칙적으로 그 출석이 공판개정 요건은 아니지만, 필요적 변호사건은 변호인 없이 개정하지 못 한다(형사소송법 제282조). 이때 변호인이 출석하지 아니한 때에는 법원은 직권으로 변호인을 선정하여야 한다(동법 제283조).

2 공판기일의 절차

가. 진술거부권의 고지 및 인정신문

재판장은 인정신문을 하기 전에 피고인에게 진술하지 아니하거나 개개의 질문에 대하여 진술을 거부할 수 있음을 고지하여야 하고(형사소송법 제283조의2), 이익되는 사실을 진술할 수 있음도 알려 주어야 한다(형사소송규칙 제127조). 재판장은 피고인의 성명, 연령, 등록기준지, 주거와 직업을 물어서 피고인임에 틀림없음을 확인하여야 한다(동법 제284조).

나. 검사 및 피고인, 변호인의 모두진술

검사는 공소장에 의하여 공소사실 · 죄명 및 적용법조를 낭독하여야 한다. 다만, 재판장은 필요하다고 인정하는 때에는 검사에게 공소의 요지를 진술하게 할 수 있다(형사소송법 제285조). 피고인은 검사의 모두진술이 끝난 뒤에 공소사실의 인정 여부를 진술하여야 한다. 다만, 피고인이 진술거부권을 행사하는 경우에는 그러하지 아니하다. 피고인 및 변호인은 이익이 되는 사실 등을 진술할 수 있다(동법 제286조).

다. 쟁점 정리 및 증거관계 진술

재판장은 피고인의 모두진술이 끝난 다음에 피고인 또는 변호인에게 쟁점의 정리를 위하여 필요한 질문을 할 수 있고, 증거조사를 하기에 앞서 검사 및 변호인으로 하여금 공소사실 등의 증명과 관련된 주장 및 입증계획 등을 진술하게 할 수 있다. 다만, 증거로 할 수 없거나 증거로 신청할 의사가 없는 자료에 기초하여 법원에 사건에 대한 예단 또는 편견을 발생하게 할 염려가 있는 사항은 진술할 수 없다(형사소송법 제287조).

라. 증거조사

(1) 의의 및 순서

증거조사란 수소법원이 피고사건의 사실인정과 양형에 관한 심증을 얻기 위하여 인증·서증·물증 등 각종 증거방법을 조사하여 그 내용을 감지하는 소송행위를 말한다. 증거조사의 주체는 수소법원이고, 쟁점정리 및 증거관계 진술 절차가 끝난 후에 실시한다(형사소송법 제290조). 법원은 검사가 신청한 증거를 조사한 후 피고인 또는 변호인이 신청한 증거를 조사하고, 그 조사가 끝난 후 직권으로 결정한 증거를 조사한다. 다만 직권 또는 검사, 피고인·변호인의 신청에 따라 위 순서를 변경할 수 있다(동법 제291조의2).

(2) 증인신문

증인신문은 증인으로부터 체험사실을 내용으로 하는 진술을 듣는 증거조사를 말하고, 그 진술내용뿐 아니라 진술할 때의 목소리, 표정, 진술태도까지 법관의 심증형성에 영향을 미치는(태도증거) 매우 중요한 증거조사 방법이다.

(가) 증인의 의무와 권리

증인은 법원이 소환하면 출석할 의무가 있고, 출석한 증인은 신문에 앞서 증인선서를 하여야 한다. 재판장은 선서할 증인에 대하여 선서 전에 위증의 벌을 경고한 다음 증인으로 하여금 선서서 "양심에 따라 숨김과 보탬이 없이 사실 그대로 말하고 만일 거짓말이 있으면 위증의 벌을 받기로 맹세합니다"를 낭독하고 기명날인 또는 서명하게 하여야 한다. 선서한 증인은 신문받은 사항에 대하여 증언할 의무가 있다. 다만 증언의무가 있는 증인이 일정한 사유가 있는 경우 증언을 거부할 수 있다. 즉 누구든지 자기나 친족 또는 법정대리인 등에 해당하는 자가 형사소추 또는 공소제기를 당하거나 유죄판결을 받을 사실이 발로될 염려있는 증언을 거부할 수 있다(동법 제148조). 변호사, 의사 등 일정한 직에 있는 자 또는 이러한 직에 있던 자가 그 업무상 위탁을 받은 관계로 알게 된 사실로서 타인의 비밀에 관한 것은 증언을 거부할 수 있다. 단, 본인의 승낙이 있거나 중대한 공익상 필요 있는 때에는 예외로 한다(동법 제149조). 증인에게 증언거부권이 인정되는 경우 재판장은 신문 전에 증언을 거부할 수 있음을 설명하여야 한다(동법 제160조).

(나) 증인신문의 원칙

증인에 대한 신문은 원칙적으로 구두로 해야 하고(구술주의), 증인으로 하여금 개별적이고 구체적인 내용을 진술하게 하여야 한다(포괄신문금지). 위협적이거나 모욕적인 신문은 금지되고 정당한 이유가 없는 한 의견을 묻거나 직접 경험하지 아니한 사항에 대한 신문은 허용되지 않는다(공정처우).

(다) 교호신문제도

신문의 순서는 당사자가 먼저 신문하고(주신문), 그 다음에 다른 반대당사자가 신문하며(반대신문), 재판장은 당사자의 신문이 끝난 뒤에 신문할 수 있다. 다만 재판장은 필요하다고 인정하면 어느 때나 신문할 수 있으며 위 신문순서를 변경할 수 있다(동법 제161조의2). 주신문은 증명할 사항과 이에 관련된 사항에 관하여 하고, 유도신문은 금지된다. 반대신문은 주신문에 나타난 사항과 이에 관련된 사항에 관하여 하고, 필요할 때에는 유도신문을 할 수 있다. 반대신문의 기회에 주신문에 나타나지 아니한 새로운 사항에 관하여 신문하고자 할 때에는 재판장의 허가를 받아야 하고, 이 경우 반대신문은 주신문으로 본다(동규칙 제76조).

마. 피고인신문

검사 또는 변호인은 증거조사 종료 후에 순차로 피고인에게 공소사실 및 정상에 관하여 필요한 사항을 신문할 수 있다. 다만, 재판장은 필요하다고 인정하는 때에는 증거조사가 완료되기 전이라도 이를 허가할 수 있다. 재판장은 필요하다고 인정하는 때에는 피고인을 신문할 수 있다(형사소송법 제296조의2).

바. 최종 변론

피고인 신문과 증거조사가 종료한 때에는 검사는 사실과 법률적용에 관하여 의견을 진술하여야 한다(형사소송법 제302조). 검사가 양형에 관한 의견진술(구형)은 의견진술에 불과하여 법원은 그 의견에 구속되지 않는다(2001도5225). 재판장은 검사의 의견을 들은 후 피고인과 변호인에게 최종의 의견을 진술할 기회를 주어야 한다(동법 제303조). 최종의견 진술의 기회는 피고인과 변호인 모두에게 주어져야 한다.

사. 변론종결(결심)

피고인의 최종 진술이 끝나면 변론은 종결된다. 법원은 필요하다고 인정한 때에는 직권 또는 검사, 피고인이나 변호인의 신청에 의하여 결정으로 종결한 변론을 재개할 수 있다(형사소송법 제305조).

Ⅲ. 국민참여재판

국민참여재판이란 배심원이 참여하는 형사재판을 말하는데, 사법의 민주적 정당성과 신뢰를 높이기 위하여 도입되었다. '국민의 형사재판 참여에 관한 법률'에서 국민참여재판의 절차 등을 규정하고 있다. 국민참여재판의 대상사건은 지방법원 또는 그 지원의 합의부 관할사건, 그 미수죄 · 교사죄 · 방조죄 · 예비죄 · 음모죄 해당사건 및 그 관련 사건으로서 병합 심리하는 사건이다. 다만 피고인이 국민참여재판을 원하지 아니하거나 법원의 배제결정이 있는 경우는 국민참여재판을 하지 아니한다(동법 제5조). 따라서 법원은 대상사건의 피고인에 대하여 국민참여재판을 원하는지 여부에 관한 의사를 서면 등의 방법으로 반드시 확인하여야 하고(동법 제8조), 피고인이 국민참여재판을 원하는 의사를 표시한 경우 지방법원 지원 합의부가 배제결정을 하지 아니하는 경우에는 국민참여재판절차 회부결정을 하여 사건을 지방법원 본원 합의부로 이송하여야 한다(동법 제10조).

제 5 절

증거

Ⅰ. 서론

1 증거의 의의와 종류

가. 의의

증거는 사실인정에 사용되는 자료를 말하는 것으로서, 증인, 증거물 등 유형물 자체이자 이를 조사하여 알게 된 내용(증언 등)을 포함하는 개념이다. 형사소송은 증거를 통해 사실관계를 증명한다.

나. 종류

증거에는 사람의 진술내용이 증거인 인증, 물건의 존재나 상태가 증거인 물증, 증거서류 등인 서증이 있다. 사람의 말이 증거가 될 때 이러한 진술 형태의 증거를 진술증거, 진술 이외의 형태의 증거를 비진술증거라고 한다.

2 증거능력과 증명력

가. 증거능력

증거로 사용될 수 있는 법률상 자격을 의미한다. 형사소송법에는 증거능력을 제한하는 규정이 존재한다. 그 중 위법수집증거배제법칙(제308조의2)과 자백배제법칙(제309조)에 위배된 증거는 증거능력이 절대적으로 상실된다. 반면 전문법칙(제310조의2)에 의해 증거능력이 없는 증거는 피고인의 동의가 있을 경우 증거능력을 얻을 수 있으므로 상대적인 제한에 해당한다.

나. 증명력

증명력이란 증거가 요증사실을 증명하는 정도를 의미한다. 증거마다 사실을 증명하는 힘이 다른데, 증거의 증명력에 대한 평가는 법관의 자유판단에 맡겨져 있다(형사소송법 제308조).

3 증명의 기본원칙

가. 거증책임

거증책임이란 재판에서 어떠한 사실이 증명되지 않으면 불이익을 입게 될 지위에 놓인 당사자가 부담하고 있는 증거제출 책임을 의미한다. 형사소송에서는 '의심스러울 때는 피고인의 이익으로'(in dubio pro reo) 내지 무죄추정의 원칙이 적용되므로 검사가 거증책임을 부담한다.

나. 증거재판주의

사실의 인정은 증거능력이 있고 적법한 증거조사를 거친 증거에 의하여야 하고, 범죄사실의 인정은 합리적인 의심이 없는 정도의 증명에 이르러야 한다(형사소송법 제307조).

다. 자유심증주의

정의와 형평의 이념에 입각하여 논리와 경험의 법칙에 따르는 한도 안에서 증거의 '증명력'을 법에서 정하지 아니하고 법관의 자유로운 판단에 맡기는 것을 의미한다. 즉, 어떤 증거를 채택하고 어느 정도의 가치를 둘 것인지는 법관의 자유이다(형사소송법 제308조).

Ⅱ. 위법수집증거배제법칙

1 의의

적법한 절차에 따르지 아니하고 수집한 증거와 그 증거를 기초로 하여 얻은 2차 증거의 증거능력을 부정하는 법칙이다. 형사소송법은 제308조의2에서 "적법한 절차에 따르지 아니하고 수집한 증거는 증거로 할 수 없다."라고 규정하고 있다.

2 적용

위법하게 수집된 증거는 원칙적으로 증거능력이 없고, 피고인 및 변호인이 해당

증거에 대해 증거동의를 할지라도 효력이 없으나, 적법절차의 실질적인 내용을 침해하지 않고, 증거의 증거능력을 배제하는 것이 적법절차원칙과 실체진실 규명의 조화를 통해 형사사법 정의를 실현하려 한 취지에 반하는 결과를 초래하는 경우에는 예외적으로 증거능력이 인정된다(2007도3061).

Ⅲ. 자백배제법칙

1 의의

범죄사실을 인정하는 피고인의 진술에 임의성이 없는 때에는 증거로 할 수 없다는 법칙이다. 임의성이란 외부의 간섭이나 영향없이 자발적으로 이루어지는 것을 의미한다. 형사소송법은 제309조에서 "피고인의 자백이 고문, 폭행, 협박, 신체구속의 부당한 장기화 또는 기망 기타의 방법으로 임의로 진술한 것이 아니라고 의심할 만한 이유가 있는 때에는 이를 유죄의 증거로 하지 못한다."라고 규정하고 있다.

2 적용

임의성에 다툼이 있을 때에는 그 임의성을 의심할 만한 합리적이고 구체적인 사실을 피고인이 증명할 것이 아니고 검사가 그 임의성의 의문점을 없애는 증명을 하여야 한다. 검사가 그 임의성의 의문점을 없애는 증명을 하지 못한 경우에는 그 진술증거는 증거능력이 부정된다(2000도1216)

Ⅳ. 전문법칙

1 의의

범죄를 구성하는 사실을 경험한 자가 법관에게 직접 보고하지 않고, 서류 또는 제3자를 통해 간접적으로 전달하는 방식으로 제출된 증거(전문증거)는 원칙적으로 증거능력을 부정하는 법칙이다. 다만, 실체적 진실 발견을 위하여 형사소송법은 특정한 유형의 전문증거(제311조~제316조)는 법에서 정한 요건을 갖추었다면 제한적으로 증거로 사용할 수 있도록 하였다. 형사소송법은 제310조의2에서 "제311조 내지 제316조에 규정한 것 이외에는 공판준비 또는 공판기일에서의 진술에 대신하여 진술을 기재한 서류나 공판준비 또는 공판기일외에서의 타인의 진술을 내용으로 하는 진술은 이를 증거로 할 수 없다"라고 규정하고 있다.

2 적용

전문증거는 피고인 또는 변호인이 검사가 신청한 증거에 대해 법정에서 증거로 사용하는 것에 동의한다는 의사표시(증거동의)(형사소송법 제318조)가 있으면 위법수집증거가 아닌 이상 증거능력이 있고, 증거동의가 존재하지 아니하는 경우에는 해당 증거가 형사소송법에서 예외적으로 허용한 전문증거의 유형(동법 제311조~제316조)에 해당하는지, 해당한다면 법에서 정한 요건을 충족하고 있는지 살펴서 증거능력 유무를 판단해야 한다.

가. 증거 동의(제318조)

증거 동의란 검사가 신청한 증거에 대해 피고인이, 피고인이 신청한 증거에 대해 검사가 법정에서 증거로 사용하는 것에 동의한다는 의사를 표시하는 소송상 행위를 의미한다. 변호인 또는 피고인의 증거 동의가 있으면 전문법칙 예외규정을 거칠 필요 없이 전문증거의 증거능력이 인정되므로 제311조 내지 제316조에 대한 검토를 하기 전에 증거 동의가 존재하는지 먼저 살펴보아야 한다. 증거 동의는 서면 또는 구두로 명시적으로 의사를 표시한다.

나. 법원 또는 법관의 조서(제311조)

공판준비 또는 공판기일에 피고인이나 피고인 아닌 자의 진술을 기재한 조서와 법원 또는 법관의 검증의 결과를 기재한 조서, 제184조(증거보전절차) 및 제221조의2(공판기일 전 증인신문)의 규정에 의하여 작성한 조서는 당연히 증거능력이 인정된다. 수소법원이나 법관의 조서라면 그 성립의 진정과 높은 신용성의 정황적 보장이 인정되기 때문이다.

다. 피의자신문조서(제312조 제1항, 제3항)

검사 또는 사법경찰관이 작성한 피의자신문조서는 적법한 절차와 방식에 따라 작성된 것으로서 공판준비, 공판기일에 그 피의자였던 피고인 또는 변호인이 그 내용을 인정할 때에 한정하여 증거로 할 수 있다. 내용을 인정한다는 것은 조서의 기재내용이 실제사실과 후합하여 진술내용이 진실하다는 것을 의미한다.

라. 진술조서(제312조 제4항)

검사 또는 사법경찰관이 피고인이 아닌 자의 진술을 기재한 조서(진술조서)는 적법한 절차와 방식에 따라 작성된 것으로서 그 조서가 검사 또는 사법경찰관 앞에서 진술한 내용과 동일하게 기재되어 있음이 원진술자의 공판준비 또는 공판기일에서의 진술이나 영상녹화물 또는 그 밖의 객관적인 방법에 의하여 증명되고(진정성립), 피고인 또는 변호인이 공판준비 또는 공판기일에 그 기재 내용에 관하여 원진술자를 신문할 수 있었던 때에는(반대신문의 기회 보장) 증거로 할 수 있다. 다만, 그 조서에 기재된 진술이 특히 신빙할 수 있는 상태하에서 행하여졌음이 증명된 때에 한한다.

마. 수사과정 외에서 작성된 진술서(제313조)

수사과정 외에서 진술자가 스스로 작성한 진술서는 공판준비나 공판기일에서의 그 작성자의 진술에 의하여 그 성립의 진정함이 증명된 때에는 증거로 할 수 있다. 진술서의 작성자가 공판준비나 공판기일에서 그 성립의 진정을 부인하는 경우에는 과학적 분석결과에 기초한 디지털포렌식 자료, 감정 등 객관적 방법으로 성립의 진정함이 증명되는 때에는 증거로 할 수 있다. 다만, 피고인 아닌 자가 작성한 진술서는 피고인 또는 변호인이 공판준비 또는 공판기일에 그 기재 내용에 관하여 작성자를 신문할 수 있었을 것을 요한다.

바. 전문진술(제316조)

피고인이 아닌 자의 공판준비 또는 공판기일에서의 진술이 피고인의 진술을 그 내용으로 하는 것인 때에는 그 진술이 특히 신빙할 수 있는 상태하에서 행하여졌음이 증명된 때에 한하여 이를 증거로 할 수 있고, 피고인 아닌 자의 공판준비 또는 공판기일에서의 진술이 피고인 아닌 타인의 진술을 그 내용으로 하는 것인 때에는 원진술자가 사망, 질병, 외국거주, 소재불명 그 밖에 이에 준하는 사유로 인하여 진술할 수 없고, 그 진술이 특히 신빙할 수 있는 상태 하에서 행하여졌음이 증명된 때에 한하여 이를 증거로 할 수 있다.

제 6 절

재판, 상소와 재심

Ⅰ. 재판

1 의의

재판은 넓은 의미에서 법원 또는 법관이 소송절차에서 행하는 법률행위를 의미하고, 좁은 의미로는 법원이 사건 해결을 위해 내리는 종국적인 판단을 의미한다.

2 종류

가. 관할위반판결

법원에 피고사건의 토지관할과 사물관할이 존재해야 사건을 재판할 수 있다. 따라서 피고사건이 법원의 관할에 속하지 아니한 때에는 판결로써 관할위반의 선고를 하여야 한다(형사소송법 제319조). 관할위반판결이 선고된 경우 검사는 관할법원에 재기소해야 한다.

나. 공소기각판결과 공소기각결정

일정한 사유가 있는 경우 실체심판 들어가지 아니하고 공소를 기각함으로써 절차를 조기에 종식하는 것으로, 피고인을 절차로부터 해방하고 법원의 소송경제를 도모한다는데 의의가 있다. 결정은 구두변론을 거칠 필요가 없으므로 판결에 비해 완화된 형태이므로 공소기각 중 절차상의 하자가 중대하고 명백한 경우(공소취소, 피고인 사망, 명백히 죄가 안되는 경우 등)에는 공소기각결정을 한다(형사소송법 제328조). 소송조건이 결여된 경우(친고죄의 고소취소, 반의사불벌죄에서의 처벌불원의사표시, 이중기소 등)에는 공소기각판결을 한다(동법 제327조).

다. 면소판결

면소판결은 확정판결의 존재, 사면, 공소시효 완성 등의 사유로 소송을 종결하는 판결이다. 소송추행 이익이 없어 종결하는 것이므로 공소기각 사유와 달리 재기소 가능성이 없다(형사소송법 제326조).

라. 유죄판결과 무죄판결

유죄판결은 피고사건이 범죄를 구성하고, 범죄사실에 대한 증명이 있음을 확인하는 종국판결이고, 무죄판결은 피고인에 대해 공소제기된 범죄사실이 인정되지 아니함을 선언하는 종국판결이다.

Ⅱ. 상소

상소는 법원의 판단을 다투고자 상급법원에 신청하는 불복제도이다. 법원의 판결에 대한 통상적인 불복수단은 1심 판결에 대한 항소와 2심 판결에 대한 상고이다. 법원의 결정에 대한 불복수단은 항고이며, 항고법원의 판단에 대해 대법원에 재항고할 수 있다. 준항고는 법원의 재판과 수사기관의 처분에 대한 불복제도이다.

Ⅲ. 재심

재심은 유죄의 확정판결에 중대한 사실인정의 오류가 있는 경우 비록 판결이 확정된 후라 할지라도 이를 시정할 수 있도록 하기 위한 비상구제절차이다. 형사소송법은 피고인의 이익을 위한 재심만 허용하고 있다(제420조).

PART

5

지재법 · ICT법 · 인공지능(AI)법

CHAPTER

1

지적재산권법

제1절

처음에 — 지적재산권법이란 무엇이며 언제 왜 생겼는가?

Ⅰ. 지적재산권법이란 무엇인가?

헌법 · 민법 · 형법 · 상법 등은 단일한 법률 명칭을 가지는 법전으로도 존재하지만 지적재산권법은 그렇지 않다. 지적재산권법은 특허법 · 실용신안법 · 디자인보호법 · 상표법 등의 법률 명칭을 일컫는 산업재산권법과 저작권법이라는 법률 명칭을 모두 포괄하는 법체계를 뜻한다. 즉 지적재산권법은 특허법 · 상표법 등으로 대표되는 산업재산권법과 문화 예술 창작자를 보호하는 저작권법을 총칭하는 학술 용어이다.

저작권과 구별되는 산업재산권의 가장 큰 특징은 특허권 · 상표권 등 산업재산권을 취득하기 위해서는 특허법 · 상표법 등에서 규정하는 소정의 출원과 심사를 거쳐 등록이 완료되어야 권리가 발생한다는 데에 있다. 이에 대하여 저작권은 저작물을 창작한 때부터 발생하며 어떠한 절차나 형식의 이행을 필요로 하지 않는다.

지적재산권법 ─┬ 산업재산권법 = 특허법, 실용신안법, 디자인보호법, 상표법 등
　　　　　　　└ 저작권법

일부 사람들은 2011년 '지식재산기본법'이 제정된 이후부터 '지식재산권법'이라는 새로운 용어를 사용하기도 한다. 하지만 '지식재산권법'은 특허법 · 상표법 · 저작권법 등을 가리키는 학술 용어로는 부적절한 것이다. 여기서는 종전처럼 지적재산권법이란 용어를 사용하기로 한다.[1] 지적재산권법이라는 용어를 사용하기 전

에는 무체재산권법이라는 용어를 사용한 적이 있다. 무체재산권법이라는 용어는 유체 · 유형의 재산이 아닌, 인간의 지적 · 정신적 활동의 성과인 발명이나 창작물 등 무체 · 무형의 재산에 대한 권리를 보호한다는 지적재산권법의 특징을 가장 잘 나타내고 있다.

유체 · 유형의 재산인 부동산(ex. 땅, 건물 등)이나 동산(ex. 스마트폰, 소설책 등)과 달리 무체 · 무형의 재산인 발명(ex. 스마트폰의 카메라나 스크린터치 기능 등에 활용된 기술정보 그 자체)이나 창작물(ex. 소설책의 스토리 등을 이루는 표현정보 그 자체) 등을 보호하는 것이 지적재산권법이다. 이러한 특징을 가장 명확하게 나타내는 것이 무체재산권법이라는 용어이다. 이처럼 무체 · 무형의 정보 그 자체를 보호한다는 성격을 잘 부각시킨다는 장점 때문에 무체재산권법이라는 용어는 오늘날도 여전히 일부에서 선호되고 있다.

요컨대, 지적재산권법은 유체물이 아닌 무체 · 무형의 정보 그 자체를 보호대상으로 하는 법체계이다. 무체 · 무형의 정보라는 것은 추상적 객체(abstract objects)를 말한다. 추상적 객체는 유체물(physical objects)과 대비되는 개념이지만 추상적 객체의 모호성 때문에 지적재산권법은 쉽게 이해하기 어렵다.[2)]

그러한 점에서 정보(information)라는 용어를 사용하여 지적재산권법을 설명하면 좀 더 쉽게 이해할 수 있다. 지적재산권법은 재산적 가치가 있고 유용한 정보를 보호하는 법이다. 인간의 지적 · 정신적 활동의 성과인 과학 기술에 관한 발명이나 문화 예술 작품과 같은 창작물, 영업상의 신용이 내재된 상표나 상호 등의 표지(標識) 등은 모두 인간에게 가치가 있고 유용한 정보이다.

정보라는 관점에서 지적재산권법에 속하는 법률들을 구체적으로 설명하면 다음과 같다. 특허법은 새롭고 진보하는 '기술정보'(technological information)에 대한 발명과 투자를 보호하는 법이고, 저작권법은 창작성이 있는 '표현정보'(expressive information)의 복제와 배포 등을 보호하는 법이다. 이에 대해 상표법은 상품이나 서비스의 신용이나 명성에 관한 '상징정보'(symbolic information)를 보호하는 법이다.[3)]

새롭고 진보하는 '기술정보'를 보호하는 특허법과 창작성 있는 '표현정보'를 보호하는 저작권법의 공통점은 무엇인가 새로운 것을 만들어낸 성과 자체를 보호한다는 데에 있다. 그러한 공통점에 착안하여 특허법과 저작권법을 '창작(創作)법'이라 부른다. 이에 대해 상표법은 창작적 성과가 아닌 상품이나 서비스의 신용 · 명성을 나타내는 '상징정보' 즉 '표지'(標識)를 보호한다는 점에서 '표지(標識)법'이라고 부른다.

지적재산권법
- 창작(創作)법 = 특허법, 저작권법
- 표지(標識)법 = 상표법

상표법이 창작법이 아니라 표지법에 해당한다는 것은 우리나라 대표적 수출 상품인 전자제품이나 자동차의 경우를 예로 들어 설명할 수 있다. 삼성전자나 LG전자의 '삼성'(三星)이나 'LG'(Lucky Goldstar의 줄임말)라는 상표, 그리고 현대자동차의 '현대'라는 상표는 사람들이 기존에 사용하여 오던 용어나 표현들 중에서 선정한 것이다. 무엇인가 새로운 것을 만들어낸 성과물이 아니다.

Ⅱ. 지적재산권법은 언제 왜 생겼는가?

1 지적재산권 제도의 기원

역사적 사실인지 여부가 불분명한 전설과 신화에도 반드시 기원이 있다. 그것이 무엇이 되었든 최초의 이야기에는 발단이 있다. 마찬가지로 인류사회에 존재하는 모든 권리와 그 권리를 뒷받침하는 제도에는 그 출발점에 해당하는 기원이 있다. 지적재산권을 구성하는 특허권, 상표권, 저작권과 그 권리를 뒷받침하는 제도에는 그 나름의 시작 시점이 있다.

이제부터 특허, 상표, 저작권 제도가 각각 언제 왜 생겼는지에 대하여 공부해 보기로 하자. 앞에서 설명하였듯이 지적재산권법은 유체물이 아닌 무체 · 무형의 정보, 즉 추상적 객체를 그 보호대상으로 하는 법체계이다. 추상적 객체를 보호하는 이러한 법체계는 서양의 산물이다. 현재 전 세계적으로 존재하는 법체계의 대부분은 18세기와 19세기에 유럽 국가들이 개발한 제도를 본뜬 것이다. 동아시아 한자문화권의 전통 법제에서는 추상적 객체를 보호한다는 관념 자체가 존재하지 않았다.[4)]

지적재산권 가운데에서 창작적 성과를 보호하는 특허 및 저작권 제도는 목차를 구분하여 따로 설명하기로 하고, 여기서는 상징정보, 즉 표지를 보호하는 상표 제도의 기원에 대하여 간단하게 살펴본다.

옛날 중국의 유물이나 이집트 시대 발굴품, 나아가 그리스 로마 시대에 만들어진 도기, 장식품, 조각 등에 오늘날 상표와 유사한 표지가 부착되어 있는 경우를 발견할 수 있다. 특히 도기에 부착된 것을 도기표(pottersmark)라고 부른다. 그러나 이러한 표지를 보고 섣불리 상표 제도의 역사는, 창작적 성과를 보호하는 특허나 저작권 제도보다 일찍부터 존재하였다고 생각하여서는 안 된다. 역사적으로 제품에 여러 가지 문자나 기호 등의 표지를 사용한 것은 수공업생산자가 자신이 만든 제품과 남이 만든 것을 구별하여 자기 소유물임을 나타내기 위한 소유표(proprietary mark)로서 사용한 것일 뿐이다.[5)] 오늘날 상표처럼 상품이나 서비스의 신용 · 명성을 나타내는 상징정보를 보호할 목적으로 사용한 것이 아니다.

오늘날과 같은 상표법은 특허법이나 저작권법과 비교할 때 뒤늦게 출현하였다. 프랑스에서 1857년 6월 23일 상표의 기탁제도를 정한 사용주의 및 무심사주의를 내용으로 하여 제정된 '제조표 및 상품표에 관한 법률'이 세계 최초의 상표법으로 일컬어진다.[6)] 우리나라 최초의 상표법은 1908년 제정된 한국상표령이다.

2 특허법

특허는 재산권(property)이 아닌 특권(privilege)으로 시작되었다. 1474년 베네치아 특허법이 제정된 이후 수백 년 동안 특허 부여는 법적 권리(legal rights)가 아닌 특권에 머물렀다.[7)] 이 차이는 중요하다. 특권은 왕과 같은 권력자에게서 얻는 반면, 법적 권리는 법으로 정해진다. '특허'(patent)라는 용어는 '공개서한'을 의미하는 중세 라틴어 'litterae patentes'에서 유래한다. 서양에서는 서한(書翰), 즉 편지를 봉투 안에 넣고 아무나 열어 볼 수 없도록 밀봉한 곳에 서명하고 왕의 인장을 찍었다. 그러나 편지 봉투가 열려 있으니 거기에 서명한 왕이나 다른 권력자의 인장을 뜯지 않고도 공개서한, 즉 특허장을 읽을 수 있었다.[8)]

이처럼 특허장으로 부여되는 특권, 즉 '특허 특권을 부여하는 관행'(practices of granting patent privileges)은 중세 후기 르네상스 시기 이탈리아의 베네치아, 피렌체, 제노아 같은 도시 국가들에서 시작되었다. 이들 여러 도시 국가에서 시행된 특허 부여 제도 가운데에서 1474년 3월 19일 제정된 베네치아 공화국의 특허법을 세계 최초의 특허 제도라고 일컫는다.[9)] 그것은 두 가지 이유 때문이다. 첫째는 베네치아 특허법이 국가 차원에서 제정된 법률이라는 점이고, 둘째는 권력자가 자의적으로 특정인에게 베푸는 은혜가 아니라 특정한 요건을 갖추면 누구나 특허를 취득할 수 있도록 제도화되었다는 점이다.[10)] 특허 취득요건은 새로운 기술이나 기계의 발명자 또는 그러한 기술이나 기계를 베네치아에 도입한 사람에 한정되었다. 새로운 기술이나 기계에 해당하는지 여부는 베네치아의 산업 수준을 기준으로 정해졌고 특허 특권의 존속기간은 10년이었다.[11)]

이러한 특허 특권 제도는 기본적으로 중상주의 경제 정책과 관련이 있다. 특허 특권은 무역 흑자를 달성하기 위한 상업 무역 정책의 일환으로 창안되었기 때문이다. 베네치아가 특허법을 제정한 목적은 유능한 기술자들을 베네치아로 유치하여 발명을 실시하게 함으로써 베네치아의 경제발전을 꾀하려는 것이었다. 새로운 기술을 도입한 사람에게 특허 특권을 부여하는 베네치아의 특허 제도는 15세기에서 17세기에 걸쳐 유럽 대륙과 영국으로 퍼져나갔다.[12)]

최초의 특허법은 베네치아에서 탄생하였지만, 근대적 의미의 특허법은 150년 뒤 영국에서 만들어졌다. 1623년 영국 의회에 제출되어 1624년 제정·시행된 영국의 독점법(Statute of Monopolies)이 바로 그것이다.[13)] 독점법 제6조는 영국 내에서 새로운 제품(manufacture)을 독점적으로 실시하거나 제조하는 특권을 그 제품의 최초의 진정한 발명자(the true and first inventor)에게 특허장을 발행하여 부여하고 특허기간은 특허장 발행일로부터 14년으로 한다고 규정하였다.[14)] 14년이라는 기간의 근거는 당시 장인으로부터 '수습기간'(apprenticeship)이 7년이었던 것을 고려하여 발명자(장인)로부터 신기술을 습득하는 데에 최소한 두 차례 수습기간을 보장함으로써 기술이전을 정착시키기 위한 것이었다.[15]

영국에서 독점법이 시행되던 17세기는 과학혁명이 이루어지던 시기이다. 과학과 기술의 발전은 근대적 의미의 특허 제도의 성장 발전과도 밀접한 관련이 있다. 논문이 과학자의 우선권(priority)[16] 인정을 위해 도입된 형식이라면, 특허는 기술자가 창안한 새로운 기술, 즉 발명을 보호하기 위한 제도로 등장하였다.

과학혁명을 거치면서 기술은 과학기기의 형태로 과학 실험에 들어왔고 과학과 기술은 상호작용을 하기 시작하였다. 그 무렵 등장한 망원경, 현미경, 프리즘, 기압계, 진공펌프와 같은 과학기기를 통해서 기술은 과학에 접근하였고 과학자는 기술 발전에 기여하였다. 많은 과학자들이 함께 모여 실험을 하고 토론을 하면서 과학자 단체가 만들어졌다. 1660년 런던에서 설립된 왕립학회가 대표적이다. 학회에서는 과학기기를 활용한 실험 결과가 논문 형태로 발표되었고 그 곳에서 과학자와 기술자가 함께 만나 대화를 나누고 관심사를 공유하였다.[17] 이처럼 17세기 과학과 기술의 상호작용이 활발하게 이루어지면서 '자연법칙'(law of nature)이라는 개념이 널리 퍼지게 되었다. 뉴턴은 자신의 유명한 운동법칙에서 자연법칙을 과학이 추구하여야 할 궁극적인 목표로 제시하였다.[18]

런던의 왕립학회가 설립된 10년 뒤인 1670년 영국 의회는 하워드(Howard)와 왓슨(Watson)의 특허기간을 25년으로 연장하는 의안을 심의하면서 기간 연장의 조건으로 발명의 내용을 설명하는 특허명세서(specification)를 등록하는 것이 필요하다고 의결하였다. 과학 연구에는 논문이 중요하고, 기술 발명에는 특허명세서가 요구된다는 관념이 반영된 결과이다. 논문이 과학 정보를 공개하듯이 기술 발명의 특허에는 기술 정보를 공개하는 방안으로 특허명세서의 등록이 필요하다고 본 것이다. 하지만 1712년 네이즈미스(Nasmyth)가 임의로 특허명세서를 법원에 등록하였던 사례에서 보듯이, 18세기 초반까지 특허명세서를 통한 기술 정보의 공개는 어디까지나 발명자에 의해서 자발적으로 이루어진 것이었다.[19] 그러다가 '지식으로서의 기술'이 강조되면서 과학과 기술은 '접점'을 찾게 되었다. 그 결과 1730년대에 이르러 특허가 부여된 뒤에 특허명세서를 등록하여야 한다는 것이 특허 부여의 사후 조건으로 의무화되었다.[20]

18세기 말까지 일련의 판결을 거치면서 특허명세서의 성격은 더욱 명확하게 확립되었다. 그 중 주목되는 것이 1778년 Liardet v. Johnson 사건 판결이다. 이 사건에서 맨스필드(Mansfield)[21] 판사는 특허명세서에 기해 발명의 상세한 설명을 하여야 하는 이유가 발명에 관한 지식의 공개와 확산을 통하여 사회 전체의 이익을 확대함에 있다는 점을 분명히 하였다. 이것은 독점법 제정 당시 발명자로부터 신기술(발명)을 습득하는 도제(apprentice) 방식에서, 특허명세서를 통해 신기술(발명)의 내용을 이해하게 함으로써 신기술을 널리 전달 보급한다는 방식으로 전환되었다는 것을 의미한다.[22] 1787년 Turner v. Winter 사건에서는 특허명세서가 불분명하거나 공중이 그 내용을 오해하도록 기술되어 있는 경우에는 그 특허권은 무효로 한다는 판결이 선고되었다. 이로써 특허명세서의 성격은 더욱 명확하게 정착되었다.[23]

이러한 재판 실무가 형성됨에 따라 그 영향으로 1852년 개정된 영국 특허법은 특허를 출원할 때 특허명세서의 제출을 의무화하도록 명문의 규정을 두었다.[24] 그리고 특허 취득을 위해서는 특허명세서에 최선의 실시례를 제시하게 함으로써 명세서를 통하여 발명을 충실하게 공개하도록 하였다. 비록 특허청구범위(claim)에 관하여 명시적으로 언급한 것은 아니지만, 최선의 실시례를 제시하게 하였다는 점에서 특허청구범위의 초기 모습을 엿볼 수 있다.[25] 그 후 1883년 개정된 영국 특허법은 특허출원을 할 때에 명세서에 청구범위를 기재하도록 의무화하였다.[26] 여기서 근대 특허법이 발명자에게 특허권이라는 독점적 권리를 부여하는 근본 이유를 발견할 수 있다. 바로 특허출원을 할 때 자신의 발명을 공개(명세서에 청구범위를 기재)한 것에 대한 대가라는 점이다.[27]

한편, 앞에서 설명한 영국 독점법을 본 받아 여러 나라가 특허법을 제정하였다. 예컨대, 미국은 1787년 연방헌법에 기초하여 1790년 연방특허법을 제정하였고, 프랑스는 프랑스혁명이 한창이던 1791년 인권선언(1789년)에 입각하여 특허법을 제정하였다.[28] 프랑스혁명을 계기로 프랑스 특허법은 유럽 대륙을 비롯한 많은 국가(스페인, 포르투갈, 벨기에, 룩셈부르크, 그리스, 튀르키예 등)에 전수되어 모법(母法)이 되었다. 독일은 1871년 제2제국의 탄생 이후 1877년 특허법을 제정하였고 스웨덴 등 북유럽 여러 나라, 일본, 우리나라 등의 모법이 되었다.[29]

세계 각국이 특허 제도를 정비하고 국제 교역이 증가함에 따라 각국은 특허의 국제적 보호에 관심을 갖게 되었다. 1873년부터 몇 차례에 걸친 국제회의 결과 1883년 '산업재산권 보호를 위한 파리협약'(약칭 파리협약)이 탄생하였다. 파리협약은 어느 한 국가에서 나온 발명에 대하여 다른 여러 국가에서도 보다 간편하고 효과적으로 특허 보호를 받는 방안을 마련하는 것을 기본적인 목적으로 삼았다.[30]

제2차 세계대전 이후 각국은 특허 제도의 효율성을 높이고자 노력을 하였으며 특허 제도의 국제적인 조화와 통일에 대해서도 관심을 보였다. 1980년대에 이르러서는 지적재산권(특허 · 상표 · 저작권 등)이 무역 문제와 밀접하게 관련되어 쟁점화 되었다. 바로 무역 중심의 지적재산권(특허 · 상표 · 저작권 등) 규범 강화를 둘러싼 논의이다. 그러한 논의의 결과로 성립된 것이 1994년의 WTO/TRIPs 협정이다. 이 협정은 특허의 국제적 보호를 위한 획기적인 전기를 마련하였다. 보호대상을 특정하고 모든 분야의 기술이 차별 없이 특허를 받을 수 있도록 하는 등 국제적 보호수준을 크게 끌어올렸다는 평가를 받았다.[31]

그러나 TRIPs 협정으로 초래된 지적재산권(특허 · 상표 · 저작권 등) 보호수준의 엄청난 강화는 초기 산업 국가들이 밟았던 경로를 차단하는 결과를 가져왔다. 이로 인해 후발 산업 국가들이 선택할 수 있는 경로가 줄어들었다. 다른 나라의 지적재산권(특허 · 상표 · 저작권 등)을 자유롭게 이용하여 대부분 경제적 힘을 구축할 수 있었던 선발 산업 국가들은, TRIPs 협정으로 형성된 지적재산권(특허 · 상표 · 저작권 등) 강화 논리를 활용함으로써 과거 자신들의 방식을 후발 산업 국가들이 답습하지 못하도록 방해하였다.[32] 자신들이 밟고 올라간 '사다리' 즉 다른 나라의 지적재산권(특허 · 상표 · 저작권 등)을 자유롭게 이용할 수 있었던 편법을 후발 국가들이 이용하지 못하도록 걷어차 버렸다.[33]

3 저작권법

'저작권'이란 개념이 존재하기 이전 유럽에서 문필가를 비롯한 화가, 음악가들은 왕족이나 귀족들의 재정적 후원으로 생계를 유지하면서 창작활동을 하였다. 가령, 예술가는 자신을 후원한 귀족 등에게 예술작품을 헌정하고 후원자는 그 작품을 향유함으로써 귀족사회 특유의 문화를 형성할 수 있었다. 이러한 창작자와 수용자 간의 경제적 · 문화적 유대관계를 후원제도(patronage)라 부른다.

한편, 문필가의 경우에는 15세기 중엽 유럽 대륙에 인쇄술이 보급되고 문학작품의 대량 복제가 가능해지면서 종전의 귀족 등을 대신하여 출판업자가 문필가의 후원자로 등장하였다. 군주와 성직자들은 인쇄기술의 발전으로 다양한 출판물들이 널리 유통되자 이러한 환경 변화가 가져올 정치적 · 종교적 파급 효과를 인식하였다. 그래서 군주들은 특정 출판업자만이 출판할 수 있도록 특권을 부여하였는데, 이것이 바로 출판특권(printing privilege) 제도이다. 저작권 제도의 전신이라 할 수 있는 출판특권 제도는 15세기 이탈리아에서 시작하여 16세기 이후 유럽 여러 나라에 전파된다. 이 제도는 경제적 이익을 독점적으로 보호받으려는 인쇄출판업자의 사업적 이해와, 출판물을 검열 · 통제함으로써 통치기반을 위태롭게 할 계몽사상의 유포를 사전에 방지하려는 군주의 정치적 이해가 일치하여 탄생한 것이다. 요컨대, 이 제도의 목적은 출판물을 검열하고 출판을 통제하는 것이었다. 출판특권을 부여받은 인쇄업자는 문필가를 재정적으로 후원 · 관리하고 그 대가로 문필가가 제공한 원고를 인쇄 · 출판함으로써 많은 수익을 얻을 수 있었다. 그러한 점에서 출판특권 제도는 후원제도의 새로운 형태라고 이해할 수 있다. 출판특권 제도의 효시로서 유명한 것은 베네치아공화국이 1469년 베네치아에 인쇄기술을 최초로 도입한 독일 출신의 요한 폰 슈파이어(Johann von Speyer)에게 5년간의 특권을 부여한 것이다.[34] 출판특권의 대부분은 인쇄업자에게 부여되었으나 개중에는 저작자나 번역자 혹은 편집자에게 부여된 경우도 있었다. 그 최초의 사례는 1486년 베네치아의 역사학자인 사벨리쿠스(Sabellicus)가 자신의 저작인 ＜베네치아의 역사＞(Decades rerum Venetarum)에 대해 부여받은 특권이다.[35]

17세기 후반 존 로크(John Locke)는 절대주의 왕정에 대항하기 위해 그의 대표저서 ＜통치론＞(Two Treatises of Government, 1690)에서 정부의 허락이 없더라도 자기 노동의 성과로써 자연권인 소유권을 취득할 수 있다고 주장하였다. 로크를 비롯한 여러 사상가들이 주장한 자유주의 사상의 영향으로 개인주의 사상이 확산되었다. 이로 인해 출판물에 대한 통제가 약화되고 출판특권 제도에 균열이 보이자 출판특권업자들이 투자하여 출판한 서적들에 대해 무단 복제가 범람하였다. 이러한 상황 변화 속에서 영국 런던의 서적출판업조합(Stationers' Company)은 국왕에게 투자 보호를 요구하였고, 마침내 1709년 1월 11일 앤 여왕법안이 영국 하원에 제출되었다. 이 법안은 1710년 4월 10일 앤 여왕법으로 제정 · 시행되었다. 이 법의 정식 명칭은 "일정한 기간 동안 인쇄된 복제물에 대한 권리를 저작자 또는 그 권리승계인에게 귀속시킴으로써 학문의 진흥을 목적으로 하는 법"이다. 명칭에서 알 수 있듯이 앤 여왕법은 '저작자'의 '권리'를 최초로 확립한 법률이라고 일컬어진다. 그러나 서적출판업조합의 오랜 관습을 기초로 제정된 앤 여왕법에는 출판특권의 흔적이 남아 있었고 저작자들이 여전히 후원자인 출판업자들과 이해관계를 맺고 있었기 때문에, 오늘날의 저작권법처럼 명실상부하게 '저작자'와 '저작권'을 규율한 것이라고 말하기는 어렵다.

비록 앤 여왕법이 서적출판업조합의 오랜 관습을 실정법화 한 것이지만, 주목할 것은 그 이전에는 영구히 보호하던 권리를 일정 기간 동안으로 제한하였다는 점이다. 즉, 이 법 시행(1710. 4. 10.) 당시 아직 출판되지 않은 책에 대해서는 최초 출판 후 14년간 독점적 출판권을 '저작자 또는 그 권리승계인'에게 보장하고, 이 기간이 만료된 후에도 저작자가 생존한 경우 재차 14년을 갱신할 수 있도록 하였다. 또한 이 법 시행(1710. 4. 10.) 당시 이미 출판된 책에 대해서는 이 법 시행일로부터 21년간 독점적 출판권을 보장하였다. 그러나 이 권리는 문학적 창작행위가 아니라 상업적 이용행위(commercial exploitation)를 근거로 하는 것이었으며, 서적출판업자들을 저작자의 권리승계인으로 인정하였다. 또한 이 법에 따른 권리를 주장하기 위해서는, 출판 전에 그 책의 제목을 서적출판업조합에 등록할 것을 요구하였다. 요컨대, 앤 여왕법에 의해 보호되는 권리는 출판특권업자들이 자신들의 상업적 이용행위를 보호하려는 목적에서 비롯된 것이었다.

앤 여왕법에 의해 보호되는 권리를 둘러싼 문제는 법 제정 당시 이미 출판된 책의 보호기간으로 부여하였던 21년의 보호기간이 만료된 1731년경부터 발생하였다. 서적출판업조합에 소속된 런던의 출판업자들과 여기에 속하지 않는 아일랜드나 스코틀랜드의 지방 출판업자들 간에 법적 분쟁이 벌어진 것이다. 저작자는 저작물이 출판되기 전에도 자신의 저작물에 대하여 보통법상의 보호를 받는 것이 당연한데, 이러한 보통법상의 권리가 출판 이후에도 영속하느냐 하는 것이 쟁점이었다. 런던의 서적출판업자들은, 저작자는 일정기간 보호규정에 관계없이 절대적이고 영구적인 보통법상의 권리를 갖는다고 주장하였다. 이에 반하여 지방의 서적출판업자들은 앤 여왕법이 규정한 보호기간이 경과하면 저작자의 권리는 소멸한다고 주장하였다. 이 분쟁 과정에서 런던의 서적출판업자들은 저작자의 권리승계인의 지위에서 지방 출판업자들의 서적 출판을 막으려고 하였기 때문에, 당연히 '저작자'의 법적 지위가 쟁점으로 떠올랐다. 다시 말해 런던의 출판업자들이 지방 출판업자들의 출판행위를 견제하기 위한 법적 수단으로 보통법상 영구적 권리를 소유하는 '저작자'라는 법적 개념이 부각된 것이다. 이러한 '저작자'의 개념 강조는 출판특권 제도의 몰락과 독립적인 직업인으로서 저작자의 부상을 촉진하는 계기가 된다. 이러한 일련의 법적 분쟁에서 런던 출판업자들의 사상적 · 이론적 배경이 된 것은 존 로크의 소유권 사상이다. 즉, 출판업자들은 권리승계인의 지위에서 저작자가 갖는 자연적 소유권(natural right of property)으로서의 저작권을 주장하였고 이때 원용된 것이 로크의 소유권 사상이다.

저작자의 보통법상의 권리에 기초하여 출판금지명령을 구한 첫 번째 재판은 Tonson v. Collins (1760) 사건인데, 가장(假裝)소송(acting in collusion)이라는 이유로 왕좌(王座)법원(Court of King's Bench)은 소를 각하하였다. 그런데 왕좌법원은 Millar v. Taylor (1769) 사건에서, 보호기간 중에는 부정경쟁에 의해 손쉽게 최초 출판자의 권리를 침해할 수 있으며 앤 여왕법은 이를 보충적으로 구제하기 위한 것이라는 취지로 판결하여 보통법상의 영구적 권리를 인정하고 출판금지명령을 받아들였다. 그러나 1774년 유명한 Donaldson v. Beckett 사건에서 귀족원(House of Lords)은 왕좌법원의 결론을 뒤집었다. 즉, 저작자 또는 그 권리승계인은 저작물이 출판되지 않은 경우에는 보통법상의 영구적 권리를 갖지만, 출판된 후에는 앤 여왕법이 규정한 보호기간 동안만 보호를 받는다는 역사적 판결을 내린 것이다. Donaldson v. Beckett 사건을 계기로 저작권 제도가 정착되자 출판특권 제도의 흔적은 종적을 감추었다. 그리고 독립적인 직업인으로서 저술로써 생계를 유지하는 '저작자'가 등장하여 이른바 '문필활동의 직업화'가 이루어졌다.

오늘날 인터넷 공간에서 저작물의 이용과 관련하여 가장 첨예한 쟁점인 정보 공유 운동 차원에서 보더라도 이 Donaldson 사건 재판은 중요하다. '크리에이티브 커먼즈(Creative Commons)' 운동으로 유명한 로렌스 레식(Lawrence Lessig) 교수는 그의 책 ＜자유 문화＞(Free Culture)에서 Donaldson 사건 재판의 의의를 이렇게 설명한다.

> "이 재판 이전 영국에는 공유(公有)(public domain)에 관한 분명한 개념이 없었다. 1774년 이후 비로소 공유 개념이 탄생했다. 이로써 영미권 역사상 처음으로 창조적 저작물에 대한 법률적 통제를 종료할 수 있게 되었다."[36]

앤 여왕법의 해석을 둘러싼 Donaldson 사건 재판의 여파는 낭만주의 문예이론과 예술철학의 정립(定立)에도 뚜렷한 흔적을 남겼다. 예컨대, 독일에서는 이 재판을 전후하여 1773년부터 1794년까지 20년간 '서적의 무단 복제'(Büchernachdruck)가 불법인지 여부를 둘러싼 학문적 논쟁이 활발하게 벌어졌다. 이 논쟁을 주도한 것은 철학자 칸트와 법학자 퓌터(Pütter) 등이었다. '저작자의 권리'(Urheberrecht)를 중심으로 펼쳐진 이들의 논리는 나중에 철학자 피히테(Johann Gottlieb Fichte)와 헤겔 등에 의해 계승·발전되었다. 이 과정에서 피히테는 형식(Form) 개념을 포함하는 낭만주의의 이론적 요소들을 명확히 하였다. 이 형식 개념은 저작자가 저작물에 대해 소유권을 주장할 수 있는 철학적 기초를 확립하였다는 점에서 중요하다.

> 피히테는 정신적 소유권론의 입장에서 정신적 소유물로서의 Buch와 그것을 유형화한 Buchstück(예컨대, 원고(原稿)나 서적 등 외부적으로 나타난 것)을 구별하여 전자는 저작권, 후자는 물적 소유권의 대상이라고 하였다. 그러나 피히테는 저작권의 대상인 Buch를 다시 형식(Form)과 내용(Stoff, 소재(素材))으로 나누어 형식에 대해서만 저작권을 인정하였다.[37]

이러한 논의의 단초는 영국의 Tonson v. Collins (1760) 사건에서 블랙스톤(William Blackstone)이 한 주장에서 처음 발견할 수 있다. 블랙스톤은 그의 대표 저서 ＜영국법 주석＞(Commentaries on the Laws of England, 4 Vols., Oxford, 1765~9)

에서 저작자의 권리를 '두뇌에 의한 점유'에 기초를 둠으로써 로크의 소유권 사상과 결부시켜 설명하였다. 이러한 논의가 독일에서는 저작물이란 아이디어로 특징되는 것이 아니라 아이디어의 형식, 즉 저작자가 만들고 조합하여 표현하고 제시하는 방법으로 특징되는 것이라는 형식 개념으로 발전하였다. 정신적 창작물인 저작물을 유체물의 소유권과 대비하면서 이와 유사하게 구성하려는 입장을 정신적 소유권론이라 부른다. 이 이론은 르네상스에서 프랑스 혁명에 이르기까지 역사적으로 전개된 자연법 사상의 발전, 사적 소유권의 확립, '개인'으로서 인격의 승인 등 당시의 사상적 분위기에서 영향을 받은 바 크다.[38]

영국의 앤 여왕법은 다른 나라의 입법에도 영향을 주어 미국은 1787년 연방헌법에 기초하여 1790년 최초의 연방저작권법을 제정하였고, 프랑스는 1789년 인권선언에 입각하여 1793년 '문학 및 예술의 소유권에 관한 법률'을, 독일은 1871년 제2제국의 탄생과 더불어 제국 저작권법을 각기 제정하였다.

한편, 19세기 들어와서 저작물의 국제적 유통이 보다 활발해지고, 저작물 특히 서적의 밀무역이 성행하면서 유럽 각국은 양자협정을 체결하여, 자국민의 저작물이 외국에서 보호되는 정도로 상대방 국민의 저작물을 보호하기 시작하였다. '문학 · 예술저작물의 보호를 위한 베른협약'(약칭 베른협약)이 체결될 때까지 유럽에는 이러한 양자협정이 100건 이상 존재하였다.[39] 예컨대, 프랑스는 자국 저작자의 권리를 보호하기 위하여 1843년부터 이탈리아 왕국시대 이전의 사르데냐 왕국(1843년), 영국(1851년), 포르투갈(1851년, 1866년), 벨기에(1852년, 1861년, 1880년), 스페인(1853년, 1880년), 독일(1883년), 오스트리아(1866년, 1885년) 등 여러 나라들과 저작권 보호에 관한 양자협정을 체결하였다.[40]

이러한 양자협정에 의한 저작권의 국제적 보호는 협정들 상호간에 어긋나고 부딪치는 내용들이 발생하는 등 저작자의 관점에서는 매우 불편하였기에 그와 같은 문제점을 해결하기 위하여 1886년 9월 9일 최초의 국제 저작권 보호를 위한 다자조약인 베른협약이 제정되어 1887년 12월 5일 발효되었다.

우리나라에서 저작물에 대한 법적 보호는 1908년 8월 12일 "한국에서의 발명 · 의장(意匠) · 상표 및[及] 저작권의 보호에 관한 일미(日米)조약"에서부터 시작한다. 이 조약에 따라 한국 저작권령(칙령 제200호)이 1908년 8월 12일 공포되었고 같은 달 13일 내각고시 제4호로 반포되어 같은 달 16일부터 시행되었다. 한국 저작권령은 저작권에 관해서 1899년 제정된 일본 저작권법에 '의(依)'하여 '적용(適用)'한다고 규정(제1조, 제2조)하고, 이를 1908년 8월 16일부터 시행한다고 규정(제3조)함으로써 우리나라에서 일본 저작권법이 이른바 '의용'(依用)되었다. 한국 저작권령은 우리 국민의 학문, 예술에 관한 정신적 창조물을 보호함으로써 문화발달을 촉진한다는 목적으로 제정되었다기보다는 미국과 일본의 저작물을 보호할 필요에 의해 제정되었다는 점에서 그 탄생에 비극적 측면이 있다.[41)]

제 2 절

과학 기술 발명자를 위한 법 — 특허법

Ⅰ. 과학 기술과 법

1 과학혁명과 자연법칙

과학혁명(scientific revolution)은 17세기 유럽을 중심으로 자연에 대한 근본적인 이해를 바꾼 자연과학 분야의 혁명을 말한다. '과학'과 '과학자'라는 말은 물론 '사실', '가설', '이론', '실험', '자연법칙' 등 과학용어들이 이 시기에 만들어졌다.

여기서 주목하고자 하는 것은 자연법칙이라는 용어의 등장이다. 오늘날 자연법칙이란 자연계에서 경험적으로 발견된 물리적 · 화학적 · 생물적 법칙을 갖는 원리나 원칙을 말한다. 1930년대와 40년대에 걸쳐 활동하였던 과학사회학자 에드가 질셀(Edgar Zilsel)은 자연과학에서 흔히 사용하는 '자연법칙'(law of nature) 개념이 법률과 신학에서 유래하였다고 말한다. 그에 따르면 과학에서 자연법칙이라는 생각이 나타나게 된 배경으로 '입법자로서의 신'(God as a lawgiver)'이라는 개념과 강력한 '자연법'(natural law) 사상의 만남을 꼽는다. 전자는 기독교 신학 전통에서 찾아볼 수 있는 개념이고, 후자는 강력한 군주제 정치체제 아래에서 모든 사람에게 적용되는 강력한 '법률'을 전제로 한다는 것이다. '입법자로서의 신'이라는 개념과 강력한 '법률'이 결합하면서 과학혁명 시기에 자연법칙이라는 개념이 받아들여지게 되었다는 것이다.[42)]

2 과학혁명과 과학 기술의 발전, 그리고 특허

16~17세기 이전까지는 과학과 기술은 거의 관련이 없던 별개의 활동이어서 과학은 대학의 철학자와 신학자에 의한 정신적 활동이었고, 기술은 문맹에 가까운 장인과 엔지니어에 의한 육체노동이었다.[43) 44)] 17세기 과학혁명을 거치면서 기술은 과학기기의 형태로 과학 실험에 들어왔고 과학과 기술은 상호작용을 하기 시작하였다.[45)] 18세기 중반에는 '지식으로서의 기술'이 강조되면서 과학과 기술은 서로 '접점'을 찾게 되었고, 18세기 말에는 오늘날 사용하는 '과학기술'이라는 용어가 형성되었다. 과학 기술의 발전은 특허와 직결되었고 경제 발전의 원동력이 되었다.

Ⅱ. 특허법상의 발명

1 정의

현재의 특허 제도는 그 뿌리를 근대적 특허 제도가 확립된 19세기의 기술 환경에 두고 있다. 19세기에는 산업혁명 시기의 핵심 기술이었던 기계 및 화학 분야의 발명을 중심으로 특허 제도가 만들어졌다. 이처럼 특허 제도는 기계와 화학이 중심이 되어 만들어진 것이지만 특허법 자체는 모든 기술을 포함하도록 설계되어 있기 때문에 생명공학기술이나 정보기술 등과 관련된 발명도 특허법상 보호대상이 될 수 있다.

우리나라 특허법 제2조 제1호는 발명을 "자연법칙을 이용한 기술적 사상의 창작으로서 고도한 것을 말한다."고 정의한다. 발명의 정의 규정 내용은, (가) 자연법칙의 이용, (나) 기술적 사상, (다) 창작성, (라) 고도성의 네 가지 요건으로 나눌 수 있다. 이러한 네 가지 요건을 충족하여야 특허법의 보호대상이 되는 발명으

로 성립하게 되므로, 이들 요건을 가리켜 발명의 성립요건이라고 한다.[46)]

특허법상 '발명의 성립요건'(II. 2.)을 갖춘 발명이 특허를 받기 위하여 특허출원된 경우 이때의 발명을 '출원발명'이라 한다. 이 단계에서 발명자(또는 그 승계인)는 '특허를 받을 수 있는 권리'만을 가지고 있다. 출원발명이 특허심사를 거치면서 '발명의 특허요건'(III.)을 갖춘 것으로 판단되면 발명자(또는 그 승계인)는 특허권을 부여받게 된다. 이처럼 특허를 받은 발명을 '특허발명'이라 한다(특허법 제2조 제2호).

2 발명의 성립요건

가. 자연법칙의 이용

자연법칙(natural law)이란 자연계에서 경험적으로 발견된 물리적 · 화학적 · 생물적 법칙을 갖는 원리나 원칙을 말한다. 따라서 자연법칙과는 관계없는 것, 가령 경제학상의 원칙, 스포츠나 게임의 규칙, 인간의 정신활동의 작용을 이용한 것(ex. 최면술, 암기법), 수학적 연산방법(ex. 10진법을 2진법으로 바꾸는 것) 등은 인위적으로 정한 약속이므로 자연법칙이 아니다.

또한 자연법칙은 '이용'될 필요가 있으므로 무엇인가에 이용되지 않는 자연법칙 그 자체는 발명이 아니다. 따라서 자연법칙을 발견한 것 자체는 발명이 아니다. 그러므로 열역학법칙, 에너지보존법칙, 만유인력의 법칙 등과 같이 자연계에 주어져 있는 법칙 그 자체를 찾아낸 것에 불과한 것은 자연법칙의 '이용'에 해당하지 않는다. 그뿐 아니라 뒤에서 살펴볼 '기술적 사상' 요건에서 말하는 '창작'에도 해당하지 않는다.

자연법칙 그 자체는 학술적인 인식에 머무르는 것, 즉 학문으로서의 과학을 말한다. 만일 자연법칙 그 자체를 발명으로 보호하여 독점을 인정한다면 그 법칙을 구체화한 광범위한 기술의 발전을 가로막는 폐해가 발생할 것이다. 나아가 그 법칙과 관련된 모든 사업 내지 시장의 독점으로까지 이어져 과학기술의 발전을 방해할 것이다.

자연법칙에 위배되는 것도 발명에 해당하지 않는다. 예컨대, 연료가 없더라도 영원히 작동되는 영구(永久)기관과 같은 것의 발명을 말한다. 영구기관처럼 자연법칙에 위배되는 것이 분명한 것도 자연법칙을 이용한 발명에 해당되지 않는다. 자연법칙의 이용이란 기술의 반복가능성 내지 재현가능성을 의미하는 것이므로 자연법칙에 반하는 영구기관은 작동될 수 없는 것이기에 반복가능성이 없는 것이다.

대법원 판례에서 자연법칙에 어긋나거나 자연법칙을 이용하지 않은 발명이라고 판시한 대표적 사례 두 가지를 소개한다. ① 에너지 보존 법칙에 위배된다고 판단한 사안이다. 낙하하는 물을 이용하여 수력발전기를 돌려 에너지를 얻고 낙하된 물을 전량 그대로 끌어올려 재순환시킴으로써 계속적인 에너지 추출이 가능하도록 한다는 출원발명에 관한 것이다.[47] ② 관할 관청, 쓰레기 배출자, 수거자 간의 인위적 약속 등으로 이루어지는 정신적 판단이거나 인위적 결정에 불과한 것이고 자연법칙을 이용한 것이 아니라고 판단한 사안이다. 명칭을 '생활쓰레기 재활용 종합관리방법'으로 하는 출원발명에 관한 것이다.[48]

나. 기술적 사상

발명의 보호대상은 기술적 사상(아이디어)이고 구체적인 물건(형태) 그 자체가 아니다. '기술'이란 일정한 목적(용도, 작용효과)을 달성하기 위한 구체적 · 객관적 수단으로서 실시가능성과 반복가능성이 있어야 한다. 바꿔 말하면 기술에는 객관성이 필요하고, 단순한 기량, 연주기술, 스포츠 기술 등은 여기서 말하는 기술에 해당하지 않는다.

그러므로 해당 발명이 속하는 기술 분야에서 통상의 지식을 가진 사람, 즉 통상의 기술자라면 누가 하더라도 같은 결과에 도달할 수 있는 실시가능성과 반복가능성이 있어야 한다. 이러한 실시 · 반복가능성이란 반드시 백퍼센트의 확률로 가능할 필요는 없다. 따라서 발명으로서 완성되었다고 볼 수 있으려면 그 발명이 속하는 기술 분야의 통상의 기술자가 반복하여 실시할 수 있고, 발명이 목적하는 기술적 효과의 달성 가능성을 예상할 수 있을 정도로 구체적, 객관적으로 구성되어 있어야 한다.[49]

아울러 발명이 기술적 '사상'이어야 한다는 것은 구체적 기술을 추상화한 사상(아이디어)이어야 한다는 것을 의미함과 동시에 발명이 '기술'에 관한 사상인 이상 구체적인 과제해결 방법을 제시하는 것이어야 한다는 의미이다.

'자연법칙의 이용'과 '기술적 사상'이라는 두 가지 요건은 사실상 분리 불가능한 것이다. 따라서 두 가지 요건을 일체로서 발명의 요건으로 고려하면 충분하다.

이와 같이 특허법에서 발명으로 보호하는 것은 '기술적 사상(아이디어)' 그 자체라는 점에서 '아이디어' 그 자체가 아니라 아이디어의 '표현'을 보호하는 저작권법상 저작물과는 보호대상이 다르다. 정보라는 관점에서 설명하면 앞에서 이미 보았듯이(제1절 I.) 특허법이 새롭고 진보하는 '기술정보'를 보호하는 것이라면 저작권법은 창작성 있는 '표현정보'를 보호한다는 점에서 서로 구별된다.

다. 창작성

창작은 새롭게 무엇인가를 구체적으로 만들어 내는 것을 말하고, 발명자가 스스로 창작하였다고 인식하는 것을 의미한다. 따라서 발명자가 남의 것을 베끼지 않고 스스로 창작하였다면 발명으로 성립한다. 이와 같이 발명(發明)은 인위적으로 만들어낸 구체적인 창작일 것이 요구된다는 점에서 발견(發見)과 구별된다.

따라서 광석이나 생물 등의 천연물이나 자연현상을 자연계에 존재하는 그대로의 형태로 인식한 것에 불과한 것은 단순히 기존물의 발견이지 발명은 아니다. 다만, 용도발명(use invention)에서는 발명과 발견 간에 한계를 설정하는 것이 문제될 수 있다. 예컨대, DDT라는 이미 알려진 화합물에 살충효과라는 새로운 용도가 있음을 발견하면 'DDT를 살포하여 해충을 죽이는 방법'이라는 용도발명에 해당하게 된다.[50] 또한 새롭게 화합하든지 천연물로부터 분리한 화학물질이나 바이오테크놀로지를 이용하여 산출된 신종 생물 등은 창작성을 충족한 발명으로 인정된다. 그러나 새로운 용도나 신종 분리 화합물 등에 해당하여 창작성 있는 발명으로서 성립되었더라도 특허요건인 신규성과 진보성을 심사한 결과 이들이 결여된 경우에는 특허권을 취득할 수 없다.

발명의 성립요건으로서의 창작성은 뒤에서 보듯이 '발명의 특허요건'에서 신규성과 진보성으로 나누어 다루어진다. 다시 말해 특허법은 발명으로 성립하기 위하여 요구되는 창작성의 정도(程度)를 특허요건을 판단할 때에 신규성과 진보성으로 세분화하여 다루고 있다.

라. 고도성

발명은 고도(高度)한 것이어야 한다. 고도성 요건은 발명의 정의에 있어서 중요한 것은 아니고, 단지 실용신안의 대상인 고안(考案), 즉 소발명(小發明)과 구별하기 위하여 마련된 것에 불과하다. 구태여 의미를 찾자면 뒤에서 보듯이 '발명의 특허요건'에서 진보성 유무를 판단할 때에 '발명의 고도성' 여부가 함께 다루어질 수는 있을 것이다.

3 발명의 완성 · 미완성과 발명의 종류

가. 발명의 완성 · 미완성

지금까지 살펴본 특허법 제2조 제1호는 '발명의 정의'인 동시에 발명의 성립요건을 규정한 것이다. 발명의 성립요건은 발명의 완성을 말하는 것이므로 이에 관한 판단을 실무상 '발명의 성립성' 판단이라고 한다. 발명이란 과제해결 방법으로서의 기술적 사상을 의미하므로 어느 정도 구체성을 가져야 한다. 그러한 구체성을 결여한 것은 발명의 성립요건을 충족하지 못한 미완성 발명이다. 따라서 이미 설명한 것처럼 발명으로서 완성되었다고 볼 수 있으려면 그 발명이 속하는 기술분야의 통상의 기술자가 반복하여 실시할 수 있고, 발명이 목적하는 기술적 효과의 달성 가능성을 예상할 수 있을 정도로 구체적, 객관적으로 구성되어 있어야 한다.[51)]

미완성 발명을 특허출원한 경우에 대해서는 실무상 특허법 제29조 제1항 전문(前文)에서 규정하는 '산업상 이용할 수 있는 발명'에 해당하지 않는다는 이유로

제62조에 의해 거절결정을 받게 되어 등록을 받을 수 없다.[52] 설령 실수로 등록이 이루어지더라도 그 등록은 무효가 된다. 발명의 성립 여부에 대한 판단기준 시점은 출원일 당시를 기준으로 하여야 한다.

나. 발명의 종류[53]

특허법 제2조 제3호 가목 내지 다목은 발명을 ① '물건의 발명'(가목)과 ② '방법의 발명'(나목)으로 구분하고, 방법의 발명을 다시 ③ '물건을 생산하는 방법의 발명'(다목)과 그 밖의 방법의 발명(단순한 방법의 발명이라 한다)으로 나눈다. 특허권은 특허발명의 실시(實施)에 관한 독점권이다(특허법 제94조 제1항 본문). 특허발명의 '실시'행위의 유형은 ①②③ 발명의 종류에 따라 다르다(특허법 제2조 제3호 가목 내지 다목). 따라서 발명의 종류에 따라 특허권 침해행위의 유형(어떠한 행위를 하였을 때 특허권 침해가 되는가)도 달라진다.

① '물건의 발명'이란 기계, 장치, 화학물질, 미생물, 식품, 유전자, 동식물 등과 같은 유체물의 발명을 말한다. 민법 제98조는 "물건이라 함은 유체물 및 전기 기타 관리할 수 있는 자연력을 말한다."고 물건을 정의한다. 물건의 발명에 대해서는 그 물건을 생산 · 사용 · 양도 · 대여 · 수출 또는 수입하거나 그 물건의 양도 또는 대여의 청약(양도 또는 대여를 위한 전시를 포함한다)을 하는 행위를 '실시'라고 한다(특허법 제2조 제3호 가목).

② '방법의 발명'이란 발명의 구성요소 중에 시간적인 흐름의 요소를 포함하고 있다는 점에서 물건의 발명과 구별된다. 예컨대, 자동차 엔진의 연비를 향상시키는 방법처럼 시간적인 흐름에 따라 행위가 조합되어 이루어지는 발명을 말한다. 이미 알려진 화합물(DDT)을 'DDT를 살포하여 해충을 죽이는 방법'이라는 새로운 용도에 사용하는 '용도발명'(use invention)도 방법의 발명에 속한다. 방법의 발명에 대해서는 그 방법을 사용하는 행위 또는 그 방법의 사용을 청약을 하는 행위를 '실시'라고 한다(특허법 제2조 제3호 나목).

③ '물건을 생산하는 방법의 발명'은 출발물질, 처리방법, 목적물질의 3요소에 의하여 성립되는 것을 말한다. 예컨대, 화학물질의 효율적인 생산방법, 미생

물을 배양하기 위한 항생물질의 제법 등에 관한 발명 등이 여기에 해당한다. 물건을 생산하는 방법의 발명의 실시라는 것은 그 방법을 사용하는 행위 외에 그 방법에 의하여 생산한 물건을 사용 · 양도 · 대여 · 수출 또는 수입하거나 그 물건의 양도 또는 대여의 청약(양도 또는 대여를 위한 전시를 포함한다)을 하는 행위를 '실시'라고 한다(특허법 제2조 제3호 다목).

요약하면, ① 물질 A의 발명이 '물건의 발명', ② 물질 A의 보존법에 관한 발명이 '방법의 발명', ③ 물질 A의 제조공정에 관한 발명이 '물건을 생산하는 방법의 발명'이다. 이와 같이 발명을 세 가지 종류로 구별하는 가장 큰 의미는 앞에서 설명한 것처럼 특허권의 효력이 미치는 침해행위, 즉 '실시'행위의 유형(제2조 제3호 가목 내지 다목)을 구별하는 데에 있다.

Ⅲ. 발명의 특허요건

1 법 규정

특허권은 발명자가 자신의 발명을 공개한 대가로서 부여받는 독점적 권리이다. 특허법 제29조의 표제는 '특허요건'이다. 발명이 특허권을 부여받기 위한 요건이 '특허요건'이다. 특허요건으로 요구되는 것은 '산업상 이용가능성', '신규성', '진보성' 세 가지이다. 제29조 제1항 내지 제7항 중에서 제1항은 산업상 이용가능성과 신규성, 제2항은 진보성에 관하여 각 규정한 것이라고 설명하는 것이 일반적이다. 제1 · 2항의 규정 내용은 아래와 같다.

> 제29조(특허요건) ① 산업상 이용할 수 있는 발명으로서 다음 각 호의 어느 하나에 해당하는 것을 제외하고는 그 발명에 대하여 특허를 받을 수 있다.
>
> 1. 특허출원 전에 국내 또는 국외에서 공지(公知)되었거나 공연(公然)히 실시된 발명

2. 특허출원 전에 국내 또는 국외에서 반포된 간행물에 게재되었거나 전기통신 회선을 통하여 공중(公衆)이 이용할 수 있는 발명

② 특허출원 전에 그 발명이 속하는 기술분야에서 통상의 지식을 가진 사람이 제1항 각 호의 어느 하나에 해당하는 발명에 의하여 쉽게 발명할 수 있으면 그 발명에 대해서는 제1항에도 불구하고 특허를 받을 수 없다.

특허법 제29조 제1항은 '산업상 이용가능성'이라는 용어를 법문언상 사용하고 있으나 '신규성'과 '진보성'에 대해서는 그러한 용어 자체를 제29조 제1 · 2항에서 사용하고 있는 것은 아니다. 그렇지만 신규성과 진보성이란 용어는 특허법 학계 및 재판 실무에서 널리 통용(通用)되는 학술용어이다.

앞에서(제1절 II. 2.) 언급한 WTO/TRIPs 협정은 산업상 이용가능성, 신규성, 진보성을 특허요건으로 규정하고 있지만(제27조 제1항), 이러한 각 요건의 의미와 기준을 제시하지 않고 TRIPs 협정에 가입한 개별 회원국의 입법에 맡기고 있다. 이러한 협정의 취지에 우리 특허법 제29조는 부합한다. 다만, 뒤에서 보듯이 진보성 요건의 구체적인 기준을 정하여 적용하는 것은 실무와 판례에 맡겨져 있다.

2 특허요건

가. 산업상 이용가능성

발명이 특허를 받기 위해서는 그 발명이 산업상 이용가능한 것이어야 한다. 특허법 제1조는 특허법의 목적이 "발명을 보호 · 장려하고 그 이용을 도모함으로써 기술의 발전을 촉진하여 산업발전에 이바지함을 목적으로 한다."고 규정하고 있다. 이러한 목적에 비추어 볼 때 발명이 특허를 받기 위해서는 산업상 이용가능성이 있어야 한다는 것은 당연한 요건이라 할 수 있다. 산업에는 광업, 농업, 수산업, 임업, 목축업 등 넓게 포함된다. 여기서 말하는 산업이란 바로 자연법칙을 이용한 기술 분야라고 이해할 수 있다.

그래서 실무상으로는 발명의 성립요건 중에서 자연법칙의 이용성에 해당하지 않으면 특허요건 중에서 산업상 이용가능성이 없다고 판단하는 경우가 많다. 예컨대, 명칭을 '생활쓰레기 재활용 종합관리방법'으로 하는 출원발명에 대해서 대법원은 자연법칙을 이용하지 않은 것을 특허출원하였으므로 특허법 제29조 제1항 전문(前文)의 '산업상 이용할 수 있는 발명'의 요건을 충족하지 못하였다는 것을 이유로 특허법 제62조에 의하여 그 특허출원에 대하여 거절결정을 하였다.[54]

나. 신규성[55]

(1) 의의

특허제도는 새로운 기술을 발명한 사람에게 그 발명을 공개하는 대가로 특허권이라는 독점적 권리를 부여하는 제도이다. 이미 공개되어 알려진 발명에 대해서는 특허권을 부여할 필요가 없다. 특허를 받을 수 있는 발명은 지금까지 세상에 없는 '새로운 것'(novelty), 즉 신규성이 있어야 한다.

특허법 제29조 제1항 후문(後文)은 신규성(novelty) 요건에 대하여 규정한다. 발명이 특허를 받기 위해서는 다음의 제1호와 제2호 중 어느 하나에도 해당하지 않아야 한다는 것이다. 즉 "특허출원 전에 국내 또는 국외에서 공지(公知)되었거나 공연(公然)히 실시된 발명"(제1호), "특허출원 전에 국내 또는 국외에서 반포된 간행물에 게재되었거나 전기통신회선을 통하여 공중(公衆)이 이용할 수 있는 발명"(제2호) 중 어느 하나에도 해당하지 않아야 특허를 받을 수 있다고 규정한다.

(2) 신규성 상실사유

특허법 제29조 제1항 후문은 어떠한 조건을 갖추어야 신규성이 인정된다고 규정하지 않고, 신규성이 상실되는 사유를 제1호와 제2호로 유형화하여 열거하고 여기에 해당하면 신규성이 부정되어 특허를 받을 수 없다고 규정한다.

제1호는 특허출원 전에 국내 또는 국외에서 공지된 발명 또는 공연히 실시된 발명은 신규성이 없다고 규정한다. '공지(公知)된 발명'이란 공연히[公] 알려진[知] 발명을 말한다. 공지라는 것은 발명의 내용이 반드시 불특정 다수인에게 인식되었을 필요는 없다 하더라도 불특정 다수인이 인식할 수 있는 상태에 놓인 발명이라는 뜻이다. '공연히 실시된 발명'이란 발명의 내용이 비밀유지약정 등의 제한이 없는 상태에서 실시(양도 등의 방법으로 사용)되어 불특정 다수인이 인식할 수 있는 상태에 놓인 것을 의미한다.[56] 비밀유지약정이 체결되면 비밀유지의무가 생긴다. 비밀유지의무라는 것은 어떤 발명의 내용을 불특정의 제3자에게 누설하지 않을 의무를 말한다. 이는 비밀유지약정 외에 법령, 신의칙, 상관습에 의해서도 인정될 수 있다.[57] '불특정 다수인이 발명의 내용을 인식할 수 있는 상태'라는 것은 그 발명이 속하는 기술 분야에서 통상의 기술자가 발명을 기술적으로 이해할 수 있는 상태이어야 한다는 뜻이다. 실무상으로 '공지된 발명'은 '공지(公知)발명'으로, '공연히 실시된 발명'은 '공용(公用)발명'이라 부른다. 이에 따라 제1호를 '공지 · 공용발명' 신규성 상실사유라고 한다.

제2호는 특허출원 전에 국내 또는 국외에서 반포된 간행물에 게재된 발명 또는 전기통신회선을 통하여 공중이 이용할 수 있는 발명은 신규성이 없다고 규정한다. '간행물'이란 공중에게 배포하여 공개할 목적으로 제작된 문서, 도면, 사진 등을 말한다. 간행물의 예로는 국내외에서 발간된 특허공보가 대표적이고 그 밖에 서적, 논문, 제품의 카탈로그 등도 실무에서 흔히 인용되는 간행물이다. '반포'(頒布)라는 것은 배포와 같은 의미로 불특정 다수인이 간행물의 기재내용을 인식할 수 있는 상태에 놓여 있는 것을 말한다. 여기서 '게재된 발명'이란 어떤 발명이 간행물에 게재되어 신규성을 상실하였다고 판단하기 위한 것이므로 불특정 다수인이 간행물에 게재된 발명을 보고 그 발명의 내용을 인식할 수 있는 상태에 놓인 것을 말한다. 따라서 통상의 기술자가 그 발명을 기술적으로 이해할 수 있는 상태이어야 한다는 의미이다. 실무상으로 제2호 전문을 '간행물 공지발명' 신규성 상실사유라고 한다. 제2호 후문의 '전기통신회선을 통하여 공중이 이용할 수 있는 발명'이란 데이터베이스나 인터넷상에서 공개된 기술정보를 말한다. '공중이 이용할 수 있는'이란 공중이 접근 가능한 상태일 것을 말한다. 제2호 후문을 '인터넷 공개발명' 신규성 상실사유라고 한다.

제1호의 '공지 · 공용발명' 신규성 상실사유에 해당하는 기술과 제2호의 '간행물 공지발명' 및 '인터넷 공개발명'의 각 신규성 상실사유에 해당하는 기술을 포괄하여 '선행기술'이라 한다. 따라서 선행기술이란 공지 · 공용기술, 간행물 공지기술, 인터넷 공개기술을 포괄하는 넓은 개념이다.

(3) 신규성 상실의 예외

한편, 위와 같은 신규성 상실에는 일정한 예외가 인정된다. 신규성 상실의 원칙을 고수할 경우에는 발명자에게 너무 가혹하고 발명의 공개를 통하여 산업발전에 기여한다는 특허제도의 취지에도 부합하지 않기 때문이다. 그래서 특허법 제30조 제1항 제1호, 제2호는 공지 등의 예외, 즉 신규성 상실의 예외에 관하여 규정한다.

제1호는 특허를 받을 수 있는 권리를 가진 자에 의해 이루어진 발명에 대한 모든 형태의 자발적 공개행위, 즉 이른바 자기 공지(自己 公知)에 관한 것이다. 공지 등의 예외 규정이 없으면 발명자가 특허출원 전에 자신의 발명을 스스로 공개하였을 경우에도 그 발명은 선행기술에 포함되므로 신규성이 상실되어 특허를 받지 못하게 된다. 이러한 결과는 과학기술자로 하여금 학술발표 등을 주저하게 할 수 있다. 과학기술정보의 확산을 막음으로써 오히려 사회 전체의 기술혁신에 부정적 영향을 미칠 우려가 있다. 그래서 자기 공지(ex. 발명자의 논문 등 발표)의 경우에는 그 날로부터 12개월 이내에 특허출원을 하면 신규성이 상실되지 않는다고 규정한 것이다. 제2호는 특허를 받을 수 있는 권리를 가진 자의 자발적 의사에 반하여 발명에 대하여 공개가 이루어진 경우, 즉 이른바 '의사에 반한 공지'(ex. 권리자의 피용자 · 대리인의 고의 · 과실로 이루어진 공개, 타인의 사기 · 협박 · 산업스파이 등 범죄행위로 인하여 이루어진 공개)의 경우에도 제1호와 마찬가지로 그 날로부터 12개월 이내에 특허출원을 하면 신규성이 상실되지 않는다고 규정한다.

정리하면, 신규성이란 특허출원 전에 이미 알려졌거나 공개된 선행기술이 아닐 것이어야 한다는 의미이다. 결국 신규성은 발명의 동일성의 문제와 관련된다. 동일한 기술이 이미 공지(公知) · 공용(公用)된 것인지 등의 여부를 판단하는 문제이다. 따라서 신규성 부정 여부의 판단은 출원발명이 선행기술과 동일한 것인지 여부를 판단하는 것이다. 그래서 특허법상 신규성 부정 여부는 출원발명 등의 각 청구항을 선행발명과 1:1로 비교하여 판단한다. 이 점에서 복수의 선행기술을 인용하여 판단할 수 있는 진보성 부정 여부의 판단과 구별된다.[58)]

다. 진보성[59)]

(1) 의의

앞에서(제1절 I.) 특허법은 정보라는 관점에서 새롭고 진보하는 '기술정보'를 보호하는 법이라고 설명한 바 있다. 이는 특허를 받기 위해서는 발명이 새로울 뿐만 아니라 선행기술로부터 쉽게 생각해낼 수 없는 기술적 가치를 지녀야 한다는 의미이다. 선행기술로부터 쉽게 생각해낼 수 있는 발명에 대해 특허를 부여하면 제3자의 기술실시의 자유를 부당하게 억압하여 산업발전에 기여한다는 특허제도의 취지에 부합하지 않는다.

특허법 제29조 제2항은 진보성 요건에 관한 것이다. 즉 "특허출원 전에 그 발명이 속하는 기술분야에서 통상의 지식을 가진 사람이 제1항 각 호의 어느 하나에 해당하는 발명에 의하여 쉽게 발명할 수 있으면 그 발명에 대해서는 제1항의 규정에도 불구하고 특허를 받을 수 없다"고 규정한다. 여기서 "그 발명이 속하는 기술분야에서 통상의 지식을 가진 사람"을 실무상으로는 '통상의 기술자'라고 줄여서 부른다.

진보성이란 통상의 기술자가 특허를 출원할 때의 기술수준에서 선행기술과 다르더라도 그 선행기술로부터 쉽게 생각해 낼 수 없는 것이어야 한다는 의미이다. 신규성과 달리 진보성은 발명의 비(非)동일성을 전제로 하는 개념이다. 선행기술과 동일하지 않지만 복수의 선행기술로부터 쉽게 생각해 낼 수 있는지 여부에 관한 것이다. 따라서 어떤 발명이 선행기술과 동일하지 않고 차이가 있으면 신규성이 있는 것이지만 진보성은 눈에 띄는 진보적 보폭(inventive step)이 존재하여야 한다.[60)]

(2) 판단기준

앞에서 설명한 것처럼(제2절 III. 1.) WTO/TRIPs 협정 제27조 제1항은 진보성을 특허요건으로 규정하면서도 그 요건의 의미와 기준을 제시하지 않고 회원국의 입법에 맡기고 있다. 문제는 특허법 제29조 제2항이 진보성 요건에 관하여 규정하고 있지만 진보성 판단에 관한 구체적 기준을 제시하고 있지 않다는 점이다. 구체적인 기준을 정하고 적용하는 것은 실무와 판례에 맡겨져 있다. 진보성 판단은 고도의 가치 평가를 수반하는 과정이어서 특허 실무에서 가장 어려운 영역의 하나로 꼽히고 있다.[61]

우리나라 특허 실무상 진보성 판단에 있어서 중요한 기준을 제시한 것으로 평가받고 있는 것은 대법원 2007. 9. 6. 선고 2005후3284 판결이다. 이 대법원 판결의 판시사항은 두 가지이다. 판시사항(1)은 특허발명의 특허청구범위에 기재된 청구항이 복수의 구성요소로 되어 있는 경우 진보성을 판단하는 방법에 관한 것이고, 판시사항(2)는 여러 선행문헌을 인용하여 특허발명의 진보성을 판단하는 기준에 관한 것이다.

판시사항(1)에 관하여 위 대법원 판결은 “특허발명의 진보성 여부를 판단함에 있어서는 청구항에 기재된 복수의 구성을 분해한 후 각각 분해된 개별 구성요소들이 공지된 것인지 여부만을 따져서는 안 되고, 특유의 과제 해결원리에 기초하여 유기적으로 결합된 전체로서의 구성의 곤란성을 따져 보아야 할 것이며, 이때 결합된 전체 구성으로서의 발명이 갖는 특유한 효과도 함께 고려하여야 할 것이다.” 라고 판시하였다. 판시사항(2)에 관해서는 “여러 선행기술문헌을 인용하여 특허발명의 진보성을 판단함에 있어서는 그 인용되는 기술을 조합 또는 결합하면 당해 특허발명에 이를 수 있다는 암시, 동기 등이 선행기술문헌에 제시되어 있거나 그렇지 않더라도 당해 특허발명의 출원 당시의 기술수준, 기술상식, 해당 기술분야의 기본적 과제, 발전경향, 해당 업계의 요구 등에 비추어 보아 그 기술분야에 통상의 지식을 가진 자가 용이하게 그와 같은 결합에 이를 수 있다고 인정할 수 있는 경우에는 당해 특허발명의 진보성은 부정된다.”고 판시하였다.[62]

판시사항(2)에 관한 위 대법원 판결의 설시가 바로 진보성 판단기준에 관한 것이다. 진보성 판단기준과 관련하여 위 대법원 판결은 다음과 같이 두 가지 기준을 제시하고 있다.

첫 번째 진보성 판단기준은 선행문헌에 인용되는 기술을 조합 또는 결합하면 해당 특허발명에 이를 수 있다는 암시 · 동기 등이 선행문헌에 제시되어 있는지 여부이다.[63] 두 번째 진보성 판단기준은 선행문헌에서 암시 · 동기 등이 제시되어 있지 않은 경우 해당 특허발명의 출원 당시의 ① 기술수준, ② 기술상식, ③ 해당 기술

분야의 기본적 과제, ④ 발전경향, ⑤ 해당 업계의 요구 등을 고려하여 통상의 기술자가 용이하게 그러한 결합에 이를 수 있는지 여부이다. 즉 진보성을 부정하기 위하여 따져보아야 할 5가지 고려요소를 구체적으로 제시하고 있다.[64)]

우리 대법원은 위와 같이 진보성 판단을 위한 2단계 판단기준을 제시함으로써 첫 번째 판단기준에서는 '예측가능성'을, 두 번째 판단기준에서는 '구체적 타당성'을 확립하고자 한 것이라고 이해할 수 있다. 이러한 판단기준의 확립을 통하여 '예측가능성'과 '구체적 타당성'이라는 서로 부딪치는 것처럼 보이는 두 가지 목표 사이에서 대법원은 합리적인 접점을 찾고자 노력한 것이라고 평가할 수 있다.[65)]

(3) 진보성 상실의 예외

특허법 제30조 제1항 제1호, 제2호의 공지 등의 예외 규정은 진보성을 판단하는 경우에도 적용된다. 즉 공지 등의 예외 규정에 해당하면 출원 전에 공개된 기술이더라도 공지 등이 되지 않은 것으로 본다. 따라서 이에 해당하는 기술은 선행기술(공지 · 공용기술, 간행물 공지기술, 인터넷 공개기술)에서 제외되므로 진보성이 부정되지 않는다.

3 법률상 특허를 받을 수 없는 발명[66)]

특허법 제32조(특허를 받을 수 없는 발명)는 "공공의 질서 또는 선량한 풍속에 어긋나거나 공중의 위생을 해칠 우려가 있는 발명에 대해서는 제29조 제1항에도 불구하고 특허를 받을 수 없다."고 규정한다. 발명이 특허요건을 갖추었다고 하더라도 특허법은 공익적 또는 산업정책적인 이유에서 특허대상에서 제외한다는 규정이다. 예컨대, 환경에 심각한 파괴를 초래하는 발명을 비롯하여 화폐위조기기, 마약흡입기구, 도둑질하는 데 사용하는 만능열쇠 등과 같은 발명은 공공의 질서 또는 선량한 풍속에 어긋나는 발명으로 특허를 받을 수 없다.

Ⅳ. 발명자와 '특허를 받을 수 있는 권리'

1 '발명자 = 발명의 창작자'가 의미하는 것

특허법상 발명자는 '발명이라는 창작행위'(발명행위)를 한 사람을 말한다. 발명행위는 법률요건을 구성하는 개개의 법률사실 중에서 '사실행위'에 해당한다. 민법상 사실행위는 법률행위(ex. 계약체결)처럼 일정한 법률효과의 발생을 목적으로 하는 행위자의 의사표시를 필요로 하지 않는다. 사실행위라는 것은 행위자의 의사와 관계없이 법률효과를 부여하는 사실적인 결과에 향하여진 행위이다. 따라서 사실행위로서의 발명행위는 '단독으로 법률행위를 할 수 있는 능력'(행위능력)을 요구하지 않으며 '권리나 의무의 주체가 될 수 있는 자격'(권리능력)만 있으면 그것으로 충분하다.

이처럼 특허법상 발명행위는 정신적 · 신체적 활동에 의하여 무언가를 새롭게 만들어내는 사실행위이기 때문에 자연인(natural person), 즉 사람만이 할 수 있다. 법인(legal person)은 법률행위는 할 수 있지만 자연인이 아니므로 사실행위는 할 수 없다. 법률행위는 누군가가 대리(代理)를 하는 것이 가능하지만 사실행위는 대리가 불가능하다. 따라서 언제나 해당 발명행위(사실행위)를 한 자연인(발명자)만이 '특허를 받을 수 있는 권리'를 원시적(initially)으로 취득한다. 이것을 '발명자원칙' 또는 '발명자주의'라고 한다.

정리하면, '발명자 = 발명의 창작자'가 의미하는 것은 특허법상 발명행위는 법률행위가 아니라 사실행위이기 때문에 자연인인 사람만이 발명행위를 할 수 있다는 것이다. 따라서 발명의 완성과 동시에 '특허를 받을 수 있는 권리'는 실제로 발명행위를 한 자연인(발명자)에게 원시적으로 귀속한다. 이것을 '발명자원칙' 또는 '발명자주의'라고 한다. 실무상으로는 '특허를 받을 수 있는 권리'를 특허출원권이라고 부른다.

2 발명자의 결정 기준

가. 누가 발명자인가? — 연구노트 작성의 중요성

앞서 언급한 '발명자원칙'에 따르면, 발명은 민법상 사실행위에 해당하고 자연인인 사람만이 사실행위로서 발명행위를 한 발명자가 될 수 있다. 문제는 여러 사람들이 해당 발명 과정에 관여하였을 때 그들 중에서 누가 발명자(또는 공동발명자)인지를 결정하는 것이 어렵다는 점이다. 하나의 발명에 발명자가 한 사람인 경우 그냥 '발명자'라고 부르면 되지만, 하나의 발명에 여러 사람이 발명자로 인정되는 경우에는 그들을 '공동발명자'라고 부른다.

발명자(또는 공동발명자)로 인정되지 않는 경우와 인정되는 경우를 다음과 같이 대법원 판결을 정리하여[67] 유형화할 수 있다. ① 발명자로 인정되지 않는 유형으로는 단순히 발명에 대한 기본적인 과제와 아이디어만을 제공한 경우, 연구자를 일반적으로 관리만 한 경우, 연구자의 지시로 데이터의 정리와 실험만을 한 경우, 자금 · 설비 등을 제공하여 발명의 완성을 후원 · 위탁하였을 뿐인 경우이다. 이에 반하여 ② 발명자로 인정되는 유형으로는 발명의 기술적 과제를 해결하기 위한 구체적인 착상을 새롭게 제시 · 부가 · 보완한 경우, 실험 등을 통하여 새로운 착상을 구체화한 경우, 발명의 목적 및 효과를 달성하기 위한 구체적인 수단과 방법을 제공한 경우, 구체적인 조언 · 지도를 통하여 발명을 가능하게 한 경우 등과 같이 기술적 사상의 창작행위에 실질적으로 기여하기에 이른 경우이다.[68]

요약하면, 발명자(또는 공동발명자)로 인정받기 위해서는 해당 발명의 기술적 사상의 특징적 부분을 착상한 경우이거나, 그 착상을 구체화하는 데에 기여한 경우이어야 한다. 따라서 어떤 연구자가 특정 발명에 대한 발명자로서 인정받기 위해서는 자신이 그 발명의 기술적 사상의 특징적 부분을 착상한 사람이거나 그 착상을 구체화하는데 기여한 사람이라는 증거를 제시하여야 한다. 그러한 증거자료로 대표적으로 중요한 것이 연구노트(또는 실험노트)이다. 연구노트는 누가 진정한 발명자인지를 둘러싸고 다툼이 생겼을 때 발명자를 결정하는 중요한 증거자료 역할을 한다.[69]

일본 기술자 출신으로 2000년 미국 대학 교수가 된 나카무라 슈지[中村修二]는 2014년 노벨 물리학상을 받았다.[70] 나카무라 슈지 교수는 2002년 출간된 자신의 자서전(우리말 번역서는 2004년 출간)에서 학부생을 기준으로 일본 학생과 미국 학생을 비교할 때 가장 큰 차이점은 연구노트 작성에 있다고 썼다. 미국 학생은 누구나 연구노트에 적어둔 내용이 나중에 특허로 인정받을 수 있다는 사실을 알고 있어서, 거의 예외 없이 연구노트를 기록하고 마지막에는 반드시 교수인 자신의 사인을 받는다고 썼다. 아이디어든 힌트든 무언가를 반드시 적어둔다는 것이다.[71]

나. 인공지능(AI)은 발명자가 될 수 있는가?

앞서 언급한 '발명자원칙'을 되풀이하면, 자연인인 사람만이 사실행위로서의 발명행위를 할 수 있다. 따라서 현행 특허법의 규범체계 아래에서 AI는 발명자가 될 수 없다. 이와 관련해서는 아래에서 보는 것처럼 흥미로운 사례가 있다.

미국의 한 AI 개발자는 자신이 개발한 '다부스'라는 AI가 사람의 개입 없이 독자적으로 2건의 발명을 하였다고 주장하면서 2020년 3월 우리나라 특허청(현 지식재산처)에 AI를 발명자로 하는 특허출원을 하였다.[72] 이에 대해 특허청은 2022년 9월 출원발명 2건에 대하여 특허법상 '발명자'는 자연인만이 될 수 있고, 자연인이 아닌 AI를 발명자로 기재하는 것은 특허법이 정한 방식에 위배된다고 판단하여 특허출원을 무효로 한다고 결정하였다.

이러한 결정에 대하여 위 AI 개발자(원고)는 특허청장(피고)을 상대로 특허출원 무효처분 취소청구의 소를 제기하였지만 제1심 법원은 사람이 아닌 AI를 발명자로 특허출원을 신청할 수 없다고 판단하여 원고의 청구를 기각하였다.[73] 항소심에서도 같은 이유로 원고의 항소를 기각하였다.[74]

3 직무발명

앞서 설명한 것처럼 특허법상 발명자는 자연인만이 될 수 있다. 발명은 사실행위이기 때문에 행위능력과 관계없이 발명을 완성한 자연인이 설령 어린아이일지라도 발명자가 된다. 또한 발명자에게는 '특허를 받을 수 있는 권리' 즉 특허출원권이 원시적으로 발생한다.

그런데 오늘날 우리나라에서는 개인 발명자의 특허출원보다 기업 등 법인의 특허출원이 압도적으로 많다. 2024년 기준으로 국내 전체 특허출원 중 법인의 특허출원이 약 86.8 퍼센트를 차지한다. 그 까닭은 고용계약에 의해 법인에서 일하는 종업원이 직무 수행 과정에서 개발한 직무발명(employee invention)의 경우 해당 발명에 대하여 '특허를 받을 수 있는 권리'를 법인이 종업원으로부터 승계하여 법인 명의로 특허출원을 하는 경우가 대부분이기 때문이다.

발명진흥법은 직무발명의 정의를 비롯하여 그 발명의 권리 승계 및 법인의 종업원에 대한 보상 의무 등을 규정한다. 발명진흥법 제2조 제2호는 "'직무발명'이란 종업원, 법인의 임원 또는 공무원(이하 '종업원 등'이라 한다)이 그 직무에 관하여 발명한 것이 성질상 사용자 · 법인 또는 국가나 지방자치단체(이하 '사용자 등'이라 한다)의 업무 범위에 속하고 그 발명을 하게 된 행위가 종업원등의 현재 또는 과거의 직무에 속하는 발명을 말한다."고 정의한다.

직무발명의 요건은 ① 종업원의 발명일 것, ② 종업원의 발명이 성질상 법인의 업무범위에 속할 것, ③ 발명을 하게 된 행위가 종업원의 현재 또는 과거의 직무에 속할 것이다. 따라서 종업원의 발명이 ①②③ 요건을 모두 갖추면 '직무발명'이 되고 종업원은 그 발명에 대하여 '특허를 받을 수 있는 권리'를 원시적으로 취득한다(발명자원칙).

직무발명에 대한 권리를 법인 등 사용자가 종업원으로부터 승계 받거나 전용실시권을 설정 받도록 하는 계약이나 근무규정을 미리 정한 경우, 직무발명에 대한 권리는 종업원이 발명을 완성한 때에 법인 등 사용자에게 자동으로 승계된다(발명진흥법 제13조 제1항). 이처럼 법인이 직무발명에 대한 권리, 즉 '특허를 받을 수 있는 권리' 또는 특허권을 종업원으로부터 승계 받거나 전용실시권을 설정 받은 경우 종업원은 법인 등 사용자에 대하여 정당한 보상을 청구할 수 있는 권리를 가진다(발명진흥법 제15조 제1항).

한편, 직무발명에 관한 위 ①②③ 요건 중 종업원의 발명이 법인의 업무범위에 속하지 않아 ② 요건을 충족하지 못한 경우를 '자유발명'이라 하고, 종업원의 발명이 종업원의 현재 또는 과거의 직무에 속하지 않아 ③ 요건을 충족하지 못한 경우를 '업무발명'이라 한다.[75] 자유발명이나 업무발명은 '직무발명'이 아니므로 '자유발명'이나 '업무발명'에 대한 권리를 법인에게 승계한다고 정한 승계계약이나 법인에게 전용실시권을 설정한다는 계약 등을 포함하는 근로규정이 있다면 이는 무효이다(발명진흥법 제10조 제3항).

4 '특허를 받을 수 있는 권리'와 특허권 — 선출원주의 vs 선발명주의

'특허를 받을 수 있는 권리'는 국가(지식재산처)에 대하여 발명을 출원하여 특허권의 부여를 청구하는 지위 · 자격을 말한다. '특허를 받을 수 있는 권리'는 국가에 대한 청구권이라는 의미에서는 공권(公權)적인 권리이지만, 재산권인 특허권을 취득하기 위한 권리이고 다른 사람에게 양도할 수 있는 권리라는 점에서 사권(私權)(재산권)으로서의 성격도 갖는다.[76]

특허법 제37조(특허를 받을 수 있는 권리의 이전 등) 제1항은 "특허를 받을 수 있는 권리는 이전할 수 있다."고 규정한다. 따라서 특허를 받을 수 있는 권리는 그 특허출원 전은 물론 그 출원 후라도 양도할 수 있다. 특허를 받을 수 있는 권리의 출원 전의 양도는 일반 재산권과 마찬가지로 발명자와 그 승계인 간의 합의만으로 효력이 생긴다. 다만, 그 승계인이 특허출원을 하여야 제3자에게 대항할 수 있다(특허법 제38조 제1항). 출원 후의 양도는 상속, 그 밖의 일반승계의 경우를 제외하고는 특허출원인 변경신고를 하여야만 그 효력이 발생한다(특허법 제38조 제4항).

발명자(또는 특허를 받을 수 있는 권리를 양도받은 승계인)가 특허권을 취득하기 위해서는 특허법 소정의 출원과 심사를 거쳐 등록이 완료되어야 한다. 이와 같이 '특허를 받은 수 있는 권리'는 발명의 완성과 동시에 발명자에게 발생하지만, 특허권은 출원 · 심사 · 등록을 거쳐야 비로소 발명자(또는 그 승계인)에게 발생한다는 점에서, 어떠한 절차나 형식의 이행이 없더라도 저작물의 창작과 동시에 저작자에게 발생하는 저작권과 다르다.

문제는 동일한 발명을 두 사람이 각자 비슷한 시기에 발명하여 출원하였는데, 그 가운데 먼저 발명한 사람과 먼저 출원한 사람이 서로 다를 경우이다. 먼저 발명한 사람과 먼저 출원한 사람 중에서 누구에게 특허권을 줄 것인가를 결정하는 기준으로 선(先)출원주의와 선(先)발명주의가 있다.

선출원주의는 발명이 이루어진 시기에 관계없이 지식재산처에 먼저 출원한 발명에 대하여 권리를 부여하는 제도이다. 우리나라를 비롯하여 현재 세계 대부분의 국가들은 선출원주의를 채택하고 있다. 선발명주의는 출원의 순서와 관계없이 먼저 발명한 사람에게 특허권을 부여하는 제도이다. 미국은 과거 선발명주의를 채택하였으나 2011년 9월 선출원주의로 전환하였다.

5 특허출원

발명에 대하여 특허를 받으려는 자는 특허출원서를 지식재산처장에게 제출하여야 한다. 특허출원서에는 특허출원인과 발명의 명칭, 발명자를 기재하여야 한다. 특허출원인이 자연인인 경우는 "성명 및 주소"를, 법인인 경우는 "명칭 및 영업소 소재지"를 기재하게 하면서도(특허법 제42조 제1항 제1호), 발명자에 대해서는 "성명 및 주소"만을 기재하도록 규정한다(같은 항 제4호). 앞서 설명한 것처럼 발명자는 자연인이 당연한 전제이므로 위와 같이 규정한 것이다.

특허법에 명문의 규정은 없지만 발명자는 발명을 완성함과 동시에 이른바 '발명자 인격권'을 취득한다.[77] 파리협약 제4조의3은 "발명자는 특허증에 발명자로 기재될 권리를 가진다."고 규정하고 있지만 우리 특허법은 그러한 규정을 두고 있지 않다. 단지 특허법 제42조 제1항 제4호에 의한 특허출원인의 '발명자 성명표시의무' 규정을 두고 있을 뿐이다. 결국 '발명자 인격권'은 특허출원인의 '발명자 성명표시의무' 규정을 통하여 간접적으로 구현된 것이라고 이해할 수 있다.

특허출원서에는 발명의 설명 · 청구범위를 적은 명세서와 필요한 도면 및 요약서를 첨부하여야 한다(특허법 제42조 제2항). 명세서는 발명의 설명 및 청구범위로 이루어진다. 명세서의 기재요건으로는 '실시가능 요건', '뒷받침 요건', '명확성 요건'이 있다. 이러한 요건들을 갖추지 못한 경우 특허거절사유 또는 특허무효사유가 되고 실무상 '기재불비'라고 한다. 이러한 요건들 중 '실시가능 요건'은 발명의 설명에 관한 것이고, '뒷받침 요건'과 '명확성 요건'은 청구범위에 관한 것이다. 따라서 청구범위에 기재된 청구항은 발명의 설명에 의하여 뒷받침되어야 한다(특허법 제42조 제4항).

출원발명이 특허법 제29조(특허요건)의 세 가지 요건(산업상 이용가능성 · 신규성 · 진보성)을 갖추지 못한 경우에는 심사관은 특허법 제62조(특허거절결정) 제1호에 해당함을 이유로 특허거절결정을 하여야 한다.

V. 특허권

1 특허권의 발생 및 그 존속기간

특허권은 특허출원을 심사한 후 등록결정을 받고 출원인이 등록료를 납부하면 지식재산처가 특허원부에 설정등록을 함으로써 발생하고(특허법 제85조, 제87조 제1항 각 참조), 이때부터 특허권으로서의 법적 효력이 시작된다. 특허권의 존속기간은 특허권을 설정등록한 날부터 특허출원일 후 20년이 되는 날까지로 한다(특허법 제88조 제1항).

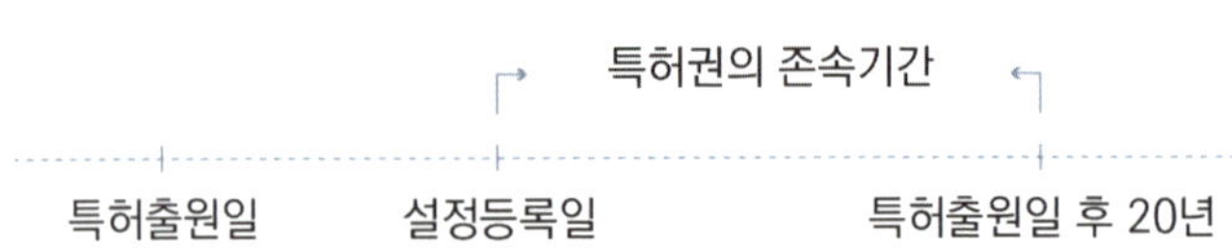

2 특허권의 효력

특허법 제94조(특허권의 효력) 제1항 본문은 "특허권자는 업으로서 특허발명을 실시할 권리를 독점한다."고 규정한다. '업(業)으로서'라는 것은 영리를 직접 목적으로 하는 것을 말한다. 따라서 개인적으로 실시하거나 가정(家庭)에서 실시하는 것을 특허권의 침해에서 제외한다는 취지이다. 특허권은 물권과 유사한 권리로서 준(準)물권에 해당한다. 특허권의 효력은 해당 특허발명을 독점적이고 배타적으로 실시할 수 있는 적극적 효력(실시권)과 그 특허발명을 제3자가 허락을 받지 않고 실시하는 것을 금지시킬 수 있는 소극적 효력(금지권)으로 나눌 수 있다.

3 특허권의 효력제한

특허발명의 보호범위는 청구범위에 기재된 사항(청구항)에 의하여 정하여진다(특허법 제97조). 특허발명의 보호범위란 제3자의 침해로부터 보호하기 위하여 특허권의 소극적 효력이 미치는 영역을 말한다. 따라서 특허권의 보호객체는 청구항에 기재된 발명이다(객체적 범위). 또한 특허권의 효력은 속지주의 원칙에 따라 우리나라 통치권이 미치는 영역 내에 한정된다(지역적 범위). 그리고 특허권은 그 존속기간에만 효력이 미치므로 기간 만료 등의 사유로 소멸한 경우에는 효력을 상실한다(시간적 범위).[78] 이러한 객체적 · 지역적 · 시간적 범위에 따른 효력제한 외에 아래에서 보듯이 내용적 제한이 있다.

특허권자는 업으로서 특허발명을 실시할 권리를 독점하지만 이러한 독점적 효력도 특허권의 성질이나 공익적인 이유에서 일정한 내용과 관련하여 제한을 받는다. 특허법 제96조 제1항 제1호 내지 제3호 및 제2항은 특정한 물건이나 행위에 대한 특허권의 효력제한을 규정한다. 구체적으로는 ① 연구 또는 시험을 하기 위한 특허발명의 실시(제1항 제1호), ② 국내를 통과하는 데 불과한 선박 · 항공기 · 차량 또는 이에 사용되는 기계 · 기구 · 장치, 그 밖의 물건(제2항 제2호), ③ 특허출원을 한 때부터 국내에 있는 물건(제1항 제3호), ④ 둘 이상의 의약을 혼합하는 조제행위(제2항)에는 특허권의 효력이 미치지 않는다고 규정한다.

4 특허권의 침해

가. 침해 일반론

특허법 제94조 제1항은 특허권의 효력에 관하여 "특허권자는 업으로서 특허발명을 실시할 권리를 독점한다. 다만, 그 특허권에 관하여 전용실시권을 설정하였을 때에는 … 전용실시권자가 그 특허발명을 실시할 권리를 독점하는 범위에서는 그러하지 아니하다"고 규정한다.

특허권자나 전용실시권자가 아닌 제3자가 그들의 허락 없이 업(業)으로서 특허발명을 실시하는 경우에는 특허권 침해에 해당한다. 전용실시권이란 특허권자가 다른 사람에게 자신의 특허발명을 설정행위로 정한 범위(기간 · 지역 · 내용 등)에서 독점적으로 실시할 수 있도록 허락하는 권리를 말한다(특허법 제100조 제1항, 제2항). '업으로서'라는 것은 영리를 직접 목적으로 하지 않고 개인적으로 실시하거나 가정(家庭)에서 실시하는 것을 특허권 침해에서 제외한다는 취지이다. 앞서 설명한 것(제2절 II. 3. 나.)처럼 특허발명의 실시라는 것은 '물건의 발명', '방법의 발명', '물건을 생산하는 방법의 발명'의 종류에 따라 다르다(특허법 제2조 제3호 가목 내지 다목). 따라서 발명의 종류에 따라 특허권 침해행위의 유형(어떠한 행위를 하였을 때 특허권의 침해가 되는가)도 달라진다.

한편, 특허발명의 보호범위는 청구범위에 기재된 사항에 의하여 정하여진다(특허법 제97조). 만일 특허발명의 청구범위에 기재된 청구항이 복수의 구성요소로 이루어져 있는 경우에는 그 각 구성요소가 유기적으로 결합된 전체로서 보호되는 것이지 각 구성요소가 독립하여 보호되는 것은 아니다. 따라서 특허권 침해는 침해자가 청구범위의 모든 구성요소를 실시하는 경우에만 성립하고, 그중 일부만을 실시하는 행위는 원칙적으로 침해를 구성하지 않는다. 이것을 구성요소 완비의 원칙

(all elements rule)이라고 한다.[79]

정리하면, 특허권 침해란 정당한 권한 없이 청구범위에 포함되어 보호되는 특허발명을 업으로서 실시하는 것을 말한다. 특허권은 발명이라는 무체물을 보호대상으로 하기 때문에 유체물과 비교하여 권리가 미치는 범위가 명확하지 않다. 따라서 구성요소 완비의 원칙에서 보듯이 특허권이 미치는 발명의 보호범위를 명확히 하는 것은 학문적으로는 물론이고 실무적으로도 중요하다.

또한 특허권은 저작권과 달리 절대적 독점권이다. 저작권은 상대적 독점권이기 때문에 저작권 침해가 성립하기 위해서는 타인의 저작물을 보고 베꼈다는 의거성(依據性) 요건이 필요하다(제3절 V. 1. 참조). 그러나 의거성은 절대적 독점권인 특허권의 침해 요건이 아니다. 타인의 발명을 베끼지 않고 독자적으로 완성한 발명을 실시하였더라도 그것이 타인의 특허발명과 동일한 것이면 특허권 침해가 성립한다.[80]

나. 침해의 유형

(1) 문언침해

문언침해(literal infringement)는 침해제품이 특허발명의 청구범위에 기재된 모든 구성요소를 그대로 가지고 있는 경우를 말한다. 그중 하나라도 생략되거나 변형되어 있으면 문언침해에 해당하지 않는다. 예컨대, 특허발명의 구성요소 'A+B+C'를 모두 그대로 침해제품이 사용하는 경우('A+B+C')에 성립하는 침해이다. 앞서 설명한 구성요소 완비의 원칙에 해당하는 경우가 바로 문언침해이다.

(2) 균등침해

균등침해(infringement by doctrine of equivalent)는 침해제품이 특허발명의 구성요소 중 일부를 등가관계에 있는 다른 구성요소로 변경한 경우에 성립하는 침해유형이다. 침해제품의 구성요소 중 일부가 그에 대응하는 특허발명의 구성요소와 문언상으로는 동일하지 않더라도 서로 등가관계에 있다면 침해제품이 특허발명의 침해에 해당한다고 보는 것이다.[81] 예컨대, 특허발명의 구성요소 'A+B+C'를 침해자가 그대로 모방하지 않고 비교적 경미한 부분에 변환을 가하여 'A+B+c'를 실시하고 있는 경우 'C'와 'c'가 균등한 것이면 침해에 해당하지만 그렇지 않다면 침해에 해당하지 않게 된다.[82)]

균등침해는 제3자에게 불의의 불이익을 주지 않는 범위 내에서 특허의 실질적 가치를 보호하기 위하여 특허발명의 보호범위를 그 문언 이외의 사항에까지 넓힌 것이다. 균등침해는 나라마다 요건과 범위 등에 약간의 차이는 있지만 널리 인정되는 법리이다.[83)]

(3) 간접침해

특허권 침해는 특허권의 직접침해와 간접침해로 구분되는데, 앞서 설명한 문언침해와 균등침해는 특허권의 직접침해에 관한 것이다. 특허권의 간접침해는 특허법 제127조에서 규정하는데, 바로 아래에서 보는 것처럼 특허발명의 내용에 따라서 물건의 발명에 대한 간접침해와 방법의 발명(물건을 생산하는 방법에 관한 발명을 포함)에 대한 간접침해로 구분할 수 있다.

특허법 제127조는 특허권 침해와 관련된 예비행위는 물론이고 그 방조행위를 권리침해로 간주하는 규정을 두고 있다. 첫째, "특허가 물건의 발명인 경우: 그 물건의 생산에만 사용하는 물건을 생산 · 양도 · 대여 · 수출 또는 수입하거나 그 물건의 양도 또는 대여의 청약을 하는 행위"(특허법 제127조 제1호)를 침해로 보는 행위로 규정한다. 이는 특허가 물건의 발명인 경우 그 물건의 생산과 관련된 일정한 예비 · 방조행위를 침해로 간주한 것이다. 둘째, "특허가 방법의 발명인 경우: 그 방법의 실시에만 사용하는 물건을 생산 · 양도 · 대여 · 수출 또는 수입하거나 그 물건의 양도 또는 대여의 청약을 하는 행위"(특허법 제127조 제2호)를 침해로 보는 행위로 규정한다. 이는 특허가 방법의 발명인 경우 그 방법의 실시와 관련된 일정한 예비 · 방조행위를 침해로 간주한 것이다.

정리하면, 특허법은 '물건의 생산'이라든가 '방법의 실시'라는 법문(法文)을 명시함으로써 특허권 침해행위와 직결되는 예비행위는 물론이고 그 방조행위를 '침해로 보는 행위'로 규정한다. 이처럼 특허법은 권리 침해 전반에 걸쳐 예비 · 방조행위를 포괄하는 명시적 규정을 두고 있다.

다. 침해의 구제

특허권의 침해가 성립하면, 특허권자 또는 전용실시권자는 침해자에 대하여 손해배상청구(민법 제750조, 특허법 제128조 제1항)나 부당이득반환청구(민법 제741조)를 할 수 있을 뿐 아니라, 침해금지 또는 예방을 청구할 수 있고(특허법 제126조), 일정한 경우에는 신용회복청구를 할 수 있다(특허법 제131조). 또한 형사상으로 특허침해죄가 성립할 수 있다(특허법 제225조).

제 3 절

문화 예술 창작자를 위한 법 — 저작권법

Ⅰ. 문화와 예술 그리고 법

1 문화 예술과 법

저작권법은 이른바 '문화기본법'이라고 일컬어진다.[84] 문화와 관련된 기본 법률이 저작권법이라는 사실은 상징하는 바가 적지 않다. 저작권 보호를 위한 세계 최초의 국제조약인 베른협약의 정식명칭은 '문학 · 예술저작물의 보호를 위한 베른협약'이다. 문학과 예술저작물을 보호하기 위하여 성립된 국제조약의 명칭이 함축하는 의미는 크고 넓다. 이러한 두 가지 사실은 저작권법이 문화 예술 창작자를 위한 법이라는 특징을 새삼 일깨워준다.

베른협약이 성립하게 된 배경을 이해하기 위해서는 19세기 중반으로 거슬러 올라가야 한다. 그 당시 프랑스와 벨기에, 스위스 등 여러 나라 출판업자들 간의 경쟁을 규제하기 위하여 '국제 저작자 및 예술가 회의'가 열렸다. 1858년 소설가 빅토르 위고(Victor Hugo)의 주도로 브뤼셀에서 열린 '국제 저작자 및 예술가 회의'에서 저작자의 권리에 대한 국제적 보호 제도의 기반을 마련하고자 노력하였다. 하지만 이 회의에서는 여러 나라에 공통으로 적용될 보편 원칙에 대한 합의를 도출하는 데에 실패하였다. 그 대신 이 회의에서는 자국 저작자들에게 인정하는 권리를 다른 나라 저작자들에게도 동등하게 인정해 줄 것을 각국 정부에게 요청하였다. 그로부터 한 세대가 지난 이후 몇 차례 회의 끝에 1886년 스위스 베른에서 10

개 유럽 국가가 참여한 베른협약이 맺어졌다.[85)]

우리 저작권법 제1조는 목적 규정이다. 제1조는 "저작자의 권리와 이에 인접하는 권리를 보호하고 저작물의 공정한 이용을 도모함으로써 문화 및 관련 산업의 향상발전에 이바지함을 목적으로 한다."고 규정한다. 저작권법은 문화 예술 창작자를 보호함으로써 문화 관련 산업의 향상발전을 위한 법이지만, 다른 한편으로는 공정한 이용에 이바지한다는 공익, 즉 공공의 이익(public interests)의 측면도 소홀히 하여서는 안 된다는 저작권법의 입법목적을 보여준다.

한편, 우리가 그다지 신경 쓰지 않고 사용하고 있지만, 문화와 예술이란 용어 자체의 성립 과정을 살펴보아야 한다. 결론부터 말하면 우리가 일상적으로 사용하는 문화는 Culture의, 예술은 Art의 각 번역어이다.

원래 한자 문화권에서 사용하는 '문화'라는 단어는 "형벌위력을 사용하지 않고 인민을 교화하는 것", '문치교화'(文治敎化)를 뜻한다. 그것은 '예악(禮樂)제도', 교전(敎典)에 따라 행하는 정치, 고대 중국의 이상정치를 말하는 용어의 하나이었다. 그러던 것이 일본의 다이쇼[大正] 시기 독일어 Kultur, 영어 Culture의 번역어로 사용되기 시작하여[86)] 오늘날 우리나라에서도 Culture의 번역용어로 사용되고 있다. Culture의 라틴어 어원 cultura는 "갈고 닦는다", "경작한다"는 뜻으로 해석된다.[87)] 이러한 어원을 배경으로 나중에는 '교양이나 예술' 등의 뜻을 가지게 되었다. 그래서 '문화인'은 '교양인'이나 '예술인'과 비슷한 의미로 사용된다.[88)]

예술이란 단어는 <후한서(後漢書)>에도 나오는 용어로서[89)] 학문이나 기예를 가리켰지만,[90)] 오늘날 우리는 영어 Art 또는 독일어 Kunst 번역용어로 사용한다. 다만 두 서양 용어를 우리말로 옮길 때 그 맥락에 따라 '예술' 또는 '미술'이란 용어로 번역하여 사용한다. 창작행위 전반을 지칭하는 가장 넓은 범주에서는 '예술'이라는 번역어가 사용되고, 회화, 조각 등과 같이 2차원 혹은 3차원 공간에 시각적으로 표현하는 하위 범주의 조형적인 작품을 의미할 때는 '미술'이라는 번역어가 사용된다.[91)]

이처럼 가장 넓은 범주에서 사용되는 예술(Art)은 창작행위 전반을 포괄하는 의미를 가지지만, 우리가 법과 관련하여 예술이란 용어를 사용할 때 종종 어려움에 직면한다. 예술 자체의 개념은 물론 예술의 영역 구분조차 분명하지 않은 까닭에 많은 사람들은 논리적 규범체계인 법과 예술은 어울리지 않는다고 생각한다. "법과 예술이 만나면 서로 피하는 것이 상책이다(When law and art chance a meeting, they should do their best to avoid each other)"라는 말이 시사(示唆)하듯이, 안정적이고 보수적인 법률을 창조적이고 역동적인 예술에 맞추는 것은 쉽지 않은 일이다.[92)]

그럼에도 문화 예술과 법이 빈번하게 교차하고 있는 현대 사회에서는 법과 예술의 상호 관련성에 주목하면서 법학의 관점에서 나름대로 예술에 대한 이해를 시도할 필요가 있다. 우리 헌법 제22조는 학문과 예술의 자유를 보장하고 있다. 그래서 헌법의 관점에서는 예술의 범위를 최대한 넓게 인정하여야 한다는 논의도 있다. 예술인지 아닌지를 확정하기 어려운 때에는 '의심스러운 때에는 예술에게 유리하게'(in dubio pro arte)라는 원칙에 따르는 것이 옳다는 것이다.[93)] 더구나 저작권법은 문화 예술 창작자를 보호하기 위한 규범체계이다. 저작권법의 규범체계 아래에서 어떤 방식으로든지 예술 개념을 이해하고자 노력하여야 한다.

2 근대미학과 저작권법

저작자 · 저작물 · 저작권을 핵심 개념으로 하는 저작권법의 논리적 규범체계는 근대미학(modern aesthetics)의 이론적 터전 위에서 구축되었다. 미학(美學)이란 일반적으로 예술에 관한 철학(philosophy of art)을 말한다.[94)] 저작권법이 문화 예술 창작자를 보호하기 위한 법이라는 것을 생각할 때, 저작권법과 근대미학의 일정한 관련성을 떠올리는 것은 당연한 것이다. 다만 그간 우리가 둘 사이의 관련성을 크게 의식하지 않았을 뿐이다.

근대적 사유 주체인 '개인'의 탄생에서 비롯되는 근대미학은 '미적 주체성'(ästhetische Subjektivität)의 확립을 중심으로 전개되었다. 근대미학의 근저에는 낭만주의적 창작관이 깃들어 있다. 그래서 '작품'(Werk)이란 이른바 '창조적 천재'인 개인의 독특한 '개성'이 구현된 것이고 작품은 '형식과 내용의 복합체'(Form-Inhalt-Gefüge)로 존재한다고 보았다.[95)] 이 가운데 '형식'만이 '권리'의 대상으로 존중되었다.

이러한 흐름은 저작권법 체계 속에서 저작자(개인), 창작성(개성), 저작물(작품)이란 용어로 제도화되었다. 저작물(작품)이 성립하기 위해서는 창작성(개성)이 존재하여야 하고, 저작물의 보호범위와 관련하여 '내용'은 보호되지 않고 '형식'만이 보호된다는 발상도 이러한 배경에서 형성되었다.[96] 오늘날의 관점에서 설명하면, 저작권은 창작적 '표현'에만 미치고 '아이디어'에는 미치지 않는다는 원칙이다. 이것이 나중에 설명할 이른바 '아이디어와 표현의 이분법'이다.

Ⅱ. 저작권법상의 저작물

1 의의

근대미학의 관점에서 작품(저작물)이란 미학적으로 ＜닫힌 작품(closed work)＞을 의미한다. ＜닫힌 작품＞은 '작품의 동일성'과 '작품의 재현성'을 보증하는 것이어야 한다.[97] 예컨대, 문학작품은 누가 읽더라도 그 스토리가 동일하게 인식되어야 하고 음악작품은 누가 노래를 부르거나 연주하더라도 동일하게 재현될 수 있어야 한다는 의미이다.

저작권법상의 저작물(작품)은 미학적으로 ＜닫힌 작품＞을 전제로 한다. 저작권법 제2조 제1호는 "저작물은 인간의 사상 또는 감정을 표현한 창작물을 말한다."고 정의한다. 따라서 저작권법상 저작물로 성립하려면 (가) '인간의 사상 또는 감정', (나) '표현', (다) '창작성'이라는 세 가지 요건을 갖추어야 한다.

앞에서 설명한 것처럼(제1절 I.) 정보라는 관점에서 저작권법이라는 것은 창작성 있는 '표현정보'(expressive information)의 복제와 배포 등을 보호하기 위한 법이다. '표현'이란 '정보'를 전달하기 위한 수단이다. (다) '창작성' 있는 (나) '표현'을 성립요건으로 하는 저작물이란 (가) '인간의 사상 또는 감정'(정보)을 공중(公衆, the public)에게 전달하는 역할을 한다. 결국 저작물이란 창작성 있는 표현정보를 공중에게 전달하는 역할을 하는 것이다. 공중은 전달 받은 저작물을 향유함으로써 사회 전체의 문화가 향상 발전하고 이로써 저작물은 민주주의의 실현에 기여를 한다.[98)]

정리하면, 저작물(창작성 있는 표현정보)을 공중에게 전달함으로써 문화의 향상 발전과 민주주의의 실현에 이바지하는 것이 저작권법의 목적이다. 이하에서는 저작권법 제2조 제1호에서 저작물의 성립요건으로 요구하는 (가) '인간의 사상 또는 감정', (나) '표현', (다) '창작성'에 관하여 살펴보도록 한다.

2 저작물의 성립요건

가. 인간의 사상 또는 감정

'인간의 사상 또는 감정'이란 인간의 정신 활동으로 볼 수 있는 것이면 충분하다. 유치원생이 그린 그림도 인간의 사상 또는 감정이 포함되었으므로 보호대상이 된다. 자연과학적 사실이나 사회적 사실, 역사적 사실 등은 인간의 '사상 또는 감정'과 같은 주관적 요소가 포함된 것이 아니라 객관적 사실 그 자체에 불과하므로 보호대상이 아니다.

객관적 사실(ex. 역사적 사실 등)은 언론 활동이나 연구 활동의 전제가 되므로 헌법상 보장된 학문의 자유, 표현의 자유를 보호하기 위하여 역사적 사실 그 자체를 저작권법으로 보호하지 않는 것이다. 하지만 역사적 사실을 소재로 인간의 사상 또는 감정이라는 주관적 요소가 포함되어 창작적으로 표현된 경우(ex. 역사소설)는 저작권법으로 보호한다.

인간의 사상 또는 감정이라는 정신 활동의 결과물이 아닌 경우는 저작물이 아니다. 예컨대, 한 사진작가가 밀림 속에 설치한 삼각대 위의 카메라를 호기심 많은 원숭이가 카메라 셔터를 눌러서 우연히 셀카 사진이 찍혔을 경우 그 사진은 저작물로서 보호될 수 없다.[99)] 인간의 정신 활동의 결과물이 아니기 때문이다. 저작권법을 비롯한 현행 모든 법률체계는 인간중심주의 법체계를 당연한 전제로 하고 있

다. 따라서 인간이 아닌 동물(또는 자연)은 권리의 주체가 될 수 없다.[100]

컴퓨터에 의해 자동으로 작성된 것도 인간의 정신 활동의 결과물이 아니므로 저작물로 보호될 수 없다. 예를 들면, 생성형 인공지능(AI)에 의한 산출물을 들 수 있다. AI는 인간이 아니므로 저작권이라는 권리의 주체(저작자)가 될 수 없다. 자연(또는 동물)에 의해 만들어진 결과물도 마찬가지이다. 오랜 세월 풍화 작용으로 석회동굴 속에 기묘하게 만들어진 종유석, 석순과 같은 것이나 고양이 발바닥에 잉크가 묻어 종이 위에 우연히 찍힌 예쁜 발자국 무늬 등도 저작물로 보호될 수 없다.

나. 표현

표현이란 인간의 사상 또는 감정을 전달 가능한 형태로 외부로 나타내는 것을 말한다. 인간 내면의 아이디어 자체는 보호되지 않으며 외부로 표출하여야 보호된다는 의미이다. "표현하다"를 의미하는 영어단어 "express"는 '외부'를 뜻하는 'ex'라는 접두어와 '밀어내다'를 뜻하는 'press'로 결합되어 있다. 표현이란 내면에 존재하는 것을 외부로 밀어내어 다른 사람에게 전달 가능한 형태로 드러내는 것을 말한다.[101]

그렇기 때문에 아이디어가 아무리 좋더라도 인간의 내면에서 외부로 표현되지 않으면 저작권법으로 보호될 수 없다. 이것을 '아이디어와 표현의 이분법'(idea-expression dichotomy)이라고 한다. 저작권법은 저작물의 창작적 '표현'을 보호하는 것이지 표현 속에 들어 있는 '아이디어' 그 자체를 보호하는 것이 아니라는 것이 '아이디어와 표현의 이분법'의 핵심이다.

다만, 어떤 아이디어의 표현방법이 유일하거나 매우 제한적이어서 그 표현을 보호하면 아이디어 자체를 보호하는 결과가 되는 때에는 설령 표현되었더라도 표현되지 않은 아이디어로 취급하여 보호하지 않은 것을 '합체의 원칙'(merger doctrine)이라고 한다. '아이디어와 표현의 이분법'에 대한 하나의 예외이다. 예컨대, 어떤 요리방법(아이디어)을 표현하는 방법이 매우 제한적일 경우 그 요리방법이 요리책에 서술되어 있더라도 그와 같이 서술된 것은 아이디어이고 표현이 아니라고 하여 보호하지 않는 것이다. '아이디어와 표현의 이분법'에 대한 또 하나의 예외로

'표준적 삽화' 또는 '전형적 장면'이나 '필수 장면'의 원칙이라는 것이 있다. 어떤 주제를 다루는 데에 없어서는 안 되는 사건 · 구성인물 · 배경 등을 말한다. 대법원은 일제 치하 연해주 이주 한인들의 삶에 공통되는 역사적 경험과 그에 필연적으로 수반되는 사건이나 장면 등은 아이디어의 영역에 속하는 것으로 저작권법으로 보호받을 수 없다고 판시하였다.[102)]

한편, 표현이란 전달 가능한 형태로 외부로 나타내는 것으로 충분하고 유형물에 반드시 고정(fixation)할 필요는 없다. 예컨대, 콘서트에 출연한 아티스트가 즉석에서 노래를 창작하여 연주하는 경우 그 노래를 악보로 작성(악보라는 유형물에 고정)하지 않았더라도 연주(외부로 표현)한 것만으로 음악저작물을 표현한 것이 된다.

다. 창작성

저작물의 성립요건으로 요구되는 창작성이란 저작자의 개성이 저작물에 나타난 것을 말한다. 저작자의 창조적 개성의 발현 또는 저작자의 지적 활동의 성과라고 창작성을 정의하기도 한다. 좀 더 구체적으로 설명하면 저작권법의 창작성이란 남의 것을 베끼지 않았다는 것으로 충분하고 객관적으로 남의 것과 다르거나 객관적으로 새로운 것일 필요가 없다.[103)] 객관적으로 남의 것과 다른 것은 독창성을, 객관적으로 새로운 것은 신규성을 의미한다.

따라서 우연의 일치로 완전히 동일한 저작물이 이미 존재하더라도 그것을 베낀 것이 아니라면 나중에 존재하는 저작물의 창작성이 인정된다. 또한 저작권법에서 요구하는 창작성은 높은 수준일 필요가 없으며 최소한의 창작성으로 충분하다. 따라서 어린아이가 그린 그림도 창작성이 인정되어 저작물로 보호될 수 있다. 그러한 점에서 저작권법의 창작성은 객관적으로 새로운 것, 즉 신규성(novelty)을 요구하는 특허법의 창작성과 다르다. 특허법은 베끼지 않았더라도 이미 동일한 발명이 존재하면 나중에 존재하는 발명의 창작성, 즉 신규성을 인정하지 않는다.

정리하면, 저작권법에서 말하는 창작성이란 남의 것을 베끼지 않고 독자적으로 작성함으로써 저작자의 개성이 저작물에 나타나서 최소한의 창작성을 갖추었다는 것을 뜻한다.[104)] 이를 도식화하면 '저작권법의 창작성 = 독자적 작성(남의 것을 베끼지 않았음) + 최소한의 창작성(개성의 나타남)'이 된다.

3 저작물의 종류

가. 개관

저작권법 제4조 제1항은 저작물의 표현형식에 따라 어문저작물부터 컴퓨터프로그램저작물까지 저작물의 종류를 9가지로 예시하고 있다. 표현형식이란 언어나 문자(어문저작물), 음(음악저작물), 동작(연극저작물), 선 · 색채 · 명암(미술저작물) 등을 말한다. 저작물의 종류 9가지는 예시(例示)하여 열거한 것, 즉 예를 들어 보여준 것에 불과하다. 따라서 예컨대 온라인 게임물이나 수학문제 등과 같이 9가지 종류에서 빠져 있더라도 저작물의 성립요건을 갖추었다면 저작물로 보호되는 데에 아무런 문제가 없다.

이처럼 저작물의 성립요건을 갖추어 저작물로서 보호된다고 하더라도 그 보호범위는 창작성의 정도에 따라 좁거나 넓게 인정된다. 따라서 최소한의 창작성의 정도를 넘어 창작성이 높은 수준으로 나타나면 날수록 저작물의 보호범위는 넓어지게 된다.[105]

나. 저작물의 표현형식에 따른 종류

(1) 어문저작물

어문저작물은 소설 · 시 · 논문 · 강연 · 연설 · 각본 등과 같이 언어나 문자로 표현된 저작물을 말한다. 소설 · 논문 등과 같이 문서에 고정되어 표현되는 경우(문서저작물)도 있지만 즉석에서 이루어지는 강연 · 연설 등과 같이 유형물에 고정되지 않고 표현되는 경우(연술저작물)도 있다. 단순한 표어, 슬로건, 짧은 문구, 책의 제호는 창작성이 인정되지 않는 경우가 대부분이므로 그러한 경우에는 어문저작물로 보호되지 않는다.

(2) 음악저작물

음악저작물은 음에 의해 표현된 저작물을 말한다. 음악저작물의 표현방식은 사람의 목소리에 의한 것이든 악기나 전자기기에 의한 것이든 관계없다. 대법원은 원고 음악저작물('내 남자에게')의 후렴구를 피고 음악저작물('Someday')이 베꼈는지가 다투어진 사건에서, 음악저작물은 멜로디(가락), 리듬, 하모니(화성)의 3가지 요소들이 일정한 질서에 따라 선택 · 배열됨에 따라 음악적 구조를 이룬다고 판시하였다. 그리고 음악저작물의 창작성은 그 표현에서 가장 구체적이고 독창적 형태로 표현되는 멜로디(가락)를 중심으로 하여 리듬, 하모니(화성) 등의 요소를 종합적으로 판단해야 한다고 설시하면서 원고 음악저작물의 후렴구 부분은 창작성이 없다고 판단하였다.[106)]

문학 · 음악 · 미술작품과 같은 전통적인 예술작품은 창작성이 너무나 당연한 전제조건이었기에 새삼스럽게 창작성 여부를 따질 필요가 없는 경우가 대부분이었다. 그럼에도 대법원 판결이 위와 같이 음악저작물의 창작성 인정 여부를 구체적으로 판단한 까닭은 원고 음악작품의 후렴구에 창작성이 없다는 것을 판단하기 위해서였다.[107)]

(3) 연극저작물

연극저작물은 연극 및 무용 · 무언극 등과 같이 사람의 동작에 의해 표현되는 저작물을 말한다. 이때 사람의 동작은 직접 몸으로 표현할 수도 있지만 기보(記譜)나 무보(舞譜)로 기록할 수도 있다. 그러나 반드시 기보나 무보 등의 유형물에 고정할 필요는 없다.

연극저작물은 사람이 동작으로 표현한 것이 실연(performance)을 할 수 있도록 일관성이 있으면서 창작적으로 표현되어 있으면 연극저작물로 보호되기에 충분하다. 일관성이란 연기나 무용을 동일하게 반복 재현할 가능성이 있어야 한다는 의미이다. 연극이나 무용은 실연자의 실연을 매개로 공중에게 전달되므로 일관성, 즉 동일하게 반복 재현할 가능성이 있도록 표현되어야 한다.

(4) 미술저작물

미술저작물은 회화 · 서예 · 조각 · 판화 · 공예 · 응용미술저작물 등과 같이 선, 색채, 명암을 사용하여 2차원(평면)이나 3차원(공간)적 아름다움을 시각적으로 표현한 저작물을 말한다. 스케치, 데생은 물론이고 만화, 삽화, 무대장치(ex. 오페라의 유령, 캣츠 등 뮤지컬의 무대장치) 등도 보호된다. 또한 에펠탑에 여러 방향에서 조명(빛)을 비추어 아름답게 보이도록 빛을 전시한 것(display of lights)에서 보듯이 미술저작물의 경우도 반드시 유형물에 고정될 필요는 없다.

(5) 건축저작물

건축저작물은 건축물 · 건축을 위한 모형 및 설계도서 등과 같이 건축물의 외관에 미(美)가 창작적으로 표현된 저작물을 말한다. 건축물의 외관이란 건물 외벽의 외관뿐 아니라 방의 배치나 계단 등 내부구조의 외관의 경우도 창작성이 인정되면 건축저작물로 보호된다. 건축물은 사람의 주거나 생활공간 등 실용적인 용도로 사용되는 기능적 특성으로 인해 그 표현방법이 제한되는 경우가 많아서 창작성이 긍정되는 경우가 많지 않다. 설령 창작성이 인정되더라도 그 보호범위는 좁은 경우가 대부분이다.

(6) 사진저작물

사진저작물이란 광선의 물리적 · 화학적 방법을 이용하여 피사체(촬영대상)를 필름 등에 재현하여 제작하는 사진 그 자체는 물론 그것과 유사한 방법으로 제작된 것(ex. 디지털 사진, 그라비아 인쇄, 사진염색 등)을 말한다. 앞서 살펴본 다른 저작물과는 달리 유형물에 고정되는 것(ex. 필름 자체는 물론이고 이것을 인화한 것)을 당연한 전제로 한다.

대법원은 햄 제품 광고용 카탈로그 사진이 무단 사용된 사건에서 햄 제품 자체를 충실하게 표현한 사진은 창작성이 인정되지 않지만 햄 제품의 이미지 사진(과일이나 술병 등 다른 장식물과 조화롭게 배치하여 촬영한 사진)에 대해서는 창작성을 긍정하였다. 이미지 사진의 경우는 ① 촬영대상의 선정이나 구도의 설정, ② 빛의 방향과 양의 조절, 카메라 각도의 설정, 셔터 찬스의 포착 등 촬영방법, ③ 현상 및

인화 등의 과정에서 창작성이 인정되기 때문이라고 판시하였다.[108)]

일반적으로 학생증이나 주민등록증의 얼굴 사진이나 광고용 카탈로그의 제품 사진처럼 사람의 얼굴이나 특정 제품(ex. 햄 제품) 자체를 충실하게 촬영한 사진에 대해서는 창작성을 인정하지 않는다, 당연히 저작권법상 저작물로 보호되지 않는다.

과학 기술의 발전이라는 관점에서 볼 때, 저작권법의 역사에서 사진은 기술에 근거를 둔 최초의 이미지 매체이다. 그 이전의 모든 이미지 제작 방식은 기술적인 보조 수단의 도움을 받든 그렇지 않든 사람이 주체가 되어 주도적으로 이미지를 제작하였다. 그런데 사진기의 경우는 기계를 통해 정지해 있는 이미지를 모사하거나 재현한다. 더구나 한 번 만들어진 이미지를 동일하게 복제할 수 있는 최초의 매체이다.[109)]

이러한 기술적인 상황으로 인해 사진이 예술인지 아니면 기술인지 하는 오랜 논쟁을 불러일으켰다. 바꿔 말해 사진사는 사진기를 도구로 사용하는 예술가인지 아니면 사진기라는 기계를 작동시키는 기술자인지를 둘러싼 논쟁이다.[110)]

바로 앞에서 대법원은 햄 제품 광고용 카탈로그 사진 사건에서 사진저작물로 창작성이 긍정되기 위해서는 ① 촬영대상, ② 촬영방법, ③ 현상 및 인화라는 세 가지 표현요소별로 창작성이 있는지를 살펴보고 이를 종합적으로 고려하여 창작성 여부를 판단하여야 한다는 취지로 판결하였다. 문학 · 음악 · 미술작품과 같은 전통적인 예술작품은 창작성이 너무나 당연한 전제조건이었기에 창작성 여부를 따질 필요가 없는 경우가 대부분이었지만, 사진기라는 도구를 사용한 사진작품은 그렇지 않아서 위와 같이 창작성 여부를 구체적으로 판단한 것이다.

(7) 영상저작물

영상저작물이란 음의 수반 여부에 관계없이 연속적인 영상이 수록된 창작물로서 기계나 전자장치에 의하여 재생하여 볼 수 있거나 보고 들을 수 있는 것을 말한다(저작권법 제2조 제13호). 영상저작물의 특징은 필름이나 DVD 또는 서버 등과 같은 매체에 수록된다는 것과 동일한 영상이 반복 재생 가능하다는 데에 있다. 매체에 수록된다는 것은 유형물에 고정된다는 것을 의미한다.

이처럼 영상저작물은 사진저작물과 마찬가지로 유형물에 고정되는 것을 당연한 전제로 한다. 사진 기술이 영화의 발전으로 이어졌다는 사실, 즉 연속동작의 여러 단계를 그 단계마다 한 장의 사진에 담는 방법을 개발하였고 이러한 작업을 통해서 영화의 원리가 고안되었다는 역사적 사실을 생각하면 이 또한 당연한 것이다.[111)]

(8) 도형저작물

도형저작물은 지도 · 도표 · 설계도 · 약도 · 모형과 같은 저작물을 말한다. 지도나 설계도와 같은 도형저작물은 사실적이고 기능적인 특징으로 인해 작성자의 창작성이 발휘될 여지가 적어서 창작성이 부정되는 경우가 많다.[112)] 설령 창작성이 인정되더라도 그 보호범위는 좁아진다.

(9) 컴퓨터프로그램저작물

컴퓨터프로그램저작물은 특정한 결과를 얻기 위하여 컴퓨터 등 정보처리 능력을 가진 장치 내에서 직접 또는 간접으로 사용되는 일련의 지시 · 명령으로 표현된 창작물을 말한다(저작권법 제2조 제16호). 이러한 포괄적 정의에서 알 수 있듯이 모든 종류의 컴퓨터프로그램은 저작권법으로 보호될 수 있다. 따라서 프로그램의 원시코드(source code)는 물론 목적코드(object code)도 보호되고 응용프로그램은 물론 운영체계 프로그램도 보호된다. 컴퓨터프로그램은 컴퓨터 언어로 작성되지만 그 표현을 보호하기보다는 컴퓨터의 작동이라는 일정한 기능의 수행을 주된 목적으로 한다는 점에서 기능적 저작물이라는 특징을 가진다.

(10) 소결 — 예술적 저작물 · 사실적 저작물 · 기능적 저작물

이상 살펴본 것처럼 저작권법 제4조 제1항 제1호 내지 제9호는 저작물의 표현형식에 따라 어문저작물부터 컴퓨터프로그램저작물까지 저작물의 종류를 9가지로 예시하여 열거한 것이다. 이러한 9가지 예시적 열거는 예술저작물(works of art) · 사실적 저작물(works of fact) · 기능적 저작물(works of function)의 세 가지 유형으로 나눌 수도 있다.

예술적 저작물은 문학 · 음악 · 미술작품과 같은 전통적인 예술작품을 말한다.

이들은 저작자의 개성이 강하게 표현되어 창작성의 정도가 높은 경우가 많으므로 저작물의 보호범위가 넓어지는 경우가 많다. 사실적 저작물은 사실과 정보의 전달을 주된 목적으로 하고 기능적 저작물은 건축물이나 컴퓨터프로그램에서 보듯이 기능의 수행을 주된 목적으로 하는 실용성 때문에 저작물의 보호범위가 좁아지는 경향이 있다.

다. 저작물의 성립순서에 따른 종류

저작권법 제4조 제1항 제1호 내지 제9호가 저작물을 표현형식에 따라 종류를 나눈 것이라면 저작권법 제5조의 '2차적 저작물'과 제6조의 '편집저작물'은 저작물의 성립순서에 따라 종류를 나눈 것이다. 어떤 저작물 등을 원저작물로 여기에 새로운 창작성이 가미된 것이 2차적 저작물이고, 어떤 저작물 등을 소재저작물로 이를 선택하거나 배열 또는 구성하는 데에 창작성이 인정된 것이 편집저작물이다. 2차적 저작물은 원저작물보다, 편집저작물은 소재저작물보다 시간 순서상 나중에 성립된 것이다.

2차적 저작물은 원저작물을 번역 · 편곡 · 변형 · 각색 · 영상제작 그 밖의 방법으로 작성한 창작물을 말한다. 2차적 저작물은 원저작물과는 별개의 독자적인 저작물로서 보호된다(저작권법 제5조 제1항). 따라서 2차적 저작물의보호는 원저작물의 저작자의 권리에 영향을 미치지 않는다(저작권법 제5조 제2항).

편집저작물은 저작물이나 부호 · 문자 · 음 · 영상 그 밖의 소재 등을 모아놓은 편집물로서 그 소재의 선택 · 배열 또는 구성에 창작성이 있는 것을 말한다(저작권법 제2조 제17호, 제18호). 편집저작물은 소재저작물 등과는 별개의 독자적인 저작물로서 보호된다(저작권법 제6조 제1항). 따라서 편집저작물의 보호는 그 편집저작물의 구성부분이 되는 소재의 저작권 그 밖에 저작권법에 따라 보호되는 권리에 영향을 미치지 않는다(저작권법 제6조 제2항).

Ⅲ. 저작권법상 저작자 등과 그의 권리

1 '저작자 = 저작물의 창작자'가 의미하는 것

'저작자'는 저작권법에서 사용하는 법률용어이다. 현재 대형서점에서 가끔 열리는 '저자 사인회' 행사에서 보듯이 일상생활에서 흔히 사용되는 것은 저작자가 아닌 '저자'라는 용어이다. 저자는 책을 쓴 사람을 부르는 용어이지만 유럽에서는 중세 말까지 책을 썼다고 아무나 저자란 칭호를 받을 수 없었다. 저자(author)라는 용어의 문학적 용법은 '권위'(authority)라는 의미에서 '고전적' 작가 및 그들의 텍스트와 밀접히 관련되어 있었기 때문이다. 그래서 저자라는 명칭은 아리스토텔레스처럼 '학문의 권위'의 원천을 제공한 사람에게 국한해서 사용되었다.[113)]

그러나 인쇄술의 발전과 보급으로 출판특권 제도가 만들어지고 그 이후 전개된 근대적 사유의 주체로서의 이른바 '개인의 탄생'은 모든 상황을 변화시켰다. 계몽주의 시대를 거쳐 낭만주의 시대에 이르면서 근대미학의 영향을 받아 발전되어온 '창조적 천재'인 개인이 등장한 것이다. 개인의 '개성'(창작성)이 구현된 것이 '작품'(저작물)이고 이를 창작한 '저자'로서 탄생된 '개인'이 저작권법상 '저작자'로서 '저작권'의 보호받게 되었다.[114)]

오늘날 우리나라를 비롯하여 프랑스나 독일, 일본 등과 같은 대륙법계 전통을 따르는 국가에서는 저작권을 '저작자의 권리'(author's right)로 파악함으로써 저작자의 재산적 이익뿐만 아니라 그 인격적 이익의 보호를 중요 내용으로 한다. 이에 비해 영국이나 미국 등 영미법계 전통을 따르는 국가에서는 저작권을 '카피라이트'(copyright), 즉 '복제를 금지하는 권리'로 파악함으로써 저작자의 재산적 이익의 확보에 중점을 두어 저작물의 외연을 넓게 보호하는 경향이 있다. 그 결과 대륙법계는 자연인(natural person)만을 저작자로 인정하고 있음에 반하여, 영미법계는 저작자에 법인(legal person)까지 포함한다는 점에서 차이가 있다.[115)]

대륙법계 전통에서 '저작자 = 저작물의 창작자'가 의미하는 것은 저작권법상 창작행위는 사실행위이기 때문에 자연인인 사람만이 창작행위를 할 수 있다는 것이다. 창작행위는 민법상 법률행위가 아니라 사실행위이기 때문에 누군가가 대리(代理)하는 것이 불가능하다. 이러한 창작행위의 본질에 대해서는 이미 앞에서 설명하였다(제2절 IV. 1.).

저작권법상 저작자는 저작물을 창작한 자를 말한다(저작권법 제2조 제2호). 저작권은 저작물을 창작한 때부터 발생하며 어떠한 절차나 형식의 이행을 필요로 하지 않는다(저작권법 제10조 제2항). 이처럼 저작물의 경우는 창작과 동시에 저작권이 발생하지만, 발명에 대한 특허권은 그렇지 않다. 발명의 완성과 동시에 발명자에게는 특허권이 아닌 '특허출원권'만이 발생할 뿐이다. 특허권은 특허법에서 요구하는 출원과 심사를 거쳐 등록이 완료되어야 비로소 발생한다(제2절 IV. 3. 참조).

정리하면, 저작자는 실제로 창작행위를 한 자연인을 말하며 저작권은 그에게 원시적으로 귀속한다. 이것을 '창작자원칙' 또는 '창작자주의'라고 한다.

2 AI 산출물의 법적 취급 문제 — 인공지능(AI)은 저작자가 될 수 있는가?

저작권법상 인공지능(AI)은 컴퓨터프로그램저작물에 해당한다. 인간이 AI를 도구로 이용(assistive uses)하여 창작을 한 경우라면, 그것은 인간의 정신 활동의 결과물이므로 당연히 인간이 저작자가 되는 것이고 또한 그에게 저작권이 발생한다. 예컨대, 일러스트 · 웹툰 · 애니메이션 작업을 하는 사람들이 널리 도구로 이용하는 드로잉 작업용 컴퓨터프로그램 '클립스튜디오'를 들 수 있다.

문제는 인간이 AI에게 어떤 지시를 하고 AI가 그 지시에 따라 결과물을 산출한 경우이다. 어떤 지시를 하였다는 점에서 인간의 '창작 의도'를 인정할 수는 있겠지만 그 산출물에 대하여 인간이 '창작적 기여'를 하였다고 인정하기는 어렵다. 그렇다면 그 신출물의 저작자는 AI가 되는 것일까? 앞에서 이미 설명하였듯이(제3절 II. 2. 가.) AI 산출물은 컴퓨터에 의해 자동으로 작성된 것이고 인간의 정신 활동의 결과물이 아니므로 저작물로 보호될 수 없다. AI는 인간이 아니므로 저작권이라는 권리의 주체(저작자)가 될 수 없다.

그렇다면 AI 산출물은 법적으로 어떻게 취급되어야 하는가 하는 문제가 뒤따른다. 학설 중에는 인간이 '지시'만을 하였더라도 그 '지시'가 추상적 지시가 아닌 구체적 지시라면 인간의 '창작적 기여'를 인정할 수 있어서 인간의 창작물로 인정할 수 있다는 견해가 있다.[116] 그러나 아무리 구체적 지시(ex 프롬프트에 자세하게 입력)를 하였더라도 지시만을 하였을 뿐인 인간을 저작자로 인정하기는 어려울 것이다. 인간이 AI 산출물의 저작자로 인정받기 위해서는 인간의 '창작적 기여'를 인정받을 수 있어야 한다. 예컨대, 인간이 AI 산출물에 수정 · 증감 또는 편집 · 배열 등의 작업을 하여 창작적 표현을 부가한 경우 해당 부분에 대해서 저작물성을 인정받을 수 있다.[117]

3 업무상 저작물의 저작자

우리나라 저작권법은 창작행위를 할 수 없는 법인이나 실제 창작행위를 하지 않은 사용자 등에 대해서 일정한 요건을 갖춘 경우 예외적으로 이들을 저작자로 의제(擬制, fiction)하는 규정을 두고 있다. 바로 저작권법 제9조의 '업무상 저작물의 저작자' 규정이다. 저작권법 제9조는 '창작자원칙' 또는 '창작자주의'의 중요한 예외이다. 우리나라는 대륙법계 전통의 입법체계를 채택하고 있는 국가임에도 위와 같은 예외규정을 둠으로써 영미법계의 흐름에 한 걸음 접근한 태도를 보이고 있다.[118]

저작권법 제2조 제31호는 '업무상 저작물'이란 "법인 · 단체 그 밖의 사용자(이하 '법인 등'이라 한다)의 기획 하에 법인 등의 업무에 종사하는 자가 업무상 작성하는 저작물을 말한다."고 정의한다. 저작권법 제9조는 '업무상 저작물의 저작자'란 "법인 등의 명의로 공표되는 업무상 저작물의 저작자는 계약 또는 근무규칙 등에 다른 정함이 없는 때에는 그 법인 등이 된다. 다만, 컴퓨터프로그램저작물의 경우 공표될 것을 요하지 아니한다."고 규정한다.

이러한 두 조문의 규정 내용을 법인 등 사용자가 저작자로 의제되기 위한 요건으로 정리하면 ① 법인 등 사용자가 저작물의 작성에 관하여 기획할 것, ② 저작물이 법인 등의 업무에 종사하는 자에 의하여 작성될 것, ③ 업무상 작성하는 저작물일 것, ④ 저작물이 법인 등의 명의로 공표될 것, ⑤ 저작물의 작성 당시 계약 또는 근무규칙 등에 다른 정함이 없을 것이다.

따라서 누군가가 작성한 저작물이 ①②③④⑤ 요건을 모두 갖추게 되면, 법인 등 사용자가 '업무상 저작물의 저작자'로 의제된다. 다만, 컴퓨터프로그램저작물의 경우는 공표될 것을 요하지 않으므로(저작권법 제9조 단서) 컴퓨터프로그램저작물에 관한 ④ 요건은 불필요하다. 대법원은 저작권법 제9조를 해석할 때에는 위 규정이 창작자원칙의 예외규정인 만큼 이를 제한적으로 해석하여야 하고 확대 내지 유추 해석해서는 안 된다고 판시한 바 있다.[119)]

4 저작자의 권리

가. 개관

저작자는 자신이 창작한 저작물에 대하여 저작인격권과 저작재산권을 원시적으로 취득한다. 저작인격권(moral right)은 저작자가 저작물에 대해서 가지는 인격적 이익의 보호를 목적으로 하는 권리이다. 저작재산권(economic right)은 저작자의 재산적 이익의 보호를 목적으로 하는 권리이다.

나. 저작인격권

우리 저작권법은 세 가지 종류의 저작인격권을 인정하고 있다. (1) 공표권(저작권법 제11조), (2) 성명표시권(동 제12조), (3) 동일성유지권(동 제13조)이다. 저작인격권은 물권과 마찬가지로 배타성을 가지는 절대권이다. 저작인격권은 저작자의 일신(一身)에 전속(專屬)하는 것(to be personal and exclusive to the author)이다(동 제14조 제1항). 따라서 저작재산권과 달리 양도나 상속의 대상이 될 수 없고 법률에 특별한 규정이 없는 한 저작자의 사망과 동시에 소멸한다.

(1) 공표권(right of making the work public)은 저작자가 자신의 저작물을 공표하거나 공표하지 않을 것을 결정하는 권리를 말한다(저작권법 제11조 제1항). 공표권은 아직 공표하지 않은 저작물에 대하여 그 공표 여부를 결정하는 권리이므로 미공표 저작물의 경우에 그 의미가 있다. 또한 공표권은 저작자가 자신의 저작물을 언제, 어떠한 형식이나 조건으로 공표할 것인지 그 공표의 시기와 방법을 결정할 권리도 포함한다.

(2) 성명표시권(right to claim authorship of the work)은 저작자를 자신의 저작물과 관련시키는 권리이자 그 저작물의 저작자임을 주장할 권리이다. 저작권법은 성명표시권이란 "저작물의 원본이나 그 복제물에 또는 저작물의 공표매체에 그의 실명(實名) 또는 이명(異名)을 표시할 권리"를 말한다고 규정한다(저작권법 제12조 제1항). 법문언상 '표시할 권리'라고만 되어 있지만 '표시하지 않을 권리'도 포함된다.[120] 또한 "저작물을 이용하는 자는 그 저작자의 특별한 의사표시가 없는 때에는 저작자가 그의 실명 또는 이명을 표시한 바에 따라 이를 표시하여야 한다."고 규정한다(저작권법 제12조 제2항 본문).

성명표시권은 일정한 경우에 그 권리가 제한된다. 저작권법은 "다만, 저작물의 성질이나 그 이용의 목적 및 형태 등에 비추어 부득이하다고 인정되는 경우에는 그러하지 아니다."고 규정하여 성명표시권을 제한한다(저작권법 제12조 제2항 단서). 예컨대, 쇼핑센터에서 평온한 매장 분위기 조성을 위해 배경음악을 내보내는 경우 개별 음악마다 저작자의 이름을 일일이 언급하는 것은 배경음악의 이용 목적상 부적절하므로 허락 없이 성명표시를 생략하더라도 성명표시권이 제한되어 침해가 성립하지 않는다.

(3) 동일성유지권(right to the integrity of the work)이란 저작자가 "그의 저작물의 내용·형식 및 제호의 동일성을 유지할 권리"를 말한다(저작권법 제13조 제1항). 동일성유지권은 저작물을 원래 상태 그대로 완전성을 유지함으로써 저작물에 대한 저작자의 인격적 이익을 보호하기 위한 권리이다. 아무리 고쳐진 내용·형식·제호가 원래의 것보다 좋아졌더라도 오자(誤字)나 탈자(脫字)의 정정이라면 모르지만 저작자의 동의 없이 삭제하거나 추가 또는

변경하는 등 왜곡행위를 하는 것은 허용되지 않는다. 동일성유지권 침해 여부가 다투어진 대표적 사건으로 음악저작물의 미리듣기 서비스가 있다. 음악저작물의 음원 중 약 30초 내지 1분 정도의 분량을 인터넷 이용자가 들을 수 있도록 음원 샘플을 제공하는 행위이다. 대법원은 저작자의 허락 없이 음원 샘플을 제공하였더라도 인터넷 이용자가 샘플로 제공된 부분이 전체 저작물의 일부라는 것을 쉽게 알 수 있어 일부 이용된 부분이 그 저작물의 전부인 것으로 오인되거나, 일부 이용으로 그 저작물에 표현된 저작자의 사상·감정이 왜곡되거나 저작물의 내용이나 형식이 오인될 우려가 없으므로 동일성유지권 침해가 아니라고 판단하였다.[121]

저작권법은 제13조 제2항 제1호부터 제5호까지 중 어느 하나에 해당하면 동일성유지권이 제한된다고 규정한다. 즉 학교교육 목적상 부득이하다고 인정되는 범위 안에서 표현 변경(제1호), 건축물의 증축·개축 등 변형(제2호), 특정 목적 컴퓨터프로그램과 관련된 필요한 범위에서 변경(제3호, 제4호), 그 밖에 저작물의 성질이나 그 이용 목적 및 형태 등에 비추어 부득이하다고 인정되는 범위 안에서 변경(제5호)은 동일성유지권 침해가 성립하지 않는다. 다만, 다섯 가지 제한사유 중 어느 하나에 해당하더라도 본질적인 내용의 변경은 허용되지 않는다고 규정한다(저작권법 제13조 제2항 단서). 본질적인 내용의 변경이란 저작자의 명예나 명성을 해할 우려가 있는 변경을 말한다.[122]

다. 저작재산권

저작재산권은 유한성(有限性), 배타적 지배권성, 가분성(可分性)을 특징으로 하는 물권 유사의 절대권이다. 가분성이란 저작재산권이 (1) 복제권, (2) 공연권, (3) 공중송신권, (4) 전시권, (5) 배포권, (6) 대여권, (7) 2차적 저작물 작성권과 같은 다수의 권리로 이루어진 '권리의 다발'(bundle of rights)로서 저작재산권을 모권(母權)으로 복제권, 공연권 등 개개의 지분권(支分權)으로 나누어진다는 의미이다.

이러한 개개의 지분권은 기능하는 이용양태의 유형에 따라 '저작물의 작성행위'(복제권, 2차적 저작물 작성권)와 '저작물의 전달행위'(공연권, 공중송신권, 전시권, 배포권, 대여권)로 크게 나눌 수 있다. '저작물의 작성행위'는 다시 기존 저작물을 그대로 유형적으로 재차 작성하는 행위(복제권)와 기존 저작물에 종속하는 새로운 저작물을 작성하는 행위(2차적 저작물 작성권)로 나눌 수 있다. '저작물의 전달행위'는 다시 유형물(원본 · 복제물)의 점유를 이전하여 전달하는 유형적 전달행위(배포권, 대여권), 유형물의 존재 없이 이루어지는 무형적 전달행위(공연권, 공중송신권), 유형물은 존재하지만 유형물의 점유를 이전하여 전달하지 않는 무형적 전달행위(전시권)로 나눌 수 있다.

(1) 복제권은 저작자가 가지는 '저작물을 복제할 권리'이다(저작권법 제16조). 저작재산권 중 가장 기본적이고 대표적인 권리이다. 저작권법 제2조 제22호는 "'복제'는 인쇄 · 사진촬영 · 복사 · 녹음 · 녹화 그 밖의 방법으로 일시적 또는 영구적으로 유형물에 고정하거나 다시 제작하는 것"(전문)을 말하고, "건축물의 경우에는 그 건축을 위한 모형 또는 설계도서에 따라 이를 시공하는 것"(후문)을 포함한다고 정의한다. 대법원은 '후문'(後文)에 해당하는 '복제'의 정의에 대해 "확인적 성격의 규정에 불과"하므로 건축물이 아닌 환경조형물의 도안에 따라 입체조형물을 제작한 것도 복제에 해당한다고 판시하였다.[123)]

(2) 공연권은 저작자가 가지는 '저작물을 공연할 권리'이다(저작권법 제17조). 저작권법 제2조 제3호는 "'공연'은 저작물 또는 실연 · 음반 · 방송을 상연 · 연주 · 가창 · 구연 · 낭독 · 상영 · 재생 그 밖의 방법으로 공중에게 공개하는 것"(전문)을 말하고, "동일인의 점유에 속하는 연결된 장소 안에서 이루어지는 송신(전송은 제외한다)을 포함한다."(후문)고 정의한다. 중요한 것은 '공연'의 정의 중 '후문'에서 말하는 장소적 요소이다. 예컨대, 잠실 실내 체육관의 경우처럼 동일인의 점유에 속하는 계단과 복도로 연결된 장소 안에서 콘서트가 이루어지고 무대 위의 가수 모습이 그 장소에 설치된 대형 전광판에 실시간 송신되어 콘서트 참석자들에게 보이는 경우가 공연이다. 인터넷

에 접속하면 누구나 감상할 수 있는 소위 '온라인 공연'은 저작권법상 '공연'이 아니라 '방송' 아니면 '전송'일 뿐이다. 저작권법상 공연에 해당하려면 동일한 장소에 모인 관객을 대상으로 행사가 이루어져야 한다.

(3) 공중송신권은 저작자가 가지는 '저작물을 공중송신할 권리'이다(저작권법 제18조). 저작권법 제2조 제7호는 '공중송신'은 저작물 등을 공중이 수신하거나 접근하게 할 목적으로 무선 또는 유선통신의 방법으로 송신하거나 이용에 제공하는 것을 말한다고 정의한다. 정의에서 알 수 있듯이 공중송신은 포괄적 개념(umbrella concept)이다. 그 개념 속에는 '동시 수신 목적의 공중송신 = 방송'(저작권법 제2조 제8호), '개별 접근 목적의 공중송신 = 전송'(제2조 제10호), '동시 수신 목적의 디지털 방식의 음의 송신 = 디지털음성송신'(제2조 제11호)이 포함된다. 공중송신이라는 포괄적 개념에서 가장 중요한 것은 방송과 전송의 구별이다. '방송'은 공중이 동시에 수신하게 할 목적으로 저작물 등을 송신하는 것(소위 '본방송')을 말한다. 이에 대해 '전송'은 공중의 구성원이 개별적으로 선택한 시간과 장소에서 접근할 수 있도록 이용에 제공하는 것(소위 '프로그램' 다시보기)을 말하고 그에 따라 이루어지는 송신을 포함한다.

(4) 전시권은 저작자가 가지는 '미술저작물 등의 원본이나 그 복제물을 전시할 권리'이다(저작권법 제19조). '미술저작물 등'이란 '미술저작물 · 건축저작물 · 사진저작물'을 줄여서 표현한 것이다(저작권법 제11조 제3항). 전시권은 미술저작물 등에 대해서만 인정된다. 저작권법 제2조 제25호는 '공표'에 대해 정의하면서 '전시'를 간접적으로 정의한다. 즉 '공표'는 "저작물을 공연, 공중송신 또는 전시 그 밖의 방법으로 공중에게 공개하는 경우와 저작물을 발행하는 경우를 말한다."고 정의한다. 이에 따르면 '전시'는 공연이나 공중송신이 아닌 방법으로 저작물을 공중에게 공개하는 것을 말한다. 따라서 영화나 슬라이드 상영 방식의 공개(소위 '영상 전시')나 공중송신 방식의 공개(소위 '인터넷 전시')는 저작권법상 전시에 해당하지 않는다.

(5) 배포권은 저작자가 가지는 '저작물의 원본이나 그 복제물을 배포할 권리'이

다(저작권법 제20조). 저작권법 제2조 제23호는 "'배포'는 저작물 등의 원본 또는 그 복제물을 공중에게 대가를 받거나 받지 아니하고 양도 또는 대여하는 것을 말한다."고 정의한다. 저작권법 제20조의 단서는 "다만, 저작물의 원본이나 그 복제물이 해당 저작재산권자의 허락을 받아 판매 등의 방법으로 거래에 제공된 경우"에는 배포권의 효력이 미치지 않는다고 규정한다. 합법적으로 최초 배포(양도 · 판매 · 대여 등)가 이루어지면 후속되는 일련의 배포에 대해서는 배포권이 미치지 않도록 제한한 것이다. 배포권의 제한을 '최초판매원칙'(first sale doctrine) 또는 '권리소진'(exhaustion of right)의 원칙이라고 부른다. 저작물 등이 담긴 원본이나 복제물이 거래될 때마다 배포권자의 허락을 받도록 하는 것은 불편하고 저작권자와 소유자 간에 불필요한 갈등을 빚게 하므로 이를 해소하기 위한 것이다.

(6) 대여권은 저작자가 가지는 '상업용 음반이나 상업용 컴퓨터프로그램을 영리 목적으로 대여할 권리'이다(저작권법 제21조). 저작권법 제2조 제23호 배포의 정의 규정으로 알 수 있듯이 대여는 배포의 개념에 포함된다. 원래대로라면 저작권법 제20조 단서의 '최초판매원칙'에 따라 자유롭게 대여를 하는 것이 허용되어야 한다. 그렇지만 상업용 음반 등의 영리 목적 대여가 증가함에 따라 상업용 음반 등의 판매가 감소하여 저작자에게 적지 않은 피해가 발생하므로 이를 규제하기 위하여 대여권 규정이 신설되었다.[124)]

(7) 2차적 저작물 작성권은 저작자가 가지는 '저작물을 원저작물로 하는 2차적 저작물을 작성하여 이용할 권리'이다(저작권법 제22조). 저작권법 제5조 제1항은 2차적 저작물은 원저작물을 번역 · 편곡 · 변형 · 각색 · 영상제작 그 밖의 방법으로 작성한 창작물을 말한다고 정의한다. 저작권법 제22조는 두 부분으로 나뉜다. 저작자는 자신의 저작물을 원저작물로 하는 2차적 저작물을 작성할 권리를 가진다는 부분(전문)과 원저작물의 저작자는 작성된 2차적 저작물에 대해서 이용할 권리를 가진다는 부분(후문)이다. 중요한 것은 후문(後文)이다. 이것은 제3자(ex. 만화가)가 원저작물(ex. 소설)을 토대로 2차적 저작물(ex. 만화)을 작성한 경우 원저작물(ex. 소설)의 저작자(ex. 소설가)는

그 저작물(ex. 만화)을 이용할 권리를 가진다는 규정이다. 이때 작성된 만화는 소설가의 창작성[α]에 새로운 창작성[β]을 만화가가 추가한 것이다. 만화에는 '$\alpha + \beta$'라는 창작적 표현이 포함되어 있다. 따라서 만화가는 자신이 만화를 그렸더라도 그 만화를 이용하려면 만화에 포함된 창작성 'α'에 대해서는 소설가로부터, 반대로 소설가가 만화를 이용하려면 만화에 포함된 창작성 'β'에 대해서 만화가로부터 각자 이용허락을 얻어야 한다.

5 '저작인접권자 = 저작물을 공중에게 매개 · 전달하는 자'의 권리

저작권법의 목적 중 하나는 "저작자의 권리와 이에 인접하는 권리를 보호"하는 것이다(저작권법 제1조). 여기서 말하는 '인접하는 권리'가 바로 저작인접권(neighbouring rights)이다. 저작인접권 제도는 저작자가 창작한 저작물(ex. 음악저작물, 영상저작물 등)을 '실연'이나 '음반' 또는 '방송'을 통하여 공중에게 매개 · 전달하는 자를 보호하기 위하여 마련된 제도이다. 우리 저작권법은 (1) 실연자, (2) 음반제작자, (3) 방송사업자를 저작인접권자로 보호한다.

(1) 실연자는 '실연자의 인격권'으로 성명표시권(저작권법 제66조), 동일성유지권(제67조)을, '실연자의 재산권'으로 복제권(제69조), 배포권(제70조), 대여권(제71조), 공연권(제72조), 방송권(제73조), 전송권(제74조) 등의 저작인접권을 가진다. (2) 음반제작자는 복제권(저작권법 제78조), 배포권(제79조), 대여권(제80조), 전송권(제81조) 등의 저작인접권을 가진다. (3) 방송사업자는 복제권(저작권법 제84조), 동시중계방송권(제85조), 공연권(제85조의2)의 저작인접권을 가진다.

Ⅳ. 저작물 등의 경제적 이용과 그 제한

1 서론

저작권자 또는 저작인접권자 등[125](이하 '저작권자 등'이라 한다)은 자신들이 스스로 저작물이나 저작인접물(실연 · 음반 · 방송) 등[126]을 이용하는 경우도 있지만, 대부분은 타인에게 저작물이나 저작인접물 등(이하 '저작물 등'이라 한다)에 대한 저작권이나 저작인접권 등[127](이하 '저작권 등'이라 한다)을 양도하거나 그 저작물 등을 경제적으로 이용하도록 허락하는 것이 일반적이다. 또한 일정한 경우에는 저작권자 등의 허락을 얻지 않고 저작물 등을 이용하더라도 저작권 등이 제한되어 저작권 등의 침해가 발생하지 않는다. 이하에서는 '저작물 등의 경제적 이용'과 '저작권 등의 제한', 그리고 '저작권 등의 보호기간'에 대해서 설명한다.

2 저작물 등의 경제적 이용

저작권법은 저작물 등의 경제적 이용과 관련하여 다음과 같은 몇 가지 계약 유형을 두고 있다. 저작권법은 저작권 등의 이전에 관한 양도계약을 규정한다(저작권법 제45조). 저작권 등의 이전이란 그 권리의 상대적인 발생과 소멸을 뜻한다. 권리의 이전은 양도, 증여 등의 특정승계와 상속, 포괄유증, 회사 합병 등의 포괄승계로 나눌 수 있는데, 저작권법은 그 중 양도에 관한 규정을 두고 있다. 저작권법은 저작물 등의 이용을 허락하는 이용허락계약을 규정한다(제46조). '이용'이란 저작권법 제16조부터 제22조까지 규정하는 지분권의 내용을 형성하는 행위를 말하고 '허락'이란 저작물 등을 이용하기를 원하는 사람에게 일정한 이용방법 및 조건의 범위 안에서 이용하도록 하는 의사표시를 말한다. 또한 저작권법은 배타적 발행권이나 출판권을 설정하는 배타적 발행권 등의 설정계약 등을 규정한다(저작권법 제

57조 내지 제63조의2). 이것은 민법상 제한물권 제도 중 용익물권(ex. 지상권, 지역권, 전세권)에 상응하는 것이다. 이러한 계약들은 모두 저작권자 등이 저작물 등을 경제적으로 이용하여 수익을 얻기 위한 법적 수단이다.

한편, 저작권법은 저작권자 등과의 협의가 성립되지 않거나 협의하는 것이 불가능할 경우에 문화체육관광부장관의 승인을 얻은 다음 저작권자 등에게 소정의 보상금을 지급하거나 공탁하고 그 저작물 등의 이용허락을 강제하는 법정허락(compulsory license)에 관해서 규정한다(저작권법 제50조 내지 제52조). 가장 자주 이용되는 법정허락은 상당한 노력을 기울였어도 저작권자 등이 누구인지 알지 못하거나 그가 사는 곳을 알 수 없어 저작물 등의 이용허락을 받을 수 없는 경우이다(제50조). 문화체육관광부장관의 승인은 행정처분의 일종이다.[128)]

3 저작권 등의 제한

저작권법의 목적은 "저작자의 권리와 이에 인접하는 권리를 보호하고 저작물의 공정한 이용을 도모함으로써 문화 및 관련 산업의 향상발전에 이바지"하는 것이다(저작권법 제1조). 저작권자 등의 권리자와 이용자 상호간에 권리와 이익이 서로 충돌하는 것을 저울질하여 조정할 필요성 때문에 일정한 경우 저작권자 등의 권리를 제한하고 있다.

저작권 등의 내재적 한계를 정하기 위한 저작권 등의 제한으로 가장 넓은 의미로는 (가) 비보호저작물(저작권법 제7조), (나) 공공영역(public domain), (다) 넓은 의미 저작권의 제한이 포함된다. '넓은 의미 저작권의 제한'은 다시 (1) 좁은 의미 저작권의 제한과 (2) 비자발적 허락으로 나누어지고, (2)에는 ㉮ 법정허락과 ㉯ 강제허락이 포함된다.[129)]

우리가 일반적으로 저작권 등의 제한이라고 일컫는 것은 '좁은 의미' 저작권 등의 제한에 해당한다. 이와 관련하여 저작권법 제23조부터 제38조까지 저작권 등의 제한에 관한 규정을 열거하고 있다. 컴퓨터프로그램 저작권에 대해서는 저작권법 제101조의3 내지 제101조의3에서 별도의 특례 규정을 두고 있다. 다만, 저작권법 제25조 제6항과 제31조 제5항은 법정허락(statutory license)에 해당한다.[130] 이상의 설명을 도식화하면 아래와 같다.

≪저작권 등의 제한에 관한 설명의 도식화≫

★ <u>가장 넓은 의미</u> 저작권 등의 제한 = (가) 비보호저작물; (나) 공공영역(public domain); (다) 넓은 의미 저작권의 제한

(가) 비보호저작물 = 제7조 제1호 헌법 · 법률 · 조약 · 명령 · 조례 및 규칙; 제2호 국가나 지자체의 고시 · 공고 · 훈령 기타 이와 유사한 것; 제3호 법원 판결 · 결정 · 명령 및 심판이나 행정심판절차 기타 이와 유사한 절차에 의한 의결 · 결정 등; 제4호 국가나 지자체 작성의 제1호부터 제3호까지 규정된 것의 편집물이나 번역물; 제5호 사실의 전달에 불과한 시사보도

(나) 공공영역 = 보호기간 만료(제38조 이하); 상속인 부존재 · 법인 해산(제49조); 저작권 포기 또는 그 밖의 사유

(다) 넓은 의미 저작권 등의 제한

★ <u>넓은 의미</u> 저작권 등의 제한 = (1) 좁은 의미 저작권 등의 제한(제23조~제38조); (2) 비자발적 허락

(1) <u>좁은 의미</u> 저작권 등의 제한 : 보상금 지급 불필요(제23조~제38조, 단 제25조 제6항, 제31조 제5항은 보상금 지급 필요) = 배타적 발행권 등에의 준용(제62조 제2항); 저작인접권에의 준용(제87조); 보상금 지급 불필요(제101조의3~제101조의5)

(2) 비자발적 허락(non-voluntary license) : 보상금 지급 필요
= ㉮ 법정허락(statutory license)(제25조 제6항, 제31조 제5항, 제75조, 제76조, 제76조의2, 제82조, 제83조, 제83조의2); ㉯ 강제허락(compulsory license)(제50조~제52조)

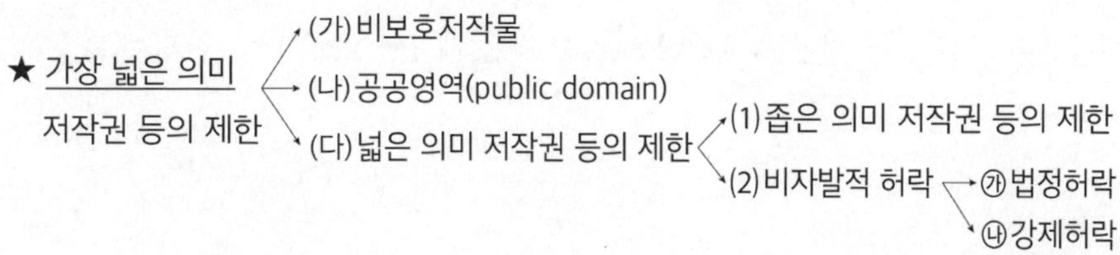

4 저작권 등의 보호기간

저작권법 제39조부터 제42조까지는 저작재산권의 보호기간에 관한 규정을 두고 있다. 저작재산권의 보호기간은 원칙적으로 저작자가 생존하는 동안과 사망한 후 70년간 존속한다(저작권법 제39조 제1항). 보호기간은 사망한 다음 해 1월 1일부터 기산한다(저작권법 제44조). '기산'(起算)이란 언제를 '기점'(起點)으로 해당 기간을 '계산'(計算)한다는 것의 줄임말이다. 즉 원칙적으로 사망한 다음 해 1월 1일을 기점으로 70년을 계산한다는 뜻이다.

그러나 저작인격권의 보호기간에 대해서는 아무런 규정도 두고 있지 않다. 다만, 저작인격권은 저작자의 일신에 전속한다고 규정하고 있으므로(저작권법 제14조 제1항) 법률에 특별한 규정이 없는 한 저작자의 사망과 함께 소멸한다고 보는 것이 자연스러울 것이다. 대법원 판결의 취지도 그러하다.[131] 그러나 아무리 저작인격권이 소멸하였더라도 저작자의 사후에 그의 명예를 훼손하는 방법으로 저작물의 이용을 방치하는 것은 바람직스럽지 못한 일이다. 그래서 저작권법 제14조 제2항은 저작자의 사망 후에도 명예훼손에 해당되는 저작인격권의 침해가 될 행위를 해서는 안 된다는 규정한다. 또한 제128조는 저작자의 사망 후 인격적 이익을 보호할 수 있도록 법적 구제 방법을 규정한다.

저작인접권의 보호기간은 다음과 같다. 실연자의 인격권은 실연자의 일신에 전속하므로(저작권법 제68조) 실연자의 사망과 함께 소멸한다고 보아야 한다. 따라서 실연자의 인격권을 제외한 저작인접권은 다음의 각 경우에 해당하는 때부터 발생한다. ① 실연의 경우는 그 실연을 한 때, ② 음반의 경우는 그 음을 맨 처음 음반에 고정한 때, ③ 방송의 경우는 그 방송을 한 때이다(저작권법 제86조 제1항). 저작인접권은 다음의 각 경우에 해당하는 때의 다음 해 1월 1일부터 기산하여 70년(방송의 경우는 50년)간 존속한다.

V. 저작권 등의 침해와 그 구제

1 저작권 등의 침해

저작권 등의 침해라는 것은 저작인격권, 저작재산권, 저작인접권 등[132]과 같이 물권에 유사한 배타적 · 독점권을 침해한 것을 말한다. 저작권 등의 침해가 성립하기 위하여 공통적으로 충족되어야 하는 요건은 (1) 피고의 저작물 등이 원고의 저작물 등을 베꼈을 것(의거성)과 (2) 원고의 저작물 등의 창작적 표현이 피고의 저작물 등에도 실질적으로 유사하게 존재할 것(실질적 유사성)이다. 예컨대, 저작재산권은 여러 지분권(복제권 · 공연권 · 공중송신권 · 전시권 · 배포권 · 대여권 · 2차적 저작물 작성권)으로 구성되는데, 의거성과 실질적 유사성은 개개의 지분권 침해 여부를 판단할 때마다 필요로 하는 요건이다. 마찬가지로 의거성과 실질적 유사성은 공표권 · 성명표시권 · 동일성유지권과 같은 저작인격권 침해의 요건이기도 하다.

한편, 저작권법 제124조는 저작권 등의 직접적 침해행위에 해당하지는 않지만 저작권자 등의 이익을 실질적으로 해치는 일정한 행위에 대하여 이것을 네 가지 행위로 유형화하여 저작권 등의 "권리의 침해로 본다."고 규정한다.

(1) 수입 시에 만일 한국 내에서 만들어졌다면 권리[133] 침해로 될 물건을 한국 내에서 배포 목적으로 수입하는 행위(저작권법 제124조 제1항 제1호), (2) 권리 침해로 만들어진 물건(제1호의 수입물건을 포함)을 그 사실을 알고 배포 목적으로 소지하는 행위(위 제1항 제2호), (3) 컴퓨터프로그램 저작권의 침해로 만들어진 프로그램 복제물(제1호의 수입물건을 포함)을 그 사실을 알면서 취득한 자가 이를 업무상 이용하는 행위(위 제1항 제3호)는 권리 침해로 본다. (4) 저작자의 명예를 훼손하는 방법으로 그 저작물을 이용하는 행위는 저작인격권 침해로 본다(저작권법 제124조 제2항).

예컨대, (1)은 외국에서 불법 복제된 물건을 보따리 상인이 국내에서 판매하려고 수입하는 행위, (2)는 국내는 물론 외국에서 불법 복제된 물건인 것을 알면서 국내에서 판매하려고 가게에 보관하는 행위, (3)은 불법 복제된 프로그램인 것을 알면서 취득한 사람(ex. 인터넷에서 다운로드 받아 개인용 PC에 저장한 것이 사적이용을 위한 복제에 해당하여 저작권 침해가 면책된 사람)이 이를 업무상 이용(ex 회사나 학교 등에서 문서 작성에 이용)하는 행위를 저작권 등의 권리 침해로 본다. (4)는 종교음악을 스트립쇼 배경음악으로 사용한 행위를 저작인격권 침해로 본다.

2 저작권 등의 구제

저작권 등[134]의 침해가 성립하면, 저작권자 등[135]은 침해자에 대하여 손해배상청구(민법 제750조)나 부당이득반환청구(민법 제741조)를 할 수 있을 뿐만 아니라 침해금지 또는 예방을 청구(저작권법 제123조)할 수 있고, 저작인격권이나 실연자의 인격권이 침해된 경우에는 명예회복 등의 청구(저작권법 127조)를 할 수 있다. 또한 형사상으로 저작권침해죄(저작권법 제136조)가 성립할 수 있다.

제 4 절

맺음말 — 기후 위기 시대에 지적재산권법은 무엇을 어떻게 하여야 할 것인가?

환경오염에서 비롯된 기후 위기로 인하여 지구 생태계의 병이 깊어지고 있다. 오래 전부터 자연과학자들은 지구 생태계를 유지 · 존속시키고자 많은 노력을 하여 왔다. 지구 생태계를 살리기 위한 신재생 에너지, 온실가스 감축 기술 등 탄소 중립에 관한 핵심 기술특허의 중요성이 부각되고 있다.

우리 인류가 2020년~2023년 겪었던 코로나 팬데믹(Covid－19 Pandemic)은 기후 위기의 한 양상이다. 인간은 지구의 일부일 뿐이라는 사실을 잊고 살았다. 인류의 건강은 지구 자연을 비롯하여 다른 종(種)들의 건강에 의존하고 있다. 인간이 자연 세계와 별개이며 그보다 우월하다고 믿는 인간중심주의에서 벗어나야 한다.

이제 '지구법학'(Earth Jurisprudence)의 관점에서 지적재산권법의 미래를 고민해 보아야 할 때이다. 지구법학은 자연을 경제적 효용가치를 지닌 물건이나 재산으로만 취급하는 인간중심주의 법체계를 비판하는 담론이다. 인간이 자연의 모든 것을 마음대로 사용할 권리가 있다는 통념에서 벗어나 자연의 모든 존재자에게 권리를 인정하는 것이 지구법학의 관점이다.

문제는 인간중심주의 법체계의 인식론적 전제인 이원론(주체와 객체의 구분 등)에서 지금 당장 벗어날 수 없다는 데에 있다. 그렇다면 지적재산권법은 그 중에서도 과학 기술의 발전한 밀접한 관련이 있는 특허법은 지구법학의 관점에서 어떠한 실천 가능한 접점을 모색할 수 있을까?

첫 번째는 토지를 개인의 사유재산이 아니라 공동체 구성원이 동등한 접근권을 부여받아 함께 관리하는 '공유지'(commons)로 만드는 방안이다. 공유지를 만드는 방안은 법학 전체의 관점이지만, 이것을 특허법의 관점에서 구체화하여 특허의 '커먼즈'를 확대해가는 방안을 생각해 볼 수 있다. 이미 유사한 사례가 있다. 2008

년 1월 '세계 지속가능 발전 기업협의회'(WBCSD) 주도로 IBM, 소니, 노키아 등 기업들이 참여하여 출범시킨 '환경특허 커먼즈'(Eco-Patent Commons)이다. 환경친화적 특허 풀(pool)을 만들어 누구나 자유롭게 실시할 수 있게 한다는 취지가 돋보인다.

두 번째 실천 가능한 방안은 WTO/TRIPs 협정 제27조 제2항에서 찾을 수 있다. 이 조항은 '환경에 대한 심각한 파괴'(serious prejudice to the environment)를 초래하는 발명과 같이 공공질서나 공서양속에 반하는 발명의 상업적 실시를 금지하기 위해 이러한 발명을 특허대상에서 제외할 수 있다고 규정한다. 이러한 취지를 반영한 우리 특허법 제32조도 특허부여를 불허한다. 이에 따라 예컨대 유전자변형(GM) 종자 기술의 특허부여를 차단하는 방안을 생각해 볼 수 있다. 이는 생물다양성을 훼손하고 생산성이나 병충해에 강한 몇몇 단일 품종만을 남기는 '생태살해'(ecocide)를 초래한다는 점에서 그 정당성이 있다.

첫 번째 방안이 사적 영역(시장권력)에서 특허권자들의 자발적 실천으로 작동되는 것이라면, 두 번째 방안은 공적 영역(국가권력)에서 특허법 제32조를 적용하여 특허부여를 차단하기 위한 국가의 개입을 필요로 한다. 이들 방안은 지적재산권법이 지구법학의 관점에 다가가기 위한 실천수단이며, 지적재산권법의 미래를 향한 첫걸음을 떼는 것이기도 하다.

미주

1) 일부 사람들은 2011년 '지식재산기본법'이 제정되었으므로 종전에 사용하여 오던 지적재산권법이란 용어 대신에 '지식재산권법'이라는 용어를 사용하는 것이 바람직하다고 주장하는 사람들이 있다. 그러나 학술 용어로는 종전 용어를 그대로 사용하는 것이 타당하다. 그 이유는 다음과 같다. 우선 지식재산기본법 제3조 제1호가 규정하는 '지식'재산의 정의는 헌법 제22조 제2항에 비추어 볼 때 아무런 법 개념적 한정 없이 '경험' 혹은 '발견' 또는 '유전자원'과 같이 불확정적이거나 포괄적인 용어를 사용하여 그 보호범위를 기존의 지적재산권법보다 과도하게 넓히고 있다. 더구나 "그 밖에 무형적인 것으로서 재산적 가치가 실현될 수 있는 것"에 대해서도 '지식'재산에 해당한다고 규정함으로써 민법상 불법행위로 보호 가능한 '재산적 가치 있는 정보'까지도 보호대상에 포함될 수 있는 것처럼 기술하고 있다. 이는 학술적인 관점에서 정립(定立)되어온 기존의 지적재산권법의 범위에 포함되지 않고 상당 부분 벗어나는 것이다. 더구나 '지식'재산이란 용어의 도입 배경도 일개 외청(外廳)의 주도 아래 비(非)민주적이고 비학술적인 관점에서 이루어진 것이다.
2) Peter Drahos, *A Philosophy of Intellectual Property*, Dartmouth, 1996, 3면 참조.
3) Paul Goldstein, *Copyright, Patent, Trademark and Related State Doctrine*, 3d ed., Foundation Press, 1993, 1면.
4) 이에 관해서는, 박성호, "동아시아 전통 법제에서 저작권 보호 관념의 존부", 「계간 저작권」, 한국저작권위원회, 2019 여름호, 7면 이하 참조.
5) 윤선희, 「상표법」 제7판, 법문사, 2024, 14~165면 참조.
6) 渋谷達紀, 「商標法の理論」, 東京大学出版会, 1973, 26~27면 참조.
7) 남희섭 지음, 오병일 외 2인 옮김, 「인권의 관점에서 본 전지구적 지적재산권 체제」, 탐탐, 2024, 38면.
8) David Bellos, Alexandre Montagu, *Who Owns This Sentence?: A History of Copyrights and Wrongs*, 2023, 이영아 옮김, 「이 문장은 누구의 것인가: 현대 사회를 움직이는 저작권의 역사」, 현암사, 2025, 36~37면.
9) 송영식/이상정/김병일, 「지적재산법」 17정판, 세창출판사, 2021, 19면.
10) 윤권순/이승현, 「특허법의 논리」, 한국지식재산연구원, 2013, 18면.
11) 송영식/이상정/김병일, 앞의 책, 19면의 각주14); 한지영, "중세 이후 특허법제사에 관한 연구", 「산업재산권」 제25호, 한국지식재산학회, 2008. 4., 3~7면.

12) 남희섭, 앞의 책, 38면.

13) 송영식/이상정/김병일, 앞의 책, 20면 참조. 다만, 이 책에서는1623년 독점법이 성문화되었다고 쓰고 있으나 1623년은 영국 의회에 법안이 제출된 해이고 실제 입법에 이른 것은 그 다음해인 1624년이다.

14) 한지영, 앞의 논문, 10~12면; 大河内暁男,「発明行為と技術構想—技術と特許の経営史的位相」, 東京大学出版会, 1992, 137면.

15) 大河内暁男, 위의 책, 139면; 최경수, 「국제지적재산권법」 개정판, 한울아카데미, 2017, 28면 각주20).

16) 우선권 대신 선취권이라는 용어를 사용하기도 한다. 17세기 과학혁명을 거치면서 과학자들 간에 누가 먼저 발견하고 발표하였는가를 둘러싸고 숱한 우선권 논쟁이 벌어졌다. 예컨대, 뉴턴은 만유인력법칙과 관련해서는 훅(Hooke)과, 미적분 발견과 관련해서는 라이프니츠와 우선권 논쟁을 벌였다.

17) 한양대학교 과학철학교육위원회 편,「과학기술의 철학적 이해 1」 제6판, 한양대학교 출판부, 2017, 73~74면(홍성욱 집필부분).

18) 서울대학교 기술과법센터 편,「과학기술과 법」, 박영사, 2007, 10~11면(홍성욱 집필부분).

19) 石井正,「知的財産の歴史と現代」, 発明協会, 2005, 27면, 59면, 117~118면.

20) 石井正, 위의 책, 59~60면.

21) 나종갑, "영국 특허법의 사상과 철학의 형성(IV): 맨스필드 판사",「산업재산권」 제80호, 한국지식재산학회, 2025. 4., 75면.

22) 大河内暁男, 앞의 책, 143면; 윤권순/이승현, 앞의 책, 73면.

23) 石井正, 앞의 책, 60면.

24) 1852년 개정 영국 특허법 제9조에 따르면, 출원할 때에 '임시 특허명세서'(provisional specification)를 제출하고 1년 이내에 '완전 특허명세서'(complete specification)을 제출하게 하는 제도이다.

25) 井上由里子, "英国における特許クレームの解釈基準",「21世紀における知的財産の展望—知的財産研究所10周年記念論文集—」, 雄松堂出版, 2000, 50면.

26) 井上由里子, 위의 논문, 51면.

27) 우리 특허법에서도 자신의 발명에 대하여 특허를 받으려는 자는 특허출원서를 특허청장에게 제출하여야 하는데, 그 특허출원서에는 청구범위를 기재한 명세서 등을 첨부하도록 요구하고 있다(제42조 제2항 참조). 이처럼 발명자는 자신의 발명을 제3자가 이용 가능한 형태(청구범위를 기재한 명세서 등)로 공개하는 것에 대한 대가로 특허권이라는 독점적 권리를 부여받는 것이다.

28) 최경수, 앞의 책, 29면.

29) 송영식/이상정/김병일, 앞의 책, 21면.

30) 최경수, 앞의 책, 30면.

31) 최경수, 앞의 책, 31면.

32) Susan K. Sell, Private Power, Public Law, 2003, 남희섭 옮김, 「초국적 기업에 의한 법의 지배—지재권의 세계화」, 후마니타스, 2009, 29면.

33) 이에 관해서는, 장하준, 「사다리 걷어차기(Kicking away the Ladder)」, 부키, 2004, 22면 이하(특히 미국의 경우는 55~69면, 지적재산권과 관련해서는 158~162면) 참조.

34) 다만 이는 인쇄기술을 최초 도입한 사람에게 부여한 것으로 오늘날 특허(patent)의 선구적 형태이므로 훗날 저작권 제도로 이어지는 엄밀한 의미의 출판특권 제도와는 구별되어야 한다.

35) Mark Rose, *Authors and Owners: The Invention of Copyright*, Harvard University Press, 1993, p.10.

36) Lawrence Lessig, *Free Culture*, 2004, 이주명 옮김, 「자유문화」, 필맥, 2006, 153~154면.

37) Johann Gottlieb Fichte, *Beweis der Unrechtmäßigkeit der Büchernachdrucks, 1793; H. Hubmann, Das Recht des Schöpferischen Geist*, 久々溱伸一 譯, 「著作權法の理論」, 中央大出版部, 1967, 126, 131면에서 재인용.

38) 박성호, 「저작권법」 제3판, 박영사, 2023, 8면.

39) 최경수, 「국제지적재산권법」 개정판, 한울아카데미, 2017, 47면.

40) 박성호, 「문화산업법」, 한양대학교 출판부, 2012, 52면.

41) 박성호, 앞의 책, 9면.

42) 서울대학교 기술과법센터 편, 「과학기술과 법」, 박영사, 2007, 10~11면(홍성욱 집필 부분).

43) 한양대학교 과학철학교육위원회 편, 「과학기술의 철학적 이해 1」 제6판, 한양대학교 출판부, 2017, 72면(홍성욱 집필부분).

44) 과학과 기술을 구분하여 파악하는 과학사 · 기술사의 보편적 관점을 마치 여러 주장들 중 하나인 것처럼 오해하여 설명하는 문헌(구대환/차성민, 「과학기술과 특허」, 박영사, 2012, 3면)이 있다. 과학기술과 특허를 설명하면서 첫 시작, 첫 대목부터 과학사 · 기술사의 보편적 관점에서 벗어나고 있다는 점에서 많은 의문을 불러일으킨다.

45) 17세기 이후 과학과 기술이 상호작용할 수 있었던 것은 '과학기기'라는 물질적 계기, 과학자와 기술자의 만남을 가능하게 한 런던왕립학회를 비롯한 여러 '학회'가 존재하였다는 공간적 계기, 과학과 기술을 넘나드는 '다양한 인간 유형'이 등장하였다는

인적 계기가 있었기 때문이다. 한양대학교 과학철학교육위원회 편, 앞의 책, 74~75면(홍성욱 집필부분).

46) 발명의 성립요건은 강학상(academically) '발명의 성립성' 또는 '발명성'이라고 부른다.

47) 대법원 1998. 9. 4. 선고 98후744 판결.

48) 대법원 2003. 5. 16. 선고 2001후3149 판결.

49) 대법원 2019. 1. 17. 선고 2017후523 판결.

50) 윤선희/박태일/강명수/임병웅, 「특허법」 제7판, 법문사, 2023, 95면 및 각주47).

51) 대법원 2019. 1. 17. 선고 2017후523 판결.

52) 임석재/한규현, 「특허법」, 박영사, 2017, 309면 및 487면은 "발명의 미완성은 발명의 성립요건이 충족되지 못한 경우이고 산업상 이용가능성은 발명은 완성되었으나 특허요건이 충족되지 못한 경우이므로 법리상으로는 전혀 별개의 문제"임에도 발명의 미완성에 대해서 특허요건(제29조)을 적용하는 것은 문제가 있으므로 미완성 발명에 대해서 특허거절을 할 수 있는 명문규정을 마련할 것을 촉구한다.

53) 윤선희, 「특허의 이해」 제6판, 법문사, 2025, 48~49면; 송영식/이상정/김병일, 앞의 책, 45~46면 각 참조.

54) 대법원 2003. 5. 16. 선고 2001후3149 판결.

55) 송영식/이상정/김병일, 앞의 책, 59~62면; 윤선희, 앞의 책, 61~66면; 윤권순/이승현, 앞의 책, 107~112면; 특허법원 지적재산소송 실무연구회 편, 「지적재산 소송실무」 제4판, 박영사, 2019, 225~237면 각 참조.

56) 대법원 2022. 1. 13. 선고 2021후10732 판결; 대법원 2012. 4. 26. 선고 2011후4011 판결.

57) 대법원 2005. 2. 18. 선고 2003후2218 판결은 상관습에 의한 비밀유지의무를 인정하였다.

58) 특허법원 지적재산소송 실무연구회 편, 앞의 책, 237면.

59) 특허법원 지적재산소송 실무연구회 편, 앞의 책, 239~244면; 송영식/이상정/김병일, 앞의 책, 62~66면; 윤선희, 앞의 책, 66~67면 각 참조.

60) 최경수, 「국제지적재산권법」 개정판, 한울아카데미, 2017, 25면.

61) 中山信弘/한상욱, 「知財의 窓으로 未來를 보다」, 도서출판 예온, 2010, 208~209면(한상욱 집필부분) 참조.

62) 이 대법원 판결에 대해서 국내 학설은 미국 연방항소법원(CAFC)의 TSM 테스트를 받아들이면서도 위 테스트의 일정한 한계를 선언한 미국 연방대법원의 2007년 KSR 판결을 적용한 것이라고 설명한다(김제완, "결합발명의 진보성 판단의 기준", 「특허판례연구」, 박영사, 2009, 155면 이하).

TSM 테스트란 기존의 알려진 구성요소로 이루어진 결합발명에 있어서 통상의 기술자로 하여금 알려진 구성요소를 결합하면 해당 발명에 이를 것임을 선행문헌이 구체적으로 가르치고 있거나(Teaching), 그러한 결합을 암시하고 있거나(Suggestion), 동기를 부여(Motivation)하는 경우 그 발명의 진보성은 부정되어야 한다는 판단기준을 말한다.

연방대법원의 2007년 4월 30일 KSR 판결은 TSM 테스트가 유용한 기준이기는 하지만 그 테스트의 엄격한 적용은 옳지 않으며 유연한 접근법을 취하여야 한다는 점을 강조하였다. 특히 자명한 기술들 또는 그들의 조합에 대해서는 선행문헌에서 논의되는 일이 거의 없다는 점, 선행문헌보다는 시장의 요구가 설계 경향을 지배하는 경우가 많다는 점 등을 이유로 TSM 테스트를 엄격하게 적용한 CAFC 판결을 파기하였다.

63) 첫 번째 진보성 판단기준은 미국의 TSM 테스트에서 제시한 암시(Suggestion) 및 동기(Motivation)와 유사한 기준으로 볼 수 있다.

64) 두 번째 진보성 판단기준은 미국의 KSR 판결을 함축적으로 정리하여 명확한 기준을 제시한 것으로 볼 수 있다.

65) 中山信弘/한상욱, 앞의 책, 209면, 217면(한상욱 집필부분) 각 참조.

66) 윤선희, 앞의 책, 69~71면; 송영식/이상정/김병일, 앞의 책, 71~72면 각 참조.

67) 대법원 2012. 12. 27. 선고 2011다67705, 67712 판결; 대법원 2013. 5. 24. 선고 2011다57548 판결 등 참조.

68) 박성호, “2013년 지적재산법 중요 판례”, 「인권과 정의」 Vol. 448, 대한변호사협회, 2014. 3., 189~190면.

69) 연구노트는 연구의 시작부터 연구의 성과물에 이르기까지 마치 일기를 쓰듯이 기록한 자료를 말한다. 연구나 실험 데이터 등을 기록하고 발명의 착상, 실행을 위한 연구계획 등을 적어둔다.

70) 나카무라 슈지 교수는 ‘고휘도 청색 발광 다이오드’를 발명 · 개발한 공로로 아카사키 이사무[赤﨑勇], 아마노 히로시[天野浩]와 공동으로 2014년 노벨 물리학상을 받았다.

71) 나카무라 슈지 지음/예영준 옮김, 「좋아하는 일만 해라」, 사회평론, 2004, 37면.

72) 이에 관해서는, 박성호, “‘다부스’ 프로젝트의 진정한 의도는 무엇일까?”, 법률신문 2023년 2월 2일자 참조.

73) 서울행정법원 2023. 6. 30. 선고 2022구합89524 판결.

74) 서울고등법원 2024. 5. 16. 선고 2023누52088 판결.

75) 윤선희, 앞의 책, 50~51면.

76) 그래서 이 권리의 법적성격을 둘러싸고 공권설, 사권설, 공·사권 병존설로 학설이 나뉜다.

77) 윤선희/박태일/강명수/임병웅, 앞의 책, 243면.

78) 윤선희, 앞의 책, 176~177면.

79) 차상욱, 「특허침해소송실무」, 한국지식재산연구원, 2018, 88면.

80) 박성호, 「저작권법」 제3판, 박영사, 2023, 655면.

81) 특허법원 지적재산소송 실무연구회 편, 앞의 책, 449면.

82) 윤선희, 앞의 책, 218면.

83) 특허법원 지적재산소송 실무연구회 편, 앞의 책, 449면.

84) 저작권법에 부여되는 '문화기본법'이라는 별칭(別稱)은 2013. 12. 30. 법률 제12134호로 제정되어 2014. 3. 31.부터 시행되는 문화기본법이 성립하기 훨씬 이전부터 사용되어 오던 용어이다. 예컨대, 박봉국 법제처 법제관(당시)의 KBS 제1TV '가정저널' 프로그램(1987. 6. 27.)에서의 발언("오늘은 문화기본법이라 할 수 있는 저작권법에 대하여 말씀드리겠습니다."); 박성호, "'예술원작 해석' 무지와 오해", 동아일보, 1998. 5. 1.자 7면("…'문화기본법'이라 일컬어지는 저작권법…") 등.

85) 칼라 헤세(Carla Hesse) 지음/양승호 옮김, "기원전 700 (B.C.) - 서기 2000 (A.D.) 지식재산권의 등장, 그리고 공익과 사익 사이의 균형이라는 아이디어", 「아는 것이 돈이다: 지식재산권, 누가 무엇을 소유하는가?」, 이음, 2022, 108~109면.

86) 이에 관해서는, 柳父章, 「一語の辭典 : 文化」, 三省堂, 1995, 5면 이하.

87) 최종고, "문화라는 말", 「법은 그러나 어두운 곳에서 빛난다」, 철학과현실사, 1991, 121면.

88) 최연구, 「문화콘텐츠란 무엇인가」, 살림, 2006, 6면.

89) <후한서> 安帝紀 "…諸子傳記, 百家藝術…" 참조.

90) 佐々木健一 지음/민주식 옮김, 「미학사전」, 동문선, 2002, 64면. 한자 문화권에서 예(藝)라는 글자는 그것만으로 '재주'나 '재능'을 의미하므로 '예술'은 서구어로 art의 기원으로 간주되는 그리스어인 테크네(technê)와 마찬가지로 특별한 능력에 의해 어떤 효과를 실현하는 작업을 가리키며, 현대에서 말하는 예술만이 아니라 기술이나 학문을 총괄하고 있었다. 위의 책, 64~65면.

91) 김정운, 「창조적 시선」, 아르테, 2023, 190~194면을 요약하여 정리한 것이다.

92) 김형진, 「미술법」, 메이문화, 2011, 4면(저자가 쓴 서문['들어가며']에서).

93) 이석민, 「예술의 자유에 대한 헌법적 검토」, 헌법재판연구원, 2018, 25면 각주78).

94) 월간미술 편, 「세계미술용어사전」, 중앙일보사, 1992, 288면.

95) 木幡順三, 「美と藝術の論理—美學入門」, 勁草書房, 1986 참조.

96) H. Hubmann, *Das Recht des Schöpferischen Geist*, 久々湊伸一 譯,「著作權法の理論」, 中央大出版部, 1967 참조.

97) 佐々木健一,「作品の哲學」, 東京大出版會, 1985 참조.

98) 박성호,「저작권법」 제3판, 박영사, 2023, 24면.

99) 원숭이 셀카 사진(monkey selfies)의 저작자 및 저작권 보호를 둘러싸고 실제 재판이 벌어진 적이 있다. 관련 재판에서 미국 법원은 원숭이 셀카 사진에 대해 저작권 보호를 받을 수 없다고 판결하였다. 문제가 된 사진은 인도네시아 마카크 수컷 원숭이가 한 사진작가의 카메라 셔터를 눌러서 찍은 셀카 사진이었다. '나루토'(Naruto)라는 이름이 붙은 이 수컷 원숭이는 2011년 영국 사진작가 데이비드 슬레이터(David Slater)가 인도네시아 정글에 설치한 삼각대 위의 카메라 셔터를 눌러서 사진을 찍었다. 사진작가는 자신이 정글에서 찍은 사진들로 사진집을 출판하였는데 그 중에 원숭이 셀카 사진이 포함되었다. 동물보호단체(People for the Ethical Treatment of Animals, PETA)는 나루토 원숭이가 사진의 저작자(author)로서 저작권을 행사할 수 있다고 주장하면서 이 원숭이를 대리하여 사진작가를 상대로 소를 제기 하였다. 이에 대해 미국 캘리포니아 북부 연방지방법원은 2016년 1월 28일 미국 저작권법상 저작자의 지위(authorship) 및 당사자적격(standing)은 인간이 아닌 동물에게는 인정되지 않는다면서 소 각하 판결을 하였다{Naruto v. David John Slater, et al., No. 3:2015cv04324 - Document 45 (N.D. Cal. 2016)}. 패소 후 PETA는 연방 제9고등법원에 항소하였는데 2017년 9월 11일 사진작가와 PETA 간에 화해가 성립되었다. 사진작가는 화해 후 원숭이 셀카 사진이 포함된 사진집 판매로 얻은 이익 중 25퍼센트를 인도네시아 원숭이 보호단체에 기부한다는 점을 밝혔다.

100) 기존의 인간중심주의 법체계에서 벗어나 지구중심주의 차원에서 지구와 인간의 공존을 위한 새로운 법체계 제도를 모색하는 것이 '지구법학'(Earth Jurisprudence)이다. 인간중심주의 법체계의 인식론적 전제인 이원론(주체와 객체의 구분 등)을 지금 당장 모두 폐기할 수는 없지만, 인간이 지구의 일부일 뿐이고 인간은 자연 세계에 속해 있다는 인식론적 대전환이 요구된다.

101) 박성호, 앞의 책, 36~37면.

102) 대법원 2000. 10. 24. 선고 99다10813 판결(까레이스키 사건); 대법원 2015. 3. 12. 선고 2013다 14378 판결(동성애소설 사건).

103) 대법원 2017. 11. 9. 선고 2014다49180 판결; 대법원 2009. 1. 30. 선고 2008도29 판결; 대법원 2005. 1. 27. 선고 2002도965 판결 등.

104) 대법원 2009. 6. 25. 선고 2008도11985 판결; 대법원 1999. 11. 26. 선고 98다46259 판결 등.

105) 박성호, 앞의 책, 68면.

106) 대법원 2015. 8. 13. 선고 2013다14828 판결(노래 Someday 사건).

107) 대법원 2013다14828 판결은 대중음악 산업의 기반을 무너뜨릴 수 있는 '문제적 판결'이다. 박성호, "2015년 지적재산법 중요 판례", 「인권과 정의」 Vol.456, 대한변호사협회, 2016. 3., 199면 참조.

108) 대법원 2001. 5. 8. 선고 98다43366 판결.

109) 안드레아스 뵌/안드레아스 자이들러 지음, 이상훈/황승환 옮김, 「매체의 역사 읽기」, 문학과지성사, 2020, 164면.

110) 위의 책, 163면.

111) 위의 책, 171~172면.

112) 대법원 2003. 10. 9. 선고 2001다50586 판결(전국 권역별 지도책 사건); 대법원 2005. 1. 27. 선고 2002도965 판결(설비제안서도면 사건).

113) 윤혜준, "저자는 어떻게 죽는가?", 「현대 비평과 이론」 제7권 제1호 통권 제13호, 한신문화사, 1997, 봄 · 여름호, 154~156면 참조.

114) 박성호, "저작권의 재구성을 위하여", 「해적판 스캔들—저작권과 해적판의 문화사」(야마다 쇼지 지음/송태욱 옮김, 사계절, 2011의 '해제'), 332~333면.

115) 박성호, 앞의 책, 190면.

116) AI에 대한 '지시'를 둘러싼 학설의 전개는, 박성호, "생성형 AI 관련 저작권 침해소송에서 주장 · 증명책임에 관한 고찰", 「서울대학교 법학」 제66권 제1호, 서울대학교 법학연구소, 2025. 3., 173~175면 참조.

117) 문화체육관광부/한국저작권위원회, 「생성형 AI 저작권 안내서」(2023. 12. 27.), 40면. 참고로 미국 저작권청이 2025. 1. 29. 발표한 보고서(「저작권과 AI, 제2부 저작물성(copyrightability)」)는 AI를 도구로 이용(assistive uses)한 경우는 인간의 창작성이 인정되지만 단순 프롬프트는 물론이고 세부적인 프롬프트의 경우도 인간의 창작성을 인정할 수 없으므로 인간을 저작자로 인정할 수 없다고 한다(보고서, 12~22면). 그러나 AI 산출물에 인간의 창작적 요소가 명확히 반영된 경우(보고서, 22~24면), AI 산출물을 인간이 창작적으로 선택 · 조정 · 배열(selection, coordination, arrangement)하거나 수정(modification)한 경우에는 인간을 저작자로 인정할 수 있다고 한다(보고서, 24~27면).

118) 참고로 일본 저작권법 제15조 '직무상 작성하는 저작물의 저작자' 규정도 마찬가지이다.

119) 대법원 1992. 12. 24. 선고 92다31309 판결.

120) 박성호, 앞의 책, 267면.

121) 대법원 2015. 4. 9. 선고 2011다101148 판결.

122) 박성호, 앞의 책, 291~292면.

123) 대법원 2019. 5. 10. 선고 2016도15974 판결.

124) 우리나라는 상업용 음반 등의 대여점 영업이 활발하지 않았으므로 상업용 음반 등에 관한 논의보다는 서적 등 대한 대여권 도입 여부에 관한 논의가 필요하였다는 견해로는, 조용순, 「문화콘텐츠와 저작권」, 전략과문화, 2008, 168~175면.

125) 그 밖에 배타적 발행권자, 출판권자, 데이터베이스제작자가 포함된다.

126) 그 밖에 데이터베이스가 포함된다.

127) 그 밖에 배타적 발행권, 출판권, 데이터베이스제작자 권리가 포함된다.

128) 박성호, 앞의 책, 452면.

129) 박성호, 앞의 책, 518면.

130) 박성호, 앞의 책, 522면.

131) 대법원 2008. 11. 20. 선고 2007다27670 판결 참조.

132) 그 밖에 배타적 발행권, 출판권, 데이터베이스제작자의 권리가 포함된다.

133) 저작인격권, 저작재산권, 저작인접권, 배타적 발행권, 출판권, 데이터베이스제작자의 권리가 해당된다.

134) 그 밖에 저작인격권, 저작재산권, 저작인접권, 배타적 발행권, 출판권, 데이터베이스제작자의 권리가 해당된다.

135) 그 밖에 저작인격권자, 저작재산권자, 저작인접권자, 배타적 발행권자, 출판권자, 데이터베이스제작자가 해당된다.

CHAPTER

2

정보통신기술과 법

Ⅰ. 들어가며 - ICT가 바꾸는 미래의 법

1 디지털 전환과 법의 임무

디지털 전환이라는 용어는 다의적으로, 그리고 넓은 범위에서 이해할 수 있지만 대체로 정치 · 경제 · 사회 · 문화 등 삶의 각 영역에서 정보통신기술이 널리 활용되며, 이를 매개로 하여 디지털화된 정보가 삶에 영향을 미치는 것을 의미한다. 무엇보다도 인터넷의 대중화로 인하여 누구나 정보를 접할 수 있게 되고, 그에 따라 생활 모든 영역에서 디지털 전환이 이루어졌다고 볼 수 있다. 그렇다면 디지털 전환은 사회를 근본적으로 바꾸는가? 디지털 전환이라거나 "4차 산업혁명"과 같은 용어는 새로운 정보기술의 이용에 따른 사회 변혁을 위한 암호처럼 사용되어 왔다. 기술의 광범위한 이용과 더불어, 데이터분석 도구, 알고리즘, 머신러닝(Machine Learning)의 형식, 인공지능과 데이터베이스의 결합이 알고리즘화된 사회, 즉, 결정 자체를 알고리즘에 의존하는 세태를 형성해 오기도 했다. 이러한 현상이 사회를 어떻게 바꿀 것인가를 탐구하는 것이 이 물음에 대한 대답을 찾는 과정일 것이며, 그 변화는 늘 진행 중인 것이라고 평가할 수 있다. 정보통신기술, 전자정보, 전자우편, 파일 전송 기술, 월드와이드웹(www), 포털서비스(플랫폼), 소셜네트워크 등의 현상 내지 서비스들이 디지털 전환을 가능하게 한 것들 혹은 디지털 전환이 가능하게 한 요소들이라고 평가할 수 있고, 이들은 우리 생활에 깊숙하게 들어와 있다.

이 가운데에서도 이른바 정보통신기술(Information and Communication Technology, 이하 'ICT'라고 칭한다), 나아가 지능정보기술이라고 불리는 기술은 다양한 기술 및 산업과 융합하여 생산성과 효율성을 획기적으로 높이는 코어(Core) 역할을 수행한다. 이는 그 자체로서도 의미를 가지지만 범용기술(General Purpose Technology; GPT)로서의 성격을 가짐으로써 다양한 산업 · 기술과의 융합을 통해 사회 전반에 혁신을 유발하고 광범위한 사회 · 경제적 파급력을 보유하는 것이다. 이들 신기술은 빠른 기술 개발 속도로 향후의 발전 방향과 속도를 예측하기 어려울 뿐만 아니라, 기술의 사회적 수용 여부에 발맞춘 사회적 합의와 대응이 필요하다는 특징을 지닌다. ICT를 활용한 산업과 서비스를 촉진하는 한편, 새로운 기술이 야기할 수 있는 변화와 리스크에 대응할 수 있도록 하는 기반을 제시하는 것이 이 시대에서의 법의 역할일 것이다.

기술과 산업의 측면에서 생각해 보자면 ICT의 발전 및 융복합 현상에 적절히 대응하지 못할 경우 규제지체(regulatory delay) 및 규제병목(regulatory bottleneck) 현상이 발생하여 신기술이 시장에서 확대되지 못하고 사장될 우려가 생긴다. 혁신적 기술과 서비스가 사업 구현의 기회를 얻지 못하고 사장되면 산업적 성장은 물론 소비자 후생에도 악영향을 미칠 것이다. 반면 사회적인 관점에서 보자면 기술의 대체로 인한 실업, 양극화 등의 사회적 부작용을 최소화하고, 신기술의 불확실성 및 예측 불가능성에 대응하는 법제도 및 윤리도 필요하다. 때문에 디지털 전환 시대의 법에 대해서 이야기할 때에는 기술개발과 산업 발전을 촉진시키기 위한 기반의 조성과 과학기술의 유연한 사회적 수용과 리스크 방지를 위한 법학 및 법정책학적 고려의 양 측면을 모두 생각해야 한다. 전자의 관점에서는 기술 개발을 진흥할 수 있는 적극적인 법제도를 개발한다거나, 기술 혁신을 저해하지 않도록 규제체계를 개선하는 등의 연구가 이루어진다. 예컨대 각종의 진흥법제나 규제샌드박스 · 임시허가 · 신속처리절차 등의 제도에 대한 연구와 평가, 자율규제 내지 공동규제와 같은 새로운 규제 패러다임 연구가 이에 해당한다. 후자의 시각에서는 신기술의 불확실성에 따른 사회적 저항을 고려하여 신기술의 사용에 따른 행위 형식과 기존의 법질서가 완벽하게 들어맞지 않을 경우의 해석론 및 법제적 대안 연구를 수행해야 한다. 인공지능 등 신기술 도입으로 인한 고용구조 변화, 양극화, 프라이버시 침해 등 사회적 영향에 대응할 수 있는 법제 연구가 이에 속할 것이다.

2 ICT가 바꾸는 미래의 시민

법의 수범자이자 궁극적으로 법제도를 구성하는 입법자들의 주인되는 입장[1)]에서 디지털 전환 시대의 시민의 역할에 대해서도 생각해 볼 필요가 있다. 먼저 디지털 시민으로서 능동적으로 기술 발전과 그로 인한 문화와 사회의 변화에 적응해 나가는 한편, 주권자로서 적극적으로 법의 변화를 주도해 나가야 할 것이다.

인공지능, 데이터, 모바일, 클라우드컴퓨팅, 블록체인, 사물인터넷 등은 현대 사회의 핵심 지능정보기술로서 다양한 영역과 결합하여 생산성과 효율성을 높이는 한편, 우리의 생활을 혁신하고 있다. 이미 언급한 대로 범용기술인 ICT는 이미 우리 생활의 많은 영역에 자연스럽게 스며들어 있다. 기술의 발전과 적용에 따라 기존의 산업과 경제, 기업과 국가, 사회질서와 정치체제 등 사회경제 시스템 전반이 변화한 상황에서 사회의 주체들은 이른바 “디지털 시민”으로서 이 변화에 능동적으로 적응해 나가야 한다. 디지털 전환이라는 변화의 흐름 속에서 지금까지 알지 못했던 다양한 법적 문제들이 나타나게 되었고, 법제도 역시 이에 대응하기 위해 일정 부분 진화하고 있다. 사회의 구성원이자 국가의 시민으로서 기본적인 소양을 갖추기 위해 기초적인 법적 지식이 필요하듯, 디지털 시민으로서의 정체성을 갖추기 위해서는 변화하는 법적 문제에 대해 적극적이면서도 주도적으로 생각해 보아야 할 것이다. 이 장의 내용은 법학 전공자뿐만 아니라 시민으로서 디지털 전환의 시대에 적응해 나가야 하는 이들이 기술과 관련한 법적 문제에 대해 기초적인 지식을 가질 수 있도록 구성하였다.[2)]

Ⅱ. 디지털 전환의 기반으로서의 통신과 그 관련법*

1 통신과 인터넷 생태계 개관

「전기통신사업법」은 주로 통신사업의 기반, 즉, 유무형의 통신 하드웨어와 관련한 사항들을 담고 있다. 즉, “전기통신사업” 자체의 관리를 비롯하여, 통신 서비

* 이 절의 내용은 선지원, 인공지능 고도화와 통신규제의 변화, 공법연구 제54집 제1호, 한국공법학회, 2025에 기반한다.

스의 내용과 관련한 부분을 포함하여 기간통신사업과 부가통신사업과 관련한 문제, 통신망 사용의 문제, 전기통신설비에 대한 규제와 보호의 문제 등을 규율하고 있다. 이에 따라 법률의 목적 역시 사업의 발전과 그에 따른 이용자 후생의 도모라고 선언하고 있다. 한편 소프트웨어적인 부분, 즉, 서비스 내용에 대한 규율은 주로 「정보통신망 이용촉진 및 정보보호 등에 관한 법률」(이하 '정보통신망법'이라 한다)을 통해 이루어진다. 정보통신망법의 내용과 이를 둘러싼 법적 문제 및 실무에서 제기될 수 있는 쟁점은 주로 사업 안에서 이루어지는 서비스 내용에 대한 관리, 통신망의 안전 및 사이버 안전, 통신서비스 콘텐츠에 대한 문제, 통신 콘텐츠 문제 등이다.

2 사업 자체에 대한 규제

1) 개관

사업 자체에 대한 규제는 주로 기간통신역무를 대상으로 이루어진다. 기간통신역무의 영역에서 사업자의 시장에의 진입을 포함한 사업과 경쟁 규제들이 기반과 자원의 제공이라는 부분과 연결될 수 있다. 통신 역무의 직접 제공 대신 규제라는 수단을 통해 시장에서의 경쟁을 유지함으로써, 기반이 사회 공동체에 문제 없이 제공되게끔 하고 있기 때문이다. 현재의 통신사업 규제의 근간 역시 통신 역무의 제공을 국가가 보장하기 위한 방편으로 이해할 수 있다. 따라서 효과적으로 역무 제공을 할 수 있는 사업자에 한하여 시장 진입을 가능케 하거나, 사업자들 사이의 유효한 경쟁을 촉진하고 유지하는 내용의 규제가 이루어진다.

전기통신사업법의 규율 체계를 이해하기 위해서는 주된 규율 대상인 인터넷 생태계에 대해 파악할 필요가 있다. 인터넷 생태계는 다음 그림에서 보듯 크게 세 개의 시장으로 분류할 수 있다.

인터넷 생태계 구조도

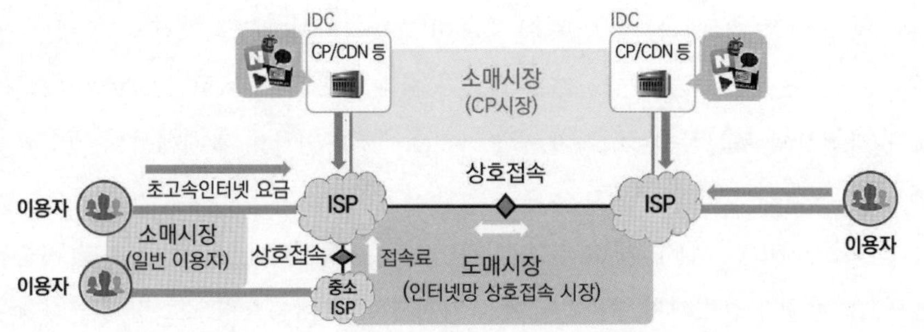

자료: 과학기술정보통신부 보도자료 2022. 1. 11.

첫째로, 이용자 시장은 일반 이용자와 인터넷망사업자(Internet Service Provider: ISP) 사이의 거래를 통해 성립한다. 일반 이용자가 인터넷 제공 서비스에 가입하는 것이 일반적인 이용자 시장에서의 거래의 모습이다. 둘째로, 콘텐츠 시장은 플랫폼 사업자와 같은 인터넷 기업 내지 콘텐츠 제공자(contents provider: CP)들이 ISP와 법률상 · 사실상의 거래관계를 수립함으로써 성립한다. CP가 인터넷 전용 회선을 구입하여, 이 회선을 통해 콘텐츠를 제공하고, 계약이 정하는 바에 따라 반대급부를 납부하게 된다. 마지막으로 상호접속 시장은 서로 다른 2개 이상의 통신망 이용자들 간에 통신이 가능하도록 전기통신설비를 물리적으로 연결하고, 그 대가를 지급하는 것으로서 성립한다. 통신사업자가 자신의 이용자에게 통신서비스를 제공하기 위해서는 상호접속이 필수불가결하다. 이러한 통신생태계를 중심으로 사업 자체 및 그 안에서 이루어지는 행위에 대한 많은 규제들이 존재한다.

2) 시장 진입과 관련한 규제

기간통신사업을 영위하기 위해서는 전기통신사업법 제6조에 따라 과학기술정보통신부장관에의 등록을 요한다. 2018년 12월의 전기통신사업법 개정을 통해 기간통신사업자에 대한 종전의 허가제를 폐지하고, 기간통신사업의 진입규제를 등록으로 완화한 것이다. 진입규제 완화를 통해 시장경쟁을 활성화한다는 측면에서의 개정이었던 것으로 보인다. 그러나 유무선 전화 시장은 이미 포화 상태에 이르렀고, 기간통신사업을 위해서는 대규모의 설비 투자가 필요하고 자연적인 진입 장벽이 이미 존재하므로, 진입장벽 완화의 실효성에는 의문이 있다. 또한 기간통신사업을 영위하기 위해서는 "전파"의 사용이 필수적이지만(등록 요건에도 규정), 「전파법」 제10조의 주파수 할당이라는 전제가 필요하고, 주파수 할당을 받지 않더라도 전파법상의 무선국개설허가가 필요하므로,[3] 전파법과의 관계에서도 진입규제에 관한 내용을 정리할 필요가 있다.

전기통신사업법 제6조 제1항은 기간통신사업 등록의 요건을 1. 재정 및 기술적 능력, 2. 이용자 보호계획, 3. 그 밖에 사업계획서 등 대통령령으로 정하는 사항이라고 규정하고 있다. 시행령 제7조 제1항 및 [별표1]은 등록을 위한 세부 요건을 규정하고 있다. 등록에는 제한 규정도 존재한다. 전기통신사업법 제7조가 등록의 결격사유를 규정하고 있다. 우선 등록은 법인만 가능하며, 국가 또는 지방자치단체, 외국 정부 또는 외국 법인, 외국 정부 또는 외국 법인이 주식 소유제한(49%)을 초과하여 주식을 소유하고 있는 법인에게는 등록이 허용되지 않는다. 제16조에 따라 변경등록도 가능하며, 시행령 제19조 제2항이 정하는 중요사항을 변경하는 경우에는 반드시 변경등록을 해야 한다. 예외적으로 "자신의 상품 또는 용역을 제공하면서 대통령령으로 정하는 바에 따라 부수적으로 기간통신역무를이용하고 그 요금을 청구하는 자(이용요금을 상품 또는 용역의 대가에 포함시키는 경우도 같다)는 기간통신사업을 신고"(제6조 제1항 제2문)함으로써 시장에 진입할 수 있다. 사물인터넷을 이용한 상품 및 서비스의 판매업에 대해서는 등록 의무 대신 신고 의무만을 부여함으로써, 진입 규제를 한층 더 완화하는 취지를 담고 있는 것으로 보인다. 또한 여기서에의 신고는 자기완결적 신고로 신고만으로 효력을 발한다고 보아야 할 것이다.

3) 통신시장 경쟁규제의 전제로서 경쟁상황평가

공정한 경쟁시장에서 효율적으로 경쟁이 이루어진다면, 공익에 부합할 뿐만 아니라 이용자의 편익을 증대시키는 재화와 서비스의 공급이 가능할 것이다. 통신시장 경쟁상황평가는 시장에서의 경쟁을 제고하는 것을 목적으로 하는 통신규제의 목표를 반영하고 있는 제도이다.[4] 규제정책을 비롯한 통신 정책의 전제로서 통신시장에서의 경쟁 상황을 평가하는 것이다. 방송 영역에서는 같은 취지에 따라 방송법 제35조의5에 근거하여 방송시장경쟁상황평가를 시행한다.

통신시장 경쟁상황평가 결과에 따라 사전규제가 필요한 시장과 규제대상 사업자, 규제의 종류와 정동, 비경쟁시장의 시장지배적 사업자에 대한 의무 부과 여부 등을 결정하게 된다. 경쟁상황 평가를 토대로 규제와 촉진 사이의 균형을 어디서 잡을지 결정하게 된다.[5] 또한 개별적으로 경쟁 상황에 따라 규제 적용 여부를 차등적으로 결정하기도 한다(이른바 비대칭규제). 경쟁상황 평가에 따라 차별적으로 적용되는 제도로는 설비 등의 제공(제35조), 상호접속(제39조), 전기통신설비의 공동사용(제41조), 정보제공(제42조) 등이 있다.[6] 동조의 경쟁상황평가는 기간통신사업에 대해서만 실시한다. 부가통신사업에 대해서는 유사한 취지의 "부가통신사업 실태조사"를 2021년부터 시행하고 있다(전기통신사업법 제34조의2).

현재 경쟁상황평가의 대상은 유선전화시장(시내외전화 및 인터넷전화), 이동통신시장, 초고속인터넷 시장, 전용회선시장 및 국제전화시장이다. 이들 서비스를 대상으로 하여 우선 평가 대상이 되는 역무를 선정하고, 관련시장을 획정[7]한 후, 경쟁상황 판단에 필요한 '주요 지표의 평가'를 거쳐, 경쟁상황에 대한 최종 평가를 위한 '평가지표 종합'을 작성하는 순서로 수행하게 된다. 다만, 평가 대상 선정과 관련하여 전기통신사업법이 "기간통신사업"을 대상으로 한다고 규정하고 있는 것 외에, 세부적인 평가 대상 역무를 특정하고 있지 않음에도 불구하고, 관행적으로 관련 시장들을 설정하여 평가를 수행하는 것에 대해 뚜렷한 법적 근거가 존재하지 않는다는 문제가 있다.

4) 인수합병 규제

인수 및 합병(Merge and Acquisition: M&A)은 일반적으로 둘 이상의 기업이 법률적이나 사실적으로 하나의 기업으로 합치는 합병과 한 기업이 다른 기업의 주식이나 자산을 취득하며 경영권을 획득하는 인수를 합한 개념이다. 「독점규제 및 공정거래에 관한 법률」(이하 '공정거래법'이라 한다)은 "기업결합"이라는 용어로 인수합병을 정의하고 있다. 공정거래법은 "기업결합을 통해 경쟁을 실질적으로 제한하는 행위"를 원칙적으로 금지하면서, 일정한 경우에는 기업결합이 경쟁제한성이 있는 것으로 추정하기도 한다. 전기통신사업법은 제18조를 통해 이러한 기업결합에 대해 "사업의 양수 및 법인의 합병"이라는 제호로 독자적인 개념과 규율을 갖고 있다.

인수합병을 경쟁질서 차원에서 규제하는 이유는 기업의 결합으로 인해 관련시장의 구조를 독과점으로 전환시켜 경쟁사업자들 간의 담합 가능성이 커지고, 약탈적 가격설정 등이 나타날 위험이 커지기 때문이다. 통신사업의 영역에서는 자연적 진입장벽으로 인하여 위의 문제가 더욱 중대하게 나타날 가능성이 높다. 또한 통신사업과 같은 공익적 성격을 가지는 가지는 사업은 진입 단계에서 공익성 심사(전기통신사업법 제7조의 기간통신사업 등록 결격 사유 참조)가 이루어지므로, 인수합병을 통해 공익성에 대한 훼손이 없는지 다시 판단할 필요도 있을 것이다. 기간통신사업 진입규제가 허가에서 등록으로 완화되었지만 인수합병에 대한 인가제는 그대로 유지되고 있는 것도 이러한 연유인 것으로 보인다.

기간통신사업의 양수와 합병 등을 위해서는 우선 원칙적으로 과학기술정보통신부장관의 인가[8]가 필요하다. 단, 인가를 위해서는 공정거래위원회와의 협의가 필요(제18조 제6항)하다는 점으로 인해, 실질적으로 이중의 규제가 작용하기도 한다. 아울러 교환설비, 전송설비, 선로설비 등 대통령령으로 정하는 주요한 전기통신회설설비를 제외한 전기통신회선설비 매각의 경우에도 신고로 갈음한다(제18조 제1항 단서 후단). 또한 인수합병이 기간통신사업의 경쟁에 미치는 영향이 경미한 경우에는 심사 일부의 생략이 가능하다(제18조 제2항 단서).

5) 경쟁규제의 수단으로서의 금지행위

전기통신사업법 제50조 제1항은 "공정한 경쟁 또는 이용자의 이익을 해치거나 해칠 우려가 있는" 행위를 금지행위로 규정하고 있다. 전기통신사업법상 금지행위의 위법성 요건은 "공정한 경쟁을 해할 것"과 "이용자의 이익을 해할 것"의 두 가지로 대별할 수 있다. 이에 대해서는 규정 체계상 몇 가지 문제를 지적할 수 있다. 먼저 경쟁규제 차원의 규정과 이용자보호 차원의 규정이 하나의 조문에 혼재되어 있어 체계상 혼란을 빚고 있다는 점을 들 수 있다. 더구나 금지행위 규제의 주무관청이 다른 경쟁 규정을 주관하는 과학기술정보통신부장관이 아닌 방송미디어통신위원회라는 점도 금지행위 규정의 난맥상을 만들어 내는 원인으로 생각해 볼 수 있다.

보다 근본적이고 오랜 논란이 진행되었던 문제는 경쟁규제의 경우 공정거래위원회와 방송미디어통신위원회의 규제 중복성 문제가 나타난다는 점이다. 원칙론으로서는 일반적인 경쟁제한 행위는 공정거래법에 따라 공정거래위원회가 규제하나, 전기통신사업과 관련한 경쟁 규제는 통신시장의 특수성 등을 고려하여 방송미디어통신위원회가 규제하게 되는 것이라고 말할 수 있다. 전기통신사업법이 공정거래법에 대하여 특별법적 지위를 갖기 때문이다. 방송미디어통신위원회와 공정거래위원회의 규제 사이에는 몇 가지 차이점을 찾을 수 있다. 먼저 접근 방식과 관련하여, 공정거래위원회의 주 관심사는 기존에 형성되어 있던 시장의 경쟁을 저해하는가의 여부지만, 방송미디어통신위원회의 주 관심사는 공익에 도움이 되는 시장을 형성할 수 있는 정책을 마련하는 것이다. 고려 요소와 관련해서도 공정거래위원회는 순수 경쟁 심사 방식을 취하는 반면, 방송미디어통신위원회는 다른 요건 판단과 더불어 부수적으로 경쟁제한 심사를 하게 된다는 점을 발견할 수 있다. 이와 관련하여 통신시장을 보는 시각 자체도 공정거래위원회가 통신을 다른 재화와 마찬가지의 일반적으로 시장에서 거래되는 재화로 취급하는 반면, 방송미디어통신위원회는 통신을 일종의 공익재로 보게 되는 차이가 있다. 양자의 기능과 관점에 따라 규제의 근거도 달라지며, 동일 행위에 대해 다른 사유로 규제할 경우도 발생할 수 있다. 공정거래법과 전기통신사업법의 경쟁 관련 규정(특히 금지행위 규정)이 어떤 관계에 놓여 있는지도 살펴볼 필요가 있다. 원칙론에 충실하여 전기통신사업법이 공정거래법에 대해 특별관계에 있다고 본다면, 전기통신사업법의 금지행위 조항은 공정거래법 제45조(불공정거래행위)를 구체적으로 유형화한 것으로 볼 수 있으므로, 전기통신사업법이 적용되는 부분에 있어서는 공정거래법이 적용될 이유가 없어진다. 반면 양자가 보충관계에 있다고 생각한다면, 일반적 · 포괄적 조항인 공정거래법이 전기통신사업법이 구체화하고 있지 않은 부분에 대해 일반적으로 적용된다고 해석할 수 있다.

전기통신사업법 제50조 제1항 각 호의 금지행위를 열거주의로 볼 것인가, 예시주의로 볼 것인가도 문제된다. 예시주의에 따를 경우 각호의 금지행위에 해당하는 행위 이외에도 금지행위가 있을 수 있다. 그러나 행정의 법률적합성 원칙(특히 법률유보)을 비롯하여 동법 시행령 별표4가 금지행위의 유형을 세분하여 제시하고 있다는 점 등을 고려한다면, 동조 각 호에서 규정하는 행위가 일반적 위법성 요건인 "공정한 경쟁 또는 이용자의 이익을 해치거나 해칠 우려가 있"다는 점을 충족하는 경우에 한해서 금지행위 규정이 적용된다고 보아야 할 것이다.

각 호의 금지행위 유형별로 요건 판단에 차이가 있다는 점도 생각해 볼 만한 쟁점이다. 전기통신사업법 제50조 제1항 각호의 금지행위 가운데는 "부당하게" 또는 "정당한 사유 없이"의 법률요건을 포함하고 있는 경우가 있다(제4호 내지 제5호의2의 경우 해당 요건 없음). 만약 "부당하게" 또는 "정당한 사유 없이"라는 요건이 없다면, 그 행위 자체로서 위법한 것으로 간주된다. 그러나 이 요건으로 인하여 행위 자체만으로 위법한 것이 아니라 부당성 내지는 정당성에 대한 입증이 추가로 필요하게 된 것이다.[9] 추가 요건을 "부당하게" 또는 "정당한 사유 없이"로 규정하는 경우 입증책임에 있어 차이가 나타난다. 문언의 해석상 "부당하게"의 입증책임은 규제 당국이 부담해야 할 것이며, "정당한 사유 없이"의 입증 책임은 그에 해당하는 행위가 성립요건을 충족하기만 한다면 피규제자가 정당한 사유를 입증해야 하는 것으로 해석해야 할 것이다.[10]

경쟁규제와 관련한 금지행위로는 다음과 같은 것들을 들 수 있다. 제1호는 "설비등의 제공 · 공동활용 · 공동이용 · 상호접속 · 공동사용 · 도매제공 또는 정보의 제공 등에 관하여 불합리하거나 차별적인 조건 또는 제한을 부당하게 부과하는 행위"를 금지되는 행위로 들고 있다. 「전기통신사업자간 불합리하거나 차별적인 조건 · 제한 부과의 부당한 행위 세부기준」(구 방송통신위원회고시 제2021－9호)을 통해 세부 기준 제시하고 있으며, 이 기준을 법령보충적 행정규칙으로서 일정 부분 대외적 구속력을 갖게 된다. 제2호는 "설비등의 제공 · 공동활용 · 공동이용 · 상호접속 · 공동사용 · 도매제공 또는 정보의 제공 등에 관하여 협정 체결을 부당하게 거부하거나 체결된 협정을 정당한 사유 없이 이행하지 아니하는 행위"를 금지행위로 지정한다. 기업형 SMS의 상호접속 거부에 대해 금지행위에 해당하여 위법하다고 판단한 사례가 있다.[11] 그 밖에도 "설비등의 제공 · 공동활용 · 공동이용 · 상호접속 · 공동사용 · 도매제공 또는 정보의 제공 등으로 알게 된 다른 전기통신사업자의 정보 등을 자신의 영업활동에 부당하게 유용하는 행위"(제3호), "비용이나 수익을 부당하게 분류하여 전기통신서비스의 이용요금이나 설비등의 제공 · 공동활용 · 공동이용 · 상호접속 · 공동사용 · 도매제공 또는 정보의 제공 등의 대가 등을 산정하는 행위"(제4호), "설비등의 제공 · 공동활용 · 공동이용 · 상호접속 · 공동사용 · 도매제공 또는 정보 제공의 대가를 공급비용에 비하여 부당하게 높게 결정 · 유지하는 행위"(제6호), "「전파법」에 따라 할당받은 주파수를 사용하는 전기통신역무를 이용하여 디지털콘텐츠를 제공하기 위한 거래에서 적정한 수익배분을 거부하거나 제한하는 행위"(제7호) 등이 경쟁규제 차원에서 존재하는 금지행위 유형이라고 평가할 수 있다.

3 접근권 차원의 규제

1) 보편적 역무의 제공

통신사업자는 보편적 역무(Universal Service)를 제공할 의무가 있다. 보편적 역무는 모든 이용자가 언제 어디서나 적절한 요금으로 기본적인 전기통신역무를 제공받을 수 있도록 그러한 역무를 직접 제공하거나, 이를 제공하는 사업자의 손실보전을 분담하는 것을 말한다. 통신 역무의 공공성을 고려하여 사인인 전기통신사업자에 대해서도 이러한 의무를 부여하는 것이다. 보편적 역무 개념은 통신의 공공성 및 시민의 기본권과 밀접한 관련성을 가진다. 통신은 개인 간의 협력과 커뮤니케이션을 가능케 하는 수단으로, 타인과의 상호작용은 현대인의 인격 발현과 생존에 필수적이다. 우리 헌법이 추구하는 복지국가와 사회국가의 이념, 국가가 국민에 대해 갖는 생존 배려의 의무 등을 고려할 때, 모든 국민에게 기본적인 통신서비스를 적절한 가격에 제공하는 것도 국가의 임무에 포함되는 것이다. 통신서비스가 私化된 상황에서는 '규제'라는 수단을 통해 이를 달성하게 된다. 또한 역무의 보편성은 모든 이용자가 통신서비스에 접근할 수 있어야 한다는 점뿐만 아니라, 망의 설치 및 운영비가 그로 인한 수익을 넘는 지역의 이용자도 균일한 가격으로

서비스를 제공받을 권리가 있다는 것을 의미한다.

우리나라에서 보편적 역무가 법제화된 것은 1998년에 전기통신사업법을 통해 보편적 역무의 근거 규정을 신설하면서부터이다. 문제는 어떤 역무를 보편적 역무 범위에 넣을 것인가, 누구에게 보편적 역무를 제공할 의무를 부여할 것인가 및 보편적 역무 조달을 위한 비용은 어떻게 마련할 것인가 등의 문제일 것이다. 전기통신사업법 제4조 제3항은 보편적 역무를 위한 고려사항을 다섯 가지(1. 정보통신기술의 발전 정도, 2. 전기통신역무의 보급 정도, 3. 공공의 이익과 안전, 4. 사회복지 증진, 5. 정보화 촉진) 제시하면서, 구체적인 내용은 시행령에 위임하고 있다.

요약하자면 보편적 역무의 수단은 전기통신사업자에게 망을 설치 및 운용할 의무를 부과함으로써 통신서비스에 대한 물리적 접근을 가능하게 하는 것일 뿐만 아니라, 요금을 낮추거나, 경제력이 약한 자에게 보조금을 지급하게 함으로써 통신서비스에 대한 경제적 접근을 가능하게 하는 것이다. 우리 입법자는 모든 전기통신사업자를 보편적 역무 제공의 의무자로 삼으면서도 제4조 제2항 제1호 및 시행령 제5조 제2항에 따라 부가통신사업자 및 지역무선호출사업자는 제외하고 있고, 제4조 제2항 제2호 및 시행령 제5조 제3항에 따라 전기통신역무 매출액이 전체 전기통신역무 총매출액의 1% 이하이면서 300억원 이하인 사업자 역시 제외하고 있다. 결국 우리 법상 보편적 역무의 제공 의무자는 사실상 기간통신사업자에 국한된다.

전기통신사업법 제4조 제5항 및 동법 시행령 제4조 이하는 보편적 역무 손실보전금에 대한 규정을 두고 있다. 보편적 역무제공사업자가 아닌 전기통신사업자에 대하여 보편적 역무제공사업자가 보편적 역무를 제공함으로써 발생하는 손실의 전부 또는 일부를 보전하기 위한 자금을 그 매출액을 기준으로 분담시키는 것이다. 일정한 시내전화서비스, 시내공중전화서비스, 도서통신 서비스, 선박 무선전화서비스 등이 대상이다. 이에 대한 구체적인 내용은 과학기술정보통신부장관 고시인 "보편적역무손실보전금 산정방법 등에 관한 기준"으로 정하고 있다.

2) 망중립성

망중립성이란 통신사업자가 네트워크를 통해 전송하는 콘텐츠의 내용, 유형, 단말기의 종류 및 이용자와 관계 없이 차별 및 차단을 하지 않고 트래픽을 동등 취급하는 것, 즉, 통신사업자가 합법적인 인터넷 트래픽을 차단(blocking)하거나 지연(throttling), 우선처리(prioritization)하는 등 불합리하게 차별하는 것을 금지하는 원칙을 말한다.[12] 전송하는 자는 패킷에 영향을 미치지 않고, CP와 최종 이용자가 내용을 결정하는 단대단(End-to-End) 원칙과 먼저 들어온 패킷을 먼저 전송해야 하는 선입선출(First in, First out)을 그 세부 내용으로 한다.[13]

우리나라는 2011년 망 중립성 가이드라인, 2013년 합리적 트래픽 관리기준 제정을 통해 망 중립성 규범을 수용한 바 있다. 2011년 제정된 망 중립성 가이드라인은 정부, 관련 전문가 및 이해관계자의 논의를 거쳐 제정되었으며 이용자의 권리, 차단 및 차별 금지, 합리적 트래픽 관리와 관리형 서비스 등 망 중립성의 기본적인 체계를 따르고 있다. 또한 2013년에 제정된 합리적 트래픽 관리기준은 망 중립성 가이드라인을 뒷받침하기 위해 합리적 트래픽 관리의 판단기준, 트래픽 관리 정보의 공개 형태와 관련된 내용을 담고 있다. 현재 이들은 "망 중립성 및 인터넷 트래픽 관리에 관한 가이드라인" 및 "통신망의 합리적 관리이용과 트래픽 관리의 투명성에 관한 기준"으로 개정되어 망 중립성에 대한 기본적인 규제 체계를 이루고 있다. 살핀 것과 같이 망 중립성 가이드라인과 합리적 트래픽 관리는 전기통신사업법 등 관련 법률의 위임을 받지 않고 작성되었으며, 우리나라의 망 중립성 규제는 법적 강제성을 띠지 않는 연성규범(Soft Law)의 형태라고 평가할 수 있다.[14]

한편, 위 가이드라인은 제8조를 통해 "특수서비스"라는 망 중립성 원칙의 적용이 배제되는 영역을 제시하고 있다. 그에 따르면 "첫째, 인터넷 종단점(end point)에 대한 보편적 연결을 제공하지는 않을 것, 둘째, 특정한 용도에 국한된 서비스일 것, 셋째, 네트워크 자원을 구분해서 이용하거나 별도의 트래픽 관리기술을 적용하여 일정한 전송 품질을 보장하는 서비스일 것"이라는 요건을 갖추는 서비스의 경우 망 중립성 규제가 적용되지 않고, 트래픽의 우선 전송이 가능하다. IPTV, VoIP, VoLTE를 비롯하여 자율주행차, 원격의료, 스마트팩토리 등 대량의 데이터 전송과 접속에 대한 절대적인 안정성이 필요한 영역들을 특수서비스라고 말할 수 있을 것이다.[15]

3) 도매제공 의무

도매제공 제도란 기간통신사업자(Mobile Network Operator: MNO)가 보유하고 있는 네트워크를 자신의 설비를 갖추지 못하고 있는 하위 계위의 기간통신사업자에게 제공하고, 이를 제공받은 기간통신사업자(Mobile Virtual Network Operator: MVNO, 우리나라에서는 이른바 '알뜰폰 사업자'라고도 한다)가 해당 망을 이용한 통신서비스를 이용자에게 재판매하는 구조를 말한다. 우리나라에서는 이동통신 3사 중심의 통신시장의 경쟁구조를 개선하는 한편 이를 통한 가계통신비 경감을 목적으로 2011년 7월부터 시행하였다.

기반의 제공 측면에서의 규제 관점에서 전기통신사업법 제38조 및 제38조의2가 두고 있는 중요한 규제 사항은 크게 두 가지이다. 첫 번째는 도매제공의 대가를 제한하고 있다는 점, 두 번째는 특정 사업자에게 도매제공을 해야 하는 의무를 지우고 있다는 점이다. 본래 도매 대가는 "대가의 산정은 도매제공의무서비스의 소매요금에서 회피가능비용(기간통신사업자가 이용자에게 직접 서비스를 제공하지 아니할 때 회피할 수 있는 관련비용을 말한다)을 차감하여 산정하는 것을 원칙으로 한다"고 규정하고 있었다. 즉, 이른바 "Retail－Minus" 방식[16]으로 산정할 것을 법률에 명시하고 있었던 것이다. 대가 산정 기준을 법률로 정함으로써, 유연한 정책 설계를 곤란하게 한다는 비판이 제기되자, 2023년 12월의 개정을 통해 이를 삭제하고, 과학기술정보통신부장관의 고시(「도매제공의무사업자의 도매제공의무서비스 대상과 도매제공의 조건·절차·방법 및 대가의 산정에 관한 기준」)에 따라 도매제공의무서비스의 구체적인 기준을 정하도록 하고 있다(제38조 제6항). 제38조의2 제1항은 "과학기술정보통신부장관은 전기통신사업의 경쟁 촉진을 위하여 전기통신서비스를 재판매하려는 다른 전기통신사업자의 요청이 있는 경우 협정을 체결하여 도매제공을 하여야 하는 기간통신사업자의 전기통신서비스를 지정하여 고시할 수 있다"고 규정하며, 위 고시 제3조 제1항을 통하여 "SK텔레콤(주)가 이용자에게 제공하는 IMT2000, LTE, IMT2020의 음성, 데이터, 단문메시지"를 도매제공의무서비스로 지정하고 있다. 그밖에 법률상 근거는 없으나, 전기통신사업법 제6조 제2항에서 기간통신사업자의 등록을 위해 "공정경쟁 촉진, 이용자 보호, 서비스 품질 개선, 정보통신자원의 효율적 활용 등에 필요한 조건을 붙일 수 있다"고 규정한 내용을 활용하여 등록조건을 통해 이동통신 3사 자회사의 시장점유율을 제한하고 있다. 즉, MVNO 사업자의 등록 시 이동통신사 자회사의 점유율을 50% 이하로 제한하는 한편, 유통망의 공유 금지를 조건으로 부과하는 방식이다.

4 리스크 관리 - 이용자 보호 차원의 규제

1) 요금 규제

일반적인 시장에서의 요금규제는 「독점규제 및 공정거래에 관한 법률」을 통한 약관 규제 및 소비자 보호 규제의 맥락에서 이루어진다. 통신시장 역시 공정거래법의 적용을 받지만, 통신서비스의 특수성을 감안하여 전기통신사업법 등이 별도의 규제 체계를 두고 있다. 이는 통신규제의 이른바 "전문 규제(sectoral regulation)"로서의 성격을 나타내고 있는 것이라고 할 수 있다.[17] 전기통신사업법 제28조가 기간통신사업자의 요금 및 이용조건(이용약관)에 대해 규정하고 있어, 공정거래법상의 일반 규정보다 우선하여 적용된다.

이러한 요금규제의 근거는 통신서비스의 공공성에서 찾을 수 있다. 다른 공공서비스 요금은 「물가안정에 관한 법률」 및 재정경제부 훈령인 「공공요금산정기준」에 따라 규율된다. 임무사화가 이루어진 통신시장의 경우 경쟁 강화 등의 방법으로 요금규제를 할 수 있으나, 자연독점 성향의 특수성을 감안하여 약관에 대한 규제를 통해 요금규제도 채택하고 있는 것이다. 이는 시장경쟁을 통해서는 가격 인하를 쉽게 기대할 수 없을 것이라는 입법자의 인식이 반영된 것이다. 요금규제가 목표로 하는 것은 궁극적으로 전기통신사업법 제3조 제3항이 추구하는 가치들, 즉, 공평하고 저렴한 전기통신역무 이용, 편리하고 다양한 서비스 공급(신기술을 반영한 새로운 서비스 공급) 및 전기통신사업의 원활한 발전이라고 할 수 있다.

다만 특정 사업자에게 약관에 대한 인가를 요구하던 과거의 강력한 요금규제는 2020년의 전기통신사업법 개정을 통해 신고 및 유보부 신고로 완화된 상태이다. 과거 비대칭규제(1위 사업자에 대해서만 인가 요구)가 존재하던 시기에는 1) 신고와 인가의 경우 제출 자료는 같지만 실질적으로 이루어지는 심사는 다르다는 점에서 신고를 자족적 신고를 해석할 수 있는 가능성과 2) 제출 자료의 동일성 등으로 인해 신고제도의 운영이 현실적으로 순수한 자족적 신고만으로 운영되지는 않는다는 점을 들어, 동조의 신고를 수리를 요하는 신고라고 볼 수 있는 관점이 존재할 수 있었다. 그러나 2020년 개정으로 인해 이용약관 신고에 수리가 필요하다는 점이 명문으로 분명해졌다.

요금과 관련해 사전규제뿐만 아니라 사후규제도 존재한다. 즉, 전기통신사업법 제50조의 금지행위 중 부당한 요금 산정 혹은 요금에 비해 낮은 수준의 서비스 제공을 대상으로 하는 것들이 이에 해당한다. 예컨대 동조 제1항 제4호의 "비용이나 수익을 부당하게 분류하여 전기통신서비스의 이용요금이나 설비등의 제공 · 공동활용 · 공동이용 · 상호접속 · 공동사용 · 도매제공 또는 정보의 제공 등의 대가 등을 산정하는 행위" 혹은 제5호의 "이용약관(제28조제1항 및 제2항에 따라 신고하거나 인가받은 이용약관만을 말한다)과 다르게 전기통신서비스를 제공하거나 전기통신이용자의 이익을 현저히 해치는 방식으로 전기통신서비스를 제공하는 행위"가 금지행위로 규정되어 있다.

2) 이용자보호 규제 일반론

이미 살펴본 것처럼 전기통신사업법의 목적은 전기통신사업의 적절한 운영과 전기통신의 효율적 관리를 통하여 전기통신사업의 건전한 발전과 이용자의 편의를 도모함으로써 공공복리의 증진에 이바지한다는 것이다. 이는 사업활동 규제의 이념적 근거가 된다. 제4항에서 살펴본 진입규제를 포함한 사업의 경영에 대한 규제 및 경쟁 촉진 등의 규제와 더불어 이용자 보호를 위한 적극적인 조치 역시 이러한 목적 규정을 구체적으로 실현하기 위한 수단이라고 할 수 있다. 통신서비스 이용자 보호를 위한 적극적인 조치에 대한 근거는 제32조가 규정하고 있다.

경쟁 촉진만으로는 이용자 보호의 목적이 달성될 수 없으므로, 일정한 경우 이용자 보호를 위한 사업자의 의무를 규정함으로써 적극적인 조치를 통해 이용자 보호를 도모하는 것이다. 먼저 사업자는 전기통신역무에 관하여 이용자 피해를 예방하기 위하여 노력하여야 하며, 이용자로부터 제기되는 정당한 의견이나 불만을 즉

시 처리하여야 한다. 이 경우 즉시 처리하기 곤란한 경우에는 이용자에게 그 사유와 처리일정을 알려야 한다(제32조 제1항). 이는 이른바 포괄적 원칙 규정(Catch-all Rule)으로서 다른 구체적인 의무 규정이 없더라도 이를 근거로 사업자는 구체적인 이용자 보호 조치를 취해야 한다. 전기통신역무의 제공이 중단되는 등 전기통신역무의 제공과 관련하여 이용자에게 손해를 입힌 경우[18] 혹은 제32조 제1항에 따른 의견이나 불만의 원인이 되는 사유의 발생 및 이의 처리 지연과 관련하여 이용자에게 손해를 입힌 경우 손해배상 의무(제33조 제1항)를 지기도 한다. 물론 손해가 불가항력으로 인하여 발생한 경우 또는 그 손해의 발생이 이용자의 고의나 과실로 인한 경우에는 그 배상책임이 경감되거나 면제될 수 있다.

방송미디어통신위원회는 제1항에 따른 이용자 보호 업무에 대하여 평가한 후 그 결과를 공개할 수 있으며, 이 경우 방송미디어통신위원회는 전기통신사업자에게 평가에 필요한 자료를 제출하도록 명할 수 있다(제32조 제2항). 이는 이용자 보호 업무, 특히 이용자 의견에 대한 피드백에 대해 방송미디어통신위원회가 평가하고 공개하는 제도이다. 이용자 보호 업무에 대해 사업자 사이의 경쟁을 촉진시키는 효과도 존재한다. 매년 이용자보호 업무평가를 실시하여 결과를 발표한다.[19]

금지행위 규제(제50조) 역시 이용자 보호 규정의 성격을 일부 포함하고 있다. 직접적으로 이용자와 사업자 간의 관계를 규제하는 것뿐만 아니라 경쟁 규제의 측면에서 금지행위를 적용하는 것도 간접적으로 이용자 보호의 방법이 될 수 있다. 전기통신사업법은 금지행위의 실질적인 위법성 요건으로 "공정한 경쟁" 외에 "이용자의 이익을 해치거나 해칠 우려가 있"을 것을 규정하고 있어, 이용자보호의 목적 역시 명시적으로 드러내고 있다.

그 밖에 요금 한도 초과 등의 고지(제32조의2) 및 청소년유해매체물 등의 차단(제32조의7) 역시 이용자 보호 차원에서 이해할 수 있는 규제들이다. 후자의 경우 부가통신사업자의 "불법촬영물 등의 유통방지 의무"(제22조의5)와 비교할 수 있을 것이다.

5 통신 규제의 변화 전망

디지털 경제에 있어 통신망은 기반으로서의 성격을 가진다. 아무리 뛰어난 애플리케이션이나 콘텐츠라 하더라도 통신망 없이 이용자에게 공급할 수는 없기 때문이다. 기존의 통신망에 대한 인식은 필수적 요소임에도 불구하고, 통신망 자체가 어떤 상품으로서의 가치를 가진다기보다는 가치 중립적인 입장에서 보편적으로 콘텐츠를 운반하게 된다(이른바 'common carrier'). 그러나 최근 인공지능을 비롯한 신기술의 급격한 발전으로 이러한 보편적인 기반으로서의 역할이 데이터, 인공지능 엔진 및 모델, 인공지능 반도체 등의 도구와 설비에도 확장되는 모습을 발견할 수 있다. 이들은 컴퓨팅파워 및 통신망과 결합하여 디지털 전환 이후 시대의 또다른 기반을 구축하고 있다.

이 관점에서 도리어 전통적인 통신망의 역할은 다변화되고, 어떤 유형의 기술과 결합하느냐에 따라 통신서비스별로 차별성을 갖추게 된다. 또한 통신 기반 자체가 수익의 원천이 되기보다는 그에 부가된 독창성 있는 서비스의 비중이 커지게 된다.[20] 이에 따라 역무의 수행자를 기준으로 하여, 보편적인 운반자[21]로서의 역할을 충실히 하고 있는지에 초점을 맞춘 기준의 통신망 규제 모델에 변화의 필요성이 생긴 것이다. 이에 더하여 통신망 자체가 고도화되고, 통신망을 통해서 다양한 서비스 분화가 가능해졌다는 점도 규제 변화의 요인 중 하나로 둘 수 있다.

Ⅲ. TV 4.0 시대의 방송과 미디어 규제*

1 미디어 풍경의 변화와 방송 규제

신기술에 기반한 새로운 유형의 서비스의 등장과 확산은 미디어 환경의 변화를 의미하므로, 새로운 미디어 환경에 따른 규제 거버넌스가 필요하다. 전반적인 ICT 법제 차원에서 미디어와 방송에 대한 법에 대해서도 새로운 대응 논의를 전개해 나갈 필요성이 있는 것이다. 글로벌 인터넷 동영상 서비스플랫폼의 확산은 미디어 콘텐츠 소비의 국경 장벽을 없애는 효과를 야기하므로, 국제적인 미디어 환경을 고려할 필요성도 있다. 이용자들의 새로운 미디어 소비 행태에 따라 새로운 규범을 마련할 필요성도 제기된다. '새로운 유형의 서비스를 기존 법에 어떻게 포섭시켜규제를 할 것인가?'의 논의가 아니라, '새로운 미디어 환경을 공공복리를 증진시키는 방향으로 발전시키기 위해 규제를 어떻게 개선할 것인가?'의 논의가 중요한 것은, ICT 분야를 규율하고 있는 주요 법률 —「방송법」, 전기통신사업법 등 — 의 목적은 모두 "공공복리의 증진"이기 때문이다.

1950년대 중반까지 텔레비전을 보는 시각은 우리나라에서의 TV의 최초 송출(HLKZ-TV, 1956년) 시 한 신문기사가 말했던 표현 —"활동사진이 붙은 라디오" — 에서 극명하게 드러난다.[22] 초기의 방송은 독과점의 지상파 네트워크를 통해 전송되었고, 견고하게 확립된 포디즘적 생산공정으로 콘텐츠를 생산했다. 초기에는 특정 상업 브랜드만의 스폰서십으로 만들어진 프로그램이 많았지만, 점점 더 광고와 프로그램이 구별되었다. 방송은 당대의 도덕과 규범에서 크게 벗어나지 않고 형식 또한 전형적인 고전 서사를 따르는 '합의된 서사'(consensus narrative)를 제공했다.[23] 시청자들은 특정한 의지에 따라 모여든 사람들이 아닌 그때 그때마다 모였다가 사라지고 다시 임의적으로 모이는 대중 수용자(mass audience)였고, 공

* 이 절의 내용은 임종수/선지원, 인터넷 모델의 기원과 플랫폼 정보 서비스 규제 프레임 연구: OTT 제도화에 대하여, 방송통신연구 2022년 특집호, 2022에 기반한다.

기 중에 일방적으로 신호를 전송할 뿐 되돌려 받지 않기 때문에 네트워크(주파수) 규제가 중요했다. 방송은 창작보다 인구통계학적으로 최대 다수에게 적합한 프로그래밍이 중요하기도 했다. 그러나 이 글을 보고 있는 독자들이 이미 느끼고 있는 것처럼, 현재의 TV는 보다 능동적이고 적극적인 이용자에 맞추어 콘텐츠를 제공한다. 이용자 스스로 콘텐츠의 유형, 방송 시간, 시청의 공간 및 시청의 방법을 정하고, 심지어 이용자가 직접 크리에이터가 되기도 한다. 이와 같은 변화는 디지털 기술과 통신망의 발전 과정에서 점차 나타났고, 급기야는 인공지능 기술을 활용하여 최근 더욱 급격하게 TV를 둘러싼 모습이 바뀌고 있다.

이 글에서는 이러한 변화를 TV 1.0에서 TV 4.0까지의 발전 단계를 통해 설명하고자 한다. 이하에서는 미디어 풍경의 변화에 맞추어 관련법의 변화 내용을 살펴본다.

표 텔레비전의 풍경: TV 1.0에서 TV 4.0까지

텔레비전 풍경	시기	특성	수용자	시장 상황	미디어 환경
TV 1.0	1950년대 중반 - 1980년대 초반	주파수 희소성	대중 수용자	네트워크 독점	네트워크의 시대(안테나, 거실의 텔레비전)
TV 2.0	1980년대 초반 - 1990년대 후반	채널/네트워크 팽창 (양질의 TV)	수용자 분화	콘텐츠 브랜딩	다채널 시대(케이블, 위성, VHS, DVD)
TV 3.0	1990년대 후반 - 2010년대 초반	양질의 TV 심화, 멀티플랫포밍	수용자 분화 심화	브랜드 자산(콘텐츠, 채널, 창작자)	다양성의 시대(홈페이지, TiVo, 웹하드)
TV 4.0	2010년대 초반 - 현재	디지털 전환 (빅데이터, AI)	개인 수용자	가입자 시장	스트리밍의 시대 (VOD, 파일)

자료 : 임종수/선지원, 인터넷 모델의 기원과 플랫폼 정보 서비스 규제 프레임 연구: OTT 제도화에 대하여, 방송통신연구 2022년 특집호, 2022

2 지상파 방송에 대한 수직적 규제

TV 1.0 이래 방송미디어에 대한 법적 규율은 "방송"이라는 폐쇄적 개념 설정을 바탕으로, 이에 대한 공익적인 관점에서의 규제를 하는 것을 기본으로 했다. TV 1.0의 미디어 환경에서는 지상파 방송이 네트워크를 독점한 채, 공공재인 주파수를 사용하여 대체로 수동적인 수용자를 대상으로 영상 콘텐츠를 제공했다. 따라서 이 시기의 법적 규율은 편성권과 전송권이 가지는 강력한 영향력을 고려하여 강력한 진입 규제 장벽을 두는 한편 프로그램 편성과 내용에 있어서도 공익성을 유지하기 위한 강력한 통제를 하는 것을 특징으로 한다. 물론 공익성을 이유로 한 이와 같은 통제적 요소들은 TV 1.0의 미디어 형식이 남아 있는 현재에도 방송법제에 잔존하여 전통적인 방송 미디어에 여전히 효력을 발하고 있다.

우리나라 최초의 방송법인 1963년 방송법은 방송을 "공중에게 수신될 것을 목적으로 정치 · 경제 · 사회 · 문화등 제현상을 보도 · 평론하며, 교양 · 음악 · 연예등을 전파하기 위하여 하는 무선통신의 송신"이라고 정의하고, 방송국의 의무에 관한 규정을 두는 한편, 방송윤리위원회라는 감독 거버넌스 역시 제시하고 있다. 방송국은 전파관리법에 의해 무선국으로서의 허가[24]를 받아야 한다는 점에서 강력한 진입규제가 존재하였다. 또한 공보부장관에 대한 월례보고 의무(제19조)와 자료제출 의무(제20조)를 규정함으로써, 국가에 의한 통제가 가능하도록 하는 기반을 갖추고 있었다. 규제 내용상의 변화는 있었으나, 이와 같은 수직적 규제 체계의 근간은 2000년대 이후의 통합 방송법의 규율 아래에서도 유지되고 있는 것으로 보인다.[25]

미국 역시 일찍부터 공공성을 근거로 한 지상파 방송에 대해 수직적인 규제 체계를 갖추고 있었다. 1912년 전파법(Radio Act of 1912) 제정을 통해 지상파 방송에 대한 규제 체계를 갖춘 미국의 입법자는 1927년 전파법을 통해 방송에 대한 두 가지 중요한 공익 기준을 제시한다. 먼저 입법자는 방송사가 직접 주파수를 통제하는 것을 금지하고("common carriage"의 금지) 정부 통제 아래에서 일정 주파수에 방송 채널을 할당하는 방식의 단기의 면허(licensing) 제도를 도입하였다. 또한 방송사로 하여금 주파수의 수탁자로서 "공공의 이익과 편의 및 필요성"에 따라 주파수를 운용할 것을 요구하였으며, 방송 면허에 대한 결정 역시 같은 요건에 따라 이루어져야 한다고 규정한다. 전파법의 규정들은 1934년 연방 통신법(Communications Act of 1934)으로 옮겨지며, 통신법의 개정에 따라 내용적인 면에서는 변화를 겪지만, 공공의 이익을 근거로 한 방송에 특유한 규제 모델 자체는 그대로 이어진다.

3 다채널 네트워크(케이블 TV 등)에 대한 규율

TV 2.0은 콘텐츠를 전달하는 수단이 케이블을 비롯한 다양한 네크워크로 분화되며 생겨난 미디어 풍경이라고 할 수 있다. 따라서 TV 2.0에 대한 규제 정책은 케이블 TV를 비롯한 다채널 네트워크에 대해 어떤 식으로 규율하고 있는지 살펴봄으로써 일별할 수 있을 것이다.

우리나라에서 케이블 TV를 본격적으로 규율하기 시작한 것은 1992년 「종합유선방송법」이 시행되면서부터이다. 종합유선방송법은 그 제정 이유를 통해 "고도정보사회의 새로운 환경변화에 따라 국민의 다양한 정보욕구를 충족시키는 종합유선방송을 우리 실정에 맞게 도입 · 정착시킴으로써 공공의 복리증진과 이용자의 편의를 도모"하고자 하는 목적을 밝히고 있다. 즉, TV 2.0의 미디어 환경에서 나타나는 다채널의 네트워크를 공익상의 이유에서 일정 부분 통제하고 규율하려는 시도를 엿볼 수 있다. 종합유선방송사업국의 운영을 위해서는 공보처장관의 허가[26]를 받도록 하고 있는 진입규제 규정(구 종합유선방송법 제7조)을 비롯하여, 공보처장관의 지역사업권 부여 권한(제8조), 프로그램공급업에 대한 허가 요건 규정(제13조), 외국 방송프로그램 수입을 위한 공보처장관의 승인 요건 규정(제16조) 등은 케이블 TV 사업 자체에 대한 공익 명목의 규제라고 할 수 있다. 프로그램의 편성과 관련해서는 원칙적으로 자유를 부여하고 있으나, 일정한 편성 기준을 제시하고 있으며, 외국방송프로그램, 광고방송 및 방송국시설의 기술 기준 등과 관련해서 일정한 제약을 두고 있다. 또한 케이블 TV에 대한 규제 거버넌스로서 종합유선방송위원회[27]를 설치하고 있었다.

위성방송에 대한 규율은 2000년 통합 방송법의 제정과 함께 법제화된다. 위성방송사업은 위성을 매개로 한 주파수를 사용하기 때문에, 지상파방송사업자와 마찬가지로 방송사업에의 진입을 위해서는 "전파법이 정하는 바에 의하여 정보통신부장관의 방송국 허가"를 받아야 한다는 진입 규제 제한이 있었다(현재는 과학기술정보통신부장관의 허가 필요). 그밖에도 방송위원회를 통한 시청자 보호와 프로그램 편성상의 규제에 놓여 있었다.

미국의 케이블 TV에 대한 법적 규제는 1984년 케이블통신정책법(Cable Communication Policy Act of 1984)을 통하여 본격적으로 이루어진다. 동법에 따라 사업허가(franchise)를 진입규제[28]로 삼고 있다. 그밖에도 케이블 사업의 운영과 관련하여 요금규제, 프로그램 접근 기준 및 재전송 의무 등에 관한 규제 규정들이 존재한다.[29] 지상파방송에 대한 허가(license)가 공공이 관리하는 주파수를 일정 범위 내에서 할당해 주는 개념(우리 법의 관념으로 보자면 강학상의 특허)인 것과 달리, 케이블 TV에 대한 허가는 특정 지역에서 케이블 사업을 영위할 수 있도록[30] 상대적 금지를 해제해 주는 경찰법상의 허가인 것이다. 즉, 미국법의 경우 지상파 네트워크에 대해서는 TV 1.0의 규제 관념을 여전히 갖고 있지만, 케이블 TV에 대해서는 전달 수단의 변화를 직시하고 다른 관념으로 접근하고 있다는 점을 알 수 있다.

종합유선방송사업자와 위성방송사업자에 대한 허가제는 현재의 방송법에서도 유지되고 있다. 케이블 TV의 소유규제가 일부 완화되고, 방송사업자들 사이의 겸영을 제한적으로 허용하는 등 거버넌스 및 규제의 세부 내용에 대해서는 방송법상 어느 정도 변화가 있었다. 지상파 방송에 대해 통용될 수 있었던 전파의 공공자산성이나 희소성 등의 성격이 약화되었음에도 불구하고[31] 결과적으로 다채널 네트워크에 대해서도 지상파 방송과 다름 없는 공익 목적에서의 규제 체계 자체는 오늘날까지 이어지고 있다.

4 방송의 디지털화에 대한 법적 대응

미디어 환경이 TV 3.0으로 진화함에 따라 디지털 수단을 이용한 방송에 대한 규율의 필요성이 제기된다. 따라서 이른바 “디지털방송법”이라 불리는[32] 방송법 개정이 2004년에 이루어졌고, 방송과 통신의 융합에 대비한 규제 체계에 대한 논의 역시 TV 3.0 이후의 미디어 환경에서 활발하게 이어진다. 2004년의 개정 방송법은 방송 분류 체계를 기존의 지상파방송, 종합유선방송, 위성방송에서[33] 텔레비전 방송, 라디오방송, 데이터방송 및 이동멀티미디어방송으로 재편하였다. 즉, 데이터방송 및 DMB와 같은 형태의 디지털 기반의 뉴미디어를 방송의 범주 안에 편입시켰다고 평가할 수 있다. 나아가 2007년에는 인터넷망을 전달수단으로 하는 인터넷멀티미디어 방송(IPTV)을 법제화하기에 이른다(「인터넷멀티미디어 방송사업법」).

방송의 디지털화를 주요 표징으로 하는 TV 3.0 시대에는 방송 규율과 관련하여 새로운 쟁점들이 제기된다. 먼저 검토할 내용은 방송이라는 개념 안에 디지털방송을 포섭시키는 것이 타당한가 하는 물음을 포함하여 방송 개념을 재정립할 필요가 있다는 의문이다. 인터넷망을 전달수단으로 하는 방송의 경우 다양한 형태의 커뮤니케이션이 가능해져 서비스에의 접근성이나 대중성 등에 있어 종래의 방송과 차이를 보인다.[34] 인터넷멀티미디어 방송사업법의 제정 과정에서 이를 방송에 영역에 넣을 것인지, 통신의 영역에 넣을 것인지를 둘러싸고 부처 및 이해관계자 간의 갈등이 발생했던 일 역시 이와 같은 차이를 보여준다.[35] 진입규제와 소유규제에 대한 개선 문제 역시 제기된다. 기존의 방송법은 방송사업자에 대해 강학상의 특허(주파수 할당) 내지 허가와 같은 진입장벽을 두고 있었다. 그러나 디지털화를 통해 방송 전달의 수단 및 방송의 형식이 보다 다양화될 수 있다는 점에서, 그리고 새로운 전달수단에 대해서는 공익상의 통제 필요성이 덜할 수 있다는 점에서, 기존의 진입규제를 일부 완화할 가능성이 있어 보인다. 규제의 거버넌스 역시 변화시켜야 할 필요성이 있다. 특히, IPTV의 경우 기존의 방송사업과는 다른 사업자 계층에 대한 분류가 필요해지며, 이를 통할할 수 있는 규제 거버넌스의 필요성 역시 제기되었다. 우리나라의 경우 2008년 방송통신위원회의 출범을 통해 조직 면에서는 융합적인 서비스에 대해 대응할 수 있는 체계를 갖춘 바 있으나, 실질 면에서는 여전히 수직적 서비스 분류 체계를 유지하고 있다.[36] 즉, 동일 조직에서 방송과 통신을 규율하더라도 사업의 분류 체계에 따라 별도의 법령에 근거한 별개의 규제체계가 작동되고 있는 것이다.

규제체계의 관점에서 참고할 만한 것이 유럽연합의 방송통신법제이다. 유럽연합은 이미 2002년 방송통신규제 체계를 전송 계층과 콘텐츠 계층으로 구분하는 이른바 "수평적 규제체계"를 채택한 바 있다. 기존에는 방송과 통신의 사업별로 개념을 분류하여 해당 사업에 적합한 규제를 적용하였다. 그러나 규제에 있어 수직적 모델은 개별 서비스 간에 분명한 경계가 있다는 것을 전제로 하나, 방송의 디지털화를 통해 이러한 경계가 실질적으로 사라지고 있다. 또한 동일 네트워크상의 서비스들이 두 개 이상의 사업에 속하는 현상도 나타나게 되어 일관된 규제를 적용하기 곤란하다는 문제도 존재한다. 유럽연합은 2002년의 이른바 「규제프레임워크지침」[37]을 통해 콘텐츠의 전송이라는 역무에 대해 방송사업과 통신사업의 경계를 없애고, 기술 중립적인 규제 체계를 도입하였다. 콘텐츠 계층에 대해서는 「시청각미디어서비스지침」[38]을 제정하여 다양한 형태의 미디어 전달 체계에 공통적으로 적용되는 콘텐츠 규제의 틀을 도입하였다.[39]

5 기존 방송법제의 한계와 TV 4.0 시대의 규율 체계에 대한 모색

기존의 방송법제는 여전히 열거식의 방송 분류를 통해 수직적이고 칸막이식인 규제 체계를 취하고 있다. 즉, TV 4.0의 미디어 환경을 만들어 낸 인터넷 기반의 미디어를 그 법제 안에 포섭하기에는 어려움이 있다는 것이다. 방송 규율의 최고 가치는 여전히 공익성을 바탕으로 하지만, TV 4.0 시대의 미디어는 단일한 가치만으로 규율할 수 없는 현상이라고 평가할 수 있다. 방송의 개념 자체가 융합적이고 다양한 개념으로 분화하였으며, 인터넷 모델이 보편화됨에 따라 기존의 방송으로서의 성격 역시 흐려졌다. 따라서 특정 개념에 대해 특정 규율을 적용하는 방식의 규율 체계가 더 이상 유효하지 않게 되었다고 말할 수 있다. 수용자의 성격 역시 극적으로 변화하여, 인터넷 모델이 특징으로 하는 다양한 형태의 쌍방향 커뮤니케이션 역시 미디어 환경의 하나의 풍경으로 받아들일 수밖에 없게 되었다.

TV 4.0이라는 미디어 환경에 적합한 규제 모델을 찾기 위해서는 우선 인터넷 기반의 플랫폼 미디어가 나타나게 된 배경과 그 특징을 더 심화해서 살펴볼 필요가 있다. 디지털 전환의 흐름 속에서 방송 미디어 역시 다른 분야의 인터넷 모델들과 마찬가지로 플랫폼이라는 형식이 주류가 되었기 때문에, 플랫폼–미디어에 대한 규제 논의 역시 일반적인 디지털 플랫폼 환경에 대한 규제 논의와 연계지어 생각해야 할 것이다.

Ⅳ. 데이터와 법*

1 데이터법의 발전과 분화

다수의, 그리고 다양한 유형의 데이터에 대한 분석을 기반으로 하는 인공지능 기술의 특성을 고려할 때 데이터의 양적 · 질적 확보는 완전한 디지털 전환을 위한 중요한 전제이다. 그런가 하면 이렇게 확보한 데이터의 활용 과정에서 법적 문제가 발생하지 않도록 하는 일 역시 중요하다. 대규모 데이터의 분석을 통해 유용한 인공지능 기반 애플리케이션을 실행한다 해도, 그 이면에서 프라이버시 침해 및 데이터에 대한 저작권 등의 재산권 침해가 이루어진다면 기술을 통한 편익보다 사회적 비용이 더 커질 수 있기 때문이다.

따라서 디지털 전환 시대의 각국의 데이터법제와 정책은 한편으로는 고품질의 편향되지 않은 데이터세트를 다량 확보하기 위한 전략의 일환으로 구축되었으며, 다른 한편으로는 데이터의 수집과 활용이 수반하는 리스크를 방지하거나 제어하기 위한 목적으로 구성된다. 전자와 관련해서는 다수 당사자들이 생산하는 데이터를 다양한 방식으로 공유할 수 있는 체계를 마련하거나, 개별 경제주체들이 데이터 수집과 확보에 들여야 하는 비용을 줄여줄 수 있는 정책 등을 수립하는 것을 내용을 하는 법제도를 발견할 수 있다. 후자와 관련해서는 데이터의 수집과 활용 과

---

* 이 절의 내용은 한국개발연구원의 2025년 연구과제 “인공지능 기반 창작·발명 활동의 주요 쟁점 연구” (연구책임자: 김정욱) 가운데 저자의 자문 내용을 바탕으로 구성한 것이다.

정을 절차적으로 규율하여 정보주체의 통제 없는 데이터 활용을 방지하는 전통적인 개인정보 보호법상의 접근에서부터, 인공지능 윤리의 관점에서 데이터 활용을 제약하는 방식 및 경제적 재화로서의 데이터를 보호하는 시각에서의 제도 구축 등을 엿볼 수 있다. 우리나라의 경우에도 데이터 확보를 위한 기반을 마련하는 법률들을 최근 입법해 왔으며, 이들은 개인정보 보호법 및 부정경쟁 방지법 등 데이터에 기반한 권리들을 규율한 법률들과 함께 데이터법제를 구성하고 있다. 또한 전통적인 정보주체의 보호를 겨냥하는 법률들에서도 데이터의 활용 폭을 넓힐 수 있는 가능성을 부여하는 규율들 — 예컨대 가명정보 활용 규정, 목적합치성 원칙의 도입, 공개된 개인정보 활용 등 — 을 두고 있다.

데이터의 이용과 거래 활성화를 촉진하는 일과 데이터 이용으로 인해 발생할 수 있는 해악을 방지하는 일은 인공지능 고도화 이후의 데이터 경제를 발전시키는 데에 모두 중요한 가치들이다. 데이터법제들은 이 두 가지 가치를 균형 있게 유지하기 위한 고려들이라고 할 수 있다. 즉, 현재의 데이터법제는 인공지능을 비롯한 신기술의 발전에 맞추어 분화되고 입체화되었다고 평가할 수 있다.

2 데이터경제 진흥 차원의 법제

1) 개인정보 보호법제의 변화

「개인정보 보호법」, 「신용정보의 이용 및 보호에 관한 법률」(이하 '신용정보법'이라 한다), 「위치정보의 보호 및 이용 등에 관한 법률」(이하 '위치정보법'이라 한다) 등은 우리 나라의 개인정보 보호법제를 이루는 개별 법률들이다. 종래의 개인정보 보호법제는 데이터와 관련이 있는 개인의 프라이버시 보호를 주된 목적으로 하여, 정보주체의 프라이버시를 보호하는 것을 핵심 내용으로 하고 있었다. 그러나 최근 데이터 활용의 중요성에 대한 인식이 높아지며, 2020년의 대폭 개정을 통해 보호규범들의 예외로서 데이터 활용을 촉진하는 목적의 규정들이 종래의 개인정보 보호법제에 포함되었다.

먼저 개인정보 보호법의 경우 추가 정보가 없이는 특정 개인을 알아볼 수 없도록 처리하는 것을 가명처리로 정의(제2조제1호의2 신설)하고, 일정한 요건을 갖춘 경우 가명정보는 정보주체의 동의 없이 활용할 수 있도록 하였다. 개인정보보호위원회의 소속을 대통령 소속에서 국무총리 소속으로 변경하고, 「정부조직법」에 따른 중앙행정기관으로 하여 개인정보 보호 컨트롤타워로서의 기능을 강화, 행정안전부와 구 방송통신위원회의 개인정보 관련 사무를 개인정보보호위원회로 이관하도록 한 것(제7조, 제7조의8 신설, 부칙 제9조)도 특징이다. 데이터 관련 정부의 업무를 일원화하겠다는 입법자의 의지를 밝힌 것이다. 개인정보처리자는 당초 수집 목적과 합리적으로 관련된 범위 내에서 정보주체에게 불이익이 발생하는지 여부, 안전성 확보에 필요한 조치를 하였는지 여부 등을 고려하여 정보주체의 동의 없이 개인정보를 이용하거나 제공할 수 있도록 하여(제15조제3항 및 제17조제4항 신설), 이미 수집한 개인정보의 활용 가능성을 넓히고 있다. 개인정보처리자는 통계작성, 과학적 연구, 공익적 기록보존 등을 위하여 정보주체의 동의 없이 가명정보를 처리할 수 있도록 하되, 서로 다른 개인정보처리자 간의 가명정보의 결합은 개인정보보호위원회 또는 관계 중앙행정기관의 장이 지정하는 전문기관이 수행하도록 하였다(제28조의2 및 제28조의3 신설). 위에서 언급한 가명정보의 처리 방식 및 결합 방식을 정한 것이다.

신용정보법 역시 개인정보 보호법과 유사한 수준으로 데이터 활용의 폭을 넓히는 의미에서의 대폭 개정을 하였다. 단, 신용정보법에서는 개인정보 보호법에는 도입하지 않았던 "개인신용정보의 전송요구"를 신용정보주체의 권리 중 하나로 새로이 도입하였다. 이는 GDPR의 Data Portability와 유사한 성격으로서, 개인인 신용정보주체가 신용정보제공 · 이용자등에대하여 그가 보유하고 있는 본인에 관한 개인신용정보를 해당 신용정보주체 본인, 본인신용정보관리회사(이른바 "마이데이터" 회사), 대통령령으로 정하는 신용정보제공 · 이용자, 즉, 금융기관 및 개인신용평가회사에 전송해 줄 것을 요구할 수 있다는 권리이다. 정보주체 개인의 통제 하에 시장 내의 다른 당사자에게 관련 데이터가 이전하게 되면 데이터의 이동 및 활용 방식의 확대가 늘어날 것이라는 기대에서 전송요구권의 도입이 이루어진 것이다. 2023년 3월, 개인정보 보호법에도 일반적인 전송요구권이 도입되어, 이제는 개인정보 보호법제의 일반적인 권리 내지 제도로서 전송요구권 제도가 자리 잡게 되었다.

2) 공공데이터법을 통한 공공 데이터에의 접근권 확대

국가 차원에서 시장 행위자들이 활용할 수 있는 데이터를 공급하기 위해 직접적으로 취할 수 있는 방법은 공공부문이 보유한 데이터를 민간 부문의 주체들에게 제공하는 일일 것이다. 우리 입법자는 이 관점에서 이미 지난 2013년에「공공데이터의 제공 및 이용 활성화에 관한 법률」(이하 '공공데이터법'이라 한다)을 제정하여 공공 부문에서 구축한 데이터를 활용하여 경제적 부가가치를 생산할 수 있는 기초를 마련하고 있다. 공공데이터법은 제1조에서 밝히고 있듯이 "공공기관이 보유·관리하는 데이터의 제공 및 그 이용 활성화에 관한 사항을 규정함으로써 국민의 공공데이터에 대한 이용권을 보장"하는 것을 목적으로 한다. 인공지능 기술의 발전과의 관계에서 생각해 본다면, 애초의 제정 취지대로 공공 부문의 데이터를 인공지능 기반 산업을 수행하는 민간 기업에 제공함으로써, 학습용 데이터의 양적·질적 향상을 도모하는 것이다.

공공데이터법상 공공데이터는 "데이터베이스, 전자화된 파일 등 공공기관이 법령 등에서 정하는 목적을 위하여 생성 또는 취득하여 관리하고 있는 광(光) 또는 전자적 방식으로 처리된 자료 또는 정보"로서,「전자정부법」제2조 제6호에 따른 행정정보,「지능정보화 기본법」제2조 제1호에 따른 정보 중 공공기관이 생산한 정보 및「공공기록물 관리에 관한 법률」제20조 제1항에 따른 전자기록물 중 대통령령으로 정하는 전자기록물을 의미한다(제2조 제2호). 공공데이터법은 "공공기관은 누구든지 공공데이터를 편리하게 이용할 수 있도록 노력하여야 하며, 이용권의 보편적 확대를 위하여 필요한 조치를 취하여야 한다"는 이념을 밝히면서(제3조 제1항), 이 목적을 달성하기 위한 적극적인 정책과 전략을 형성할 의무를 공적 주체에게 부여하고 있다. 추진 체계로서 공공데이터전략위원회를 구성하고(제5조), 공공데이터의 품질 관리와 공공데이터의 이용 활성화 및 효율적인 관리를 위한 표준화 의무를 규정하고 있다. 또한 현실적으로 제공 가능한 공공데이터베이스를 구축하기 위한 물적 기반을 마련할 것을 규정하고 있고[40], 공공데이터의 제공 절차와 관련한 분쟁 해결 절차 역시 마련하고 있다.

공공데이터법이 규율하는 내용이 「데이터기반행정 활성화에 관한 법률」(이하 '데이터기반행정법'이라 한다)과 유사해 보이나, 데이터기반행정법의 경우 데이터 활용과 거래를 촉진하는 직접적인 규정을 두고 있기보다는 행정에서의 데이터 활용을 제고하기 위해 필요한 고려를 하고 있다. 반면 공공데이터법은 직접적으로 공공 부문의 데이터를 시장에 공급할 수 있는 메커니즘을 규율하고 있어 데이터 경제 차원에서 보다 직접적으로 영향을 미치는 법률이라고 할 수 있다.

3) 지능정보화 기본법

2020년 12월에 「국가정보화 기본법」을 전면 개정하여 디지털 전환에 걸맞는 관련 규범을 담고자 했던 「지능정보화 기본법」 역시 데이터 유통 및 활용 등에 관한 기본적 사항을 규정하고 있다. 즉, 데이터의 유통을 위한 조직으로서의 데이터센터에 대한 규정(제40조), 관련한 기본적인 정책 마련 의무를 담은 데이터시책 관련 규정(제42조)을 비롯하여 실제적인 데이터의 유통 · 활용 진흥을 위한 기본 원칙(제43조) 등을 규정하고 있다.

단, 지능정보화 기본법의 주요 규율 대상은 공공데이터에 대한 사항으로서 민간데이터 활용의 측면을 구체적으로 규율하지는 않고 있다. 또한 제43조 제3항 단서를 통해 "공공데이터에 관한 사항은 「공공데이터의 제공 및 이용 활성화에 관한 법률」에 따른다"고 규정하고 있어, 개별법이 존재하는 영역에 대해서는 적용을 배제하고 있어 데이터 경제 차원에서 실질적인 규범력을 가진다고는 보기 어렵다. 즉, 데이터 경제를 위한 우리 정부의 정책의 기본 방향성을 제시하는 정도에서 지능정보화 기본법상의 데이터 관련 규정들의 의의를 찾을 수 있을 것이다.

4) 데이터 산업법

「데이터 산업진흥 및 이용촉진에 관한 기본법」(이하 '데이터산업법'이라 한다)은 데이터를 생산 · 수집 · 가공하고 5세대 이동통신(5G) 및 인공지능(AI)과 융합 · 활용하는 다양한 정책을 체계적으로 추진하기 위한 목적으로 제정한 것이다. 데이터는 단순 보유만으로 가치가 없고 데이터 가공, 결합, 분석을 통해 새로운 가치를 창출하므로 데이터 유통거래 환경 조성이 중요하다[41]는 인식 아래, 데이터 유통 및 활용에 대한 산업적 수요가 급증함에 따라 정부가 데이터 활용 및 관련 산업진흥을 위한 다양한 정책을 추진하고 있음에도 불구하고 그 법적 근거와 거버넌스 체계가 미흡한 상태라는 점[42]을 타개하기 위한 목적에서 입법이 이루어진 것이다.

데이터 거래와 데이터 활용을 촉진하기 위한 물적 기반을 비롯하여, 각종 재정적인 지원 장치, 인력 양성을 위한 각종의 정책들의 근거를 규율하고 있다. "데이터 생산, 거래 및 활용 촉진을 위한 기반을 조성하기 위하여 노력"해야 한다는 국가 등의 주요 책무를 규정하면서(제3조), 데이터 생산·활용 및 보호 활성화를 위한 데이터 결합 촉진 정책 및 데이터 안심구역과 같은 구체적인 특례 역시 두고 있다. 데이터 이용 활성화 및 공정한 거래의 촉진을 위한 내용들과 더불어, 데이터 산업의 기반 조성을 위한 각종 지원 정책들에 대해서도 규율하고 있다. 일부 데이터 자산 보호에 대한 규정 — 즉, 데이터 활용 입장에서는 규제적 요소가 되는 규정 — 도 담고 있으나, 이에 대해서는 후술하기로 한다.

5) 산업 디지털 전환 촉진법

한편 제조업 등의 산업 전반에서 생산·관리되는 데이터에 대한 권리관계를 명확히 하고, 산업 디지털 전환 정책을 종합적으로 수립·시행하기 위한 정부 내 추진 체계와 민간의 디지털 전환 활동을 강력하게 뒷받침할 수 있는 지원 제도 관련 근거를 두기 위한 목적에서 2022년에 「산업 디지털 전환 촉진법」(이하 '산업디지털전환법'이라 한다)의 제정이 이루어졌다.

동법은 산업데이터를 "「산업발전법」 제2조에 따른 산업, 「광업법」 제3조제2호에 따른 광업, 「에너지법」 제2조제1호에 따른 에너지 관련 산업 및 「신에너지 및 재생에너지 개발·이용·보급 촉진법」 제2조제1호 및 제2호에 따른 신에너지 및 재생에너지 관련 산업의 제품 또는 서비스 개발·생산·유통·소비 등 활동 과정에서 생성 또는 활용되는 것으로서 광(光) 또는 전자적 방식으로 처리될 수 있는 모든 종류의 자료 또는 정보"라고 정의하고, 이러한 산업데이터를 활발하게 활용하는 생태계를 조성하기 위한 규율들을 두고 있다. 즉, 산업 디지털 전환 종합계획 등 정부의 정책 입안 의무에 대해 규정하는 한편, 산업데이터 활용 촉진을 위한 표준화, 품질 관리 및 플랫폼 등의 지원에 관한 사항을 두고 있다. 또한 국가나 지방자치단체가 산업 디지털 전환 선도사업을 지정할 수 있도록 함으로써, 구체적으로 산업데이터와 관련한 사업을 추진할 수 있는 근거를 마련하고 있고, 산업 디지털 전환 기반 조성을 위한 각종 지원 조치 역시 규율하고 있다.

「개인정보 보호법」 등 기존 권리보호 법령에서 규정하고 있지 않은 산업데이터의 개념을 정의하고 이에 관한 활용 · 보호 원칙을 제시하여 기업의 불확실성을 해소하고 산업데이터의 활용을 활성화하기 위한 규정도 두고 있어, 데이터 경제와도 관련도가 높은 법률이라고 할 수 있다. 데이터 산업법상의 데이터 자산 규정과 마찬가지로 "산업데이터를 생성한 자는 해당 산업데이터를 활용하여 사용 · 수익할 권리를 가진"다는 규정(제9조 제1항)을 두고 있어, 데이터에 대한 권리를 인정하는 내용을 담고 있기도 하다.

3 리스크 관리 차원의 보호법제

1) 개인정보 등의 정보주체를 위한 보호

개인정보 보호법제는 헌법 제17조의 프라이버시권을 기초로 하여, 정보주체의 사생활이 함부로 공개되지 않도록 함은 물론, 자신에 대한 정보를 자율적으로 통제할 수 있는 권리까지 보장하는[43] 내용 등을 구체화하고 있는 법제이다. 프라이버시 보호를 본격적인 목적으로 하는 법률이 있는가 하면, 법률의 규제 대상 영역의 특징상 프라이버시 침해를 수반할 수 있는 부분에 대해 부수적으로 보호 규정을 두고 있는 법률도 존재한다. 기본법 역할을 하는 개인정보 보호법을 비롯하여, 신용정보법과 위치정보법 등이 정보주체의 프라이버시 보호 목적의 규범을 구성하고 있다. 개별 영역에도 개인정보 보호와 관련한 내용을 규율하고 있는 법률들이 있다. 의료 영역에서는 「보건의료기본법」, 「의료법」 및 「생명윤리 및 안전에 관한 법률」(이하 '생명윤리법'이라 함)이, 금융 영역에서는 신용정보법 외에도 「금융실명거래 및 비밀보장에 관한 법률」(이하 '금융실명법'이라 함)이, 통신 영역에서는 「전기통신사업법」과 「통신비밀보호법」이 법률의 본래 목적과 더불어 사생활 보호와 관련한 규율들을 두고 있는 것이다.

개인정보 보호법은 "개인정보처리자"[44]가 "개인정보"[45]를 "처리"[46]하는 모든 경우에 기본적으로 적용되는 법률로서, 개인정보 보호법제의 중심축을 이루고 있는 법률이다. 개인정보 보호법의 시작은 1994년에 제정된 구 「공공기관의 개인정보 보호에 관한 법률」이며, 동법은 국가의 공권력에 의한 프라이버시 침해를 막기 위해 공공기관이 개인정보를 취급할 때 지켜야 할 내용을 규정하였다. 공공부문뿐만 아니라 민간부문에서도 각종의 서비스에 있어 개인정보의 수집과 이용이 보편화되면서, 2011년 현행의 개인정보 보호법이 제정되어, 공공 부문과 민간 부문을 막론하고 개인정보를 처리하는 경우에 보편적으로 적용할 규율을 정립하였다. 현재의 개인정보 보호법은 다음과 같은 내용들을 골자로 한다. 개인정보 수집과 활용을 위해 원칙적으로 정보주체의 사전 동의를 받아야 하며(또는 법률이 정하는 요건 충족 필요), 개인정보 수집 및 이용의 목적과 수집하려는 개인정보의 항목을 정보주체에게 고지해야 한다. 또한 개인정보의 열람권(제35조), 정정 · 삭제권(제36조), 처리정지 요구권(제37조) 및 자동화된 결정에 대한 거부권(제37조의 2)등 정보주체의 적극적인 권리도 규율하고 있다. 개인정보처리자에 대해 개인정보의 안전한 관리 및 파기 의무를 부여(제29조)하는 한편, 개인정보 보호 인증(제32조의2), 개인정보 영향평가(제33조) 및 개인정보 유출 통지(제34조) 등의 보호 조치를 규정하고 있기도 하다.

신용정보법은 신용정보를 이용함에 있어 균형 잡힌 정보주체 보호를 도모하고자 하는 목적에서 1995년에 제정된 법률로 다음과 같은 취지와 내용을 담고 있다. 신용조사를 통해 획득한 금융에 필요한 정보를 효율적으로 이용하기 위해서는, 그에 따른 프라이버시 침해를 방지할 필요가 있다. 따라서 "신용정보의 효율적 이용과 체계적 관리를 기하는 한편, 신용정보의 오용 · 남용으로부터 사생활의 비밀등을 적절히 보호함으로써 건전한 신용질서를 확립"[47]하기 위한 목적으로 신용정보법을 제정한 것이다. 개인신용정보의 제공 · 활용에 대해 동의를 요구함으로써 개인정보법과 마찬가지로 정보 활용을 위한 절차적 제약을 둔다(제32조). 신용정보의 열람 및 정정청구권(제38조), 신용조회사실의 통지 요청권(제38조의2), 개인신용정보의 삭제 요구권(제38조의3) 등 신용정보주체의 적극적인 권리도 규정하고 있다. 한편, 금융실명법은 "실지명의(實地名義)에 의한 금융거래를 실시"하는 한편, "그 비밀을 보장"하기 목적으로(제1조) 제정된 법률로, 개인정보 보호와 관련한 일부 규정들을 담고 있다. 금융회사등에 종사하는 자는 명의인의 서면상의 요구나 동의가 없는 이상 금융거래의 내용에 대한 정보나 자료를 제3자에게 제공하거나 누설할 수 없다(제4조 제1항). 금융회사등은 거래정보 등을 제공한 내용을 일정한 표준[48]에 따라 기록·관리할 의무를 지게 된다(제4조의3).

위치정보란 "이동성이 있는 물건 또는 개인이 특정한 시간에 존재하거나 존재하였던 장소에 관한 정보로서 「전기통신사업법」 제2조제2호 및 제3호에 따른 전기통신설비 및 전기통신회선설비를 이용하여 측위(測位)된 것"을 의미한다(위치정보법 제2조 제1호). 위치정보법은 각종 산업에서 위치정보의 유출 및 오남용을 방지함으로써 정보주체의 사생활의 비밀 등을 보호하고 위치정보의 안전한 이용환경을 조성하여 위치정보의 이용을 활성화하기 위해 제정된(제1조) 것이다.특히 위치정보법은 위치정보사업에 대한 진입규제 등을 통해 위치정보에 기반한 사업들을 규율하고 있기 때문에, 인공지능 기반 서비스가 위치정보를 활용하는 경우에는 동법에 따른 시장 진입 요건을 갖추어야 한다. 개인위치정보를 대상으로 하는 위치정보사업을 영위하기 위해서는 방송미디어통신위원회에 등록하여야 하며, 방송미디어통신위원회는 등록요건을 충족하는지를 심사하여 신청내용이 적합하다고 인정되면 등록증을 교부한다(제5조 제1항 및 제3항). 위치정보사업자 등은 위치정보의 유출, 변조, 훼손 등을 방지하기 위하여 일정한 관리적·기술적 조치들을 취하여야 하며(제16조 제1항), 위치정보사업자와 그 종사자는 직무상 알게 된 위치정보를 누설·변조·훼손 또는 공개할 수 없다(제17조). 위치정보법은 개인위치정보주체를 보호하기 위한 규정들도 두고 있다. 개인위치정보의 수집·이용 또는 제공을 위해서는 위치정보주체의 동의가 필요하다(제15조). 개인위치정보주체에게도 동의 철회권, 중지 요구권, 열람 또는 고지권 등이 인정된다(제24조).

효과적인 의료 행위를 위해서는 의료데이터의 활용이 필요하며, 의료 행위 이외의 연구 활동을 위해서도 환자의 생체정보나 진료기록 등은 유용할 수 있으나, 이들 데이터는 인간의 신체에 관련한 것으로 보호 가치 역시 크다고 할 수 있다. 따라서 활용에 있어서 안전성을 갖추고, 의료정보 제공자의 프라이버스를 보호하여야 할 것이다. 환자의 치료 및 의료 관련 연구에 사용한다는 점을 감안하면 데이터의 무결성을 유지하는 것 역시 중요하여,[49] 그와 관련한 통제도 필요하다. 이와 관련하여 보건의료기본법은 의료정보에 대한 일반 원칙을 규정하고 있다. 동법은 "보건의료정보"를 "보건의료와 관련한 지식 또는 부호 · 숫자 · 문자 · 음성 · 음향 · 영상 등으로 표현된 모든 종류의 자료"라고 정의하며(제3조 제6호), 제13조에서 "모든 국민은 보건의료와 관련하여 자신의 신체상 · 건강상의 비밀과 사생활의 비밀을 침해받지 아니한다"고 규정하여 의료 분야에서의 일반적인 개인정보 보호 원칙을 선언하고 있다. 의료법은 의료인 및 의료기관 종사자 등에 대한 정보 누설 금지 규정 등을 통해 의료행위 시의 프라이버시 침해에 대비하고 있다. 제19조 제1항은 "의료인이나 의료기관 종사자는 이 법이나 다른 법령에 특별히 규정된 경우 외에는 의료 · 조산 또는 간호업무나 제17조에 따른 진단서 · 검안서 · 증명서 작성 · 교부 업무, 제18조에 따른 처방전 작성 · 교부 업무, 제21조에 따른 진료기록 열람 · 사본 교부 업무, 제22조제2항에 따른 진료기록부등 보존 업무 및 제23조에 따른 전자의무기록 작성 · 보관 · 관리 업무를 하면서 알게 된 다른 사람의 정보를 누설하거나 발표하지 못한다"고 규정한다. 제21조 제2항이 "환자가 아닌 다른 사람에게 환자에 관한 기록을 열람하게 하거나 그 사본을 내주는 등 내용을 확인할 수 있게 하여서는" 안된다고 규정함으로써 의료기록 열람 과정에서 프라이버시 침해를 방지하고자 하고 있다. 기타 환자나 환자 보호자의 동의 없는 진료기록 송부 금지 규정(제21조의2 제1항), 진료기록전송지원시스템 운영기관의 준수사항(제21조의2 제5항) 및 의료인 및 의료기관 개설자의 전자의무기록 안전 관리 · 보존 의무(제23조 제2항) 등도 존재한다. 마지막으로 생명윤리법은 "개인식별정보, 유전정보 또는 건강에 관한 정보 등 개인에 관한 정보"에 해당하는 개인정보(제2조 제18호)를 취급하기 위한 요건 등을 규정하고 있다. 동법은 인간대상연구를 하기 전에 연구대상자로부터 일정한 사항이 포함된 서면동의를 받도록 하고 있으며, 이 가운데에는 개인정보 보호에 관한 사항 및 개인정보 제공에 관한 사항 등이 포함된다(제16조 제1항).

전기통신사업법과 통신비밀보호법 등의 통신 관련법 역시 일부 개인정보 보호와 관련한 규정을 두고 있다. 전기통신사업법 제83조 제1항은 "누구든지 전기통신사업자가 취급 중에 있는 통신의 비밀을 침해하거나 누설하여서는" 안된다고 규정한다. 통신비밀보호법은 주로 국가기관에 의한 통신비밀 침해(불법검열 및 불법감청 등)를 규율하고 있기는 하나, 제3조 제1항에서 "누구든지 이 법과 형사소송법 또는 군사법원법의 규정에 의하지 아니하고는 우편물의 검열 · 전기통신의 감청 또는 통신사실확인자료의 제공을 하거나 공개되지 아니한 타인간의 대화를 녹음 또는 청취하지 못한다"고 규정함으로써, 일반적인 비밀 보호 원칙을 선언하고 있다. 근래의 인공지능 기반 서비스는 대부분 통신망을 통해 이용자에게 전달되는 것으로서, 이렇게 일부 통신 관계법상의 개인정보 보호 규정들도 적용될 수 있을 것이다.

인공지능 기반 서비스의 제공 과정에서 수집 · 활용하는 정보 및 인공지능 기반 서비스 내의 이용자 행태 등이 개인정보의 처리에 해당하는 경우뿐만 아니라, 학습용 데이터 등으로 사용하기 위해 데이터를 수집하는 경우에도 기본적으로 개인정보 보호법상의 원칙과 규율들을 적용해야만 한다. 또한 그러한 정보들이 신용정보, 위치정보 및 의료정보 등에 해당하는 경우에는 각각의 개별법들의 규제들이 적용된다. 인공지능 서비스의 영역별로 관련한 규범의 적용이 달라질 것이다.

2) 자산으로서의 데이터에 대한 보호

데이터와 관련한 개인의 프라이버시에 대한 보호뿐만 아니라, 데이터를 제작한 자에 대한 재산권 보호 역시 리스크 제어의 관점에서 보는 법제로 분류할 수 있다. 인공지능 서비스의 설계 및 제공 과정에서 타인의 자산에 해당하는 데이터를 무단 사용했을 경우, 누군가의 재산권을 침해할 가능성이 있기 때문이다. 이렇게 경제적 재화로서의 데이터의 재산적 가치를 보호한다는 관념은 비교적 최근의 입법례 — 기본적으로 산업 진흥 관점에서의 입법례 — 에서 나타난다.

데이터 산업법은 제12조 제1항을 통해 "데이터생산자가 인적 또는 물적으로 상당한 투자와 노력으로 생성한 경제적 가치를 가지는 데이터는 보호되어야 한다"고 선언한다. 이렇게 보호의 대상이 되는 가치를 "데이터 자산"이라고 명명한다. 제2항에서 "누구든지 제1항에 따른 데이터자산을 공정한 상거래 관행이나 경쟁질서에 반하는 방법으로 무단 취득 · 사용 · 공개하거나 이를 타인에게 제공하는 행위, 정당한 권한 없이 데이터자산에 적용한 기술적 보호조치를 회피 · 제거 또는 변경하는 행위 등 데이터자산을 부정하게 사용하여 데이터생산자의 경제적 이익을 침해하여서는 아니 된다"고 규정하고 있지만, 구체적인 보호의 방식에 대해서는 데이터에 대해 배타적인 소유권 등의 물권을 설정하는 대신, 데이터 자산에 대한 침탈 행위를 부정경쟁방지법을 통해 규율하는 것으로 미루고 있다(동조 제3항). 부정경쟁방지법은 제2조 제1호 카목에서 "데이터[「데이터 산업진흥 및 이용촉진에 관한 기본법」 제2조제1호에 따른 데이터 중 업(業)으로서 특정인 또는 특정 다수에게 제공되는 것으로, 전자적 방법으로 상당량 축적 · 관리되는 기술상 또는 영업상의 정보(제2호에 따른 영업비밀은 제외한다)를 말한다. 이하 같다]를 부정하게 사용하는 행위" 중 특정한 것[50]을 부정경쟁행위로 정의하여 동법의 규율 대상으로 삼고 있다. 즉, 데이터 자체에 대해 권리를 부여하기보다는 데이터 자산에 대한 침탈 행위를 채권적으로 보호하는 방식을 채택하고 있는 것이다.

산업디지털전환법은 산업데이터에 대해 한층 강화된 권리 부여를 시도하고 있다. 즉, 제9조 제1항을 통해 "산업데이터를 생성한 자는 해당 산업데이터를 활용하여 사용 · 수익할 권리를 가진다"고 규정함으로써, 소유권에 유사한 권리를 인정하고 있다. 일반적으로 소유권의 내용을 물건에 대한 사용 · 수익 · 처분권이라고 했을 때, 처분권을 제외하고는 소유권과 다름 없는 권리를 보장하고 있는 것이다. 물론 동법의 취지는 산업데이터에 대해 강력한 재산적 보호를 한다는 것이라기보다는, 산업데이터에 대해 어떠한 권리가 존재한다면 그 권리자는 "생성한 자"라는 점을 강조한 것이라고 평가할 수 있다.

데이터 산업법과 산업디지털전환법이 데이터의 재산적 가치에 대해 보호하고 있는 방식은 장단점을 갖는다. 전자와 같이 채권적 보호를 하는 방식은 데이터를 둘러싼 재산권에 대해 절대적인 보호는 보장할 수 없으나, 데이터를 이전, 공유 및 활용하는 데에 있어서는 제약이 덜할 수 있다. 후자의 경우처럼 강력한 권리 보장을 한다면, 그러한 사용 · 수익권을 가지지 못한 자가 데이터를 활용하는 일은 다소 위축될 수 있다.

V. 온라인플랫폼과 새로운 소비생활*

1 플랫폼 경제에 대한 이해

근래에 사용하는 플랫폼이라는 용어는 중세 프랑스어의 plat과 forme의 합성어인 "plate-forme"를 16세기 이후 독일의 건축 분야에서 요새 등의 포대로 사용되던 "평평한 바닥"이라는 용어로 차용한 것이라고 알려져 있다.[51] 이른바 플랫폼을 매개로 하는 서비스는 기본적으로 통신망을 이용하여 각종의 재화와 서비스를 이용자에게 전달하는 것으로서, 통신서비스의 범주 — 그 가운데에서도 특히 「전기통신사업법」 제2조 제12호의 부가통신역무에 해당 — 에 속한다고 말할 수 있다. 즉, 플랫폼 경제에 대한 규제는 통신서비스에 대한 규제를 기초로 하여 개별적인 영역에서 세부적인 규제를 형성하고 있다고 평가할 수 있다.

통신 규제의 기본적인 법률인 전기통신사업법상 통신서비스 규제는 크게 네 가지 유형으로 나누어 볼 수 있다. 첫 번째는 시장 진입과 서비스 내용에 대한 규제로서 진입 규제 내지 보편적 역무 등 사업자의 존재 자체에 대한 규제를 들 수 있다. 두 번째는 경쟁 규제로서 그 기초가 되는 경쟁상황평가(부가통신역무의 경우 실태조사), 상호접속 규정, 경쟁보호 차원의 금지행위 등이 세부적인 규율을 이룬다. 네 번째는 직접적인 이용자 보호 규제로서 약관규제, 요금규제(현재에는 유보신고제), 이용자보호 차원의 금지행위 등을 들 수 있다. 마지막으로 정보통신 설비규제는 설비의 제공과 사용 등을 규율하는 차원이라고 할 수 있다. 다만 각 유형의 규제들은 단절되어 있는 것이 아니라, 서로 순환적이며 궁극적인 목적인 통신서비스 이용자들의 편리하고 안전한 서비스 이용이라는 가치를 매개로 연관되어 있다. 위의 규제 내용 가운데 부가통신역무에 해당하는 플랫폼 서비스에 직접적으로 적용되지 않는 것들도 존재하지만, 전반적으로는 플랫폼 경제의 법적 문제 역시 이러

---

* 이 절의 내용은 선지원, 플랫폼 규제 연구의 동향과 과제, The Digital Ethics 제15호, 한국인터넷윤리학회, 2025에 기반한다.

한 이용자 보호라는 통신규제의 목적으로 인해 나타나게 된다. 통신규제를 중심으로 다른 개별 법제들이 구성하고 있는 각종의 경쟁규제, 소비자보호 차원의 규제, 콘텐츠 규제가 때로는 중첩하여 적용될 수 있다.

보다 짜임새 있는 규제 논의를 위해 플랫폼을 둘러싸고 존재하는 개념들에 대한 고찰과 재정립이 필요하다. '온라인 플랫폼' 혹은 온라인 플랫폼의 '이용자', 온라인 플랫폼에서 제공하는 각종 서비스의 개념과 범위 등은 규범의 목적에 따라 달리 설정될 수 있고, 위에서 언급한 것처럼 거꾸로 각 개념에 따라 다른 개념들이 적용될 수도 있다. 따라서 이 개념들을 어떻게 정립할지 결정하는 것이 중요한 문제일 것이다.

플랫폼 경제 일반 개념도

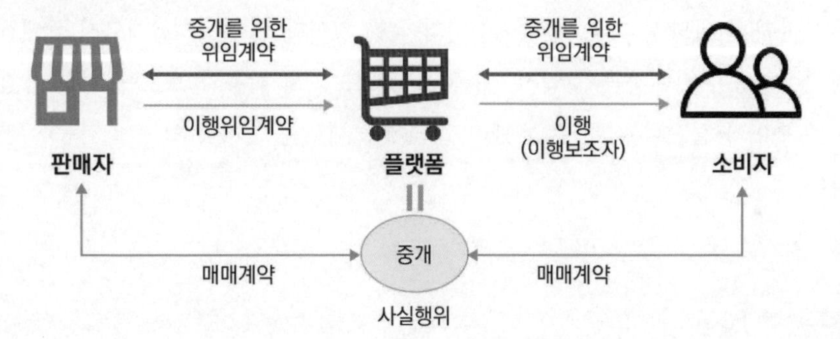

출처: 저자작성

온라인 플랫폼의 의미를 광의로 새긴다면 상품 및 서비스의 거래, 이용자 간의 의사소통 및 정보 교환 등을 매개하는 인터넷 홈페이지, 어플리케이션 및 이에 준하는 전자적 시스템이라고 볼 수 있다. 경제활동을 중심으로 좁은 의미로 파악해본다면 플랫폼을 이용하여 공급을 하는 사업자와 최종 소비자 사이에서의 재화 또는 용역에 대한 거래 개시를 중개하는 서비스라고 이해할 수 있으며, 그 핵심 키워드는 '중개'와 '연결'이라고 할 수 있다. 그러나 현재의 방송통신 영역에서 나타나는 플랫폼 서비스들은 전통적인 의미의 거래 중개를 넘어서서 서비스 제공자와 이용자, 이용자와 이용자 사이에서 이루어지는 다양한 형태의 행위들을 연결하는 기능을 수행한다. 통신서비스의 보편화 및 광범위화 현상을 고려할 때, 이용자보호를 위한 관리의 대상으로서의 플랫폼은 넓은 개념으로 새기는 것이 타당해 보인다.

이러한 이해 아래 플랫폼 경제를 둘러싸고 새로운 법적 문제들에 대한 문제 제기를 해 볼 수 있다. 먼저 서비스 "이용자"의 개념부터 다르게 접근해 볼 필요가 있다. 이용자의 정의로는 관련한 중개서비스를 이용하는 모든 자연인 또는 법인을 포괄해야 할 것이다. 플랫폼의 이용자는 플랫폼을 매개로 하여 거래 혹은 콘텐츠를 주고받는 당사자를 모두 포괄해야 한다. 즉, 사업상의 가맹자(이른바 '사업상 이용자' 혹은 'Business User') 역시 이용자의 범주에 들어가야 할 것임 즉, 서비스 제공자와 이용자 사이의 직접적인 관계가 아닌 중개 관계에 있는 사업자의 의무 범위와 규율 방식을 어떻게 설정해야 할 것인지에 대한 고민이 필요하다. 이 차원에서 최근 논의되고 있는 플랫폼에 대해 직접 일정한 행위 의무를 부과하는 방식의 규제에 대한 타당성 논의 역시 이루어져야 할 것이다. 또한 그 전제로서 플랫폼의 경쟁제한성이 실재하는 것인지, 기존의 법제도 외에 이용자 보호를 위한 특별한 의무 부여가 필요한지, 콘텐츠 관리 측면에서 새로운 문제가 있는지 검증이 필요하다.

2 플랫폼 규제 시도의 동향

1) 기존 경쟁법 규율의 적용 시도

플랫폼에 대한 경쟁법 적용 시도는 플랫폼의 중립성에 대한 논의를 전제로 한다. 플랫폼은 그 자체로서 진입 장벽의 역할을 수행할 수 있으므로, 시장에서의 그러한 지위를 경쟁을 침해하는 방식으로 사용하지 않도록 제어해야 한다는 것이다. 플랫폼 사업자는 가맹 사업자들의 노출 방식, 검색 결과의 제시 등의 결과물 산출에 있어 중립성을 유지해야 하며, 이를 경쟁법의 틀에서 규제해야 한다는 것이다. 가령 기간통신사업자에게 접속의무를 부여하듯, 플랫폼에 대해서도 시장 행위자들이 플랫폼을 자유롭게 이용할 수 있도록 하는 일정한 경쟁법상의 의무를 부여해야 한다는 것이 이 논의의 골자라고 할 수 있다.

대표적으로 독일 연방카르텔청은 지난 2019 Facebook이 Instgram 서비스와의 관계에서 이용자의 데이터에 대한 보호 의무를 위반하여 이용자에 대한 착취가 이루어졌다고 판단하며 제재를 가한 바 있다.[52] 이 사건에서 연방카르텔청은 대형 온라인 플랫폼에 대해 규제를 해야 하는 이유를 다음과 같이 밝히고 있다. 첫째로, 대형 온라인 플랫폼이 가지는 "네트워크 효과", 즉, 다수가 이용하는 소셜 네트워크 이용자들 사이에 네트워크가 형성되어 직접적으로 그 영향력이 증대되고, 간접적으로는 이용자의 수가 광고 시장에도 영향을 미칠 수 있다는 현상을 들고 있다. 둘째로, 사용자가 많은 온라인 플랫폼의 경우 형식적으로는 멀티호밍이 흔하지만, 위에서 언급한 직접적인 네트워크 효과로 인한 이른바 "Lock－In" 효과가 발생하여 실질적으로는 서비스 변경을 위한 허들이 높다는 점을 지적한다. 셋째로, 네트워크 효과로 인한 규모의 경제의 이득을 볼 수 있으며, 네트워크 효과와 Lock－In 효과로 인해 이용자가 많을수록 이용자당 비용단가는 급격히 낮아질 수 있다는 점을 제시하고 있으며, 마지막으로, 대형 온라인 플랫폼의 경우 경쟁 관련 데이터에의 접근권을 차단할 수 있는 사실상의 힘이 있다는 점을 들고 있다.

2) 유럽연합법상 플랫폼에 대한 직접적인 행위 규제

먼저 디지털 서비스법(Digital Services Act)[53]은 일차적으로는 기존의 유럽연합 E－Commerce 지침의 중심 원칙들을 지속적으로 유지해 나가면서, 다른 한편으로는 인터넷 중개자에 대한 절차적인 규율을 보충하고 초대형 온라인 플랫폼에 대한 새로운 규제의 틀을 확립하는 데에 목적을 두고 제정되었다. 디지털 서비스법의 규율 대상이 되는 서비스는 온라인 쇼핑에서, 소셜 네트워크 및 검색엔진에 이르기까지의 다양한 서비스들로서, 서비스의 유형에 따라 규율의 체계를 구분할 뿐만 아니라, 사업자의 규모에 따라서도 규율의 정도를 달리하고 있다. 온라인 플랫폼이 콘텐츠에 대한 직접적인 책임을 지는 것은 원칙적으로 부정하지만, 간접적인 규정들을 통해 일정한 책무 — 투명성에 관한 책무, 통지 의무, 심사 및 대응 의무, 콘텐츠 접근 차단에 있어 절차상의 의무 및 이용자 권리 보호 의무 등 — 를 부여한다. 온라인 플랫폼 운영자에 대해 몇 가지 직접적인 행위 규제를 부과하고 있으며, 특히 일정 기준 이상의 대형 플랫폼에 대해서는 더욱 강한 의무를 부과한다.

이른바 디지털시장법(Digital Markets Act)[54]의 목표는 유럽 내 디지털 분야 시장을 이른바 "게이트키퍼(Gatekeeper)"의 존재에도 불구하고 공정하게 유지하는 것이다. 기존의 경쟁법적인 접근은 시장에서의 특별한 지위와 경쟁 위반의 행위에 대한 입증을 일차적으로 필요로 하기에, 디지털 영역에 걸맞는 새로운 형태의 규제 체계가 필요했던 것이다. 수범 대상은 케이트키퍼, 즉, 온라인 플랫폼 가운데서도 디지털 시장에서 진입 장벽의 역할을 하는 주체이다. 게이트키퍼에 해당하는 사업자에 대해 종래의 시장에서의 공정경쟁 차원에서 경쟁법적으로 규율되어오는 것들을 직접적 · 사전적 금지사항로 하여 직접적인 의무를 부여하는 것이다.

3) 전자상거래법을 통한 플랫폼에의 의무 부여

「전자상거래 등에서의 소비자보호에 관한 법률」(이하 '전자상거래법'이라 한다)은 "전자상거래 및 통신판매 등에 의한 재화 또는 용역의 공정한 거래에 관한 사항을 규정"하고 있다. 즉, 플랫폼을 통한 중개거래 외에도 일반적으로 전자적 방식으로 이루어지는 거래의 공정성을 담보하기 위한 규율을 담고 있다. 플랫폼을 통해 거래가 이루어지더라도 그 거래의 본질은 공급자와 최종소비자 사이의 계약에 해당하며, 플랫폼은 거래의 주체가 되지 못한다. 그러나 통신판매중개자에 해당하는 플랫폼에게도 이용자 보호의 차원에서 일정한 의무를 부여하는 규정들을 동법에 두고 있다.

먼저 플랫폼은 자신이 통신판매의 당사자가 아니라는 사실을 소비자가 쉽게 알 수 있도록 고지해야 한다(동법 제20조 제1항). 이러한 고지의무는 통상적으로 플랫폼이 제공하는 서비스 애플리케이션의 초기 화면을 통해 이루어지는 것으로 보인다. 만약 이러한 고지 의무를 다하지 않았을 경우 "통신판매중개의뢰자의 고의 또는 과실로 소비자에게 발생한 재산상 손해에 대하여 통신판매중개의뢰자와 연대하여 배상할 책임을" 지게 된다(제20조의2 제1항). 또한 통신판매중개업자는 통신판매중개의뢰자가 사업자인 경우에는 "그 성명(사업자가 법인인 경우에는 그 명칭과 대표자의 성명) · 주소 · 전화번호 등 대통령령으로 정하는 사항을 확인하여 청약이 이루어지기 전까지 소비자에게 제공하여야 하고, 통신판매중개의뢰자가 사업자가 아닌 경우에는 그 성명 · 전화번호 등 대통령령으로 정하는 사항을 확인하여 거래의 당사자들에게 상대방에 관한 정보를 열람할 수 있는 방법을 제공"할 의무 역시 진다. 이러한 "정보 또는 정보를 열람할 수 있는 방법을 제공하지 아니하거나 제공한 정보가 사실과 달라 소비자에게 발생한 재산상 손해에 대하여 통신판매중개의뢰자와 연대하여 배상할 책임을 진다(제20조의2 제2항)" 아울러 분쟁 해결을 위한 조치 의무 역시 부담한다. 즉, "통신판매중개자는 사이버몰 등을 이용함으로써 발생하는 불만이나 분쟁의 해결을 위하여 그 원인 및 피해의 파악 등 필요한 조치를 신속히 시행"해야 한다(제20조 제3항). 동법 시행령 제25조의2는 구체적인 조치 의무로 "1. 통신판매중개의뢰자와 소비자 사이에 발생하는 분쟁이나 불만을 접수 · 처리하는인력 및 설비를 갖출 것, 2. 통신판매중개자 또는 통신판매중개의뢰자에 의하여 발생한 불만이나 분쟁을 해결하기 위한 기준을 사전에 마련하여 사이버몰에 고지할 것, 3. 소비자 불만이나 분쟁의 원인 등을 조사하여 3영업일 이내에 진행 경과를 소비자에게 알리고 10영업일 이내에 조사 결과 또는 처리방안을 소비자에게 알릴 것"을 들고 있다.

4) 최근의 플랫폼 규제를 위한 공정거래법 개정안

「독점규제 및 공정거래에 관한 법률」(이하 '공정거래법'이라 한다)의 규율 대상은 시장 질서를 교란하는 행위이다. 즉, 일정 요건에 따라 시장지배적사업자로 인정되는 사업자는 일정한 행위(제5조 제1항의 "남용행위")를 해서는 안 되며, 시장 질서를 교란할 수 있는 기업결합 및 관련 행위가 제한되는 한편, 대규모기업집단에 의한 경제력 집중 행위 역시 규제의 대상이다. 또한 계약 · 협정 · 결의 또는 그 밖의 어떠한 방법으로도 다른 사업자와 공동으로 부당하게 경쟁을 제한하는 일정한 "부당한 공동행위"를 비롯하여 불공정거래행위 및 재판매가격유지행위 등을 금지하고 있다. 즉, 원칙적으로는 플랫폼의 경우에도 위와 같은 요건 심사를 거쳐 사후에 플랫폼의 행위가 경쟁을 제한하는 효과가 있는 경우에 한해 규제가 발생한다.[55)]

지난 2024년 9월 9일 공정거래위원회는 "독과점 플랫폼이 경쟁 플랫폼의 시장 진입을 저지하거나 시장에서 몰아내는 반(反)경쟁행위가 여전히 빈번하게 발생하고 있고, 티몬 · 위메프 사태와 같이 일부 플랫폼 기업들이 사회적 논란과 함께 입점업체 등 경제적 약자 보호를 위한 제도 보완 필요성도 긴요한 상황"이라는 이유를 들어,[56] 플랫폼 경제 차원에서의 반경쟁행위의 신속한 차단을 위해 공정거래법을 개정할 계획을 밝히고 있다.

먼저 규율 대상으로는 "시장 영향력이 압도적인 지배적 플랫폼"을 들고 있으며, 이는 아래 글상자에 있는 일정한 요건 아래 사후 추정할 계획임을 밝히고 있다. 공정거래위원회는 당초에는 유럽연합의 DMA가 채택하고 있는 방식인 지배적 플랫폼의 사전 지정을 전제로 한 플랫폼 규제안을 발표한바 있으나, 다양한 비판에 부딪혀 이를 철회한 것으로 보인다.[57] 아래에서 보는 바와 같이 공정거래법 제6조 제1호상의 시장지배적사업자의 추정 기준인 시장점유율 50%보다는 완화된, 60%의 시장점유율을 사후 추정 요건으로 제시하고 있으며, 스타트업 생태계 등을 고려하여 연간 매출액 4조원 미만의 기업은 사후 추정에서 제외하고 있다.

① 1개 회사 시장 점유율 60% 이상이고, 이용자수 1천만명 이상 혹은 ② 3개 이하 회사 시장 점유율 85% 이상이고, 각 사별 이용자수 2천만명 이상 ※ ① 또는 ②에 해당하더라도, 플랫폼 관련 직·간접 매출액(계열회사 포함) 4조원 미만 시 제외

규율의 분야는 "중개, 검색, 동영상, SNS, 운영체제, 광고"의 6개 서비스로 한정하고 있다. 이들이 플랫폼 경제에서 실제로 가장 두드러진 거래가 이루어지는 서비스라는 측면에서 규율 분야 선정 기준을 이해할 수 있다. 그러나 이 중 앞의 다섯 개 분야는 최종 이용자가 이용하는 직접적인 서비스인 반면, 광고는 복합적인 성격을 띠고 있으며, 다른 서비스 영역과 결합하여 실제로 수익을 창출하기 위한 모델로 사용할 수 있는 사업 유형이다. 또한 다른 시장과는 달리 온라인 광고 시장의 경우 종래의 방식으로도 시장 규율을 할 수 있을 것으로 보이므로, 플랫폼 규제만의 독자적인 규율 대상으로서 적절한지 의문이다.

규율의 내용으로는 "알고리즘 조작 등을 통한 자사우대 등 4대 반경쟁행위"를 들고 있다. 이에 대해 공정거래위원회는 "경쟁 플랫폼을 시장에서 축출하거나 시장 진입 자체를 방해하는 것을 본질로 하는 행위를 금지"하는 것이라고 설명하고 있다.

< 4대 반경쟁행위 주요내용 >

① (자사우대) 알고리즘 조작 등으로 자사 상품을 경쟁 상품보다 유리하게 취급

▶ 알고리즘을 임의로 설정, 변경하는 방법 등으로 자신의 온라인 플랫폼 서비스에서 자사 상품 또는 서비스를 우선적으로 노출 또는 배열하는 행위
▶ 이용 사업자가 자신의 온라인 플랫폼 서비스를 이용하면서 생성하거나 제공하는 비공개 정보로서 대통령령으로 정하는 정보를 이용 사업자의 상품 또는 서비스와 경쟁 관계에 있는 자사 상품 또는 서비스의 제공에 사용하는 행위

② (끼워팔기) 자사 플랫폼 서비스와 다른 상품 또는 서비스를 함께 구매하도록 강제

▶ 온라인 플랫폼 서비스 이용에 필수적이지 않은 상품 또는 서비스를 온라인 플랫폼 서비스와 연결하여 함께 제공하면서 이용자에게 다른 선택 가능성을 부여하지 않거나 다른 선택 가능성을 실질적으로 제한하는 행위
▶ 자신이 제공하는 온라인 플랫폼 서비스를 이용하는 조건으로 자신 또는 자신이 지정하는 사업자의 다른 상품 또는 서비스를 이용하게 하는 행위
▶ 자사 상품 또는 서비스만을 배타적으로 장치 또는 기기에 사전 설치하거나, 장치 또는 기기 제조사로 하여금 자사 상품 또는 서비스만을 배타적으로 장치 또는 기기에 사전 설치하도록 하는 행위

③ (멀티호밍 제한) 자사 플랫폼 이용자가 타사 플랫폼을 이용하는 것을 방해

▶ 이용자와 배타조건부 계약을 체결하여 경쟁 온라인 플랫폼 서비스 이용을 금지하거나 경쟁 온라인 플랫폼 서비스를 이용하는 경우 불이익을 제공하는 행위
▶ 이용 사업자에게 자사 온라인 플랫폼 서비스만 이용하는 경우 경제적 유인을 제공함으로써 경쟁 온라인 플랫폼 서비스 이용을 방해하는 행위

④ (최혜대우 요구) 자사 플랫폼 이용자에게 타사 플랫폼보다 유리한 거래조건을 강요

▶ 이용 사업자에게 자신의 온라인 플랫폼 서비스에서 거래하는 상품 또는 서비스의 가격이나 거래조건을 경쟁 온라인 플랫폼 서비스를 포함한 다른 유통경로에서 거래하는 해당 상품 또는 서비스의 가격이나 거래조건 대비 동등하거나 더 유리하게 적용하도록 하는 행위

아울러 공정거래위원회는 이른바 "지배적 플랫폼"이 시장 내에서 큰 영향력을 가지므로 이에 상응하여 입증책임의 부담을 강화하여야 한다고 밝히고 있다. 상세한 방안은 아직 밝히고 있지 않으나, 제조물 책임법 제4조의 경우와 같이 피해가 발생한 경우 입증책임의 전환을 꾀하고 있는 것으로 보인다. 즉, 플랫폼 거래와 관

련하여 이용자가 일정한 피해를 입은 경우, 이용자가 손해의 발생 사실, 그 손해가 플랫폼의 실질적인 지배영역에 속한 원인으로부터 초래되었다는 사실 및 그 손해가 어떠한 결함 없이는 통상적으로 발생하지 아니한다는 사실만 입증하면 플랫폼의 과실이 추정되는 것이다(제조물 책임법 제3조의2 참조). 단, 플랫폼은 경쟁제한성이 없다는 사실을 항변하거나 정보보호 및 안전 확보 등과 관련하여 항변할 수 있다고 덧붙이고 있다.

위반 시의 제재 수단에 대해서는 임시중지명령 및 관련 매출액의 8%에 해당하는 과징금의 부과 등을 제시하고 있다. 반경쟁행위를 임시로 중지하여 경쟁관계에 있는 후발 플랫폼에 대한 진입장벽을 제거하되, 그러한 임시중지 명령은 "4대 반경쟁행위 위반의 명백한 의심"과 더불어 "회복 곤란한 경쟁 저해 또는 다른 플랫폼·이용자 손해 확산 우려로 예방의 긴급 필요성"이 인정될 경우에 한하여 엄격하게 발령되어야 한다는 입장을 밝히고 있다. 또한 공정거래법 제8조가 규정하는 시장지배적지위 남용행위의 과징금 상한인 관련 매출액의 6%보다 무거운 관련 매출액의 8%의 과징금을 예정하고 있다.

3 플랫폼 규제 논의의 문제점

위와 같은 최근의 플랫폼 규제 논의에 대해서는 근본적인 측면에서 의문을 제기할 수 있다. 그러한 의문은 규제의 정당성 및 효과성에 관한 것으로, 이 연구의 전체적인 문제의식을 표현하는 것이기도 하다.

첫 번째 의문은 직접적인 규제(top－down 규제)를 새로이 구축할 만한 시장실패가 존재하는지의 문제이다. 우리나라의 경우 대형 플랫폼 기업의 시장 왜곡 행위가 크게 부각된 사례가 많지 않을 뿐만 아니라, 규제가 필요한 영역에 대해서는공정거래법제 또는 정보통신법제에 속하는 각종 법률상의 규제가 이미 작동하고 있다. 공정거래법상의 불공정거래행위(제45조) 및 전기통신사업법상의 금지행위(제50조)의 수범자는 일정한 요건을 갖춘 시장지배적사업자에 국한되지 않으므로, 플랫폼에 대한 규제 공백이 존재한다고 보기 어렵다. 최근 플랫폼의 검색 알고리즘의 인위적 조정 · 변경에 대해 공정거래위원회의 시정명령 등 제재 처분이 다수 내려지고 있다는 점은 우리 나라의 온라인 플랫폼 시장에서의 공정성에 관한 규제가 이미 제대로 작동하고 있다는 점을 뜻하기도 한다.

둘째로, 직접적인 규제 방식을 채택하더라도 과연 실제로 집행력을 행사할 수 있는지에 대해서도 검토해 볼 필요가 있다. 해외 사업자에 대해서는 전기통신사업법 제2조의2에도 불구하고 실질적인 집행력을 확보하기 어려운 것이라고 추측할 수 있다. 또한 해외 사업자가 아니더라도 플랫폼을 통해 이루어진 각종 행위에 대해서는 정보 격차로 인한 집행력이 결여될 수 있다.

Ⅵ. 디지털 행정, 디지털 시민 – 공적 참여의 디지털화

1 디지털 전환에 따른 공적 참여 제도의 변화와 논의 필요성

지능정보기술 사용의 보편화는 산업과 생활 속에서의 사적인 활동뿐만 아니라 시민참여, 공론적 행위 및 심지어 투표와 같은 이른바 "공적 경험(public experience)"[58]에도 큰 변화를 초래할 것으로 예상할 수 있다. 그럼에도 불구하고 디지털 전환의 사회적 영향에 관한 연구는 주로 사적 경험 내지 경제적 경험에 초점을 두고 있었던 것이 사실이다. 기술 또는 미디어에 의해 매개되는 이용자들의 공적 경험에 대한 연구는 상대적으로 미흡했던 것이다.

지능정보기술의 사용은 다양한 측면에서 공적 영역에서의 활동을 변화시킬 수 있다. 시민의 공적 경험이 아닌, 공적 주체의 행위 자체에도 변화를 줄 것을 예상할 수 있지만,[59] 시민이 공공과 사회 정책에 참여하는 양상에도 영향을 끼칠 가능성이 높다. 우선 생각할 수 있는 것은 공적 참여 제도에 디지털 수단을 도입함으로써 공적 논의에의 참여율을 높일 수 있다는 사실이다. 또한 지능정보기술을 공적 경험에 적용함으로써 관련 사회정책에 대한 시민들의 수용 능력과 지식을 함양하고, 행정의 혁신 가능성과 투명성을 제고할 것으로 기대할 수 있을 것이다.

그러나 공적 영역에서의 디지털 전환이 기술적 진보를 통한 순기능만을 가진다고는 볼 수는 없을 것이다. 오히려 이른바 "자동화된 불평등"[60] 문제를 비롯하여 여러 양상의 역기능을 보일 가능성도 있다. 따라서 중요한 일은 디지털 전환의 순기능을 극대화하고 역기능을 최소화하는 방식으로, 균형 있는 공적 경험 제도를 구축함으로써 공적 경험이 각종 기술의 사회적 수용에 도움이 될 수 있도록 하는 것이다. 또한 지능정보기술과 디지털 전환을 활용했을 때, 공적 참여 제도가 포용적 사회로의 이행에 이바지할 수 있는 방향으로 개선될 수 있도록 하는 전략이 필요하다.

이와 같은 배경 아래에서 디지털 전환에 따른 각종 공적 참여의 변화 양상이 미래 사회에 끼치는 영향과 이를 바람직한 방향으로 이끌어가기 위한 법제도상의 과제를 탐구해 볼 필요도 있다. 이를 위해 디지털 전환이라는 시대적 변화의 배경 아래에서 공적 참여 제도가 어떤 변화의 모습을 보이는지 살펴볼 필요가 있다. 이어서 사회적으로 추구하는 가치를 — 가령 현재의 상황에서라면 포용 사회로의 이행이라는 목표 — 를 변화하는 사회상에 담기 위해 그러한 변화를 제도적으로 어떻게 활용하고 조정해야 하는지 모색하여야 할 것이다.

2 디지털 전환 시대의 시민의 공적 활동 확대 경향

우리나라에서도 분야별로 디지털 기술을 활용하여 시민의 공적 참여를 확산하려는 시도가 이루어지고 있다.

공적 참여의 가장 대표적인 분야인 선거 제도와 관련해서도 이른바 "인터넷 정치활동" 내지 "인터넷 선거운동"이라는 형태가 이미 법적으로 수용된 바 있다. 1997년 11월 공직선거법 제82조의 3을 신설함으로서 PC 통신을 이용한 선거운동을 선거운동기간 중에 허용하게 되었던 것이다. 이는 공직선거법에의 인터넷 언론사 규정(제8조의 5) 및 인터넷 실명제 규정(제82조의 6) 등을 통하여 확대되었고, 신문법 역시 인터넷 언론을 기존 정기간행물 및 신문매체와 동등하게 대우함으로써, 선거 영역에서의 공적 경험에 인터넷은 제도적으로 지대한 영향을 끼칠 수 있게

되었다.[61)]

과거 문재인 정부에서부터 도입한 국민청원도 형식적인 수준에 그쳤던 종래의 공공 참여 채널을 직접 민주주주에 가까운 수준까지 격상시켰다고 볼 수 있다. 국민청원이 공공조직과 언론을 제치고 정부와 국민이 직접 소통할 수 있는 공간이 되었다고 할 수 있다. 청원의 난립 등으로 인한 부작용의 우려를 제기할 수 있지만, 국민의 정치 · 정책 과정 참여를 확대시키고, 다수의 국민에게 공적 경험을 부여했다는 점만으로도 의의를 가진다고 할 수 있을 것이다. 또한 예산안의 수립 과정에 국민의 공적 참여를 제고하고자 하는 국민참여예산제도[62)]에 관해서도 기본 운영 방안으로서 "디지털 플랫폼을 활용하여 소통과 참여"를 활성화한다는 전략을 제시하고 있다.[63)] 이 밖에 전자정부를 구현하기 위한 다양한 노력들(예컨대 전자민원시스템, 홈택스 및 조달청의 국가종합전자조달 창구 등) 역시 시민의 공적 경험을 보다 풍부하고 용이하게 해 줄 수 있는 방편을 마련하는 데에 집중되고 있다.

각종 경제 정책 및 사회 정책의 측면에서는 디지털 전환을 수용하고, 지능정보기술과 디지털 전환을 활용하려는 전략에 대한 연구가 활발하게 일어나고 있다. 그러나 정작 정책 결정의 토대가 되는 국민 의견 수렴 및 국민이 참여하는 공공 결정 분야에서는 디지털 전환에 따른 효과가 제대로 연구되고 있지 않는 것으로 보인다.

특히 포용적 성장과 관련한 각종 경제정책의 전환 연구는 비교적 활발히 이루어지고 있지만,[64)] 공적 참여의 변화가 가지는 사회에의 함의에 대한 연구는 부족한 형편이다. 디지털 전환에 따른 공적 경험의 변화가 우리 사회에 어떤 영향을 끼치는지 살펴보는 것도, 일반적인 경제 · 사회 정책의 변화 방향을 모색하는 일 못지않게 중요할 것이다. 공적 경험을 통해 공공의 결정에 참여하는 일은 경제 · 사회 정책의 방향 결정에 직간접적인 영향이 미치기 때문이다.

3 디지털 전환에 따른 공적 참여 변화의 쟁점

1) 디지털을 통한 참여 확대

디지털은 우선 참여의 양적 확대를 도모할 수 있는 수단이다. 공적 참여를 위한 수단으로 디지털을 도입함으로써, 의견 수렴의 절차가 간소해지고, 단일 의견이 전달되는 속도가 획기적으로 빨라질 수 있을 것이다. 즉, 양적으로는 공적 참여의 확대를 이룰 수 있을 것으로 전망된다.[65] 최근 이루어진 실증 조사에 따르면 온라인 정치 참여의 확대는 오프라인 정치 참여 활동을 강화하는 한편, 새로운 정치 참여 계층의 동원을 가능케 한다.[66]

이때 물론 숙의 과정에서의 실질적 논의라는 차원에서 질적인 확대가 이루어졌는지의 문제는 별도로 검토해야 할 사안이다. 디지털과 모바일이라는 수단은 — 적어도 디지털 기술 이용에 익숙한 사람에게는 — 형성된 공론장에 참여할 수 있는 장벽을 낮춰주지만, "숙고"라는 개념과는 거리가 있기 때문이다. 즉, 디지털 공론 과정에 참여하여 의견을 개진할 때에는 의사결정과 관련된 기회비용과 부작용들 그리고 추가 대안에 대한 고려가 부족할 가능성이 상대적으로 높아 보인다.

2) 공론장 개념의 변화

디지털 전환과 전자민주주의는 시공간적 제약을 적게 만들 수 있다. 원하는 시간과 장소에서 정치 과정에 참여할 수 있는 기회와 편의를 제공함으로써 시민들의 정치참여율을 제고할 수 있을 것이다. 또한 디지털 기술 내지 지능정보기술의 활용을 통해서 시공간의 제약이 없어지면서, 공적 참여에 있어 일터와 주거지의 경계가 허물어질 수 있다. 즉, 투표권을 가지고 있는 주거지가 아닌 곳에서 공적 참여를 할 가능성이 늘어난 것이다. 이용자의 측면뿐만 아니라 공적 주체의 관할권이라는 측면에서도 디지털 전환이 새로운 양상을 만들어 낼 수 있다. 디지털 공간에서는 지방자치단체끼리의 경계, 심지어는 국가 간의 경계도 무의미해질 수 있기 때문이다.[67] 공적 참여, 나아가 정치 참여에 대한 제도 구축 시 이와 같은 변화 양상에 대응할 필요가 있다.

반면 전자적으로 이루어진 공론의 장은 시민들의 합의를 도출하기보다는 무의미한 의견이 난립으로 인한 갈등과 분쟁을 야기할 가능성도 있다. 즉, 이와 같은 현상이 오히려 공론장의 개념을 축소시켜, 공적 경험의 확대를 질적으로 저해시킬 가능성도 있다.

3) 디지털 수용 능력에 따른 공적 참여의 차등화

디지털 수용 능력은 사람마다 다르기 때문에, 이는 정보 불균형으로 인해 정치적 소외현상으로 이어질 수 있다.[68] 상대적으로 정보 접근성이 약한 사회계층의 의사가 반영되지 못할 가능성이 있다. 따라서 온라인을 통한 절차 혹은 전자적 방식을 통한 절차에 참여할 수 없는 사람이 참여 절차로부터 배제되는 것을 방지하는 제도적 고려가 필요하다.[69] 공적 경험의 동등화라는 측면에서 공적 참여 제도와 방식에 있어서도 "유니버설 디자인"[70]이라는 관념을 생각해 볼 만하다. 특히, 공적 참여 제도 자체를 경제적 의미의 사회기반시설과 비교 가능하다는 측면에서 이 개념은 더욱 의미있을 수 있다.

또한 지방자치단체 차원에서의 공적 경험은 해당 지방자치단체의 역량 차이에 따라 그 효과성이 상이하게 나타날 수 있다. 이는 결국 지방자치단체별로 주민들의 공적 경험 불균형으로 이어질 수 있다.

독일연방건설법전이 온라인을 통한 참여 절차 구축을 통해 전통적인 참여의 방식이 사라지지 않도록, "추가로"라는 문구를 두고 있는 것은 이와 같은 현상을 방지하기 위함으로 보인다.[71]

4) 통제 가능성의 증대

디지털 수단의 이용을 통해 상호 소통이 쉬워진 반면, 통제 역시 쉬워질 수 있다. 정부 및 플랫폼 소유자의 통제, 망 소유자의 통제, 데이터 독과점 세력에 의한 여론몰이가 용이해질 수 있다. 이러한 현상으로 인해 이른바 판옵티콘(Panopticon)적 감시가 일어나, 자기 검열에 따른 공적 경험의 위축이 일어날 수 있다.[72]

5) 익명성에 따른 문제

디지털에서 이루어지는 공론에는 익명성을 가진 참여가 가능한 것이 보통이다. 익명화 혹은 가명화된 수단을 통해 참여의 적극성을 더욱 확보할 수 있다는 장점은 있으나, 그에 따른 부작용도 존재한다.

먼저 공적 참여의 장 자체에 대해 부정적인 영향을 끼칠 수 있다. 즉, 공론화의 가치가 없는 의견의 무분별한 개진 또는 적절하지 않은 집단 의식의 발현 등이 나타날 수 있다. 이와 같은 현상이 디지털 전환을 통한 다양성의 추구에 따른 비용이라고 볼 수도 있을 것이다. 또다른 문제는 익명성에 따라 명예훼손 등 공론장 바깥에서의 문제가 나타날 수 있다는 점이다.

Ⅶ. ICT가 만든 새로운 공간 : 메타버스 혹은 가상공간

1 메타버스의 법적 의미

메타버스는 '사이에, 뒤에, 넘어서'라는 의미를 지닌 메타(meta)와 우리가 사는 세계, 즉 우주를 의미하는 버스(Universe)의 합성어로, 사람들이 발을 딛고 살고 있는 실제 세상을 넘어 존재하는 가상 온라인 세상을 지칭한다. 개념의 한 축은 기술적으로 현실에 디지털 세상을 투영하는 증강과 완전한 디지털 세상을 구현하는 가상으로, 또 다른 한 축은 시스템이 사용자 자신에 집중되어 있는지 아니면 사용자 밖의 세상에 집중되어 있는지에 따라 분류가 가능하다.

메타버스는 게임, 이른바 Z세대를 위한 사회관계망 및 특정 가치에 집중하는 B2B 등에 적용되고 있으며, 이들 서비스에 패션, 엔터테인먼트 및 이벤트가 접목되고 있다. 메타버스가 관심받게 된 기반에는 3차원, 360도 콘텐츠와 서비스가 가능한 5G의 기술적 특징이 존재한다. 5G 등의 이동통신 망 진화, 클라우드의 엣지화·분산화 등 플랫폼의 진화를 바탕으로 메타버스 콘텐츠와 기기는 실감나게

(Realistic), 몰입감있는(Immersive), 한듯 안한듯(Weightless), 상호작용(Interactive), 실시간(Real－Time)의 특징을 가지고 발전한 것이다.

메타버스 분류 체계

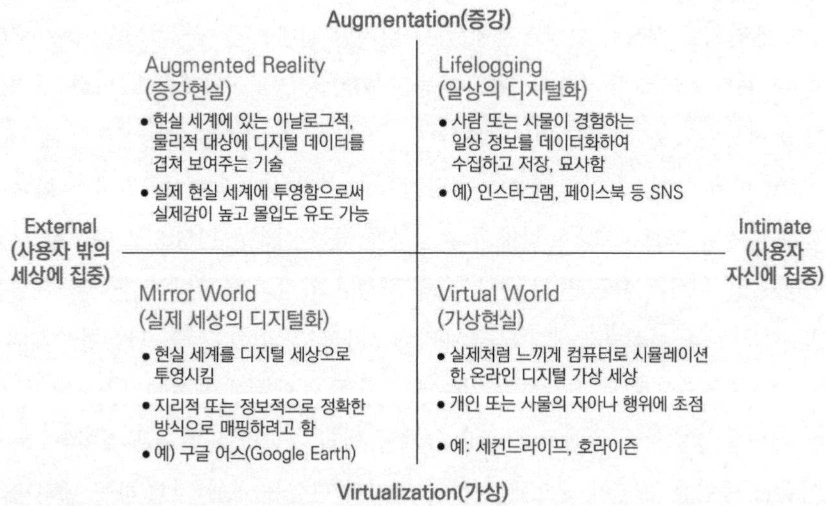

자료 : Metaverse Roadmap(pathway to the 3D web) (JohnSmart, JamaisCascio, JerryPaffendorf, 2006)

특히 디지털 전환과 지난 2020년 이후 나타난 코로나19 감염증의 확산으로 인해 '일상과 방역의 공존' 위한 디지털 대면 내지 온라인 대면 서비스의 수요가 급증한 바 있었다. 타인과 직접적인 물리적인 대면을 피하고 최소화하는 것을 통해 새로운 제품, 서비스, 경험 등을 통해 거래가 완성되는 디지털 대면 경제가 장기적인 트렌드로 부각했던 것이다. 디지털 대면 경제는 인간 대 인간의 거래 사이에 ICT가 접목되면서 디지털화를 촉진하고, 기존의 디지털 전환을 가속화한다. 기존에는 서비스 제공 전 단계의 일부만이 ICT 기반이었다면, 코로나19를 계기로 디지털화가 일상화 · 전면화되었고, 팬데믹의 종식 이후에도 언제든 일상을 디지털 공간 안에서 영위할 수 있다는 믿음은 유지되고 있다.

2 메타버스를 둘러싼 법적 쟁점

1) 개념 정립의 필요성

메타버스는 신기술의 집합적 개념으로 1) VR, AR등의 하드웨어 기술을 이용해 2) 3D 엔진으로 제작된 가상공간에서 3) 디지털 컨텐츠를 제공하되 4) 블록체인 내지 NFT(대체불가능토큰)과의 결합 가능성이 높은 영역이다. 즉, 다양한 영역의 융합적 현상으로 평가할 수 있다. 2024년에 제정된 「가상융합산업 진흥법」은 제2조 제1호에서 "이용자의 오감을 가상공간으로 확장하거나 현실공간과 혼합하여 인간과 디지털 정보 간 상호 작용을 가능하게 하는 기술을 바탕으로 다양한 사회적 · 경제적 · 문화적 활동을 할 수 있도록 구성한 가상의 공간이나 가상과 현실이 결합한 공간"을 가상융합세계, 즉, 메타버스라고 정의한다. 즉, 단순한 "게임", "콘텐츠" 혹은 "교재"로 취급하여 기존 영역별 규제 체계에 포섭시키기보다는, 명확한 개념을 정립하여 중복규제 혹은 규제 공백의 가능성을 방지한 것이다.

이같은 독립한 개념이 필요했던 것은 물리적 현실을 초월(Meta)하는 메타버스 콘텐츠의 이용 과정에서 예기치 못한 법적 쟁점이 발생할 수 있기 때문이다. 메타버스 안에서 이루어진 행위를 법적으로 어떻게 평가할 수 있을 것인지, 메타버스 기반 서비스에서의 콘텐츠 제작 및 사용에 있어서 나타날 수 있는 개인 인격권, 재산권 내지 지식재산권 등의 권리 침해에 어떻게 대응할 것인지, 메타버스 콘텐츠 제작 환경에 있어서의 부딪힐 수 있는 실무상의 문제를 어떻게 해결할 것인지 논의하기 위해서는 독자적인 개념이 필요했던 것이다. 메타버스에 최적화된 새로운 사업 모델 역시 등장하고 있는 것으로 보이므로, 이에 적합한 규제 모델 역시 강구할 필요가 있다.

2) 메타버스 안에서 이루어진 행위에 대한 평가

그렇다면 메타버스 내에서 이루어진 행위를 법적으로 어떻게 평가할 것인가? 현실세계에서처럼 물리적인 작용이 이루어지는 것이 아니기 때문에, 메타버스 내에서의 의사표시나 행위를 어떻게 판단해야 하는지 문제가 된다. 메타버스 내 아바타 행위의 법적 효과 귀속과 관련하여 아바타의 지위가 불명확하여 아바타의 행위 및 그 결과물과 관련된 법적 분쟁이 예상된다. 아울러 인공지능 등의 기능을 활용하여 아바타가 만들어낸 결과물을 저작물 또는 특허로 보호할 것인지, 저작권자 또는 특허권자가 누구인지도 불분명하다.

「민법」은 권리의 주체로 자연인과 법인만을 규정하고 있고 「저작권법」, 「특허법」, 「디자인보호법」 등은 모두 자연인에게 권리를 부여하는 것을 전제로 규정하고 있다. 특히, 메타버스 내 아바타가 AI 기능을 활용하여 결과물을 창출한 경우, 이에 대한 권리, 의무의 주체가 누구인지 불명확하다. 또한 인공지능의 학습을 저작권 침해로 간주하는가에 대해 국내법은 명확한 기준을 제시하고 있지 않으며, 국가별로 규정이 상이한 상황이기도 하다. 메타버스 내에서 아바타는 현실 세계에서의 사람과 같이 재화와 용역을 제공하는 등 권리, 의무가 수반되는 행위를 할 수 있고, 메타버스 내에서도 자유롭게 창작 · 제작행위가 이루어지기도 한다. 따라서 메타버스 내 아바타에게 현실 세계의 사람과 동일한 인격권을 인정할지 여부에 대해 검토하는 일도 생각해 볼 문제이다.

3) 프라이버시 침해의 문제

AR 글래스가 지속적으로 영상을 수집하여 클라우드 서버로 전송하거나, 360도 카메라 등이 녹화 · 수집하는 행위 등으로 인한 개인프라이버시 침해를 우려하기도 한다. AR은 이용자 주변의 정보를 근간으로 구동하므로 이용자 움직임에 따라 변화하는 입력 정보를 계속적으로 처리해야 하는 '항시적 입력 기능'과 실재 현실에 정보를 입히는 '실재 덧입히기 기능'으로 인해 주변 사람에 대한 정보를 과잉 수집할 가능성도 있다. 즉, 이용자 관점에서 지속적인 정보 수집이 가능하며, 특정 장소에서의 출현 즉시, 해당 장소의 사람 및 사물의 정보를 수집하는 것에 해당한다. VR/AR 기기 착용 후 비공개 장소에 출현하는 경우 착용자 시야에 들어오는 모든 정보가 기록되므로 소형 기기의 경우 불법적인 프라이버시 내지 개인정보 침해에 동원될 가능성이 있는 것이다. 의도하지 않은 공간(공공장소나 개인 사유지 등)이 게임 내에서의 특수한 장소로 지정되어 불특정 다수의 게이머들을 유인하는 경우, 사생활을 침해당하거나 공공질서에 혼란을 주는 경우가 발생할 수 있다. 특히 사진 및 동영상 촬영 기능을 갖춘 기기의 경우 영상정보 수집이 문제가 될 수 있어, 정보주체가 촬영에 대해 인지하지 못하거나 사전 동의절차 없이 정보가 수집 및 분석되므로 개인정보 침해의 소지가 있다.

위치기반 서비스와 메타버스 결합 시의 위치정보 규제도 문제된다. 위치정보 기반으로 메타버스 기반 서비스(예컨대 AR 서비스)를 이용하는 경우 방문했던 장소에 대한 기록이 남게 되고, 게임 내 공유되는 위치정보 통해 개인 방문 장소 등을 추측하여 개인생활 패턴의 파악이 가능하여 프라이버시 침해 가능성이 있다. 위치정보법은 사물정보(이동성 있는 물건)를 취급하는 경우에도 규제가 일부 적용되는 등 해외 입법례에 비추어 유례가 없는 개인정보에 대한 특칙 성격의 규제에 해당한다. 특히, 위치정보사업자는 등록(개인위치정보가 아닌 경우 신고)이 필요하고, 위치기반서비스사업자(개인위치정보가 아닌 경우 제외)는 신고가 필요한 상황이다. 위치정보법 제9조에 의하면, 위치기반서비스사업자(개인위치정보를 대상으로 하지 않는 경우 제외)는 주된 사무소의 소재지, 사업의 종류, 위치정보시스템을 포함한 사업용 주요 설비 등에 대해 방송미디어통신위원회에 대한 신고 의무가 있다.

4) 기기의 사용과 관련한 보건안전 문제

보건안전 문제와 관련하여 VR/AR 기기에 특화된 안전기준이 마련되어 있지 않으며, 제조사 별로 다른 기준을 제시하고 있으나 과학적 연구에 의하여 도출된 사항은 아닌 것으로 보인다. 디스플레이 · AP 등의 위치에 따라 발열에 따른 눈이나 피부의 저온화상이 우려되기도 하고, 장시간 이용시 어지러움, 두통, 오심 등 신체적 부작용 및 과몰입 등으로 인한 정신적 부작용을 유발할 가능성도 있다.

그러나 VR/AR 기기에 특화된 보건 안전 기준은 존재하지 않으며, 다른 전자기기와 마찬가지로 「전파법」, 「전기용품 및 생활용품 안전관리법」 상의 규제가 적용된다. 의료기기로 사용되는 VR/AR 기기에는 식약처의 「가상 · 증강현실 기술이 적용된 의료기기의 허가 · 심사 가이드라인」에서 HMD(Head Mounted Display) 착용에 따른 안전성 검증 기준을 제시하고 있다.

5) 메타버스 내 콘텐츠 활용의 문제

메타버스 내에서 이용자가 영위하는 대상을 하나의 콘텐츠로 볼 때에는, 이를 게임으로 볼 것인지, 일반적인 콘텐르로 볼 것인지에 따라 법적 규율이 달라진다. 우선 「게임산업진흥에 관한 법률(이하 '게임산업법'이라 한다)」에서는 양방향성이 있는 영상물 등을 게임 콘텐츠로 분류하고 있어, 의료 · 교육 등 기능성 콘텐츠의 경우에도 게임 규제가 적용될 가능성이 높다. 게임산업법에서는 게임물을 "컴퓨터프로그램 등 정보처리 기술이나 기계장치를 이용하여 오락을 할 수 있게 하거나 이에 부수하여 여가선용, 학습 및 운동효과 등을 높일 수 있도록 제작된 영상물 또는 그 영상물의 이용을 주된 목적으로 제작된 기기 및 장치" 중 사행성게임물 등을 제외한 것으로 폭넓게 적용하고 있다. 게임물관리위원회는 실무적으로 양방향성이 있는 콘텐츠를 게임으로 포섭하는 경향이 강하여 게임 규제의 적용범위가 넓어질 가능성이 높다. 예컨대 2018년 칸 영화제에서 상영된 VR 영화 '화이트 래빗'은 국내에서는 영상물등급위원회가 아닌 게임물관리위원회에서 게임물로 등급분류를 받아 국내 개봉관에서는 상영이 불가능했다.

교육 콘텐츠도 게임물관리위원회의 등급분류를 받아 배포되고 있으며, 개념적으로는 디지털 교과서에 사용되는 실감 콘텐츠도 게임물에 포섭될 수 있어 교육 콘텐츠 사업에 장애요소로 작용한다. 콘텐츠가 게임물로 취급되는 경우 해당 콘텐츠에 대한 제공 범위 및 장소에 제한이 생기기 때문에 유통이 어려워지며, 현행 게임산업법에서는 등급분류 없이 게임을 유통할 경우 형사처벌 규정(제32조, 제44조)을 두고 있어 높은 법적 리스크가 발생하게 된다. 의료 콘텐츠의 경우 게임산업법 적용과 관련한 문제점이 부각된 사례는 없으나, 치료용 실감 콘텐츠의 발전으로 인하여 향후 논란이 될 가능성은 존재한다. 약물중독 치료나 소아주의력결핍과다행동장애(ADHD) 치료를 위한 게임 등 디지털 치료제에 대한 관심이 높아지고 있으며, 이들 콘텐츠에는 게임으로 분류될 수 있는 양방향성 존재한다.

게임이 아니라 콘텐츠진흥법상의 콘텐츠로 본다 하더라도 문제는 있다. 메타버스 콘텐츠는 특성상 게임물이나 영화 · 비디오 및 광고, 만화 등의 요소를 모두 포함하고 있으며, 이들 콘텐츠들은 영상물에 대한 내용 규제(사전 등급분류제도)를 적용받아야 하다. 사전 등급분류제도 자체로 인한 표현 · 창작의 자유가 제한되는 측면을 제외하더라도, 영상물에 대한 등급심의를 담당하는 영상물등급위원회(영등위)가 콘텐츠 수의 증가 추세를 따라잡지 못하여 등급분류가 지연될 수 있는 것이다(단, 「영화 및 비디오물의 진흥에 관한 법률」 제50조의2에 따라 자체등급분류사업자로 지정되는 경우에는 자체등급분류가 가능하다).

메타버스 콘텐츠의 경우 게임물로 분류될 경우의 등급분류은 물론, 영상물에 대한 등급기준조차 명확하게 정해져있지 않은 상황이다. 문화체육관광부는 2018년 VR 게임에 적합한 등급분류 체계 개발 용역을 시작하였으나 아직 기준 신설이 이루어지지 않은 상황이며, VR/AR 콘텐츠와 같은 융·복합 콘텐츠에 대해서는 더욱 대처가 어려운 상황이다. 예컨대 만화의 경우 현재 청소년유해매체물이 아닌 이상 별도의 내용규제가 적용되지 않으나, '인터랙티브 웹툰'의 경우 양방향성을 지니고 있어 게임 또는 영상물로 분류될 경우 등급분류제 적용이 가능할 것이다.

참고문헌

1. 국내 문헌

강상덕, 가격고정에 대한 미국 판결에 나타난 당연위법과 합리의 원칙, 법조 제62권 제3호, 법조협회, 2013.

과학기술정보통신부/정보통신정책연구원, 망 중립성 정책의 이해 — 망 중립성 및 인터넷 트래픽 관리에 관한 가이드라인 해설서, 2021.

권오상 외, 방송법 연구, 법문사, 2019.

김대호. 디지털방송의 법제도 - 해외 주요국에서 제기된 법제도 이슈를 중심으로 -, 방송연구 제52호, 한국방송학회, 2001.

김병운/김문수, MVNO 도매제공의 요금책정 방안, 정보통신정책연구 제16권 제4호, 정보통신정책학회, 2009.

김성은, 소설미디어 위치기반서비스(LBS)의 감시기제와 시선의 권력, 기초조형학연구 제11권 제6호, 한국기초조형학회, 2010.

김은희, 지속가능한 지역관광경쟁력 형성을 위한 관광의 포용적 성장 현상연구 : 근거이론을 중심으로, 경희대학교 대학원 박사학위 논문, 2019.

김천수, 망중립성 보장과 기본권 보호, 외법논집 제39권 제2호, 한국외국어대학교 법학연구소, 2015.

김태호, 방송통신시장 경쟁규제에서 일반경쟁규제기관과 전문규제기관 간의 권한 배분, 경제규제와 법 제1권 제2호, 서울대학교 공익산업법센터, 2008.

김화, 보건의료산업 관련 데이터 이용의 쟁점, 민사법학 제92호, 한국민사법학회, 2020.

라성현 외, 통신시장 경쟁상황 평가(2023년도), 정보통신정책연구원, 2023.

류기락, 자동화 위험의 불평등, 경제와 사회 제116호, 비판사회학회, 2017.

박경신, 망중립성 규범의 법원, 일감법학 제45호, 건국대학교 법학연구소, 2020.

백승한, 미디어 파사드와 공적 경험: 줄리안 오피의 서울 작업 사례분석을 중심으로, 현대미술사연구 제43집, 현대미술사학회, 2018.

선지원, 인공지능 고도화와 통신규제의 변화, 공법연구 제54집 제1호, 한국공법학회, 2025.

선지원, 인터넷 동영상 서비스 규제를 둘러싼 법적 쟁점, 언론과 법 제21권 제1호, 한국언론법학회, 2022.

선지원, 플랫폼 규제 연구의 동향과 과제, The Digital Ethics 제15호, 한국인터넷윤리학회, 2025.

성욱준/장창기, 온라인 정치참여의 오프라인 정치참여 강화에 관한 연구: 도구변수를 이용한 분석, 제7회 한국미디어패널 학술대회 자료집, 2019.

손금주. 방송 · 통신 융합서비스에 대한 규제체계, 경제규제와 법 제6권 제2호, 서울대학교 공익산업법센터, 2013.

손형섭, 4차 산업혁명기의 IT · 미디업법, 박영사, 2019.

송시강, 주파수이용권의 성질과 효율적 전파관리제도, 행정법연구 제28호, 행정법이론실무학회, 2010.

송시강, 케이블텔레비전과 지상파방송의 진입규제: 미국법상 franchise와 license의 비교, 이원우 편, 방송통신법연구 V, 경인문화사, 2008.

송태원, 인터넷 플랫폼 시장에서의 공정경쟁 확보에 관한 법적 연구, 고려대학교 법학박사학위논문, 2018.

여재현 외, 통신 네트워크 고도화 전략 연구, 정보통신정책연구원, 2021.

왕상한. 디지털 방송 시대 방송법의 정비방안, 서강법학연구 제4권, 서강대학교 법학연구소, 2002.

우명동, 포용적 성장과 지방재정: 사회의 지속가능성과 정부 간 재정관계를 중심으로, 한국지방재정논집 제24권 제1호, 한국지방재정학회, 2019.

이상헌, 방송 · 통신 융합형 기업결합 규제에 대한 행정법적 고찰 :SK텔레콤의 CJ헬로비전 인수 · 합병 사례를 중심으로, 고려대학교 대학원 법학박사학위논문, 2017.

이성엽 외, 데이터 유통 및 활용 확대를 위한 제도개선에 관한 연구, 한국데이터산업진흥원, 2020.

이성한, 디지털 시대의 사회적 소외계층을 위한 유니버설 디자인, 조형미디어학 제17권 제2호, 한국일러스아트학회, 2014.

이성환, 위성방송사업 참여규제의 입법방향, 법학논총 제12호, 국민대학교 법학연구소, 2000.

이우진, 포용적 성장과 사회경제정책의 역할, 한국관광정책 제75호, 한국문화관광연구원, 2019.

이재훈, 전자동화 행정행위 도입 후 독일 행정절차법제 논의의 전개 양상, 공법학연구 제19권 제4호, 한국비교공법학회, 2018.

이종욱, 시스템 위기하의 포용적 성장 위한 중소기업 정책금융과 통화정책의 한계, 중소기업 연구 제40권 제4호, 한국중소기업학회, 2018.

이호영, 독점규제법상 '관련시장' 획정의 의미와 입법적 개선, 법조 제692호, 법조협회, 2014.

이희정, 경쟁상황평가를 기초로 한 통신규제모델의 연구, 이원우 편, 정보통신법연구 III, 경인문화사, 2008.

이희정, 주파수 이용권의 법적 성질에 대한 시론적 고찰 (1), 행정법연구 제30호, 행정법이론실무학회, 2011

임종수/선지원, 인터넷 모델의 기원과 플랫폼 정보 서비스 규제 프레임 연구: OTT 제도화에 대하여, 방송통신연구 2022년 특집호, 2022.

정인준, 통신서비스 시장에서의 바람직한 규제정책 방향 - 이용약관 인가제를 중심으로 -, 경영법률 제25권 제1호, 한국경영법률학회, 2014.

조성규. 주파수 할당 대가의 법적 성질, 경제규제와 법 제4권 제1호, 서울대학교 공익산업법센터, 2011.

최승원/손현. 방송 · 통신 융합기반의 IPTV에 대한 공법적 규율, 행정법연구 제25호, 행정법이론실무학회, 2009.

황창근, 방송법상 금지행위 규정 도입에 대한 고찰, 홍익법학 제11권 제1호, 홍익대학교 법학연구소, 2010.

2. 외국 문헌

Berghäuser, Klaus/Berghäuser, Monika, E-Partizipation und frühzeitige Öffentlichkeitsbeteiligung in der Bauleitplanung, NVwZ 2009, 766.

Eubanks, Virginia, Automating Inequality: How High-Tech Tools Profile, Police, and Punish the Poor, St. Martin's Press, New York 2018.

Hartmann, Bernd J, Digitale Partizipation. Chancen und Risiken elektronischer Bürgerbeteiligung im Verwaltungsrecht, MMR 2017, 383.

Isenberg, David S, "The Dawn of the 'Stupid Network'", cover story of ACM Networker 2.1, February/March 1998.

Schliesky, Utz, Digitalisierung: Herausforderung für den demokratischen Verfassungsstaat, NVwZ 2019, 693.

Smart, John/Cascio, Jamais/Paffendorf, Jerry, Metaverse Roadmap (pathway to the 3D web), 2006.

Thorburn, David, Television as an aesthetic medium, Critical Studies in Mass Communication 4, 1987.

Woodley-Baker, Rochelle, Private and public experience captured: young women capture their everyday lives and dreams through photo-narratives, Visual Studies, 24:1, 2009.

Wu, Tim, Network Neutrality, Broadband Discrimination. Social Science Research Network, Rochester, NY 5. Juni 2003.

3. 기사 및 웹사이트

공정거래위원회 보도자료 "플랫폼 공정경쟁 촉진 및 티몬 위메프 사태 재발방지 입법방향", 2024. 9. 9.

어기선, "[역사속 오늘리뷰] 11월 24일 KT 아현지사 화재 발생", <파이낸셜 리뷰> 2022. 11. 24.

이준희, 공정위 ‘플랫폼 사전규제’ 추진…업계 “EU와 상황 다른데, 토종기업 고사할 것”, <전자신문> 2023. 12. 17.

Wolfgang Pfeifer, Das Etymologische Wörterbuch des Deutschen <https://www.dwds.de/d/wb-etymwb> (2025. 11. 30. 최종 접속)

미주

1) 입법부를 비롯한 공직사회의 봉직자들을 'public servant'라고 부른다.
2) 단, 인공지능과 직접 관련되는 법적 논의 내용은 이 책의 Part 5, Chapter 3 인공지능(AI)법을 통해 본격적으로 다룰 예정이므로, 여기에서는 생략한다.
3) 공물의 특별사용 관계를 원용하여 주파수 할당의 성격을 설명할 수 있다. 이에 대해 송시강, 주파수이용권의 성질과 효율적 전파관리제도, 행정법연구 제28호, 행정법이론실무학회, 2010, 10쪽 이하.
4) 경쟁상황평가의 목적에 대해서는 송태원, 인터넷 플랫폼 시장에서의 공정경쟁 확보에 관한 법적 연구, 고려대학교 법학박사학위논문, 2018, 156쪽; 이희정, 경쟁상황평가를 기초로 한 통신규제모델의 연구, 이원우 편, 정보통신법연구 III, 경인문화사, 2008, 112쪽 참조.
5) 경쟁상황평가의 방법과 절차에 대해서는 라성현 외, 통신시장 경쟁상황 평가(2023년도), 정보통신정책연구원, 2023, 558쪽 이하.
6) 이용약관에 대한 인가(구 전기통신사업법 제28조) 역시 비대칭규제 사항의 하나였으나, 2020년 6월 9일의 법률 개정을 통해 1위 사업자에 대한 이용약관 인가제가 모든 사업자에 대한 유보부 신고제로 전환되었다. 기존의 1위 사업자에 국한한 이용약관 인가제는 1996년에 도입되었으나, 오히려 통신요금 인하를 가로막는 요인으로 인식되어 일찍부터 폐지 필요성이 거론되던 상황이었다. 정인준, 통신서비스 시장에서의 바람직한 규제정책 방향 - 이용약관 인가제를 중심으로 -, 경영법률 제25권 제1호, 한국경영법률학회, 2014, 484쪽.
7) 관련시장(relevant market)의 획정이란 기업과 소비자 간의 상호작용을 통한 경쟁관계가 성립될 수 있는 거래대상, 거래지역 등의 범위를 획정하는 것으로, 경쟁법상 많은 문제들을 판단하기 위한 선결문제로서 중요한 의미를 가진다. 시장획정 방법론으로는 SSNIP(Small but Significant Non-transitory Increase in Price) 테스트, 즉, 가상적 독점기업이 "작지만 유의미하고 일시적이지 않은 가격 인상"을 시도했을 때 수요자들이 다른 상품으로 수요를 충분히 대체하여 수익손실이 나타나면 그 다른 상품을 동일 시장에 포함시키는 방법을 보편적으로 사용한다. 이 방법론에 따라 작은 범위에서 출발하여 상품 시장의 범위를 넓혀가면서 가상적 독점기업의 가격인상이 이윤증가를 나타낼 때까지 반복적으로 시행하여 관련 시장의 범위를 설정하게 된다. 이에 대해 이호영, 독점규제법상 '관련시장' 획정의 의미와 입법적 개선, 법조 제692호, 법조협회, 2014, 65쪽, 66쪽 및 75쪽.
8) 기간통신사업의 양수와 결합의 인가는 거래 당사자 사이에서 이미 이루어진 인수·

합병에 대해 행정청이 의사표시를 통해 그 거래가 유효하게 성사되도록 하는 것으로서, 강학상 인가에 해당한다고 보는 것이 타당할 것이다. 이상헌, 방송 · 통신 융합형 기업결합 규제에 대한 행정법적 고찰: SK텔레콤의 CJ헬로비전 인수 · 합병 사례를 중심으로, 고려대학교 대학원 법학박사학위논문, 2017, 76쪽.

9) 미국 연방대법원은 가격고정에 관한 판례를 통해 가격고정과 같은 경쟁을 제한하는 합의가 존재하기만 하면 시장에 미칠 구체적인 효과는 묻지 않는 당연위법(Illegal per se)의 법리를 발전시켰다. 반면 특정 행위가 있더라도 시장 조건에 대해 분석하여 실질적으로 경쟁에 미치는 효과가 있는 경우에만 규제를 적용하는 것은 합리성의 원칙(Rule of Reason)이라 칭한다. 강상덕, 가격고정에 대한 미국 판결에 나타난 당연위법과 합리의 원칙, 법조 제62권 제3호, 법조협회, 2013, 138쪽 이하. 전기통신사업법의 금지행위 규제는 후자에 기반하고 있는 것이다.

10) 구 독점규제및공정거래에관한법률(1999. 2. 5. 법률 제5813호로 개정되기 전의 것) 제23조 제1항은 공정한 거래를 저해할 우려가 있는 행위(이하 '불공정거래행위'라 한다)의 하나로 그 제1호에서 '부당하게 거래의 상대방을 차별하여 취급하는 행위'를 들고, 같은 조 제2항에서 그 행위유형 또는 기준을 대통령령으로 정하도록 위임함에 따라, 같은법시행령(1999. 3. 31. 대통령령 제16221호로 개정되기 전의 것) 제36조 제1항 [별표] 제2호 (다)목은 같은 법 제23조 제1항 제1호에 해당하는 행위유형의 하나로 '계열회사를 위한 차별'을 들면서 이를 '정당한 이유 없이 자기의 계열회사를 유리하게 하기 위하여 가격 · 수량 · 품질 등의 거래조건이나 거래내용에 관하여 현저하게 유리하거나 불리하게 하는 행위'라고 규정하는바, 같은법시행령 제36조 제1항 [별표] 제2호 (가), (나), (라)목에서 '가격차별', '거래조건차별', '집단적 차별'에 대하여는 그러한 행위가 '부당하게' 행하여진 경우에 한하여 불공정거래행위가 되는 것으로 규정하면서도 '계열회사를 위한 차별'의 경우에는 정당한 이유가 없는 한 불공정거래행위가 되는 것으로 문언을 달리하여 규정하고 있는 취지는, 이러한 형태의 차별은 경쟁력이 없는 기업집단 소속 계열회사들을 유지시켜 경제의 효율을 떨어뜨리고 경제력 집중을 심화시킬 소지가 커서 다른 차별적 취급보다는 공정한 거래를 저해할 우려가 많으므로 외형상 그러한 행위유형에 해당하면 일단 공정한 거래를 저해할 우려가 있는 것으로 보되 공정한 거래를 저해할 우려가 없다는 점에 대한 입증책임을 행위자에게 부담하도록 하겠다는 데에 있다. 대법원 2001. 12. 11., 선고, 2000두833, 판결(밑줄은 저자가 표기함).

11) 방송통신위원회 의결 제2008-44-222호.

12) Tim Wu, Network Neutrality, Broadband Discrimination. Social Science Research Network, Rochester, NY 5. Juni 2003, 141.

13) 국내외 망 중립성 규제의 연혁 및 현황에 대해 소개한 문헌은 다음과 같다. 김천수, 망중립성 보장과 기본권 보호, 외법논집 제39권 제2호, 한국외국어대학교 법학연구소, 2015, 43쪽 이하; 박경신, 망중립성 규범의 법원, 일감법학 제45호, 건국대학교

법학연구소, 2020, 112쪽 이하, 선지원, 인터넷 동영상 서비스 규제를 둘러싼 법적 쟁점, 언론과 법 제21권 제1호, 한국언론법학회, 2022, 57쪽 이하.

14) 단, 전기통신사업법 제50조 제1항 제1호가 금지행위에 대항할 가능성이 있는 행위 중 한 유형으로 "설비등의 제공 · 공동활용 · 공동이용 · 상호접속 · 공동사용 · 도매제공 또는 정보의 제공 등에 관하여 불합리하거나 차별적인 조건 또는 제한을 부당하게 부과하는 행위"를 들고 있어, 망중립성의 개념을 수용하고 있다고도 볼 수 있다.

15) 과학기술정보통신부/정보통신정책연구원, 망 중립성 정책의 이해 — 망 중립성 및 인터넷 트래픽 관리에 관한 가이드라인 해설서, 2021, 58쪽 참조.

16) 이 방식은 도매대가를 망 이용원가와 적정이윤(markup)의 합산으로 정하는 이른바 "Cost-Plus" 방식과 대비할 수 있다. 가격산정 방식에 대한 상세한 내용은 김병운/김문수, MVNO 도매제공의 요금책정 방안, 정보통신정책연구 제16권 제4호, 정보통신정책학회, 2009, 39쪽 이하 참조.

17) 방송통신 영역에서 일반적인 규제와 전문규제의 관계에 대한 설명으로는 김태호, 방송통신시장 경쟁규제에서 일반경쟁규제기관과 전문규제기관 간의 권한 배분, 경제규제와 법 제1권 제2호, 서울대학교 공익산업법센터, 2008, 141쪽.

18) 예컨대 설비 관리 하자로 통신 장애가 발생한 경우 등이다. 어기선, "[역사속 오늘리뷰] 11월 24일 KT 아현지사 화재 발생", 파이낸셜 리뷰 2022. 11. 24.

19) 구 방송통신위원회는 2025년 이용자보호업무평가를 기간통신사 21개 회사와 SNS 앱마켓 OTT 쇼핑 등 부가통신사 26개사를 대상으로 실시할 계획을 밝힌 바 있다. 방송통신위원회 보도자료, 2025. 4. 23.

20) 여재현 외, 통신 네트워크 고도화 전략 연구, 정보통신정책연구원, 2021, 17쪽.

21) 콘텐츠와 애플리케이션의 내용에 대한 고려가 전혀 없다는 점에서 일찍이 Isenberg는 인터넷을 가리켜 "stupid network"라고 칭하기도 하였다. Isenberg, "The Dawn of the 'Stupid Network'", cover story of ACM Networker 2.1, February/March 1998, p. 24. 그러나 고도화된 인공지능과의 결합으로 기존의 망이 'Smart Network'로 변할 것으로 전망할 수 있으며, 본 연구 역시 이러한 기대를 전제로 한다.

22) 동아일보, 1956. 5. 14

23) Thorburn, David, Television as an aesthetic medium, Critical Studies in Mass Communication 4, 1987, 161 (167).

24) 舊 방송법은 "허가"라는 표현을 쓰고 있지만, 무선국의 허가와 주파수 할당은 대상자에게 전파를 이용할 수 있는 배타적인 이용권을 부여해 주는 행위, 즉, 새로운 권리를 창설해 주는 행위이므로 강학상 특허(Konzession)라고 보는 것이 타당하다. 이희정, 주파수 이용권의 법적 성질에 대한 시론적 고찰 (1), 행정법연구 제30호, 2011, 330쪽; 조성규. 주파수 할당 대가의 법적 성질, 경제규제와 법 제4권 제1호, 2011, 203쪽.

25) "유한한 방송자원을 특혜적으로 국가로부터 부여"받는다는 점을 방송에 대한 국가

규제의 중요한 근거로 들고 있는 문헌도 있다. 황창근, 방송법상 금지행위 규정 도입에 대한 고찰, 홍익법학 제11권 제1호, 2010, 379쪽.

26) 현행 방송법에 따르면 과학기술정보통신부장관의 허가를 받아야 한다.

27) 2000년 3월에 방송위원회와 통합된다.

28) U.S.C. § 541(b)(1) "케이블 사업자는 허가 없이는 케이블 서비스를 제공할 수 없다(a cable operator may not provide cable service without a franchise)."

29) 이러한 사업 규제들의 규제 수준은 1992년 케이블경쟁 및 소비자 보호법과 1996년 통신법 등을 통하여 수시로 변경된다. 현재 케이블 TV 사업은 통신법 Title Ⅳ의 규정들로 규율받고 있다.

30) 케이블 TV 사업허가 제도를 역사적인 관점에서 설명한다. 즉, 케이블 사업자가 자신의 케이블을 도로의 지상이나 지하에 설치하기 위해 도로를 사용하기 때문에, 도로에 관해 주정부가 가지는 경찰권에 기해 케이블 TV에 대한 사업허가권을 주정부에게 부여한다는 것이다. 송시강, 케이블텔레비전과 지상파방송의 진입규제: 미국법상 franchise와 license의 비교, 이원우 편, 방송통신법연구 Ⅴ, 경인문화사, 2008, 90쪽.

31) 전달 방식의 이와 같은 변화를 고려하여 방송의 공공성 이념과 산업성의 논리가 공존할 수 있는 규제 모델을 설계하는 것이 필요하다고 강조하기도 한다. 이성환, 위성방송사업 참여규제의 입법방향, 법학논총 제12호, 2000, 250쪽.

32) 권오상 외, 방송법 연구, 법문사, 2019, 61쪽.

33) 이들은 "방송사업"의 하위분류로는 여전히 유효하다.

34) 김대호. 디지털방송의 법제도 - 해외 주요국에서 제기된 법제도 이슈를 중심으로 -, 방송연구 제52호, 2001, 143쪽; 왕상한. 디지털 방송 시대 방송법의 정비방안, 서강법학연구 제4권, 2002, 154쪽.

35) 최승원/손현. 방송 · 통신 융합기반의 IPTV에 대한 공법적 규율, 행정법연구 제25호, 2009, 248쪽.

36) 손금주. 방송 · 통신 융합서비스에 대한 규제체계, 경제규제와 법 제6권 제2호, 2013, 129쪽.

37) Directive 2002/21/EC of the European Parliament and of the Council of 7 March 2002 on a common regulatory framework for electronic communications networks and services (Framework Directive), L 108 , 24.04.2002.

38) Directive 2007/65/EC of the European Parliament and of the Council of 11 December 2007 amending Council Directive 89/552/EEC on the coordination of certain provisions laid down by law, regulation or administrative action in Member States concerning the pursuit of television broadcasting activities, L 332/27, 18.12.2007.

39) 동 지침은 2010년 개정되어 현재에 이르고 있다. Directive 2010/13/EU of the European Parliament and of the Council of 10 March 2010 on the coordina-

tion of certain provisions laid down by law, regulation or administrative action in Member States concerning the provision of audiovisual media services (Audiovisual Media Services Directive), L 95/1, 15.4.2010.

40) 제21조가 규정하고 있는 공공데이터포털이 대표적이다. 공공데이터포털 <https://www.data.go.kr> (2025. 11. 9. 최종 접속)

41) 이성엽 외, 데이터 유통 및 활용 확대를 위한 제도개선에 관한 연구, 한국데이터산업진흥원, 2020, 10쪽.

42) 위에서 언급한 지능정보화 기본법이 공공데이터에 관한 규정 외에 민간 부문의 데이터 거래 및 유통에 대해 특별한 고려를 하지 않고 있다는 점도 이유 중 하나이다. 이성엽 외, 위의 보고서, 66쪽.

43) 대법원 1998. 7. 24., 선고, 96다42789, 판결.

44) "개인정보 처리자"란 업무를 목적으로 개인정보파일을 운용하기 위하여 스스로 또는 다른 사람을 통하여 개인정보를 처리하는 공공기관, 법인, 단체 및 개인 등을 말한다(개인정보법 제2조 제5호).

45) "개인정보"란 살아 있는 개인에 관한 정보로서 다음 각 목의 어느 하나에 해당하는 정보를 말한다.

가. 성명, 주민등록번호 및 영상 등을 통하여 개인을 알아볼 수 있는 정보

나. 해당 정보만으로는 특정 개인을 알아볼 수 없더라도 다른 정보와 쉽게 결합하여 알아볼 수 있는 정보. 이 경우 쉽게 결합할 수 있는지 여부는 다른 정보의 입수 가능성 등 개인을 알아보는 데 소요되는 시간, 비용, 기술 등을 합리적으로 고려하여야 한다.

다. 가목 또는 나목을 제1호의2에 따라 가명처리함으로써 원래의 상태로 복원하기 위한 추가 정보의 사용·결합 없이는 특정 개인을 알아볼 수 없는 정보 (개인정보법 제2조 제1호)

46) "처리"란 개인정보의 수집, 생성, 연계, 연동, 기록, 저장, 보유, 가공, 편집, 검색, 출력, 정정(訂正), 복구, 이용, 제공, 공개, 파기(破棄), 그 밖에 이와 유사한 행위를 말한다(개인정보법 제2조 제2호).

47) 「신용정보의이용및보호에관한법률」 제정이유서(1995. 1. 5.).

48) 「금융실명거래 및 비밀보장에 관한 법률에서 위임한 서식관련 규정」(금융위원회고시 제2019-22호)이 해당 표준과 서식을 정하고 있음.

49) 김화, 보건의료산업 관련 데이터 이용의 쟁점, 민사법학 제92호, 한국민사법학회, 2020, 349쪽.

50) 1) 접근권한이 없는 자가 절취·기망·부정접속 또는 그 밖의 부정한 수단으로 데이터를 취득하거나 그 취득한 데이터를 사용·공개하는 행위

2) 데이터 보유자와의 계약관계 등에 따라 데이터에 접근권한이 있는 자가 부정한 이익을 얻거나 데이터 보유자에게 손해를 입힐 목적으로 그 데이터를 사용·공개하

거나 제3자에게 제공하는 행위

3) 1) 또는 2)가 개입된 사실을 알고 데이터를 취득하거나 그 취득한 데이터를 사용·공개하는 행위

4) 정당한 권한 없이 데이터의 보호를 위하여 적용한 기술적 보호조치를 회피·제거 또는 변경(이하 "무력화"라 한다)하는 것을 주된 목적으로 하는 기술·서비스·장치 또는 그 장치의 부품을 제공·수입·수출·제조·양도·대여 또는 전송하거나 이를 양도·대여하기 위하여 전시하는 행위. 다만, 기술적 보호조치의 연구·개발을 위하여 기술적 보호조치를 무력화하는 장치 또는 그 부품을 제조하는 경우에는 그러하지 아니하다.

51) Wolfgang Pfeifer, Das EtymologischeWörterbuchdes Deutschen <https://www.dwds.de/d/wb-etymwb> (2025. 11. 30. 최종 접속)

52) Bundeskartellamt, B6-22/16, 06. Februar 2019.

53) Regulation (EU) 2022/2065 of the European Parliament and of the Council of 19 October 2022 on a Single Market For Digital Services and amending Directive 2000/31/EC (Digital Services Act)

54) Regulation (EU) 2022/1925 of the European Parliament and of the Council of 14 September 2022 on contestable and fair markets in the digital sector and amending Directives (EU) 2019/1937 and (EU) 2020/1828 (Digital Markets Act)

55) 공정거래위원회는 온라인 플랫폼 사업자의 시장지배적지위 남용행위에 대한 심사지침(시행 2023.1.12. 공정거래위원회 예규 제418호 2023.1.12. 제정)을 통하여, 기존 공정거래법에 따라 규제를 받을 수 있는 플랫폼의 행위를 다음과 같이 예시하고 있다.
- 시장지배적지위의 남용을 통한 이용자의 멀티호밍에 대한 제한(경쟁사업자 배제행위)
- 특히 사업상 이용자와의 관계에서의 최혜대우 요구(불공정거래행위 가운데 특히 부당한 경영간섭)
- 시장지배적지위의 남용을 통한 자사우대(부당한 차별)
- 끼워팔기(불이익한 거래 또는 행위의 강제)

56) 공정거래위원회 보도자료 "플랫폼 공정경쟁 촉진 및 티몬 위메프 사태 재발방지 입법방향", 2024. 9. 9.

57) 이준희, 공정위 '플랫폼 사전규제' 추진…업계 "EU와 상황 다른데, 토종기업 고사할 것", <전자신문> 2023. 12. 17.

58) "공적 경험(영: public experience, 독: öffentliche Erfahrung)"은 사적 경험, 즉, 사적 편익을 갖는 활동과 대비되는, 직간접적인 여론 형성 과정 등 시민으로서의 공적인 영역에서의 활동을 총칭하는 개념으로 이에 대한 명확한 정의는 찾기 어렵지만, 다음과 같은 문헌들에서 위와 같은 의미로 이 개념을 사용하고 있는 것으로 보

인다. 백승한, 미디어 파사드와 공적 경험: 줄리안 오피의 서울 작업 사례분석을 중심으로, 현대미술사연구 제43집, 현대미술사학회, 2018, 113쪽; Woodley-Baker, Rochelle, Private and public experience captured: young women capture their everyday lives and dreams through photo-narratives, Visual Studies, 24:1, 2009, p. 19.

59) 대표적인 사례로 디지털 전환에 따른 전자동화 행정행위의 도입과 효과에 대한 논의를 들 수 있다. 예컨대 이재훈, 전자동화 행정행위 도입 후 독일 행정절차법제 논의의 전개 양상, 공법학연구 제19권 제4호, 한국비교공법학회, 2018, 481쪽 이하 참조.

60) 이른바 "자동화된 불평등(automating inequality)"은 산업과 기술의 발전이 오히려 시스템적으로 불평등을 야기하는 현상의 포괄적 개념이다. 이 개념의 연원에 대해서는 Eubanks, Virginia, Automating Inequality: How High-Tech Tools Profile, Police, and Punish the Poor, St. Martin's Press, New York 2018, p. 8; p, 190. 자동화의 위험에 초점을 맞춘 연구로는 류기락, 자동화 위험의 불평등, 경제와 사회 제116호, 비판사회학회, 2017, 187쪽 이하.

61) 인터넷 정치활동과 인터넷 선거운동에 대해서는 손형섭, 4차 산업혁명기의 IT · 미디어법, 박영사, 2019, 287쪽 이하 참조.

62) 국민참여예산제도란 국민이 예산사업의 제안, 심사, 우선순위 결정 과정에 참여하는 제도로서 국가재정법 시행령 제7조의2에 그 근거를 두고 있다.

> 국가재정법 시행령 제7조의2 (예산과정에의 국민참여) ① 정부는 법 제16조제4호에 따라 예산과정의 투명성과 국민참여를 제고하기 위하여 필요한 시책을 시행하여야 한다.
> ② 정부는 예산과정에의 국민참여를 통하여 수렴된 의견을 검토하여야 하며, 그 결과를 예산편성 시 반영할 수 있다.
> ③ 정부는 제2항에 따른 의견수렴을 촉진하기 위하여 국민으로 구성된 참여단을 운영할 수 있다.
> ④ 제1항에 따른 시책의 마련을 위하여 필요한 구체적인 사항은 기획재정부장관이 정한다.

63) 기획재정부, 국민참여예산제도 운영지침, 2018. 3, 2쪽.

64) 예컨대 김은희, 지속가능한 지역관광경쟁력 형성을 위한 관광의 포용적 성장 현상 연구 : 근거이론을 중심으로, 경희대학교 대학원 박사학위 논문, 2019; 우명동, 포용적 성장과 지방재정: 사회의 지속가능성과 정부 간 재정관계를 중심으로, 한국지방재정논집 제24권 제1호, 한국지방재정학회, 2019, 1쪽 이하; 이우진, 포용적 성장과 사회경제정책의 역할, 한국관광정책 제75호, 한국문화관광연구원, 2019, 10쪽 이하; 이종욱, 시스템 위기하의 포용적 성장 위한 중소기업 정책금융과 통화정책의 한계, 중소기업 연구 제40권 제4호, 한국중소기업학회, 2018, 95쪽 이하 등.

65) Hartmann, MMR 2017, 383 (384).

66) 성욱준/장창기, 온라인 정치참여의 오프라인 정치참여 강화에 관한 연구: 도구변수

를 이용한 분석, 제7회 한국미디어패널 학술대회 자료집, 2019, 14쪽 이하.

67) Vgl. Schliesky, NVwZ 2019, 693 (694).

68) 이른바 "digital divide"는 모든 영역에서 디지털 전환의 화두이다. Vgl. Hartmann, MMR 2017, 383 (384).

69) Berghäuser/Berghäuser, NVwZ 2009, 766 (768).

70) 이 개념은 1960년대 미국의 베트남전 참전용사와 북유럽의 고령자에 대한 공공 시설물 디자인에서 처음 등장한 것으로서, 사회적 약자가 시설물을 이용할 수 있도록 하는 사회적 배려를 의미한다. 디지털 기반시설에도 동일한 개념의 적용이 가능할 것이다. 이성한, 디지털 시대의 사회적 소외계층을 위한 유니버설 디자인, 조형미디어학 제17권 제2호, 한국일러스아트학회, 2014, 171쪽 이하.

71) Berghäuser/Berghäuser, NVwZ 2009, 766 (768); Hartmann, MMR 2017, 383 (387).

72) 일찍이 미셸 푸코(Michel Foucault)나 자끄 데리다(Jacques Derrida)는 전기통신망의 발달과 더불어 보이지 않는 시선에 의해 감시받는 현대 사회를 예견한 바 있다. 이에 대한 내용은 김성은, 소셜미디어 위치기반서비스(LBS)의 감시기제와 시선의 권력, 기초조형학연구 제11권 제6호, 한국기초조형학회, 2010, 100쪽 참조.

CHAPTER

3

인공지능과 책임

제1절

의료 인공지능 활용과 책임*

인공지능은 의료와 모빌리티 등 일상 속의 핵심 도구로 빠르게 확산되고 있고, 그 과정에서 사고와 손해가 발생했을 때 책임을 누구에게 어떻게 배분할 것인지의 문제는 불법행위법의 중요한 과제로 떠올랐다. 이하에서는 실제 생활에서 충분히 벌어질 수 있는 의료 사고 및 자동차 사고 사례를 통해, 인공지능 책임의 기본 쟁점을 단계적으로 살펴본다.

A는 유방에 이물감을 느껴 동네 병원을 찾았다. 의사 B는 진단을 위하여 맘모그램 촬영을 권하였고, A는 이에 응하였다. 의사 B는 위 맘모그램 영상 분석을 위하여 인공지능 의료기기를 활용하였고, 유방암일 가능성이 높다는 인공지능 의료기기의 권고를 따랐다. 그러나 의사는 환자에게 인공지능 의료기기를 활용하였다는 점을 밝히지 않은 채, 단지 유방암일 가능성이 높다고 하였고, 이에 환자는 유방절제수술을 받기로 하였다. 그런데 수술 후 이루어진 조직검사에서는 암이 발견되지 않았다.

인공지능 기술은 의료 영상 판독(medical image analysis)이나 임상 의사결정 지원(clinical decision support) 등 다양한 의료 분야에서 폭넓게 활용되고 있다. 이러한 기술은 영상 자료나 병리 슬라이드를 자동으로 분석하여 진단을 내리는 데에 도움을 줄 뿐만 아니라, 환자의 진료 기록과 임상 데이터를 종합해 의료진에게 예측결과를 제공함으로써 진료 과정의 정확성과 효율성을 향상시키는 역할을 한다.

* 이하 의료 인공지능 활용과 책임 관련한 부분은 박혜진, "의료인공지능의 활용을 둘러싼 법적 과제: 규제의 진화 및 책임의 배분을 중심으로", 비교사법 제29권 4호(2022)에서 관련 내용을 추려 재구성하였음을 밝힌다.

의료 분야에서 활용되는 인공지능 기술이 발전함에 따라 인공지능 의료기기의 오류나 한계로 손해가 발생한 경우 그 책임을 누구에게 귀속시킬 것인지가 중요한 법적 쟁점으로 제기되고 있다.

만약 인공지능 의료기기의 부적절한 권고로 인해 환자에게 나쁜 결과가 초래되었다면, 그 책임은 누구에게 물어야 할까? 이 문제는 개별 의사의 책임에 국한되지 않고, 의료기관의 관리 책임, 인공지능 의료기기 제조업자의 책임, 보험과 보상 제도의 역할까지 포괄하는 보다 넓은 관점에서 검토될 필요가 있다.

Ⅰ. 환자는 의사를 상대로 잘못된 진단으로 인한 손해의 배상을 구할 수 있을까?

인공지능 의료기기의 잘못된 권고를 따라 진단이나 치료와 같은 의료행위를 한 의사는 환자에게 발생한 나쁜 결과에 대한 책임을 지게 될까? 의사는 진찰과 치료를 포함한 의료행위를 함에 있어 환자의 구체적 증상이나 상황에 따라 위험을 방지하기 위하여 요구되는 최선의 조치를 행하여야 할 의무를 지는데, 이 주의의무를 위반하여 환자의 생명, 신체, 건강을 침해한 경우에 지게 되는 책임이 이른바 의료과오책임이다. 우리나라의 판례는 위 주의의무의 판단 기준으로 "의료행위를 할 당시 의료기관 등 임상의학 분야에서 실천되고 있는 의료행위의 수준"을 제시하고 있다. 나아가 판례는, 이때의 의료 수준은, "통상의 의사에게 의료행위 당시 일반적으로 알려져 있고 또 시인되고 있는 이른바 의학상식"이라고 하는데, 일부 대학병원이나 연구기관 등 제한된 범위에서만 알려진 전문적 지식은 그 기준에서 제외된다고 본다. 실제 의료분쟁에서도 해당 진료과의 교과서적 지식이 판단 기준으로 활용되는 경우가 적지 않다.

이러한 기존 의료과오책임 법리를 전제로 하면, 인공지능 의료기기의 권고를 따랐는지 여부와는 별도로, 의료행위가 당시 요구되는 의료수준에 미치지 못한다고 평가될 경우 의사의 책임이 인정될 수 있다. 이와 관련하여 인공지능 의료기기의 권고를 따르거나 따르지 않은 상황에서 환자에게 나쁜 결과가 발생한 경우를 유형화하면, 인공지능 권고가 의료수준에 부합하는지 여부와 의사가 그 권고를 따랐는지 여부를 기준으로 네 가지 조합이 도출된다. 이 중 환자에게 나쁜 결과가 발생하는 경우는, 인공지능의 권고가 결과적으로 타당함에도 이를 따르지 않았거나, 반대로 결과적으로 타당하지 않은 권고를 그대로 수용한 경우에 해당한다. 이때 책임의 귀속을 살펴보면, 인공지능 의료기기의 권고가 의료수준에 부합함에도 이를 따르지 않은 경우와, 의료수준을 벗어난 권고를 따름으로써 결과적으로 부적절한 의료행위가 이루어진 경우(2, 3)에는 의사의 책임이 문제될 수 있다. 반면 인공지능의 권고가 의료수준에 부합하고 이를 따른 경우나, 의료수준에 부합하지 않는 권고를 배제한 경우(1, 4)에는 원칙적으로 의사의 책임이 인정되기 어렵다.

표 환자에게 나쁜 결과가 발생한 경우 의사의 책임

	AI의 권고	의사의 선택	AI의 권고가 정확했는지 여부	책임 여부
1	의료수준에 부합	따름	부정확	책임 없음
2		따르지 않음	정확	책임 있음
3	의료수준을 일탈	따름	부정확	책임 있음
4		따르지 않음	정확	책임 없음

요컨대 인공지능 의료기기를 활용하여 임상적 판단을 내리는 경우에도, 의사의 주의의무를 판단하는 기준은 여전히 당시 요구되는 의료수준이다. 따라서 의사는 인공지능이 제시한 권고를 기계적으로 수용할 것이 아니라, 자신의 의학적 지식과 경험에 비추어 이를 독자적으로 검토하고 평가할 책임을 부담한다. 단순히 인공지능의 권고를 따랐다는 사정만으로 책임을 면할 수 있다고 보기는 어렵다. 현재로서는 인공지능 의료기기가 인간의 판단을 대체하기보다는, 진료 과정에서 의사결정을 보조하고 오류 가능성을 낮추는 보조적 도구로 활용되고 있다는 점에서 이러한 결론이 타당하다고 할 수 있다.

다만 향후 인공지능 의료기기가 의사보다 일관되게 높은 정확도와 성능을 보이며 임상 현장에서 널리 사용되게 된다면, 상황은 달라질 수 있다. 이 경우 의사의 주의의무를 형성하는 의료수준 자체가 인공지능 의료기기의 활용을 전제로 상향 조정되고, 그 내용 또한 변화할 가능성이 있다. 나아가 일정한 조건하에서는 의사가 인공지능 의료기기를 활용하여 진단이나 치료를 수행할 의무를 부담하게 되거나, 특별한 사정이 없는 한 인공지능이 제시한 진단이나 치료 방안을 따르는 것이 요구되는 단계에 이를 수도 있다. 이처럼 인공지능 의료기기를 사용하는 의사의 책임 판단 기준으로서 주의의무의 구체적 내용은, 관련 기술의 발전 정도와 인공지능 의료기기가 임상에 어느 정도로 보편화되었는지에 따라 점진적으로 달라질 것으로 예상된다.

생각해 볼 문제

의료소송에서는 의사의 주의의무 위반 여부를 판단하기 위해 의료 감정이 활용되는 경우가 많다. 의료감정이란 의료소송에서 문제 되는 사건 경과와 내용, 당시의 의료적 판단 과정을 정리하여 제시하고, 이를 바탕으로 해당 진료가 당시의 의료수준에 비추어 적절하였는지를 제3의 의료전문가가 전문적 관점에서 평가하는 절차를 말한다. 즉 의료감정은 법원이 의사의 주의의무 위반 여부를 판단하는 데 필요한 의학적 판단을 보완하기 위해 활용되는 수단이다. 그러나 의료 감정은 상당한 시간이 소요되어 소송 지연의 주요 원인으로 지적되기도 한다. 이러한 문제의식에서 의료 감정을 인공지능에 맡기는 방안이 논의되고 있는데, 만약 의료 감정 자체를 인공지능이 수행하게 된다면, 의사의 주의의무 판단에는 어떤 영향이 있을까?

Ⅱ. 이때 의료과오책임과 별도로, 인공지능 의료기기를 사용 사실을 알리지 않은 점에 대해 설명의무 위반 책임을 물을 수 있을까?

인공지능 의료기기의 부적절한 권고를 근거로 진단이나 치료가 이루어진 경우, 설령 앞서 본 의료과오책임이 인정되지 않더라도 설명의무 위반에 따른 책임이 문제될 여지는 남는다. 일반적으로 수술과 같이 신체에 침습을 가하는 의료행위나, 그 결과로 중대한 위험이 예상되는 진료를 시행할 때 의사는 환자가 치료 여부를 스스로 결정할 수 있도록 핵심적인 정보를 제공해야 한다. 우리 판례는 의사의 설명의무에 관하여, "의사는 환자에게 수술 등 침습을 가하는 과정 및 그 후에 나쁜 결과 발생의 개연성이 있는 의료행위를 하는 경우 또는 사망 등의 중대한 결과 발생이 예측되는 의료행위를 하는 경우에 있어서 응급환자의 경우나 그밖에 특단의 사정이 없는 한 진료계약상의 의무 내지 침습 등에 대한 승낙을 얻기 위한 전제로서 당해 환자나 그 법정대리인에게 질병의 증상, 치료방법의 내용 및 필요성, 발생이 예상되는 위험 등에 관하여 당시의 의료수준에 비추어 상당하다고 생각되는 사항을 설명하여 당해 환자가 그 필요성이나 위험성을 충분히 비교해 보고 그 의료행위를 받을 것인가의 여부를 선택할 수 있도록 할 의무가 있"다고 본다. 이러한 설명을 통해 환자는 각 치료 선택지의 필요성과 위험을 비교한 뒤 해당 의료행위를 받을 것인지 여부를 판단할 수 있어야 한다.

그렇다면 사례와 같이 의사가 인공지능 의료기기를 활용하여 진단이나 치료에 관한 판단을 내린 경우, 인공지능을 사용하였다는 사실 자체와 그로 인한 이익 또는 위험 요소를 환자에게 설명해야 할까? 이 쟁점에 대해서는 아직 명확한 기준이 확립되었다고 보기는 어렵다. 인공지능을 활용한 의료 의사결정에서 요구되는 설명의 구체적 범위는 환자의 상태, 해당 인공지능 시스템이 의료행위에서 차지하는 역할의 정도, 그리고 그 사용으로 인해 추가적으로 발생할 수 있는 위험의 성격에 따라 달라질 수 있다. 따라서 환자들이 실제로 어떤 정보를 중요하게 여기고, 어떠한 수준의 설명이 실질적인 자기결정에 도움이 되는지에 관한 실증적 검토를 토대로 설명의무의 범위를 점진적으로 구체화할 필요가 있다. 아울러 인공지능 의료기기 사용과 관련한 설명의무가 불명확한 상태로 남아 있을 경우, 의료진이 책임 부담을 우려하여 인공지능 활용 자체를 회피하게 되는 부작용도 발생할 수 있으므로, 설명의무의 내용과 한계를 명확히 제시하는 가이드라인을 통해 법적 불확실성을 완화할 필요성도 함께 제기된다.

생각해 볼 문제

다음의 세 가지 상황에서 의사는 환자에게 인공지능을 사용하고 있다는 사실을 알리고, 그에 관한 설명을 제공해야 할까? 또한 그 설명의 필요성과 범위는 각각의 경우에 어떻게 달라질 수 있을까?

(1) 암 여부를 판단하기 위해 활용되는 인공지능 진단 시스템
(2) 치료 결과나 생존 가능성을 예측하는 인공지능 모델
(3) 환자의 조기 퇴원 여부에 관한 결정을 지원하는 인공지능 도구

Ⅲ. 의료기관에 책임을 물을 수 있을까?

환자의 입장에서는 인공지능 의료기기의 권고를 근거로 진단이나 치료를 수행한 개별 의사보다, 상대적으로 자력이 충분한 의료기관을 상대로 책임을 추궁하려는 경향이 나타날 수 있고, 실제 의료소송에서도 의료기관이 피고로 지정되는 경우가 적지 않다. 의료기관은 환자와 진료계약을 체결한 당사자로서 계약상 책임을 부담할 수 있을 뿐 아니라, 주의의무나 설명의무를 위반한 의사의 사용자로서 사용자책임을 질 가능성도 있다. 더 나아가 의료기관이 인공지능 의료기기의 도입과 운영 과정에서 요구되는 자체적인 관리 · 감독 의무를 다하지 못한 경우에는, 그 자체로 의료기관의 고유한 과실에 기초한 손해배상책임이 문제될 수 있다.

구체적으로 의료기관은 환자와의 진료계약 관계에 따라 적절한 의료환경을 제공할 의무를 부담하므로, 의료사고가 발생하여 계약상의 채무가 제대로 이행되지 않았다면 계약책임이 성립할 수 있다. 또한 의료기관은 소속 의사가 고용 관계의 범위 내에서 인공지능 의료기기를 활용하여 불법행위를 저질렀다면, 민법상 사용자책임의 주체로서 환자에 대한 배상책임을 질 수 있다. 이와는 별도로, 의료기관은 인공지능 의료기기를 도입할 때 해당 기기의 안전성과 유효성을 검토하고, 의료진이 이를 적절히 활용할 수 있도록 충분한 교육과 지침을 제공하며, 소프트웨어 업데이트와 유지 · 보수를 관리할 의무를 부담한다. 이러한 관리 · 감독상의 주의의무를 소홀히 한 경우에는, 의료기관이 독자적인 책임을 부담하게 될 여지도 있다.

이를 설명하기 위해 다음과 같은 사례를 생각해 볼 수 있다. 지방의 한 소형 병원이 심혈관 질환 위험을 예측하는 인공지능 의료기기를 도입하였는데, 해당 인공지능은 주로 대형병원의 환자 데이터를 기반으로 개발된 것이었다. 이 인공지능은

병원을 방문한 고령의 여성 환자를 저위험군으로 분류하였고, 담당 의사는 그 결과를 신뢰하여 추가적인 정밀 검사를 실시하지 않았다. 그러나 이후 해당 환자는 심혈관 질환을 발병하여 중대한 합병증을 겪게 되었다. 사후적으로 분석한 결과, 문제의 인공지능 의료기기는 고령 여성 환자 집단이나 소형병원의 진료 환경에서는 예측 정확도가 현저히 낮았던 것으로 밝혀졌다.

이와 같은 상황에서는 의료기관이 책임을 부담하는지가 문제 된다. 의료기관은 인공지능 의료기기의 도입 여부를 결정하는 단계에서, 해당 기기가 병원의 환자 구성과 진료 환경에 적합한지를 충분히 검토할 의무를 부담하고, 의료진에게 그 한계와 사용상 주의사항을 적절히 교육할 책임이 있다. 따라서 이러한 검토 · 교육 · 관리 의무를 다하였는지 여부를 중심으로, 의료기관의 고유한 주의의무 위반이 있었는지를 검토하게 될 것이다.

Ⅳ. 환자는 해당 의료기기 제조업자를 상대로 직접 책임을 물을 수 있을까?

위 사례에서 환자는 의사에게 잘못된 권고를 한 인공지능 의료기기의 제조업자를 상대로 직접 책임을 물을 수 있을까? 제조물책임법은 제조물의 결함으로 인해 생명 · 신체 또는 재산에 손해가 발생한 경우, 제조업자가 그 손해를 배상할 책임을 부담한다고 규정하고 있다(제3조 제1항). 따라서 인공지능 의료기기의 제조업자에게 제조물책임을 묻기 위해서는 일단 인공지능 의료기기가 제조물에 해당해야 한다. 제조물책임법은 제조물을 '제조되거나 가공된 동산'으로 정의하고 있으며(제2조 제1호), 동산은 부동산을 제외한 물건을 의미하므로(민법 제99조 제2항), 결국 소프트웨어가 물건, 즉 '유체물 · 전기 또는 기타 관리할 수 있는 자연력'에 포함될 수 있는지로 논의가 귀결된다.

인공지능 의료기기는 상당수가 소프트웨어 형태로 이루어져 있거나(이를 독립형 소프트웨어라고 하기도 한다) 소프트웨어와 하드웨어가 결합된 형태(이를 내장형 소프트웨어 또는 임베디드 소프트웨어라고 하기도 한다)로 이루어져 있다. 후자의 경우에는 이를 물건 또는 '제조되거나 가공된 동산'으로 보는 데에는 큰 이견이 없다. 그러나 독립형 소프트웨어로서의 인공지능 의료기기의 경우에는 소프트웨어를 물건, 즉 '유체물 전기 기타 관리할 수 있는 자연력'에 포함된다고 해석할 수 있어야 그것이 비로소 제조물에 해당할 수 있게 되는데, 그렇게 해석하기는 어렵다는 것으로 보는 것이 다수의 견해로서, 이는 궁극적으로 입법적으로 해결되어야 할 문제로 이해되고 있다.

제조물책임이 성립하기 위해서는 제조물 해당성뿐 아니라, 결함의 존재가 인정되어야 한다. 우리 법은 결함을 제조상 결함, 설계상 결함, 표시상 결함의 세 유형으로 구분한다. 제조상 결함은 의도된 설계와 달리 제조·가공 과정에서 발생한 하자를 의미하고, 설계상 결함은 제조업자가 합리적인 대체설계를 채택하지 않아 안전성이 부족하게 된 경우를 말한다. 표시상 결함은 합리적인 설명이나 경고가 제공되었다면 손해를 예방하거나 경감할 수 있었음에도 그러한 정보가 충분히 제공되지 않은 경우에 문제 된다. 인공지능 의료기기의 잘못된 권고로 손해가 발생한 경우에는, 이러한 결함 유형 중 설계상 결함이 쟁점이 될 가능성이 가장 크다고 평가된다. 그러나 인공지능 의료기기의 알고리즘은 구조가 복잡하고 작동 원리를 외부에서 파악하기 어렵고, 그 결함을 규명하기 위해서는 고도의 의학적·기술적 전문지식이 요구된다는 점에서, 환자 입장에서 합리적인 대체설계의 존재를 입증하는 것은 매우 큰 부담이 된다.

이와 관련하여 유럽연합은 2024년 제조물책임지침을 개정하면서, 소프트웨어를 명시적으로 제조물의 범위에 포함시키고, 증거 공개와 결함 추정에 관한 규정을 도입하여 피해자의 입증 부담을 완화하는 방향으로 제도를 정비하였다. 이러한 변화는 인공지능과 같은 고도의 기술이 적용된 제품으로 인한 손해에 기존 제조물책임 체계를 그대로 적용하는 데 한계가 있다는 인식에 기초한 것이다. 우리나라에서도 인공지능 의료기기의 특성을 고려하여, 제조물책임법을 현행 그대로 유지할 것인지, 아니면 일정한 범위에서 개정을 통해 보완할 것인지에 관한 논의가 필요하다.

V. 환자의 입증 부담을 완화하기 위한 별도의 보상 제도가 필요할까?

지금까지 살펴본 바와 같이, 인공지능 의료기기의 오류로 인해 손해가 발생한 경우에는 의사, 의료기관, 인공지능 의료기기 제조업자 등 다양한 주체의 책임이 문제될 수 있다. 이러한 상황에서 각 주체가 부담하는 위험을 분산하는 수단으로 보험 제도는 중요한 역할을 수행할 수 있다. 의사나 의료기관은 의료배상책임보험에 가입함으로써 의료사고로 인한 손해배상 위험을 분산할 수 있고, 의료기기 제조업자와 수입업자 역시 최근 의료기기법 개정에 따라 책임보험 가입이 의무화되었다. 이와 함께 병원과 의사 사이, 또는 의료기기 제조업체와 의료기관 사이의 계약을 통해 책임을 분담하거나 이전하는 방식도 활용될 수 있다. 실제로 일부 소프트웨어 제조업자들은 의료기관과의 계약에서 책임 제한이나 면책 조항을 두는 경우도 적지 않다.

그러나 보험이나 계약에 의한 위험 분산만으로는, 인공지능 의료기기의 특성으로 인해 발생하는 환자의 입증 곤란 문제를 충분히 해소하기 어렵다는 지적도 제기된다. 인공지능의 작동 과정이 불투명하고, 오류의 원인과 책임 주체를 특정하기 어려운 상황에서 환자에게 과실이나 결함을 입증하도록 요구하는 것이 적절한지에 대한 의문이 제기되기 때문이다. 이러한 문제의식에서 인공지능 의료기기로 인한 피해를 보다 효과적으로 구제하기 위한 별도의 배상 구조를 모색하는 논의가 등장하고 있다.

그 하나의 방안으로는, 의사, 인공지능 의료기기 제조업자, 그리고 해당 기기를 도입·운영한 의료기관이 불법행위 책임과 관련하여 공동의 사업 주체로서 책임을 부담하는 구조, 즉 공동 사업 책임(common enterprise liability)을 인정하자는 견해가 제시된다. 또 다른 방안으로는, 입법을 통해 인공지능 의료기기로 인한 손해에 대하여 무과실 보상제도를 도입하고, 의료기기 제조사로부터 일정한 부담금을 징수하여 기금을 조성한 뒤 이를 통해 피해를 보상하는 방식도 고려될 수 있다. 다만 이러한 제도를 채택할 경우, 개별 제조업자가 제품의 안전성과 성능을 개선하려는 유인을 약화시킬 수 있다는 점 또한 함께 검토되어야 한다.

결국 책임 배분의 문제는 단순히 환자가 누구를 상대로 손해배상을 청구할 수 있는지에 그치지 않는다. 이는 안전하고 신뢰할 수 있는 인공지능 의료기기가 개발되고, 실제 임상 현장에 안정적으로 도입될 수 있을지 여부와도 밀접하게 연결되어 있다. 따라서 인공지능 의료기기와 관련한 책임과 보상 제도를 설계함에 있어서는, 기술 혁신을 위축시키지 않으면서도 환자의 보호를 실질적으로 확보할 수 있는 균형 잡힌 접근이 필요하다.

제 2 절

자율주행차 사고와 책임

영희는 자신의 자동차를 완전자율주행모드로 설정하고 주행하던 중 잠깐 한눈을 팔고 휴대전화 문자를 확인하였다. 그 사이 옆 차로에서 자동차가 끼어들었는데, 영희는 이를 제때 인식하지 못했고, 결국 접촉사고가 났다. 상대 자동차는 철수가 직접 운전하고 있었다.

자율주행 자동차 사고가 나면 어떤 순서로 책임 문제를 접근해야 할까? 우선, 첫 번째 단계는 피해자를 신속히 구제하기 위하여 보험금을 지급하는 것이다. 자동차 사고를 해결하기 위하여 법은 오래 전부터 누가 잘못했는지 따지기 전에 피해자를 먼저 구제하는 방향으로 발전해 왔다. 교통사고가 나면 사람들이 제일 먼저 묻는 질문은 보통 '누가 잘못했느냐'일 것이다. 그런데 누가 잘못했는지를 조사하고 다투는 데 시간이 오래걸리고, 그 사이 피해자는 치료비, 수리비, 그리고 생계 문제를 바로 감당해야 하며, 가해자가 자력이 없으면 피해자가 아예 보상을 못 받는경우도 생길 수 있게 된다. 그래서 자동차 사고에서는 ① 피해자는 먼저 보험을 통해 신속하게 보상을 진행하고 ② 그 다음에 누가 얼마나 잘못했는지를 따져서 최종 부담을 정하는 것이다.

자동차손해배상 보장법에서 정하고 있는 운행자책임은 자동차를 자기 이익을 위해 운행하는 사람(보통 자동차 보유자)은, 사고가 나면 원칙적으로 먼저 책임을 진다는 특별한 책임 규칙이다. 일반적으로 손해배상은 잘못(과실)이 있는 사람이 책임지는 것이 원칙이다. 하지만 자동차 사고는 다음과 같은 특징, 즉 자동차는 사고가 나면 그 피해가 크고, 사고 원인을 둘러싼 다툼이 많아 과실을 가려내는 데 시간이 걸리며, 피해자를 신속하게 구제하는 것이 사회적으로 중요하다는 점을 고려하여 자동차 사고의 경우에는 과실을 따지기 전에 차를 운행한 사람이 먼저 책임을 지게 하는 제도가 발전하였다. 다만 운행자가 자력이 없으면 피해자는 보상받지 못할 위험에 처하게 되므로 법은 자동차 보유자에게 보험 가입을 강제하고 있고(자동차손해배상 보장법 제5조), 이 보험이 흔히 말하는 자동차보험(책임보험)이다. 피해자가 보상을 받기 위해서는 원칙적으로는 가해자에게 청구하고, 가해자가 보험사에 청구하는 복잡한 과정을 거쳐야 하는데, 이로 인해 배상이 지연될 우려가 있다. 그런데 자동차 사고에서는 피해자가 가해자를 거치지 않고 보험사에게 바로 손해배상을 청구할 수 있는 권리가 인정되는데, 이를 직접청구권이라고 한다(자동차손해배상 보장법 제10조). 결국, 운행자책임과 책임보험, 그리고 직접청구권을 통해 자동차 사고의 피해자는 우선적으로 구제된다.

Ⅰ. 자율주행사고는 기존 사고와 다르게 처리되어야 할까?

자율주행자동차 사고가 발생하더라도, 피해자에 대한 배상 단계에서의 처리 방식은 기존 자동차 사고와 크게 다르지 않다. 자율주행자동차 사고의 경우에도, 통상적으로 사고 당사자들은 각자의 보험회사에 사고를 접수하고, 보험회사는 현행 자동차보험 약관과 보험제도에 따라 손해를 배상하게 된다. 이는 자동차손해배상 보장법이 오래전부터 피해자의 신속하고 충분한 구제를 목적으로 운행자책임과 책임보험 제도를 발전시켜 왔기 때문이다. 이러한 점에서 자율주행자동차가 도입되었다고 하여 운행자책임과 자동차보험이 담당해 온 기본적인 기능이 곧바로 상실된다고 보기는 어렵다는 인식이 전제된다.

다음으로 문제되는 것은 과실비율이 자율주행자동차 사고에서도 그대로 적용될 수 있는가라는 점이다. 보험회사가 피해자에게 손해를 배상한 이후에는, 통상적으로 보험회사 상호 간에 과실비율을 기준으로 비용을 분담하게 된다. 과실비율이란 사고에 관여한 각 당사자가 사고 발생에 어느 정도 기여하였는지를 비율로 산정하여, 그 비율에 따라 보험금 부담을 나누는 기준을 의미한다. 예컨대 과실비율이 70 대 30으로 산정되는 경우, 전체 손해액 중 70%는 일방 보험사가, 30%는 상대방 보험사가 부담하게 된다.

다만 자율주행자동차의 보험과 관련하여 특히 문제로 지적되는 부분은 대물보상 영역이다. 기존의 자동차사고 처리는 대물손해의 경우 운행자책임이 적용되지 않아 과실비율을 중심으로 손해를 분담하는 구조를 취해 왔다. 그러나 자율주행자동차 사고에서는 운전자의 과실이 약화되거나 존재하지 않는 경우가 발생할 수 있고, 이로 인해 대물손해에 있어 책임 분담 구조가 불안정해질 수 있다는 점이 지적된다. 이러한 문제의식에서, 자율주행자동차 사고에 대해서는 대물손해에도 운행자책임을 확대 적용할 필요가 있는지가 향후 검토과제로 제시된다.

그러나 자율주행자동차 사고에서는 이러한 과실비율 제도를 그대로 적용하기 어렵다. 첫째, 자율주행자동차 사고에서는 사고의 원인이 반드시 운전자의 행동에 있다고 보기 어렵다. 기존 교통사고의 경우 사고 원인은 주로 전방주시 태만, 과속, 신호위반, 차로 변경 실수 등과 같이 운전자의 행태에 기인하였다. 반면 자율주행자동차의 경우 차량이 스스로 주행을 수행하므로, 사고의 원인이 자율주행시스템의 오작동, 센서 인식 오류, 판단 또는 제어 과정의 문제 등 시스템의 작동 과정에 있을 가능성이 존재한다. 이러한 점에서 자율주행자동차 사고는 더 이상 "운전자가 무엇을 잘못하였는가"라는 질문만으로 설명되기 어렵고, 사고 원인이 인간의 과실이 아니라 기계 · 시스템의 오작동에 있을 수 있다는 점에서 기존 과실비율 판단의 전제가 흔들릴 수 있다.

둘째, 현행 과실비율 인정기준은 인간 운전자의 전형적인 과실을 전제로 구성되어 있다. 현재 사용되고 있는 과실비율 인정기준표는 자율주행을 전혀 염두에 두지 않은 상태에서 마련된 것으로, 전방주시 태만, 급차로 변경, 신호위반, 안전거리 미확보 등 인간 운전자의 전형적인 운전 실수를 기준으로 과실을 유형화하고 있다. 그런데 자율주행자동차 사고에서는 운전자가 실제로 차량을 조작하지 않았거나, 운전자가 개입할 수 없는 상황에서도 사고가 발생할 수 있다. 이러한 경우 기존 과실비율 기준을 그대로 적용하게 되면, "누구의 전방주시 태만인가", "누가 안전거리를 확보하지 않았는가"와 같은 질문 자체가 성립하지 않게 된다.

이와 같은 점에서, 자율주행자동차 사고에 현행 과실비율 기준을 그대로 적용하는 것은 책임 배분의 합리성과 공평성이 흔들릴 수 있고, 자율주행자동차 사고에 대하여는 과실비율 산정 방식을 재검토할 필요가 있다.

Ⅱ. 피해를 배상한 보험사는 자동차 제조사를 상대로 구상할 수 있을까?

앞서 본 바와 같이 교통사고가 발생하면, 피해자는 통상 자동차보험을 통하여 우선적으로 손해를 배상받게 된다. 이러한 구조를 가능하게 하는 법적 기반이 바로 자동차손해배상보장법상 운행자책임과 책임보험 및 직접청구권 제도이다. 자동차사고법제는 역사적으로 "피해자의 신속하고 확실한 보상"을 목적으로 발전해 왔으며, 이 과정에서 운행자책임은 점차 피해자 보상을 확보하기 위한 제도적 장치로서 강화되어 왔다. 오늘날에는 운행자책임이 실제로 손해배상을 부담하게 하는 기능보다는, 보험금이 피해자에게 지급될 수 있도록 하는 통로(conduit)로 기능하고 있다고 보기도 한다. 다시 말해, 손해배상금은 보험회사가 지급하고, 운행자책임은 그 보험금이 피해자에게 도달할 수 있도록 법적 근거를 제공하는 역할을 담당하게 되었다는 것이다.

그런데 자율주행자동차 사고에서는 이 지점에서 한 단계 더 나아간 문제가 중요하게 부각된다. 즉, 보험회사가 피해자에게 손해를 배상한 이후, 그 비용을 최종적으로 누가 부담하여야 하는가, 다시 말해 구상의 문제가 전면에 등장한다. 기존의 교통사고에서는 사고 원인이 대체로 운전자 과실에 있었기 때문에, 보험회사가 지급한 보험금을 자동차 제조사에게 다시 청구하는 경우는 제한적이었다. 그러나 자율주행자동차 사고에서는 사고 원인이 운전자 과실이 아니라 자율주행시스템의 결함 또는 오작동에 있을 가능성이 커진다. 센서 인식 오류, 인공지능 판단 알고리즘의 문제, 제어장치의 작동 오류, 소프트웨어 업데이트 문제, 통신·관제 시스템의 장애 등과 같이 사고 원인이 시스템 차원에서 발생할 수 있기 때문이다. 이러한 경우에는 사고의 실질적 원인 제공자가 운전자보다는 자동차 제조사 또는 자율주행시스템의 개발·공급 주체일 가능성이 커지고, 그에 따라 보험회사의 구상권 행사 범위도 확대될 수밖에 없다.

자율주행시스템은 일반적으로 센서 및 측위 장치, 인식 처리 소프트웨어, 자동운전시스템(ADS)의 판단 모듈, 제어 명령 전달 소프트웨어, 조향·제동 등 실행 장치라는 다수의 구성요소가 결합된 복합 시스템으로 이해된다. 자율주행자동차 사고는 이러한 여러 단계 중 어느 하나에서 발생할 수도 있고, 경우에 따라서는 여러 단계의 오류가 중첩되어 발생할 수도 있다. 이 때문에 자율주행자동차 사고의 책임 논의는 종래의 "누가 운전하였는가"라는 질문에서 벗어나, "자율주행시스템의 어느 단계에서 문제가 발생하였는가"라는 질문으로 이동하게 된다. 그리고 이러한 책임 논의의 중심 이동은, 보험회사가 지급한 보험금을 회수하려는 구상 단계가 민사책임 논의의 핵심 무대가 된다는 점을 의미한다.

그러나 보험회사가 자동차 제조사 등을 상대로 구상권을 행사하기 위해서는, 결국 제조물책임 또는 불법행위 책임의 요건을 충족하여야 한다. 이 과정에서 다음과 같은 법적 난점들이 드러난다.

첫째, 제조물 해당성의 문제이다. 특히 자율주행자동차 사고에서는 사고 원인이 차량에 탑재된 소프트웨어에 있는 경우가 많아, 순수한 소프트웨어를 제조물로 볼 수 있는지, 아니면 차량과 결합된 임베디드 시스템으로서 제조물성을 인정할 수 있는지가 제조물책임의 성립 여부를 좌우하는 중요한 관문이 된다. 앞서 본 바와 같이 현행 제조물책임법은 제조물을 '동산'으로 규정하고 있어, 순수 소프트웨어의 제조물성은 해석상 부정될 가능성이 크다. 다만 완성차 제조사를 피고로 구상권을 행사하는 경우라면 소프트웨어와 하드웨어가 결합한 임베디드 시스템을 전제로 하므로 제조물 해당성은 인정된다는 보는 것이 일반적이다.

둘째, 결함 및 인과관계 입증의 문제이다. 자율주행자동차에서 제조물책임의 쟁점은 대체로 설계상 결함으로 귀결된다. 제조물의 결함은 통상 제조상 결함, 표시상 결함, 설계상 결함으로 구분되는데, 자율주행자동차의 경우 이 중에서도 설계상 결함이 가장 중요한 쟁점이 될 가능성이 크다. 그러나 설계상 결함은 동시에 가장 증명이 어려운 결함 유형이기도 하다. 설계상 결함이 인정되기 위해서는 "합리적인 대체설계를 채택하였더라면 위험을 감소시킬 수 있었음에도 그러한 설계를 채택하지 않았다"는 점이 주장·증명되어야 하는데, 자율주행 알고리즘과 시스템

설계는 고도의 기술적 복잡성과 불투명성(소위 블랙박스와 같다고 한다)을 가지고 있어, 피해자나 보험사가 그와 같은 대체설계를 구체적으로 제시하는 것이 쉽지 않다.

설계상 결함 판단의 핵심 기준으로는 흔히 위험-효용 비교가 제시된다. 즉 법원은 설계상 결함을 판단함에 있어, 해당 설계로 인한 안전성 증가의 정도, 그 안전성 증가를 위해 필요한 비용, 대체설계가 새로운 위험을 초래하지는 않는지 등을 종합적으로 고려한다. 그러나 자율주행자동차의 경우 이러한 위험-효용 분석 자체가 고도의 전문성과 막대한 비용을 요구하게 되어, 결과적으로 제조물책임 소송의 문턱을 높이는 요인이 된다. 이와 관련하여, 인공지능 모빌리티 분야에서는 결함과 인과관계의 입증이 사실상 불가능한 경우가 적지 않다는 점을 지적하며, 제조물책임법의 개정 필요성을 주장하는 견해도 있다. 예컨대 소프트웨어를 제조물의 개념에 명시적으로 포함하거나, 고도기술 제조물에 대한 결함 · 인과관계 추정을 강화하고, 자료제출명령 등 증거 접근권을 확대하는 방안이 논의된다. 이러한 논의는 곧 보험사의 구상권이 현실에서 실질적으로 작동하기 위해서는 증거 접근권과 사고원인 규명 수단이 강화되어야 한다는 문제의식과 연결된다.

현행 제조물책임법은 피해자 또는 구상권을 행사하는 보험사의 증명 부담을 완화하기 위하여 결함 등의 추정 규정(제조물책임법 제3조의2)을 두고 있다. 이 규정은 정상적으로 사용되는 과정에서, 제조자가 실질적으로 지배하는 영역에서 발생한 원인으로, 결함이 없이는 통상 발생하지 않는 손해가 발생한 경우에는 결함과 인과관계를 추정하도록 한다. 그러나 자율주행자동차의 경우 이 추정 규정이 항상 효과적으로 작동하기 어렵다는 지적이 있다. 특히 자율주행기술의 상용화 초기 단계에서는 사고 유형과 시스템의 한계에 대한 경험이 충분히 축적되지 않아, 무엇이 "통상적으로 발생하지 않는 손해"인지 자체를 판단하기 어렵다. 다시 말해, '통상성'이 형성되기 이전 단계에서는 결함 추정의 문턱이 높아질 수 있다는 것이다.

이러한 이유로 자율주행 자동차 사고에 관하여는 결함 추정 규정만으로는 충분하지 않다고 평가하면서, 자율주행정보 기록장치, 사고조사위원회, 정보 접근권과 같은 사고원인 규명을 위한 장치를 통해 증명 곤란을 제도적으로 보완하는 것이 중요하다는 의견도 있다. 자율주행정보 기록장치는 자율주행시스템의 작동 · 해제, 개입요구, 비상운행 등 핵심적인 운행 정보를 기록하여 "누가 언제 무엇을 하였는지"를 객관적으로 확인할 수 있도록 하고, 사고조사위원회는 조사 결과를 제공함으로써 구상이나 소송에서의 증거 기반을 강화하는 역할을 한다. 나아가, 사고원인 규명 없이 보험회사가 보유자에게 비용을 과도하게 부담시키는 구조가 지속될 경우, 책임 배분의 공평성뿐 아니라 자율주행 기술 발전에도 부정적인 영향을 미칠 수 있다는 우려도 함께 제기된다.

Ⅲ. 누가 최종적으로 손해배상의 책임을 부담하여야 하는가?

자율주행자동차 사고에서 최종적으로 손해배상의 책임을 부담하여야 하는 주체는 사고의 원인이 어디에 있는지에 따라 달라진다. 자율주행자동차는 단일한 장치가 아니라, 다수의 기술적 요소가 결합된 다층적 시스템(multi-layered system)으로 구성되어 있기 때문이다. 앞서 지적하였듯 통상 자율주행시스템은 센서 및 측위 장치, 인식 알고리즘, 판단 모듈, 제어 명령 전달 소프트웨어, 조향 · 제동 등 실행 장치로 구성되고, 사고는 이 중 어느 하나의 단계에서 발생할 수도 있고, 여러 단계의 오류가 중첩적으로 작용하여 발생할 수도 있다. 이와 같이 사고 원인이 다원화되는 구조에서는, 책임 귀속 또한 단일한 주체로 한정되기 어렵다. 이론적으로는 사고 원인에 따라 완성차 제조사(차량 및 통합 시스템 제공자), 자율주행 프로그램 또는 자동운전시스템(ADS) 공급자, 학습데이터 제공자(데이터의 편향 또는 품질 문제), 나아가 통신사업자나 관제서비스 제공자(협력주행, 통신 장애, 관제 오류 등)까지도 손해배상책임의 주체가 될 수 있다.

그러나 이러한 이론적 가능성과 달리, 실제 책임 추궁 과정에서는 소프트웨어의 제조물성 및 증명의 어려움이라는 현실적 한계가 지적된다. 현행 제조물책임법은 제조물을 "제조되거나 가공된 동산"으로 정의하고 있어, 순수한 소프트웨어를 제조물로 평가하기는 쉽지 않다는 비판이 지속적으로 제기되어 왔다. 다만 자율주행 소프트웨어가 차량에 탑재되어 특정 기능을 수행하는 임베디드 시스템(embedded system)의 형태로 제공되는 경우에는, 하드웨어와 결합된 하나의 제조물로 보아

제조물책임을 인정할 여지가 있다. 반면 클라우드 기반 소프트웨어나 독립적인 프로그램의 경우에는, 현행법 체계상 제조물로 보기 어렵다는 점에서 입법적 보완의 필요성이 논의된다. 이로 인해, 실무에서는 자율주행자동차 사고가 발생할 경우 완성차 제조사가 1차적인 피고로 지목되는 경향이 나타날 수 있다. 완성차 제조사는 차량 전체를 시장에 공급한 주체로서 제조물책임의 중심에 서게 되고, 이후 내부적으로 부품 제조사, 소프트웨어 공급자, 서비스 제공자 등을 상대로 구상권을 행사하는 구조가 형성될 가능성이 크다.

이러한 문제의식을 바탕으로, 최근 논의에서는 AI 모빌리티 시대에 적합한 제조물책임법의 개정 또는 정비 필요성이 제기되고 있다. 구체적으로는 제조물의 개념에 소프트웨어를 명시적으로 포함시키는 방안, 고도기술 제조물에 대하여 결함 및 인과관계의 추정을 강화하는 방안, 제조물의 사후적 안전 확보를 위한 업데이트 및 관찰의무를 명문화하는 방안, 그리고 소송 과정에서의 증거개시 또는 자료제출명령을 통해 증거 접근권을 확대하는 방안 등이 제안된다. 이러한 논의는 공통적으로, 보험사의 구상 구조가 현실에서 실질적으로 작동하기 위해서는 사고 원인에 대한 정보 접근과 증명 가능성이 제도적으로 뒷받침되어야 한다는 문제의식에 기초하고 있다.

Ⅳ. 레벨 3에서 레벨 4로 넘어가면 무엇이 달라지나?

자율주행자동차의 민사책임을 논의함에 있어 가장 중요한 전환점으로 반복해서 지적되는 것은 자율주행 단계(level)의 변화, 특히 레벨 3에서 레벨 4로의 이행이다. 이는 단순히 기술 수준의 향상을 의미하는 것이 아니라, 책임 판단의 전제로 기능해 온 '운전자' 개념이 유지될 수 있는지 여부가 문제되는 지점이기 때문이다.

자율주행 단계는 일반적으로 SAE 기준에 따라 다음과 같이 구분된다.

레벨 1(운전자 보조)	특정 기능(가속 또는 조향 등)을 시스템이 보조함. 주행의 전반적 책임은 운전자에게 있음.
레벨 2(부분 자동화)	가속 · 제동 · 조향을 보조함. 운전자는 지속적으로 주행을 감시해야 함.
레벨 3(조건부 자동화)	시스템이 주행을 담당하나, 일정 상황에서는 운전자에게 제어권 인계를 요구(takeover request)함. 운전자는 응답할 의무를 부담함.
레벨 4(고도 자동화)	시스템이 비상상황에 대한 대응과 최소위험상태(mininal risk condition, MRC) 달성도 수행함. 운전자의 개입을 전제하지 않음.
레벨 5(완전 자동화)	모든 도로 · 환경 조건에서 시스템이 주행을 수행함. 운전자 개념이 사실상 배제됨.

이 중 민사책임 논의에서 실질적으로 중요한 분기점은 레벨 3과 레벨 4 사이에 놓여 있다.

다수의 견해는 레벨 3까지의 자율주행에 대해서는, 비록 차량이 상당 부분 주행을 수행하더라도 여전히 운전자의 개입 가능성과 의무가 전제된다는 점을 강조한다. 레벨 3에서는 자율주행시스템이 작동 중이더라도, 시스템이 작동 설계 영역(operational design domain, ODD)을 벗어나거나 예외 상황이 발생하면 운전자에게 제어권을 인계할 것을 요구하고, 운전자는 이에 응답할 주의의무를 부담한다. 이러한 구조하에서는 법이 여전히 '운전자'를 중심 개념으로 사고 책임을 설계할 수 있고, 운전자책임과 운행자책임을 기존의 법적 틀 안에서 조정하는 방식이 가능하다. 실제로 독일이나 일본의 입법례에서도 레벨 3 단계에서는 자동운전 기능을 사용하더라도 이를 '운전'의 범주에 포함시키거나, 운전자의 주의의무를 완화하되 완전히 제거하지 않는 방식이 채택되었다.

그러나 레벨 4로 넘어가면 상황은 질적으로 달라진다. 레벨 4의 가장 중요한 특징은 자율주행시스템이 스스로 주행을 수행할 뿐 아니라 비상상황에서도 시스템이 직접 대응하여 최소위험상태에 도달하도록 설계되고, 운전자가 차량에 탑승하지 않은 상태에서도 무인운행이 가능하다는 점이다. 이 단계에서는 더 이상 "운전자가 언제 개입하였는가, 개입하지 않았는가"를 기준으로 책임을 판단하기 어렵다. 즉, 운전자 개념 자체가 민사책임 판단의 중심에서 이탈하게 된다. 이 때문에 레벨 4는 "운전자 개념의 해체가 본격적으로 문제되는 단계"로 규정되곤 한다. 레벨 4 자율주행을 전제로, 운전자 개념을 대신할 ‘안전책임자’ 또는 이에 준하는 주체를 도입할 필요가 있는지에 대한 논의가 있다. 결국, 레벨 4에서는 기존 운전자 개념만으로 책임 귀속을 설명하기 어렵다는 문제가 대두된다.

그렇다면 자율주행자동차 보험에 미치는 영향은 어떠할까? 보험의 기본적 기능은 레벨 4에서도 유지될 가능성이 높다. 즉, 보험의 가장 중요한 기능인 피해자의 신속한 보상은 여전히 중요하다. 이 점에서 레벨 4로 이행한다고 하여 보험이 불필요해지는 것은 아니다.

다만 레벨 4에서는 보험이 다루어야 할 대상과 기준이 변화할 가능성이 커진다. 첫째, 피보험자 범위의 문제이다. 기존 자동차보험은 주로 차량 보유자와 운전자를 중심으로 설계되어 왔다. 그러나 레벨 4에서는 운전자가 존재하지 않거나, 책임 판단에서 의미를 상실할 수 있다. 그 대신 차량의 운행을 관리 · 감독하는 기술감독자 또는 운영 주체가 실질적인 역할을 수행하게 된다. 이에 따라 레벨 4 단계에서는 피보험자의 범위를 기존 운전자 · 보유자에서 확장해야 하는지 여부가 중요한 문제가 된다.

둘째, 해킹 사고의 가능성이 중요해진다. 레벨 4 자율주행차는 통신과 소프트웨어에 대한 의존도가 높아짐에 따라, 해킹이나 외부 개입의 위험이 증가한다. 만약 해킹으로 인해 차량의 통제가 상실되고 사고가 발생한 경우, 보유자가 그 사고를 “자기를 위하여 운행한 것”으로 평가할 수 있는지, 다시 말해 보유자에게 운행자 책임을 계속 부과하는 것이 타당한지가 문제 된다. 자율주행 보험 논의에서는 이러한 경우를 전통적인 절취운전과 유사하게 볼 수 있는지, 아니면 제조사 또는 보안 설계 책임으로 귀속시켜야 하는지에 대한 검토가 필요하다.

셋째, 사고원인 규명과 데이터 접근의 문제이다. 레벨 4에서는 사고가 인간의 행위가 아니라 자율주행시스템의 오작동에 의해 발생했을 가능성이 크다. 보험사가 선보상 후 구상을 하기 위해서는 자율주행시스템이 언제 작동하였는지, 어떤 판단을 하였는지, 왜 사고가 발생하였는지를 확인할 수 있어야 한다. 이 때문에 레벨 4 보험 논의에서는 사고원인 규명 전문기구, 자율주행정보 기록, 데이터 접근권이 보험의 실효성과 직접적으로 연결된다. 보험이 단순히 보상을 원활히 하는 제도일 뿐만 아니라, 책임 배분을 가능하게 하는 제도라는 점에서 더욱 중요하다.

넷째, 보험료 산정 기준이 변화할 수 있다. 기존 자동차보험료는 운전자의 연령, 운전 경력, 사고 이력 등 인간 운전자 중심의 요소를 기준으로 산정되어 왔다. 그러나 레벨 4에서는 운전자의 행동이 사고 위험을 결정하는 비중이 감소하고, 그 대신 자율주행시스템의 성능, 소프트웨어 업데이트 이력, 사고 발생률과 같은 요소가 더 중요해질 수 있다. 이에 따라 보험료 산정 기준이 운전자 중심에서 시스템 중심으로 이동할 수 있다.

참고문헌

A. Michael Froomkin, Ian Kerr & Joelle Pineau, When AIs Outperform Doctors: Confronting the Challenges of a Tort-Induced Over-Reliance on Machine Learning, 61 Ariz. L. Rev. 33 (2019).

W. Nicholson Price II, Potential Liability for Physicians Using Artificial Intelligence, 332 JAMA 1765 (2019).

Sara Gerke, Boris Babic, Teodoros Evgeniou & I. Glenn Cohen, The need for a system view to regulate artificial intelligence/machine-learning-based software as a medical device, 53 NPJ Digital Medicine 1 (2020).

I. Glenn Cohen, Informed Consent and Medical Artificial Intelligence: What to Tell the Patient?, 108 Geo. L.J. 1425 (2020).

M. E. Hurley, B. H. Lang, K. M. Kostick-Quenet, J. N. Smith & J. Blumenthal-Barby, Patient Consent and the Right to Notice and Explanation of AI Systems Used in Health Care, 25 Am. J. Bioethics 102 (2025).

박혜진, "의료인공지능의 활용을 둘러싼 법적 과제: 규제의 진화 및 책임의 배분을 중심으로", 비교사법 제29권 4호 (2022).

이동진, "운행자책임-과거, 현재, 미래", 비교사법 제26권 제4호(통권 제87호) (2019).

이중기, "자율주행차 사고조사위원회, 자율주행정보 기록장치의 책임법적 역할: 보험회사의 구상권 행사에 미치는 영향을 중심으로", 홍익법학 제22권 제1호 (2021).

황현아, "자율주행차 보험의 쟁점과 과제", KIRI 보험법리뷰 포커스, 보험연구원(2023. 6. 26.).

정진명, "자율주행자동차의 하자 또는 결함의 판단기준", 비교사법 제26권 제4호(통권 제87호) (2019).

성덕근, "자율주행자동차 관련 민사책임에 관한 고찰-자동차손해배상보장법과 제조물책임법을 중심으로-", 저스티스 통권 제205호 (2024. 12.).

이현균, "인공지능 모빌리티 도입에 따른 제조물책임법 개정방안 검토", 저스티스 통권 제203호 (2024. 8.).

이수경, "자율주행차의 상용화를 위한 자동차손해배상보장법 개정 방향", 법학논총 제31집 제2호 (2024. 8.).

유주선, "자율주행자동차 3단계 및 4단계 관련 민사법적 연구-독일과 일본 제도를 중심으로-", 금융법연구 제21권 제1호 (2024).

맹준영, "자율주행자동차와 민사책임 판단기준-자율주행의 우리 실정법 체계에의 수용과 민사책임 판단 도구로서의 의의 및 평가를 중심으로-", 민사법학 제110호 (2025. 3.).

저자 약력 및 집필 부분

박성호

한양대학교 법과대학 법학과 졸업

서울대학교 대학원 법학과 졸업(법학박사)

한국저작권보호원 저작권보호심의위원회 위원장 역임

現 한양대학교 법학전문대학원 교수(지적재산권법)

• 제1편 서론 · 제5편 지재법 · ICT법 · 인공지능(AI)법 제1장 지적재산권법 집필

윤성현

서울대학교 법과대학 법학부 졸업

서울대학교 대학원 법학과 졸업(법학박사)

헌법재판소 헌법재판연구원 책임연구관 역임

한국입법학회 수석부회장

現 한양대학교 정책학과 교수(헌법)

• 제2편 공법 제1장 헌법 집필

박현정

서울대학교 법과대학 법학부 졸업

서울대학교 대학원 법학과 졸업(법학박사)

서울중앙지방법원 등 판사

중앙행정심판위원회 및 서울특별시행정심판위원회 위원

現 한양대학교 법학전문대학원 교수(행정법)

• 제2편 공법 제2장 행정법 집필

송호영

경북대학교 법과대학 사법학과 졸업

독일 오스나브뤽대학 법학과 졸업(법학박사)

한국재산법학회 회장 역임

법무부 민법개정위원회 제1기 및 제2기 위원 역임

現 한양대학교 법학전문대학원 교수(민법)

• 제3편 민사법 제1장 민법 제1절 민법총칙 · 제4절 가족법 집필

이도국

한양대학교 법과대학 법학과 졸업

독일 콘스탄츠대학 법학과 졸업(법학박사)

한국법정책학회 부회장

한양법학회 부회장

現 한양대학교 정책학과 조교수(민법)

• 제3편 민사법 제1장 민법 제2절 채권법 · 제3절 물권법 집필

안태준

서울대학교 법과대학 법학부 졸업

서울대학교 대학원 법학과 졸업(법학박사)

청주지방법원 판사

법무법인(유) 율촌 파트너 변호사

現 한양대학교 법학전문대학원 교수(상법)

• 제3편 민사법 제2장 상법 집필

박재완

서울대학교 법과대학 사법학과 졸업

버클리 로스쿨 졸업(LL.M.)

판사

대법원 회생파산위원회 위원장

現 한양대학교 법학전문대학원 교수(민사소송법)

• 제3편 민사법 제3장 민사소송법 집필

이상훈

서울대학교 법과대학 법학부 졸업

서울대학교 대학원 법학과 졸업(법학박사)

(주)한진칼 준법지원인

대법원 사법정책연구원 연구위원

現 한양대학교 법학전문대학원 조교수(형사법)

• 제4편 형사법 제1장 형법 집필

전윤경

연세대학교 법과대학 법학과 졸업

연세대학교 일반대학원 법학과 박사수료(형사법)

대검찰청 감찰2과장(검사)

사법연수원 교수

변호사시험, 변호사시험 모의시험 출제위원

現 한양대학교 법학전문대학원 교수(형사법)

• 제4편 형사법 제2장 형사소송법 집필

선지원

한양대학교 법과대학 법학과 졸업

독일 레겐스부르크대학 법학과 졸업(법학박사)

정보통신정책연구원 펠로우

광운대학교 정책법학대학 법학부 조교수

現 한양대학교 법학전문대학원 조교수(행정법)

• 제5편 지재법 · ICT법 · 인공지능(AI)법 제2장 정보통신기술과 법 집필

박혜진

서울대학교 법과대학 법학부 졸업

스탠포드 로스쿨 졸업(법학박사)

서울중앙지방법원 등 판사

김앤장 법률사무소 변호사

現 한양대학교 법학전문대학원 교수(민법)

• 제5편 지재법 · ICT법 · 인공지능(AI)법 제3장 인공지능과 책임 집필

현대 법학개론

초판발행 2026년 3월 1일

지은이 한양대학교 법학전문대학원, 정책학과 법학전공 교수진
펴낸이 안종만 · 안상준

편 집 이지원
기획/마케팅 최동인
표지디자인 BEN STORY
제 작 고철민 · 김원표

펴낸곳 (주) 박영사
서울특별시 금천구 가산디지털2로 53, 210호(가산동, 한라시그마밸리)
등록 1959. 3. 11. 제300-1959-1호(倫)
전 화 02)733-6771
f a x 02)736-4818
e-mail pys@pybook.co.kr
homepage www.pybook.co.kr
ISBN 979-11-303-9980-5 93360

정 가 33,000원